中國史學基本典籍叢刊

中國史學基本典籍叢刊

西漢年紀

〔宋〕王益之 撰
王根林 點校

中華書局

圖書在版編目(CIP)數據

西漢年紀/(宋)王益之撰;王根林點校. —北京:中華書局,2018.6(2019.3 重印)
(中國史學基本典籍叢刊)
ISBN 978-7-101-13131-4

Ⅰ.西… Ⅱ.①王…②王… Ⅲ.中國歷史-西漢-編年體 Ⅳ.K234.104.3

中國版本圖書館 CIP 數據核字(2018)第 056876 號

責任編輯:李　勉

中國史學基本典籍叢刊
西漢年紀
〔宋〕王益之　撰
王根林 點校
*
中華書局出版發行
(北京市豐臺區太平橋西里 38 號　100073)
http://www.zhbc.com.cn
E-mail:zhbc@zhbc.com.cn
北京瑞古冠中印刷廠印刷
*
850×1168 毫米 1/32 · 21⅛印張 · 2 插頁 · 373 千字
2018 年 6 月北京第 1 版　2019 年 3 月北京第 2 次印刷
印數:3001-5000 冊　定價:68.00 元

ISBN 978-7-101-13131-4

目録

前言

南宋王益之（字行甫）編撰的西漢年紀三十卷（附考異十卷），是一部編年體的西漢斷代史。由於記述西漢歷史的史籍，已有紀傳體的史記、漢書及編年體的荀悦漢紀、司馬光資治通鑑在前，致使西漢年紀未能廣泛流傳，没有受到史學界的應有重視。似乎至今還没有見到過一篇研究西漢歷史或史籍編年體的論文，引用或提到過它。這是十分可惜和不公正的。其實，西漢年紀寬徵博引，精心考辨，把西漢一代大事按年代順序予以合理編排，史料翔實，條理清楚，篇幅適中，繁簡得當，於中又對上述四書的疏誤，作了大量補正。此外，它還具有保存失佚的珍貴史料、校正其他古籍等多方面價值。它和荀紀、通鑑同爲編年史，又同樣以史漢爲主要素材。但荀紀是「抄撰漢書，略舉其要」（荀悦前漢紀序）而成，只是班書的一個節略本。加之當時還没有形成史料考訂的風氣，所以錯訛牴牾之處甚多。通鑑是一部體大思精的史籍巨構，但也存在着内容疏漏、繫年失當、文字錯訛等問題（明人嚴衍曾殫三十年精力對之進行全面辨正，糾誤甚多）。「前修未密，後出轉精」，西漢年紀可以吸取通鑑之長而糾正其短。通鑑漢紀的西漢部分，與西漢年紀同爲三十卷，而二書在內容重點、史料的取捨和剪裁等方面，頗有不同。故西漢年紀的文獻價值，並不在通鑑漢紀之下，二書正可互爲補充，參照研讀。西漢年紀也理所當然地應該成爲人們學習、研究西漢歷史的主要文獻之一。

我國古代史書的體裁，經歷了自初級向高級發展的過程。春秋戰國時代，是編年體的獨盛時期。自司馬遷首創紀傳體通史史記，後代史家相踵仿作，於是紀傳體逐漸取代編年體，成爲記史著作的主流。到北宋司馬光撰成資治通鑑二百九十四卷，在史學界又掀起一股「編年熱」。當然，這並不是簡單的「復古」或「周而復始」，而是一種螺旋式的上升。拿以通鑑爲代表的編年史與先秦時期的編年史相比，形式雖然相同，却實現了質的飛躍。西漢年紀就是在這種形勢下誕生的。王益之對紀傳體與編年體的優劣，有着自己獨特的看法。在西漢年紀的自序中，他寫道：

王仲淹（即王通）曰：「史之失，自遷、固始。」或問荀悅，曰：「史乎，史乎！」余三復斯言，未嘗不廢卷而嘆也。蓋自黍離降而爲國風，國異政，家殊俗，天下不復有周矣。詩亡然後春秋作，夫子冠王于正，以示一統，所以立萬世君臣之大法也。遷、固易編年以爲紀傳，事之大較雖繫於紀，而人臣之議論功勳自見於傳。殊不知孔子當列國紛紜之際，首王綱以明大義；遷、固於大漢一統之時，顧使人自爲傳，臣自爲功，毋乃非春秋之旨歟？……

或病余曰：「紀傳之作尚矣，子顧欲廢之，可乎？」答曰：「不然。紀傳存一人之始末，論人物者有考焉；編年著一代之升降，觀治亂者有稽焉。以一人之始末視一代之升降，重輕何如也？」……

這裏，體現了作者這樣兩個觀點：一是維護國家大一統的思想。他是從政治角度來評判編年體與紀傳體的。他推崇孔子於「列國紛紜之際」，「冠王於正，以示一統」；批評司馬遷、班固於漢朝一統之時，反而用「人自爲傳，臣自爲功」的紀傳體，是有違春秋之旨的。作者生活在偏安一隅的南宋王朝，於此可能寄託了他收復故土、統一全國的願望。當然，由於缺乏有力旁證，這只能作爲一種推測而已。二是從總體觀察歷史的觀點。認爲紀傳體擅長記述人物，編年體擅長表現整個朝代的發展脈絡，於中可以考察國家興衰、社會治亂。而任何個人，都不過是社會肌體的細胞，孰輕孰重，不言而喻。這些觀點，都頗有見地。但他爲充分肯定編年體而激烈批評紀傳體，則有失偏頗。

在序言中，王益之介紹了該書的體例：

史傳互載，不無牴牾，因爲訂正，爲考異十卷；諸儒之議，多所發明，因爲詮次，爲鑒論若干卷。考諸年紀，一代之升降著矣；求諸考異，一時之去取見矣；參諸鑒論，當時之事情得矣。

可知這是一個以年紀正文爲中心，又配備考據和評述兩部分附件的「系統工程」。這種作法，始創於通鑑。王益之根據年紀的具體情況，編寫了考異和鑒論兩部分輔翼之作，從史料考證和歷史評論兩個方面，加强了此書的科學性和實用性。值得指出的是鑒論的編製。由於它已散佚，具體内容已不得而知。據其序所云，可知它是按一定原則輯集歷代學者對西漢歷史的評論而成的，目的是爲後代提供借鑒。此舉爲通鑑所無，體現了王益之在學術上的獨創精神。考異和鑒論原是各自爲書的，今本考異則一遵胡三省注通鑑時將考異附於正文之下的做法，分别附於有關正文之下，估計乃後人予以組合。

現在所見最早的西漢年紀，是四庫館臣自永樂大典中輯出之本。它脱佚頗多，作者序言云「起於高祖，終於王莽之誅」，但此本僅止於平帝之死。鑒論已全部散佚。卷四「吕后」僅存三千餘字（其他各卷皆一萬多字），其中吕后三年全年缺載。至於零星的字句缺佚，就更多了。估計它在輯入永樂大典以前，已自殘缺不全。

年紀内容的次序是：正文，資料出處，考異，按語。正文以外三項皆爲小字雙行。其中資料出處，爲注明史、漢、荀紀、通鑑或其他被引之書的具體章節。這較同樣輯自永樂大典的舊五代史只注被輯之類書的卷次，更便於讀者檢核原文。按語内容，大致有四類：一、據史、漢、荀紀、通鑑指出該段「疑有脱漏」，但不作補録。二、補綴正文脱漏。三、調整正文的次序。四、發表與考異的不同意見，形成「對考異之考異」的格局，不啻是一篇反復駁難的考證短文。這一類的學術價值較高，其中不乏精闢之見。按語的作者，應該是負責從大典中輯纂年紀的四庫館臣。但是此書没有明文標出輯纂者姓名，如舊五代史明確指出由邵晉涵輯纂的那樣，只在部分卷首鎸有「詳校官編修臣謝振定 侍讀臣孫球覆勘」字樣。估計主持輯纂工作的，可能就是謝振定。即使他不是主持者，但參與輯纂工作，大概是没有問題的。然而，在「欽定四庫全書總目卷首」所開列「辦理四庫全書在事諸臣職名」的「校勘永樂大典纂修兼分校官」一欄三十九人中，却無謝振定之名。而負責從大典輯纂舊五代史的邵晉涵及「詳校官編修黄壽齡」及「覆勘王坦修」，則皆有之。但在「繕書處分校官」一欄中，却有西漢年紀覆勘孫球之名。四庫全書修成進呈時是否會把謝氏之名遺漏了呢？這種可能性似乎是很小的。究竟是什麽原因，尚待考證。謝振定，字一齋，又字薌泉，湖南湘鄉人，清史稿有傳。乾隆四十五年進士，改庶吉士，散館授編修，五十九年，考選江南道監察御史，六十年，遷兵科給事中。爲人耿直敢爲。一次，權貴和珅妾弟乘違制車騁於衢，謝振定執訊而痛笞之，並焚其車，人稱「燒車御史」。

考異十卷，是西漢年紀的精華所萃。通鑑二百九十四卷，考異三十卷，約爲十比一；

年紀三十卷，考異十卷，爲三比一。這説明王益之治史認真細心，善於發現問題。他對考異工作，既十分積極，又非常審慎。對某些有疑問而又難以遽定的内容，寧可付之闕如。其考辨手段，除本證、他證外，還充分運用了版本校。他參校的漢書版本，有川本（蜀本）、監本、兩浙錢王寫本、南唐本、唐本等多種。這爲研究漢書版本的嬗遞流傳，提供了新的綫索。另外，王益之還注意吸收當代學者對西漢史的研究成果。以司馬光修通鑑爲契機，宋代對漢史的研究出現過一股小小的熱潮，其中最著名的學者是所謂「三劉」，即劉敞、劉攽、劉奉世，還有吴仁傑、胡寅、吕祖謙等，他們對漢史研究都頗有成就。對此，王益之皆多所借鑒。甚至連他們在通信中研討漢史的内容，也被采擷入考異之中（見年紀卷二「高帝十一年」）。

考異的内容十分廣泛，舉凡史實繫年、職官置廢、地名演變、人物事蹟、文字訛誤，都包括在他考辨的範圍之内。由於他治學嚴謹，悉心以赴，考異工作取得了很大的成績。下舉其訂正漢書疏誤三例，以見一斑。

（一）漢書孝成許皇后傳載成帝報許后曰：

「日者，建始元年正月，白氣出於營室。……五月庚子，烏焚其巢太山之域……三月癸未，大風自西摇祖宗廟寢……四月己亥，日蝕東井……」

其中，「五月庚子」於時序是有問題的。考異曰：

今許后傳作「五月庚子」。按，荀紀及五行志並作「二月庚子」。及攷此書，先云「五月庚子」，繼云「三月癸未」，又云「四月己亥」，不應置三月、四月於五月之後，當是「二月庚子」爲是。今從荀紀、五行志。

（二）中華書局標點本漢書李尋傳載哀帝建平二年詔書：

「……其大赦天下，以建平二年爲太初（元將）元年，號曰陳聖劉太平皇帝。」

「元將」二字排小字加括號。其校勘記云：「景祐、殿本都無『元將』二字。」遂將「元將」二字删去。考異曰：

哀紀、李尋傳並作「太初元年」，無「元將」兩字。今唐本哀紀有之，然。武帝既有太初矣，哀帝不應復以紀之，恐或有「元將」兩字，因存之。今川本本紀亦有「元將」二字。

（三）漢書梅福傳：

「……是時成帝委任大將軍王鳳，鳳專勢擅朝，而京兆尹王章素忠直，譏刺鳳，爲鳳所誅。王氏浸盛，災異數見，羣下莫敢正言。福復上書曰：「臣聞箕子佯狂於殷，……及山陽亡徒蘇令之羣蹈藉名都大郡……」

據漢書成帝紀載，永始三年（公元前十四年）十二月，「山陽鐵官徒蘇令等二百二十八人攻殺長吏」。而漢書百官公卿表又載陽朔三年（公元前二十二年）「八月丁巳，大司馬鳳薨」。這樣就出現了梅福於王鳳在世時提前九年知道蘇令叛亂的怪事。考異曰：

> （梅福上書事）荀紀載於陽朔元年（前二十四年），蓋附於王鳳殺王章之後也……書中既言蘇令，則是蘇令已反之後上此書無疑，不應於陽朔元年預言蘇令反也。其書所以言王章者，正以自陽朔以來天下以言爲諱自殺王章始也。孟堅但見書中説王章，故於梅福上書之前序曰：「（即上引『是時……羣下莫敢正言』一段。）」按，年表鳳死於陽朔三年，至福上書時，則鳳已死九年矣。傳所載非是，今不取。

上引三條中，第一條，中華書局標點本漢書許后傳仍作「五月庚子」，是爲失校。第二條，標點本哀紀有「元將」二字，李尋傳却刪去，殊誤。我想標點本漢書如能注意汲取西漢年紀考異的成果，一定能改正不少錯誤。第三條，王益之不但指出荀紀、漢書的錯誤，而且分析了其致誤之因，很有説服力。同時説明漢書本身也有疏誤，需作進一步考辨。

類似的例子，還有很多，此不贅舉。四庫提要説此書：「至所作考異，於一切年月舛誤，記載異同，名地錯出之處，無不參稽互覈，折衷一是，多出二劉刊誤、吴仁傑補遺之外，尤通鑑考異所未及，其考證亦可謂精審矣。」並非過譽之詞。

年紀主要取材於史、漢、荀紀、通鑑，同時也引用了許多其他古籍。這些引文，除能補綴上述四書内容之缺和用來進行考辨外，還具有核正今本古籍的作用。比如卷十八「昭帝始元六年二月」記述鹽鐵會議一段，就有不少地方可正今本鹽鐵論之誤。同時，它又保存了一些久已佚失的珍貴史料。這方面突出的例子，是卷十二「武帝」所補一條資料：

（元光）五年冬十月，河間王德來朝。德有雅材，以爲治道非禮樂不成，因獻所集雅樂，對三雍宫，文約指明。帝色然難之，謂王曰：「湯以七十里，文王以百里，王其勉之！」王知其意，歸則縱酒聽樂。（小字注：漢名臣奏所載杜業奏。）春正月，薨。

接着，考異曰：

帝語班、馬不載，而見名臣奏。蓋河間王，栗姬子，太子榮同母弟也。榮廢而武帝立，固已不能無疑於栗氏子矣。況德賢明如此，而屬又稱兄，此帝之所以尤不能無忌也。德知其意，曾未三月，而繼之以死，蓋等死也。當時之事勢如此，而史氏不載，幸其軼見於他説，故後世得商其情焉。以是推之，史所諱晦，因以湮没而不傳者，亦何可勝數，豈獨此哉！豈獨此哉！

司馬遷和班固可能出於「爲尊者諱」，未録武帝這幾句十分重要的話。王益之對此極爲感慨，並以努力勾稽原始史料爲己任。漢名臣奏，隋書經籍志史部有著録，爲晉代陳壽（即三國志的作者）撰，凡四十卷。舊唐書經籍志、新唐書藝文志的「乙部史録刑法類」亦有記載，但爲三十卷或二十九卷。而宋史藝文志未見著録，司馬光通鑑亦未引用，可見此書在宋代已極罕見。由於王益之的多方蒐集，這條珍貴的史料才被保存下來。

關於王益之的身世，現在所能見到的資料實在太少了。王益之及其父王師古，宋史皆未列傳。王益之的名字，在宋史僅一見，即藝文志史部職官類：「王益之漢官總録十卷，又職源五十卷。」王師古則一次也未見。只有元吴師道敬鄉録（收入清胡宗楙所編續金華叢書）卷十二，爲我們留下了有關王益之生平、家世的點滴史料。據此得知：王師古，字唐卿，金華人，紹興甲戌進士。嘗爲南劍州學教授，後守九江，除廣東提點刑獄，卒。有文集及資治通鑑集義八十卷。有子七人：謙之、恭之、益之、觀之、有之、涣之、節之。王益之，字行父（甫），淳熙丁未進士，仕至大理司直。據敬鄉録所附王益之職源序「頃予辛巳録木於夔漕治所」句，知益之晚年曾主夔州漕司。另外，據益之弟觀之所撰西漢年紀跋「嘉定尉分水縣」句，知他曾爲分水縣縣尉的小官。宋會要輯稿的「選舉」和「刑法」部分，也載有王益之的兩條史料，得知他於開禧三年二月二十五日，被任命爲朝廷詮試公試類試的「考校」；同年三月二十六日，他以「大理司直兼評事」的身份，被命與羣臣集議吴曦謀反應得刑名罪狀。以上就是我們現在所能瞭解的有關王益之生平、家世的大致輪廓。

王益之的著作，共有三部，即西漢年紀三十卷，漢官總録十卷，職源（原）五十卷。漢官總録，據王觀之年紀跋，大約是益之中年時撰。陳振孫直齋書録解題卷六介紹此書云：「大較亦如前書。」所謂「前書」，指徐筠漢官考，陳氏介紹此書云：「以百官表、官制爲主，而紀傳及注家所載，皆輯而録之。」這也是漢官總録的内容梗概。職源五十卷，據其序，除了主要編撰人王益之，還有四個人也「分任其事」：徐澄（清伯）、官質（仲文）、倪瑀（秀叔）、王觀之（中甫）。陳氏書録解題介紹此書云：「亦簡牘應用之書，而專以今日見行官制爲主。蓋中興以後，於舊制多所併省故也。」

關於西漢年紀的版本，據王益之弟王觀之在年紀跋語中述，最早是於南宋「嘉定辛巳（一二二一）鋟木於夔漕治所」。明初尚有傳本存世，被輯入永樂大典。清乾隆中編修四庫全書，又自大典中輯出此書。是爲今日所見之最早的版本。其文淵閣藏本，半頁八行，行二十一字，部分卷首鈐有文淵閣藏書印，部分卷末有「乾隆御覽之寶」印。書中用改字和缺筆兩種方法避諱。清同治十二年（一八七三），浙江永康胡鳳丹由友人徐小雲自京都購得武英殿聚珍版西漢年紀，「爲校勘而重録之」，作爲金華叢書的一種刊行。其書半頁九行，行二十字。一九三六年六月，商務印書館又將金華叢書本西漢年紀編入叢書集成初編，加句讀排版印行。如此，現今可見的西漢年紀，就有四庫全書本、武英殿本、金華叢書本和叢書集成本四種。武英殿本當出自四庫本無疑。叢書集成本出自金華叢書本，且排印錯誤甚多，不足爲據。金華叢書本經過胡丹鳳的校勘，改正了四庫本的不少錯誤。雖然還存在漏校、錯校的情況，但仍具有校勘價值。

這次點校整理，以四庫本爲底本，以所引史、漢、荀紀、通鑑及其他古籍有關内容和金華叢書本作通校進行的。校改原則：凡原本誤而他書不誤者，據改，出校記。凡原本與他書文義不同而不能遽定是非者，不改，出異同校；文異而義同者，不改，亦不出校。對避諱文字的處理，凡改字避諱，即「弘」改作「宏」（避清高宗弘曆諱）；「玄」改作「元」（避清聖祖玄燁諱），「丘」改作「邱」（避孔子諱），一律回改。凡缺筆避諱，即帶偏旁的「玄」（「弦」、「絃」、「眩」）缺最後一點；「曅」缺最後一豎，皆避玄燁嫌名，一律補上最後一筆。原本以一年作爲一個自然段落，嫌太長，整理中按其内容作了更細的分段。

對這次點校整理工作中存在的問題，熱切期望專家及廣大讀者批評指正。

王根林　一九八六年十月十日

西漢年紀序

王益之

王仲淹曰：「史之失，自遷、固始。」或問荀悅，曰：「史乎，史乎！」余三復斯言，未嘗不廢卷而嘆也。蓋自黍離降而爲國風，國異政，家殊俗，天下不復有周矣。詩亡然後春秋作，夫子冠王于正，以示一統，所以立萬世君臣之大法也。遷、固易編年以爲紀傳，事之大較雖繫於紀，而人臣之議論功勳自見於傳。殊不知孔子當列國紛紜之際，首王綱以明大義，遷、固於大漢一統之時，顧使人自爲傳，臣自爲功，毋乃非春秋之旨歟？下是述作滋多，轉相師用，卒未有能復編年之體者。獨荀氏有見於古史廢墜之餘，此仲淹所以既咎遷、固之失，而且幸荀氏之可考也。

余幼喜誦遷、固史，已復感於仲淹之論。取荀紀一再讀之，愛其有功於古史，猶憾經始之初，間多舛逆。司馬公通鑑從而正之，先後次第，爛然有別，固已整齊於荀氏矣。獨其刊落盈辭，求爲省約，以便人主之觀覽。而當時論議所及，制度所關，不無遺者。竊不自揆，取遷、固史與其軼見於他説者，以荀紀、通鑑凡例裁之：其間月日明具，則載於月日之下；有年無月，則總於是歲之末；歲月俱闕，則約其事之先後而志焉。起於高祖，終於王莽之誅，凡二百二十九年，爲西漢年紀三十卷。史傳互載，不無牴牾，因爲訂正，爲考異十卷；諸儒之議，多所發明，因爲詮次，爲鑒論若干卷。考諸年紀，一代之升降著矣；求諸考異，一時之去取見矣；參諸鑒論，當時之事情得矣。雖纂輯之際，失不自保，然先漢之事，大略具焉。

或病余曰：「紀傳之作尚矣，子顧欲廢之，可乎？」答曰：「不然。紀傳存一人之始末，論人物者有考焉；編年著一代之升降，觀治亂者有稽焉。以一人之始末視一代之升降，重輕何如也？」荀氏之作，温公之述，仲淹之論，夫子之志也。因序其所以作者，以俟同志焉。

西漢年紀卷一

高祖

高祖，劉氏，諱邦，字季，沛豐邑中陽里人也。亡避吏，與樊噲俱隱於芒、碭山澤間。此語見噲傳。呂后常知其處，云：「季所在，上常有赤色雲氣。」占氣者曰：「東南有天子氣。」秦始皇乃東遊以厭之。史記、漢書高祖紀、荀紀。考異曰：史記本紀載：「秦始皇帝嘗曰『東南有天子氣』，於是因東遊以厭之。高祖即自疑，亡匿，隱於芒、碭山澤巖石之間。」恐非事實。班氏削去「即自疑」三字，而荀悦漢紀獨書曰「高祖亡避吏於山澤中」，蓋得之矣。東遊事紀於其後，亦是。今從之。按，秦二世元年至三年，楚漢起兵始末，原本未載，似屬脱漏。

元年冬十月，沛公先諸侯至霸上。使人約降子嬰，子嬰素車白馬，係頸以組，封皇帝璽符節，降軹道旁。諸將或言誅秦王，沛公曰：「始懷王遣我，固以能寬容，且人已服降，殺之不祥。」乃以屬吏。遂西入咸陽。高紀。

先是，秦昭王時，荀卿入秦。昭王從之問儒術，荀卿以孔子之語及諸國事、七十二子之言，凡百餘篇與之。由是秦悉有焉。始皇之世，李斯焚書，而孔子家語與諸子同列，故不見滅。沛公克秦，悉斂得之，皆載於尺二寸簡，多有古文字。家語序。按，高紀，沛公入咸陽，蕭何盡收秦丞相府圖籍文書，得孔子家語，疑因此附入。今本不書蕭何事，似屬脱落。

沛公入秦宮室，意欲留居之。樊噲諫曰：「今臣從入秦宮，所觀宮室帷帳，珠玉重寶，鐘鼓之飾，奇物不可勝數。入其後宮，美人婦女以千數。此皆秦所以亡天下也。願沛公急還霸上，無留宮中。」史記張良傳徐廣注。沛公不聽。張良曰：「願沛公聽噲言。」沛公乃封秦重寶財物府庫，此語見紀。還軍霸上。張良世家。

項羽將諸侯兵四十餘萬，行略地，西至河南。史記月表。陽武陳平往歸之。平少時家貧，好讀書，治黄帝、老子之術。里中社，平爲宰，分肉甚均。里父老曰：「善，陳孺子之爲宰。」平曰：「嗟乎！使平得宰天下，亦如是肉矣。」往事魏王咎爲太僕，説魏王不聽，人或讒之，平亡去。至是歸羽。陳平傳。

十二月，項羽至關，有兵守關，不得入。聞沛公已定咸陽，大怒。饗士卒，爲擊破沛公軍。楚左尹項伯者，羽季父也，素善張良。乃夜馳之沛公軍，具告以事。欲呼良與俱去。良乃入告沛公。沛公大驚，曰：「君安與項伯有故？」良曰：「秦時與臣遊，項伯殺人，臣活之。今事有急，故幸來告良。」沛公曰：「君爲我呼入，吾得兄事之。」良出，與項伯同入見沛公。沛公奉卮酒爲壽，約爲婚姻，曰：「吾入關，秋毫不敢有所近，所以遣將守關者，備他盜之出入與非常也。日夜望將軍至，豈敢反乎？願伯具言臣之不敢倍德也。」按，原本於「爲擊破沛公軍」句，即接沛公語「所以遣將守關者」云云，文義不相屬，疑有脱文。今據史記補入。項伯許諾。謂沛公曰：「旦日不可不蚤自來謝。」沛公諾。於是項伯復夜去。至軍中，具以沛公言告項羽。考異曰：史記羽紀作「報項王」，以下皆爾。按，是時羽未稱王也。當是史臣追書，非事實。通鑑悉稱「項羽」，或曰「將軍」，今從之。因言曰：「沛公不先破關中，公豈敢入乎？今人有大功而擊之，不義也。不如因善遇之。」羽許諾。

沛公旦日至鴻門，謝曰：「臣與將軍戮力而攻秦，然不自意先入關破秦，得復見將軍於此。」羽因留沛公與飲。范增數目羽，舉所佩玉玦以示之者三。項羽默然不應。按，此下史記尚有范增出召項莊入爲壽之文，此本不録，疑有脱漏。項莊拔劍起舞，項伯亦拔劍起舞，常以身翼蔽沛公，莊不得擊。須臾，沛公起如廁，因招樊噲出。按，史記尚有張良出召樊噲一節，此本不載，而但言沛公招樊噲出，於文義未明，疑有脱漏。於是遂去。乃令張良留謝曰：「沛公不勝桮杓，不能辭。謹使臣良奉白璧一雙，再拜獻將軍足下；玉斗一雙，再拜奉亞夫足下。」考異曰：史記羽紀作「大將軍足下」，通鑑易以「亞夫」，今從之。亞夫受玉斗，置之地，拔劍撞而破之。曰：「唉，吾屬今爲之虜矣。」

居數日，項羽引兵西屠咸陽，殺秦降王子嬰，羽紀。及秦諸公子宗族。史記秦紀。燒秦宮室，火三月不滅。收其貨寶婦女而東。考異曰：史記秦紀云：「虜其子女，收其珍寶貨財，諸侯共分之。」〔一〕與羽紀不同，當考。或説音稅。項羽曰：「關中阻山帶河，四塞之地，肥饒，可都以霸。」項羽見秦宮室皆以燒殘破，又心懷思欲東歸，曰：「富貴不歸故鄉，如衣繡夜行，誰知之者？」説者曰：「人言楚人沐猴而冠耳，果然。」項羽聞之，烹説者。羽紀。考異曰：楚漢春秋、揚雄法言以爲蔡生，班史、通鑑以爲韓生，未知孰是。唯史記以爲「説者」，今從史記。

成安君陳餘客，多説項羽曰：「陳餘、張耳一體有功於趙。」羽以餘不從入關，聞其在南皮，即以南皮旁三縣封之。史記列傳。考異曰：按，通鑑載曰：「餘棄將印去，不從入關，亦不封。客多説項王曰：『張耳、陳餘一體有功於趙，今耳爲王，餘不可不封。』」云云，與二史少異，今從史記列傳。按，史記此上有「項王立諸侯王」數語，蓋原本誤脱。

南粵尉趙佗擊并桂林、象郡，自立爲南粵武王。南粵王傳。

項王出之國，使人趣義帝行。其羣臣稍稍背叛之。叔孫通留事項王。項王陰令九江王、衡山王、臨江王殺義帝。羽紀、通傳、布傳。

時彭越在鉅野，衆萬餘人，無所屬。榮與越將軍印，令反梁地。羽紀、彭越傳。按，史記，時田榮殺田市自立爲齊王，此本不載，而但言「榮與越將軍印」，首尾不具，疑有脱漏。

漢王至南鄭，按，史記，時諸侯罷戲下，各歸國，故漢王還至南鄭，此本不載，疑有脱文。諸將及士卒多道亡歸，士卒皆歌思東歸。故韓王孽孫信説漢王曰：「項王王諸將近地，而王獨遠居，是遷也。軍吏士卒皆山東之人也，日夜跂而望歸，及其鋒而用之，可以有大功。天下已定，人皆自寧。不可復用。不如決策東鄉，争權天下。」史記高紀。考異曰：漢書帝紀以爲淮陰之言。按，其辭與韓王信傳所載韓王信説漢王語合。兼史記帝紀亦不載登壇拜將事，徐廣以爲韓王信，是也，今從之。按，楚漢春秋，韓王本名信都，劉氏史通及小顔功臣表俱引之。「信」通作「申」，與韓信之「信」有别。司馬遷削去「都」字，班掾因誤讀去聲，混作淮陰侯名，而附入拜將一節，考異所辨甚當。

初，淮陰人韓信爲布衣時，貧無行，不得推擇爲吏。又不能治生，寄食漂母。後數與蕭何語，按，史記，韓信初從項梁，數以策干羽，不用，乃歸漢。此本但言數與蕭何語，而不及其歸漢本末，疑有脱漏。何奇之，數言：「王必欲争天下，非信無可與計事者。」於是，王欲召信拜之。何曰：「王素嫚無禮，今拜大將如呼小兒，此信所以去也。王必欲拜之，擇良日齋戒，設壇場具禮乃可耳。」王許之。諸將皆喜，人人自以爲得大將。至拜，乃信也，一軍皆驚。信拜禮畢，上坐。王曰：「丞相數言將軍，將軍何以教寡人？」信謝，因問王曰：「大王自料，勇悍仁彊，孰與項王？」漢王默然良久，曰：「弗如也。」信再拜賀曰：「唯信亦以爲大王不如也。然臣嘗事項王。項王喑噁叱咤，千人皆廢，然不能任屬賢將，此匹夫之勇也。

見人恭謹，言語姁姁，至人有功當封爵，忍不能予，此婦人之仁也。雖霸天下，不居關中，而都彭城。又背義帝約，而以親愛王，諸侯不平。所過殘滅，百姓不附。今大王誠能反其道，任天下武勇，何不誅！以天下城邑封功臣，何不服！以義兵從思東歸之士，何不散！且三秦王爲秦將，將秦子弟數歲，所殺亡不可勝計。又欺其衆降諸侯。及項王阬秦卒，唯獨邯、欣、翳脱。秦父兄怨之，痛於骨髓。今楚彊以威王此三人，秦民莫愛也。大王入關，秋毫無所害，除秦苛法，於諸侯之約，又當王關中。王失職之蜀，民亡不恨者。今王舉而東，三秦可傳檄而定也。」於是漢王大喜，自以爲得信晚，遂聽信計，部署諸將所擊。信傳。

漢王留蕭何收巴蜀租，填撫諭告，使給軍食。何世家。

八月，史記高紀、月表。漢王引兵，從故道還襲雍王章邯。考異曰：漢書本紀作「五月」。按，四月諸侯方各罷兵就國，不應五月便出。史記高祖紀、月表皆作「八月」爲是，今從史記。

臧荼之國，因逐韓廣之遼東。廣弗聽，荼擊殺廣無終，并王其地。項羽紀、月表。考異曰：史記項羽紀載於四月，今從月表及漢本紀載於八月。

漢王許立韓王孽孫信爲韓王，先拜爲韓太尉，將兵略韓地。信傳。

項羽聞漢王已并關中，且東，齊、趙叛之，大怒。乃以故吴令鄭昌爲韓王，以距漢。令蕭公角等擊彭越，彭越敗蕭公角等。張良爲漢徇韓，乃遺項王書曰：「漢王失職，欲得關中，如約即止，不敢復東。」又以齊、梁反書遺項羽曰：「齊欲與趙并滅楚。」楚以故無西意，而北擊齊。徵兵九江王布，布稱疾不往，使將將數千人行，項王由此怨布。羽紀。

王陵始爲縣豪，漢王微時，兄事陵。漢王起沛，陵亦聚黨數千人居南陽，不肯從。至是始以兵屬漢。項羽取陵母置軍中，陵使至，則東鄉坐陵母，欲以招陵。陵母私送使者，泣曰：「願爲老妾語陵，善事漢王。漢王長者，終得天下。考異曰：「終得天下」四字，考史記、漢書、荀紀皆無之。今以通鑑增入。毋以老妾故，持二心。妾以死送使者。」遂伏劍而死。項王怒烹陵母。陵世家。

二年冬十月，九江王布使將擊義帝，追殺之郴縣。史記布傳。

陳餘悉三縣兵，與齊兵共襲常山王張耳。耳敗走，念諸侯無可歸者，曰：「漢王與我有舊故，而項王又彊立我。我欲之楚。」甘公曰：「漢入秦，可謂能義矣。兩語仍荀紀。楚雖彊，後必屬漢。」耳乃走漢。漢方圍章邯廢丘，耳謁漢王，漢王厚遇之。餘已敗耳，皆復收趙地，迎趙王歇于代。趙王德餘，立以爲代王。餘爲趙王弱，國初定，留傅趙王，而使夏説以相國守代。張耳陳餘傳。

十一月，漢王乃立信爲韓王，常將韓兵從。本紀、韓王信傳。

漢王還歸，都櫟陽。使諸將略地，拔隴西，以萬人若一郡降者，封萬户。繕治河上塞。晁錯傳，秦北攻胡，築河上塞。

故秦苑囿園池，令民得田之。本紀。

二月，蕭何守關中。荀紀。考異曰：按，何世家云：「漢王與諸侯擊楚，蕭何守關中，侍太子，治櫟陽，爲法令約束，立宗廟社稷，宫室縣邑。」通鑑盡載於八月，正以四月敗於彭城，道逢孝惠載之，六月立爲太子。太子以六月立，不應蕭何侍太子、守關中，却在立太子之前也。然以史考之，漢王敗於彭城，回。至滎陽，蕭何發關中老弱未傳者悉詣軍。使何不守關中，不應可調其老弱也。然漢王將東擊楚，又不應關中無人居守。史記云「漢王與諸侯擊楚，蕭何守關中」，此正彭城之役。故荀紀載於二月，得之矣。子長所記，蓋總記一歲之事。今「守關中」則從荀紀，自「侍太子」以下，則載於立太子之後，庶不抵牾。按，荀悦漢紀蕭何守關中在春正月。

三月，漢王南渡平陰津，爲義帝發喪，袒而大哭，哀臨力禁反。三日。發使告諸侯，悉發關中兵，收三河士，願從諸侯王擊楚之殺義帝者。漢紀。

夏四月，項王雖聞漢東既已連齊兵，遂破之，而後擊漢。漢王以故得部五諸侯兵，凡五十六萬人，東伐楚。考異曰：五諸侯，顔注以爲常山、河南、韓、魏、殷也。按，常山王張耳兵敗，奉頭鼠竄以歸漢，安得有兵？是時陳餘遣兵助漢，兼趙爲五耳。韓信傳云：「二年出關，收魏、河南，韓、殷王皆降，合齊、趙共擊楚。」然楚方擊齊於城陽，齊安得從漢入彭城？意「齊」字後人妄加耳。又，漢書作「劫五諸侯兵」，今從史記作「部」字。按，韓王當是韓信。師古注以爲鄭昌，誤。

叔孫通從儒生弟子百餘人降漢。通儒服，漢王憎之，迺變其服，短衣楚製。叔孫通傳。

時薛人丁固楚漢春秋云：「丁公名固。」爲楚將，逐窘漢王，短兵接，漢王急，顧丁固曰：「兩賢豈相厄哉！」於是丁固引兵而還，漢王遂解去。季布傳。

項羽釋齊而歸，擊漢於彭城。以故田橫復得收齊城邑，立田榮子廣爲齊王，而橫相之，專國政，政無巨細，皆斷於橫。田儋傳。按，史記，時楚與漢戰於彭城，大破漢軍。漢王間行收軍，五月，至滎陽，兵復振。此本俱失載，疑有脱漏。

五月，漢王以曹參爲假左丞相，入屯兵關中。參傳。魏王豹謁歸視親疾，至國，即絶河津，反爲于僞反。楚。高帝紀。

六月，漢王還櫟陽。壬午，立太子，赦罪人，令諸侯子在關中者，皆集櫟陽爲衛。高紀。

按，前二月蕭何守關中節，考異云：自「侍太子」以下載於立太子之後，則此上當有蕭何侍太子治櫟陽事，今本不載，似屬脱落。

雍州定，置中地、北地、隴西郡。高紀、通鑑。考異曰：漢書本紀云：「雍州定，八十餘縣，置河上、渭南、中地、隴西、上郡。」按，塞王欣、翟王翳降，置河上、渭南、上郡，已見於欣、翳初降時，不當重出，今從通鑑。

漢王問：「故秦時上帝祠何帝也？」對曰：「四帝，有白、青、黄、赤帝之祠。」漢王曰：「吾聞天有五帝，而四，何也？」莫知其説。於是漢王曰：「吾知之矣，迺待我而具五也。」

迺立黑帝祠，名曰北畤。有司進祠，上不親往。悉召故秦祠官，復置太祝、太宰，如其故儀禮。因令縣爲公社。下令曰：「吾甚重祠而敬祭。今上帝之祭及山川諸神當祠者，各以其時禮祠之如故。」郊祀志。

匈奴冒頓既滅東胡歸，又西擊走月氏，南并樓煩、白羊河南王。悉復收秦蒙恬所奪匈奴故地，與漢關故河南塞，至朝那、膚施，遂侵燕、代。是時漢兵與項羽相距，中國罷音疲。於兵革，以故冒頓得自彊，控弦之士三十餘萬。匈奴傳。是歲，以盧綰爲太尉。史記大事記。

三年冬，漢王與羽相距京、索間，數使使勞來到反。苦丞相何。鮑生謂何曰：「今王暴衣露蓋，數勞苦君者，有疑君心。爲君計，莫若遣君子孫昆弟能勝兵者悉詣軍所，王益信君。」於是何從其計，漢王大悦。何傳。

楚龍且擊破九江王布軍。布欲引兵走漢，恐楚殺之，故間行與隨何俱歸漢。布傳。

夏四月，項王圍漢滎陽。漢王請和，割滎陽以西者爲漢。項王欲聽之，歷陽侯范增曰：「漢易與耳。今釋弗取，後必悔之。」項王乃急圍滎陽，漢王患之。項羽紀。謂陳平曰：「天下紛紛，何時定乎？」平曰：「項王爲人，恭敬愛人，士之廉節好禮者多歸之。至於行功賞爵邑，重之，士亦以此不附。今大王嫚而少禮，士之廉節者不來；然大王能饒人以爵邑，士之頑頓讀曰鈍。耆讀曰嗜。利無恥者亦多歸漢。誠各去兩短，集兩長，天下指麾即定矣。」平世家。

五月，漢王出滎陽，至成皋，自成皋入關，收兵欲復東。轅生説漢王曰：「漢與楚相距滎陽數歲，漢常困。願君王出武關，項王必引兵南走。音奏。王深壁，令滎陽、成皋間且得休息。使韓信等得輯河北趙地，連燕齊，君王乃復走滎陽，未晚也。如此則楚所備者多，力分。漢得休息，復與之戰，破之必矣。」漢王從其計，出軍宛、於元反。葉式涉反。間，漢書高紀。得九江王布。史記項羽紀、漢書韓信傳。考異曰：此語本之史記項羽紀，而漢書紀書布以十二月歸漢，漢王分之兵，與俱收兵至成皋。按，布以十一月起兵攻楚，楚遣龍且擊布，數月且破布軍。是布留九江數月，豈得次月即至漢耶？兼收兵北至成皋，亦在宛、葉後事。羽紀書曰：「漢王之出滎陽，南走宛、葉，得九江王布，行收兵，復入保成皋。」此得其實。入保成皋，即以後羽引而東，使終公守成皋，漢王引兵北擊破終公，復軍成皋是也。漢書韓信傳云：「楚方急圍漢王滎陽，漢王出，南之宛、葉，得九江王布，入成皋，楚復急圍之。」與史記合。獨紀以布至漢爲十二月，故并移屯成皋於前耳。蓋漢王自彭城既敗之後，與羽相距於滎陽，紀書二年秋八月，漢王如滎陽，三年夏四月，項羽圍漢滎陽，漢王請和。使漢王在成皋，羽當圍成皋可也。漢王後用紀信計，始自滎陽遁至成皋入關耳。按，史記紀是時亦無屯成皋事，當是漢書紀誤。今從史記羽紀，書布歸漢於宛、葉間。

西楚奪衡山王吴芮地，復以爲番君。高紀。

八月，漢王數困滎陽、成皋，計欲捐成皋以東，屯鞏、雒，以距楚。酈食其曰：「夫敖倉，天下轉輸久矣，臣聞其下乃有藏粟甚多。願足下急復進兵，收取滎陽，據敖庾之粟，塞成皋之險，杜太行之道，距飛狐之口，守白馬之津，以示諸侯形制之勢，則天下知所歸矣。」王從之，乃謀取敖倉。酈食其又説漢王曰：「方今燕、趙已定，惟齊未下。考異曰：史記、漢書以取敖倉、説齊合爲一事，唯通鑑取劉向新序分爲二事，今從之。今田廣據千里之齊，田解將二十萬之衆，考異曰：漢傳作「田間」，劉貢父謂：此時何緣更有田間？按，田儋傳乃是田解，今從儋傳。軍於歷城。諸田宗彊，負海岱，阻河濟，南近楚，齊人多變詐，足下雖遣數十萬師，未可以歲月破也。臣請得奉明詔説齊王，使爲漢而稱東藩。」王曰：「善。」乃使食其説齊王廣及相國横。酈食其傳。

四年冬十月，韓信襲破齊歷下軍，田儋傳。灌嬰虜華毋傷，嬰傳。因入臨菑。王廣、相横，以酈食其賣己而烹之。廣東走高密，横走博，守相田光走城陽，將軍田既軍於膠東。田儋傳。使使於楚請救。韓信傳。

項王聞韓信破齊，且欲擊楚，使龍且、周蘭將兵救齊。漢紀。

項王擊陳留、外黄，外黄不下。數日，降，悉令男子年十五以上詣城東，欲阬之。外黄令舍人兒，年十三，往説項王曰：「彭越彊其兩反。劫外黄，外黄恐，故且降，待大王。大王至，又皆阬之，百姓豈有歸心哉！從此以東，梁地十餘城皆恐，莫肯下矣。」羽然其言，乃赦外黄當阬者。而東至睢陽，聞之皆争下。羽傳。

彭越所下城邑，皆復爲楚，越將其兵北走穀城。彭越傳。

漢以中尉周昌爲御史大夫。昌，苛從弟也。荀紀。考異曰：不知所拜月日，今從荀悅漢紀，載於高帝馳入成皋之次。彭越復下昌邑旁二十餘城。越傳。往來苦楚兵，絶其糧食。高紀。

韓信使人言漢王曰：「齊夸詐多變，反覆之國，南邊楚，不爲假王以填之，其勢不定。今權輕不足以安之，臣請自立爲假王。」當是時，信傳。漢方困於滎陽。蒯通傳。考異曰：韓信傳云，當是時，「楚方急圍漢王滎陽」。按，是時漢王與項羽相距於滎陽、廣武間，羽初未嘗圍漢也。通鑑削去兩語。蒯通傳云：「韓信自立爲假王，漢方困於滎陽，遣張良即立信爲齊王，以安固之」，是也。今從通傳云「漢方困於滎陽」。

春二月，韓信已王齊。使灌嬰別將擊楚將於魯北，破之。轉南，破薛郡長，攻博陽，前至下相以東。度淮，盡降其城邑，至廣陵。項王使項聲、薛公、郯公復定淮北，嬰度淮擊破項聲、郯公下邳，斬薛公，下下邳、壽春。擊破楚騎於平陽，遂降彭城。虜楚柱國項佗，降留、薛、沛、酇、蕭、相。攻苦、譙，與漢王會頤鄉。灌嬰傳。

秋七月，立英布爲淮南王，本紀。與擊楚。布使人之九江，得數縣。布傳。

八月，初爲算賦。漢儀注：「民年十五以上至五十六，出賦錢，人百二十爲一算，爲治庫兵車馬。」

北貉莫客反。燕人來致梟騎助漢。本紀。

九月，歸太公、呂后，按，漢遣陸賈説羽請太公，羽弗聽。漢復使侯公説羽，羽乃與漢約，中分天下，歸太公、呂后。此本首尾不具，疑有脱漏。軍皆稱萬歲。漢王欲封侯公，曰：「此天下之辯士，所居傾國，故號曰平國君。」此事據楚漢春秋。

五年冬十一月，淮南王布與劉賈入九江，誘楚大司馬周殷。殷畔楚，遂舉九江兵並行，屠城父，隨彭越皆會垓下。高紀、布傳。「彭越」二字據羽紀。

十二月，漢王與諸侯兵共擊楚軍，與項王決勝垓下。齊王信將三十萬自當之，孔將軍居左，史記正義曰：「蓼侯孔熙也。」費將軍居右，史記正義曰：「費侯陳賀也。」漢王在後，絳侯、柴將軍在漢王後。項王之卒可十萬。韓信先合，不利，却。孔將軍、費將軍縱，楚兵不利。韓信復乘之，大敗垓下。史記高紀。項王兵少食盡，漢軍及諸侯兵圍之數重。項王則夜起，飲帳中。有美人，姓虞，常幸從。駿馬，名騅，常騎之。於是項王乃悲歌忼慨，自爲詩曰：「力拔山兮氣蓋世，時不利兮騅不逝。騅不逝兮可奈何，虞兮虞兮奈若何。」歌數闋，美人和之，曰：「漢兵已略地，四面楚歌聲。大王意氣盡，賤妾何聊生。」此據楚漢春秋。於是項王乃上馬，麾下壯士騎從者八百餘人。直夜潰圍南出，馳走。平明，漢軍乃覺之，令騎將灌嬰以御史大夫將五千騎追之。項王渡淮，騎能屬者百餘人耳。乃欲東渡烏江。烏江亭長檥音蟻。船待，項王笑曰：「天之亡我，我何渡爲！」乃自刎而死。羽紀。

項籍已死，灌嬰乃渡江，破吳郡長吳下，得吳守，遂定吳、豫章、會稽郡。還定淮北。嬰傳。漢遣劉賈將九江兵，與太尉盧綰及靳歙別定江陵，擊虜臨江王共尉，送致雒陽殺之，以臨江爲南郡。見漢紀、劉賈、靳歙列傳。周勃東定楚地泗水、東海郡。勃傳。陳人鄭君嘗事項籍，籍死屬漢。漢王令諸故項籍臣名籍，鄭君獨不奉詔。詔盡拜名籍者爲大夫，而逐鄭君。鄭當時傳。

春正月，諸侯上疏曰：「楚王韓信、韓王信、淮南王英布、梁王彭越、故衡山王吳芮、趙王張耳、燕王臧荼昧死再拜言張晏曰：「秦以爲人臣上書當言昧犯死罪而言，漢遂遵之。」大王陛下：『先是秦爲亡道，天下誅之。大王先得秦王，定關中，於天下功最多。存亡定危，救敗繼絶，以安萬民，功盛德厚。又加惠於諸侯王有功者，使得立社稷。地分已定，而位號比儗，無上下之分，大王功德之著，於後世不宣。昧死再拜上皇帝尊號。』」漢王曰：「寡人聞帝者賢者有也，虛言無實之名，非所取也。今諸侯王皆推高寡人，將何以處之哉？」諸侯王皆曰：「大王起於細微，滅亂秦，威動海内。又以辟讀曰僻陋之地，自漢中行威德，誅不義，立有功，平定海内，功臣皆受地食邑，非私之也。大王德施四海，諸侯王不足以道之，居帝位甚實宜，願大王以幸天下。」漢王曰：「諸侯王幸以爲便於天下之民，則可矣。」於是諸侯王及太尉長安侯臣綰等三百人，與博士稷嗣君叔孫通謹擇良日二月甲午，上尊號。漢王即皇帝位於氾水之陽。蔡邕曰：「上古天子稱皇，其次稱帝，其次稱王。秦自以德兼三皇五帝，故并以爲號，漢因而不改。」

班固曰：「昔詩書述虞夏之際，舜禹受禮，古禪字，上扇反。積德累功，洽於百姓，攝位行政，考之於天，經數十年，然後在位。殷周之王，乃繇讀與由同。卨稷，修仁行義，歷十餘世，至於湯武，然後放殺。秦起襄公，章文、繆、獻、孝、昭、莊，稍蠶食六國，百有餘載，至始皇，迺并天下。以德若彼，用力如此其囏古艱字。難也。秦既稱帝，患周之敗，以爲起於處士橫議，諸侯力争，四夷交侵，以弱見奪。於是削去五等，墮城銷刃，箝語燒書，内鉏雄俊，外攘胡、粤，用壹威權，爲萬世安。然十餘年間，猛敵橫發乎不虞，適讀曰謫。戍彊於五伯，讀曰霸。閭閻偪於戎狄，鄉音響。應瘖音慘。於謗議，奮臂威於甲兵。鄉讀曰嚮。秦之禁，適所以資豪傑而速自斃也。是以漢亡尺土之階，繇一劍之任，五載而成帝業。書傳所記，未嘗有焉。何則？古世相革，皆承聖王之烈，今漢獨收孤秦之弊。鐫金石者難爲功，摧枯朽者易爲力，其勢然也。」

更王后曰皇后，太子曰皇太子，考異曰：漢書本紀作「尊王后爲皇后，太子曰皇太子」，通鑑易爲「更」字，今從通鑑。追尊先媪曰昭靈夫人。本紀注：漢官儀云：「高帝母起兵時死小黄北，後作陵廟於小黄。」陳留風俗傳云：「沛公起兵野戰，喪皇妣於黄。得天下，乃使使者梓宫招魂，謚曰昭靈夫人。因作園陵、寢殿、司馬門、鐘簴。」諸侯剖符受封，韓王信、英布、欒布傳。天下大定。帝西都雒陽，諸侯皆臣屬。史記。

夏五月，兵皆罷歸家。漢紀。詔曰：「諸侯子在關中者，復方目反。之十二歲，其歸者半之。民前或相聚保山澤，不書名數，今天下已定，令各歸其縣，復故爵田宅，吏以文法教訓辨告，勿笞辱。民以飢餓自賣爲人奴婢者，皆免爲庶人。軍吏卒會赦，其亡罪而亡爵及不滿大夫者，皆賜爵爲大夫。故大夫以上賜爵各一級，其七大夫以上，皆令食邑。瓚曰：「秦制，列侯乃得食邑，今七大夫以上皆食邑，所以寵之也。」非七大夫以下，皆復其身及户，勿事。」本紀。又曰：「七大夫，公乘以上，皆高爵也。諸侯子及從軍歸者，甚多高爵，吾數詔吏先與田宅，及所當求於吏者，亟居力反。與。爵至人君〔二〕，上所尊禮，久立吏前，曾不爲決，甚亡謂也。異日秦民爵公大夫以上，令丞與亢禮。今吾於爵非輕也，吏獨安取此！且法以有功勞行田宅，今小吏未嘗從軍者多滿，而有功者顧不得，背公立私，守尉長吏教訓甚不善。其令諸吏善遇高爵，稱吾意。且廉問，有不如吾詔者，以重論之。」本紀。

上折隨何之功，謂何爲腐儒，爲天下安用腐儒哉？隨何跪曰：「方陛下之敗於彭城也，發步卒五萬人騎五千，能以取九江乎？」考異曰：漢書黥布傳載隨何跪曰：「夫陛下引兵攻彭城，楚王未去齊也。」按，高祖自彭城既敗，過虞地，始遣隨何説九江王。此云「引兵攻彭城，楚王未去齊」，非是。今微爲删潤。上曰：「不能。」隨何曰：「陛下使何與二十人使九江，如陛下之意，是何之功賢於步卒五萬人騎五千也。然陛下謂何腐儒，爲天下安用腐儒，何也？」上曰：「吾方圖子之功。」迺以隨何爲護軍中尉。英布傳。

田横懼誅，而與其徒屬五百餘人入海，居島中。帝聞之，乃使使赦横罪而召之。田横迺與其客二人乘傳詣雒陽，未至三十里，至尸鄉厩置，横謝使者曰：「人臣見天子，當洗沐。」止留。謂其客曰：「陛下所以欲見我者，不過欲一見吾面貌耳。陛下在洛陽，今斬吾頭，馳三十里間，形容尚未能敗，猶可觀也。」遂自剄。田儋傳。

班固贊曰：「周室既壞，至春秋末，諸侯耗盡，而炎黄唐虞之苗裔，尚猶頗有存者。秦滅六國，而上古遺烈掃地盡矣。楚漢之際，豪傑相王，唯魏豹、韓信、田儋兄弟爲舊國之後，然皆及身而絶。横之志節，賓客慕義，猶不能自立，豈非天虖！」

秋七月，趙景王張耳薨，子敖嗣，尚帝長女魯元公主爲后。耳傳。長沙文王吴芮薨，子臣嗣。初，文王芮，帝賢之，制詔御史：「長沙王忠，其定著令。」芮傳。

班固贊曰：「昔高祖定天下，功臣異姓而王者八國。皆徼一時之權變，以詐力成功，咸得裂土，南面稱孤。見疑彊大，懷不自安，事窮勢迫，或謀叛逆，終於滅亡。張耳以智全，至子亦失國。唯吴芮之起，不失正道，故能傳號五世，以無嗣絶，有以矣夫。」

九月，虜燕王臧荼。時諸侯非劉氏而王者七人，上欲王盧綰，爲羣臣觖音決。望，乃下詔詔諸將相列侯擇羣臣有功者，立以爲燕王。羣臣知上欲王綰，皆曰：「太尉長安侯盧綰常從平定天下，功最多，可王。」壬子，乃立綰爲燕王，綰傳。罷太尉官。史記大事記。綰與上同里，生又同日。帝東擊項籍，以太尉從。出入卧内，衣被食飲賞賜，羣臣莫敢望。雖蕭、曹等，特以事見禮，至其親幸，莫及綰者，綰傳。故特王之。通鑑。

使樊噲將兵平代地。本紀。考異曰：此語見本紀，通鑑削之。温公謂：「是時代地無反者，故去之不疑。」按，燕王臧荼之反，攻下代地，高帝自將攻之，既虜臧荼，遂立盧綰爲燕王。代地餘寇，帝不自往，故命樊噲將兵平之耳。紀稱噲「以丞相」，將兵。考傳，噲、平、韓王信方遷丞相，此未得爲丞相也，今删去三字。

利幾反，上自擊破之。利幾者，項羽將。羽敗，利幾爲陳令，降，上侯之潁川。上至雒陽，舉通侯籍召之，而利幾恐，反。本紀。

後九月，徙諸侯子關中。本紀。

六年冬十月，令天下縣邑城。本紀。

十二月，詔曰：「天下既安，豪傑有功者封侯，新立，未能盡圖其功。身居軍九年，或未習法令，或以其故犯法，大者死刑，吾甚憐之。其赦天下。」漢書紀。遂會諸侯於陳。平世家。按，史記，人有告楚王韓信反，上用陳平計，僞遊雲夢，執之，遂會諸侯於陳，還至洛陽，赦信爲淮陰侯。此本但紀會陳事，疑有脱漏。淮南王布、梁王越來朝。布、越傳。考異曰：是時諸侯來朝者，止二人，餘無所考，豈以其遠耶？

春正月丙戌，封吕后兄澤爲周吕侯，釋之建成侯。史記功臣表。

班固曰：「漢興，外戚與定天下，侯者二人。是後，薄昭、竇嬰、上官、衛、霍之侯，以功受爵。其餘，后父據春秋褒紀之義，帝舅緣大雅申伯之意，寖廣博矣。」

分楚地爲二國，詔曰：「齊，古之建國也，今爲郡縣，其復以爲諸侯，將軍劉賈數有大功，及擇子弟可以爲王者，王齊、荆地。」

丙午，韓王信等奏請以故東陽郡、鄣郡、吴郡五十三縣立從父兄賈爲荆王，漢紀。都吴；史記年表。以碭郡、薛郡、郯郡三十六縣立少弟文信君交爲楚王，漢紀。都彭城。史記年表。交好書，多材藝。少時嘗與魯穆生、白生、申公俱受詩於浮丘伯。伯者，孫卿門人也。及秦焚書，各别去。交王楚，乃以穆生、白生、申公爲中大夫。元王傳。以雲中、雁門、代郡五十三縣，立次兄宜信侯喜爲代王。以膠東、膠西、臨淄、濟北、博陽、城陽郡七十三縣，立微時外婦子肥爲齊王，漢紀。都臨淄，史記年表。諸民能齊言者皆與齊。高紀。

太史公曰：「悼惠之王齊，最爲大國。以海内初定，子弟少，激秦孤立亡藩輔，故大封同姓以填天下。時諸侯得自除御史大夫、羣卿以下，如漢朝，漢獨爲置丞相。自吴楚誅後，稍奪諸侯權。左官附益之法設，其後諸侯唯得衣食租税，貧者或乘牛車。」

以曹參爲齊相國。參之相齊，齊七十城。天下初定，王富於春秋，參盡召長老諸先生，問所以安集百姓。如齊，故俗諸儒以百數，言人人殊，參未知所定。聞膠西有蓋公，善治黄老言，使人厚幣請之。既見蓋公，蓋公爲言治道貴清静而民自定，推此類具言之。參於是避正堂，舍蓋公焉。其治要用黄老術，故相齊九年，齊國安集，大稱賢相。參世家、列傳。

封張良爲留侯，蕭何酇侯，酈商曲周侯，周勃絳侯，樊噲舞陽侯，灌嬰潁陰侯，周昌汾陰侯，武虎梁鄒侯，董渫成侯，孔藂蓼侯，陳賀費侯，陳豨陽夏侯。丁未，封周竈爲隆慮侯。戊申，封丁復爲陽都侯。功臣表。壬子，封吕青新陽侯。戊午，封郭蒙爲東武侯。功臣表。

時論功行封，羣臣争功，歲餘不決。上以蕭何功最盛，先封食邑八千户，功臣皆曰：「臣等被堅執鋭，多者百餘戰，少者數十合，攻城略地，大小各有差。今蕭何未有汗馬之勞，徒持文墨議論，不戰，顧居臣等上，何也？」上曰：「諸君知獵乎？」曰：「知之。」「知獵狗乎？」曰：「知之。」上曰：「夫獵，追殺獸者，狗也；而發縱指示獸處者，人也。今諸君徒能走得獸耳，功狗也。至如蕭何，發縱指示，功人也。且諸君獨以身從我，多者兩三人，蕭何舉宗數十人皆隨我，功不可忘也。」羣臣後皆莫敢言。何世家。

張良亦無戰鬭功，帝使自擇齊三萬户，良曰：「臣始起下邳，與上會留，此天以臣授陛下。陛下用臣計，幸而時中，臣願封留足矣，不敢當三萬户。」良世家。

上已封大功臣二十餘人，考異曰：此據張良傳，而高紀作「三十餘人」。按，年表止二十八人，今從良傳。三月戊子，上置酒，封雍齒爲什邡侯一千五百户。考異曰：漢書表作「正月戊午」，史記表作「三月戊子」，二書不同。按，長曆是年正月丙戌朔，是月無戊午，當是漢書誤。今從史記。又，川本漢書本表亦作「三月戊子」。按，今本漢書表無作「正月戊午」者。丙申，封陳武棘蒲侯。庚子，封朱軫都昌侯，嚴不職武彊侯，傅胡害貰式制反。齊侯，摇毋餘海陽侯，宣虎南安侯，蔡寅肥如侯，蟲達曲成侯，陳涓河陽侯。夏四月癸未，封閻澤赤敬市侯。功臣表。

上歸櫟陽。本紀。張良素多病，從上入關，即道引不食穀，杜門不出。考異曰：通鑑載於五年。按，漢書張良傳六年封功臣時，始封留侯，豈得謂之杜門不出耶？今移於此。曰：「家世相韓，及韓滅，不愛萬金之資，爲韓報仇彊秦，天下振動。今以三寸舌爲帝者師，封萬户侯，此布衣之極，於良足矣。願棄人間事，從赤松子遊耳。」良世家。

上五日一朝太公，太公家令説太公曰：「天亡二日，土無二王。皇帝雖子，人主也；太公雖父，人臣也。奈何令人主拜人臣！如此則威重不行。」後上朝，太公擁篲，迎門卻行。上大驚，下扶太公。太公曰：「帝，人主，奈何以我亂天下法！」上心善家令言，賜黄金五百斤。五月丙午，詔曰：「人之至親，莫親於父子。故父有天下傳歸於子，子有天下尊歸於父。此人道之極也。前日天下大亂，兵革並起，萬民苦殃，朕親被堅執鋭，自帥士卒犯危難，平暴亂，立諸侯，偃兵息民，天下大安，此皆太公之教訓也。諸王、徹侯、將軍、羣卿、大夫已尊朕爲皇帝，而太公未有號。今上尊太公曰太上皇。」本紀。

六月丁亥，封戎賜柳丘侯，周止魏其侯，繒賀祁侯，工師喜平侯，奚涓魯侯，尹恢城父侯，張越任侯，襄棘丘侯。秋七月庚寅，封郭亭河陵侯，單究昌武侯。戊戌，封丙猜高宛侯，丁義宣曲侯，華毋害終陵侯。八月丙辰，封劉到東茅侯，唐厲斥丘侯。甲子，封戴野臺侯，王陵安國侯，丁禮樂成侯，審食其辟陽侯，周緤信武侯。功臣表。

王陵從漢定天下，以善雍齒，雍齒，帝之仇，而陵本無意從帝，以故晚封。陳丞相世家。

列侯畢已受封，封爵之誓曰：「使黄河如帶，泰山若厲。國以永存，爰及苗裔。」中以丹書之信，本紀曰：「與功臣剖符作誓，丹書鐵契，金匱石室，藏之宗廟。」重以白馬之盟。王陵曰：「高帝刑白馬而盟曰，非劉氏而王者，天下共擊之。」又作十八侯之位次：功臣表序。酇侯蕭何第一，平陽侯曹參第二，第三闕。考異曰：侯表以張敖爲第三。按，是時敖正爲趙王，未爲宣平侯也。意必高后時曲升之，非高祖之舊也。今既無考，姑闕之。絳侯周勃第四，舞陽侯樊噲第五，曲周侯酈商第六，魯侯奚涓第七，汝陰侯夏侯嬰第八，潁陰侯灌嬰第九，陽陵侯傅寬第十，信武侯靳歙第十一，安國侯王陵第十二，棘蒲侯陳武第十三，清河侯王吸第十四，廣平侯薛歐第十五，汾陰侯周昌第十六，陽都侯丁復第十七，曲成侯蟲達第十八。功臣表。

丁丑，封代相陽武張蒼爲北平侯，功臣表。遷張蒼爲計相，一月更以列侯，爲主計四歲。是時蕭何爲相，而蒼乃自秦時爲柱下御史，明習天下圖書計籍，又善用算律曆，故令蒼以列侯居相府，領主郡國上計者。蒼列傳。立大市於長安。史記大事記。是歲，魯侯奚涓死，亡子，封其母底爲重平侯，封郦音而。跖之亦反。芒侯，陳夫乞高胡侯，爰類厭次侯。功臣表。

詔御史令豐治枌榆社，常以時，春以羊彘祀之。令祝立蚩尤之祠於長安。長安置祠祀官、女巫〔三〕。其梁巫祠天、地、天社、天水、房中、堂上之屬；晉巫祠五帝、東君、雲中君、巫社、巫祠、族人炊之屬；秦巫祠社主、巫保、族纍力追反。之屬；荆巫祠堂下、巫先、司命、施糜之屬；九天巫祠九天：皆以歲時祠宫中。其河巫祠河於臨晉，而南山巫祠南山、秦中。秦中者，二世皇帝也。各有時日。郊祀志。

校勘記

〔一〕諸侯共分之　四庫本「分」作「封」，據史記秦始皇本紀改。

〔二〕爵至人君　漢書高帝紀「至」作「或」，與年紀不同。金華叢書本作「或」。按，「至」字亦通，故不改。

〔三〕長安置祠祀官女巫　四庫本「官」作「宫」，據漢書郊祀志及金華叢書本改。

西漢年紀卷二

高祖

七年冬十月，長樂宮成，諸侯羣臣皆朝賀。儀：先平明，謁者治禮，引以次入殿門，廷中陳車騎步卒漢書作「戍卒」。衛官，史記作「衛宮」。設兵，張旗志。一作「幟」。傳曰「趨」。殿下郎中俠陛，陛數百人。功臣列侯諸將軍軍吏以次陳西方，東鄉；文官丞相以下陳東方，西鄉。大行設九賓，臚音廬。句傳。於是皇帝輦出房，輿服志云：「殷周以輦載軍器，至秦，去輪而輿至尊。」百官執職漢書作「戴」。傳警，引諸侯王以下至吏六百石以次奉賀。自諸侯王以下莫不震恐肅敬。迺拜叔孫通爲奉常，賜金五百斤。

初，通從弟子百餘人，然無所進，劇言諸故羣盜壯士進之。弟子皆曰：「事先生數年，幸得從降漢，今不進臣等，劇言大猾，何也？」通曰：「漢王方蒙矢石爭天下，諸生寧能鬬乎？故先言斬將搴旗之士。諸生且待我，我不忘矣。」至是，通因進曰：「諸弟子儒生隨臣久矣，與臣共爲儀，願陛下官之。」帝悉以爲郎。通出，皆以五百斤金賜諸生。諸生迺喜曰：「叔孫生誠聖人也，知當世之要務。」通傳。叔孫通既爲奉常，遂定儀法，禮樂志。著漢儀十二篇，見後漢曹褒傳。班固上叔孫通漢儀十二篇，章帝勑曹褒曰：「此制散略，多不合經。」益律旁章十八篇。晉刑法志。

漢興，樂家有制氏服虔曰：「魯人。」以雅樂聲律世世在太樂官，但能紀其鏗鏘鼓舞，而不能言其義。通乃因秦樂人制宗廟樂。考異曰：漢書禮樂志以爲高祖時，不附歲月。今附於定禮樂之後，他皆類此。太祝迎神於廟門，奏嘉至，猶古降神之樂也。皇帝入廟門，奏永至，以爲行步之節，猶古采薺，才私反。肆夏也。乾豆上，奏登歌，獨上歌，不以管絃亂人聲，欲在位者遍聞之，猶古清廟之歌也。登歌再終，下奏休成之樂，美神明既饗也。皇帝就酒東廂，坐定，奏永安之樂，美禮已成也。又作昭容樂、禮容樂。考異曰：禮樂志作六年，今附於叔孫通制樂之後。昭容者，猶古之昭夏也，主出武德舞。禮容者，主出文始、五行舞。舞人無樂者〔一〕，將至至尊之前不敢以樂也；出用樂者，言舞不失節，能以樂終也。大氐丁禮反。皆因秦舊事焉。禮樂志。

班固曰：「孔子曰：『殷因於夏禮，所損益，可知也；周因於殷禮，所損益，可知也；其或繼周者，雖百世可知也。』今大漢繼周，久曠大儀，未有立禮成樂，此賈誼、仲舒、王吉、劉向之徒所爲發憤而增嘆也。」

初，帝入關，約法三章，蠲削煩苛，兆民大說。讀曰悅。其後四夷未附，兵革未息，三章之法不足以禦姦，於是蕭何攟九問反。摭之石反。秦法，取其宜於時者，作律九章。刑法志。考異曰：不知其時，今因叔孫通定禮儀，因附於後。魏文侯時，李悝著法經六篇，然皆罪名之制也，商鞅受之以相秦。及何定律，益事律興、廄、户三篇，解題曰：「興律、廄律、户律，總謂之事律。」合爲九篇。晉刑法志。崔寔政論曰：「何作九章之律，有夷三族之令，黥、劓、斬趾、斷舌、梟首，故謂之具五刑。」後漢陳忠曰：「蕭何創制，大臣有告寧之科。」藝文志云：「蕭何草律，著其法，曰『太史試學童，能諷九千字以上，乃得爲史。又以六體試之，課最者以爲尚書御史史書令史。吏民上書，字或不正，輒舉劾。』六體者，古文、奇字、篆書、隸書、繆篆、蟲書，皆所以通知古今文字，摹印章，書幡信也。」先是，秦爲虐政，四時行刑，至何草律，季秋論報，陳寵議，見通典。常盡三冬之月。漢舊事。又，陳寵曰：「但避立春之月，不計天地之正。」

張良、韓信序次兵法，凡百八十二家，删取要用，定著三十五家。藝文志。天下既定，京師有南、北軍之屯，外命天下郡國選引彊蹶張材力武猛者，以爲輕車騎士、材官、樓船。漢官儀。考異曰：此據漢官儀所載耳。班固刑法志云：「天下既定，踵秦而置材官於郡國，京師有南、北軍之屯，至武帝平百粵，内增七校，外有樓船。」果如固言，則樓船蓋武帝制，漢初無有也。以史考之，淮南王長嘗發樓船擊南海（事見嚴助傳注），則非武帝始制，明矣。嚴安傳曰：「秦皇帝使尉屠睢將樓船之士攻越。」是樓船乃秦制也。漢官儀以爲高帝置，是必高帝因秦行之，至武帝益增多耳。常以立秋後郊禮畢，斬牲於東門，以薦陵廟。肄孫吴兵法六十四陣，每十月都試金革騎士，各有員數。如有寇警，平地用車騎，山阻用材官，水泉用樓船。通典。

張蒼緒正律曆，以帝十月始至霸上，因故秦時本以十月爲歲首，弗革。張蒼傳。以蒼言，用顓頊曆，比於六曆，疏闊中最爲微近。而朔晦月見，弦望滿虧，多非是。律曆志。又推五德之運，以爲漢當水德之時，尚黑如故。吹律調樂，入之音聲，及以比頻二反。定律令。若百工，天下作程品。張蒼傳。

太史公曰：「幽厲之後，周室微，陪臣執政，史不記時，君不告朔，故疇人之子弟分散。戰國獨有鄒衍明於五德之傳，而散消息之分，以顯諸侯。秦自以爲獲水德之瑞，而正以十月，色上黑。然曆度閏餘，未能睹其真也。帝亦自以爲獲水德之瑞，雖明習曆及張蒼等，咸以爲然。」

帝微時，常避事，時時與賓客過其丘嫂食。嫂厭叔與客來，陽爲羹盡，轑音勞。釜，客以故去。已而視釜有羹，繇讀曰由。是怨嫂。及立齊、代王，而伯子獨不得封。太上皇以爲言，帝曰：「某非敢忘封之也，爲其母不長者。」至是始封其子信爲羹頡音戛。侯。楚元王傳。

按，荀悦漢紀，封羹頡侯作「六年正月丙午」，與漢書楚元王傳及侯表異，當是荀紀誤。

甲子，封陳胥爲復陽侯，擊項籍功。其石陽河侯。定諸侯功。後又封許盎柏至侯，華寄朝陽侯。皆以擊羽功，功臣表。辛卯，立子如意爲代王，本紀。以郎中陽夏侯陳豨爲代相，考異曰：盧綰傳云：「上至平城，還拜豨。」今附於封如意之後。或作「趙相」，按，是時趙王張敖尚在，不應漢爲置相，唯韓信傳以爲「代相」，此言得之矣。今從信傳。劉貢父亦以爲當作代相。監趙、代邊，邊兵皆屬焉。盧綰傳。

春，令郎中有罪耐以上，請之。民產子，復勿事二歲。本紀。

二月，帝至長安。蕭何治未央宮，立東闕、北闕、前殿、武庫、太倉。顏曰：「未央殿雖南嚮，而上書奏事謁見之徒皆詣北闕，公車司馬亦在北焉。是則以北闕爲正門，而又有東門、東闕。至於西南兩面，無門闕矣。蓋蕭何初立未央宮，以厭勝之術，理宜然乎？」

秦兼天下，建皇帝之號，立百官之職，漢因循而不革，明簡易，隨時宜也。考異曰：「高帝初起，自稱沛公，其官爵，皆楚制，如左司馬、連敖之類是也。自入關，封漢元年，始用秦制，以蕭何爲丞相，周苛爲御史大夫，夏侯嬰爲太僕，襄爲治粟內史，周昌爲中尉。二年，盧綰爲太尉。五年，王恬啓爲郎中令，義渠爲廷尉，薛歐爲典客，陽咸延爲少府，酈商爲衛尉。七年，叔孫通爲奉常。是時，已盡取秦制，然猶未備也。自七年置宗正，而官制備矣。蓋漢初之制，多定於七年，今附於置宗正之後。百官表內屬令或有後世所增置者，或以微職無甚關係者，皆闕不著。」丞相，金印紫綬，掌承天子助理萬機，有兩長史，秩千石。太尉，金印紫綬，掌武事。御史大夫，銀印青綬，掌副丞相，有兩丞，秩千石，一曰中丞，在殿中蘭臺，掌圖籍秘書，外督部刺史，內領侍御史員十五人，受公卿奏事，舉劾按章。丞相、太尉、御史大夫，是爲三公。奉常，掌宗廟郊祀、禮樂，典經博士及諸陵縣皆屬。郎中令，掌宮殿掖門户，大夫、郎、謁者皆屬。衛尉，掌宮門衛士屯兵，公車司馬及諸屯衛候、司馬二十二官皆屬，長樂亦有衛尉掌其宮，職略同，位在同名卿上。見晉志。太僕，掌輿馬。廷尉，掌刑辟。典客，掌歸義蠻夷，屬有行人。宗正，掌親屬。治粟內史，掌穀貨，屬有太倉、都內令丞。少府，掌山海池澤之稅，以給供養，屬有尚書，又黃門、御府、永巷、內者、宦者令丞、諸僕射、署長、中黃門皆屬焉。凡九卿，秩皆中二千石，丞皆千石，廷尉無丞，有正監，秩比千石，屬令長皆六百石。中尉，掌徼循京師，秩與九卿同，有兩丞、候、司馬、千人，屬官有中壘、武庫令丞，又式道左右中候及京輔兵卒皆屬焉。太子太傅、少傅，古官。將作少府，掌治宮室。詹事，掌皇后、太子家。將行，皇后卿，或用中人，或用士人。典屬國，掌蠻夷降者。內史，周官，秦因之，掌治京師。主爵中尉，掌列侯。自太子太傅至主爵中尉，皆秩二千石，丞六百石，皆秦官也。侍中、左右曹、諸吏、散騎、中常侍，皆加官，所加或列侯、將軍、卿大夫、將、都尉、尚書、太醫、太官令至郎中，無員，多至數十人。給事中亦加官，所加或大夫、博士、議郎，位次中常侍。侍中黃門有給事黃門，位從將大夫，皆秦制也。

爵二十級：一公士，二上造，三簪褭，四不更，五大夫，六官大夫，七公大夫，八公乘，九五大夫，十左庶長，十一右庶長，十二左更，十三中更，十四右更，十五少上造，十六大上造，十七駟車庶長，十八大庶長，十九關內侯，二十徹侯，皆秦制，以賞功勞。徹侯金印紫綬，改所食國令長名相。諸侯王，帝初置，金璽盭音戾。綬，掌治其國。有太傅輔王，內史治國民，中尉掌武職，丞相統衆官，羣卿大夫都官如漢朝。郡守，掌治其郡，秩二千石。有丞，邊郡又有長史，掌兵馬，秩皆六百石。郡尉，掌佐守典武職甲卒，秩比二千石。有丞，秩皆六百石。縣令、長，掌治其縣。萬户以上爲令，秩千石至六百石。減萬户爲長，秩五百石至三百石。皆有丞、尉，秩四百石至二百石，是爲長吏。百石以下有斗食、佐史之秩，是爲少吏。大率十里一亭，亭有長。十亭一鄉，鄉有三老、有秩、嗇夫、游徼。三老掌教化。嗇夫職聽訟，收賦税。游徼徼循禁賊盗。縣大率方百里。其民稠則減，稀則曠，鄉、亭亦如之，皆秦制也。列侯所食縣曰國，皇后、公主所食曰邑，有蠻夷曰道。

凡吏秩比二千石以上，皆銀印青綬；比六百石以上，皆銅印黑綬；大夫、博士、御史、謁者、郎無。其僕射、御史治書尚符璽者，有印綬。比二百石以上，皆銅印黄綬。以上並依百官表及通典、荀氏漢紀參修。

漢制，三公號稱萬石，月各三百五十斛。中二千石者，月百八十斛。真二千石者，百五十斛。考異曰：顔氏百官表注，百官俸闕真二千石。按，汲黯傳如淳注曰：「諸侯王相秩，真二千石。律，真二千石月得百五十斛，二千石月得百二十斛。」通典以真二千石即二千石，所未諭也。今從如淳注增入。又，外戚傳顔氏注，亦曰真二千石月得百五十斛。二千石者，百二十斛。比二千石者，百斛。千石者，九十斛。比千石者，八十斛。六百石者，七十斛。比六百石者，六十斛。四百石者，五十斛。比四百石者，四十五斛。三百石者，四十斛。比三百石者，三十七斛。二百石者，三十斛。比二百石者，二十七斛。一百石者，十六斛。斗食，月十一斛。佐史，月八斛。顏氏百官表注。

秋七月丙申，封杜得臣爲棘陽侯，擊項籍功。林摯平棘侯。用燕相侯。並見功臣表。

太上皇徙居長安深宮，悽慘不樂，帝竊因左右問其故。以平生所好，皆屠販少年，沽酒鬭雞蹴鞠，以此爲懽，今咸無焉，以故不樂。帝迺於驪邑作新豐，移諸故人實之，太上皇乃悅。帝少時常禱豐枌符云反。榆之社，及移新豐亦還立焉。西京雜記。

八年冬十月，上東擊韓信餘寇於東垣。音轅。還過趙，趙相貫高等恥上不禮其王，陰謀欲弒上。上心動，去，弗宿。高紀。

癸丑，封趙將夕深澤侯。擊平城功。丙辰，封燕相温疥音介。爲揨侯。告燕王臧荼反。癸酉，封程黑爲歷侯。攻臧荼功。並功臣表。

十一月，令士卒從軍死者爲櫘，音衛。歸其縣，縣給衣衾棺葬具，祠以少牢，長吏視葬。本紀。

十二月丁未，封衛胠音脅。武原侯，擊韓王信功。陳鍇稾侯。擊代陳豨功。春二月丁卯，封許瘛克制反。宋子侯。定諸侯功。

三月丙戌，封陳遫古速字。猗氏侯，室中同清侯，留盻彊侯，秦同彭侯。皆以擊羽功。見功臣表。

行如雒陽。本紀。令吏卒從軍至平城及守城邑者，皆復終身勿事。令爵非公乘以上毋得冠劉氏冠。本紀。

初，秦兼天下，幣爲二等〔二〕：黄金以溢爲名，上幣；銅錢文曰「半兩」，重如其文。而珠玉龜貝銀錫之屬爲器飾寶臧，不爲幣。漢興，以爲秦錢重難用，更令民鑄莢音頰。錢。黄金一斤。而不軌逐利之民蓄積餘贏以稽市物，物痛騰躍，米至石萬錢，馬至匹百金。天下已平，帝乃令賈人毋得衣錦綉綺縠絺紵罽，操兵，乘騎馬，重税租以困辱之。食貨志、本紀。漢律：人出一算，惟賈人與奴婢倍算。

漢接秦之弊，諸侯並起，民失作業。天下既定，民亡蓋藏，自天子不能具醇駟，而將相或乘牛車。上於是約法省禁，輕田租，什五而税一，量吏禄，度官用，以賦於民。而山川園池市肆租税之入，自天子以至封君湯沐邑，皆各爲私奉養，不領於天下之經費。轉漕關東粟以給中都官，歲不過數十萬石。食貨志。

夏四月辛卯，封魏遬甯侯。擊臧荼功。六月戊申，封旅卿昌侯。壬子，封旅罷讀曰疲。師共音供。侯，擊韓王信功。馮解散閼氏侯。平代功。秋七月癸酉，封張説安丘侯。擊項羽功。並見功臣表。

八月，吏有罪未發覺者，赦之。本紀。

九月丙午，封紀成子通爲襄平侯，通以父戰好畤死事侯。己未，封陳署龍陽侯。斬曹咎功。功臣表。

是歲，或言周興而邑立后稷之祠，至今血食天下。於是帝制詔御史：「其令天下立靈星祠，常以歲時祠以牛。」郊祀志。祀用壬辰，位祠之縣邑令、長侍祠。舞者童男十六人，舞象教田，初爲芟除，次耕種，次耘耨，驅爵及穫刈，舂簸之形象，成功。通典。

冒頓數苦北邊，上患之。迺使劉敬奉宗室女翁主名爲長公主，妻單于爲閼氏，歲奉匈奴絮繒酒食物各有數，約爲兄弟以和親，冒頓迺少止。匈奴傳。

九年冬十月，未央宮成。淮南王英布、梁王彭越、趙王張敖、楚王交及羣臣朝於未央宮。置酒前殿，太上皇輦上坐，上奉玉卮，起爲太上皇壽，曰：「始大人常以臣亡賴，不能治產業，不如仲力。今某之所就孰與仲多？」太上皇笑，殿上羣臣皆呼萬歲。史記大事記、漢書本紀。

劉敬從匈奴來，言：「願陛下徙齊諸田，楚昭、屈、景，燕，趙、韓、魏後，及豪桀名家，居關中。無事，可以備胡；諸侯有變，亦足率以東伐。此彊本弱支之術也。」上曰：「善。」十一月，迺使劉敬徙所言關中十餘萬口，敬傳。與利田宅。本紀。

地理志曰：「秦地於禹貢時跨雍、梁二州，詩風兼秦、豳兩國。昔后稷封漦，讀曰部。公劉處豳，太王徙岐，文王作酆，武王治鎬，其民有先王遺風，好稼穡，務本業，故豳詩言農桑衣食之本甚備。有鄠、杜竹林，南山檀柘，號稱陸海，爲九州膏腴。始皇之初，鄭國穿渠，引涇水溉田，沃野千里，民以富饒。漢興，立都長安，徙齊諸田，楚昭、屈、景及諸功臣家於長陵。後世世徙吏二千石、高訾富人及豪桀并兼之家於諸陵。蓋亦以彊幹弱支，非獨爲奉山園也。是故五方雜厝，古錯字。風俗不純。其世家則好禮文，富人則商賈爲利，豪桀則游俠通姦。瀕南山，近夏陽，多阻險輕薄，易爲盜賊，常爲天下劇。又郡國輻湊，浮食者多，民去本就末，列侯貴人車服僭上，衆庶放效，羞不相及，嫁娶尤崇侈靡，送死過度。」

十二月壬寅，封張瞻師爲平侯。擊諸侯功。見功臣表。三月丙戌，詔以須毋爲陸量侯，自置吏令長，受令長沙王。夏四月戊寅，封長沙將鄧弱爲離侯，長沙柱國吳郢爲義陵侯，又封周成爲高景侯。成，苛之子，以父死事侯。年表。

六月，以奉常叔孫通爲太子太傅。百官表。大謁者臣章受詔長樂宮，曰：「令羣臣議天子所服，以安治天下。」丞相臣何、御史大夫臣昌謹與將軍臣陵、太子太傅臣通等議：「春夏秋冬天子所服，當法天地之數，中得人和。故自天子王侯有土之君，下及兆民，能法天地，順四時，以治國家，身無禍殃，年壽永究，是奉宗廟安天下之大禮也。臣請法之。中謁者趙堯舉春，李舜舉夏，兒湯舉秋，貢禹舉冬，四人各職一時。」大謁者襄章奏，制曰：「可。」魏相傳。

罷渭南、河上、中地郡，復隸内史。以地理志修。

周昌爲人强力，敢直言，自蕭、曹等皆卑下之。昌嘗燕時入奏事，帝方擁戚姬，昌還走，帝逐得，騎昌項問曰：「我何如主也？」昌仰曰：「陛下即桀紂之主。」於是上笑之，然尤憚昌。昌傳。

吕后晚節色衰愛弛，而定陶戚姬有寵於上，生趙王如意。上以太子仁弱，謂如意類己，雖封爲趙王，常留之長安。上之關東，戚姬常從，日夜啼泣，欲立其子。吕后常留守，益疏。外戚世家、通鑑。上欲廢太子而立趙王，大臣争之，皆莫能得。周昌廷争之彊，上問其説，昌爲人吃，又盛怒，曰：「臣口不能言，然臣期期知其不可。陛下欲廢太子，臣期期不奉詔。」上欣然而笑，既罷。吕后側耳於東廂聽，見周昌，爲跪謝曰：「微君，太子幾廢。」

時趙王年少，帝憂萬歲之後不全也。符璽御史趙堯侍帝，帝獨心不樂，悲歌，羣臣不知上之所以然。堯進問曰：「陛下所爲不樂，非爲趙王年少，而戚夫人、吕后有郤，備萬歲之後而趙王不能自全乎？」帝曰：「然。吾私憂之，不知所出。」堯曰：「陛下獨宜爲趙王置貴彊相，及呂后、太子、羣臣素所敬憚者乃可。」帝曰：「然。吾念之欲如是，而羣臣誰可者？」堯曰：「御史大夫周昌，其人堅忍質直，自呂后、太子及大臣皆素敬憚之，獨昌可。」帝曰：「善。」於是乃召周昌謂曰：「吾欲固煩公，公彊爲我相趙王。」周昌泣曰：「臣初起從陛下，陛下獨奈何中道而棄之於諸侯乎？」帝曰：「吾極知其左遷，然吾私憂趙王，念非公無可者。公不得已彊行。」於是徙御史大夫周昌爲趙相。昌傳。考異曰：通鑑載於十年。按，九年張敖既廢，徙如意爲趙王，昌必以此時爲相。史記大事記載於九年，是爲得之，今從史記。

是歲，酈商以將軍將太上皇衛。商傳。考異曰：商傳以爲陳豨反前一年，今載於此，次年太上皇崩，意者此官亦隨省也。

十年冬十月，淮南王英布、梁王彭越、燕王盧綰、荆王賈、楚王交、齊王肥、長沙王吳臣皆來朝長樂宮。史記本紀。

周昌既行久之，帝持御史大夫印弄之，曰：「誰可以爲御史大夫者？」孰視堯曰：「無以易堯。」遂拜堯爲御史大夫。考異曰：史記大事記、漢書百官表皆書堯除日於十年，今從之。初，趙人方與音房豫。公謂周昌曰：「君之史趙堯年雖少，然奇士，君必異之，且代君之位。」昌笑曰：「堯年少，刀筆吏耳，何至是乎！」頃之，果代昌位。昌傳。

春，有司請令縣常以春二月及臘祠稷以羊彘，民里社各自裁以祠。制曰：「可。」郊祀志。

夏五月，太上皇崩于櫟陽宫。秋七月癸卯，葬太上皇于萬年。考異曰：漢書本紀云：「五月，太上皇后崩，七月癸卯，太上皇崩，葬萬年。」考荀紀五月無「后」字，七月無「崩」字。蓋荀悦之時，漢書本尚未訛謬也，今從荀紀。楚王交、梁王彭越來送葬，赦櫟陽囚死罪以下。荀紀、漢紀、史記。八月，令諸侯皆立太上皇廟于國都。本紀。

陳豨少時，常稱慕魏公子，及將守邊，招致賓客。常告過趙，賓客隨之者千餘乘，邯鄲官舍皆滿。豨所以待賓客，如布衣交，皆出客下。豨還之代，趙相周昌迺求入見上，具言豨賓客盛甚，擅兵於外數歲，恐有變。上乃令人覆按豨客居代者財物諸不法事，多連引豨，豨恐。盧綰傳。故韓王信令王黄、曼丘臣説豨。信傳。及太上皇崩，上因是召陳豨，豨稱病甚，九月，遂與王黄等反，自立爲代王，劫略趙、代。盧綰傳。上曰：「豨嘗爲吾使，甚有信。代地吾所急，故令豨以相國守代，今乃與王黄等劫掠代地！吏民非有罪也，能去豨、黄來歸者，皆舍之。」本紀。上欲自擊豨，信武侯周緤泣曰：「始秦攻破天下，未嘗自行。今上常自行，是亡人可使者乎！」上以爲愛我，賜入殿門不趨，殺人不死。周緤傳。

太史公曰：「周緤操心堅正，身不見疑，上欲有所之，未嘗不流涕，此有傷心者然，可謂篤厚君子矣。」

時沛人任敖素善於上，爲上黨守，堅守不下。荀紀。

是歲，制詔御史曰：「獄之疑者，吏或不敢決，或有罪者久而不論，無罪者久繫不決。自今以來，縣道官獄疑者，各讞所屬二千石官，二千石官以其罪名當報之。所不能決者，皆移廷尉，廷尉亦當報之。廷尉所不能決，謹具爲奏，傅讀曰附。所當比律令以聞。」刑法志。

考異曰：刑法志作七年，荀紀載於十年，當是此時本猶未誤耳，今從荀紀。

十一年冬，上在邯鄲。陳豨相侯敞考異曰：漢紀作「將」，今從靳歙傳。將萬餘人游行，王黄將騎千餘軍曲逆。漢紀。上命車騎將軍靳歙并將梁、趙、齊、燕、楚車騎擊敞，破之，因降曲逆。靳歙傳。考異曰：將諸侯軍，見靳歙傳。蓋高帝前以羽檄徵天下兵，至此而集。按，彭越傳，帝至邯鄲徵兵梁王，梁王稱病，使將將兵詣邯鄲，此梁兵也。周昌爲趙相，白趙壯士四人爲將，帝曰：「今計獨有邯鄲中兵。」此趙兵也。陽陵侯傅寬以齊相擊陳豨，此齊兵也。盧綰傳：「高祖如邯鄲擊豨，燕王綰亦擊其東北。」此燕兵也。獨楚無所見，時交爲楚王，當考。太尉周勃取道太原，入定代地，至馬邑，馬邑不下，攻殘之，趙利守東垣。十二月，上自攻之不下。卒罵，上怒。城降，卒罵者斬之。諸縣堅守不降反寇者，復租三歲。漢紀。

癸巳，封河間守張相如爲東陽侯，後封中尉陶舍開封侯，郎中公孫昔禾成侯，孫赤堂陽侯，高色祝阿侯，趙堯江邑侯，劉澤營陵侯，宣義土軍侯，任敖廣阿侯，趙衍須昌侯，公上不害汲侯，呂臣甯陵侯，祕彭祖戴侯。功臣表。

舍人樂說得罪於韓信，信囚，欲殺之。春正月，舍人弟上變告信欲反狀於呂后。呂后欲召，恐其黨不就，乃與蕭相國謀，詐令人從上所來，言陳豨已死，列侯羣臣皆賀。相國紿信曰：「雖疾，彊入賀。」信入，呂后使武士縛信，斬之長樂鍾室。信方斬，曰：「吾悔不用蒯徹之計，乃爲兒女子所詐，豈非天哉！」遂夷信三族。封樂說慎陽侯。紀、傳、功臣表。考異曰：史記、漢書皆載韓信與陳豨有謀，豨反，信詐詔赦諸官徒奴，欲發以襲呂后、太子，部署已定，待豨報。使如二史所載，信辟左右而與陳豨謀，當時誰復知之？時陳豨已反，高帝自將往征，則豨反明矣。信部署已定，又何待豨報也？此必告反者之詞，及當時文致之罪耳。祥符間，陳簡能作雪韓信論，及張文潛亦謂信非反。近東萊作大事記，朱晦翁貽書論辯，亦以信爲不反。後東萊竟以反書，而晦翁以爲失入。二史所載信反謀，既非事實，今皆削去不録。

太史公曰：「吾如淮陰，淮陰人爲余言，韓信雖爲布衣時，其志與衆異。其母死，貧無以葬，然乃行營高敞地，令其旁可置萬家。余視其母冢，良然。」

帝聞韓信已誅，使使拜丞相蕭何爲相國，何傳。考異曰：史記大事記、漢書百官表下卷、通鑑皆載何以九年爲相國，而荀悦漢紀及漢書百官表上卷皆以爲十一年，二者不同。考史記蕭何世家、漢書列傳皆云「上已聞誅韓信，使使拜丞相何爲相國。令卒五百人一都尉，爲相國衛。」信誅在十一年，拜何相國不應在九年也。當以十一年爲正。大事記、百官表下卷、通鑑皆未免差誤。綠綬，百官表。益封五千户，令卒五百人一都尉爲相國衛。諸君皆賀，故秦東陵侯召讀曰邵。平獨弔曰：「禍自此始矣。上暴露於外，而君守於內，非冒矢石之難，而益君封置衛者，以今者淮陰新反於中，有疑君心。夫置衛衛君，非以寵君。願君讓封不受，悉以家私財佐軍。」何從其計，上説。讀曰悦。見何傳。

故韓王信復與胡騎入居參合距漢，漢使柴將軍柴武，即陳武。擊之，遺信書曰：「陛下寬仁，諸侯雖有叛亡，而復歸，輒復故位號，不誅也。大王所知。今王以敗亡走胡，非有大罪，急自歸。」信報曰：「陛下擢僕起閭巷，南面稱孤，此僕之幸也。滎陽之事，僕不能死，囚於項籍，此一罪也。及寇攻馬邑，僕不能堅守，以城降之，此二罪也。今反爲寇，將兵與將軍爭一旦之命，此三罪也。夫種、蠡無一罪，身死亡；今僕有三罪於陛下，而欲求活，此伍子胥所以僨於吳也。今僕亡匿山谷間，旦暮乞貸蠻夷，僕之思歸，如痿人不忘起，盲者不忘視也。勢不可耳。」遂戰。柴將軍屠參合，斬信。信傳。

帝還雒陽，詔曰：「代地居常山之北，與夷狄邊，趙乃從山南有之，遠，數有胡寇，難以爲國。頗取山南太原之地益屬代，代之雲中以西爲雲中郡，則代受邊寇益少矣。王、相國、通侯、吏二千石擇可立爲代王者。」燕王綰、相國何等三十三人皆曰：「子恒賢知溫良，請立以爲代王，都晉陽。」漢書本紀。以陽陵侯傅寬爲代相國，將屯。寬傳。

丙戌，封杜恬長修侯。擊諸侯、攻項昌死事侯。二月乙酉，封戚鰓臨轅侯，守城功。後又封蘄彊汾陽侯。破鍾離眛功。功臣表。

詔曰：「欲省賦甚。今獻未有程，吏或多賦以爲獻，而諸侯王尤多，民疾之。今諸侯王、徹侯常以十月朝獻，及郡各以其口數率，人歲六十三錢，以給獻費。」本紀。

詔曰：「蓋聞王者莫高於周文，伯讀曰霸。者莫高於齊桓，皆待賢人而成名。今天下賢者智能豈特古之人乎？患在人主不交故也，士奚由進！今吾以天之靈，賢士大夫定有天下，以爲一家，欲其長久，世世奉宗廟亡絶也。賢人已與我共平之矣，而不與吾共安利之，可乎？賢士大夫有肯從我游者，吾能尊顯之。布告天下，使明知朕意。御史大夫堯下相國，考異曰：漢書本紀作「御史大夫昌」。按，周昌已於九年出爲趙相，不應尚以爲稱也。是時，趙堯爲御史大夫，故易作「堯」字。按，御史大夫是趙堯，蓋本漢書臣瓚注。然周昌於九年爲趙相，疑是以御史大夫行趙相事。而趙堯特以御史守御史大夫，故詔書仍言昌，似不必改本紀原文也。相國酇侯下諸侯王，御史中執法下郡守，其有意稱明德者，必身勸，爲之駕，遣詣相國府，署行、義、年。有而弗言，覺，免。年老癃病，勿遣。」本紀。

樊噲以呂后女弟呂嬃爲婦，生子伉，音抗，又音剛。故其比諸將最親。帝嘗病，惡見人，卧禁中，詔户者無得入羣臣。噲迺排闥直入，大臣隨之。上獨枕一宦者卧，噲等見上，流涕曰：「始陛下與臣等起豐沛，定天下，何其壯也！今天下已定，又何憊也！且陛下病甚，大臣震恐，不見臣等計事，顧獨與一宦者絶乎？且陛下獨不見趙高之事乎？」帝笑而起。噲傳。漢興，佞幸寵臣則有籍孺，此人非有才能，但以婉媚貴幸，與上卧起，公卿皆因關說。佞幸傳序。考異曰：籍孺事見佞幸傳序，不得其時，今附於枕宦者卧之後。

先是，上欲廢太子，大臣多諫争，未得堅決也。呂后恐，不知所爲。人或謂呂后曰：「留侯善畫計策，上信用之。」呂后乃使建成侯呂釋之按，史記功臣表，六年封呂澤周呂侯，釋之建成侯。而良世家書易太子事，乃作建成侯呂澤。漢書張良傳亦作呂澤，當是二史之誤。劫張良曰：「君常爲上謀臣，今上日欲易太子，君安得高枕而卧乎？」良曰：「始上數在困急之中，幸用臣策，今天下安定，以愛欲易太子，骨肉之間，雖臣等百餘人何益！」呂釋之彊要曰：「爲我畫計。」良曰：「此難以口舌争也。顧上有不能致者四人。四人年老矣，皆以上嫚侮士，故逃匿山中，義不爲漢臣。然上高此四人。今公誠能無愛金玉璧帛，令太子爲書，卑辭安車，因使辯士固請，宜來。來，以爲客，時從入朝，令上見之，則一助也。」於是呂后令呂釋之使人奉太子書，卑辭厚禮，迎此四人。四人至，客建成侯所。張良傳、世家。考異曰：四皓來，不得其時，今附於英布未反之前。

秋七月己丑，封翟盱况于反。衍侯，守燕功。後封昭涉掉徒弔反。尾平州侯。擊臧荼功。功臣表。

淮南王英布反，本紀。汝陰侯滕公以問其客故楚令尹薛公。薛公曰：「是固當反。」滕公曰：「上裂地而封之，疏爵而貴之，南面而立萬乘之主，其反，何也？」薛公曰：「往殺韓信，今殺彭越，考異曰：史記作「往年殺彭越，前年殺韓信」，漢書作「前年殺彭越，往年殺韓信」。按，信死乃在越前，荀氏漢紀移韓信於前，固得之矣。但作「往年」、「今年」，則猶未善也。信、越之死，同是一年。今改從荀紀，而去「年」字。三人皆同功一體之人，自疑禍及身，故反耳。」於是上赦天下死罪以下，皆令從軍，徵諸侯兵自將以擊布。數語見紀。羣臣居守，皆送至霸上。張良病，彊起至曲郵，見上曰：「臣宜從，病甚。楚人剽疾，願上慎毋與楚爭鋒。」因說上令太子爲將軍監關中兵。上謂子房雖病，彊卧傅太子。」是時叔孫通爲太傅，張良行少傅事。良世家。發上郡、北地、隴西車騎，巴蜀材官及中尉卒三萬人爲皇太子衛，軍霸上。本紀。布之初反，謂其將曰：「上老矣，厭兵，必不能來。使諸將，諸將獨患淮陰、彭越，今已死，餘不足畏。」故遂反，東擊荆。考異曰：漢書布傳云：「故遂反。果如薛公揣之，東擊荆。」按，布起兵取荆敗楚，遂與上遇，何嘗「歸重於越」、「身歸長沙」，如薛公所謂「下計」乎？「果如薛公揣之」，此言非事實，今削去不取。荆王賈與戰，弗勝，走富陵，爲布軍所殺，盡劫其兵，度淮擊楚。楚相冷耳堅守彭城距布。功臣表。上數使使問相國何爲。曰：「爲上在軍，拊循勉百姓，悉所有佐軍，如陳豨時。」客説蕭何曰：「君滅族不久矣。夫君位爲相國，功第一，不可復加。然君初入關，本得百姓心，十餘年矣。皆附君，尚復孳孳得民和。上所爲數問君，畏君傾動關中。今君胡不多買田地，賤貰貸土得反。以自汙？上心必安。」於是何從其計，上乃大説。何世家、傳。

十二年冬十月，上與布兵遇於蘄西，遂戰，破布軍，布走江南，布傳，參世家。上令別將追之。本紀。

上還，過沛，留，置酒沛宮，悉召故人父老子弟佐酒。發沛中兒得百二十人，教之歌。酒酣，胡甘反。上擊筑，自歌曰：「大風起兮雲飛揚，威加海内兮歸故鄉，安得猛士兮守四方！」令兒皆和胡卧反。習之。上乃起舞，忼口朗反。慨傷懷。樂飲十餘日，乃去。沛父兄皆頓首曰：「沛幸得復，豐未得，唯陛下哀矜。」上曰：「豐者，吾所生長，極不忘耳。吾特以其爲雍齒故反我爲魏。」沛父兄固請，迺并復豐，比沛。

漢別將擊布軍洮水南北，皆大破之。本紀。布故與番君婚，以故長沙王臣使人紿布，僞與亡，誘走越，布信而隨之番陽。番陽人殺布茲鄉民田舍。封賁赫爲期思侯，諸將率多以功封者。布傳。單右車爲中牟侯，黄極忠邔音跽。侯，周聚博陽侯，靈常陽羡侯，泠耳下相侯，王虞人高陵侯。功臣表。賜淮南相朱建號平原君，家徙長安。建傳。

太史公曰：「英布者，其先豈春秋所見楚滅英、六，皋陶之後哉？身被刑法，何其拔興之暴也！項氏所坑殺人以千萬數，而布嘗爲首虐。功冠諸侯，用此得王，亦不免於身爲世大僇。禍之興自愛姬殖，妒媢音冒。生患，竟以滅國！」

周勃悉定代郡、雁門、雲中地，斬陳豨於當城。本紀。考異曰：史記盧綰傳云：「漢使樊噲擊斬豨。」按，漢書高紀書：「周勃定代，斬陳豨於當城。」故呂氏大事記合而言之，以爲「周勃、樊噲定代郡。」按，傳寬傳云：「寬擊陳豨，屬太尉勃，以相國代丞相噲擊豨。」是平代之役，噲未終事而還。排闥之諫，噲已在長安矣。故漢書止書周勃爲是。今從漢書。封將軍馮谿爲穀陽侯，郎中許猜嚴侯，太原尉奚意成陽侯。功臣表。省太尉官。年表。

荆王賈無後，上患吴會稽輕悍，無壯王填之，諸子少，濞傳。辛丑，史記表。立沛侯濞音被。爲吴王，王三郡五十三城。已拜，上召，謂濞曰：「汝狀有反相。」因拊其背曰：「漢後五十年東南有亂，豈汝邪？然天下同姓一家，汝慎毋反！」濞頓首曰：「不敢。」紀、傳。又封濞弟廣爲德侯，皆兄喜子也。表。

十一月，上過魯，申公以弟子從師浮丘伯入見于南宮。申公傳。上以太牢祠孔子。本紀。自是，諸侯卿相至，常先謁，然後從政。孔子世家。

太史公曰：「詩有之：『高山仰止，景行行止，雖不能至，然心鄉往之。』余讀孔氏書，想見其爲人。適魯，觀仲尼廟堂車服禮器，諸生以時習禮其家，余低回留之不能去云。」

帝罷布軍歸，民道遮行，上書言相國蕭何彊賤買民田宅數千人。上至長安，蕭何謁，上笑曰：「今相國乃利民！」民所上書皆以與何，曰：「君自謝民。」何世家、傳。

上歸，及宴，置酒，太子侍。四人從，年皆八十有餘，須眉皓白，衣冠甚偉。上怪，問曰：「何爲者？」四人前對，各言名姓，曰：「東園公、甪里先生、綺里季、夏黄公。」上乃大驚，曰：「吾求公數歲，公避逃我，今公何自從吾兒游乎？」四人皆曰：「陛下輕士善罵，臣等義不受辱，故恐而亡匿。竊聞太子爲人仁孝，恭敬愛士，天下莫不延頸欲爲太子死者，故臣等來耳。」上曰：「煩公幸卒調護太子。」四人爲壽已畢，趨去。上目送之，召戚夫人，指示四人曰：「我欲易之，彼四人輔之，羽翼已成，難動矣。吕后真而主矣。」戚夫人泣，上曰：「爲我楚舞，吾爲若楚歌。」歌曰：「鴻鵠高飛，一舉千里。羽翮已就，横絶四海。横絶四海，當可奈何〔三〕！雖有繒繳，尚安所施！」歌數闋，戚夫人歔欷流涕。上起去，罷酒。竟不易太子者，留侯本招此四人之力也。良傳、世家、通傳。

十二月癸卯，封李必爲戚侯。功臣表。以擊韓王信功侯。

詔曰：「秦皇帝、楚隱王、魏安釐王、齊愍王、趙悼襄王皆絶亡後。其與秦始皇帝守冢二十家，楚、魏、齊各十家，趙及魏公子亡忌各五家，令視其家，復亡與他事。」本紀。

班固曰：「自古受命及中興之君，必興滅繼絶，修廢舉逸，然後天下歸仁，四方之政行焉。傳稱武王克殷，追存賢聖，至乎不及下車，世代雖殊，其揆一也。高帝撥亂誅暴，庶事草創，日不暇給，然猶修祀六國，求聘四皓。過魏則寵無忌之墓，適趙則封

樂毅之後。及其行賞而授位也。爵以功爲先後，官用能爲次序。」一

春二月，使樊噲將兵擊綰。詔曰：「燕王綰與吾有故，愛之如子，聞與陳豨有謀，吾以爲亡有，故使人迎綰。綰稱疾不來，謀反明矣。燕吏民非有罪也，賜其吏六百石以上爵各一級。與綰居，去來歸者，赦之，加爵亦一級。」詔諸侯王議可立爲燕王者，長沙王臣等請立子建爲燕王。本紀。以士軍侯宣義爲燕相。表。

是月，熒惑守心。荀紀。

三月丙寅，封酈疥爲高粱侯，疥，食其子也，以父死事侯。史記侯表。

詔曰：「吾立爲天子，帝有天下，十二年于今矣。與天下之豪士賢大夫共定天下，同安輯與集同。之。其有功者上致之王，次爲列侯，下乃食邑。而重臣之親，或爲列侯，皆令自置吏，得賦斂，女子公主。爲列侯食邑者，皆佩之印，賜大第室。吏二千石，徙之長安，受小第室。入蜀漢定三秦者，皆世世復。吾於天下賢士功臣，可謂亡負矣。其有不義背天子擅起兵者，與天下共伐誅之。布告天下，使知朕意。」本紀。

漢興，序二等。高祖子弟同姓爲王者九國，唯獨長沙異姓，而功臣侯者百餘人。自雁門、太原以東至遼陽，爲燕、代國；常山以南，太行左轉，度河、濟、阿、甄以東薄海，爲齊、趙國；自陳以西，南至九疑，東帶江、淮、穀、泗，薄會稽，爲梁、楚、吳、淮南、長沙國：漢表云：

「自鴈門以東，盡遼陽，爲燕、代。常山以南，太行左轉，度河、濟，漸于海，爲齊、趙。穀、泗以往，奄有龜、蒙，爲梁、楚。東帶江湖，薄會稽，爲荆、吴。北界淮瀕，略廬、衡，爲淮南。波漢之陽，亘九嶷，爲長沙。」皆外接於胡、越。而内地北距山以東盡諸侯地，大者或五六郡，連城數十，置百官宫觀，僭於天子。漢獨有三河、東郡、潁川、南陽，自江陵以西至蜀，北自雲中至隴西，與内史凡十五郡，而公主列侯頗食邑其中。何者？天下初定，骨肉同姓少，故廣彊庶孽。以鎮撫四海，用承衛天子也。漢定百年之間，親屬益疏，諸侯或驕奢，忕邪臣計謀爲淫亂〔四〕，大者叛逆，小者不軌于法，以危其命，殞身亡國。天子觀於上古，然後加惠，使諸侯得推恩分子弟國邑，故齊分爲七，徐廣曰：「城陽、濟北、濟南、菑川、膠西、膠東，是分爲七。」趙分爲六，徐廣曰：「河間、廣川、中山、常山、清河。」梁分爲五，徐廣曰：「濟陰、濟川、濟東、山陽也。」淮南分爲三，徐廣曰：「廬江、衡山。」及天子支庶子爲王，王子支庶爲侯，百有餘焉。吴楚時，前後諸侯或以適削地，是以燕、代無北邊郡，吴、淮南、長沙無南邊郡，齊、趙、梁、楚支郡名山陂海咸納於漢。諸侯稍微，大國不過十餘城，小侯不過數十里，上足以奉貢職，下足以供養祭祀，以藩輔京師。而漢郡八九十，形錯諸侯間，犬牙相臨，秉其阸塞地利，彊本幹弱枝葉之勢也〔五〕。尊卑明而萬事各得其所矣。史記諸侯年表序。

樊噲既行，人有短惡噲者，陳平世家。云黨於吕氏，即上一日宫車晏駕，則噲欲以兵盡誅滅戚氏、趙王如意之屬。帝聞之大怒，噲傳。曰：「噲見吾病，乃冀我死也。」用陳平謀，而召周勃受詔牀下，曰：「陳平亟馳傳載勃代噲將，平至軍中即斬噲頭！」平世家。

夏四月，詔陳平、灌嬰將十萬屯滎陽。本紀。

甲辰，帝崩于長樂宮。黄圖云：「高帝居長樂宮，自惠帝至平帝皆居未央宮，而長樂宮，太后常居之。」呂后與審食其謀曰：「諸將故與帝爲編户民，北面爲臣，心常怏怏，今乃事少主，非盡族是，天下不安。」以故不發喪。人或聞之，以語酈商。酈商見審食其曰：「聞帝已崩，四日不發喪，欲誅諸將。誠如此，天下危矣。考異曰：通鑑考異云：「呂后雖暴戾，安敢一旦盡誅大臣！此説恐妄，因删去不取。」余按，韓、彭，漢之梟將，呂后斃之，如斃狐兔，曾不勞指顧之力，况已下諸將乎！意當時必有此謀，不可不載。今從漢書本紀。陳平、灌嬰將十萬守滎陽，樊噲、周勃將二十萬定燕、代，比聞帝崩，諸將皆誅，必連兵還鄉，以攻關中。大臣内畔，諸將外反，亡可蹻足待也。」審食其入言之，乃以丁未發喪，大赦天下。本紀。

盧綰與數千人居塞下候伺，幸上疾愈，自入謝。聞帝崩，遂亡入匈奴，匈奴以爲東胡盧王。綰傳。漢封擊綰者陳倉爲紀信侯，張平鹵侯，時又封王競爲景侯，毛釋之張侯，革朱煮棗侯，朱濞僑陵侯：皆以從軍擊諸侯功封。漢自東克項羽，訖十二年，侯者百四十有三人。功臣表。

五月丙寅，葬長陵。自崩至葬，凡二十三日。已下，皇太子、羣臣皆反，至太上皇廟。羣臣曰：「帝起細微，撥亂世反之正，平定天下，爲漢太祖，功最高。」上尊號曰高皇帝。紀。考異曰：史通謂賈逵撰左氏義，稱在秦者爲劉氏，乃漢室所宜推先，但取悦當時，殊無足採。今不書。

太史公曰：「夏之政忠。忠之敝，小人以野，故殷人承之以敬。敬之敝，小人以鬼，故周人承之以文。文之敝，小人以僿，故救僿莫若以忠。三王之道若循環，終而復始。周秦之間，可謂文敝矣。秦政不改，反酷刑法，豈不繆乎？故漢興，承敝易變，使人不倦，得天統矣。朝以十月。車服黄屋左纛。」

校勘記

〔一〕舞入無樂者　漢書禮樂志「入」作「人」，漢書似誤。金華叢書本作「入」。

〔二〕幣爲二等　四庫本「二」作「三」，據漢書食貨志及金華叢書本改。

〔三〕當可奈何　四庫本脱「可」字，句意雖可通，然與歌體不合。據史記留侯世家補。

〔四〕忕邪臣計謀爲淫亂　「忕」原作「怵」。按，忕訓習，謂習於邪臣之計謀（見司馬貞索隱）。四庫本形近而訛，據史記漢興以來諸侯王年表及金華叢書本改。

〔五〕彊本幹弱枝葉之勢也　四庫本此句作「彊弱本幹枝葉之勢也」。據史記漢興以來諸侯王年表及金華叢書本乙正。

西漢年紀卷三

惠帝

孝惠皇帝，諱盈，高祖太子也，母曰呂皇后。帝年五歲，高祖初爲漢王，二年，立爲太子，十二年四月，高祖崩，五月丙寅，太子即皇帝位。漢書紀。

是時，高祖八子：長男肥，帝兄也，異母，肥爲齊王；餘皆帝弟，戚姬子如意爲趙王，薄夫人子恒爲代王，諸姬子子恢爲梁王，子友爲淮陽王，子長爲淮南王，子建爲燕王。高祖弟交爲楚王，兄子濞爲吴王。非劉氏功臣番君吴芮子臣爲長沙王。史記紀。尊皇后曰皇太后。漢書紀。

漢興，因秦之稱號，帝母稱皇太后，祖母稱太皇太后，適讀曰嫡。稱皇后，妾皆稱夫人。又有美人、良人、八子、七子、長使、少使之號焉。至武帝制倢音接。伃、音予。娙五經反。娥、傛音容。華、充依，各有爵位，而元帝加昭儀之號，凡十四等云。昭儀位視丞相，爵比諸侯王。倢伃視上卿，比列侯。娙娥視中二千石，比關内侯。傛華視真二千石，比大上造。美人視二千石，比少上造。八子視千石，比中更。充依視千石，比左更。七子視八百石，比右庶長。良人視八百石，比左庶長。長使視六百石，比五大夫。少使視四百石，比公乘。五官視三百石。順常視二百石。無涓、共和、娯靈、保林、良使、夜者皆視百石。上家人子、中家人子視有秩斗食云。五官以下，葬司馬門外。外戚傳序。案，此條蓋因「尊呂后爲皇太后」之文，而連類及漢一朝後宮之制，體例未免龐雜。今姑仍原本録之，以存其舊。

賜民爵一級。中郎、郎中滿六歲爵三級，四歲二級。蘇林曰：「中郎，省中郎也。」外郎滿六歲二級。蘇林曰：「外郎，散郎也。」中郎不滿一歲一級。外郎不滿二歲賜錢萬。宦官尚食比郎中。應劭曰：「舊有五尚，尚冠、尚帳、尚席、尚衣亦是。漢儀注省中有五尚，而內官婦人有諸尚。」謁者、執楯、執戟、武士、騶比外郎。太子御驂乘賜爵五大夫，舍人滿五歲二級。賜給喪事者，二千石錢二萬，六百石以上萬，五百石、二百石以下至佐史五千。視作斥土者，將軍四十金，二千石二十金，六百石以上六金，五百石以下至佐史二金。減田租，復十五稅一。鄧展曰：「漢初十五稅一，中間廢，今復之也。」爵五大夫、吏六百石以上及宦皇帝而知名者，有罪當盜械者，皆頌與容同。繫。上造以上及內外公孫耳孫，有罪當刑及當爲城旦舂者，皆耐爲鬼新白粲。應劭曰：「城旦者，旦起行治城；舂者，婦人不豫外徭，但舂作米：皆四歲刑。鬼薪，取薪給宗廟；白粲，坐擇米使正白：皆三歲刑。」民年七十以上若不滿十歲有罪當刑者，完之。本紀。

詔曰：「吏所以治民也，能盡其治則民賴之，故重其祿，所以爲民也。今吏六百石以上，我父母妻子與同居，及故吏嘗佩將軍都尉印將兵，及佩二千石官印者，家唯給軍賦，他無有所與。」讀曰豫。本紀。

帝謂叔孫通曰：「先帝園陵寢廟，羣臣莫能習。」徙通爲奉常，定宗廟儀法。通傳。高祖廟奏武德、文始、五行之舞。武德舞者，高祖時作，以象天下樂己行武以除亂也。文始舞者，本舜招舞也，高祖更名文始舞。五行舞者，本周舞也，秦始皇更名五行舞，蓋樂己所自作，明有制也；樂先王之樂，明有法也。禮樂志。令郡國諸侯各立高祖廟，以歲時祀。史記高紀。

初，陳平、周勃既受詔，馳傳未至軍，行計曰：「樊噲，帝之故人，功多。又呂后女弟嬃夫，有親且貴，帝以忿怒故欲斬之，即恐後悔。寧因而致上，令上自誅之。」未至軍，爲壇，以節召樊噲。噲受詔，即反接，載檻車詣長安，而令周勃代將兵定燕。平聞高帝崩，平恐呂后及呂嬃怒，迺馳傳先去。逢使者詔平與灌嬰屯于滎陽。平受詔，立復馳至宮，哭殊悲，因奏事喪前。呂后哀之，曰：「君出休矣！」平畏讒之就，因固請之，得宿衛中。太后乃以爲郎中令，日傅教帝。是後呂嬃讒不得行。樊噲至，即赦復爵邑。平傳。

而薄姬以希見故，得出，從子高祖諸御幸姬戚夫人之屬，太后怒，皆幽之，不得出宮。

之代，爲代王太后，太后弟薄昭從如代。史記外戚世家。

太后最怨戚夫人，迺令永巷囚戚夫人，呂后紀。髡鉗衣赭衣，令舂。戚夫人舂且歌曰：「子爲王，母爲虜，終日舂薄暮，常與死爲伍！相離三千里，當誰使告女！」讀曰汝。太后聞之，大怒，曰：「乃欲倚女子耶？」呂后傳。使使召趙王，趙相周昌令王稱疾不行。使者三反，昌曰：「高帝屬之欲反。臣趙王，趙王年少。竊聞太后怨戚夫人，欲召趙王并誅之，臣不敢遣王。王且亦病，不能奉詔。」太后怒，迺使使召趙相。相至，謁太后，太后罵昌曰：「爾不知我之怨戚氏乎？而不遣趙王！」昌既被徵，太后復使使召趙王，王果來。周昌傳。未到，帝慈仁，知太后怒，自迎趙王霸上，入宮，自挾與趙王起居飲食。太后欲殺之，不得間。呂后紀。

太后德留侯張良，迺彊食讀曰飤。之，曰：「人生一世間，如白駒之過隙，何自苦如此！」良不得已，彊聽食。良傳。太后德太僕夏侯嬰之脱帝及魯元于下邑間也，乃賜嬰北第第一，曰：「近我」，以尊異之。夏侯嬰傳。

元年冬十二月，民有罪，得買爵三十級以免死罪。應曰：「一級直錢二千。」賜民爵，户一級。

春正月，城長安。按，原本無「城長安」句，而五年九月獨書「長安城成」，首尾不具，今據漢書補入。除本紀。

諸侯相國法，更以參爲丞相。曹參世家。考異曰：荀紀載於是年冬未殺趙王如意之前。按史記大事記載於城長安之後，今從史記大事記。

夏，詔賜酈侯呂台父周呂侯澤謚，爲令武侯。呂后紀。秋九月，封長沙王芮子淺爲便侯。年表。

太史公讀列封至便侯，曰：「有以也夫！長沙王者，著令甲，稱其忠焉。昔高祖功臣王者八國，至孝惠時，唯獨長沙全，竟無過，爲藩守職，信矣。故其澤流枝庶，毋功而侯者數人。索隱曰：「按，表芮子淺封便侯，傳至玄孫；又封臣之子爲沅陵侯，亦至曾孫。」〔一〕

二年冬十月，楚王交、齊王肥來朝。帝與齊王燕飲太后前，帝以爲齊王兄，置上坐，如家人禮。太后怒，乃酌兩卮酖，置前，令齊王起爲壽。齊王起，帝亦起，取卮欲俱爲壽。太后乃恐，按，原本無「乃酌兩卮」以下二十九字，文義未明，今據史記補入。自起泛漢書作「反」。帝卮。齊王怪之，因不敢飲，佯醉去。問，知其酖，迺恐，自以爲不得脱長安，上東太息，齊內史士按，劉向新序無「士」字。參乘，怪問其故，王具以狀語內史。內史曰：「王寧亡十城邪？將之按，劉向新序「之」作「亡」，蓋此本誤。齊國也？」王曰：「得全身而已，何敢愛城哉！」內史曰：「太后獨有帝與魯元公主。今王有七十餘城，而公主乃食數城。誠以十城上太后，爲公主湯沐邑，內有親親之恩，外有順太后之意，太后必喜。是亡十城而得六十城也。」王曰：「善。」至邸，上奏獻城陽郡，尊公主爲王太后。吕太后果大悦，迺置酒齊邸，樂飲，罷，歸齊王。史記、新序。

春正月，天開東北，廣十餘丈，長二十餘丈。荀紀。

相國蕭何病，上親自臨視何疾，因問曰：「君即百歲後，誰可代君？」對曰：「知臣莫若主。」帝曰：「曹參何如？」何頓首曰：「帝得之矣，何死不恨矣。」秋七月辛未，何薨，謚曰文終侯。本紀、何傳。

太史公曰：「蕭相國何于秦時爲刀筆吏，録録未有奇節。及漢興，依日月之末光，何謹守管籥，因民之疾秦法，順流與之更始。淮陰、黥布等皆以誅滅。而何之勳爛焉。位冠羣臣，聲施後世，與閎天、散宜生等争烈矣。」

房中祠樂，高祖唐山夫人所作也。周有房中樂，至秦名曰壽人。高祖樂楚聲，故房中樂楚聲也。是歲，帝使樂府令夏侯寬按，樂府武帝時始立，「樂府令」疑當作「大樂令」。備其簫管，更名曰安世樂。禮樂志。

三年秋七月，南越王趙佗稱臣奉貢。本紀。

殞石於綿諸，一。荀紀。初，秦置監御史，漢興，省之。顔曰：「秦時御史監郡，若今刺史。」如曰：「秦并天下，爲三十六郡，郡置守、尉、監。」至是，帝始遣御史監三輔郡，察詞訴。所察之事，凡九條。

漢儀云：「惠帝三年，相國奏御史監三輔郡，察以九條：察有詞訟者、盜賊者、僞鑄錢者、恣爲姦詐者、論獄不直者、擅興徭賦不平者、吏不廉者、吏以苛刻故劾無罪者、敢爲踰侈及弩力十石以上者。作非所當服者，凡九條。」監者二歲更之，常以十月奏事，十二月還監。其後，諸州復置監御史。通典。

長修侯杜恬爲廷尉。百官表。

四年冬十月，楚王交、齊王肥、淮南王長、趙王友來朝。史記年表。

壬寅，帝納皇后張氏，納采雁璧乘馬束帛，聘黄金二萬斤，馬十二疋。通典。注曰：「吕后爲帝納魯元女，故特優其禮。」

爲天下初定，復弛商賈之律，然市井子孫亦不得宦爲吏。食貨志、平準書。

帝爲東朝長樂宫，數蹕煩民，作復方目反。道，方築武庫南，叔孫通奏事，因請間，曰：「陛下何自築復道高帝寢，衣冠月出游高廟？子孫奈何乘宗廟道上行哉！」帝懼，曰：「急壞之。」通曰：「願陛下爲原廟渭北，衣冠月出游之，益廣宗廟，大孝之本。」上乃詔有司立原廟。原廟起，以復道故。通傳。

太史公曰：「叔孫通希世度務，與時變化，卒爲漢家儒宗。『大直若詘，道固委蛇』，蓋謂是乎？」

春三月，雨血于宜陽一頃。荀紀。按，原本無「春三月」三字，今補入。

五年冬十月，吴王濞、燕王建來朝。史記年表。

三月，帝游離宫，叔孫通曰：「古者有春嘗菓，方今櫻桃熟，可獻，願陛下因取櫻桃獻宗廟。」上許之。諸菓獻由此興。通傳。「三月」，據荀紀。

秋八月己丑，相國平陽懿侯曹參薨。紀表。

太史公曰：「曹相國參攻城野戰之功所以能多若此者，以與淮陰侯俱，及信已滅，而列侯成功，唯獨參擅其名。參爲漢相國，清凈極言合道。然百姓離秦之酷後，參與休息無爲，故天下俱稱其美矣。」

九月，長安城成。賜民爵，户一級。本紀。

是歲，以高祖沛宫爲高祖原廟，皆令歌兒習大風歌，吹以相和，常以百二十人爲員。禮樂志、史記大事記。考異曰：此事見漢書禮樂志，不載年，唯史記大事記載於五年，今從之。

六年冬，諸侯以長安城就，來會。十月朝賀。史記吕后紀。

齊悼惠王肥薨。遣張良立齊太子襄爲齊王，赦齊境内。紀及齊王傳、大事記。

匈奴單于冒頓爲書使使遺高后，辭極褻慢。高后大怒，召丞相平及上將軍樊噲、中郎將季布等議，斬其使者，發兵而擊之。樊噲曰：「臣願得十萬衆横行匈奴中。」諸將皆阿吕太后，以噲言爲然，布曰：「樊噲可斬也。夫以高帝兵三十餘萬，困于平城，噲時亦在其中，不能解圍。今噲奈何以十萬衆横行匈奴中？面謾。音嫚，又莫連反。考異曰：匈奴傳云：「前陳豨反於代，漢兵三十二萬，噲爲上將軍。時匈奴圍高帝於平城，噲不能解圍。」按，高祖困於平城乃是擊韓王信，非陳豨也，匈奴傳誤。今從季布傳，删去此語。秦以事胡，陳勝等起，今創痍音夷。未瘳，丑留反。噲又面諛，欲摇動天下。且夷狄譬如禽獸，得其善言不足喜，惡言不足怒也。」是時，殿上皆恐。太后罷朝，遂不復議擊匈奴事。令大謁者張釋報書，按，史或作張釋，或作張澤，或作張卿，又作張釋卿。宋祁以爲卿是字，釋其名。深自謙遜以謝之，并遺以車二乘、馬二駟。冒頓復使使來，謝曰：「未嘗聞中國禮義，陛下幸而赦之。」因獻馬，遂和親。季布傳、匈奴傳、通鑑。

令民得買爵。女子年十五以上至三十不嫁，五算。本紀。

夏六月，舞陽武侯樊噲薨，子伉嗣。本紀、噲傳。

起長安西市，脩敖倉。本紀。

留侯張良薨，謚曰文成侯。世家、通鑑。

置太尉官，以絳侯周勃爲太尉。勃爲人木强敦厚，高帝以爲可屬大事。本傳。考異曰：史記及將相年表皆書於吕后之四年，而漢書周勃傳云「惠帝六年置太尉官，以勃爲太尉。」百官表載勃亦以六年爲太尉，與史記紀不同。按，是年曹參薨，拜王陵爲右丞相，陳平左丞相，因命周勃爲太尉，蓋推高帝遺言行之也。又，史記周勃世家亦以爲孝惠六年，益信漢書所載爲是。今從之。士軍侯宣義爲廷尉。百官表。

七年冬十月，楚王交、吳王濞、淮南王長、燕王建、趙王友、梁王恢皆來朝。年表。

夏五月，以辟陽侯審食其爲典客。百官表。　初，食其以舍人侍呂后于楚，幸于太后。王陵傳。　後人或毀辟陽侯，帝大怒，下吏，欲誅之。太后慚，不可言。大臣多害辟陽侯行，欲遂誅之，朱建迺求見帝幸臣閎孺，説曰：「君所以得幸帝，天下莫不聞。今辟陽侯幸太后而下吏，道路皆言君讒，欲殺之。今日辟陽侯誅，旦日太后含怒，亦誅君。君何不肉袒爲辟陽侯言帝？帝聽君出辟陽侯，太后大懽。兩主俱幸君，君富貴益倍矣。」于是閎孺大恐，從其計，言帝，帝果出辟陽侯。朱建傳。　閎孺以婉媚貴幸，與上卧起，公卿皆因關説，帝時郎侍中皆冠鵔音峻。鸃音儀。貝帶，傅脂粉，化閎孺之屬也。佞幸傳序。

秋八月戊寅，帝崩于未央宮。本紀。　發喪，太后哭，泣不下。留侯子張辟彊爲侍中〔二〕，年十五，謂丞相陳平曰：「太后獨有帝，今崩，哭不悲，君知其解乎？」陳平曰：「何解？」辟彊曰：「帝毋壯子，太后畏君等。君今請拜呂台、呂產、呂祿爲將，監南北軍事，此事從荀紀。　及諸呂皆入宮，居中用事，如此則太后心安，君等幸得脱禍矣。」丞相如辟彊計，請之，太后説，其哭迺哀。呂氏權由此起。大赦天下。史記呂后紀。　九月辛丑，葬安陵。本紀。　上尊號，曰孝惠皇帝。　班固贊曰：「孝惠内修親親，外禮宰相，優寵齊悼、趙隱，恩敬篤矣。聞叔孫通之諫則懼然，納曹相國之對而心説，下謂寬仁之主。遇呂太后虧損至德，悲夫！」

校勘記

〔一〕亦至曾孫　四庫本「曾」作「元（玄）」，據史記惠景間侯者年表改。

〔二〕留侯子張辟彊爲侍中　四庫本「彊」作「疆」，據史記呂太后紀、漢書外戚傳及金華叢書本改。本卷後文二「疆」字同此改正。

西漢年紀卷四

吕后

高皇后吕氏，名雉，字娥姁。許于反。爲人剛毅，佐高祖定天下，所誅大臣，多吕后力。吕后兄二人，皆爲列將，從征伐，逮高祖而侯者，三人。惠帝即位，尊吕后爲太后。太后欲爲重親，立帝姊魯元公主女爲皇后，欲其生子，萬方，終無子，迺使陽爲有身，取後宫美人子名之，殺其母，立所名子爲太子。惠帝崩，太子立爲皇帝，謁高廟。高后紀、外戚傳。考異曰：五行志載劉向之言曰：「惠帝四年十月壬寅，太后立帝姊魯元公主女爲皇后。其月乙亥，凌室災。明日，織室災。凌室所以供養飲食，織室所以奉宗廟衣服，與春秋御廩同義。天戒若曰，皇后亡奉宗廟之德，將絶祭祀。其後，皇后無子，後宫美人有男，太后使皇后名之，而殺其母。惠帝崩，嗣子立，有怨言，太后廢之，更立吕氏子弘爲少帝。」若如向言，則是先所立帝誠惠帝子，特非張后出耳。而史記外戚世家以爲「詐取後宫人子爲子。及孝惠崩，天下初定未久，繼嗣不明」。漢書外戚傳所載云云，荀紀、通鑑並從史記及外戚傳，今亦難以劉向之言便爲更定也。上語皆取漢書外戚傳。太后臨朝稱制，大赦天下。本紀。

元年春正月，詔曰：「孝惠皇帝欲除三族辠，妖言令，議未決而崩，今除之。」

二月，賜民爵，户一級。初置孝弟力田二千石者一人。漢書紀。

夏四月，太后欲侯諸吕，迺先封高祖之功臣大中大夫張買爲南宫侯，少府陽城延爲梧侯，郎中令馮無擇爲博成侯，齊丞相齊受爲平定侯。乃封吕種爲沛侯，釋之之子。吕平爲扶柳侯，吕后姊子。吕産爲洨侯。史記表、紀。建成康侯吕釋之卒，嗣子有罪，廢，立其弟吕禄徐廣曰：「釋之少子。」爲胡陵侯，續康侯後。史記。

是歲，太后聞御史大夫江邑侯趙堯高祖時定趙王如意之畫，乃抵堯罪。徐廣曰：「吕后元年國除。」以廣阿侯任敖爲御史大夫。敖，故沛獄吏，高祖嘗避吏，吏繫吕后，遇之不謹，敖素善高祖，怒擊傷主吕后吏，故以舊德用。史記傳。

二年冬十一月，吕肅王台薨，太子嘉代立爲王。史記紀。

春正月，詔曰：「高皇帝匡飭天下，諸有功者皆受分扶問反。地爲列侯，萬民大安，莫不受休德。朕思念至於久遠而功名不著，亡以尊大誼，施後世。今欲差次列侯功以定朝位，藏於高廟，世世勿絶，嗣子各襲其功位。其與列侯議定奏之。」丞相臣平言：「謹與太尉臣勃、曲周侯臣商、潁陰侯臣嬰、安國侯臣陵等議，列侯幸得賜餐錢奉邑，應劭曰：「諸侯四時皆得賜餐錢。」顔曰：「餐錢，賜廚膳錢。奉邑，本所食邑。」陛下加惠，以定功次朝位，臣請藏高廟。」奏可。漢書紀。

乙卯，武都山崩，殺七百六十人，地震，至八月迺止。五行志。

是時，浮丘伯在長安，楚王交遣子郢客與申公俱卒業。楚元王傳。

齊王襄遣弟章入宿衛于漢。高五王傳。

初，蕭何薨，禄嗣侯，孝惠六年薨，亡後。是歲，太后封何夫人禄母同爲酇侯。功臣表。

按，此下當有三年事，原本缺。

四年夏四月丙申，封淮陽丞相呂勝爲贅其侯。楚丞相呂更始爲滕侯，呂忿爲呂成侯，太中大夫呂它音駞。爲俞音輪。侯，舞陽侯樊噲夫人呂嬃爲臨光侯。嬃用事顓權，大臣盡畏之。史記表、紀、樊噲傳。嬃常以陳平前爲高帝謀執樊噲，數讒平曰：「爲丞相不治事，日飲醇酒，戲婦人。」平聞，日益甚，呂后聞之，私喜，面質呂嬃于平前，曰：「鄙語曰，兒婦人口不可用。顧君與我何如耳？無畏呂嬃之譖。」王陵傳。

五年秋九月，發河東、上黨騎屯北地，備匈奴。荀氏漢紀。

六年冬十月，太后以呂王嘉居處驕恣，廢之。史記紀。

齊人田生説大謁者張釋曰：「太后欲立呂産爲呂王，又重發之，今卿最幸，大臣所敬，何不風大臣以聞太后？太后必喜。諸呂以王，萬户侯亦卿之有。太后心欲之，而卿爲内臣，不急發，恐禍及身矣。」釋大然之，乃風大臣語太后。太后朝，因問大臣。大臣請立呂産爲呂王。太后賜釋千金，釋以其半進田生。田生弗受。劉釋傳。

夏四月，封呂肅王子通爲錘侯。史記年表。秩長陵令二千石。六月，城長陵。漢書紀。太后定令，輒有擅議宗廟者，棄市。霍光傳如淳注。

七年春二月，徙梁王恢爲趙王。呂王産爲梁王，梁王不之國，爲帝太傅。立皇子平昌侯太爲呂王，更名梁曰呂，呂曰濟川。史記紀。田生復説大謁者張釋曰：「呂産，王也，諸大臣未大服。今營陵侯澤，諸劉長，爲大將軍，獨此尚觖望。今卿言太后，裂十餘縣王之，彼得王喜，于諸呂王益固矣。」釋入言。劉澤傳。

夏五月辛未，詔曰：「昭靈夫人，太上皇妃也；武哀侯高帝兄伯。宣夫人，高皇帝兄姊也。號謚不稱，其議尊號。」丞相臣平等請尊昭靈夫人曰昭靈后，武哀侯曰武哀王，宣夫人曰昭哀后。漢書紀。

八年春三月，太后祓敷勿反。霸上。五行志。後漢禮儀志云：「三月上巳，官民皆絜於東流水上，曰洗濯祓除去宿垢疢，爲大絜。」又，韓詩曰：「鄭國之俗，三月上巳之溱、洧兩水之上，祓除不祥。」漢祓霸水，亦斯義也。按，史記高后紀、五行志：「太后還過軹道，見物如蒼狗，撠太后掖。卜之，趙王如意爲祟，遂病掖傷。」此處未載，疑原本有脱文。封張敖前姬兩子，侈爲新都侯，壽爲樂昌侯。及封中大謁者張釋爲建陵侯，呂榮爲祝兹侯。徐廣曰：「呂后昆弟子。」諸中官宦者令丞皆爲關內侯，食邑五百户。見史記本紀。如淳曰：「列侯出關就國，關内侯但爵其身，有加異者，與關内之邑，食其租税也。風俗通義曰「秦時六國未平，將帥皆家關中，稱關内侯」。」

秋七月，太后病甚，迺令趙王呂禄爲上將軍，軍北軍；呂王產居南軍。辛巳，太后崩，遺詔賜諸侯王各千金，將相列侯郎吏皆以秩賜金。大赦天下。史記紀。于是貴外家，王諸呂以爲輔，而以呂禄女爲少帝后，欲連固根本牢甚，然無益也。」史記外戚世家曰：「孝惠帝崩，天下初定未久，繼嗣不明。

太史公贊曰：「孝惠、高后之時，黎民得離戰國之苦，君臣俱欲休息乎無爲。故惠帝垂拱，高后女主稱制，政不出房户，天下晏然，刑罰罕用，罪人是希，民務稼穡，衣食滋殖。」

高后已葬，關中記曰：「高祖陵在西，呂后陵在東。漢帝后同塋，則爲合葬，不合陵也。諸陵皆如此。」九月庚申旦，考異曰：史記、漢書作「八月」。按，劉羲叟長曆：「八月辛巳朔，後九月庚辰朔。」若八月小盡，則庚申乃前九月九日；若大盡，則爲九月十日。御史大夫平陽侯窋見相國產計事。考異曰：史記、漢書皆云「平陽侯窋行御史大夫事」。按，表，高后四年御史大夫任敖免，窋已爲御史大夫矣。至此豈得尚謂之「行御史大夫事」乎？恐非事實，今易之。

丞相平迺召朱虛侯章佐太尉，太尉令章監軍門，令平陽侯告衛尉，毋入相國產殿門。呂產不知呂禄已去北軍，迺入未央宫欲爲亂。至殿門，弗得入，徘徊往來。平陽侯恐弗勝，馳語太尉，太尉尚恐不勝諸吕，未敢訟言誅之，迺遣朱虚侯謂曰：「急入宫衛帝。」朱虚侯請卒，太尉予卒千餘人，逐産，殺之郎中府吏廁中。辛酉，捕斬吕禄，而笞殺吕嬃。因誅樊伉，使人誅燕王吕通，而廢魯王偃及其子二侯。史記紀及樊、張二傳。置孝惠皇后于北宫。外戚傳。

太史公曰：「吕太后立諸吕爲王，陳平僞聽之。及吕太后崩，平與太尉勃合謀，卒誅諸吕，立文帝，平本謀也。」陳平世家。

先是，吕氏取漢所得先秦古文字，盗張良、韓信所次序兵法藏之。及吕氏敗，乃散在民間。家語序、藝文志。

壬戌，以帝太傅審食其復爲左丞相，尋免。史記紀。辟陽侯于諸吕至深，所以全者，皆陸賈、平原君之力也。朱建傳。御史大夫曹窋坐不與大臣共誅吕禄等，免，以淮南相北平侯張蒼代之。史記張蒼傳。考異曰：史記曹相國世家云：「窋高后時爲御史大夫，孝文帝立，免爲侯。」而張蒼傳載：「高后崩，曹窋免，以淮南相張蒼爲御史大夫。」與世家不同。按，史記大事記、漢書百官表，張蒼拜御史大夫，并書於吕后八年，而孝文帝以是年後九月晦日己酉至長安，是日即位，夜拜宋昌爲衛將軍，張武爲郎中令。外此無除拜也。兼代邸上議時，已有御史大夫蒼名，則蒼之拜在文帝未立前，明矣。史記曹相國世家所載爲誤。建陵侯中大謁者張釋免侯。恩澤侯表。

西漢年紀卷五

文帝

太宗孝文皇帝，諱恒，高帝中子也。漢書注云：高祖第四子。母曰薄姬，漢書、荀紀。父吴人，與故魏王宗女魏媪烏老反，下同。通，而生薄姬。及諸侯叛秦，魏豹立爲王，而魏媪内其女於魏宫。許負相薄姬，當生天子。是時項羽方與漢王相距滎陽，天下未有所定。豹初與漢擊楚，及聞許負言，心喜，因背漢。漢虜魏王豹，而薄姬輸織室。豹已死，漢王入織室，見薄姬，有詔内後宫，歲餘不得幸。始姬少時，與管夫人、趙子兒相愛，約曰：「先貴毋相忘。」已而管夫人、趙子兒先幸漢王。漢王四年，坐河南城臯靈臺，此兩美人侍，相與笑薄姬初時約。漢王問其故，兩人俱以實告。漢王心悽然憐薄姬，是日召欲幸之。對曰：「昨暮夢龍據妾胸。」上曰：「是貴徵也，吾爲汝成之。」遂幸，有身，歲中生文帝。自有子後，希見。外戚傳。

帝年八歲，立爲代王，十七年七月，高后崩，九月，諸吕欲危劉氏，大臣共誅之。相與陰謀曰：「少帝及梁、淮陽、常山王，皆非惠帝子。呂后以計詐名他人子，殺其母，養之後宮，令孝惠子之，立以爲後，用彊呂氏。今已滅諸呂，少帝即長用事，吾屬無類矣。不如視諸王賢者立之。」周勃傳。或言「齊悼惠王高帝長子，今其適子爲齊王，推本言之，高帝適長孫，可立也。」史記高后紀。琅邪王及大臣曰：「齊王母家駟鈞，惡戾，虎而冠者也。方以呂后故幾亂天下，今又立齊王，是欲復爲呂氏也。」史記齊悼惠王世家。考異曰：此史記所載也。漢書高五王傳削去「琅邪王」三字，以爲大臣所議如此。按，琅邪王劉澤既爲齊王所欺，不能反國，乃説齊王曰：「大王高皇帝適長孫也，當立。今諸大臣狐疑未有所定，而澤於劉氏最爲長年，大臣固待澤決計。」齊王以爲然，乃益具車送琅邪王。然則齊王之不得立，其琅邪王之力爲多，此謀出於琅邪王無疑。漢書削去「琅邪王」三字非是，今從史記。欲立淮南王，以爲少，母家又惡。史記高后紀。迺曰：「代王母家薄氏，君子長者；且代王又親高帝子，於今見在，且最爲長。以子則順，以善人則大臣安。」史記齊悼惠王世家。迺相與共陰使人召代王。史記高后紀。

後九月晦日己酉，此七字據史記高后紀增。代王至長安，考異曰：史記呂后紀所載如此。荀紀以爲閏月朔，非是，今從史記。遂即天子位，羣臣以禮次侍，史記、漢書二紀。迎帝於邸。報曰：「宮謹除。」帝即夕入未央宮。有謁者十人持戟衛端門，曰：「天子在也，足下何爲者而入？」帝迺謂太尉。太尉往諭，謁者十人皆掊兵而去，帝遂入。夜，拜代中尉宋昌爲衛將軍，鎮撫南北軍。考異曰：漢書作「領南北軍」，史記作「鎮撫南北軍」，今從史記。代郎中令張武爲郎中令，行殿中。代太中大夫薄昭爲車騎將軍。有司分部誅滅梁、淮陽、常山王及少帝於邸。史記紀。

元年冬十月辛亥，皇帝即阼，謁高廟。史記紀。

十一月，封太尉周勃，丞相陳平。陳平欲讓周勃位，迺謝病。帝初立，怪平病，問之。平曰：「高帝時，勃功不如臣；及誅諸呂，臣功亦不如勃。願以相讓勃。」辛巳，以太尉勃爲右丞相，位第一；平徙爲左丞相，位第二。王陵傳。「辛巳」兩字，據史記大事記。考異曰：史記本紀書周勃拜相於益封之前。按，益封詔內尚稱太尉勃，則拜相在益封後，明矣。潁陰侯灌嬰爲太尉。史記大事記。

周勃爲丞相，朝罷趨出，意得甚。上禮之恭，常目送之。郎中安陵袁盎進曰：「丞相何如人也？」上曰：「社稷臣。」盎曰：「絳侯所謂功臣，非社稷臣。社稷臣主在與在，主亡與亡。方呂后時，諸呂用事，擅相王，劉氏不絕如帶。是時絳侯爲太尉，本兵柄，弗能正。呂后崩，大臣相與共誅諸呂，太尉主兵，適會其成功，所謂功臣，非社稷臣。丞相如有驕主色，陛下謙讓，臣主失禮，竊爲陛下不取也。」後朝，上益莊，丞相益畏。已而絳侯望盎曰：「吾與而兄善，盎嘗爲呂祿舍人，兄噲任盎爲郎中〔一〕。今而廷毀我。」盎遂不謝。袁盎傳。

十二月，立趙幽王子遂爲趙王，考異曰：史記呂后紀書遂王於高后已死之後，文帝未立之前。按，漢書文帝紀元年十二月「立趙幽王子遂爲趙王」，又趙王傳曰：「孝文即位，立遂爲王。二年，有司請立皇子爲王。上曰：『趙幽王幽死，朕甚憐之。已立其長子遂爲趙王。』」如此，則遂之王趙，其在文帝即位之後，明矣。史記呂后紀所書未免差誤，今從漢書。徙故琅邪王爲燕王。考異曰：澤爲齊王所詐失國，自歸長安，故史記本紀書「故琅邪王」。漢書削「故」字，非也。但史記紀及表皆書於冬十月庚戌，漢書表、紀書於十二月。以史考之，文帝以己酉夜入未央宫，猶未謁見高廟，不應次日便封燕、趙也。蓋班氏修史記以爲漢書，其間失子長之大意者固多。至於考計年月，其一日之長，固不可盡廢也。今「故」字從史記，封拜年月從漢書。按，劉澤雖爲齊王所詐失國，而漢朝並未除其封，是王爵現存，不得稱「故」，漢書削去「故」字自屬有見。考異反斥其非，未爲允當。呂氏所奪齊之城陽、琅邪、濟南郡及楚地皆歸之。漢書紀、高五王傳。

詔丞相、太尉、御史，盡除收律相坐法。刑法志、史記、漢書紀。考異曰：漢書刑法志以爲文帝二年，按，史記、漢書二紀並載於元年，今從之。

班固曰：「其後，新垣平詐謀覺，復行三族之誅。由是言之，風俗移易，人性相近而習相遠，信矣。夫以帝之仁，平、勃之知，猶有過刑謬論如此甚也，而况庸材溺於末流者乎。」

春正月，立子啓爲太子，以張相如爲太子太傅。石奮傳。爲太子立思賢苑，以招賓客。考異曰：黄圖、雜記皆不載年，今附於立太子之後。

尊薄太后爲皇太后。乙巳，封弟昭爲軹音只。侯，食萬户。「萬户」兩字據侯表。按，昭爲太后之弟，「弟昭」上應有「太后」二字，於文方明，疑原本脱去。初，太后父死，葬山陰，母亦前死，葬櫟音樂。

陽北。迺追尊太后父爲靈文侯，會稽郡置園邑三百家，長丞以下吏奉守寢廟，上食祠如法。櫟陽亦置靈文夫人園，令如靈文侯園儀。太后蚤失父，其奉太后外家魏氏有力，迺召復方目反。魏氏，賞賜各以親疏受之。外戚傳。

三月，有司請立皇后。薄太后曰：「諸侯皆同姓，立太子母爲皇后。」皇后姓竇氏，史記本紀。孝惠時以良家子選入宫。考異曰：史記外戚世家、漢書外戚傳并作「吕太后時入宫」。按，竇氏以孝惠七年生景帝，不應至吕太后時方入宫也。荀氏漢紀「孝惠时」爲是，今從之。太后出宫人以賜諸王各五人，竇姬與讀曰豫。在行中。家在清河，願如趙，近家，請其主遣宦者吏「必置我籍趙之伍中」。宦者忘之，誤置籍代伍中。籍奏，詔可。當行，竇姬涕泣，怨其宦者，不欲往，相彊迺肯行。至代，代王獨幸竇姬，生女嫖，匹昭反。子啓。及啓爲太子，竇姬爲皇后，女爲館陶長公主。竇皇后親蚤卒，葬觀津。於是薄太后迺詔有司追封竇氏父爲安成侯，母曰安成夫人，令清河置園邑二百家，長丞奉守，比靈文園法。竇后兄建，字長君。三輔决録。弟廣國，字少君，年四五歲時，家貧，爲人所略賣，傳十餘家。聞皇后新立，家在觀津，姓竇氏，廣國去時雖少，識其縣名及姓，又嘗與其姊採桑，墮，用爲符信，上書自陳。皇后言帝，召見問之，具言其故，果是。於是竇皇后持之而泣，侍御左右皆悲。迺厚賜之，家於長安。絳侯、灌將軍等曰：「吾屬不死，命乃且縣此兩人。此兩人所出微，不可不爲擇師傅，又復放吕氏大事也。」於是乃選長者之有節行者與居。竇長君、少君由此爲退讓君子，不敢以富貴驕人。外戚傳。上爲立后故，賜天下。史記本紀。按，史記原文「賜天下」下尚有「鰥寡孤獨窮困及年八十已上孤兒九歲以下布帛米肉各有數」二十五字，蓋原本誤脱。

夏四月，令民賦四十，丁男三年而一事。如淳曰：「常賦歲百二十，歲一事。時天下民多，故出賦四十，三歲而一事。」時有獻千里馬者，詔曰：「鸞旗在前，屬車在後，吉行日五十里，師行三十里，朕乘千里馬，獨先安之？」於是還馬，與道里費，而下詔曰：「朕不受獻也，其令四方毋求來獻。」賈捐之傳。按，賈捐之傳載「孝文皇帝閔中國未安，偃武行文，則斷獄數百，民賦四十」云云，無月日。本紀「令郡國毋來獻」屬六月，疑即還千里馬時事。此作夏四月，未知何據？

與匈奴復和親。匈奴傳。帝施惠天下，填撫諸侯，四夷遠近驩洽，乃修代來功，封宋昌爲壯武侯，衛尉定等十人四百户。考異曰：漢書作「足」，史記作「定」，今從史記。辛未，封淮南王舅父趙兼爲周陽侯，齊王舅父駟鈞爲靖自省反。郭侯。六月丙寅，封故常山丞相蔡兼爲樊侯。史記紀。考異曰：漢書本紀四人之封，並作六月。按，史記侯表、漢書功臣表、恩澤侯表，宋昌封在四月辛亥，趙兼、駟鈞封在四月辛未，蔡兼乃六月丙寅耳。當是漢書紀誤。又，史記紀以蔡兼之封在秋，亦誤。今並從表。

上益明習國家事，朝而問右丞相勃曰：「天下一歲決獄幾何？」勃謝不知。「天下錢穀一歲出入幾何？」勃又謝不知。汗下洽背，愧不能對。上亦問左丞相平。平曰：「各有主者。」上曰：「主者爲誰乎？」平曰：「陛下即問决獄，責廷尉；問錢穀，責治粟内史。」上曰：「苟各有主者，而君所主何事也？」平謝曰：「主臣！陛下不知其駑下，使待罪宰相。宰相者，上佐天子理陰陽，順四時，下遂萬物之宜，外填撫四夷諸侯，内親附百姓，使卿大夫各得任其職也。」上稱善。勃大慚，出而讓平曰：「君獨不素教我乎？」平笑曰：「君居其位，獨不知其任邪？且陛下即問長安盗賊數，又欲强對邪？」於是絳侯自知其能弗如平遠矣。王陵傳。居頃之，人或説勃曰：「君既誅諸吕，立代王，威震天下，而君愛厚賞，處尊位久之，即禍及身矣。」勃亦自危，乃謝病請歸相印，上許之。勃傳。秋八月辛未，右丞相勃免。百官表。而平顓爲丞相。王陵傳。

初，高后崩，即罷南越兵。趙佗因此以兵威財物賂遺閩粵、西甌駱，役屬焉，東西萬餘里。迺乘黄屋左纛，稱制，與中國侔。帝初鎮撫天下，使告諸侯四夷從代來即位意，諭盛德焉。迺爲佗親冢在真定置守邑，歲時奉祀。召其從昆弟，尊官厚賜寵之。詔丞相平舉可使粵者，平言陸賈先帝時使粵。上召賈爲太中大夫，謁者一人爲副使，賜佗書曰：「皇帝謹問南粵王，甚苦心勞意。朕，高皇帝側室之子，棄外奉北藩于代，道里遥遠，壅蔽樸愚，未嘗致書。高皇帝棄羣臣，孝惠皇帝即世，高后自臨事，不幸有疾，日進不衰，以故誖布内反。暴乎治。諸吕爲變故亂法，不能獨制，迺取他姓子爲孝惠皇帝嗣。賴宗廟之靈，功臣之力，誅之已畢。朕以王侯吏不釋之故，不得不立，今即位。乃者聞王遺將軍隆慮侯書，求親昆弟，請罷長沙兩將軍。朕以王書罷將軍博陽侯，周聚。親昆弟在真定者，已遣人存問，修治先人冢。前日聞王發兵於邊，爲寇災不止。當其時長沙苦之，南郡尤甚，雖王之國，庸獨利乎！必多殺士卒，傷良將吏，寡人之妻，孤人之子，獨人父母，得一亡十，朕不忍爲也。朕欲定地犬牙相入者，以問吏，吏曰：『高皇帝所以介長沙土也。』朕不得擅變焉。吏曰：『得王之地不足以爲大，得王之財不足以爲富，服領以南，王自治之。』雖然，王之號爲帝。兩帝並立，亡一乘之使以通其道，是争也；争而不讓，仁者不爲也。願與王分棄前患，終今以後，通使如故。故使賈馳諭告王朕意，王亦受之，毋爲寇災矣。上褚竹呂反。五十衣，中褚三十衣，下褚二十衣，遺王。願王聽樂娱憂，存問鄰國。」

陸賈至，南粵王恐，乃頓首謝，願奉明詔，長爲藩臣，奉貢職。於是下令國中曰：「吾聞兩雄不俱立，兩賢不並世。漢皇帝賢天子。自今以來，去帝制黄屋左纛。」因爲書稱：「蠻夷大長老夫臣佗昧死再拜上書皇帝陛下：老夫故粵吏也，高皇帝幸賜臣佗璽，以爲南粵王，使爲外臣，時内貢職。孝惠皇帝即位，義不忍絶，所以賜老夫者厚甚。高后自臨用事，近細士，信讒臣，別異蠻夷，出令曰：『毋予蠻夷外粵金鐵田器；馬牛羊即予，予牡，毋予牝。』老夫處辟，馬牛羊齒已長，自以祭祀不修，有死罪，使内史藩、中尉高、御史平凡三輩上書謝過，皆不反。又風聞老夫父母墳墓已壞削，兄弟宗族已誅論。吏相與議曰：『今內不得振於漢，外亡以自高異。』故更號爲帝，自帝其國，非敢有害於天下也。高皇后聞之大怒，削去南粵之籍，使使不通。竊疑長沙王讒臣，故敢發兵以伐其邊。且南方卑濕，蠻夷中西有西甌，其衆半羸，南面稱王；東有閩粵，其衆數千人，亦稱王；西北有長沙，其半蠻夷，亦稱王。老夫故敢妄稱帝號，聊以自娛。老夫身定百邑之地，東西南北數千萬里，帶甲百萬有餘，然北面而臣事漢，何也？不敢背先人之故。老夫處粵四十九年，于今抱孫焉。然夙興夜寐，寢不安席，食不甘味，目不視靡曼之色，耳不聽鐘鼓之音者，以不得事漢也。今陛下幸哀憐，復扶目反。故號，通使漢如故，老夫死骨不朽，改號不敢爲帝矣。謹北面因使者獻白璧一雙，翠鳥千，犀角十，紫貝五百，桂蠹丁故反。一器，生翠四十雙，孔雀二雙。昧死再拜，以聞皇帝陛下。」陸賈還報，帝大說。讀曰悦。遂時稱臣遣使入朝請。才性反。然其居國，竊如故號；其使天子，稱王朝命如諸侯。南粵王傳。

齊哀王襄薨，子則嗣。高五王傳。

帝聞河南守吴公治平爲天下第一，故與李斯同邑，而嘗學事焉，徵以爲廷尉。廷尉迺言雒陽賈誼年少，頗通諸家之書。帝召以爲博士。是時，誼年二十餘，最爲少。每詔令議下，諸老先生未能言，誼盡爲之對，人人各如其意所出。諸生以爲能。帝説之，超遷，歲中至太中大夫。誼以爲漢興二十餘年，天下和洽，宜改正朔，易服色制度，定官名，興禮樂。迺草具其儀法，色上黄，數用五，爲官名，悉更秦之法。帝謙讓未皇也。賈誼傳。考異曰：漢書本傳作「爲官名悉更，奏之」。史記傳云「爲官名，悉更秦之法」。其義爲長，今從史記。

是歲，蕭何夫人酇侯同罷，更封小子延爲酇侯。本傳。

二年冬十月，丞相曲逆獻侯陳平薨。荀氏漢紀。

太史公曰：「陳丞相平少時本好黄帝、老子之術。方其割肉俎上之時，其意固已遠矣。傾側擾攘楚魏之間，卒歸高帝。常出奇計，救紛糾之難，振國家之患。及吕后時，事多故矣，然平竟自脱，定宗廟，以榮名終，稱賢相，豈不善始善終哉！非知謀孰能當此者乎？」

十一月癸卯晦，日有食之。詔「舉賢良方正能直言極諫者，以匡朕之不逮。」潁陰侯騎潁川賈山上書，言治亂之道，借秦爲諭，名曰至言，其辭曰：

臣聞爲人臣者，盡忠竭愚，以直諫主，不避死亡之誅者，臣山是也。臣不敢以久遠諭，願借秦以爲諭，唯陛下少加意焉。

夫布衣韋帶之士，修身於内，成名於外，而使後世不絶息。至秦則不然。貴爲天子，富有天下，賦斂重數，百姓任罷，讀曰疲。赭衣半道，羣盜滿山，使天下之人戴目而視，傾耳而聽。一夫大謼，火故反。天下嚮讀曰響。應者，陳勝是也。秦非徒如此也。起咸陽而西至雍，離宫三百，鐘鼓帷帳，不移而具。又爲阿房之殿，殿高數十仞，東西五里，南北千步，從車羅騎，四馬騖馳，旌旗不橈。女教反。爲宫室之麗至於此，使其後世曾不得聚廬而託處焉。爲馳道於天下，東窮燕齊，南極吴楚，江湖之上，瀕海之觀畢至。道廣五十步，三丈而樹，厚築其外，隱以金椎，樹以青松。爲馳道之麗至於此，使其後世曾不得邪徑而託足焉。死葬乎驪山，吏徒數十萬人，曠日十年。下徹三泉，合采金石冶銅錮其内，漆塗其外，被以珠玉，飾以翡翠，中成觀游，上成山林。爲葬薶之侈至於此，使其後世曾不得蓬顆口果反。蔽冢而託葬焉。秦以熊羆之力，虎狼之心，蠶食諸侯，并吞海内，而不篤禮義，故天殃已加矣。臣昧死以聞，願陛下少留意而詳擇其中。竹仲反。

臣聞忠臣之事君也，言切直則不用而身危，不切直則不可以明道，故切直之言，明主所欲急聞。忠臣之所以蒙死而竭知也。地之磽口交反。者，雖有善種，不能生焉；江皋河瀕，雖有惡種，無不碩大。按：「碩」，漢書作「猥」，師古曰：「盛也。」昔者夏商之季世，雖關龍逢、箕子、比干之賢，身死亡而道不用。文王之時，豪俊之士皆得竭其智，芻蕘採薪之人皆得盡其力，此周之所以興也。故地之美者善養禾，君之仁者善養士。雷霆音廷。之所擊，無不摧折者；萬鈞之所壓，無不糜滅者。今人主之威，非特雷霆也；勢重，非特萬鈞也。開道而求諫，和顏色而受之，用其言而顯其身，士猶恐懼而不敢自盡，又迺況於縱欲恣行暴虐，惡聞其過乎！震之以威，壓之以重，則雖有堯舜之智，孟賁音奔。之勇，豈有不摧折者哉？如此，則人主不得聞其過失矣；弗聞，則社稷危矣。

古者聖王之制，史在前書過失，工誦箴之林反。諫，瞽誦詩諫，公卿比諫，士傳言諫過，庶人謗於道，商旅議於市，然後君得聞其過失也。聞其過失而改之，見義而從之，所以永有天下也。天子之尊，四海之内，其義莫不爲臣。然而養三老於太學，親執醬而餽，與饋同。執爵而酳，祝飴古饐字。在前，祝鯁在後，公卿奉杖，大夫進履，舉賢以自輔弼，求修正之士使直諫。故以天子之尊，尊養三老，視讀曰示。孝也；立輔弼之臣者，恐驕也；置直諫之士者，恐不得聞其過也；學問至於芻蕘者，求善無饜也；商人庶人誹謗已而改之，從善無不聽也。

昔者，秦政力并萬國，富有天下，破六國以爲郡縣，築長城以爲關塞。秦地之固，大小之勢，輕重之權，其與一家之富，一夫之彊，胡可勝計也！然而兵破於陳涉，地奪於劉氏者，何也？秦王貪狠暴虐，殘賊天下，窮困萬民，以適其欲也。昔者，周蓋千八百國，以九州之民養千八百國之君，用民之力不過歲三日，什一而籍，君有餘財，民有餘力，而頌聲作。秦皇帝以千八百國之民自養，力罷讀曰疲。不能勝其役，財盡不能勝其求。一君之身耳，所以自養者馳騁弋獵之娛，天下弗能供也。勞罷者不得休息，飢寒者不得衣食，亡罪而死刑者無所告訴，人與之爲怨，家與之爲讎，故天下壞也。秦皇帝身在之時，天下已壞矣，而弗自知也。秦皇帝東巡狩，至會稽、琅邪，刻石著其功，自以爲過堯舜統；縣石鑄鐘虡，音鉅。篩土築阿房之宫，自以爲萬世有天下也。古者聖王作謚，三四十世耳，雖堯舜禹湯文武絫古累字。世廣德以爲子孫基業，無過二三十世者也。秦皇帝曰死而以謚法，是父子名號有時相襲也，以一至萬，則世世不相復扶目反。也，故死而號曰始皇帝，其次曰二世皇帝者，欲以一至萬也。秦皇帝計其功德，度大各反。其後嗣，世世無窮，然身死纔音財。數月耳，天下四面而攻之，宗廟滅絶矣。

秦皇帝居滅絶之中而不自知者，何也？天下莫敢告也。其所以莫敢告者，何也？亡養老之義，亡輔弼之臣，亡進諫之士，縱恣行誅，退誹謗之人，殺直諫之士，是以道讀曰導。諛媮與偷同。合苟容，比其德則賢於堯舜，課其功則賢於湯武，天下已潰而莫之告也。詩曰：「匪言不能，胡此畏忌，聽言則對，譖言則退。」此之謂也。又曰：

「濟濟多士，文王以寧。」天下未嘗亡士也，然而文王獨言以寧者，何也？文王好仁則仁興，得士而敬之則士用，用之有禮義。故不致其愛敬，則不能盡其心；不能盡其心，則不能盡其力；不能盡其力，則不能成其功。故古之賢君於其臣也，尊其爵祿而親之；疾則臨視之亡數，死則往弔哭之，臨其小斂大斂，已棺工喚反。塗而後爲之服錫衰麻絰，而三臨其喪；未斂不飲酒食肉，未葬不舉樂，當宗廟之祭而死，爲之廢樂。故古之君人者於其臣也，可謂盡禮矣，服法服，端容貌，正顏色，然後見之。考異曰：漢書無「正」字，此據後漢禮儀志注。蜀本亦有「正」字。按，今本漢書有「正」字。故臣下莫敢不竭力盡死以報其上，功德立於後世，而令聞不忘也。

今陛下念思祖考，術追厥功，圖所以昭光洪業休德，使天下舉賢良方正之士，天下皆訢訢讀與欣同。焉，曰將興堯舜之道、三王之功矣。天下之士莫不精白以承休德。今方正之士皆在朝廷矣，又選其賢者使爲常侍諸吏，與之馳敺與驅同。射獵，一日再三出。臣恐朝廷之解讀曰懈。弛，百官之墮於事也，諸侯聞之，又必怠於政矣。陛下即位，親自勉以厚天下，損食膳，不聽樂，減外徭衛卒，止歲貢；省厩馬以賦縣傳，張戀反。去諸苑以賦農夫，出帛十萬餘匹以振貧民；禮高年，九十者一子不事，八十者二算不事；賜天下男子爵，大臣皆至公卿；發御府金賜大臣宗族，亡不被澤者；赦罪人，憐其亡髮，賜之巾，憐其衣，於既反。赭書其背，父子兄弟相見也而賜之衣。平獄緩刑，天下莫不說讀曰悅。喜。是以元年膏雨降，五穀登，此天之所以相陛下也。刑輕於他時而犯法者寡，衣食多於前年而盜賊少，此天下之所以順陛下也。臣聞山東吏布詔令，民雖老羸癃疾，扶杖而往聽之，願少須臾毋死，思見德化之成也。今功業方就，名聞方昭，四方鄉讀曰嚮。風，而從豪俊之臣，方正之士，直與之日日獵射，擊兔伐狐，以傷大業，絕天下之望，臣竊悼之。詩曰：「靡不有初，鮮克有終。」臣不勝大願，願少衰射獵，以夏胡雅反。歲二月，定明堂，造太學，修先王之道。風行俗成，萬世之基定，然後唯陛下所幸耳。古者大臣不媟，息列反。故君子不常見胡電反。其齊嚴之色，肅敬之容。大臣不得與讀曰豫。宴游，方正脩絜之士不得從射獵，使皆務其方以高其節，則羣臣莫敢不正身修行，盡心以稱大禮。如此，則陛下之道尊敬，功業施於四海，垂於萬世子孫矣。誠不如此，則行日壞而榮日滅矣。夫士修之於家，而壞之於天子之廷，臣竊愍之。陛下與衆臣宴游，與大臣方正朝廷論議。夫游不失樂，朝不失禮，議不失計，軌事之大者也。賈山傳。帝躬修儉節，思安百姓。時民近戰國，皆背本趨末，賈誼說上曰：

筦與管同。子曰：「倉廩實而知禮節。」民不足而可治者，自古及今，未之嘗聞。古之人曰：「一夫不耕，或受之飢；一女不織，或受之寒。」生之有時，而用之亡度，則物力必屈。其勿反。古之治天下，至孅與纖同。至悉也，故其畜積足恃。今背本而趨末，食者甚衆，是天下之大殘也；淫侈之俗，日日以長，是天下之大賊也。殘賊公行，莫之或止；大命將泛，方勇反。莫之振救。生之者甚少而靡音縻。之者甚多，天下財産何得不蹶！音厥。漢之爲漢幾鉅依反。三十年矣，考異曰：漢書食貨志作「四十年」。按，志云「上感誼言，開籍田」，紀載籍田詔於二年。自漢興至文帝二年，才二十九年耳。誼云「幾四十年」，恐誤，今易作「三十年」。按，今本漢書作「三十年」。公私之積猶可哀痛。失時不雨，民且狼顧；歲惡不入，請賣爵、子。既聞耳矣，安有爲天下阽音閻，又丁念反。危者若是而上不驚者！

世之有飢穰，人常反。天之行也，禹湯被之矣。即不幸有方二三千里之旱，國胡以相恤？卒讀曰猝。然邊境有急，數十百萬之衆，國胡以餽之？兵旱相乘，天下大屈，有勇力者聚徒而衡擊，罷讀曰疲。夫羸老易子而齩五巧反。其骨。政治未畢通也，遠方之能疑讀曰擬。者並舉而爭起矣，迺駭而圖之，豈將有及乎？

夫積貯者，天下之大命也。苟粟多而財有餘，何爲而不成？以攻則取，以守則固，以戰則勝。懷敵附遠，何招而不至？今敺與驅同。民而歸之農，皆著直略反。於本，使天下各食其力，末技游食之民轉而緣南畮，古畝字。則畜積足而人樂其所矣。可以爲富安天下，而直爲此廩廩也，竊爲陛下惜之！

於是上感誼言。春正月丁亥，詔曰：「夫農，天下之大本也，其開籍田，朕親率耕，以給宗廟粢音咨盛。民讁作縣官及貸土戴反。種食未入、入未備者，皆赦之。」食貨志、本紀。

校勘記

〔一〕兄噲任盎爲郎中　四庫本「郎中」作「中郎」，據史記、漢書袁盎傳及金華叢書本乙正。

西漢年紀卷六

文帝

三年冬十月，吴王濞、淮南王長來朝。史記年表。

夏四月，淮南王長殺辟陽侯審食其。本紀、荀紀。初，高祖八年從東垣過趙，趙王張敖獻美人，長母得幸焉，有身，趙王敖弗敢内宫，爲築外宫而舍之。及貫高等謀反柏人事發覺，并逮治王，盡收捕王母兄弟美人，繫之河内。長母亦繫，告吏曰：「得幸上，有身。」吏以聞，上方怒趙王，未理長母。長母弟趙兼因辟陽侯言吕后，吕后妬，弗首白，辟陽侯不彊争。及已長生，母恚，即自殺。吏奉長詣上，上悔，令吕后母之，而葬其母真定。高祖十一年，立長爲淮南王，王英布故地，凡四郡。上自將擊滅布王，遂即位。常心怨辟陽侯，弗敢發。及帝即位，王自以爲最親，數驕蹇，不奉法。是年，入朝，甚横。乃往請辟陽侯，辟陽侯出見之，即自袖鐵椎椎殺辟陽侯，乃馳走闕下謝罪。帝傷其志，爲親故，弗治。史記淮南厲王傳。按，原本無「常心怨辟陽侯」云云，於淮南王長殺審食其一事首尾未具，蓋傳寫脱漏，今增補。

五月，匈奴入居北地、河南爲寇。帝初幸甘泉。本紀。辛卯，帝自甘泉之高奴，因幸太原，徙代王武爲淮陽王，以地盡與太原，更號代，史記大事記。太原王參更爲代王，漢表。考異曰：史記大事記載於三年，漢表亦載代王武文帝三年徙爲淮陽王，太原王參文帝三年更爲代王。文三王傳云「四年」，通鑑又載於五年。按，文帝自代王爲天子，析舊國爲二，以封二子，至是，匈奴入寇，内奉兩王，外禦强敵，事力不支，故移武王淮陽，使參盡得全代之地，當是三年無疑。今從大事記及漢表，載於三年匈奴入寇之後。都晉陽如故。文三王傳。按，二年三月立子武爲代王，參爲太原王，揖爲梁王。至是，代王方徙封淮陽。此書於二年内不載封三王事，而但於此見徙封之文。本末不具，疑原本有脱文。

濟北王反，以棘蒲侯陳武爲大將軍擊之，昌侯盧卿、共侯盧罷、師甯侯魏遬、深澤侯趙將夜皆爲將軍屬武。大事記。按，「濟北王反」以下十六字原本脱去，今補入。

秋，天下旱。五行志。

七月，大將軍陳武等曰：「南越、朝鮮自全秦時内屬爲臣子，後且擁兵阻阸，戹賣反。選思究反。蠕音軟。觀望。高祖時天下新定，人民小安，未可復興兵。今陛下仁惠撫百姓，恩澤加海内，宜及士民樂用，征討逆黨，以一封疆。」考異曰：「南越、朝鮮」以下見史記律書，而漢書、荀紀皆不載，不知其時。第云「今匈奴内侵，願結和通使」，以帝時考之，匈奴是年始入寇，次年已和親矣。今附於陳武平濟北既還之後。按，上文但記陳武擊濟北，不載討平月日，疑亦脱文。帝曰：「朕能任衣冠，念不到此。會呂氏之亂，功名宗室共不羞恥，誤居正位，常戰戰慄慄，恐事之不終。且兵凶器，雖克所願，動亦耗病，謂百姓遠方何？又先帝知勞民不可煩，故不以爲意。朕豈自謂能？今匈奴內侵，軍吏無功，邊民父子荷兵日久，朕常爲動心傷痛，無日忘之。今未能銷距，願且堅邊設候，結和通使，休寧北陲，爲功多矣。且無議軍。」律書。

帝召漢中守田叔問曰：「公知天下長者乎？」對曰：「臣何足以知！」上曰：「公長者，宜知之。」叔頓首曰：「故雲中守孟舒，長者也。」是時孟舒坐虜大入雲中免，上曰：「先帝置孟舒雲中十餘年矣，虜常一入，孟舒不能堅守，無故士卒戰死者數百人。長者固殺人乎？」叔叩頭曰：「夫貫高等謀反，天子下明詔，趙有敢隨張王者，罪三族。然孟舒自髡鉗，隨張王，欲以身死之〔一〕，豈自知其爲雲中守哉？漢與楚相距，士卒罷敝，而匈奴冒頓新服北夷，來爲邊寇，孟舒知士卒罷敝，不忍出言，士爭臨城死敵，如子爲父，以故死者數百人。孟舒豈敺與驅同。之哉！是乃孟舒所以爲長者。」於是上曰：「賢哉孟舒！」復召以爲雲中守。田叔傳。考異曰：此事不得其時，今附於匈奴入邊之後。

帝於諸律令所更定，及列侯悉就國，其說皆賈誼發之。於是天子議以誼任公卿之位。絳、灌、東陽侯、馮敬之屬盡害之，乃短誼曰：「雒陽之人年少初學，專欲擅權，紛亂諸事。」於是天子後亦疏之，不用其議，以誼爲長沙王太傅。誼既以適讀曰謫。去，意不自得。及渡湘水，爲賦以弔屈原。屈原，楚賢臣也，被讒放逐，作離騷賦，其終篇曰：「已矣！國亡人，莫我知也。」遂投江而死。誼追傷之，因以自諭。誼傳。考異曰：荀紀、通鑑並載於四年。按，誼至長沙三年，始作鵩鳥賦，首稱「單閼之歲」，蓋丁卯歲也。如此，則誼之謫去在甲子歲，蓋文帝之三年也。若載於四年，則絳侯已就國，灌嬰已死，無由譖之。今附於甲子歲之末。按，今本荀紀四年無貶賈誼事。

四年春正月甲午，北平侯張蒼爲丞相。漢興二十餘年，天下初定，公卿皆軍吏，蒼爲丞相，卒就鄉所緒正律曆。故漢家言律曆，本之張蒼。蒼傳。按，原本無「本之張蒼」四字，今補入。

季布爲河東守，人有言其賢，帝欲召以爲御史大夫。人又言其勇，使酒，難近，至，留邸。」顔曰：「邸，郡朝宿之舍在京師也。」一月，見罷。布傳。考異曰：史記大事記載，是年申屠嘉爲御史大夫。按，嘉以十六年爲御史大夫，大事記所載既非事實，荀氏漢紀又載御史大夫爰盎、韋孟，然盎既未嘗爲御史大夫，而文帝時亦無所謂韋孟者。漢百官表載御史大夫圍，亦無姓氏及除拜始末，今皆闕之。

夏正月，帝憫濟北王逆亂以自滅，甲寅，盡封齊悼惠王諸子十人爲列侯。漢書紀、傳，史記、漢書侯表。考異曰：漢書紀作「秋九月」。按，史記、漢書侯表並以五月甲寅封，紀作七人，表自管共侯以下至白石侯凡十人。當是紀誤。今從漢書表。

以安丘侯張説爲將軍，擊胡，出代。史記大事記。

匈奴單于遺漢書曰：「天所立匈奴大單于敬問皇帝無恙。前時皇帝言和親事，稱書意合歡。漢邊吏侵侮右賢王，右賢王不請，聽後義盧侯難氏等計，與漢吏相距，絶二主之約，離兄弟之親。皇帝讓書再至，發使以書報，不來，漢使不至。漢以其故不和，鄰國不附。今以小吏之敗約，故罰右賢王，使之西求月氏擊之。以天之福，吏卒良，馬力彊，以夷滅月氏，盡斬殺降下之。定樓蘭、烏孫、呼揭音桀，又丘列反。及其旁二十六國，皆已爲匈奴。諸引弓之民并爲一家，北州已定。願寢兵休士養馬，除前事，復故約，以安邊民，以應古始，使少者得成其長，老者安其處，世世平樂。未得皇帝之志，故使郎中係虖火姑反。淺奉書請，獻橐他一，騎馬二，駕二駟。皇帝即不欲匈奴近塞，則且詔吏民遠舍。使者至，即遣之。」以六月中，來至薪望之地。書至，漢議擊與和親孰便，公卿皆曰：「單于新破月氏，乘勝，不可擊也。且得匈奴地，澤鹵非可居也。和親甚便。」許之。匈奴傳。

六月，雨雪。荀紀。

吴太子賢楚漢春秋云：「名賢，字德明。」入見，得侍皇太子飲博。吴太子師傅皆楚人，輕悍，又素驕。博爭道，不恭，皇太子引博局提徒計反。殺之，於是遣其喪歸葬。吴王愠於問反。曰：「天下一家，死長安即葬長安，何必來葬！」復遣喪之長安葬。吴王由是怨望，稍失藩臣禮，稱疾不朝，陰有邪謀。此語見鄒陽傳。京師知其以子故，驗問實不病，諸吴使來，輒繫責治之。吴王恐，所謀滋甚。及後使人爲秋請，材性反。孟康曰：「律，春曰朝，秋曰請。」上復責問吴使者。使者曰：「察見淵中魚，不祥。今吴王始詐疾，及覺，見責急，愈益閉，恐上誅之，計乃無聊。唯上與更始。」於是天子皆赦吴使者歸之，而賜吴王几杖，老，不朝。吴得釋，其謀亦益解。吴王濞傳。

五年夏四月，漢書、荀紀。爲錢益多而輕，乃更鑄四銖錢，其文爲「半兩」。除盜鑄錢令，使民放鑄。賈誼諫曰：「銅布於天下，其爲禍博。今博禍可除，而七福可致也。何謂七福？上收銅勿令布，下則民不鑄錢，黥罪不積，一矣。僞錢不蕃，民不相疑，二矣。采銅鑄作者反於耕田，三矣。銅畢歸於上，上挾銅積以御輕重，錢輕則以術斂之，重則以術散之，貨物必平，四矣。以作兵器，以假貴臣，多少有制，用別貴賤，五矣。以臨萬貨，以調盈虛，以收奇居宜反。羡，弋戰反。則官富實而末民困，六矣。制吾棄財，以與匈奴逐争其民，則敵必壞，七矣。故善爲天下者，因禍而爲福，轉敗而爲功。今久退七福而行博禍，臣誠傷之。」上不聽。食貨志。賈山復上書諫，以爲變先帝法，非是。章下詰責，對以爲「錢者，亡用器也，而可以易富貴。富貴者，人主之操柄也。令民爲之，是與人主共操柄，不可長也。」其言多激切，善指事意，然終不加罰，所以廣諫争之路也。賈山傳。

初，帝嘗夢欲上天，不能，有一黄頭郎推上天，顧見其衣尻帶後穿。覺工孝反。而之漸臺，以夢中陰自求推者，即見濯船黄頭郎，其衣後穿，夢中所見也。召問其名姓，姓鄧，名通。鄧，猶登也，帝甚説，尊幸之，日日異。通亦愿謹，不好外交，雖賜洗沐，不欲出。於是帝賞賜通鉅萬以十數，官至上大夫。帝時間如通家游戲，然通無他技能，不能有所薦達，獨自謹身以媚上而已。上使善相人者相通，曰：「當貧餓死。」上曰：「能富通者在我，何説貧？」於是賜通蜀嚴道銅山，得自鑄錢。通傳。帝時寵臣，士人則鄧通，宦者則趙談、北宮伯子。趙談以星氣幸，北宮伯子長者愛人，故親近，然皆不比鄧通。佞幸傳。

楚夷王郢客薨，子戊嗣。年表、楚元王傳。

六年冬十月，桃李花。本紀。

淮南王長數上書不遜順，帝重自切責之。時帝舅薄昭爲將軍，尊重，上令昭予王書諫數所具反。之，曰：

竊聞大王剛直而勇，慈惠而厚，貞信多斷，是天以聖人之資奉大王也甚盛，不可不察。今大王所行，不稱天資。皇帝初即位，易侯邑在淮南者，大王不肯。皇帝卒易之，使大王得三縣之實，甚厚。大王以未嘗與皇帝相見，求入朝見，未畢昆弟之歡，而殺列侯以自爲名。皇帝不使吏與其間，赦大王，甚厚。法，二千石缺，輒言漢補，大王逐漢所置，而請自置相、二千石。皇帝骫天下正法許大王，甚厚。大王欲屬之欲反。國爲布衣，守冢真定。皇帝不許，使大王毋失南面之尊，甚厚。大王宜日夜奉法度，修貢職，以稱皇帝之厚德。今乃輕言恣行，以負謗於天下，甚非計也。

夫大王以千里爲宅居，以萬民爲臣妾，此高皇帝之厚德也。高帝蒙霜露，沬胡內反。風雨，赴矢石，野戰攻城，身被創痍，以爲子孫成萬世之業，艱難危苦甚矣。大王不思先帝之艱苦，日夜怵惕，修身正行，養犧牲，豐潔粢盛，奉祭祀，以無忘先帝之功德，而欲屬國爲布衣，甚過。且夫貪讓國土之名，輕絕先帝之業，不可以言孝。父爲之基，而子不能守，不賢。不求守長陵，而守真定，先母後父，不誼。數逆天子之令，不順。言節行以高兄，無禮。幸臣有罪，大者立斷，小者肉刑，不仁。貴布衣一劍之任，賤王侯之位，不知。不好學問大道，觸情妄行，不祥。此八者，危亡之路也，而大王行之。棄南面之位，奮諸、賁音奔。之勇，常出入危亡之路，臣之所見，高皇帝之神必不廟食於大王之手，明白。

昔者，周公誅管叔，放蔡叔，以安周；齊桓殺其弟，以反國；秦始皇殺兩弟，遷其母，以安秦；頃王亡代，高帝奪之國，以便事；濟北舉兵，皇帝誅之，以安漢。故周、齊行之於古，秦、漢用之於今，大王不察古今之所以安國便事，而欲以親戚之意望於太上，不可得也。亡之諸侯，游宦事人，及舍匿者，論皆有法。其在王所，吏主者坐。今諸侯子爲吏者，御史主；爲軍吏者，中尉主；客出入殿門者，衛尉大行主；諸從蠻夷來歸誼及以亡名數自占者，內史縣令主。相欲委下吏，無與其禍，不可得也。王若不改，漢繫大王邸，論相以下，爲之奈何？ 夫墮父大業，退爲布衣所哀，幸臣皆伏法而誅，爲天下笑，以羞先帝之德，甚爲大王不取也。 宜急改操易行，上書謝罪，曰：「臣不幸蚤失先帝，少孤，吕氏之世，未嘗忘死。 陛下即位，臣怙恩德驕盈，行多不軌。 追念辠過，恐懼，伏地待誅不敢起。」皇帝聞之必喜。 大王昆弟歡欣於上，羣臣皆得延壽於下；上下得宜，海内常安。 願孰計而疾行之，行之有疑，禍如發矢，不可追已。」

王得書不説。 令男子但等七十人與棘蒲侯柴武太子奇謀，以輂車四十乘反谷口，令人使閩越、匈奴。 事覺，治之，乃使使召淮南王。 王至長安，丞相臣張蒼、典客臣馮敬、行御史大夫事宗正臣逸、廷尉臣賀、備盜賊中尉臣福昧死言：「淮南王長廢先帝法，不聽天子詔，居處無度，爲黄屋蓋乘輿，出入擬於天子，擅爲法令，不用漢法。 及所置吏，以其郎中春爲丞相，收聚漢諸侯人及有罪亡者，匿與居，爲治家室，賜與貨物爵禄田宅，爵或至關内侯，奉以二千石所不當得，欲以有爲。 大夫但、士伍開章等七十人如淳曰：「律『有罪失官爵稱士伍』。」與棘蒲侯太子奇謀反，欲以危宗廟社稷，使開章陰告長，與謀使閩越及匈奴發其兵。 開章之淮南見長，長數與坐語飲食，爲家室娶婦，以二千石俸奉之。 開章使人告但，已言之王。 春使使報但等。 吏覺知，使長安尉奇等往捕開章。 長匿不予，與故中尉蕑忌謀，殺以閉口。 爲棺槨衣衾，葬之肥陵，謾吏曰：『不知安在。』又佯聚土，樹表其上，曰『開章死，埋此下』。及長身自賊殺無罪者一人;令吏論殺無罪者六人;爲亡命棄市罪詐捕命者以除罪;擅罪人,無告劾,繫治城旦舂以上十四人;赦免罪人死罪十八人,城旦舂以下五十八人;賜人爵關内侯以下九十四人。前日長病,陛下心憂之,使使者賜書棗脯。長不肯見拜使者。南海民處廬江界中者反,淮南吏卒擊之。陛下以淮南民貧苦,遣使者賜長帛五千匹,以賜吏卒勞苦者。長不欲受賜,謾曰『無勞苦者』。南海民王織上書獻璧皇帝,忌擅燔其書,不以聞。吏請召治忌,長不遣,謾曰『忌病』。春又請長,願入見,長怒曰『女欲離我自附漢』。長當棄市,臣請論如法。」

制曰:「朕不忍制法於王,按,「制」,史記作「致」,漢書作「置」,下同。其與列侯吏二千石議。」列侯吏二千石臣嬰等四十三人議,皆曰:「長不奉法度,不聽天子詔,乃陰聚徒黨及謀反者,厚養亡命,欲以有爲。臣等議論如法。」制曰:「朕不忍制法於王,其赦長死罪,廢勿王。」臣蒼等奏:「請處蜀嚴道卭郵,遣其子、子母從居,縣爲築蓋家室,皆日三食,給薪菜鹽炊食器席蓐。」制曰:「食長,給肉日五斤,酒二斗。令故美人才人得幸者十人從居。」於是盡誅所與謀者。迺遣長載以輜音甾。車,令縣次傳。

賈山言:「淮南王無大罪,宜急令反國。」兩語見山傳。不納,袁盎時爲中郎將,亦諫曰:「陛下素驕淮南王,不爲置嚴傅相,以故至此。今又暴摧折之,淮南王爲人剛,有如遇霜露行道死，陛下竟爲以天下大弗能容，有殺弟名，奈何？」上曰：「吾特苦之耳，令復之。」縣傳淮南王者皆不敢發車封。淮南王謂侍者曰：「誰謂乃公勇者？吾安能勇！吾以驕故不聞吾過至此。人生一世間，安能邑邑如此！」迺不食死。至雍，雍令發之，以死聞。上輟食，哭甚哀。袁盎入，頓首請罪。上曰：「吾不聽公言，卒亡淮南王。」盎曰：「上自寬，此往事，豈可悔哉！且陛下有高世行三，此不足以毁名。」上曰：「吾高世三者何事？」盎曰：「陛下居代時，太后常病，三年，陛下不交睫解衣，湯藥非陛下口所嘗不進。夫曾參以布衣猶難之，今陛下親以王者脩之，過曾參遠矣。諸吕用事，大臣顓制，然陛下從代乘六乘傳馳不測淵，雖賁、育之勇不及陛下。陛下至代邸，西鄉讓天子者三，南鄉讓天子者再。夫許由一讓，陛下五以天下讓，過許由四矣。且陛下遷淮南王，欲以苦其志，使改過，有司宿衛不謹，故病死。」於是上乃解，曰：「將奈何？」曰：「斬丞相、御史以謝天下迺可。」淮南有三子，唯在陛下耳。」上即令丞相、御史逮諸縣傳淮南王不發封餽侍者，皆棄市。迺以列侯葬淮南王於雍，置守冢三十家。史記、漢書淮南王、袁盎傳。

宦者趙談以數幸，常害袁盎，盎患之。盎兄子種爲常侍騎，諫盎曰：「君衆辱之，後雖惡君，上不復信。」於是上朝東宮，趙談驂乘，盎伏車前曰：「臣聞天子所與共六尺輿者〔二〕，皆天下豪英。今漢雖乏人，陛下獨奈何與刀鋸之餘共載！」於是上笑，下趙談。談泣，下車。盎傳。

竇皇后病，失明，帝幸邯鄲愼夫人。外戚傳。其在禁中，常同坐。上幸上林，及坐，郎署長布席，袁盎引卻愼夫人坐。愼夫人怒，心不肯坐。上亦怒，起，入禁中。盎因前説曰：「臣聞尊卑有序，則上下和。今陛下既已立后，愼夫人乃妾，妾主豈可同坐哉！且陛下幸之，即厚賜之。陛下所以爲愼夫人，適所以禍之也。陛下獨不見『人彘』乎？」於是上乃説，召語愼夫人。愼夫人賜盎金五十斤。盎傳。考異曰：通鑑載於二年。按，盎以六年爲中郎將，本傳載於諫淮南王事之後，荀紀列於六年，得之矣。今從本傳及荀紀。然通鑑所以載於二年者，正以載張釋之爲廷尉於三年，釋之盎所薦，故併列盎事在前耳。殊不知張釋之傳云：「事文帝十年，不得調，故免歸。中郎將袁盎惜其去，請徙補謁者。」釋之在文帝時不得調，不應三年便爲廷尉也。通鑑據百官表載張釋之所以併盎事，誤也。荀悦載釋之爲謁者於文帝十年，爲廷尉於十三年，豈此時表尚未誤，後世傳寫之訛，遂以「十三年」爲「前三年」也。

七年冬十月，趙王遂、梁王勝、淮陽王武、代王參來朝。史記年表。

夏四月丙子，初置南陵。史記大事記。

六月癸酉，未央宮東闕罘罘音浮。罳災。本紀。考異曰：荀紀作「辛酉」，漢書作「癸酉」，二者不同。按，長曆，六月辛未朔，癸酉乃六月初三日，此月無辛酉，當是荀氏誤，今從漢書。

帝思賈誼，徵之，至，入見，上方受釐音禧。宣室。漢儀注：「祭天地五畤皇帝不自行，祠還致福。」上因感鬼神事，而問鬼神之本。誼具道所以然之故。至夜半，帝前席。既罷，曰：「吾久不見賈生，自以爲過之，今不及也。」乃拜誼爲梁王太傅。考異曰：通鑑載賈誼治安策於文帝六年，非也。按，誼傳爲服賦曰：「單閼之歲」，應劭曰：「太歲在卯爲單閼。」文帝六年，乃丁卯歲也。又言「歲餘文帝徵誼入對宣室」，拜爲梁太傅。然則誼對宣室當在七年，至於上治安策，則又在爲梁太傅之後。梁王，上少子，愛，而好書，故令誼傅之，數問以得失。誼傳。

典客馮敬爲御史大夫。百官表。考異曰：史記大事記載於九年，漢書百官表、荀紀并載於七年，今從漢表、荀紀。

校勘記

〔一〕欲以身死之　四庫本無「欲」字，據史記田叔傳補。

〔二〕臣聞天子所與共六尺輿者　四庫本「六尺」作「八尺」，據史記、漢書袁盎傳改。

西漢年紀卷七

文帝

八年冬十月，齊王則、燕王嘉、河間王辟彊來朝。史記年表。

是時，匈奴彊，侵邊。天下初定，制度疏闊，諸侯王僭儗，音擬。地過古制。淮南、濟北王皆爲逆誅。梁太傅賈誼數上疏陳政事，多所欲匡建，其大略曰：

臣竊惟事勢，可爲痛哭者一，可爲流涕者二，可爲長太息者六，若其他背理而傷道者，難徧以疏舉。進言者皆曰天下已安已治矣，臣獨以爲未也。曰安且治者，非愚則諛，皆非事實知治亂之體者也。夫抱火厝千故反。之積薪之下而寢其上，火未及然，因謂之安，方今之勢，何以異此！本末舛逆，首尾衡決，國制搶仕庚反。攘，女庚反。非甚有紀，胡可謂治！陛下何不令臣得孰數之於前，因陳治安之策，試詳擇焉！

夫射獵之娛，與安危之機孰急？使爲治，勞智慮，苦身體，乏鍾鼓之樂，勿爲可也。樂與今同，而加之諸侯軌道，兵革不動，民保首領，匈奴賓服，四荒嚮讀曰嚮，下同。

風，百姓素朴，獄訟衰息，大數既得，則天下順治，海内之氣清和咸理，生爲明帝，没爲明神，名譽之美，垂於無窮。禮祖有功而宗有德，使顧成之廟稱爲太宗，上配太祖，與漢亡極。建久安之埶，成長治之業，以承祖廟，以奉六親，至孝也；以幸天下，以育羣生，至仁也；立綱陳紀，輕重同得，後可以爲萬世法程，雖有愚幼不肖之嗣，猶得蒙業而安，至明也。以陛下之明達，因使少知治體者得佐下風，致此非難也。其具可素陳於前，願幸無忽。臣謹稽之天地，驗之往古，按之當今之務，日夜念此至孰也，雖使舜禹復生，爲陛下計，亡以易此。

夫樹國固必相疑之埶，下數被其殃，上數爽其憂，甚非所以安上而全下也。今或親弟謀爲東帝，親兄之子西鄉而擊，今吴又見告矣。天子春秋鼎盛，行下更反。義未過，德澤有加焉，猶尚如是，况莫大諸侯，權力且十此者虖！然而天下少安，何也？大國之王幼弱未壯，漢之所置傅相方握其事。數年之後，諸侯之王大抵皆冠，血氣方剛，漢之傅相稱病而賜罷，彼自丞尉以上偏置私人，如此，有異淮南、濟北之爲邪！此時而欲爲治安，雖堯舜不治。

黄帝曰：「日中必熭，音衛。操刀必割。」今令此道順而全安，甚易，不肯蚤爲，已迺墮火規反。骨肉之屬而抗剄之，豈有異秦之季世虖！夫以天子之位，乘今之時，因天之助，尚憚以危爲安，以亂爲治，假設陛下居齊桓之處，將不合諸侯而匡天下乎？臣又知陛下有所必不能矣。假設天下如曩時，淮陰侯尚王楚，黥布王淮南，彭越王梁，韓信王韓，張敖王趙，貫高爲相，盧綰王燕，陳豨在代，令此六七公者皆亡恙，當是時陛下即天子位，能自安乎？臣有以知陛下之不能也。天下殽亂，高皇帝與諸公併步鼎反。起，非有仄室之埶以豫席之也。諸公幸者，乃爲中涓，其次廑與僅同。得舍人，材之不逮至遠也。高皇帝以明聖威武即天子位，割膏腴之地以王諸公，多者百餘城，少者乃三四十縣，德至渥也，然其後十年之間，反者九起。陛下之與諸公，非親角材而臣之也，又非身封王之也，自高皇帝不能以是一歲爲安，故臣知陛下之不能也。然尚有可諉女瑞反。者，曰疏，臣請試言其親者。假令悼惠王王齊，元王王楚，中子王趙，幽王王淮陽，共讀曰恭。王王梁，靈王王燕，長王淮南，六七貴人皆亡恙，當是時陛下即位，能爲治虖？臣又知陛下之不能也。若此諸王，雖名爲臣，實皆有布衣昆弟之心，慮亡不帝制而天子自爲者。擅爵人，赦死辠，甚者或戴黃屋，漢法令非行也。雖行不軌如淮南王者，令之不肯聽，召之安可致乎！幸而來至，法安可得加！動一親戚，天下圜視而起，陛下之臣雖有悍如馮敬，適啓其口，匕首已陷其胸矣。陛下雖賢，誰與領此？故疏者必危，親者必亂，已然之効也。其異姓負彊而動者，漢已幸勝之矣，又不易其所以然。同姓襲是跡而動，既有徵矣，其埶盡又復然。殃旤古禍字。之變，未知所移，明主處之尚不能以安，後世將如之何！

屠牛坦一朝解十二牛，而芒刃不頓讀曰鈍。者，所排擊剝割，皆衆理解胡懈反。也。至於髖髀音寬陛。之所，非斤則斧。夫仁義恩厚，人主之芒刃也；權埶法制，人主之斤斧也。今諸侯王皆衆髖髀也，釋斧斤之用，而欲嬰以芒刃，不缺則折，胡不用之淮南、濟北？埶不可也。

臣竊迹前事，大抵彊者先反。淮陰王楚最彊，則最先反；韓信倚胡，則又反；貫高因趙資，則又反；陳豨兵精，則又反；彭越用梁，則又反；黥布用淮南，則又反；盧綰最弱，最後反。長沙迺在二萬五千户耳，功少而最完，埶疏而最忠，非獨性異人也，亦形埶然也。曩令樊、酈、絳、灌據數十城而王，今雖已殘亡可也；令信、越之倫列爲徹侯而居，雖至今存可也。然則天下之大計可知矣。欲諸王之皆忠附，則莫若令如長沙王；欲臣子之勿菹醢，則莫若令如樊、酈等；欲天下之治安，莫若衆建諸侯而少其力。力少則易使以義，國小則亡邪心。令海内之埶如身之使臂，臂之使指，莫不制從，諸侯之君不敢有異心，輻湊並進而歸命天子，雖在細民，且知其安，故天下咸知陛下之明。割地定制，令齊、趙、楚各爲若干國。使悼惠王、幽王、元王之子孫畢以次各受祖之分扶問反。地，地盡而止，及燕、梁它國皆然。其分地衆而子孫少者，建以爲國，空而置之，須其子孫生者，舉使君之。諸侯之地其削頗入漢者，爲徙其侯國及封其子孫也，所以數償之；一寸之地，一人之衆，天子亡所利焉，誠以定治而已，故天下咸知陛下之廉。地制一定，宗室子孫莫慮不王。下無倍畔之心，上無誅伐之志，故天下咸知陛下之仁。法立而不犯，令行而不逆，貫高、利幾之謀不生，柴奇、開章之計不萌，細民鄉善，大臣致順，故天下咸知陛下之義。卧赤子天下之上而安，植遺腹，朝委裘，而天下不亂，當時大治，後世誦聖。一動而五業附，陛下誰憚徒旦反。而久不爲此？

天下之執方病大瘇，上勇反。一脛之大幾巨依反。如要，一指之大幾如股，平居不可屈信，讀曰伸，下同。一二指慉，丑六反。身慮亡聊。失今不治，必爲錮疾，後雖有扁鵲，不能爲已。病非徒瘇也，又苦𨂂盭。古蹠戾字。元王之子，帝之從弟也；今之王者，從弟之子也。惠王之子，親兄子也；考異曰：漢書本傳云：「惠王，親兄子也。」劉氏刊誤云：「惠王」下脱「之子」二字。此言爲是，今從之。今之王者，兄子之子也。親者或亡分地以安天下，疏者或制大權以偪古逼字。天子，臣故曰非徒病瘇也，又苦𨂂盭。可痛哭者，此病是也。

天下之執方倒縣。凡天子者，天下之首，何也？上也。蠻夷者，天下之足，何也？下也。今匈奴嫚娒古侮字。侵掠，至不敬也，爲天下患，至亡已也，而漢歲致金絮采繒以奉之。夷狄徵令，是主上之操千高反。也；天子共讀曰恭。貢，是臣下之禮也。足反居上，首顧居下，倒縣如此，莫之能解，猶爲國有人乎？非亶讀曰但。倒縣而已，又類辟，音壁。且病痱。音肥。夫辟者一面病，痱者一方痛。今西邊北邊之郡，雖有長爵不輕得復，方目反。五尺以上不輕得息，斥堠望烽燧不得卧，將吏被甲冑而睡，臣故曰一方病矣。醫能治之，而上不使，可謂流涕者，此也。

陛下何忍以帝皇之號爲戎人諸侯，埶既卑辱，而旤不息，長上聲。此安窮！進謀者率以爲是，固不可解也，亡具甚矣。臣竊料匈奴之衆，不過漢一大縣，以天下之大，困於一縣之衆，甚爲執事者羞之。陛下何不試以臣爲屬國之官以主匈奴？誼傳。爲臣建三表，設五餌，以此與單于爭其民，則下匈奴猶振槁也。愛人之狀，好人之技，仁道也；信爲大操，帝義也；愛好有實，已諾有期，十死一生，彼將必至。此謂爲三表。賜之盛服車乘，以壞其目；賜之盛食珍味，以壞其口；賜之音樂婦人，以壞其耳；賜之高堂邃宇、倉庫奴婢，以壞其腹；於來降者，上召幸之相娛樂，親酌而手食之，以壞其心。此謂五餌。三表已諭，五餌既明，則匈奴之中乖而相疑，其貴人南面而歸漢，猶弱子之慕慈母也；其衆南鄉，而欲走漢，猶水之流下也。單子無臣之使，無民之守，惡得不歸陛下之義哉！賈誼新書。考異曰：漢書不載，今取賈誼新書足之。行臣之計，請必係單于之頸而制其命，伏中行説而笞其背，舉匈奴之衆唯上之令。今不獵猛敵而獵田彘，不搏反寇而搏畜菟，翫細娱而不圖大患，非所以爲安也。德可遠施，威可遠加，而直數百里外威令不信，可謂流涕者，此也。誼傳。

天子之相，號爲丞相；諸侯之相，號爲丞相。天子列卿，秩二千石；諸侯列卿，秩二千石；則臣已同矣。天子衛御，號爲太僕，秩二千石；諸侯之御，號曰太僕，秩二千石。則御已齊矣。天子親號云太后，諸侯親號云太后；天子妃號曰后，諸侯妃號曰后。然則諸侯何損，而天子何加焉？天子宫門曰司馬，闌入者爲城旦；諸侯宫門曰司馬，闌入者爲城旦。殿門俱爲殿門，闌入者亦俱棄市。宫牆門衛同名，其嚴一等，罪已鈞矣。天子之言曰令，令甲令乙是也；諸侯之言曰令，令儀之言是也。天子卑號皆稱陛下，諸侯卑號稱陛下。天子車曰乘輿，諸侯車曰乘輿。然則所謂主者安居？臣者安在？夫所恃以別貴賤明尊卑者，等級、勢力、衣服、號令也。人事無別，是臣主非有相臨之具、尊卑之經也。孔子曰：「長民者，衣服不貳，從容有常，以齊其民，則民德一。」詩云：「彼都人士，狐裘黄裳。」「行歸于周，萬民之望。」孔子曰：「爲上可望而知也，爲下可述而志也，則君不疑於其臣，而臣不惑於其君。」此之不行，可爲長太息者，此也。賈誼新書。考異曰：此段見賈誼新書。蓋誼稱長太息者六，而闕其一，今取之，以足其數。

今民賣僮者，爲之繡衣絲履偏諸緣，內之閑中，是古天子后服，所以廟而不宴者也，而庶人得以衣婢妾。白縠之表，薄紈之裏，緁音妾。以偏諸，美者黼繡，是古天子之服，今富人大賈嘉會召客者以被皮義反。牆。古者以奉一帝一后而節適，今庶人屋壁得爲帝服，倡優下賤得爲后飾，然而天下不屈其勿反。下同。者，殆未有也。且帝之身自衣皂綈，徒奚反。而富民牆屋被文繡；天子之后以緣其領，庶人孽妾緣其履：此臣所謂舛也。夫百人作之不能衣於既反。一人，欲天下亡寒，胡可得也？一人耕之，十人聚而食之，欲天下亡飢，不可得也。飢寒切於民之肌膚，欲其亡爲姦邪，不可得也。國已屈矣，盜賊直須時耳，然而獻計者曰「亡動」，爲大耳。夫俗至大不敬也，至無等也，至冒上也，進計者猶曰「毋爲」，可爲長太息者，此也。

商君遺禮義，棄仁恩，并心於進取，行之二歲，秦俗日敗。故秦人家富子壯則出分，家貧子壯則出贅。之銳反。借父耰音憂。鉏，慮有德色；母取箕箒，立而誶音碎。語。抱哺音步。其子，與公併步鼎反。倨；婦姑不相說，讀曰悅。則反脣而相稽。工奚反。其慈子者利，不同禽獸者亡幾居豈反。耳。然并心而赴時，猶曰蹶音厥。六國兼天下。功成求得矣，終不知反廉愧之節，仁義之厚。信兼并之法，遂進取之業，天下大敗；衆掩寡，智欺愚，勇威怯，壯陵衰，其亂至矣。是以大賢起之，威振海內，德從天下。曩之爲秦者，今轉而爲漢矣。然其遺風餘俗，猶尚未改。今世以侈靡相競，而上亡制度，棄禮義，捐廉恥，日甚，可謂月異而歲不同矣。逐利不耳，慮非顧行也，今其甚者殺父兄矣。盜者剟音輟。寢户之簾，搴音騫。兩廟之器，白晝大都之中剽頻妙反。吏而奪之金。矯僞者出幾鉅衣反。十萬石粟，賦六百餘萬錢，乘傳而行下更反。郡國，此其亡行義之尤至者也。而大臣特以簿書不報，期會之間，以爲大故。至於俗流失，世壞敗，因恬而不知怪，慮不動於耳目，以爲是適然耳。夫移風易俗，使天下回心而鄉道，類非俗吏之所能爲也。俗吏之所務，在於刀筆筐篋，而不知大體。陛下又不自憂，竊爲陛下惜之。

夫立君臣，等上下，使父子有禮，六親有紀，此非天之所爲，人之所設也。夫人之所設，不爲不立，不植則僵，不修則壞。筦與管同。子曰：「禮義廉恥，是謂四維；四維不張，國乃滅亡。」使筦子愚人也則可，筦子而少知治體，則是豈不可爲寒心哉！秦滅四維而不張，故君臣乖亂，六親殃戮，姦人並起，萬民離叛，凡十三歲，而社稷爲虛。今四維猶未備也，故姦人幾讀曰冀。幸，而衆心疑惑。豈如今定經制，令君君臣臣，上下有差，父子六親各得其宜，姦人亡所幾幸，而羣臣衆信，上不疑惑！此業一定，世世常安，而後有所持循矣。若夫經制不定，是猶渡江河亡維楫，中流而遇風波，船必覆矣。可謂長太息者，此也。

夏爲天子，十有餘世，而殷受之。殷爲天子，二十餘世，而周受之。周爲天子，三十餘世，而秦受之。秦爲天子，二世而亡。人性不甚相遠也，何三代之君有道之長，而秦無道之暴也？其故可知也。古之王者，太子迺生，固舉以禮，使士負之，有司齊肅端冕，見胡電反。之南郊，見於天也。過闕則下，過廟則趨，孝子之道也。故自爲赤子而教固已行矣。昔者，成王幼在襁抱之中，召公爲太保，周公爲太傅，太公爲太師。保，保其身體；傅，傅之德義；師，道讀曰導。之教訓：此三公之職也。於是爲置三少，皆上大夫也，曰少保、少傅、少師，與太子宴者也。故乃孩提有識，三公、三少固明孝仁禮義以道習之，逐去邪人，不使見惡行。於是皆選天下之端士孝弟博聞有道術者以衛翼之，使與太子居處出入。故太子乃生而見正事，聞正言，行正道，左右前後皆正人也。夫習與正人居之，不能毋正，猶生長於齊不能不齊言也；習與不正人居之，不能毋不正，猶生長於楚之地不能不楚言也。故擇其所耆，讀曰嗜。必先受業，迺得嘗之；擇其所樂，必先有習，迺得爲之。孔子曰：「少成若天性，習貫如自然。」及太子少長，知妃色，則入于學。學者，所學之官也。學禮曰：「帝入東學，上親而貴仁，則親疎有序而恩相及矣；帝入南學，上齒而貴信，則長幼有差而民不誣矣；帝入西學，上賢而貴德，則聖智在位而功不遺矣；帝入北學，上貴而尊爵，則貴賤有等而下不踰與踰同。矣；帝入太學，承師問道，退習而考於太傅，太傅罰其不則而匡其不及，則德智長而治道得矣。此五學者既成於上，則百姓黎民化輯與集同。於下矣。」及太子既冠成人，免於師保之嚴，則有記過之史，徹膳之宰，進善之旌，誹謗之木，敢諫之鼓。瞽史誦詩，工誦箴諫，大夫進謀，士傳民語。習與智長，故切而不愧；化與心成，故中道若性。三代之禮：春朝朝日，秋暮夕月，所以明有敬也；春秋入學，坐國老，執醬而親餽與饋同。之，所以明有孝也；行以鸞和，步中竹仲反。采齊，在私反。趣讀曰趨。中肆夏，所以明有度也；其於禽獸，見其生不忍其死，聞其聲不食其肉，故遠于萬反。庖廚，所以長竹兩反。恩，且明有仁也。

夫三代之所以長久者，以其輔翼太子有此具也。及秦而不然。其俗固非貴辭讓也，所上者告訐也；固非貴禮義也，所上者刑罰也。使趙高傅胡亥而教之獄，所習者非斬劓人，則夷人之三族也。故胡亥今日即位而明日射人，忠諫者謂之誹謗，深計者爲之妖言，其視殺人若艾讀曰刈。草菅音姦。然。豈惟胡亥之性惡哉？彼其所以道讀曰導。之者非其理故也。

鄙諺曰：「不習爲吏，視已成事。」又曰：「前車覆，後車誡。」夫三代之所以長久者，其已事可知也；然而不能從者，是不法聖智也。秦世之所以亟居力反。絶者，其轍跡可見也；然而不避，是後車又將覆也。夫存亡之變，治亂之機，其要在是矣。天下之命，縣於太子；太子之善，在於早諭教與選左右。夫心未濫而先諭教，則化易成也；開於道術智誼之指，則教之力也。若其服習積貫，工官反。則左右而已。夫胡、粤之人，生而同聲，耆讀曰嗜。欲不異，及其長而成俗，累數譯而不相通，行者有雖死而不相爲者，則教習然也。臣故曰選左右早諭教最急。夫教得而左右正，則太子正矣。太子正而天下定矣。書曰：「一人有慶，兆民賴之。」此時務也。

凡人之智，能見已然，不能見將然。夫禮者禁於將然之前，而法者禁於已然之後，是故法之所用易見，而禮之所爲生難知也。若夫慶賞以勸善，刑罰以懲惡，先王執此之政，堅如金石，行此之令，信如四時，據此之公，無私如天地耳，豈顧不用哉？然而禮云禮云者，貴絶惡於未萌，而起教於微眇，使民日遷善遠辠而不自知也。孔子曰：「聽訟，吾猶人也，必也使無訟乎！」爲人主計者，莫如先審取舍；取舍之極定於內，而安危之萌應於外矣。安者非一日而安也，危者非一日而危也，皆以積漸然，不可不察也。人主之所積，在其取舍。以禮義治之者，積禮義；以刑罰治之者，積刑罰。刑罰積而民怨背，禮義積而民和親。故世主欲民之善同，而所以使民善者或異。或道讀曰導。之以德教，或敺與驅同。之以法令。道之以德教者，德教洽而民氣樂；敺之以法令者，法令極而民風哀。哀樂之感，禍福之應也。秦王之欲尊宗廟而安子孫，與湯武同，然而湯武廣大其德行，六七百歲而弗失，秦王治天下，十餘歲則大敗。此亡它故矣，湯武之定取舍審而秦王之定取舍不審矣。夫天下，大器也。今人之置器，置諸安處則安，置諸危處則危。天下之情與器亡以異〔一〕，在天子之所以置之。湯武置天下於仁義禮樂，而德澤洽，禽獸草木廣裕，德被蠻貊四夷，累子孫數十世，此天下之所共聞也。秦王置天下於法令刑罰，德澤亡一有，而怨毒盈於世，下憎惡之如仇讎，旤幾及身，子孫誅絶，此天下之所共見也。是非其明效大驗邪！人之言曰：「聽言之道，必以其事觀之，則言者莫敢妄言。」今或言禮誼之不如法令，教化之不如刑罰，人主胡不引殷、周、秦事以觀之也？

人主之尊譬如堂，羣臣如陛，衆庶如地。故陛九級上，廉遠地，則堂高；陛亡級，廉近地，則堂卑。高者難攀，卑者易陵，理勢然也。故古者聖王制爲等列，内有公卿大夫士，外有公侯伯子男，然後有官司小吏，延及庶人，等級分明，而天子加焉，故其尊不可及也。里諺曰：「欲投鼠而忌器。」此善諭也。鼠近於器，尚憚不投，恐傷其器，況於貴臣之近具靳反。主乎！廉恥節禮以治君子，故有賜死而亡戮辱。是以黥劓之辠不及大夫，以其離主上不遠也。禮不敢齒君之路馬，蹵千六反。其芻者有罰；見君之几杖則起，遭君之乘車則下，入正門則趨；君之寵臣雖或有過，刑戮之辠不加其身者，尊君之故也。此所以爲主上豫遠不敬也，所以體貌大臣而厲其節也。今自王侯三公之貴，皆天子之所改容而禮之也，古天子之所謂伯父、伯舅也，而令與衆庶同黥劓髡刖笞傌音罵。棄市之法，然則堂不亡陛虖？被戮辱者不泰迫虖？廉恥不行，大臣無迺握重權，大官而有徒隸亡恥之心乎？夫望夷之事，二世見當以重法者，投鼠而不忌器之習也。

臣聞之，履雖鮮不加於枕，冠雖敝不以苴子余反。履。夫嘗已在貴寵之位，天子改容而體貌之矣，吏民嘗俯伏以敬畏之矣，今而有過，帝令廢之可也，退之可也，賜之死可也，滅之可也；若夫束縛之，係緤先列反。之，輸之司寇，編之徒官，司寇小吏詈罵而榜音彭。笞之，殆非所以令衆庶見也。夫卑賤者習知尊貴者之一旦吾亦迺可以加此也，非所以習天下也，非尊尊貴貴之化也。夫天子之所嘗敬，衆庶之所嘗寵，死而死耳，賤人安宜得如此而頓辱之哉！

豫讓事中行胡剛反。之君，智伯伐而滅之，移事智伯。及趙滅智伯，豫讓釁面吞炭，必報襄子，五起而不中。人問豫子，豫子曰：「中行衆人畜我，我故衆人事之；智伯國士遇我，我故國士報之。」故此一豫讓也，反君事讎，行若狗彘，已而抗節致忠，行出虖列士，人主使然也。故主上遇其大臣如遇犬馬，彼將犬馬自爲也；如遇官徒，彼將官徒自爲也。頑頓讀曰鈍。亡恥，奊胡結反。詬音后。亡節，廉恥不立，且不自好，苟若而可，故見利則逝，見便則奪。主上有敗，則因而挻式延反。之矣；主上有患，則吾苟免而已，立而觀之耳；有便吾身者，則欺賣而利之耳。人主將何便頻面反。於此？羣下至衆，而主上至少也，所託財器職業者粹於羣下也。俱無恥，俱苟安〔二〕，則主上最病。故古者禮不及庶人，刑不至大夫，所以厲寵臣之節也。古者大臣有坐不廉而廢者，不謂不廉，曰「簠簋音甫軌。不飾」；坐汙穢淫亂男女亡別者，不曰汙穢，曰「帷薄不修」；坐罷讀曰疲。軟人兗反。不勝任者，不謂罷軟，曰「下官不職」。故貴大臣定有其辠矣，猶未斥然正以謼古呼字。之也，尚遷就而爲之諱也。故其在大譴大何之域者，聞譴何則白冠氂纓，盤水加劍，造請室胡公漢儀：「車駕出有請室令在前先驅，此官有別獄也。」而請辠耳，上不執縛係引而行也。其有中罪者，聞而自弛，式爾反。上不使人頸盭古戾字。而加也。其有大辠者，聞命則北面再拜，跪而自裁，上不使捽才乞反。抑而刑之也，曰：「子大夫自有過耳！吾遇子有禮矣。」遇之有禮，故羣臣自憙；讀曰喜，許吏反。嬰以廉恥，故人矜節行。上設廉恥禮義以遇其臣，而臣不以節行報其上者，則非人類也。故化成俗定，則爲人臣者主耳忘身，國耳忘家，公耳忘私，利不苟就，害不苟去，唯義所在。上之化也，故父兄之臣誠死宗廟，法度之臣誠死社稷，輔翼之臣誠死君上，守圄捍敵之臣誠死城郭封疆。故曰聖人有金城者，此物此志也。彼且爲我死，故吾得與之俱生；彼且爲我亡，故吾得與之俱存；夫將爲我危，故吾得與之皆安。顧行而忘利，守節而仗義，故可以託不御之權，可以寄六尺之孤。此厲廉恥行禮義之所致也，主上何喪焉！此之不爲，而故彼之久行，故曰可爲長太息者，此也。

先是，絳侯周勃逮繫長安獄治，卒亡事，復爵邑，故誼以此譏上。上深納其言，養臣下有節。是後大臣有罪，皆自殺，不受刑。誼傳。考異曰：此見賈誼傳，其下又云「至武帝時，稍復入獄，自甯成始。」以史考之，下吏始於周亞夫，非自武帝始也。史臣之言，蓋失於不深考，故通鑑刊去此語，爲得其實，今從之。

夏五月，太僕汝陰侯夏侯嬰薨。百官表、本傳。

九年冬十月，城陽王喜、淮陽王武來朝。史記年表。

春，大旱。本紀。考異曰：荀紀作「夏」，漢書紀作「春」，今從漢書。温室鐘自鳴。

以芷陽鄉爲霸陵。史記大事記。上從霸陵上，欲西馳下峻阪，中郎將袁盎攬與擥同。轡。上曰：「將軍怯邪？」盎言曰：「臣聞千金之子不垂堂，百金之子不騎衡，聖主不乘危，不徼幸。今陛下騁六飛，馳不測山，有如馬驚車敗，陛下縱自輕，奈高廟、太后何？」上乃止。袁盎傳。考異曰：事見盎傳，不得其時，今附於霸陵之後。

十年冬十月，諸侯王皆來朝。史記大事記。考異曰：此據史記大事記所書。按，表，是時楚王戊、齊王則、城陽王喜、吴王濞、燕王嘉、趙王遂、河間王辟彊、梁王勝、代王參、淮陽王武、長沙王吴著，凡十一王。東萊解題云：「史記今年書諸侯王皆來朝。則吴王稱病不朝，其猶在是歲之後歟？」考史記諸侯表文帝三年吴王濞來朝，自是終文帝之世並不復朝，是吴王稱病當在三年之後。七國反，景帝詔曰：「吴王濞稱疾不朝二十餘年。」使吴王十年以後方不朝，至景帝三年才十七年耳，不應云二十餘年。又賈誼疏言「今吴又見告矣」，則自是吴已有反形，因其不朝而可知之。又誼疏論太子提博局殺吴太子之事，誼疏在文帝八年，不應吴王十年方不朝也。然史記十年所以書諸侯王皆朝者，謂餘諸王來朝，而是時吴王已賜几杖，固不預朝請之數也。

將軍軹侯薄昭殺漢使者，侯表。帝不忍加誅，使公卿從之飲酒，欲令自引分。昭不肯，使羣臣喪服往哭之，乃自殺。漢紀鄭氏注。帝臨爲置後。漢書侯表。考異曰：此事見鄭氏漢書本紀注，通鑑取之，今從通鑑。

南陽張釋之以貲爲騎郎，如淳曰：「漢注貲五百萬得爲常侍郎。」事帝十年不得調，徒釣反。亡所知名。釋之曰：「久宦減仲仲，釋之兄。之産，不遂。」欲免歸。中郎將袁盎知其賢，惜其去，乃請徙釋之補謁者。考異曰：通鑑載張釋之事三年，以傳考之，荀氏書於十年是也。今從荀紀。釋之既朝畢，因前言便宜事。帝曰：「卑之，毋甚高論，令今可行也。」於是釋之言秦漢之間事，秦所以失，漢所以興者久之，帝稱善，拜釋之爲謁者僕射。從行，上登虎圈，求遠反。問上林尉禽獸簿，十餘問，尉左右視，盡不能對。虎圈嗇夫從旁代尉對上所問禽獸簿甚悉，欲以觀其能口對響應亡窮者。帝曰：「吏不當如此邪？尉亡賴！」詔釋之拜嗇夫爲上林令。釋之久之前曰：「陛下以絳侯周勃何如人也？」上曰：「長者也。」又復問：「東陽侯張相如何人也？」上復曰：「長者。」釋之曰：「夫絳侯、東陽侯稱爲長者，此兩人言事曾不能出口，豈效此嗇夫喋喋利口捷給哉？且秦以任刀筆之吏爭以亟疾苛察相高，其敝徒文具，無惻隱之實。以故不聞其過，陵遲至於二世，天下土崩。今陛下以嗇夫口辯而超遷之，臣恐天下隨風靡靡，爭爲口辯而無其實。且下之化上疾於影響，舉措不可不審也。」帝曰：「善。」乃止不拜嗇夫。上就車，召釋之參乘，徐行。問釋之秦之敝，具以質言。至宮，上拜釋之爲公車令。釋之傳。

帝欲求能治尚書者，天下無有。聞故秦博士濟南伏生張晏曰：「伏生名勝。」能治，欲召之，時伏生年九十餘，老，不能行。於是乃詔太常，使掌故潁川鼂錯音厝。往受之。秦時焚書，伏生壁藏之，其後兵大起，流亡，漢定，伏生求其書，亡數十篇，獨得二十九篇，即以教于齊魯之間。學者由是頗能言尚書，諸山東大師無不涉尚書以教矣。史記儒林傳。錯受尚書伏生所，還，因上書稱說。詔以爲太子舍人，門大夫，遷博士。錯爲人陗直刻深，嘗學申商刑名於軹張恢先所，與雒陽宋孟及劉帶同師。鼂錯傳。考異曰：史失其年。按，錯傳錯受尚書伏生所，還，因上便宜事，以書稱説，詔以爲太子舍人，門大夫，家令，今載於拜家令之前一年。

燕人韓嬰爲博士。韓嬰傳。漢興，諸學者多言禮，而魯高堂生最本禮。禮固自孔子時而其經不具，及至秦焚書，書散亡益多，於今獨有士禮，高堂生能言之，而魯徐生善爲頌。頌讀與容同。舊儀有二郎爲此頌貌威儀事。有徐氏，後有張氏，不知經，但能盤辟爲禮容。天下郡國有容史，皆詣魯學之。帝時徐生以頌爲禮官大夫，是後能言禮爲頌者，由徐氏焉。儒林傳。六國之君，魏文侯最爲好古，至是，得其樂人竇公，獻其書，乃周官人宗伯之大司樂章也。藝文志。時竇公年百八十歲，兩目皆瞽，帝奇之。桓譚新論。帝廣遊學之路，論語、爾雅、孟子，皆置博士。趙岐孟子序：「後漢翟酺曰：『文帝始置一經博士。』」考異曰：韓嬰、徐生事見儒林傳，竇公事見藝文志，論語、爾雅、孟子置博士，見趙岐孟子序，皆不得年月，今附於鼂錯受尚書之後。

校勘記

〔一〕天下之情與器亡以異　四庫本無「與器」二字，據上文「今人之置器」及下文「在天子之所以置之」，當有「與器」二字，據漢書賈誼傳、賈誼新書及金華叢書本補。

〔二〕俱苟安　漢書賈誼傳、賈誼新書「安」俱作「妄」，與年紀不同。

西漢年紀卷八

文帝

十一年冬十月，梁王勝、淮陽王武、代王參來朝。史記年表。

太子與梁王共車入朝，不下司馬門，如淳曰：「宮衛令『諸出入殿門公車司馬門者皆下，不如令，罰金四兩』。」公車令張釋之追止太子、梁王毋入殿門。遂劾不下公門不敬，奏之。考異曰：此事荀紀併載於十年。按，漢諸侯王朝多朝十月，蓋歲首也。釋之事文帝十年不調，是年袁盎薦之，方徙爲謁者。及言秦漢便宜，拜爲謁者僕射。從幸上林，止不拜嗇夫，方拜公車令。爲公車令後，始劾奏太子、梁王。以事勢考之，非十年十月也。按，史記表梁王十一年亦入朝，釋之劾下車事，當是此年，今移於此。薄太后聞之，帝免冠謝曰：「教兒子不謹。」薄太后使使承詔赦太子、梁王，然後得入。帝由是奇釋之，拜爲中大夫。頃之，至中郎將。從行至霸陵，上居外臨廁。時慎夫人從，上指視慎夫人新豐道，曰：「此走邯鄲道也。」使慎夫人鼓瑟，上自倚瑟而歌，意悽愴悲懷，顧羣臣曰：「嗟乎！以北山石爲槨，用紵絮斮陳漆其間，豈可動哉！」左右皆曰：「善。」釋之前曰：「使其中有可欲，雖錮南山猶有隙；使其中無可欲，雖無石椁，又何戚焉？」帝稱善。張釋之傳。

夏六月，梁懷王勝薨，無子，國除。梁王、賈誼傳、荀氏漢紀。

賈誼上疏曰：「人主之行異布衣，布衣者，飾小行，競小廉，以自託於鄉黨，人主唯天下安社稷固不耳。高皇帝瓜分天下以王功臣，反者如蝟毛而起，以爲不可，故蘄讀與芟同。去不義諸侯而虛其國。擇良日，立諸子雒陽上東門之外，畢以爲王，而天下安。故大人者，不牽小行，以成大功。今淮南地遠者或數千里，越兩諸侯，而縣屬於漢。其吏民繇役往來長安者，自悉而補，中道衣敝，錢用諸費稱此，其苦屬漢而欲得王至甚，逋逃而歸諸侯者已不少矣。其執不可久。按，賈誼本傳此下尚有「願舉淮南地以益淮陽，爲梁王立後，割淮陽北邊二三列城以益梁。梁起於新鄀以北著之河，淮陽包陳以南揵之江，則大諸侯有異心者不敢謀」等句，凡百餘言。此書不載，於文義未足，疑原本脱落。臣聞聖主言問其臣而不自造事，故使人臣得畢其愚忠。唯陛下財幸！」帝從之。賈誼傳。

絳武侯周勃薨。勃不好文學，每召諸生説士，東鄉坐，責之：「趣讀曰促。爲我語。」其椎少文如此。勃傳。

太史公曰：「周勃始爲布衣時，鄙樸人也，才能不過凡庸。及從高帝定天下，在將相位，諸呂欲作亂，勃匡國家難，復之乎正，雖伊尹、周公，何以加哉！」

博士鼂錯上書言：「人主所以尊顯功名揚於萬世之後者，以知術數也。故人主知所以臨制臣下而治其衆，則羣臣畏服矣；知所以聽言受事，則不欺蔽矣；知所以安利萬民，則海内必從矣；知所以忠孝事上，則臣子之行備矣：此四者，臣竊爲皇太子急之。人臣之議或曰皇太子亡以知事爲也，臣之愚，誠以爲不然。竊觀上世之君，不能奉其宗廟而劫殺於其臣者，皆不知術數者也。皇太子所讀書多矣，而未深知術數者，不問書説也。夫多誦而不知其説，所謂勞苦而不爲功。臣竊觀皇太子材智高奇，馭射伎藝過人絶遠，然於術數未有所守者，以陛下爲心也。竊願陛下幸擇聖人之術可用今世者，以賜皇太子，因時使太子陳明於前。唯陛下裁察。」上善之，於是拜錯爲太子家令。以其辯得幸太子，太子家號曰「智囊」。鼂錯傳。

時周仁以醫見爲太子舍人，而張歐音驅。亦以治刑名侍太子。然歐雖治刑名家，其人長者。歐，安丘侯説庶子也。周仁、張歐傳。

吴王濞居國，以銅鹽故，百姓無賦。卒踐更，輒予平賈。讀曰價。如淳曰：「更有三品：有卒更，有踐更，有過更。古者正卒無常人，皆當迭爲之，一月一更，是謂卒更也。貧者欲得顧更錢者，次直出錢顧之，月二千，是謂踐更也。天下人皆直戍邊三日，亦名爲更，律所謂繇戍也。雖丞相子亦在戍邊之調，不可人人自行三日戍，又行者當自戍三日，不可往便還，因便住一歲一更；諸不行者，出錢三百入官，官以給戍者，是謂過更也。律説卒踐更者，居也。居更，縣中五月乃更也。後從尉律，卒踐更一月，休十一月也。」服虔曰：「吴王欲得民心，爲卒者顧其庸，隨時月與平價也。」歲時存問茂材，賞賜閭里。他郡國吏欲來捕亡人者，頌讀曰容。共禁不與。以故能使其衆。鼂錯爲家令，得幸太子，數從容言吳過可削。數上書説之，帝寬，不忍罰，以此吳王益横。胡孟反。吳王濞傳。

初，諸侯王皆自治民聘賢。吳王濞招置四方遊士，齊鄒陽、吳嚴忌、淮陰枚乘等俱仕吳，皆以文辯著名。鄒陽傳。吳王之謀爲逆也，枚乘奏書諫曰：「夫以一縷之絲係千鈞之重，上懸無極之高，下垂不測之深，雖至愚之人猶知其絶矣。必若所欲爲，危於累卵，難於上天；變所欲爲，易於反掌，安於泰山。今欲極天命之壽，敝無窮之樂，終萬乘之權，不出反掌之易，以居泰山之安，而欲乘累卵之危，走上天之難，此愚臣之所大惑也。」吳王不聽。枚乘傳。

匈奴寇狄道，本紀。上發兵以禦之。太子家令鼂錯上言兵事：「臣聞漢興以來，胡虜數入邊地，小入則小利，大入則大利；高后時再入隴西，攻城屠邑，敺略畜産；其後復入隴西，殺吏卒，大寇盜。竊聞戰勝之威，民氣百倍；敗兵之卒，没世不復。自高后以來，隴西三困於匈奴矣，民氣破傷，亡有勝意。今兹隴西之吏，賴社稷之神靈，奉陛下之明詔，和輯士卒，底與砥同。厲其節，起破傷之民以當乘勝之匈奴，用少擊衆，殺一王，敗其衆而有大利。非隴西之民有勇怯，乃將吏之制巧拙異也。臣又聞用兵，臨戰合刃之急者三：一曰得地形，二曰卒服習，三曰器用利。兵法曰：丈五之溝，漸子廉切。車之水，山林積石，經川丘阜，屮古草字。木所在，此步兵之地也，車騎二不當一。土山丘陵，曼衍弋戰反。相屬，之欲切。平原廣野，此車騎之地也，步兵十不當一。平陵相遠，川谷居間，仰高臨下，此弓弩之地也，短兵百不當一。兩陳相近，平地淺草，可前可後，此長戟之地也，劍楯三不當一。萑音桓。葦竹蕭，草木蒙蘢，來東反。支葉茂接，此矛鋋上延反。之地也，長戟二不當一。曲道相伏，險阸相薄，此劍楯之地也，弓弩三不當一。按，晁錯本傳此句下尚有「士不選練，卒不服習」以下數百言，此本不載，則上文所云「合刃之急者三」，遂缺其二，於文義未明，疑屬傳寫脱落。傳曰：『狂夫之言，而明主擇焉』。臣錯愚陋，昧死上狂言，唯陛下財與裁同。擇。」帝嘉之，乃賜錯璽書寵答焉，曰：「皇帝問太子家令：上書言兵體三章，聞之。書言『狂夫之言，而明主擇焉』。今則不然。言者不狂，而擇者不明，國之大患，故在於此。使夫不明擇於不狂，是以萬聽而萬不當也。」晁錯傳。

十二年冬十月，齊王則、趙王遂、河間王辟彊來朝。史記表。

春正月，賜諸侯王女邑各二千户。本紀。

二月，出惠帝後宫美人，令得嫁。本紀。

徙淮陽王武爲梁王，北界泰山，西至高陽，得大縣四十餘城。賈誼傳。考異曰：通鑑載於十一年，正以賈誼上疏故併附於疏後耳。按，梁懷王揖傳，揖即勝也，云揖薨，明年淮陽王武徙王梁，又武傳及史記年表並云十二年徙梁，今書於此。

民作歌歌淮南王曰：「一尺布，尚可縫；一斗粟，尚可舂。兄弟二人，不相容！」考異曰：通鑑載於七年，非也。按，史記、漢書淮南王傳並云十二年民作歌。上聞之，乃歎曰：「昔堯舜放逐骨肉，周公殺管蔡，天下稱聖，不以私害公。天下豈以爲我貪淮南地耶？」迺徙城陽王喜王淮南故地，而追謚淮南王爲厲王，置園如諸侯儀。淮南王傳。考異曰：通鑑載於七年，非也。按，史記諸侯表、漢書同姓諸侯表並書喜以孝文十二年徙王淮南。又，淮南王傳云：「十二年，民作歌云云。上聞之曰：『天下豈以爲我貪淮南地邪？』迺徙城陽王王淮南故地，而追尊淮南王爲厲王。」如此，則城陽徙淮南在十二年無疑，今書於十二年。

三月，除關無用傳。本紀。初，賈誼嘗論，以爲：「建武關、函谷關、臨晉關者，大抵爲備山東諸侯也。天下之制在陛下，今大諸侯多其力，因建關而備之，若秦之備六國也。豈若定地勢使無可備之患，因行兼愛無私之道，罷關一通，而天下無以區區獨有關中者。所謂禁游宦諸侯及無得出馬關者，豈不曰諸侯得衆則權益重，其國衆車騎則力益多，故明爲之法，無資諸侯。豈若一定地制，令諸侯之民，人騎二馬不足以爲患，益以萬夫不足以爲害。今不定大理，數起禁，不服人心，害兼覆之義，不便。」賈誼新書。

初，梁王墜馬死，賈誼自傷爲傳無狀，至是亦死。賈生之死，年三十三矣。賈誼傳。考異曰：吕氏大事記載於十三年。按，誼傳載「梁王墜馬死，賈誼自傷爲傳亡狀，常哭泣，後歲餘，亦死。」梁王以十一年六月死，則誼死在十二年無疑矣。今移於十二年。

吳有馬生角，在耳前，上向，右角長三寸半，左角長二寸半，圍皆二寸。荀氏漢紀。

詔丞相曰：「監御史不奉法，棄公就私，陵暴百姓，行權於下，治不平正，處官不良，細民不通，不率其職。俗不孝弟，不務於本，衣食無度，出入無時，衆强暴寡，盜賊滋彰。丞相以聞。」於是遣丞相史九人，出刺諸州，并督監御史。通典、漢儀。

十三年冬十月，楚王戊來朝。史記年表。

帝躬修玄默，勸趣農桑，減省租賦。而將相皆舊功臣，少文多質，懲惡亡秦之政，論議務在寬厚，恥言人之過失。化行天下，告訐之俗易。吏安其官，民安其業，畜積歲增，户口寖息。風流篤厚，禁罔疏闊。選張釋之爲廷尉，罪疑者予民，是以刑罰大省，至於斷獄四百，有刑錯之風。考異曰：漢書百官表載於三年，呂氏解題以爲釋之事文帝十年不得調，不應廷尉之拜在三年，遂書於後三年。今考刑法志書釋之爲廷尉於除肉刑之先，除肉刑蓋文帝之十三年也。荀氏漢紀書釋之爲廷尉於十三年，得之矣，今從荀紀。

是歲，齊太倉令淳于公有罪當刑，詔獄逮繫長安。淳于公無男，有五女，當行會逮，罵其女曰：「生子不生男，緩急非有益也！」其少女緹他弟反。縈自傷悲泣，乃隨其父至長安，上書，天子憐悲其意，五月，兩字據本紀。下令曰：「制詔御史：蓋聞有虞氏之時，畫衣冠異章服以爲戮，而民弗犯，何治之至也！今法有肉刑三，孟康曰：「黥、劓二，刖左右趾合一，凡三。」考異曰：孟康曰：「黥、劓二，刖左右趾合一，凡三。」崔浩漢律序云：「文帝除肉刑而宮不易。」張斐注曰：「以其淫亂人族類，故不易也，爲是。」説者皆失於不考。景紀議文帝廟樂詔曰：「除宮刑，重，絶人之世也。」鼂錯賢良對策亦有「除去陰刑」語，是宮刑已除於文帝之時矣。詔文云「今有肉刑三」，則除宮刑當在除肉刑之先，非同時也。而姦不止，其咎安在？非乃朕德之薄，而教不明歟！吾甚自愧。故夫訓道不純而愚民陷焉。詩曰：『愷悌君子，民之父母。』今人有過，教未施而刑加焉，或欲改行爲善，而道無由也，朕甚憐之。夫刑至斷支體，刻肌膚，終身不息，何其楚痛而不德也！豈稱爲民父母之意哉？其除肉刑。」刑法志。按，原本無「詩曰」以下，文意未足，今補入。

上行出中渭橋，有一人從橋下走，乘輿馬驚。於是使騎捕之，屬廷尉張釋之治問，曰：「縣人來，聞蹕，匿橋下。久，以爲行過，既出，見車騎，即走耳。」釋之奏當：「此人犯蹕，當罰金。」如淳曰：「乙令『蹕先至而犯者，罰金四兩。』」上怒曰：「此人親驚吾馬，馬賴和柔，令它馬，固不敗傷我乎？而廷尉迺當之罰金！」釋之曰：「法者天子所與天下公共也。今法如是，更重之，是法不信於民也。且方其時，上使使誅之則已。今已下廷尉，廷尉，天下之平也。一傾，天下用法皆爲之輕重，民安所錯其手足？唯陛下察之。」上良久曰：「廷尉當是也。」後人有盜高廟坐前玉環，得，帝怒，下廷尉治。案盜宗廟服御物者爲奏，當棄市。上怒曰：「人亡道，迺盜先帝器！吾屬廷尉者，欲致之族，而君以法奏之，非吾所以共承宗廟意也。」釋之免冠頓首謝曰：「法如是足矣。且罪等，然以順逆爲基。今盜宗廟器而族之，有如萬分一，假令愚民取長陵一抔土，陛下且何以加其法乎？」帝與太后言之，乃許廷尉當。是時，周亞夫與梁相山都侯王恬啓見釋之持議平，迺結爲親友。張廷尉繇此天下稱之。張釋之傳。考異曰：荀紀載於十三年，今從之。

先是，陳孝婦年十六而嫁，未有子。其夫當行戍，夫且行時，屬孝婦曰：「我生死未可知，幸有老母，無它兄弟備養。吾不還，汝肯養吾母乎？」婦應曰：「諾。」夫果死不還，婦養姑不衰，慈愛愈固，紡績以爲家業，終無嫁意。居喪三年，其父母哀其年少無子而早寡也，將取而嫁之。孝婦曰：「妾聞之：信者人之幹也，義者行之節也。妾幸得離襁褓受嚴命而事夫，夫且行時，屬妾以老母，既許諾之。夫受人之託，豈可棄哉？棄託不信，背死不義，不可也。」母曰：「吾憐汝年少早寡也。」孝婦曰：「妾聞寧載於義而死，不載於地而生。且夫養人老母而不能卒，許人以諾而不能信，將何以立於世？夫爲人婦，固養其舅姑者也。夫不幸先死，不得盡爲人子之禮；今又欲使妾去之，莫養老母，是明夫之不肖，而著妾之不肖。不孝不信且無義，何以生哉！」因欲自殺。其父母懼，而不敢嫁也，遂使養其姑二十八年，姑死，葬之，終奉祭祀。淮陽守以聞，帝高其義，使使者賜黃金四十斤，復終身無所與，號曰「孝婦」。列女傳。考異曰：此事見劉向列女傳，不得其時，然孝婦之夫以戍死後養姑盡孝，淮陽守以聞。淮陽王武十二年徙梁，是淮陽至是方爲郡也。十三年又除戍卒令，遂附孝婦事於淮陽王徙封之次年，除戍卒令之前。

除戍卒令。史記大事記。

十四年冬十月，燕王嘉來朝。史記年表。

匈奴十四萬騎入朝那蕭關，殺北地都尉孫卬，考異曰：「孫」字據功臣表增入。按，顏注曰：「功臣表云缾侯孫單以父北地都尉卬死事侯，文帝十四年三月丁巳封，與此正合。然則卬姓孫，而除廣乃云姓段，説者因曰段會宗即卬之玄孫，無所據也。會宗，漢書有傳，班固不云是卬後，何從而知之乎？」虜人民畜産甚多，遂至彭陽。使奇兵入燒回中宫，考異曰：吕氏解題曰：「『奇兵』，漢書作『騎兵』，非也，胡無步兵。」今從史記。候騎至雍甘泉，匈奴傳。上赫然發憤，遂躬戎服，親御鞍馬，從六郡良家材力之士，騎射上林，講習戰陳。漢書匈奴傳贊。遣三將軍軍隴西、北地、上郡。時隴西李廣以良家子從軍擊胡，用善射，殺首虜多，爲郎，騎常侍顏曰：「官爲郎，而常騎以侍天子，故曰騎常侍。」數從射獵，格殺猛獸，帝曰：「惜廣不逢時，令當高帝世，萬户侯豈足道哉！」廣傳。

三月，詔增雍五時路車各一乘，駕被皮義反。具；西時、畦時寓車各一乘，寓馬四疋，駕被具；河、湫、漢水，玉加各二；及諸祀皆廣壇場，珪幣俎豆以差加之。魯人公孫臣上書曰：「始秦得水德，及漢受之，推終始傳，張戀反。則漢當土德，土德之應黄龍見。宜改正朔，服色上黃。」郊祀志。按，史漢二紀春詔增壇場珪幣，無「三月」字，郊祀志亦有年無月，此作「三月」，未知何據？事下丞相張蒼。蒼傳。蒼以爲漢迺水德之時，河決金堤，其符也。年始冬十月，色外黑内赤，與德相應。公孫臣言非是，罷之。郊祀志。

十五年冬十月，燕王嘉、梁王武來朝。史記表。

春，黃龍見於成紀。本紀。其夏，下詔曰：「有異物之神見于成紀，毋害於民，歲以有年。朕幾讀曰冀。郊祀上帝諸神，禮官議，毋諱以朕勞。」有司皆曰：「古者天子夏親郊祀上帝於郊，故曰郊。」於是四月，帝始幸雍郊見五畤，祠衣皆尚赤。郊祀志。

趙人新垣平以望氣見上，言「長安東北有神氣，成五采，若人冠冕焉。或曰東北神明之舍，西方神明之墓也。天瑞下，宜立祠上帝，以合符應。」於是作渭陽五帝廟，同宇，帝一殿，面五門，各如其帝色。祠所用及儀亦如雍五畤。郊祀志。按，原本「趙人新垣平」以下屬九月舉賢良文學之後，誤。今從史記本紀，移入此處。又，原本此上有「始名山大川在諸侯，諸侯祝各自奉祠，天子官不領。及齊、淮南國廢，令大祝盡以歲時致禮如故」一節，與所引本紀「修名山大川」條複，今删去。赦天下，修名山大川嘗祀而絶者，有司以歲時致禮。本紀。

九月，詔有司舉賢良文學士，上親策詔之，曰：「惟十有五年九月壬子，皇帝曰：昔者大禹勤求賢士，施弋豉反。及方外，四極之内，舟車所至，人迹所及，靡不聞命，以輔其不逮;近者獻其明,遠者通厥聰,比頻寐反。善戮力,以翼天子。是以大禹能亡失德,夏以長楙。高皇帝親除大害,去亂從,子容切。並建豪英,以爲官師,爲諫諍,輔天子之闕,而翼戴漢宗也。賴天之靈,宗廟之福,方内以安,澤及四夷。今朕獲執天下之正,以承宗廟之祀,朕既不德,又不敏,明弗能燭,而智不能治,此大夫之所著聞也。故詔有司、諸侯王、三公、九卿及主郡吏,各帥其志,以選賢良明於國家之大體,通於人事之始終,及能直言極諫者,各有人數,將以匡朕之不逮。二三大夫之行當此三道,朕甚嘉之,故登大夫于朝,親諭朕志。大夫其上三道之要,及永惟朕之不德,吏之不平,政之不宣,民之不寧,四者之闕,悉陳其志,毋有所隱。上以薦先帝之宗廟,下以興愚民之休利,著之于篇,朕親覽焉,觀大夫所以佐朕,至與不至。書之,周之密之,重直龍反。之閉之。興自朕躬,大夫其正論,毋枉執事。烏虖,讀曰呼。戒之!大夫其帥志毋怠!」鼂錯對曰:

平陽侯臣窋、汝陰侯臣竈、潁陰侯臣何、廷尉臣宜昌、隴西太守臣昆下昆反。邪所選賢良太子家令臣錯昧死再拜言:臣竊聞古之賢主莫不求賢以爲輔翼,故黄帝得力牧而爲五帝先,大禹得咎繇而爲三王祖,齊桓得筦與管同。子而爲五伯讀曰霸,下同。長。今陛下講于大禹及高皇帝之建豪英也,退托於不明,以求賢良,讓之至也。臣竊觀上世之傳,若高皇帝之建功業,陛下之德厚而得賢佐,皆有司之所覽,刻於玉板,藏於金匱，歷之春秋，紀之後世，爲帝者祖宗，與天地相終。今臣窋等迺以臣錯充賦，甚不稱明詔求賢之意。臣錯草茅臣，無識知，昧死上愚對，曰：

詔策曰「明於國家大體」，愚臣竊以古之五帝明之。臣聞五帝神聖，其臣莫能及，故自親事，處于法宮之中，明堂之上；動静上配天，下順地，中得人。故衆生之類亡不覆也，根著直略反。之徒亡不載也；燭以光明，無偏異也；德上及飛鳥，下至水蟲草木諸産，皆被皮義反。其澤。然後陰陽調，四時節，日月光，風雨時，膏露降，五穀熟，祅孽滅，賊氣息，民不疾疫，河出圖，洛出書，神龍至，鳳凰翔，德澤滿天下，靈光施四海。此謂配天地，治國大體之功也。

詔策曰「通於人事終始」，愚臣竊以古之三王明之。臣聞三王臣主俱賢，故合謀相輔，計安天下，莫不本於人情。人情莫不欲壽，三王生而不傷也；人情莫不欲富，三王厚而不困也；人情莫不欲安，三王扶而不危也；人情莫不欲逸，三王節其力而不盡也。其爲法令也，合於人情而後行之；其動衆使民也，本於人事然後爲之。取人以己，内恕及人。情之所惡，不以强人；情之所欲，不以禁民。是以天下樂其政，歸其德，望之若父母，從之若流水；百姓和親，國家安寧，名位不失，施弋豉反。及後世。此明於人情終始之功也。

詔策曰「直言極諫」，愚臣竊以五伯之臣明之。臣聞五伯不及其臣，故屬之欲反。之以國，任之以事。五伯之佐之爲人臣也，察身而不敢誣，奉法令不容私，盡心力不敢矜，遭患難不避死，見賢不居其上，受禄不過其量，不以無能居尊顯之位。自行若此，可謂方正之士矣。其立法也，非以苦民傷衆而爲之機陷也，以之興利除害，尊主安民而救暴亂也。其行賞也，非虚取民財妄予人也，以勸天下之忠孝而明其功也。故功多者賞厚，功少者賞薄。如此，斂民財以顧其功，而民不恨者，知與而安已也。其行罰也，非以忿怒妄誅而從讀曰縱。暴心也，以禁天下不忠不孝而害國者也。故辠大者罰重，辠小者罰輕。如此，民雖伏罪至死不怨者，知罪罰之至，自取之也。立法若此，可謂平正之吏矣。法之逆者，請而更之，不以傷民；主行之暴者，逆而復之，不以傷國。救主之失，補主之過，揚主之美，明主之功，使主内無邪僻之行，外無騫污之名。事君若此，可謂直言極諫之士矣。此五伯之所以德匡天下，威正諸侯，功業甚美，名聲章明。舉天下之賢主，五伯與讀曰豫。焉，此身不及其臣而使得直言極諫補其不逮之功也。今陛下人民之衆，威武之重，德惠之厚，令行禁止之埶，萬萬於五伯，而賜愚臣策曰「匡朕之不逮」，愚臣何足以識陛下之高明而奉承之！

詔策曰「吏之不平，政之不宣，民之不寧」，愚臣竊以秦事明之。臣聞秦始并天下之時，其主不及三王，而臣不及其佐，然功力不遲者，何也？地形便，山川利，財用足，民利戰。其所與並者六國，六國者，臣主皆不肖，謀不輯，與集同。民不用，故當此之時，秦最富强。夫國富强而鄰國亂者，帝王之資也，故秦能兼六國，立爲天子。當此之時，三王之功不能進也。及其末塗之衰也，任不肖而信讒賊；宫室過度，耆讀曰嗜。欲亡極，民力罷讀曰疲。盡，賦斂不節；矜奮自賢，羣臣恐丘勇反。諛，驕溢縱恣，不顧患禍；妄賞以隨喜意，妄誅以快怒心，法令煩憯，千感反。刑罰暴酷，輕絶人命，身自射殺；天下寒心，莫安其處。姦邪之吏，乘其亂法，以成其威，獄官主斷，生殺自恣。上下瓦解，各自爲制。秦始亂之時，吏所先侵者，貧人賤民也；至其中節，所侵者，富人吏家也；及其末塗，所侵者，宗室大臣也。是故親疏皆危，外内咸怨，離散逋逃，人有走心。陳勝先倡，讀曰唱。天下大潰，絶祀亡世，爲異姓福。此吏不平，政不宣，民不寧之禍也。今陛下配天象地，覆露萬民，絶秦之迹，除其亂法；躬親本事，廢去淫末；除苛解嬈，如紹反。寬大愛人；肉刑不用，辠人亡帑；讀曰孥。非讀曰誹。謗不治，鑄錢者除；通關去塞，不孽諸侯；賓禮長老，愛恤少孤；辠人有期，後宫出嫁；尊賜孝悌，農民不租；明詔軍師，愛士大夫；求進方正，廢退姦邪；除去陰刑，害民者誅；憂勞百姓，列侯就都；親耕節用，視民不奢。所爲天下興利除害，變法易故，以安海内者，大功數十，皆上世之所難及，陛下行之，道純德厚，元元之民幸矣。

詔策曰「永惟朕之不德」，愚臣不足以當之。

詔策曰「悉陳其志，毋有所隱」，愚臣竊以五帝之賢臣明之。臣聞五帝其臣莫能及，則自親之；三王臣主俱賢，則共憂之；五伯不及其臣，則任使之。此所以神明不遺，而賢聖不廢也，故各當其世而立功德焉。傳曰「往者不可及，來者猶可待，能明其世者謂之天子」，此之謂也。竊聞戰不勝者易其地，民貧窮者變其業。今以陛下神明德厚，資財不下五帝，臨制天下，至今十有六年。民不益富，盜賊不衰，邊境未安，其所以然，意者陛下未之躬親，而待羣臣也。今執事之臣皆天下之選已，然莫能望陛下清光，譬之猶五帝之佐也。陛下不自躬親，而待不望清光之臣，臣竊恐神明之遺也。日損一日，歲亡一歲，日月益暮，盛德不及究於天下，以傳萬世，愚臣不自度量，竊爲陛下惜之。昧死上狂惑草茅之愚，臣言唯陛下財擇。

時賈誼已死，對策百餘人，唯錯爲高第，繇是遷中大夫。當是時，太子善錯計策，袁盎諸大功臣多不好錯。鼂錯傳。

十六年夏四月，帝親拜霸渭之會，以郊見渭陽五帝。五帝廟臨渭，其北穿蒲池溝水。爟火舉而祠，若光輝然屬天焉。於是貴新垣平至上大夫，賜累千金。而使博士諸生刺六經中作王制，謀議巡狩封禪事。帝出長門，若見五人於道北，遂因其直立五帝壇，祠以五牢。郊祀志。

齊文王既薨，時悼惠王後尚有城陽王，帝憐悼惠王適讀曰嫡。嗣之絶，五月丙寅，乃分齊爲六國，盡立前所封悼惠王子列侯見在者六人爲王：高五王傳。陽虚侯將閭爲齊王，安都侯志爲濟北王，武城侯賢爲菑川王，白石侯雄渠爲膠東王，平昌侯卬爲膠西王，扐音勒。侯辟光爲濟南王，通鑑。六王同日俱立。高五王傳。鼂錯諫，以爲違古制，恐爲亂，不聽。五行志。

上憐淮南厲王廢法不軌，自使失國，蚤死，乃徙淮南王喜復王故城陽，而立厲王三子爲王，皆復得厲王故地，三分之：阜陵侯安爲淮南王，安陽侯勃爲衡山王，陽周侯賜爲廬江王，東城侯良薨，無後。淮南王傳。

初，韓王信亡入匈奴，與太子俱，及至頽當城，生子，因名曰頽當。韓太子亦生子嬰。至是，頽當及嬰率其衆降漢。六月丙子，四字據表。封頽當爲弓高侯，嬰爲襄城侯。韓王信傳。考異曰：荀紀載於後七年，非也，今從漢表。

是歲，以淮陽守申屠嘉爲御史大夫。本傳、百官表。考異曰：此據漢書本傳、百官表，而荀紀作「淮陽相」。按，文三王傳淮陽王武以十二年徙王梁，是時淮陽已爲郡矣。既非王國，安得有「相」？當是荀紀誤，今從漢書。東茅侯劉告坐事國人過員，免。侯表。

後元年冬十月，人有上書告新垣平所言皆詐也，下吏治，腰斬平，夷三族。史記文帝紀、漢書五行志及郊祀志。考異曰：漢書本紀書平謀反，恐非事實。今從史記紀及郊祀志。

二年冬十月，梁王武來朝。本傳。

正月壬寅，天欃夕出西南。天文志。

匈奴歲入邊，殺略人民甚衆，漢甚患之，乃使使遺匈奴書，單于亦使當户報謝，復言和親事。是歲，帝使使遺匈奴書曰：「皇帝敬問匈奴大單于無恙。使當户且渠雕渠難、郎中韓遼遺朕馬二疋，已至，敬受。先帝制，長城以北引弓之國受令單于，長城以内冠帶之室朕亦制之，使萬民耕織，射獵衣食，父子毋離，臣主相安，俱無暴虐。今聞渫先列反。惡民貪降其趨，讀曰趣。背義絶約，忘萬民之命，離兩主之驩，然其事已在前矣。書云『二國已和親，兩主驩悦，寢兵休卒養馬，世世昌樂，翕然更始』，朕甚嘉之。聖者日新，改作更始，使老者得息，幼者得長，各保其首領，而終其天年。朕與單于俱由此道，順天恤民，世世相傳，施之無窮，天下莫不咸嘉。使漢與匈奴鄰敵之國，匈奴處北地，寒，殺氣早降，故詔吏遺單于秫蘖金帛綿絮它物歲有數。今天下大安，萬民熙熙，獨朕與單于爲之父母。朕追念前事。薄物細故，謀臣計失，皆不足以離昆弟之驩。朕聞天不頗普何反。覆，地不偏載。朕與單于皆捐細故，俱蹈大道，墮火規反。壞前惡，以國長久，使兩國之民若一家子。元元萬民，下及魚鼈，上及飛鳥，跂行喙息蠉人兗反。動之類，莫不就安利，避危殆。故來者不止，天之道也。俱去前事，朕釋逃虜民，單于毋言章尼等。朕聞古之帝王，約分明而不食言。單于留志，天下大安，和親之後，漢過不先。單于其察之。」匈奴傳。

八月戊辰，丞相張蒼免。考異曰：史記大事記、漢書百官表並作八月「戊戌」，荀氏漢紀作「戊辰」。按，長曆是年九月丙申朔，戊戌乃九月初三日也，八月無戊戌。又，是月庚午申屠嘉相，代蒼，去戊辰才二日耳，當是荀紀爲是。今從之。蒼任人爲中候，大爲姦利，上以讓蒼，蒼遂病免。蒼爲丞相十五歲而免，百餘歲乃卒。著書十八篇，言陰陽律曆事。本傳。

庚午，開封侯陶青爲御史大夫。青事見百官表。

袁盎爲吳相，告歸，道逢丞相嘉，下車拜謁，丞相從車上謝。盎還，愧其吏，乃之丞相舍上謁求見，丞相良久乃見。因跪曰：「願請間。」丞相曰：「使君所言公事，之曹與長史掾議之，吾且奏之；則私，吾不受私語。」盎即起，説曰：「君爲相，自度孰與陳平、絳侯？」丞相曰：「不如。」盎曰：「善，君自謂弗如。夫陳平、絳侯輔翼高帝，定天下，爲將相，而誅諸呂，存劉氏；君乃爲材官蹶張，蹶音厥。如淳曰：「材官，能脚踏彊弩，律有蹶張士。」遷爲隊帥，所類反。積功至淮陽守，非有奇計攻城野戰之功。且陛下從代來，每朝，郎官者上書疏，未嘗不止輦受。其言不可用，置之；言可采，未嘗不稱善。何也？欲以致天下賢英士大夫，日聞所不聞，以益聖。而君自閉箝其炎反。天下之口，而日益愚。夫以聖主責愚相，君受禍不久矣。」丞相乃再拜曰：「嘉鄙人，乃不知將軍幸教。」引與入坐，爲上客。袁盎傳。

是歲，地動。史記大事記。

先是，武侯子周勝之，尚公主不相中，竹仲反。坐殺人，死，國絶，一年，至是，帝擇勃子賢者，皆推河内守亞夫，乃封爲條侯。周勃傳、功臣表。

三年冬十月，齊王將閭、濟北王志、濟南王辟光、梁王武來朝。史記年表。武比年入朝，留其明年乃之國。武傳。

秋，大雨，晝夜不絶四十五日。藍田山水出，流五百餘家。按，今本荀紀作「二百餘家」。漢水出，壞民室八十餘家，所殺三百餘人。荀氏漢紀。考異曰：荀紀所載如此。漢書五行志云：「秋，大雨，晝夜不絶三十五日。藍田山水出流九百餘家。壞民室八千餘所，殺三百餘人。」與荀紀不同，今從荀氏紀。

是歲，置谷口邑。史記大事記。帘侯魏指坐出國界，祝阿侯高成、信武侯靳亭坐事國人過律。侯表。按，「過律」下據文當有「免」字，蓋原本脱誤。

四年冬十月，濟北王志、燕王嘉、趙王遂來朝。史記年表。

是歲，老上單于死，子軍臣單于立，而中行説復事之。漢復與匈奴和親。漢書匈奴傳。考異曰：通鑑據史記徐廣注。載於後三年。按，漢書匈奴傳云：「後四年，老上單于死，子軍臣單于立。立歲餘，匈奴復絕和親，大入上郡、雲中。」當是此年無疑，今從漢書。

五年冬十月，楚王戊、城陽王喜、菑川王賢、膠東王雄渠來朝。史記年表。六月，齊雍城門外有狗生角。荀紀、五行志。

六年冬十月，淮南王安、梁王武、長沙王吳著來朝。年表。

軍臣單于立歲餘，復絕和親。考異曰：史記作「軍臣單于立四歲，復絕和親。」漢書匈奴傳改爲「歲餘」。按，軍臣單于以後四年立，至此謂之「歲餘」可也，今從漢書。帝發車騎材官屯廣昌。春二月復，發材官屯隴西。五行志。匈奴大入上郡、雲中，各三萬騎，所殺略甚衆。於是漢使將軍張武屯北地，發軍戍邊。此句見五行志。考異曰：此見漢書五行志。十三年嘗除戍卒令矣，不知復置之因。及考五行志，乃有此語，當是文帝既罷邊戍之後，匈奴至此大入，遂再令戍邊耳。自十三年至後六年，首尾凡十年。按，史漢二紀匈奴入上郡、雲中俱屬冬，漢書天文志作十一月，五行志獨書於春二月發材官屯隴西之後。益之從五行志，未知何據？緣邊亦各堅守以備胡寇。又置三將軍，軍長安西細柳、渭北棘門、霸上以備胡。匈奴傳。

夏四月乙巳，水、木、火三合於東井。天文志。秋，螟。五行志。八月，天狗下梁野。天狗，狀如大流星，有聲，其下止地，類狗。所墜及，望之如火光炎炎中天，其下圜如數頃田。天文志。考異曰：漢書天文志載於後六年匈奴入上郡之後，荀紀書於後二年，非也，今從天文志。

是歲，誅反者周殷長安市。天文志。

七年冬十月，長沙王吴著來朝，薨，無子，國除。史記年表。漢興至此，異姓盡矣。王表。

春正月辛未朔，日有食之。荀氏漢紀。

夏六月，帝病，且崩，戒太子曰：「即有緩急，周亞夫真可任將兵。」周勃傳。又曰：「衛綰，長者，善遇之。」綰，代人，初以戲車爲郎，至是爲中郎將。綰傳。

太史公曰：「文帝時，會天下新去湯火，人民樂業，因其欲然，能不擾亂，故百姓遂安。自年六七十翁亦未嘗至市井，游敖嬉戲如小兒狀。孔子所稱有德君子者耶！」律書。

太史公贊曰：「孔子言『必世然後仁。善人之治國百年，亦可以勝殘去殺』。誠哉是言！漢興，至文帝四十有餘歲，德至盛也。廩廩鄉改正服封禪矣，謙讓未成於今。嗚呼，豈不仁哉！」〔一〕

校勘記

〔一〕此段贊語，四庫本云「班固贊曰」，誤，乃司馬遷贊語，見史記孝文本紀，據改。金華叢書本未改，失校。

西漢年紀卷九

景帝

孝景皇帝諱啓，孝文中子也。母竇皇后。孝文在代時，前王后有三男。及竇后得幸，前后死，及三子更死，故帝得立。考異曰：此史記本紀所載也。漢書作「文帝太子」，史記以爲「中子」。史記作「三男」，漢書外戚傳云：「竇姬至代，代王獨幸竇姬，生女嫖。孝惠七年，生景帝。代王王后生四男，先代王未入立爲帝而王后卒，及代王爲帝後，王后所生四男更病死。」以漢書之辭較之史記所載，則史遷之用意深矣。今從史記。後七年六月乙巳，立太子妃薄氏爲皇后。外戚傳。乙卯，恩澤侯表。封皇太后弟竇廣國爲章武侯，長君先死，封其子彭祖爲南皮侯。外戚傳。考異曰：荀紀載章武事於後七年文帝未崩之前，非也。竇太后欲侯王信，景帝曰：「南皮、章武，先帝不侯，及臣即位始侯之。」是廣國之封非文帝時明矣。文帝以六月己亥崩，廣國以六月乙卯封，時文帝崩已十六日矣。荀悦徒以漢表載文帝後七年封，故附於文帝未崩之前，是蓋失於不考耳。

帝既立，廷尉張釋之恐，稱疾。欲免去，懼大誅至；欲見，則未知何如。用處士王生計卒見謝，帝不過也。釋之傳。

九月，有星孛於西方。本紀。其本直尾、箕，末指虚、危，長丈餘，及天漢，十六日不見。五行志。

元年夏四月，初，文帝尊寵楚元王，子生，爵比皇子。帝即位，以親封元王寵子四人：禮爲平陸侯，富爲休侯，歲爲沈音審。猶侯，埶古藝字。爲宛朐侯。楚元王傳。表以四月乙巳封。至是，以平陸侯禮爲宗正。百官表。杜氏通典曰：「宗正，兩漢皆以皇族爲之，不以他姓。至晉，始兼以庶姓。」

匈奴入代，史記紀。遣御史大夫青至代下與匈奴約和親。漢書本紀。考異曰：按，史記本紀云：「匈奴入代，與約和親。」漢書本紀止書「遣御史大夫至代下與匈奴和親」，而不書「匈奴入代」，使匈奴不入代，青當至單于庭約可也，何由至於代乎？今從史記。又，漢書本紀作「御史大夫青翟」，説者遂指爲莊青翟。殊不知莊青翟乃武帝時人，未嘗及事景帝也。按，百官表是時陶青爲御史大夫，「翟」字爲衍，當是流俗妄加。小顏之説爲是，今從之，刊去「翟」字。

五月，令民半出田租。三十而税一。食貨志。考異曰：食貨志以爲二年，今從史記、漢書本紀，載於元年。

廷尉張釋之以前過，出爲淮南相。釋之傳。考異曰：按，釋之傳「事景帝歲餘，爲淮南相。」帝以去年六月即位，至元年七月，謂之歲餘可也。本紀元年秋七月詔議有廷尉信名，今書釋之之去於其前。

秋七月，詔曰：「吏受所監臨，以飲食免，重；受財物，賤買貴賣，論輕。廷尉與丞相更議著令。」本紀。又詔曰：「加笞與重罪無異，幸而不死，不可爲人。其定律：笞五百曰三百，笞三百曰二百。」刑法志。考異曰：刑法志以爲元年，今載於定臧吏律之後。按，原本無「吏受所監臨，以飲食至更議著令」一段，以考異觀之，當是脱落，今補入。

分置左、右内史。百官表。考異曰：漢書百官表以爲二年。按，鼂錯爲左内史在元年，豈得二年方分置耶？今移於此。以中大夫鼂錯爲左内史，百官表。以太中大夫周仁爲郎中令。周仁爲人陰重不泄，常衣敝補衣溺袴，故爲不絜清，以是得幸，入臥内。於後宫祕戲仁常在旁，終無所言。上時問人，仁曰：「上自察之。」然亦無所毁。如此。帝再自幸其家。周仁傳。

以太子太傅石奮爲九卿。帝以其迫近，憚之，徙奮爲諸侯相。奮長子建，次甲，次乙，次慶，皆以馴行孝謹，官至二千石。於是帝曰：「石君及四子皆二千石，人臣尊寵迺舉集其門。」凡號奮爲萬石君。石奮傳。

初，文帝嘗病癰，鄧通常爲上嗽山角反。吮自兖反。之。上不樂，從容問曰：「天下誰最愛我者乎？」通曰：「宜莫若太子。」太子入問疾，上使太子齰仕客反。癰。太子齰癰而色難之。已而聞通嘗爲上齰之，太子慚，繇讀與由同。是心恨通。及文帝崩，太子立，鄧通免，家居。居無何，人有告通盜出徼外鑄錢，顏曰：「徼猶塞也。東北謂之塞，西南謂之徼。塞者，以障塞爲名。徼者，取徼遮之義。徼音工釣反。」下吏驗問，頗有，遂竟案，盡没入之，通竟不得名一錢，寄死人家。鄧通傳。

二年冬十月，楚王戊、趙王遂、梁王武來朝。史記年表。

春三月甲寅，立皇子德爲河間王，都樂城。閼爲臨江王，都江陵。餘爲淮陽王，都陳。非爲汝南王，都平輿。彭祖爲廣川王，都信都。發爲長沙王。都臨湘。漢書本紀。德、閼，栗姬子。餘、非，程姬子。彭祖，賈夫人子。發，唐姬子也。唐姬，故程姬侍者。帝召程姬，程姬有所避，不願進，而飾侍者唐兒使夜進。上醉不知，以爲程姬而幸之，遂有身。已乃覺非程姬也。及生子，因名曰發。以其母微，無寵，故王卑濕貧國。五宗世家。

以中郎將衛綰爲河間王太傅。帝立歲餘，不孰何綰，綰日以謹力。帝幸上林，詔綰參乘，還而問曰：「君知所以得參乘乎？」綰曰：「臣代戲車士，幸得功次遷，待罪中郎將，不知也。」上問曰：「吾爲太子時召君，君不肯來，何也？」對曰：「死罪，病。」上賜之劍，綰曰：「先帝賜臣劍凡六，不敢奉詔。」上曰：「劍人之所施弋豉反。易，獨至今乎？」綰曰：「具在。」上使取六劍，劍常盛，音成。未嘗服也。郎官有譴，常蒙其罪，不與它將争；有功，常讓它將。上以爲廉，忠實無它腸，乃拜綰爲河間王太傅。綰傳。

河間王修學好古，實事求是。從民得善書，必爲好寫與之，留其真，金帛賜以招之。繇與由同。是四方道術之人不遠千里，或有先祖舊書，多奉以奏河間王者，故得書多，與漢朝等。是時，淮南王安亦好書，所招致率多浮辯。河間王所得書皆古文先秦舊書，周官、尚書、禮、禮記、孟子、老子之屬，皆經傳説記，七十子之徒所論。其學舉六蓺，立毛氏詩、左氏春秋博士。河間王傳。趙人貫公嘗從賈誼受所爲左氏傳訓故，以貫公爲博士，儒林傳。河間王修禮樂，被服儒術，造次必於儒者。山東諸儒多從而游。河間王傳。

夏四月壬午，太皇太后薄氏崩，漢書紀。天子朝臣並居重服，通典。葬南陵，用吕后不合葬長陵，故特自起陵，近文帝。外戚傳。

六月，先是，酇侯蕭則有罪免，至是，帝制詔御史：「故相國蕭何，高皇帝大功臣，所與爲天下也。今其嗣絶，朕甚憐之。其以武陽縣户二千，封則弟嘉爲列侯。」漢書本紀。蕭何傳、功臣表。考異曰：漢書本紀作「蕭係」，而蕭何傳及功臣表皆作「嘉」，當是紀誤，今從傳、表。

八月丁巳，以御史大夫開封侯陶青爲丞相。荀紀。考異曰：百官表作「丁未」，荀紀作「丁巳」。按，長曆是年八月丙辰朔，則丁巳乃八月初二日，而丁未先於丙辰九日，則是八月無丁未，明矣。荀紀之書如此，蓋是時本猶未誤。鼂錯拜御史大夫亦以丁巳，是與陶青之相蓋同一日也。今從荀紀。

太史公曰：「自申屠嘉死之後，開封侯陶青、桃侯劉舍爲丞相。及今上謂武帝也。時，柏至侯許昌、平棘侯薛澤、武强侯莊青翟、高陵侯趙周等爲丞相，皆以列侯繼嗣，娖七角反。娖廉謹，爲相備員而已，無所能發明功名有著於當世者。」

以鼂錯爲御史大夫，錯説上曰：「昔高帝初定天下，昆弟少，諸子弱，大封同姓，故孽子悼惠王王齊七十二城，庶弟元王王楚四十城，兄子王吴五十餘城。封三庶孽，分天下半。今吴王前有太子之隙，詐稱病不朝，於古法當誅。文帝不忍，因賜几杖，德至厚也。不改過自新，乃益驕恣，公即山鑄錢，煮海爲鹽，誘天下亡人謀作亂逆。今削之亦反，不削亦反。削之，其反亟，禍小；不削之，其反遲，禍大。」吴王濞傳。因請諸侯之罪過，削其支郡。奏上，上令公卿列侯宗室雜議，莫敢難，獨詹事竇嬰争之，繇此與錯有隙。錯傳。嬰，竇太后從兄子也，喜賓客，孝文時嘗爲吴相。嬰傳。時趙王有罪，削其常山郡。膠西王卬以賣爵事有姦，削其六縣。吴王濞傳。

三年冬十月，楚王戊、據吴王濞傳。梁王武、河間王德、廣川王彭祖來朝。史記年表。御史大夫鼂錯言楚王戊往年爲薄太后服，私姦服舍，請誅之。詔赦，削東海郡。吴王鼂傳。戊乃與吴通謀，鄒陽奏書諫吴王，吴王不納其言。是時，帝少弟梁王貴盛，亦待士，於是鄒陽、枚乘、嚴忌知吴不可説，皆去之梁。鄒陽傳。膠東下密人，年七十餘，生角，角有毛。荀氏漢紀。十一月，白項烏與黑項烏共鬭楚國苦縣，白項烏不勝，墮泗水中，死者過半。荀氏漢紀。十二月，吴城門自傾，大船自覆。荀氏漢紀。

鼂錯所更令三十章，諸侯讙譁。錯父聞之，從潁川來，謂錯曰：「上初即位，公爲政用事，侵削諸侯，疏人骨肉，口讓多怨，公何爲也！」錯曰：「固也。不如此，天子不尊，宗廟不安。」父曰：「劉氏安矣，而鼂氏危，吾去公歸矣！」遂飲藥死，曰：「吾不忍見禍逮身。」錯傳。 考異曰：錯傳謂後十餘日七國反。」按，七國以正月反，錯父之死常在前，今附於十二月末。

春正月，諸侯既新削罰，震恐，多怨錯，及削吳、會稽、豫章郡書至，吳王遂先起兵。丙午，誅漢吏二千石以下。 考異曰：史記吳王濞傳載云「吳王遂先起兵，膠西正月丙午誅漢吏二千石以下」，後又云「孝景帝三年正月甲子，起兵於廣陵」。所載不同如此。按，劉羲叟長曆是年正月癸未朔，而丙午乃二十四日也，此月無甲子，當以丙午爲是。 今從之。 楚削書至，王戊遂應吳王反。其相張尚、太傅趙夷吾諫，不聽，遂殺尚、夷吾，起兵會吳。 楚事據楚元王傳。 膠西、膠東、菑川、濟南、趙亦皆反。 趙相建德、内史王悍諫，王遂不聽，遂燒殺建德、悍，發兵住其西界，欲待吳楚俱進，北使匈奴，與連和。 趙事據趙王傳。 齊王將閭後悔，背約城守。 濟北王志城壞未完，其郎中令劫守王，不得發兵。吳王傳。 吳使使至淮南，淮南王安欲發兵應之。 其相曰：「王必欲應吳，臣願爲將。」王乃屬之欲反。 之。 相已將兵，因城守不聽王，而爲漢。 吳使者至廬江，廬江王賜不應。 至衡山，衡山王勃堅守，無二心。 淮南王傳。 膠西王卬爲渠率，與膠東、菑川、濟南共攻圍臨菑。

吳王濞悉其士卒，下令國中曰：「寡人年六十二，身自將。少子年十四，亦爲士卒先。

諸年上與寡人比，下與少子等者，皆發。」發二十餘萬人。南使閩、東越，閩、東越亦發兵從。吴王西涉淮，因併楚兵，發使遺諸侯書曰：「吴王劉濞敬問膠西王、膠東王、菑川王、濟南王、趙王、楚王、淮南王、衡山王、廬江王、故長沙王子：幸教！寡人以漢有賊臣錯，無功天下，侵奪諸侯地，使吏劾繫訊治，以僇辱之爲故，不以諸侯人君禮遇劉氏骨肉，絶先帝功臣，進任姦宄，詿亂天下，欲危社稷。陛下多病志逸，不能省察。欲舉兵誅之，謹聞教。敝國雖狹，地方三千里；人民雖少，精兵可具五十萬。寡人素事南越三十餘年，其王諸君皆不辭分其兵以隨寡人，又可得三十餘萬。寡人雖不肖，願以身從諸王。南越直音值。長沙者，因王子定長沙以北，西走蜀、漢中。告越、楚王、淮南三王，與寡人西面；齊諸王與趙王定河間、河内，或入臨晉關，或與寡人會雒陽；燕王、趙王故與胡王有約，燕王北定代、雲中，轉胡衆入蕭關，走音奏。長安，匡正天下，以安高廟。願王勉之。楚元王子、淮南三王或不洗沐十餘年，怨入骨髓，欲一有所出久矣，寡人未得諸王之意，未敢聽。今諸王苟能存亡繼絶，振弱伐暴，以安劉氏，社稷所願也。敝國雖貧，寡人節衣食之用，積金錢，修兵革，聚穀食，夜以繼日，三十餘年矣。凡皆爲此，願諸王勉之。能斬捕大將者，賜金五千斤，封萬户；列將，三千斤，封五千户；裨將，二千斤，封二千户；二千石，千斤，封千户；皆爲列侯。其以軍若城邑降者，卒萬人，邑萬户，如得大將；人户五千，如得列將；人户三千，如得裨將；人户千，如得二千石；其小吏皆以差次受爵金。他封賜皆倍常法。其有故爵邑者，更益勿因。願諸王明以令士大夫，弗敢欺也。寡人金錢在天下者往往而有，非必取於吴，諸王日夜用之弗能盡。有當賜者告寡人，寡人且往遺之。敬以聞。」

七國反書聞，上大赦天下。吴王傳、本紀。與鼂錯議出軍事，錯欲令上自將，而身居守，不用，乃拜條侯周亞夫爲太尉，將三十六將軍往擊吴楚。考異曰：灌夫傳云：「吴楚反時，潁陰侯灌何爲將軍，屬太尉，請灌孟爲校尉，其子夫以千人與父俱。」韓王信傳云：「吴楚反時，弓高侯功冠諸將。」直不疑傳云：「吴楚反時，不疑以二千石將擊之。」李廣傳云：「吴楚反時，廣爲驍騎都尉從太尉亞夫戰昌邑下，顯名。以梁王授廣將軍印，故還，賞不行。」又按，表，程嘉、公孫昆邪、蘇息，皆以將軍擊吴楚。所謂三十六將軍，其可見者纔如此，餘皆無考。遣曲周侯酈寄擊趙，將軍欒布擊齊，曲城侯蟲捷將兵救淮南王。見淮南王傳。拜竇嬰爲大將軍，屯滎陽，監齊，趙兵。上察宗室諸竇，無如嬰賢，召入見，固讓謝，稱病不足任，太后亦慚。於是上曰：「天下方有急，王孫嬰字。寧可以讓邪！」乃賜金十斤。竇嬰、吴王濞傳。時汝南王非年十五，有材氣，上書自請擊吴，帝賜非將軍印。此事據江都王傳。詔河間王太傅衛綰將河間兵擊吴楚。衛綰傳。

鼂錯素與袁盎有郄，錯以盎前爲吴相，宜知王謀，而蔽匿不言，使至，於是欲請治盎。荀紀。丞史曰：「事未發，治之有絶。今兵西向，治之何益！且盎不宜有謀。」錯猶與未決。

人有告盎，盎恐，夜見竇嬰，爲言吴所以反，願至前，口對狀。嬰入言，上乃召盎。考異曰：吴王傳云：「吴楚反書聞，兵未發，竇嬰言故吴相袁盎。」蓋是時嬰雖爲大將軍，猶未行也。盎入見，曰：「吴楚相遺書，言賊臣鼂錯擅謫諸侯，削奪之地，以故反。方今計，獨有斬錯，則兵可毋血刃而俱罷。」

於是上曰：「吾不愛一人謝天下。」壬子，兩字見百官表。迺使中尉召錯，紿載行市。錯衣朝衣斬東市。錯傳。

太史公曰：「鼂錯明於世務刑名，數干諫上曰：『今大國專治異政，不稟京師，恐不可傳後。』帝用其計，而七國畔逆，以錯首名，天子誅錯以解難。是後官者養交安祿而已，莫敢復議。」禮書。

周亞夫至雒陽，見劇孟，喜曰：「七國反，吾乘傳至此，不自意全。且舉大事而不求劇孟，吾知其無能爲已。孟事見游俠傳。孟今無動，吾據滎陽，滎陽以東無足憂者。」亞夫問故絳侯客鄧都尉曰：「策安出？」客曰：「吴楚兵鋭甚，難與争鋒。楚兵輕，不能久。方今爲將軍計，莫若引兵東北壁昌邑，以梁委吴，吴必盡鋭攻之。將軍深溝高壘，使輕兵絶淮泗口，塞吴餉道。使吴、梁相敝而糧食竭，乃以全制其極，破吴必矣。」條侯曰：「善。」從其策。考異曰：此見吴王濞傳。亞夫傳謂亞夫未發長安時，自請於上曰：「楚兵剽輕，難與争鋒。願以梁委吴，絶其食道。」即鄧都尉之策也。亞夫因鄧都尉之言而從其計，豈得先爲上言之？本傳之誤可見。荀紀不載亞夫所請事，得之矣，今從之。

吴攻梁急，梁請救，亞夫引兵東北走，音奏。深壁而守。梁王使使請亞夫，亞夫守便宜，不往；又使使愬條侯於上，上使人告條侯救梁，亞夫不奉詔，堅壁不出。而使弓高侯等將輕騎兵出淮泗口，絶吴楚兵後食道。梁使韓安國及楚死事相弟張羽爲將，扞吴兵於東界，時丁寬亦爲梁將軍，號丁將軍。寬傳云：「寬嘗從田何受易，作易説三萬言，訓故舉大誼而已。」羽力戰，安國持重，乃得頗敗吴兵。亞夫、吴王、韓安國傳、通鑑。

枚乘獻書諫吴王曰：枚乘本仕吴，去之梁，今吴兵圍梁，故以書諫也。「昔秦西距胡戎之難，北備榆中之關，南距羌筰才各反。之塞，東當六國之從。六國併力一心以備秦，然卒滅六國，而并天下，是何也？地利不同，而民輕重不等也。今漢據全秦之地，兼六國之衆，此其地與秦相什而民相百，大王所明知也。今佞諛之臣不論骨肉之義，民之輕重，國之大小，以爲吴禍，此臣所以爲大王患也。夫舉吴兵以訾於漢，譬猶蠅蚋之附羣牛，腐肉之齒利劍，鋒刃始接則無事矣。天子聞吴率失職諸侯，責先帝之遺約，親誅其三公，以謝前過，是大王之威加於天下，而功越於湯武矣。夫吴有諸侯之位，而實富於天子；有隱匿之名，而居過於中國。此臣之所以爲大王樂也。今大王還兵疾歸，尚得十半。不然，漢知吴有吞天下之心，赫然加怒，羽林黄頭循江而下，襲大王之都；虜東海之地，絶吴餉道；梁王飭車騎，習戰射，積粟固守，以備滎陽，待吳之飢。大王雖欲反都，亦不得已。今大王去千里之國，而制於十里之內。張、韓將北地，弓高宿左右，兵不得下壁，軍不得休息，臣竊哀之。願大王孰察焉。」吳王不聽。枚乘傳、荀紀。

二月，吳王兵既破，敗走，於是天子制詔將軍：「蓋聞爲善者天報以福，爲非者天報以殃。高皇帝親垂功德，建立諸侯，幽王、悼惠王絕無後，孝文皇帝哀憐加惠，王幽王子遂、悼惠王子卬等，令奉其先王宗廟，爲漢藩國，德配天地，明並日月。而吳王濞背德反義，誘受天下亡命罪人，亂天下幣，稱疾不朝二十餘年。有司數請濞罪，孝文皇帝寬之，欲其改行爲善。今乃與楚王戊、趙王遂、膠西王卬、濟南王辟光、菑川王賢、膠東王雄渠約從謀反，爲逆無道，起兵以危宗廟，賊殺大臣及漢使者，迫劫萬民，伐殺無罪，燒殘民家，掘其丘壟，甚爲虐暴。而卬等又重逆無道，燒宗廟，鹵御物，朕甚痛之。朕素服避正殿，將軍其勸士大夫擊反虜。擊反虜者，深入多殺爲功，斬首捕虜比三百石以上皆殺，無有所置。」吳王傳。

壬午晦，日有食之。五行志。考異曰：五行志作「壬午」，漢書紀作「壬子」。按，長曆壬子乃正月晦日，非二月也。百官表鼂錯以正月壬子要斬，而二月癸丑朔，則晦日爲壬午無疑。今從五行志。

三月，吳王走，保東越，東越殺吳王。吳王子子華、子駒亡走閩越。吳王之棄其軍亡也，軍遂潰，往往稍降太尉、梁軍。楚王戊軍敗，自殺。吴楚破而梁所殺虜略與漢中分。吴王、梁孝王傳。

太史公曰：「吴王之王，由父省也。能薄賦斂，使其衆，以擅山海利。逆亂之萌，自其子興。争技發難，卒亡其本；親越謀宗，竟以夷隕。鼂錯爲國遠慮，禍反近身。袁盎權説，初寵後辱。故古者諸侯地不過百里，山海不以封。『毋親夷狄，以疏其屬』，蓋爲吴邪？『毋爲權首，反受其咎』，豈盎、錯邪？」本傳。

夏六月，條侯周亞夫平吴楚歸，置太尉官以處之。本傳。己巳，封竇嬰爲魏其侯。考異曰，史記表作「乙巳」，漢書外戚表作「己巳」。按，長曆是年六月辛亥朔，無乙巳，有己巳，當是史記表誤。今從漢書外戚表。川本漢書亦有作「乙巳」者。諸游士賓客争歸魏其侯，每朝議大事，條侯、魏其侯諸列侯莫敢與亢禮。竇嬰傳。騎郎將李廣以驍騎都尉從太尉亞夫戰昌邑下，顯名，以梁王授廣將軍印，故還，賞不行。李廣傳。時潁陰侯灌何、灌夫傳。弓高侯韓穨當、韓王信傳。平陽侯曹奇、直不疑、程嘉、蘇息、公孫昆邪功臣表。皆從軍，唯弓高侯功冠諸將。韓王信傳。以袁盎爲楚相，盎嘗上書，不用，病免。盎傳。

太史公曰：「袁盎雖不好學，亦善傅會，仁心爲質，引義慷慨。遭孝文初立，資適逢世。時以變易，張晏曰：「謂景帝。」及吴楚一説，説雖行哉，然復不遂。鼂錯爲家令時，數言事不用；後擅權，多所變更。欲報私讎，反以亡軀。語曰：『變亂古常，不死則亡』，豈錯等謂耶！」

四年夏四月己巳。立皇子榮爲皇太子。漢書本紀。按，原本無立皇太子事，與下文考異不合，蓋傳寫脱落，今補入。使魏其侯竇嬰爲太子太傅。竇嬰傳。

時梁王最親，有功，又爲大國，居天下膏腴地，多大縣。梁王，太后少子，愛之，賞賜不可勝道。於是梁王築東苑，方三百餘里，廣睢陽城七十里，考異曰：通鑑此段載於景帝二年。按，梁王本傳云「吴楚破，明年，漢立太子。梁最親，有功」云云，立太子既在四年，此事在四年無疑。今附於立太子之後。大治宮室，爲復道，自宮連屬於平臺三十餘里。得賜天子旌旗，從千乘萬騎，出稱警，入言趕，漢儀注：「皇帝輦動，左右侍帷幄者稱警，出殿則傳趕，止人清道也。」儗於天子。招延四方豪傑，自山東游士羊勝、公孫詭、鄒陽之屬，莫不至。詭多奇計，初見日，王賜千金，官至中尉，號曰公孫將軍。多作兵弩弓數千萬，而府庫金錢且百鉅萬，珠玉寶器多於京師。梁孝王傳。

六月乙亥，徙汝南王非爲江都王，治吴故國，以軍功賜天子旌旗。世家、年表。

秋七月，臨江哀王閼薨，無後，國除。本紀、年表。考異曰：自七國反後，諸侯有名無實，其始終不書，有故則書。

是歲，南皮侯竇彭祖爲奉常。百官表。

五年冬十月戊戌，日有食之。考異曰：漢書本紀書於四年之末，又有「晦」字，非也。蓋自未更太初曆以前不應冬十月在歲終，故呂氏大事記移於五年之首。按，長曆是年十月癸酉朔，而戊戌乃二十六日，書「晦」字亦非，今刊去之。

周人以商賈爲資，劇孟以俠顯，行大類朱家，而好博，多少年之戲。孟母死，自遠方送喪蓋千乘。及孟死，家無十金之財。而符離王孟亦以俠稱江淮之間。是時濟南瞷氏、陳周膚亦以豪聞，帝聞之，使使盡誅此屬。其後代諸白、梁韓毋辟、陽翟薛况、陝寒孺紛紛復出焉。游俠傳。考異曰：此事見游俠傳，不知其時。以濟南瞷氏事觀之，乃在郅都爲濟南守之前。帝聞瞷氏豪猾，以都爲濟南守，至則誅滅瞷氏首惡，餘皆股栗。至七年，則都已自濟南守爲中尉，以勢推之，當是五年，今附於年末。

六年冬十二月，雷，霖雨。本紀。

先是，欒布、衛綰、程嘉、公孫昆邪、蘇息皆以擊吴楚有功，夏四月丁卯，封布俞侯，綰建陵侯，嘉建平侯；己巳，封昆邪平曲侯；壬申，封息江陽侯。侯表。

秋九月，皇后薄氏廢。初帝爲太子時，薄太后娶以爲妃，及立爲皇后，毋寵，毋子，太后崩，故廢。史記外戚世家。

七年冬十月，梁王武入朝，帝使使持乘輿駟，迎梁王於關下。既朝，上疏，因留。以太后故，入則侍帝同輦，出則同車游獵上林中。梁之侍中、郎、謁者著竹略反。引籍出入天子殿門，與漢宦官無異。梁王傳。

十一月乙丑，廢太子榮爲臨江王。史記大事記。考異曰：漢紀作「正月」，史記紀作「冬」。按，史記年表作「十一月乙丑，太子廢」，又漢書梁王傳云「十一月，上廢栗太子」。按，諸書當是，漢書本紀誤。又通鑑作「十一月己酉」。按，長曆十一月辛酉朔，無己酉，而乙丑乃十一月初五日，當是通鑑爲誤。今從史記年表。榮母栗姬，齊人也。初，燕王臧荼有孫女，曰臧兒，嫁槐里王仲，生男信，與兩女。而仲死，更嫁長陵田氏，生男蚡、勝。文帝時，臧兒長女爲金王孫婦，生一女矣，臧兒卜筮之，曰兩女皆當貴。臧氏乃奪金氏婦，金氏怒，不肯予决，乃内之太子宫。太子幸愛之，方在身時，夢日入懷。以告太子，太子曰：「此貴徵也。」未生而文帝崩，帝即位，王夫人生男徹。先是，臧兒又入其少女兒姁，况羽反。兒姁生四男。栗姬男最長，立爲太子。長公主嫖有女，欲予爲妃。栗姬妬，而帝諸美人皆因長公主見，得貴幸，過栗姬，栗姬日怨怒，謝長公主，不許。長公主欲與王夫人男，王夫人許之。長公主怒，而日讒栗姬短於帝曰：「栗姬與諸貴夫人幸姬會，常使侍者祝唾其背，挾邪媚道。」帝以故望之。帝常體不安，心不樂，屬諸子爲王者於栗姬，曰：「百歲後，善視之。」栗姬怒，不肯應，言不遜。帝恚，心嗛之而未發也。長公主日譽王夫人男之美，帝亦賢之，又有曩者所夢日符，計未有所定。王夫人知帝嗛栗姬，因怒未解，陰使人趣大臣立栗姬爲皇后。大行奏事畢，曰：「『子以母貴，母以子貴』，今太子母無號，宜立爲皇后。」帝怒曰：「是而所宜言邪！」遂按誅大行，而廢太子。外戚世家、通鑑。太尉條侯周亞夫、太子太傅魏其侯竇嬰固争不得。周亞夫、竇嬰傳。栗姬愈恚恨，不得見，以憂死。外戚世家。

竇嬰謝病，屏居藍田南山下，諸竇賓客辨士説，莫能來。梁人高遂乃説嬰曰：「能富貴將軍者，上也；能親將軍者，太后也。今將軍傅太子，太子廢，争不能拔，又不能死，自引謝病，擁趙女屏間處而不朝，秖音支。加懟直類反。自明，揚主之過。有如兩宮奭將軍，則妻子無類矣。」嬰然之，乃起，朝請如故。竇嬰傳。

栗太子既廢，太后心欲以梁王爲嗣。梁王與帝俱侍坐於太后前，太后謂帝曰：「吾聞殷道親親，周道尊尊，其義一也。安車大駕，用梁王爲寄。」帝跪席，舉身曰：「諾。」罷酒，出，帝召袁盎諸大臣通經術者曰：「太后言如是，何謂也？」皆對曰：「太后意欲立梁王爲帝太子。」帝問其狀，袁盎等曰：「殷道親親者，立弟；周道尊尊者，立子。殷道質質者，法天，親其所親，故立弟；周道文文者，法地，尊者敬也，敬其本始，故立長子。周道太子死，立嫡孫，殷道太子死，立其弟。」帝曰：「於公何如？」皆對曰：「方今漢家法周，周道不得立弟，當立子。故春秋所以非宋宣公。宋宣公死，不立子而與弟，弟受國死，復反之與兄之子；弟之子争之，以爲『我當代父』，後即刺殺兄子。以故國亂，禍不絶。故春秋曰：『君子大居，正宋之禍，宣公爲之。』臣請見太后白之。」袁盎等入見太后，曰：「太后言欲立梁王，梁王即終，欲誰立？」太后曰：「吾復立帝子。」袁盎等以宋宣公不立正生禍，禍亂後五世不絶，小不忍害大義狀報太后，太后乃解説，即使梁王歸就國。史記褚先生補。

中尉衛綰賜告歸，濟南瞯氏宗人三百餘家，豪猾，二千石莫能制，帝拜郅都濟南守。至則誅瞯氏首惡，餘皆股栗。居歲餘，郡中不拾遺，旁十餘郡守畏都如大府。至是，帝既廢栗太子，誅栗卿之屬，以衛綰爲長者，不忍，乃賜告歸，而以郅都爲中尉捕治栗氏。酷吏傳、衛綰傳。

太史公曰：「『導之以政，齊之以刑，民免而無恥；導之以德，齊之以禮，有恥且格。』孔子之言（一）。老氏稱：『上德不德，是以有德；下德不失德，是以無德。法令滋章，盜賊多有。』信哉是言也！法令者，治之具，而非制治清濁之源也。昔天下之網嘗密矣，然姦僞萌起，其極也，上下相遁，至於不振。當是之時，吏治若救火揚沸；非武健嚴酷，惡能勝其任而愉快乎？言道德者，溺其職矣，故曰：『聽訟，吾猶人也。必也，使無訟乎？』夫子之言也。『下士聞道大笑之。』老子之言也。非虚言也。漢興，破觚而爲圜，斲雕而爲朴，網漏吞舟之魚，而吏治烝烝，不至於姦，黎民艾安。由是觀之，在彼不在此。高后時，酷吏獨有侯封，刻轢宗室，侵辱功臣。呂氏已敗，遂禽侯封之家。孝景時，鼂錯以刻深頗用術輔其資，而七國之亂，發怒於錯，錯卒以被戮。其後有郅都、甯成之屬。」

夏四月乙巳，立皇后王氏。丁巳，立膠東王徹爲皇太子。本紀。召故中尉衛綰爲太子太傅，綰傳。按，原本作「夏四月乙巳，召故中尉衛綰爲太子太傅。」以史考之，綰之爲太傅，並無月日，當是脱落。今從本紀補入「立皇后」以下十六字。蘭陵王臧爲少傅，申公傳。陳人鄭當時、北地公孫賀爲舍人，當時、賀傳。濮陽汲黯、司馬安爲洗馬，黯以嚴見憚，汲黯傳。賀，昆邪孫也。賀傳。

六月乙巳，丞相青免，以太尉周亞夫爲丞相。時斄音台。人趙禹爲丞相史，府中皆稱其廉平。然亞夫弗任，曰：「極知禹無害，然文深，不可以居大府。」百官表、趙禹傳。按，原本無六月乙巳亞夫爲丞相事，趙禹爲史句殊無緣起；又，誤屬夏四月之前，今爲補入，並移於此。

中元年夏四月乙巳，赦天下，賜民爵一級，除禁錮。史記本紀。

二年春二月，令諸侯王薨、列侯初封及之國，典客奏謚、誄、策。考異曰：漢書本紀作「大鴻臚」。按，百官表，景帝中六年更典客爲大行令，武帝太初元年更名大行令爲大鴻臚。在景帝中二年，未得以大鴻臚爲稱也。當是武帝世記事者之辭，孟堅失於更革耳。今改作「典客」。列侯薨及諸侯太傅初除之官，大行奏謚、誄、策。王薨，遣中大夫弔襚祠賵，視喪事，因立嗣子。列侯薨，遣太中大夫弔祠，視喪事，考異曰：漢書本紀作「光禄大夫」。按，百官表，武帝太初元年更名中大夫爲光禄大夫，秩比二千石。則景帝世未有所謂光禄大夫，此亦追叙者之辭，今改作「中大夫」。因立嗣。其薨葬，國得發民輓喪，穿復土，治墳無過三百人畢事。漢書本紀。

臨江王榮坐侵廟壖地爲宫，上徵榮，榮行，祖於江陵北門。既上車，軸折，車廢。江陵父老流涕竊言曰：「吾王不反矣。」三月，榮至，詣中尉府對簿。中尉郅都簿薄户反。責訊王，王恐，欲得刀筆爲書謝上，而都禁吏弗與。魏其侯使人間予臨江王，臨江王既得，爲書謝上，因自殺，葬藍田，燕數萬銜土置冢上，百姓憐之。榮最長，亡子，國除。竇太后聞之，怒，以危法中都，都免歸家。帝乃使使即拜都爲雁門太守，便道之官，顔曰：「不令至闕陳謝也。」得以便宜從事。匈奴素聞郅都節，舉邊爲引兵去，竟都死不敢近雁門。匈奴至爲偶人象都，令騎馳射，莫能中，竹仲反。其見憚如此。匈奴患之。竇太后乃竟中都以漢法。考異曰：漢書酷吏傳無「竇太后」三字，以爲匈奴中都以漢法。以上下文勢考之，中都者必出於竇太后。蓋是時帝方眷都，使匈奴間之，何必白之太后？惟太后中都以漢法，故帝不能救耳。史記存此三字爲是，今從史記。帝曰：「都忠臣。」欲釋之。竇太后曰：「臨江王獨非忠臣乎？」於是斬都。臨江王傳、酷吏傳。

夏四月乙巳，侯表。封楚、趙傅相死事者四人子爲列侯：荀紀。建德子横遽侯，王悍子棄之新市侯，趙夷吾子周商陵侯，張尚子當居山陽侯。侯表。考異曰：漢書本紀書於九月。按，漢書功臣表建德子横爲遽侯，王悍子棄之爲新市侯，趙夷吾子周爲商陵侯，張尚子當居爲山陽侯，並以四月乙巳封。而史記侯者表亦同，當是漢書本紀誤，今從表。

九月，始梁王與勝、詭有謀，鄒陽爭以爲不可，故見讒。枚先生、枚乘。嚴夫子嚴忌。皆不敢諫。及事敗，勝、詭死，梁王恐誅，乃思鄒陽言，深辭謝之，齎以千金，令求方略解罪於上者。陽素知齊人王先生，年八十餘，多奇計，即往見，語以其事。王先生曰：「難哉！人主有私怨深怒，欲施必行之誅，誠難解也。以太后之尊，骨肉之親，猶不能止，況臣下乎？昔秦始皇有伏怒於太后，羣臣諫而死者以十數，得茅焦爲廓大義，始皇非能説其言也，乃自强從之耳。茅焦亦廑脱死如毛氂耳，故事所以難者也。今子欲安之乎？」陽曰：「鄒魯守經學，齊楚多辯知，韓魏時有奇節，吾將歷問之。」王先生曰：「子行矣。還，過我而西。」鄒陽行月餘，莫能爲謀，還過王先生，曰：「臣將西矣，爲如何？」王先生曰：「吾先日欲獻愚計，以爲衆不可蓋，竊自薄陋不敢道也。若子行，必往見王長君，士無過此者矣。」鄒陽發寤於心，曰：「敬諾。」辭去，不過梁，徑至長安，因客見王長君。長君者，王美人兄也。鄒陽留數日，乘間而請曰：「臣非爲長君無使令於前，故來侍也；愚戇竊不自料，願有謁也。」長君跪曰：「幸甚。」陽曰：「今袁盎事即窮竟，梁王恐誅。長君誠能精爲上言之，得毋竟梁事，又有存亡繼絶之功，德布天下，名施無窮，願長君深自計之。昔者，魯公子慶父使僕人殺子般，讀與班同。獄有所歸，季友不探其情而誅焉；慶父親殺閔公，季子緩追免賊，春秋以爲親親之道也。魯哀姜薨于夷，孔子曰『齊桓公法而不譎』，以爲過也。以是説天子，徼幸梁事不奏。」長君曰：「諾。」乘間入而言之，帝怒稍解。於是遣田叔、呂季主往治之〔二〕。至霸昌廄，田叔取火悉燒梁之獄辭，空手來見帝。帝曰：「梁有之乎？」田叔對曰：「死罪！有之。今梁王不伏誅，是漢法不行也；如其伏誅，太后食不甘味，卧不安席，此憂在陛下也。」上大然之，於是梁王伏斧質於闕下謝罪。然後太后與帝大喜，相與泣，復如故，於是上賢田叔，以爲魯相。初至官，民以王取其財物自言者百餘人。叔取其渠率二十人笞，怒之曰：「王非汝主邪？何敢自言主！」魯王聞之，大慚，發中府錢，使相償之。相曰：「王自使人償之，不爾，是王爲惡而相爲善也。」魯王好獵，相嘗從苑中，王輒休相就館。相嘗暴坐苑外，終不休，曰：「吾王暴露，獨何爲舍？」王以故不大出游。數年以官卒。梁王世家、鄒陽傳、田叔傳。

三年，匈奴王七人來降，考異曰：周亞夫傳作「五人」，功臣表作「七人」，今從表。上欲侯之以勸後。丞相周亞夫曰：「彼背其主降陛下，陛下侯之，則何以責人臣之不守節者乎？」上曰：「丞相議不可用。」亞夫傳。十一月庚子，先封于軍爲安陵侯；十二月丁丑，悉封徐盧等六人爲列侯。侯表。

班固曰：「書稱『蠻夷帥服』，詩云『徐方既徠』，春秋列潞子之爵，許其慕諸夏也。

漢興至孝文時，乃有弓高、襄城之封，雖自外徠，本功臣後。孝景欲侯降者，丞相周亞夫守約而爭。帝黜其議，初開封賞之科。」侯表序。

春三月丁巳，立子乘爲清河王。乘，王夫人子。本紀、外戚世家。以轅固爲清河王太傅。初，固以治詩爲博士，竇太后召固，問老子書。固曰：「此家人言耳。」太后怒曰：「安得司空城旦書乎！」乃使固入圈擊彘。上知太后怒，而固直言無辠，乃假固利兵。下圈，刺彘，彘應手而倒。太后默然，亡以復辠。後上以固廉直，拜爲王傅。諸齊以詩顯，皆固之弟子也。本傳。

齊人胡母生，以治春秋爲博士。與廣川董仲舒同業，考異曰：胡母生及仲舒在帝時爲博士，不得其歲，今載於轅固爲清河王傅之後。仲舒亦爲博士，下帷講誦，弟子傳以久次相授業，或莫見其面。蓋三年不窺園，其精如此，學士皆師尊之。胡母生年老，歸教於齊，齊之言春秋者宗事胡母生。菑川人公孫弘亦頗受焉。儒林傳、董仲舒傳。

夏四月，時上郡以西旱，復修賣爵令，賤其價以招民；及徒復作，得輸粟縣官以除罪。益造苑馬以廣用，而宮室列觀輿馬益增修矣。平準書。考異曰：此事見史記平準書，不知其時。按，帝時書旱者再，中三年書旱，後二年書大旱。然中六年匈奴已入上郡取苑馬，則知非後二年明矣。今載於中三年夏旱之後。

太子太傅衛綰爲御史大夫。荀紀、百官表。

是歲，廷尉上囚防年繼母殺年父，年因殺繼母，依律殺母大逆論。帝疑之，詔問太子。太子對曰：「夫繼母，明其不及母也，緣父之愛，故比之母耳。今繼母無狀，手殺其父，則下手之日，母恩絶矣，宜與殺人者同，不宜以大逆論。」帝從之，年棄市。太子時年十歲，上益奇之。漢武故事、通典。太子長而好書學，善史録。竇太后好黄帝、老子言，帝及太子諸王諸竇不得不讀老子，尊其術。太子獨能解其意，每在太后前議論，太后大悦，每歎服，以爲勝帝，而太子心弗好也。每還太子宫，常取儒書讀之，又好名法之術，畏太后，不敢言也。武帝故事。

四年秋，赦天下徒作陽陵者死罪，欲腐刑者，許之。漢書紀。考異曰：鍾繇言於魏明帝曰：「宜如孝景之令，其當棄市欲斬右趾者，許之。」其事見三國志，而班馬皆不載，今當附見於「死罪欲腐刑者，許之」之下。

是歲，壯武侯宋昌有罪，奪爵一級，爲關内侯。侯表。

五年冬十月戊午，日有食之。考異曰：漢書本紀書於中四年之末。荀紀亦然。然十月豈應在歲終？其誤明矣。吕氏大事記移於五年之初。按，長曆是年十月癸巳朔，而戊午乃二十六日也，今從之。

春三月，立子舜爲常山王。漢書本紀、史記年表。舜，王夫人子。帝子凡十三人爲王。五宗世家。

博士韓嬰爲常山太傅。嬰推詩人之意，而作内外傳數萬言，其語頗與齊、魯間殊，然歸一也。燕趙間言詩者由韓生。韓嬰傳。

匈奴東胡王盧它之降，夏四月丁巳，封爲亞谷侯。它之，故燕王綰子也。侯表。

五月甲戌，封皇后兄王信爲蓋侯。侯表。

秋八月，令諸侯王不得復治國，天子爲置吏，改丞相曰相，銀印，省廷尉、少府、宗正、博士官，大夫、謁者、郎諸官長丞皆損其員。百官表。

六年三月，雨雪。漢書本紀。考異曰：漢書作「雨雪」，史記作「雨雹」。考五行志及荀紀亦作「雨雪」，當是史記紀誤一字，今從漢書紀、志及荀紀。

六月，匈奴入雁門，至武泉邑，入上郡，考異曰：漢書作「六月」，史記作「八月」。考荀紀亦作「六月」，當是史記紀誤一字，今從漢書、荀紀。取苑爲。漢書本紀。漢儀注：「太僕牧師諸苑三十六所，分布北邊、西邊。以郎爲苑監，官奴婢三萬人，養馬三十萬匹。」時李廣爲上郡太守，上使中貴人從廣勒習兵，擊匈奴，中貴人將數十騎從。見匈奴三人，與戰，射傷中貴人，殺其騎且盡，中貴人走廣。廣曰：「是必射鵰者也。」廣乃從百騎往馳三人，三人亡馬步行，行數十里，廣令其騎張兩翼，而廣身自射彼三人者，殺其二人，生得一人，果匈奴射鵰者也。廣傳。

秋七月辛亥，日有食之。本紀。

是歲，以濟南都尉甯成爲中尉。是時周陽由亦爲郡守，甯成、陽由皆以嚴尅爲治。甯氏漢紀。按，原本不書甯成爲中尉事，上下文意不相屬，今從百官表補入。

後元年秋七月乙巳，先晦一日，日有食之。史記紀、荀紀。考異曰：漢書本紀作「乙巳晦」，史記無「晦」字。按，長曆乙巳蓋七月二十九日也。顓頊曆以丙午爲八月朔，則漢紀乙巳晦未爲非是。及考百官表載「七月丙午丞相舍免」，是月既有丙午，不應以乙巳爲晦。又五行志及荀悦漢紀云「七月乙巳先晦一日，日有食之」。則丙午爲晦日明矣。今從荀紀、史記。丙午晦，丞相桃侯劉舍免。百官表。

竇太后數言魏其侯竇嬰，帝曰：「太后豈以臣有愛相魏其者？魏其沾沾自喜耳，多易，弋豉反。難以爲相持重。」遂不用。竇嬰傳。

八月，御史大夫建陵侯衛綰爲丞相。百官表。考異曰：史記大事記、漢書百官表、荀氏漢紀並作「八月壬辰」。按，長曆是月有丙辰、戊辰，無壬辰，不敢意改，今除去之。綰爲相，朝奏事如職所奏。然自初宦以至相，終無可言。上以爲敦厚可相少主，尊寵之，賞賜甚多。衛綰傳。以衛尉直不疑爲御史大夫，天子修吴楚時功，封不疑爲塞侯。不疑傳。

二年，武原侯衛不害坐葬過律，免。年表。

石奮以上大夫禄歸老于家，考異曰：傳以爲孝景季年，今載於後二年。以歲時爲朝臣。過宫門闕必下車趨，見路馬必軾焉。子孫爲小吏，來歸謁。奮必朝服見之，不名。子孫有過失，不誚讓，爲便坐，對案不食。然後諸子相責，因長老肉袒固謝罪，改之，乃許。子孫勝冠者在側，雖燕必冠，申申如也。僮僕訢訢古欣字。如也唯謹。上時賜食於家，必稽首俯伏而食，如在上前。其執喪，哀戚甚。子孫遵教，亦如之。萬石君家以孝謹聞乎郡國，雖齊魯諸儒質行，皆自以爲不及也。奮傳。

田蚡益貴幸，爲中大夫。考異曰：傳云「孝景晚節，蚡益貴幸，爲中大夫」，今附於後二年。田蚡貪，巧於文辭，辯有口，學盤盂諸書，王皇后賢之。田蚡傳及外戚傳。

求天下禮書，考異曰：家語序以爲景帝季年，今附於後二年。京師士夫皆送官，得呂氏所傳家語與諸國事及七十二子辭。

廬江舒人文翁爲蜀郡太守，考異曰：循吏傳云：「景帝末年爲蜀郡守。」今附於後二年。仁愛，好教化。見蜀地辟讀音僻。陋有蠻夷風，文翁欲誘進之，乃選郡縣小吏開敏有材者張叔等十餘人，親自飭與敕同。厲，遣詣京師，受業博士，或學律令。減省少府用度，顏曰：「少府，郡掌財物之府，以供太守者也。」買刀布蜀物，齎計吏以遺博士。數歲，蜀生皆成就還歸，文翁以爲右職，用次察舉，官有至郡守刺史者。又修起學官於城都市中，招下縣子弟以爲學官弟子，爲除更繇，讀曰徭。高者以補郡縣吏，次爲孝弟力田。常選學官僮子，使在便坐受事。每出行縣，益從學官諸生明經飭行者與俱，使傳教令，出入閨閤。縣邑吏民見而榮之，數年，爭欲爲學官弟子，富人至出錢以求之。繇讀曰由。是大化，蜀地學於京師者比齊魯焉。至武帝時，乃令天下郡國皆立學校官，自文翁爲之始云。循吏傳。

三年春正月，詔曰：「高年長老，人所尊敬也；鰥寡不屬之欲反。逮者，人所哀憐也。其著令：年八十以上，八歲以下，及孕者未乳，師、朱儒當鞠繫者，頌讀曰容。繫之。」刑法志。

甲子，帝崩於未央宮。二月癸酉，葬陽陵。上謚曰孝景皇帝。本紀。

班固贊曰：「孔子稱『斯民，三代之所直道而行也』，信哉！周秦之敝，罔密文峻，而姦軌不勝。漢興，掃除煩苛，與民休息。至於孝文，加之以恭儉，孝景遵業，五六十載之間，至於移風易俗，黎民醇厚。周云成康，漢言文景，美矣！」

校勘記

〔一〕孔子之言　四庫本爲大字正文，然玩文意，當爲注文攙入正文。按，此段贊語出史記酷吏列傳，該傳正無此四字。據此排小字注文。金華叢書本删此四字，而在「導之以政」上加「孔子曰」三字。

〔二〕於是遣田叔吕季主往治之　史記鄒陽列傳、田叔列傳、梁孝王世家，漢書文三王傳、田叔傳、鄒陽傳，皆無「吕季主」，荀悦漢紀亦無此名。檢漢書人名索引，亦無此名，則唯有年紀存此人。

西漢年紀卷十

武帝

孝武皇帝，諱徹，景帝中子也，立爲皇太子。後三年正月甲子，景帝崩，即日，兩字據史記田蚡傳。太子即皇帝位。本紀。考異曰：史記大事記書「正月甲子，孝景崩，二月丙子，太子立」，漢書景紀書「甲子，帝崩」，於武紀又書「甲子，太子即皇帝位。」史記、漢書所載同異如此。按，史記田蚡傳云「孝景崩，即日太子立」，是景帝之崩武帝之立，蓋同日也。當是史記大事記誤。今從漢書本紀。立太子妃陳氏爲皇后，外戚傳。尊太后母臧兒爲平原君，追尊王仲爲共讀曰恭。侯，槐里起園邑二百家，長丞奉守。外戚傳。

帝初稱制，所鎮撫多蚡賓客計策。蚡新欲用事爲相，卑下賓客，進名士家居者貴之，欲以傾魏其諸將相。史記蚡傳。

建元元年冬十月，前清河太傅轅固、楚相馮唐、故城陽中尉鄧先、公孫弘、吴人嚴助嚴忌子。皆以賢良徵。弘少時爲獄吏，有罪，免。家貧，牧豕海上。年四十餘，乃學春秋雜説。時年六十，以賢良徵，仄目事轅固，固曰：「公孫子，務正學以言，無曲學以阿世！」考異曰：此公孫弘初應賢良事也。通鑑載於弘再應賢良時，誤矣。諸儒多嫉毀曰固老，罷歸之。時固已九十餘矣。對策者百餘人，帝擢嚴助爲中大夫，公孫弘爲博士，鄧先起家至九卿，馮唐亦年九十餘，不能爲官，迺以子遂爲郎。見轅固、馮唐、鼂錯、公孫弘、嚴助傳。

六月，丞相衛綰、御史大夫直不疑不疑事據本傳增入。以景帝病時諸官因多坐不辜者，而不任職，免之。綰傳。

上議置丞相、太尉，籍福説田蚡曰：「魏其貴久矣，天下士素歸之。今將軍初興，未如，即上以將軍爲丞相，必讓魏其。魏其爲丞相，將軍必爲太尉。太尉、丞相尊等耳，有讓賢名。」蚡迺微言太后風上，於是乃以魏其侯竇嬰爲丞相，復置太尉官，五字據史記大事記。以武安侯田蚡爲太尉。籍福賀嬰，因弔曰：「君侯資性喜善疾惡，方今善人譽君侯，故至丞相；然惡人衆，亦且毀君侯。君侯能兼容，則幸久；不能，今以毀去矣。」嬰不聽。嬰蚡傳。

秋七月，故太子少傅王臧上書，得宿衛。申公傳。丞相嬰、太尉蚡俱好儒術，推轂臧爲郎中令，代人趙綰爲御史大夫。嬰蚡傳。綰亦嘗受詩申公。綰、臧請立明堂城南，以朝諸侯，不能就其事，乃言師申公。於是上使使束帛加璧，安車以蒲裹輪，駕駟迎申公弟子二人乘軺傳從。申公傳。按，魯申公本傳稱：「武帝初，王臧上書宿衛，累遷，一歲至郎中令。」無上書及遷除月日。惟本紀有「秋七月，徵魯申公」之文。此本書王臧事，當是因徵申公事附見。然竟冠秋七月於王臧上書之上，殊誤。

嬰、蚡又欲令列侯就國，除關，以禮爲服制，以興太平。舉謫諸竇宗室無行者，除其屬籍。諸外家爲列侯。列侯多尚公主，皆不欲就國，以故毁日至太皇竇太后。太后好黄老言，而嬰、蚡、綰、臧等務隆推儒術，貶道家言，是以太皇竇太后滋不説。嬰蚡傳。

枚乘善辭賦，帝自爲太子，聞乘名。及即位，乘年老，乃以安車蒲輪徵，乘道死。詔問乘子無能爲文者，後乃得其孽子皋。枚乘傳。

是歲，徙中尉甯成爲内史。百官表。時茂陵張湯給事内史，爲掾，成以湯爲無害，言大府，調爲茂陵尉。張湯傳。外戚多毁成之短，下獄，兩字據表增入。抵罪髡鉗。是時九卿死即死，少被刑，而成刑極，自以爲不復收，迺解脱，詐刻傳出關歸家。酷吏傳。考異曰：賈誼傳云：「上深納其言，養臣下有節。是後大臣有罪，皆自殺，不受刑。至武帝時，稍復入獄，自甯成始。」以史考之，正自不爾。景帝時，晁錯以御史大夫要斬東市，大臣受刑，蓋自錯始。周亞夫以列侯下廷尉，大臣入獄，蓋自亞夫始。孟堅謂「始於甯成」，其誤甚矣。今删去不取。

時吏治尚循謹，然周陽由居二千石中最爲暴酷驕恣。所愛者，撓法活之；所憎者，曲法滅之。所居郡，必夷其豪。自甯成、周陽由之後，事益多，民巧法，大抵吏治類多成、由等矣。酷吏傳。

初，帝以爲淮陽天下郊，勁兵處，徙代相灌夫爲淮陽太守。是歲，入爲太僕。本傳、百官表。

先是，梁內史韓安國坐法失官，家居。至是，太尉田蚡親貴用事，安國以五百金遺蚡，蚡言安國太后，上素聞安國賢，即召以爲北地都尉。韓安國傳。

二年冬十月，淮南王安來朝，獻所作內書二十一篇，上愛秘之。使爲離騷傳，旦受詔，日食時上。又獻頌德及長安都國頌。每宴見，談説得失及方技賦頌，昏暮然後罷。時帝方好蓺文，以安屬爲諸父，辯博善爲文辭，甚尊重之。每爲報書及賜，常召司馬相如等視草乃遣。漢書本傳。安爲人好讀書，鼓琴，不喜弋獵狗馬馳騁，亦欲以行陰德拊循百姓，流譽天下。時時怨望厲王死，時欲畔逆，未有因也。

安素善田蚡，至是入朝，蚡乃逆王霸上，與王語曰：「方今上無太子，大王親高皇帝孫，行仁義，天下莫不聞。即宫車一日晏駕，非大王尚誰立者！」考異曰：史記淮南王傳載於建元二年，漢書五行志云：「建元六年六月，有星孛于北方。劉向以爲明年淮南王安入朝，與太尉武安侯田蚡有邪謀。」如向所云，則是元光元年事也。按，史記曰：「淮南王入朝，素善武安侯。武安侯時爲太尉。」而五行志亦曰：「太尉武安侯田蚡。」按，百官表，蚡以建元元年爲太尉，二年免。至建元六年，則蚡爲丞相矣，不應尚稱太尉。當是五行志誤，今從史記。淮南王大喜，厚遺田蚡金錢財物，陰結賓客，拊循百姓，爲畔逆事。史記淮南王安傳。

石慶嘗爲太僕，御出，考異曰：司馬公以爲百官表不載慶爲太僕，恐是攝職。按，百官表當時除拜脱落不書者極多，不獨慶也。上問車中幾馬，慶以策數馬畢，舉手對曰：「六馬。」慶於諸子中最爲簡易矣，然猶如此。萬石君傳。

三月乙未，以太常柏至侯許昌爲丞相，武强侯莊青翟爲御史大夫。百官表。考異曰：百官表許昌書於二年，莊青翟書於四年，而御史大夫虚位二歲。及攷田蚡傳云：「二年，罷逐趙綰、王臧，而免丞相嬰、太尉蚡，以柏至侯許昌爲丞相，武强侯莊青翟爲御史大夫。」以此觀之，趙綰之逐，青翟之拜，同在二年，今從列傳。案，紀、傳丞相竇嬰、御史大夫趙綰皆以忤太皇太后下獄免，以許昌、莊青翟代之。此本書昌、青翟之拜，而此上不書嬰、綰之罷，疑有脱文。

夏四月，初置茂陵邑，徙郡國豪傑於茂陵。荀紀。

三年冬十月，代王登、長沙王發、中山王勝、濟川王明來朝。時大臣懲吴楚七國行事，議者多寃鼂錯之策，皆以諸侯連城數十，泰强，欲稍侵削，數奏暴其過惡。諸侯王自以骨肉至親，先帝所以廣封連城，犬牙相錯者，爲盤石宗也。今或無罪，爲臣下所侵辱，有司吹毛求疵，笞服其臣，使證其君，多自以侵寃。及朝，天子置酒，中山王勝聞樂聲而泣。上問其故，勝對曰：「臣聞悲者不可爲絫欷，思者不可爲歎息。故高漸離擊筑易水之上，荆軻爲之低而不食；雍門子壹微吟，孟嘗君爲之於音烏。邑。一合反。今臣心結日久，每聞幼眇之聲，不知涕泣之横集也。夫衆喣許句反，又許于反。漂匹遥反。山，聚蟁古蚊字。成靁，古雷字。

朋黨執虎，十夫橈女教反。椎。是以文王拘於羑里，孔子阨於陳蔡。此乃烝庶之成風，增積之生害也。臣身遠與寡，莫爲之先，衆口鑠金，積毁銷骨，叢輕折軸，羽翮飛肉，紛驚逢羅，潸然出涕。臣聞白日曬山豉反，又力支反。光，幽隱皆照；明月曜夜，蝱蝱音盲。宵見。然雲蒸列布，杳冥晝昬；塵埃抪音鋪。覆，昧不見泰山。何則？物有蔽之也。今臣雍讀曰壅。閼烏曷反。不得聞，讒言之徒蠭生。道遼路遠，曾莫爲臣聞，臣竊自悲也。臣聞社鼷音奚。不灌，屋鼠不熏。何則？所託者然也。臣雖薄也，得蒙肺附；位雖卑也，得爲東藩，屬又稱兄。今羣臣非有葭莩之親，鴻毛之重，羣居黨議，朋友相爲，使夫宗室擯卻，丘略反。骨肉冰釋。斯伯奇所以流離，比干所以横分也。詩云『我心憂傷，惄焉如擣；假寐永歎，唯憂用老；心之憂矣，疢如疾首』，臣之謂也。」具以吏所侵聞，於是上乃加親親之恩焉。中山王傳。

三月，有星孛于注、張，歷太微，干紫宮，至于天漢。夏四月，有星孛于天紀，至織女。天文志。

上徵天下文學材智之士，嚴助最先進；後又得吴人朱買臣、趙人吾丘壽王、蜀人司馬相如、主父偃、嚴安、徐樂、東方朔、枚皋、膠倉、終軍、嚴葱奇等，考異曰：通鑑載於嚴助救東甌之後，今從助傳，序於其前。並在左右。其尤親幸者，東方朔、枚皋、嚴助、吾丘壽王、司馬相如。相如常稱疾避事，唯助與壽王見任用。東方朔、嚴助傳。

閩越發兵圍東甌。東甌使人告急天子。時天子年未二十，以問田蚡。考異曰：史記東越傳、漢書嚴助傳皆云「建元三年，閩越圍東甌，天子問太尉田蚡」。按，是時蚡不爲太尉，云太尉誤也。下云「太尉不足與計」，蓋追呼其官耳。蚡對曰：「不足以煩中國往救也。」嚴助曰：「今小國以窮困來告急，天子不振，尚安所愬？」上遂發兵浮海救東甌。東甌王望率其衆四萬餘人來降，處廬江郡，封爲廣武侯。嚴助、閩粵傳、史記大事記。

是歲，以北地都尉韓安國爲大農令。百官表。太僕灌夫與長樂衛尉竇甫飲，輕重不得，夫醉，搏甫。甫，竇太后昆弟。上恐太后誅夫，徙夫爲燕相。夫傳。北平侯張類坐臨諸侯喪後至，國除。侯表。

上始爲微行，考異曰：東方朔傳以爲建元三年，今附年末。常用飲酎已。八九月中，與侍中常侍武騎及待詔隴西北地良家子能騎射者期諸殿門，故有「期門」之號自此始。微行以夜漏下十刻乃出，常稱平陽侯。旦明，入山下馳射鹿豕狐兔，馳騖禾稼稻秔之地。民皆號呼罵詈，相聚會，自言鄠杜令。令往，欲謁平陽侯，諸騎欲擊鞭之。令大怒，使吏呵止，獵者數騎見留，乃示以乘輿物，久之迺得去。時夜出夕還，後齎五日糧，會朝長信宮。顏曰：「五日一朝長信宮，故齎五日糧。長信，太后宮也。」是後，南山下乃知微行數出也，然尚迫於太后，未敢遠出。丞相御史知指，乃使右輔都尉徼工釣反。循長楊以東，右内史發小民共讀曰供。待會所。時常侍郎東方朔進諫曰：「臣聞謙遜静慤，口角反。天表之應，應之以福；驕溢靡麗，天表之應，應之以異。今陛下累郎臺，恐其不高也；弋獵之處，恐其不廣也。如天不爲變，則三輔之地盡可以爲苑，何必盩厔、鄠、杜乎！奢侈越制，天爲之變，上林雖小，臣尚以爲大也。糞土愚臣，忘生觸死，逆盛意，犯隆指，罪當萬死，不勝大願，願陳泰階六符，以觀天變，不可不省。」是日因奏泰階之事，上乃拜朔爲太中大夫給事中。東方朔傳。

四年冬十月，地動。天文志。

江都王非來朝，從上獵上林中。天子車駕趕通未行，先使韓嫣乘副車，從數十百騎馳視獸。江都王望見，以爲天子，辟從者，伏謁道旁。嫣驅不見。既過，江都王怒，爲皇太后泣，請得歸國入宿衛，比韓嫣。太后以此銜嫣。始帝爲膠東王，嫣與上學書相愛。及上爲太子，愈益親嫣。嫣善騎射，聰慧。上即位，欲事伐胡，而嫣先習兵，以故益尊貴，官至上大夫，賞賜儗鄧通。與上共卧起。後嫣侍，出入永巷不禁，以姦聞皇太后。太后怒，使使賜嫣死。上爲謝，終不得，嫣遂死。佞幸傳。

是歲，南粤王趙佗死。南粤傳注：「佗以建元四年卒。」皇甫謐曰：「時漢興七十年，佗蓋百歲矣。」以江都相鄭當時爲右内史。百官表。

五年春正月己巳朔，日有食之。荀紀。罷傳記博士。趙岐孟子序。

夏四月，平原君薨，本紀。從田氏葬長林，置園邑二百家，長丞奉守。外戚傳。

上即位數歲，漢興七十餘年之間，國家無事，非遇水旱之災，民則人給家足，都鄙廩庾皆滿，而府庫餘貨財。京師之錢累巨萬，貫朽而不可校。太倉之粟陳陳相因，充溢露積於外，至腐敗不可食。衆庶街巷有馬，阡陌之間成羣，而乘字牝者儐而不得聚會。守閭閻者食粱肉，爲吏者長子孫，居官者以爲姓號。故人人自愛而重犯法，先行義而後絀辱焉。當此之時，網疏而民富役財驕溢，或至兼并豪黨之徒，以武斷於鄉曲。宗室有土公卿大夫以下爭於奢侈，室廬輿服僭於上，無限度。物盛而衰，固其變也。平準書、食貨志。考異曰：此段見平準書。而通鑑載於景帝後三年。按，平準書云：「上即位數歲，漢興七十餘年。」正謂武帝初年，非景帝也。自漢興之初至後三年(一)，才六十六年，謂之七十餘年，於義未安。蓋武帝承文景涵養之餘，又竇太后在上，帝猶知有所畏，未敢肆行，民享安静之福，故當時富盛如此。至建元四年，漢興已七十載，又二年而竇太后崩。是後紛紛多事，漢家至此遂一變矣。太史公謂「物盛而衰，固其變也」，蓋深有感焉。今附於竇太后未崩之前一年。

六年春二月乙未，遼東高廟災。本紀。考異曰：五行志作「建元六年六月丁酉」。按，志既言「六月丁酉，遼東高廟災」，下又云「四月壬子，高園便殿火」，同是一歲，不應六月在四月之先，志之誤必矣。漢書本紀作「二月乙未」，荀紀作「三月乙未」，以長曆考之，三月壬戌朔，無乙未，當是荀紀誤。今從漢書本紀。

五月丁亥，太皇太后崩。本紀。考異曰：此語見漢書本紀。而外戚傳乃云「竇太后後景帝六歲，凡立五十一年，元光六年崩」，與紀不同。以史考之，竇太后之立才四十五年，今云「五十一年」，固誤。又曰「後景帝六歲」，則爲建元六年無疑。若至元光六年，則後景帝十有二年矣，不應云「六歲」也。按，史記外戚世家作「建元六年」。而班氏改爲元光，誤矣。今從漢書本紀、史記外戚世家。合葬霸陵。遺詔盡以東宮金錢財物賜長公主嫖。外戚傳。六月癸巳，丞相昌、御史大夫青翟坐竇太后喪事不辦，免。上以武安侯田蚡爲丞相。百官表、田蚡傳。

蚡既相，絀黄老刑名百家之言，延文學儒者數百人。儒林傳。又以爲諸侯王多長，上初即位，富於春秋，蚡以肺附爲京師相，非痛折節以禮詘之，天下不肅。嘗召客飲，坐其兄蓋侯北鄉，自坐東鄉，以爲漢相尊，不可以兄故私撓。蚡由此滋驕，治宅甲諸第，田園極膏腴，而市買郡縣器物相屬於道。前堂羅鐘鼓，立曲旃；後房婦女以百數。諸侯奉金玉狗馬玩好，不可勝數。田蚡傳。蚡徵茂陵尉張湯爲丞相史，薦補侍御史。湯傳。

有星孛于北方。五行志。

秋八月，有星孛于東方，長竟天，本紀。三十日去。五行志。是謂蚩尤旗，類彗而後曲，象旗，天文志、荀紀。淮南王安心怪之。或説王曰：「先吴軍時，彗星出，長數尺，然尚流血千里。今彗星竟天，天下兵當大起。」王心以爲上無太子，天下有變，諸侯並争，愈益治攻戰具，積金錢，賂遺郡國。遊士妄作妖言，阿諛王，王喜，多賜予之。王有女陵，慧有口。王愛之，多予金錢，爲中詗丑政反。長安，約結上左右。淮南王傳。

閩粵王郢興兵擊南粵邊邑，本紀、南粵傳。考異曰：史記大事記載閩越反於正月。今按，漢書本紀、通鑑載於秋八月後，疑大事記誤，今從本紀。南粵守天子約，不敢擅發兵，而上書以聞，嚴助傳。曰：「兩粵俱爲藩臣，毋擅興兵相攻擊。今東粵擅興兵侵臣，臣不敢興兵，唯天子詔之。」於是天子多南粵義，守職約，南粵傳。遣大行王恢、大司農韓安國將兵誅閩越。淮南王安上書諫曰：「陛下臨天下，布德施惠，緩刑罰，薄賦斂，哀鰥寡，恤孤獨，養耆老，振匱乏，盛德上隆，和澤下洽，近者親附，遠者懷德，天下攝然。今聞有司舉兵將以誅越，臣竊爲陛下重之。越，方外之地，鬋髮文身之民，不可以冠帶之國法度理也。案，原本脱「今聞有司」以下至此，文意不屬，今節録本傳增入。故古者封内甸服，封外侯服，侯衛賓服，蠻夷要服，戎狄荒服，遠近埶異也。越人名爲藩臣，貢酎之奉，不輸大内，一卒之用不給上事。自相攻擊而陛下發兵救之，是反以中國而勞蠻夷也。案，原本脱「越人名爲藩臣」以下至此，文勢不足，今節録本傳增入。臣聞軍旅之後，必有凶年，言民各以其愁苦之氣薄陰陽之和，感天地之精，而災氣爲之生也。今以兵入其地，男子不得耕稼樹種，婦人不得紡績織紝，人禁反。丁壯從車，老弱轉餉，亦饟字。居者無食，行者無糧。民苦兵事，亡逃者必衆，隨而誅之，不可勝盡，盜賊必起。臣聞長老言，秦之時嘗使尉屠睢擊越，又使監禄鑿渠通道。越人逃入深山林叢，不可得攻。留軍屯守，曠日持久，士卒勞倦，越迺出擊之。秦兵大破，迺發適戍以備之。當此之時，内外騷動，百姓靡敝，行者不還，往者莫返，民不聊生，羣爲盜賊，於是山東之難始興。周易曰：『高宗伐鬼方，三年而克之。』鬼方，小蠻夷；高宗，殷之盛天子。以盛天子伐小蠻夷，三年而後克，言用兵之不可不重也。臣聞天子之兵有征而無戰，言莫敢校也。陛下以四海爲境，九州爲家，八藪爲囿，江漢爲池，生民之屬皆爲臣妾。人徒之衆足以奉千官之共，讀曰供。租稅之收足以給乘輿之御。玩心神明，秉執聖道，負黼依，讀曰扆。馮讀曰憑。玉几，南面而聽斷，號令天下，四海之內莫不嚮讀曰響。應。陛下垂德惠以覆露之，使元元之民安生樂業，則澤被萬世，傳之子孫，施之無窮。天下之安猶泰山而四維之也，夷狄之地何足以爲一日之間，而煩汗馬之勞乎！詩云『王猶允塞，徐方既來』，言王道甚大，而遠方懷之也。臣聞之，農夫勞而君子養焉，愚者言而智者擇焉。臣安幸得爲陛下守藩，以身爲鄣蔽，人臣之任也。邊境有警，愛身之死而不畢其愚，非忠臣也。臣安竊恐將吏之以十萬之師爲一使之任也！」

是時，漢兵遂出，未踰嶺，閩粵王郢發兵距險，其弟餘善誅郢，師得不勞，因立餘善爲東粵王。

上嘉淮南之意，美將卒之功，乃令嚴助諭意風讀曰諷。指於南越。嚴助傳。南粵王胡遣太子嬰齊入宿衛。南粵傳。助還，又諭淮南曰：「皇帝問淮南王：使中大夫玉上書言事，聞之。朕奉先帝之休德，夙興夜寐，明不能燭，重直用反。以不德，是以比年凶菑古災字。害衆。夫以眇眇之身，託于王侯之上，内有飢寒之民，南夷相攘，人羊反。使邊騷然不安，朕甚懼焉。今王深惟重慮，明太平以弼朕失，稱三代至盛，際天接地，人迹所及，咸盡賓服，藐武卓反。然甚慚。嘉王之意，靡有所終，使中大夫助諭朕意，告王越事。」

助諭意曰：「今者大王以發屯臨越事上書，陛下故遣臣助告王其事。王居遠，事薄遽，不與王同其計。朝有闕政，遺王之憂，陛下甚恨之。夫兵固凶器，明主之所重出也，然自五帝三王禁暴止亂，非兵，未之聞也。漢爲天下宗，操殺生之柄，以制海内之命，危者望安，亂者卬讀曰仰。治。今閩越王狼戾不仁，殺其骨肉，離其親戚，所爲甚多不義，又數舉兵侵陵百越，并兼鄰國，以爲暴彊，陰計奇策，入燔尋陽樓船，欲招會稽之地，以踐句功侯反。踐之迹。今者，邊又言閩王率兩國擊南越。陛下爲萬民安危久遠之計，使人諭告之曰：『天下安寧，各繼世撫民，禁毋敢相并。』有司疑其以虎狼之心，貪據百越之利，或於逆順，不奉明詔，則會稽、豫章必有長患。且天子誅而不伐，焉有勞百姓苦士卒乎？故遣兩將屯於境上，震威武，揚聲鄉。讀曰嚮。屯曾未會，天誘其衷，閩王隕命，輒遣使者罷屯，毋後農時。南越王甚嘉被惠澤，蒙休德，願革心易行，身從使者入謝。有狗馬之病，不能勝服，故遣太子入侍；病有瘳，願伏北闕，望大廷，以報盛德。閩王以八月舉兵於冶南，士卒罷讀曰疲。倦，三王之衆相與攻之，因其弱弟餘善以成其謀。至今國空虛，遣使者上符節，請所立，不敢自立，以待天子之明詔。此一舉，不挫一兵之鋒，不用一卒之死，而閩王伏辜，南越被澤，威震暴主，義存危國，此則陛下深計遠慮之所出也。事效見前，故使臣助來諭王意。」於是王謝曰：「雖湯伐桀，文王伐崇，誠不過此。臣安妄以愚意狂言，陛下不忍加誅，使使者臨詔臣安以所不聞，誠不勝厚幸！」助由是與淮南王相結而還。上大説。嚴助傳。

是歲，大農令韓安國爲御史大夫。百官表。考異曰：田蚡傳云：「竇太后崩，丞相昌、御史大夫青翟坐喪事不辦，免。上以田蚡爲丞相，韓安國爲御史大夫。」觀此，則安國之拜，蓋與田蚡同時也。及考漢書本紀，閩越之反，安國以大農令將兵往擊，不應已拜御史大夫，尚以大農稱也。荀紀、通鑑皆載於擊閩越事後，今從之。安國爲人多大略，知足以當世取舍，而出於忠厚。貪耆讀曰嗜。財利，然所推舉皆廉士賢於己者。於梁舉壺遂、臧固，至它，皆天下名士，士亦以此稱慕之，唯天子以爲國器。韓安國傳。

東海太守汲黯爲主爵都尉，引大體，不拘文法，爲人性倨，居庶反。少禮，面折，不能容人之過。合己者善待之，不合者弗能忍見，士亦以此不附焉。然好游俠，任氣節，行修潔。其諫，犯主之顏色。常慕傅伯、袁盎之爲人。善灌夫、鄭當時及宗正劉棄疾。亦數以直諫，不得久居位。是時，太后弟田蚡爲丞相，中二千石拜謁，蚡弗爲禮。黯見蚡，未嘗拜，揖之。汲黯傳。

太史令司馬談，愍學者不達其意而師誖，乃論六家之要指考異曰：此事不得其時。按，司馬遷傳，談「仕于建元、元封之間，愍學者不達其意而師誖，乃論六家之要指」，談之仕，始於建元，而終於元封，此論必作於建元。蓋是時竇太后已崩，武帝相田蚡，隆儒術而貶道家，故其言如此。今附於建元六年竇太后已崩之後。曰：

易大傳曰：「天下一致而百慮，同歸而殊塗。」夫陰陽、儒、墨、名、法、道德，此務爲治者也，直所從言之異路，有省不省耳。嘗竊觀陰陽之術，大詳而衆忌諱，使人拘而多畏，然其叙四時之大順，不可失也。儒者博而寡要，勞而少功，是以其事難盡從，然其序君臣父子之禮，列夫婦長幼之別，不可易也。墨者儉而難遵，是以其事不可偏循，然其彊本節用，不可廢也。法家嚴而少恩，然其正君臣上下之分，不可改也。名家使人儉而善失真，然其正名實，不可不察也。道家使人精神專一，動合無形，澹足萬物，其爲術也，因陰陽之大順，采儒墨之善，撮名法之要，與時遷徙，應物變化，立俗施事，無所不宜，指約而易操，事小而功多。儒者則不然，以爲人主天下之儀表也。君唱臣和，主先臣隨。如此，則主勞而臣佚。至於大道之要，去健羨，黜聰明，釋此而任術。夫神大用則竭，形大勞則敝；神形蚤衰，欲與天地長久，非所聞也。

夫陰陽，四時、八位、十二度、二十四節各有教令，曰順之者昌，逆之者亡，未必然也，故曰「使人拘而多畏」。夫春生夏長，秋收冬藏，此天道之大經也，弗順則無以爲天下紀綱，故曰「四時之大順，不可失也」。

夫儒者，以六蓺爲法，六蓺經傳以千萬數，累世不能通其學，當年不能究其禮，故曰「博而寡要，勞而少功」。若夫列君臣父子之禮，序夫婦長幼之别，雖百家弗能易也。

墨者亦上堯舜，言其德行曰：「堂高三尺，土階三等，茅茨不翦，採椽不斲；飯土簋，歠土刑，糲粱之食，藜藿之羹；夏日葛衣，冬日鹿裘。」其送死，桐棺三寸，舉音不盡其哀。教喪禮，必以此爲萬民率。故天下共若此，則尊卑無别也。夫世異時移，事業不必同，故曰「儉而難遵」也。要曰彊本節用，則人給家足之道也。此墨子之所長，雖百家不能廢也。

法家不别親疏，不殊貴賤，壹斷於法，則親親尊尊之恩絶矣，可以行一時之計，而不可長用也，故曰「嚴而少恩」。若尊主卑臣，明分職不得相踰越，雖百家不能改也。

名家苛察繳繞，使人不得反其意，剸決於名，時失人情，故曰「使人儉而善失真」。若夫控名責實，參伍不失，此不可不察也。

道家無爲，又曰無不爲，其實易行，其辭難知。其術以虚無爲本，以因循爲用。

無成勢，無常形，故能究萬物之情。不爲物先後，故能爲萬物主。有法無法，因時爲業；有度無度，因物興舍。故曰「聖人不巧，時變是守」。虚者道之常也，因者君之綱也。羣臣並至，使各自明也。其實中其聲者謂之端，實不中其聲者謂之款。款言不聽，姦迺不生，賢不肖自分，白黑迺形。在所欲用耳，何事不成！迺合大道，混混冥冥，光耀天下，復反無名。凡人所生者神也，所托者形也。神大用則竭，形大勞則敝，形神離則死。死者不可復生，離者不可復合，故聖人重之。由此觀之，神者生之本，形者生之具。不先定其神形，而曰「我有以治天下」，何由哉？

談嘗學天官於唐都，受易於楊何，習道論於黄子。司馬遷傳。

初，王恢擊東粤，因兵威使番陽令唐蒙風讀曰諷。曉南粤。南粤食讀曰飼。蒙蜀枸音矩。醬，蒙問所從來，曰：「道西北牂柯江，江廣數里，出番普安反。禺音隅。城下。」蒙歸至長安，問蜀賈人，獨蜀出枸醬，多持竊出市夜郎。夜郎者，臨牂柯江，江廣百餘步，足以行船。南粤以財物役屬夜郎，西至桐師，然亦不能臣使也。蒙迺上書説上曰：「南粤王黄屋左纛，地東西萬餘里，名爲外臣，實一州主。今以長沙、豫章往，水道多絶，難行。竊聞夜郎有精兵可得十萬，浮船牂柯，出不意，此制粤一奇也。誠以漢之彊，巴蜀之饒，通夜郎道，爲置吏，甚易。」上許之。乃拜蒙以郎中將，將千人，食重萬餘人，從巴莋關入，遂見夜郎侯多同。厚賜，諭以威德，約爲置吏，使其子爲令。夜郎旁小邑皆貪漢繒帛，以爲漢道險，終不能有也，迺聽蒙約。還報，迺以爲犍爲郡。地理志，犍爲郡武帝建元六年開。西南夷傳。

校勘記

〔一〕自漢興之初至後三年　四庫本「三」作「七」。按，景帝於後三年正月甲子崩；又，此段考異爲辨通鑑繫此段正文於景帝後三年之誤。故知「七」字乃「三」字之誤，據改。金華叢書本未改，失校。

西漢年紀卷十一

武帝

元光元年冬十一月，衛尉李廣爲驍騎將軍，屯雲中，長樂衛尉程不識爲車騎將軍屯雁門，考異曰：漢書本紀作「中尉程不識」。按，百官表張歐自建元元年爲中尉，凡九年，至元光四年始遷御史大夫，中間安得有不識爲中尉事？當是紀誤。考李廣傳，程不識爲長樂衛尉，非中尉也。又灌夫傳云「程、李俱東西宫衛尉」，亦可見也。今從二傳。六月罷。本紀。先是，廣爲隴西太守。左右言其名將也，由是入爲未央衛尉。不識故與廣俱以邊太守將屯。及出擊胡，而廣行無部曲行陳，就善水草頓舍，人人自便，不擊刁斗自衛，莫府省所領反。文書，然亦遠斥候，未嘗遇害。不識正部曲行伍營陳，擊刁斗，吏治軍簿步户反。至明，軍不得自便。不識曰：「李將軍極簡易，然虜卒讀曰猝。犯之，無以禁；而其士卒亦佚與逸同。樂，爲之死。我軍雖煩擾，虜亦不得犯我。」是時漢邊郡李廣、程不識爲名將，然匈奴畏廣，士卒多樂從，而苦不識。不識孝景時以數直諫爲太中大夫。李廣傳。

五月，舉賢良文學，上親策之。

制曰：朕獲承至尊休德，傳之無窮，而施之罔極，任大而守重，是以夙夜不皇康寧，永惟萬事之統，猶懼有闕。故廣延四方之豪儁，郡國諸侯公選賢良修絜博習之士，欲聞大道之要，至論之極。今子大夫褎然爲舉首，朕甚嘉之。子大夫其精心致思，朕垂聽而問焉。

蓋聞五帝三王之道，改制作樂而天下洽和，百王同之。當虞氏之樂莫盛於韶，於周莫盛於勺。聖王已没，鐘鼓筦絃之聲未衰，而大道微缺，陵夷至虖桀紂之行，王道大壞矣。夫五百年之間，守文之君，當塗之士，欲則先王之法以戴翼其世者甚衆，然猶不能反，日以仆滅，至後王而後止，豈其所持操或誖繆而失其統與？固天降命不可復反，必推之於大衰而後息與？烏虖！凡所爲屑屑，夙興夜寐，務法上古者，又將無補與？三代受命，其符安在？災異之變，何緣而起？性命之情，或夭或壽，或仁或鄙，習聞其號，未燭厥理。伊欲風流而令行，刑輕而姦改，百姓和樂，政事宣昭，何修何飭而膏露降，百穀登，德潤四海，澤臻草木，三光全，寒暑平，受天之祜，享鬼神之靈，惠澤洋溢，施虖方外，延及羣生？

子大夫明先聖之業，習俗化之變，終始之序，講聞高誼之日久矣，其明以諭朕。

科別其條，勿猥勿并，取之於術，慎其所出。迺其不正不直，不忠不極，枉於執事，書之不泄，興於朕躬，毋悼後害。子大夫其盡心，靡有所隱，朕將親覽焉。

董仲舒對曰：

陛下發德音，下明詔，求天命與情性，皆非愚臣之所能及也。臣謹按春秋之中，視前世已行之事，以觀天人相與之際，甚可畏也。國家將有失道之敗，而天迺先出災害以譴告之；不知自省，又出怪異以警懼之；尚不知變，而傷敗迺至。以此見天心之仁愛人君而欲止其亂也。自非大無道之世，天盡欲扶持而全安之，事在彊勉而已矣。彊勉學問，則聞見博而知益明；彊勉行道，則德日起而大有功：此皆可使還至而立有效者也。詩曰「夙夜匪解」，書云「茂哉茂哉」！皆彊勉之謂也。道者，所繇適於治之路也，仁義禮樂皆其具也。故聖王已没，而子孫長久安寧數百歲，此皆禮樂教化之功也。王者未作樂之時，迺用先王之樂宜於世者，而以深入教化於民。教化之情不得，雅頌之樂不成，故王者功成作樂，樂其德也。樂者，所以變民風，化民俗也；其變民也易，其化人也著。故聲發於和而本於情，接於肌膚，藏於骨髓。故王道雖微缺，而筦絃之聲未衰也。夫虞氏之不爲政久矣，然而樂頌遺風猶有存者，是以孔子在齊而聞韶也。按，仲舒本傳此下尚有「夫人君莫不欲安存而惡危亡」一段，凡百餘字，此本删去，文義未足。

臣聞天之所大奉使之王者，必有非人力所能致而自至者，此受命之符也。天下之人同心歸之，若歸父母，故天瑞應誠而至。書曰「白魚入于王舟，有火復于王屋，流爲烏」，此蓋受命之符也。周公曰「復哉復哉」，孔子曰「德不孤，必有鄰」，皆積善絫德之效也。及至後世，淫佚衰微，不能統理羣生，諸侯背畔，殘賊良民以争壤土，廢德教而任刑罰。刑罰不中，則生邪氣；邪氣積於下，怨惡畜於上。上下不和，則陰陽繆盭而妖孽生矣。此災異所緣而起也。

臣聞命者天之令也，性者生之質也，情者人之欲也。或夭或壽，或仁或鄙，陶冶而成之，不能粹美，有治亂之所生，故不齊也。孔子曰：「君子之德風也，小人之德草也，草上之風必偃。」故堯舜行德則民仁壽，桀紂行暴則民鄙夭。夫上之化下，下之從上，猶泥之在鈞，唯甄者之所爲；猶金之在鎔，唯冶者之所鑄。「綏之斯來，動之斯和」，此之謂也。

臣謹按春秋之文，求王道之端，得之於正。正次王，王次春。春者，天之所爲也；正者，王之所爲也。其意曰，上承天之所爲，而下以正其所爲，正王道之端云爾。然則王者欲有所爲，宜求其端於天。天道之大者在陰陽。陽爲德，陰爲刑；刑主殺而德主生。是故陽常居大夏，而以生育養長爲事；陰常居大冬，而積於空虚不用之處。以此見天之任德不任刑也。天使陽出布施於上而主歲功，使陰入伏於下而時出佐陽；陽不得陰之助，亦不能獨成歲。終陽以成歲爲名，此天意也。王者承天意以從事，故任德教而不任刑。刑者不可任以治世，猶陰之不可任以成歲也。爲政而任刑，不順於天，故先王莫之肯爲也。今廢先王德教之官，而獨任執法之吏治民，毋乃任刑之意與！孔子曰：「不教而誅謂之虐。」虐政用於下，而欲德教之被四海，故難成也。

臣謹按春秋謂一元之意，一者萬物之所從始也，元者辭之所謂大也。謂一爲元者，視大始而欲正本也。春秋深探其本，而反自貴者始。按，仲舒本傳此下有「故爲人君者，正心以正朝廷，正朝廷以正百官」一段，凡二百餘字，此本删去，文義未足。

夫萬民之從利，如水之走下，不以教化隄防之，不能止也。是故教化立而姦邪皆止者，其隄防完也；教化廢而姦邪並出，刑罰不能勝者，其隄防壞也。古之王者明於此，是故南面而治天下，莫不以教化爲大務。至周之末世，大爲無道，以失天下。秦繼其後，獨不能改，又益甚之，重禁文學，不得挾書，棄捐禮誼而惡聞之，其心欲盡滅先王之道，而顓爲自恣苟簡之治，故立爲天子十四歲而國破亡矣。自古以來，未嘗有以亂濟亂，大敗天下之民如秦者也。孔子曰：「腐朽之木不可雕也，糞土之牆不可圬也。」今漢繼秦之後，如朽木糞牆矣，雖欲善治之，亡可奈何。法出而姦生，令下而詐起，如以湯止沸，抱薪救火，愈甚亡益也。竊譬之琴瑟不調，甚者必解而更張之，乃可鼓也；爲政而不行，甚者必變而更化之，乃可理也。當更張而不更張，雖有良工不能善調也；當更化而不更化，雖有大賢不能善治也。古人有言曰：「臨淵羨魚，不如退而結網。」今臨政而願治七十餘歲矣，不如退而更化；更化則可善治，善治則災害日去，福祿日來。詩云：「宜民宜人，受祿于天。」爲政而宜於民者，固當受祿于天。夫仁誼禮知信五常之道，王者所當修飭也；五者修飭，故受天之祐，而享鬼神之靈，德施於方外，延及羣生也。

天子覽其對而異焉，迺復册之曰：按，原本作「册董仲舒」，據制辭稱百餘人，則非獨册仲舒也。今依本傳作「册之曰」，而删去「董仲舒」三字。

制曰：蓋聞虞舜之時，游於巖廊之上，垂拱無爲，而天下太平。周文王至於日昃不暇食，而宇内亦治。夫帝王之道，豈不同條共貫與？何逸勞之殊也？

蓋儉者不造玄黄旌旗之飾。及至周室，設兩觀，乘大路，朱干玉戚，八佾陳於庭，而頌聲興。夫帝王之道豈異指哉？或曰良玉不琢，又云非文亡以輔德，二端異焉。

殷人執五刑以督姦，傷肌膚以懲惡。成康不式，四十餘年天下不犯，囹圄空虛。秦國用之，死者甚衆，刑者相望，秏矣哀哉！

烏虖！朕夙寤晨興，惟前帝王之憲，永思所以奉至尊，章洪業，皆在力本任賢。今朕親耕藉田以爲農先，勸孝弟，崇有德，使者冠蓋相望，問勤勞，恤孤獨，盡思極神，功烈休德未始云獲也。今陰陽錯繆，氛氣充塞，羣生寡遂，黎民未濟，廉恥貿亂，賢不肖渾殽，未得其真，故詳延特起之士，意庶幾乎！今子大夫待詔百有餘人，或道世務而未濟，稽諸上古之不同，考之於今而難行，毋迺牽於文繫而不得騁與？將所繇異術，所聞殊方與？各悉對，著於篇，毋諱有司。明其指略，切磋究之，以稱朕意。

仲舒對曰：

臣聞堯受命，以天下爲憂，而未以位爲樂也，故誅逐亂臣，務求賢聖，是以得舜、禹、稷、卨、咎繇。衆聖輔德，賢能佐職，教化大行，天下和洽，萬民皆安仁樂誼，各得其宜，動作應禮，從容中道。故孔子曰「如有王者，必世而後仁」，此之謂也。堯在位七十載，迺遜于位以禪虞舜。堯崩，天下不歸堯子丹朱而歸舜。舜知不可辟，乃即天子之位，以禹爲相，因堯之輔佐，繼其統業，是以垂拱無爲而天下治。孔子曰「韶盡美矣，又盡善也」，此之謂也。至於殷紂，逆天暴物，殺戮賢知，殘賊百姓。伯夷、太公皆當世賢者，隱處而不爲臣。守職之人皆奔走逃亡，入于河海。天下耗亂，萬民不安，故天下去殷而從周。文王順天理物，師用賢聖，是以閎夭、太顛、散宜生等亦聚於朝廷。愛施兆民，天下歸之，故太公起海濱而即三公也。當此之時，紂尚在上，尊卑昏亂，百姓散亡，故文王悼痛而欲安之，是以日昃而不暇食也。孔子作春秋，先正王而繫萬事，見素王之文焉。繇此觀之，帝王之條貫同，然而勞逸異者，所遇之時異也。孔子曰「武盡美矣，未盡善也」，此之謂也。

臣聞制度文采玄黄之飾，所以明尊卑，異貴賤，而勸有德也。故春秋受命所先制者，改正朔，易服色，所以應天也。然則宮室旌旗之制，有法而然者也。故孔子曰：「奢則不遜，儉則固。」儉非聖人之中制也。臣聞良玉不瑑，資質潤美，不待刻瑑，此亡異於達巷黨人不學而自知也。然則常玉不瑑，不成文章；君子不學，不成其德。

臣聞聖王之治天下也，少則習之學，長則材諸位，爵禄以養其德，刑罰以威其惡，故民曉於禮誼而恥犯其上。武王行大誼，平殘賊，周公作禮樂以文之，至於成康之隆，囹圄空虛四十餘年，此亦教化之漸而仁義之流，非獨傷肌膚之效也。至秦則不然，誅名而不察實，爲善者不必免，而犯惡者未必刑也。是以刑者甚衆，死者相望，而姦不息，俗化使然也。故孔子曰「導之以政，齊之以刑，民免而無恥」，此之謂也。按，仲舒本傳此下有「今陛下并有天下」一段，凡百餘字，此本删去，文義未足。

陛下親耕藉田以爲農先，夙寤晨興，憂勞萬民，思惟往古，而務以求賢，此亦堯舜之用心也，然而未云獲者，士素不厲也。夫不素養士而欲求賢，譬猶不瑑玉而求文采也。按，仲舒本傳此下有「故養士之大者，莫大乎太學」一段，凡四百餘字，此本删去，文義未足。陛下加惠，寬臣之罪，令勿牽制於文，使得切磋究之，臣敢不盡愚！

於是天子復册之。

制曰：蓋聞「善言天者必有徵於人，善言古者必有驗於今」。故朕垂問虖天人之應，上嘉唐虞，下悼桀紂，寖微寖滅寖明寖昌之道，虚心以改。今子大夫明於陰陽所以造化，習於先聖之道業，然而文采未極，豈惑虖當世之務哉？條貫靡竟，統紀未終，意朕之不明與？聽若眩與？夫三王之教所祖不同，而皆有失，或謂久而不易者道也，意豈異哉？今子大夫既已著大道之極，陳治亂之端矣，其悉之究之，孰之復之。詩不云乎？「嗟爾君子，毋常安息，神之聽之，介爾景福。」朕將親覽焉，子大夫其茂明之。

仲舒復對曰：

臣聞論語曰：「有始有卒者，其唯聖人乎！」今陛下幸加惠，留聽於承學之臣，復下明册，以切其意，而究盡聖德，非愚臣之所能具也。前所上對，條貫靡竟，統紀不終，辭不別白，指不分明，此臣淺陋之罪也。

册曰：「善言天者必有徵於人，善言古者必有驗於今。」臣聞天者羣物之祖也，故偏覆包函而無所殊，建日月風雨以和之，經陰陽寒暑以成之。故聖人法天而立道，亦溥愛而無私，布德施仁以厚之，設誼立禮以導之。春者天之所以生也，仁者君之所以愛也；夏者天之所以長也，德者君之所以養也；霜者天之所以殺也，刑者君之所以罰也。繇此言之，天人之徵，古今之道也。孔子作春秋，上揆之天道，下質諸人情，參之於古，考之於今。故春秋之所譏，災害之所加也；春秋之所惡，怪異之所施也。書邦家之過，兼災異之變，以此見人之所爲，其美惡之極，乃與天地流通而往來相應，此亦言天之一端也。古者修教訓之官，務以德善化民，民已大化之後，天下常亡一人之獄矣。今世廢而不修，亡以化民，民以故棄行誼而死財利，是以犯法而罪多，一歲之獄以萬千數。以此見古之不可不用也，故春秋變古則譏之。天令之謂命，命非聖人不行；質樸之謂性，性非教化不成；人欲之謂情，情非制度不節。是故王者上謹於承天意，以順命也；下務明教化民，以成性也；正法度之宜，別上下之序，以防欲也：修此三者，而大本舉矣。人受命於天，固超然異於羣生，入有父子兄弟之親，出有君臣上下之誼，會聚相遇，則有耆老長幼之施；粲然有文以相接，驩然有恩以相愛，此人之所以貴也。生五穀以食之，桑麻以衣之，六畜以養之，服牛乘馬，圈豹檻虎，是其得天之靈，貴於物也。故孔子曰：「天地之性人爲貴。」明於天性，知自貴於物；知自貴於物，然後知仁誼；知仁誼，然後重禮節；重禮節，然後安處善；安處善，然後樂循理；樂循理，然後謂之君子。故孔子曰「不知命，亡以爲君子」，此之謂也。

册曰：「上嘉唐虞，下悼桀紂，寖微寖滅寖明寖昌之道，虛心以改。」臣聞衆少成多，積小致鉅，故聖人莫不以晻致明，以微致顯。是以堯發於諸侯，舜興虖深山，非一日而顯也，蓋有漸以致之矣。言出於己，不可塞也；行發於身，不可掩也。言行，治之大者，君子之所以動天地也。故盡小者大，慎微者著。詩云：「惟此文王，小心翼翼。」故堯兢兢日行其道，而舜業業日致其孝，善積而名顯，德彰而身尊，此其寖明寖昌之道也。夫善惡之相從，如影嚮之應形聲也。故桀紂暴謾，讒賊並進，賢知隱伏，惡日顯，國日亂，晏然自以如日在天，終陵夷而大壞。夫暴逆不仁者，非一日而亡也，亦以漸至，故桀紂雖亡道，然猶享國十餘年，此其寖微寖滅之道也。

册曰：「三王之教所祖不同，而皆有失，或謂久而不易者道也，意豈異哉？」臣聞夫樂而不亂復而不厭者謂之道；道者萬世無弊，弊者道之失也。先王之道必有偏而不舉之處，故政有眊而不行，舉其偏者以補其弊而已矣。三王之道所祖不同，非其相反，將以捄溢扶衰，所遭之變然也。故孔子曰：「無爲而治者，其舜虖！」改正朔，易服色，以順天命而已；其餘盡循堯道，何更爲哉！故王者有改制之名，亡變道之實。然夏上忠，殷上敬，周上文者，所繼之捄，當用此也。孔子曰：「殷因於夏禮，所損益可知也；周因於殷禮，所損益可知也；其或繼周者，雖百世可知也。」此言百王之用，以此三者矣。夏因於虞，而獨不言所損益者，其道如一而所上同也。道之大原出於天，天不變，道亦不變，是以禹繼舜，舜繼堯，三聖相受而守一道，亡救弊之政也，故不言其所損益也。按，原本無「先王之道」以下至此，當是脱落，今補入。繇是觀之，繼治世者其道同，繼亂世者其道變。今漢繼大亂之後，若宜少損周之文致，用夏之忠者。

陛下有明德嘉道，愍世俗之靡薄，悼王道之不昭，故舉賢良方正之士，論誼考問，將欲興仁誼之休德，明帝王之法制，建太平之道也。臣愚不肖，述所聞，誦所學，道師之言，廑能勿失耳。若迺論政事之得失，察天下之息耗，此大臣輔佐之職，三公九卿之任，非臣仲舒所能及也。然而臣竊有怪者。夫古之天下亦今之天下，今之天下亦古之天下，共是天下，古亦大治，以古準今，壹何不相逮之遠也！安所繆盭而陵夷若是？意者有所失於古之道與？有所詭於天之理與？試迹之古，返之於天，倘可得見乎？

夫天亦有所分予，予之齒者去其角，傅之翼者兩其足，是所受大者不得復取小也。古之所予禄者，不食於力，不動於末，是亦受大者不得取小，與天同意者也。夫已受大，又取小，天不能足，而况人乎！此民之所以囂囂苦不足也。身寵而載高位，家温而食厚禄，因乘富貴之資力，以與民争利於下，民安能如之哉！是故衆其奴婢，多其牛羊，廣其田宅，博其産業，畜其委積，務此而亡已，以迫蹵民，民日削月朘，寖以大窮。按，原本無「安所繆盭」以下至此，當是脱落，今補入。富者奢侈羨溢，貧者窮急愁苦；窮急愁苦而上不救，則民不樂生；民不樂生，尚不避死，安能避罪！此刑罰之所以蕃而姦邪不可勝者也。故受禄之家，食禄而已，不與民争業，然後利可均布，而民可家足。此上天之理，而亦太古之道，天子之所宜法以爲制，大夫之所當循以爲行也。故公儀子相魯，之其家見織帛，怒而出其妻，食於舍而茹葵，愠而拔其葵，曰：「吾已食禄，又奪園夫紅女利虖！」古之賢人君子在列位者皆如是，是故下高其行而從其教，民化其廉而不貪鄙。及至周室之衰，其卿大夫緩於誼而急於利，亡推讓之風而有争田之訟。故詩人疾而刺之，曰：「節彼南山，惟石巖巖，赫赫師尹，民具爾瞻。」爾好誼，則民鄉仁而俗善；爾好利，則民好邪而俗敗。由是觀之，天子大夫者，下民之所視效，遠方之所四面而内望也。近者視而放之，遠者望而效之，豈可以居賢人之位而爲庶人行哉！

考異曰：仲舒對策，傳不著年，唯本紀載於元光元年。下又云「公孫弘出焉」。按，弘傳武帝初即位，招賢良文學士，是時弘年六十，以賢良徵爲博士。元狩二年，弘年八十，終丞相位。自元狩逆數，至武帝即位之初，蓋二十年。則弘之初舉賢良，其在建元元年明矣。至於復徵，又元光五年也。本紀云「公孫弘出焉」，殊誤。今不取。司馬公通鑑併董仲舒疑以爲不當列於此年，謂舉孝廉在十一月，對策在五月，如此豈得謂自仲舒發之？遂移於建元元年。今以仲舒策考之，移於元年與當時事勢殊不合。仲舒曰：「今臨政而願治七十餘歲矣。」漢興至建元之元，方六十七年，不應以爲「七十餘歲」也。至元光之元，乃七十三年，故可云爾。又曰：「并有天下，海内莫不率服。夜郎、康居，殊方萬里，説德歸義。」武帝建元之初，亦無通夜郎之事。考地理志，建元六年開犍爲郡，即夜郎地。夜郎以建元六年通，故次年對策及此也。然則漢書紀載於元光元年，得之矣。故荀紀從焉。或曰：審如此，舉孝廉何爲在十一月？對策何爲在五月？以愚度之，或史氏誤載，固未可知。或傳流之遠，顛倒失次，亦未可知。或未變太初曆前之月日，史氏偶失未改，遂用已改之例倒之，亦未可知。蓋漢初以夏十月爲正月，十一月爲二月，終於九月，爲十二月。及武帝改太初曆，用夏正，史氏紀蓋恐其與改月日溷，併追改以前月耳。舉孝廉之十一月，意者當時之八月也。對策之五月，意者當時之二月也。史氏既失於追改，遂用前例，以十一月列於前耳。不然，武帝故事何以先載仲舒對策，而始以舉孝廉繼之耶？或又曰：仲舒傳載對策畢爲江都相，中廢爲中大夫。又云遼東高廟災，仲舒推説其意，主父偃竊奏之，仲舒由是得罪。二災在建元六年，使對策在元光元年，不應先於建元六年，以論災異抵罪也。以史考之，仲舒所論非當年事也，蓋追記耳。故仲舒傳云：「先是，遼東高廟災。」而荀紀亦載遼東高廟災，其後董仲舒云云。觀此二言，則知非建元六年致論明矣。史記儒林傳云：「仲舒自江都相中廢爲中大夫，居舍著災異之記。」然則仲舒私家著記，因追述二災，未可知也。今仲舒對策從漢書本紀、荀氏漢紀，載於此年。又依武帝故事，以舉孝廉事附焉。至於相江都、論三仁、著災異記，以次列焉。

初，令郡國舉孝廉各一人。通鑑。以仲舒爲江都相，仲舒相易王。王問仲舒曰：「粤王句踐與大夫泄庸、種、蠡謀伐吴，遂滅之。孔子稱殷有三仁，寡人亦以爲粤有三仁；桓公決疑於管仲，寡人決疑於君。」仲舒對曰：「臣愚不足以奉大對。聞昔者魯君問柳下惠：『吾欲伐齊，何如？』柳下惠曰：『不可。』歸而有憂色，曰：『吾聞伐國不問仁人，此言何爲至於我哉！』徒見問耳，且猶羞之，况設詐以伐吴虖？繇此言之，粤本無一仁。夫仁人者，正其誼不謀其利，明其道不計其功，是以仲尼之門，五尺之童羞稱五伯，讀曰霸。爲其先詐力而後仁誼也。苟爲詐而已，故不足稱於大君子之門也。五伯比於他諸侯爲賢，其比三王，猶武夫之與美玉也。」王曰：「善。」仲舒治國，以春秋災異之變推陰陽所以錯行，故求雨，閉諸陽，縱諸陰，其止雨反是；行之一國，未嘗不得所欲。中廢爲中大夫。仲舒傳。居舍著災異之記。

先是，遼東高廟災，高園便殿火，仲舒推説其意，以爲：「高廟不當居遼東，高園殿不當居陵旁，天災若語陛下：『當今之世，視親戚貴屬在諸侯遠正最甚者，忍而誅之，如吾燔高廟迺可；視近臣在國中處旁仄及貴而不正者，忍而誅之，如吾燔高園殿迺可』云爾。在外而不正者，雖貴如高廟，猶災燔之，況諸侯乎！在內而不正者，雖貴如高園殿，猶燔災之，況大臣乎！此天意也。辠在外者天災外，辠在內者天災內，燔甚罪當重，燔簡罪當輕，承天意之道也。」上召視諸生，示其書，有譏刺，漢書五行志、史記儒林傳。仲舒弟子吕步舒不知其師書，以爲大愚。於是下仲舒吏，當死，詔赦之。仲舒遂不敢復言災異。仲舒傳。

六月，客星見于房。天文志。秋七月癸未，先晦一日，日有蝕之。荀紀。是歲，天星盡搖，上問候星者，對曰：「星搖者，民勞也。」荀紀、漢書天文志。

二年冬十月，上初至雍，郊見五畤。後常三歲一郊。是時上求神君，舍之上林中磃氏觀。神君者，長陵女子，以乳死，見神於先後宛若。宛若祠之其室，民多往祠。平原君亦往祠，其後子孫以尊顯。上厚禮置祠之內中，聞其言，不見其人云。亳人謬忌奏祠太一方，曰：「天神貴者太一，太一佐曰五帝。古者天子以春秋祭太一東南郊，用太牢，七日，爲壇開八通之鬼道。」於是天子令太祝立其祠長安東南郊，常奉祠如忌方。其後人有上書，言「古者天子三年壹用太牢祠神三一：天一、地一、太一」。天子許之，令太祝領祠之於忌太一壇上，如其方。後人復有言：「古者天子常以春解祠，祠黄帝用一梟破鏡；冥羊用羊祠；馬行用一青牡馬；太一、皋山山君用牛；武夷君用乾魚；陰陽使者以一牛。」令祠官領之如其方，而祠於忌太一壇旁。封禪書、郊祀志。

春，雁門馬邑豪聶壹因大行王恢言：「匈奴初和親，親信邊，可誘以利致之，伏兵襲擊，必破之道也。」上召問公卿曰：「今欲舉兵攻之，何如？」大行恢對曰：「陛下雖未言，臣固願效之。今以陛下之威，海內爲一，天下同任，又遣子弟乘邊守塞，轉粟輓音晚。輸，以爲之備，然匈奴侵盜不已者，無它，以不恐之故耳。臣竊以爲擊之便。」御史大夫韓安國曰：「不然。臣聞高皇帝嘗圍於平城，匈奴至者投鞍高如城者數所。平城之飢，七日不食，天下歌之，後結和親，至今爲五世利。孝文皇帝又嘗壹擁天下之精兵聚之廣武常谿，然終無尺寸之功，而天下黔首無不憂者。孝文寤於兵之不可宿，故復合和親之約。此二聖之迹，足以爲效矣。臣竊以爲勿擊便。」恢曰：「不然。臣聞五帝不相襲禮，三王不相復扶目反。樂，非故相反也，各因世宜也。今邊境數驚，士卒傷死，中國槥音衞。車相望，此仁人之所隱也。臣故曰擊之便。」安國曰：「不然。臣聞利不十者不易業，功不百者不變常，是以古之人君謀事必就祖，發政占古語，重作事也。且自三代之盛，夷狄不與讀曰豫。正朔服色，非威不能制，彊弗能服也，以爲遠方絕地不牧之民，不足煩中國也。且匈奴，輕疾悍亟居力反。之兵也，至如猋必遥反。風，去如收電，畜牧爲業，弧弓䠶獵，逐獸隨草，居處無常，難得而制。今使邊郡久廢耕織，以支胡之常事，其埶不相權也。臣故曰勿擊便。」恢曰：「不然。臣聞鳳鳥乘於風，聖人因於時。昔秦繆讀與穆同。公都雍，地方三百里，知時宜之變，攻取西戎，辟讀曰闢。地千里，并國十四，隴西、北地是也。及後蒙恬爲秦侵胡，辟數千里，以河爲竟，讀曰境。累石爲城，樹榆爲塞，匈奴不敢飲馬於河，置烽燧然後敢牧馬。夫匈奴獨可以威服，不可以仁畜也。今以中國之盛，萬倍之資，遣百分之一以攻匈奴，譬猶以彊弩射且潰之癰也，必不留行矣。若是，則北發月氏讀曰支。可得而臣也。臣故曰擊之便。」安國曰：「不然。臣聞之，衝風之衰，不能起毛羽；彊弩之末，力不能入魯縞。夫盛之有衰，猶朝之必莫也。今將卷甲輕舉，深入長敺，疾則糧乏，徐則後利，不至千里，人馬乏食。兵法曰：『遺弋季反。人獲也。』意者有它繆巧可以禽之，則臣不知也；不然，則未見深入之利也。臣故曰勿擊便。」恢曰：「不然。夫草木遭霜者不可以風過，清水明鏡不可以形逃，通方之士，不可以文亂。今臣言擊之者，固非發而深入也，將順因單于之欲，誘而致之邊，吾選梟騎壯士陰伏而處以爲之備，審遮險阻以爲之戒。吾執已定，或營其左，或營其右，或當其前，或絶其後，單于可禽，百全必取。」上曰：「善。」迺從恢議。韓安國傳。考異曰：蓋元年壹始言之，二年議乃决也。

夏六月，以御史大夫韓安國爲護軍將軍，衞尉李廣爲驍騎將軍，太僕公孫賀爲輕車將軍，大行王恢爲將屯將軍，太中大夫李息爲材官將軍。將三十萬衆，屯馬邑谷中，本紀。諸將皆屬護軍，約單于入馬邑縱兵。王恢、李息別從代主擊輜重。直用反。陰使聶壹爲間闌出物與匈奴交易，陽爲賣馬邑城以誘單于，曰：「吾能斬馬邑令丞，以城降，財物可盡得。」單于愛，信以爲然而許之。於是單于穿塞，將十萬騎入武州塞，未至馬邑百餘里，見畜布野而無人牧者，得尉史，知漢謀，去，漢兵追至塞，度徒各反。弗及，王恢等皆罷兵。匈奴絶和親，攻當路塞，往往入盜於漢邊，不可勝數。韓安國、匈奴傳。

太史公曰：「嚴助、朱買臣等招來東甌，事兩越，江淮之間蕭然煩費矣。唐蒙、司馬相如開路西南夷，鑿山通道千餘里，以廣巴蜀，巴蜀之民罷焉。彭吴賈滅朝鮮，略歲州，三字本嚴安傳。置滄海之郡，則燕齊之間靡然發動。及王恢設謀馬邑，匈奴絶和親，侵擾北邊，兵連而不解，天下苦其勞，而干戈日滋。行者齎，居者送，中外騷擾而相奉，百姓抏弊以巧法，財賂衰耗而不贍。入物者補官，出貨者除罪，選舉陵遲，廉恥相冒，武力進用，法嚴令具。興利之臣自此始也。」平準書。

上嘗輦至郎署，一老郎鬢眉皓白，衣服不整，上問曰：「公何時爲郎，何其老也？」對曰：「臣姓顔，名駟，江都人也，以文帝時爲郎。」上曰：「何其不遇也？」駟曰：「文帝好文，而臣好武；景帝好老，而臣尚少；陛下好少，而臣已老，是以三世不遇也。」上感其言，將擢用之，韓安國諫曰：「無才能者，託於不遇，陛下如擢用之，臣恐名實亂也。」上弗聽，乃用爲會稽都尉。武帝故事。考異曰：此事見武帝故事，不知其時，元書於馬邑事後，今附是歲之末。

三年，祁侯繒它坐大射擅罷，去免。功臣表。案，祁侯繒它免，史記、漢書功臣表皆作二年，此作三年，未知何據？

西漢年紀卷十二

武帝

元光四年冬十二月丁亥，地動。大事記。晦，殺魏其侯竇嬰於渭城。考異曰：史記大事記載族灌夫、棄魏其侯市於元光五年十月，漢書灌夫傳亦載「五年十月，悉論灌夫支屬」，非也。按，傳既族灌夫、殺竇嬰，至春，蚡疾，一身盡痛，若有擊者，上使視鬼者瞻之，曰：「魏其侯與灌夫共守，笞欲殺之。」竟死。漢書本紀、百官表、史記大事記皆載蚡死於元光四年三月乙卯，不應灌夫、竇嬰之死反在蚡後，明傳誤矣，今從紀、表。初，嬰已爲大將軍，方盛，田蚡爲諸曹郎，未貴，往來侍酒嬰所，跪起如子姓。及蚡爲丞相，嬰失竇太后，益疏不用，無執，諸公稍自引而怠驁，唯灌夫獨否。蚡傳。

吴楚反時，夫父張孟戰死，漢法，父子俱，有死事，得與喪歸。夫不肯隨喪歸，被甲持戟，馳入吴軍，至戲下，所殺傷數十人。以此名聞天下。夫爲人剛直，使酒，諸執在己之右，欲必陵之；士在己左，愈貧賤，尤益禮敬，與鈞。稠人廣衆，薦寵下輩。士亦以此多之。夫不好文學，喜許吏反。任俠，已然諾。諸所與交通，無非豪桀大猾。家累數千萬，食客日數十百人。陂池田園，宗族賓客爲利權，横潁川。潁川兒歌之曰：「潁水清，灌氏寧；潁水濁，灌氏族。」夫家居，卿相侍中賓客益衰。及竇嬰失執，亦欲倚夫引繩排根生平慕之後棄者。夫亦得嬰通列侯宗室爲名高。兩人相爲引重，其游如父子然，相得驩甚，無厭，恨相知之晚。

夫嘗有服，過丞相蚡。蚡從千容反。容曰：「吾欲與仲孺過魏其侯，會仲孺有服。」夫曰：「將軍迺肯幸臨况魏其侯，夫安敢以服爲解！請語魏其具，將軍旦日蚤臨。」蚡許諾。夫以語嬰。嬰與夫人益市牛酒，夜洒音灑，又所寄反。埽張具至旦。平明，令門下候司。至日中，蚡不來。嬰謂夫曰：「丞相豈忘之哉？」夫不懌，曰：「夫以服請，不宜。」迺駕，自往迎蚡。蚡特前戲許夫，殊無意往。夫至門，蚡尚卧也。於是夫見，曰：「將軍昨日幸許過魏其，魏其夫妻治具，至今未敢嘗食。」蚡悟，謝曰：「吾醉，忘與仲孺言。」迺駕往。往又徐行，夫愈益怒。及飲酒酣，夫起舞屬之欲反。蚡，蚡不起。夫徙坐，語侵之。嬰乃扶夫去，謝蚡。蚡卒飲至夜，極驩而去。後蚡使籍福請嬰城南田，嬰大望曰：「老僕雖棄，將軍雖貴，寧可以執相奪乎！」不許。夫聞，怒駡福。福惡兩人有隙，迺謾讀與慢同，又莫連反。好謝蚡曰：「魏其老且死，易忍，且待之。」已而蚡聞嬰、夫實怒不予，亦怒曰：「魏其子嘗殺人，蚡活之。蚡事魏其無所不可，愛數頃田？且灌夫何與也？吾不敢復求田。」由此大怒。後蚡言灌夫家在潁川，横甚，民苦之。請按之。上曰：「此丞相事，何請？」夫亦持蚡陰事，爲姦利，受淮南王金與語言。賓客居間，遂已，俱解。

蚡娶燕王女爲夫人，太后詔召列侯宗室皆往賀。嬰過夫，欲與俱。夫謝曰：「夫數以酒失過丞相，丞相今者又與夫有隙。」嬰曰：「事已解。」彊與俱。酒酣，蚡起爲壽，坐皆避席伏。已嬰爲壽，獨故人避席，餘半膝席。夫行酒，至蚡，蚡膝席曰：「不能滿觴。」夫怒，因嘻笑曰：「將軍貴人也，畢之！」時蚡不肯。行酒次至臨汝侯灌賢，賢方與程不識耳語，又不避席。夫無所發怒，乃罵賢曰：「平生毁程不識不直一錢，今日長者爲壽，乃效女曹兒呫昌涉反。囁人涉反。耳語！」蚡謂夫曰：「程、李俱東西宫衛尉，今衆辱程將軍，仲孺獨不爲李將軍地乎？」夫曰：「今日斬頭穴匈，何知程、李！」坐乃起更衣，稍稍去。嬰去，戲古麾字。夫。夫出，蚡遂怒曰：「此吾驕灌夫罪也。」迺令騎留夫，夫不得出。籍福起爲謝，按夫項令謝。夫愈怒，不肯順。蚡乃戲騎縛夫置傳舍，召長史曰：「今日召宗室，有詔。」劾灌夫罵坐不敬，繫居室。遂其前事，遣吏分曹逐捕諸灌氏支屬，皆得棄市罪。嬰愧，爲資使賓客請，莫能解。蚡吏皆爲耳目，諸灌氏皆亡匿，夫繫，遂不得告言蚡陰事。嬰鋭爲救夫，嬰夫人諫曰：「灌將軍得罪丞相，與太后家迕，音忤。寧可救耶？」嬰曰：「侯自我得之，自我捐之，無所恨。且終不令灌仲孺獨死，嬰獨生。」迺匿其家，竊出上書。立召入，具言灌夫醉飽事，不足誅。上然之，賜嬰食，曰：「東朝廷辨之。」嬰東朝，盛推夫善，言其醉飽得過，迺丞相以它事誣罪之。蚡盛毁夫所爲横恣，罪逆不道。嬰度徒各反。無可奈何，因言蚡短。蚡曰：「天下幸而安樂無事，蚡得爲肺附，所好音樂狗馬田宅，所愛倡優巧匠之屬，不如魏其、灌夫日夜招聚天下豪桀壯士與論議，腹誹而心謗，卬讀曰仰。視天，俯畫地，辟普計反。睨吾計反。兩宫間，幸天下有變，而欲有大功。臣迺不知魏其等所爲。」上問朝臣：「兩人孰是？」御史大夫韓安國曰：「魏其言灌夫父死事，身荷戟馳不測之吴軍，身被數十創，名冠三軍，此天下壯士，非有大惡，争杯酒，不足引它過以誅也。魏其言是。丞相亦言灌夫通姦猾，侵細民，家累巨萬，横恣潁川，輘音淩。轢郎擊反。宗室，侵犯骨肉，此所謂『支大於幹，脛大於股，不折必披。不靡反。』丞相言亦是。唯明主裁之。」主爵都尉汲黯是魏其。内史鄭當時是魏其，後不堅。餘皆莫敢對。上怒内史曰：「公平生數言魏其、武安長短，今日廷論，局趣效轅下駒，吾并斬若屬矣！」即罷起入，上食太后。太后亦已使人候司，具以語太后。太后怒，不食，曰：「我在也，而人皆藉吾弟，令我百歲後，皆魚肉之乎！且帝寧能爲石人邪！此特帝在，即録録，設百歲後，是屬寧有可信者乎？」上謝曰：「俱外家，故廷辨之。不然，此一獄吏所決耳。」

是時，郎中令石建爲上分别言兩人。蚡已罷朝，出止車門，召御史大夫安國載，怒曰：「與長孺共一禿翁，何爲首鼠兩端？」安國良久謂蚡曰：「君何不自喜！許吏反。夫魏其毁君，君當免冠解印綬歸，曰『臣以肺附幸而待罪，固非其任，魏其言皆是。』如此，上必多君有讓，不廢君。魏其必愧，杜門齰仕客反。舌自殺。今人毁君，君亦毁之，譬如賈豎女子争言，何其無大體也！」蚡謝曰：「争時急，不知出此。」於是上使御史簿步户反。責嬰所言灌夫頗不讎，劾繫都司空。孝景時，嬰嘗受遺詔，曰「事有不便，以便宜論上」。及繫，灌夫罪至族，事日急，諸公莫敢復明言於上。嬰迺使昆弟子上書言之，幸得召見。書奏，按尚書，大行無遺詔。詔書獨藏嬰家，嬰家丞封。乃劾嬰矯先帝詔書，罪當棄市。十月，悉論灌夫支屬。嬰良久乃聞有劾，即陽病痱，音肥。不食欲死。或聞上無意殺嬰，復食，治病，議定不死矣。迺有飛語爲惡言聞上，故以十二月晦論棄市渭城。灌夫傳。鄭當時貶秩爲詹事。當時傳。

太史公曰：「魏其、武安皆以外戚重，灌夫用一時決筴而名顯。魏其之舉以吴楚，武安之貴在日月之際。然魏其誠不知時變，灌夫無術而不遜，兩人相翼，乃成禍亂。武安負貴而好權，杯酒責望，陷彼兩賢。嗚呼哀哉！遷怒及人，命亦不延。衆庶不載，竟被惡言。嗚呼哀哉！禍所從來遠矣！」史記傳贊。

春，丞相田蚡病，一身盡痛，若有擊者，謼服謝罪。上使視鬼者瞻之，曰：「魏其侯、灌夫共守，笞欲殺之。」三月乙卯，蚡死。本紀、蚡傳。韓安國行丞相事，引墮車，蹇。上欲用爲丞相，使視，蹇甚，五月丁巳，以平棘侯薛澤爲丞相，安國免。安國傳、百官表。

秋九月，中尉張歐爲御史大夫。百官表。歐爲吏，未嘗言按人，剸以誠長者處官。官屬以爲長者，亦不敢大欺。上具獄事，有可卻，卻之；不可者，不得已，爲涕泣，面而封之。其愛人如此。歐傳。

是歲，翕侯邯鄲坐行不請長信，免。侯表。

五年冬十月，河間王德來朝。史記年表。德有雅材，以爲治道非禮樂不成，因獻所集雅樂，對三雍宮，文約指明。帝色然難之，謂王曰：「湯以七十里，文王以百里，王其勉之！」王知其意，歸則縱酒聽樂，漢名臣奏所載杜業奏。春正月，薨。本紀。考異曰：帝語班、馬不載，而見名臣奏。蓋河間王，栗姬子，太子榮同母弟也。榮廢而武帝立，固已不能無疑於栗氏子矣。況德賢明如此，而屬又稱兄，此帝之所以尤不能無忌也。德知其意，歸而縱酒，曾未三月，而繼之以死，蓋等死也。當時之事勢如此，而史氏不載，幸其軼見於他說，故後世得商其情焉。以是推之，史所諱晦因以湮没而不傳者，亦何可勝數，豈獨此哉！豈獨此哉！王身端行治，溫仁恭儉。大行令奏：「謚法曰『聰明睿知曰獻』，宜謚曰獻王。」子不害嗣。河間王傳。天子下大樂官，常存肄弋二反。河間王所獻雅樂，歲時以備數，然不常御，常御及郊廟皆非雅樂。禮樂志。

夏，發巴蜀卒千人治西南夷道，自僰道指牂柯江西南夷傳。郡又多爲發轉漕萬餘人，用軍興法誅其渠率。巴蜀民大驚恐。上聞之，乃遣司馬相如責唐蒙等，因諭告巴蜀民以非上意。檄曰：「告巴蜀太守：蠻夷自擅，不討之日久矣，時侵犯邊境，勞士大夫。陛下即位，存撫天下，集安中國，然後興師出兵，北征匈奴，單于怖駭，交臂受事，屈膝請和。康居西域，重譯納貢，稽首來享。移師東指，閩越相誅；右弔番禺，太子入朝。南夷之君，西僰之長，常效貢職，不敢惰怠，延頸舉踵，喁喁魚龍反。然，皆鄉讀曰嚮。風慕義，欲爲臣妾，道路遼遠，山川阻深，不能自致。夫不順者已誅，而爲善者未賞，故遣中郎將往賓之，發巴蜀之士各五百人以奉幣，衛使者不然，靡有兵革之事，戰鬭之患。今聞其乃發軍興制，驚懼子弟，憂患長老，郡又擅爲轉粟運輸，皆非陛下之意也。當行者或亡逃自賊殺，亦非人臣之節也。夫邊郡之士，聞烽舉燧燔，皆攝弓而馳，荷兵而走，流汗相屬，之欲反。惟恐居後，觸白刃，冒流矢，議不反顧，計不旋踵，人懷怒心，如報私讎。彼豈樂死惡生，非編列之民，而與巴蜀異主哉？計深慮遠，急國家之難，而樂盡人臣之道也。故有剖符之封，析圭而爵，位爲通侯，居列東第。終則遺顯號於後世，傳土地於子孫，事行甚忠敬，居位甚安佚，名聲施於無窮，功烈著而不滅。是以賢人君子，肝腦塗中原，膏液潤埜古野字。屮古草字。而不辭也。今奉幣使至南夷，即自賊殺，或亡逃抵誅，身死無名，謚爲至愚，恥及父母，爲天下笑。人之度量相越，豈不遠哉！然此非獨行者之罪也，父兄之教不先，子弟之率不謹，寡廉鮮恥，而俗不長厚也。其被刑戮，不亦宜乎！陛下患使者有司之若彼，悼不肖愚民之如此，故遣信使，曉諭百姓以發卒之事，因數所具反。之以不忠死亡之罪，讓三老孝弟以不教誨之過。方今田時，重煩百姓，已親見近縣，恐遠所谿谷山澤之民不徧聞，檄到，亟下縣道，咸諭陛下意，毋忽！」相如傳。

秋七月，陳皇后求子，與醫錢凡九十萬，然竟無子。外戚世家。女子楚服等坐爲皇后巫蠱，大逆無道，梟首於市。乙巳，使有司賜皇后策曰：「皇后失序，惑於巫祝，不可以承天命。罷退居長門宮。」紀、傳。竇太主數讓帝姊平陽主曰：「帝非我不得立，已而棄捐吾女，壹何不自喜而倍本乎！」平陽主曰：「用無子，故廢耳。」外戚世家。

張湯治皇后獄，深竟黨與，上以爲能，稍遷至大中大夫，與中大夫趙禹定諸律令。湯、禹傳。湯作越宮律二十七篇，禹作朝律六篇。兩語見晉志。時帝外事四夷之功，内盛耳目之好，徵發煩數，百姓貧耗，窮民犯法，酷吏擊斷，姦軌不勝，於是招進張湯、趙禹之屬，作見知故縱、監臨部主之法，緩深故之罪，急縱出之誅。用法益刻，蓋自此始。兩語見禹傳。其後姦猾巧法，轉相比況，禁罔寖密。律令凡三百五十九章，大辟四百九條，千八百八十二事，死罪決事比萬三千四百七十二事。文書盈於几閣，典者不能偏睹。是以郡國承用者駮，或罪同而論異。姦吏因緣爲市，所欲活則傅讀爲附。生議，所欲陷則予死比，議者咸冤傷之。刑法志。

是歲，徵吏民有明當世之務習先聖之術者，縣次續食，令與計偕。本紀。菑川國復推上公孫弘，弘謝曰：「前已嘗西，用不能罷，初弘以賢良徵爲博士，使匈奴，還報，不合意，上怒，以爲不能，弘迺移病免歸。願更選。」國人固推弘，弘至太常。上策詔諸儒：「制曰：蓋聞上古至治，畫衣冠，異章服，而民不犯；陰陽和，五穀登，六畜蕃，扶元反。甘露降，風雨時，嘉禾興，朱屮古草字。生，山不童，澤不涸；麟鳳在郊藪，龜龍游於沼，河洛出圖書；父不喪子，兄不哭弟；北發渠搜，南撫交阯，舟車所至，人迹所及，跂行喙許穢反。息，咸得其宜。朕甚嘉之，今何道而臻乎此？子大夫修先聖之術，明君臣之義，講論洽聞，有聲乎當世，問子大夫：天人之道，何所本始？吉凶之效，安所期焉？禹湯水旱，厥咎何由？仁義禮知四者之宜，當安設施？屬之欲反。統垂業，物鬼變化，天命之符，廢興何如？天文地理人事之紀，子大夫習焉。其悉意正議，詳具其對，著之於篇。朕將親覽焉，靡有所隱。」

弘對曰：「法不遠義，則民服而不離；和不遠禮，則民親而不暴。故法之所罰，義之所去丘舉反。也，和之所賞，禮之所取也。禮義者，民之所服也，而賞罰順之，則民不犯禁矣。故畫衣冠，異章服，而民不犯者，此道素行也。臣聞之，氣同則從，聲比頻寐反。則應。今人主和德於上，百姓和合於下，故心和則氣和，氣和則形和，形和則聲和，聲和則天地之和應矣。故陰陽和，風雨時，甘露降，五穀登，六畜蕃，嘉禾興，朱草生，山不童，澤不涸，此和之至也。故形和則無疾，無疾則不夭，故父不喪子，兄不哭弟。德配天地，明並日月，則麟鳳至，龜龍在郊，河出圖，洛出書，遠方之君，莫不説讀曰悦。義，奉幣而來朝，此和之極也。臣聞之，仁者愛也，義者宜也，禮者所履也，智者術之原也。致利除害，兼愛無私，謂之仁〔一〕；明是非，立可否，謂之義；進退有度，尊卑有分，扶問反。謂之禮；擅生殺之柄，通壅塞之塗，權輕重之數，論得失之道，使遠近情僞必見於上，謂之術：凡此四者，治之本，道之用也，皆當設施，不可廢也。得其要，則天下安樂，法設而不用；不得其術，則主蔽於上，官亂於下。此事之情，屬統垂業之本也。臣聞堯遭洪水，使禹治之，未聞禹之有水也。若湯之旱，則桀之餘烈也。桀紂行惡，受天之罰；禹湯積德，以王天下。因此觀之，天德無私親，順之和起，逆之害生。此天文地理人事之紀。臣弘愚戇，不足以奉大對。」時對者百餘人，太常奏弘第居下。策奏，天子擢弘對爲第一。召見，拜爲博士，待詔金馬門。

弘復上疏曰：「陛下有先聖之位而無先聖之名，有先聖之民而無先聖之吏，是以勢同而治異。先世之吏正，故其民篤；今世之吏邪，故其民薄。政敝而不行，令倦而不聽。夫使邪吏行敝政，用倦令治薄民，民不可得而化，此治之所以異也。臣聞周公旦治天下，期年而變，三年而化，五年而定。唯陛下所志。」書奏，天子以册書答曰：「問：弘稱周公之治，弘之材能自視孰與周公賢？」弘對曰：「愚臣淺薄，安敢比材於周公！雖然，愚心曉然見治道之可以然也。夫虎豹馬牛，禽獸之不可制者也，及其教馴音巡。服習之，至可牽持駕服，唯人之從。臣聞揉曲木者不累日，銷金石者不累月，夫人之於利害好惡，豈比禽獸木石之類哉？期年而變，臣弘尚竊遲之。」上異其言。弘每朝會議，開陳其端，使人主自擇，不肯面折庭爭。於是上察其行，説之，一歲中至左内史。考異曰：漢書本紀以爲元光元年弘對策，弘傳以爲元光五年，又云「一歲中至左内史」。百官表弘爲左内史，在元光五年，荀紀亦載對策於此年徵吏民明當世之務下。葛洪西京雜記亦云弘以元光五年爲國人所推，上爲賢良。觀此，則弘之再舉在元光五年明矣。本紀續食之詔載於八月之後，若此詔在八月，則弘不應於今年已爲左内史，蓋此詔在今年不知何月，故班氏繫於年末耳。今從通鑑，添「是歲」兩字。後母卒，服喪三年。弘傳。弘爲人談笑多聞，常稱以爲人主病不廣大，人臣病不儉節。養後母孝謹，

詹事鄭當時爲大農令。百官表。當時每朝，候上間説，未嘗不言天下長者。其推轂士及官屬丞史，誠有味其言也。常引以爲賢於己。聞人之善，進之上，唯恐後。山東諸公以此翕然稱鄭莊。然當時在朝，常趨和胡卧反。承意，不敢甚斥臧否。當時傳。

下邽翟公爲廷尉，表載於此年。賓客填門，及廢，門外可設爵羅。後復爲廷尉，客欲往，

翟公大署其門曰：「一死一生，迺知交情；一貧一富，迺知交態；一貴一賤，交情迺見。胡電反。」見當時傳。

以故御史大夫韓安國爲中尉。百官表。

六年春，大農鄭當時言曰：「異時關東漕粟從渭中上，度六月而罷，而漕水道九百餘里，時有難處。引渭穿渠起長安，並南山下，至河三百餘里，徑，易漕，度可令三月罷；而渠下民田萬餘頃，又可得以溉田：此損漕省卒，而益肥關中之地，得穀。」天子以爲然。令齊人水工徐伯表，悉發卒數萬人穿漕渠，三歲而通。以漕，大便利。其後漕稍多，而渠下之民頗得以溉田矣。河渠書。

匈奴入上谷，殺略吏民。遣衛青出上谷，公孫賀出雲中，公孫敖出代，李廣出雁門，軍各萬騎。青至龍城，得胡首虜七百人，唯青賜爵關内侯。考異曰：漢書本紀載於春，匈奴傳以爲秋，今從本紀。秋，匈奴數千人盜邊，漁陽尤甚。以衛尉韓安國爲材官將軍屯漁陽備胡。本紀、安國、青、匈奴傳。考異曰：漢書本紀載於秋，匈奴傳以爲冬，今從本紀。案，韓安國傳及百官表，安國以元光五年爲中尉，歲餘徙衛尉，此本於五年書安國爲中尉，此處忽書「衛尉韓安國爲材官將軍」，而此上不書徙衛尉事，疑有脱文。

是歲，南夷始置郵亭。史記、大事記。先是，司馬相如使時，蜀長老多言通西南夷之不爲用，大臣亦以爲然。相如欲諫，業已建之，不敢，乃著書。藉蜀父老爲辭，而己詰難之，以風天子。曰：

漢興七十有八載，徐廣以爲元光六年。德茂存乎六世，威武紛云，湛恩汪濊，羣生霑濡，洋溢乎方外。於是乃命使西征，隨流而攘，風之所被，罔不披靡。因朝冉從駹，定苲存邛，略斯榆，舉苞蒲，結軼還轅，東鄉將報，至於蜀都。

耆老大夫搢紳先生之徒二十有七人，儼然造焉。辭畢，進曰：「蓋聞天子之於夷狄也，其義羈縻勿絶而已。今罷三郡之士，通夜郎之塗，三年於兹，而功不竟，士卒勞倦，萬民不贍；今又接之以西夷，百姓力屈，恐不能卒業，此亦使者之累也，竊爲左右患之。且夫邛、苲，西僰之與中國並也，歷年兹多，不可記已。仁者不以德來，彊者不以力爭，意者殆不可乎！今割齊民以附夷狄，弊所恃以事無用，鄙人固陋，不識所謂。」

使者曰：「烏謂此乎？必若所云，則是蜀不變服而巴不化俗也，余之行急，其詳不可得聞已。請爲大夫粗陳其略：蓋世必有非常之人，然後有非常之事；有非常之事，然後有非常之功。非常者，固常人之所異也。故曰非常之元，黎民懼焉；及臻厥成，天下晏如也。昔者，洪水沸出，氾濫衍溢，民人升降移徙，崎嶇而不安。夏后氏戚之，乃堙洪原，決江疏河，灑所宜反。沈澹徒濫反。災，東歸之於海，而天下永寧。當斯之勤，豈惟民哉？心煩於慮，而身親其勞，躬慽骿步千反。胝竹尸反。無胈，步曷反。膚不生毛，故休烈顯乎無窮，聲稱浹乎于兹。且夫賢君之踐位也，豈特委瑣握齪，初角反。拘文牽俗，循誦習傳。當世取說云爾哉！必將崇論谹議，創業垂統，爲萬世規。故馳騖乎兼容并包，而勤思乎參天貳地。且詩不云乎？『普天之下，莫非王土；率土之濱，莫非王臣。』是以六合之内，八方之外，浸淫衍溢，懷生之物有不浸潤於澤者，賢君恥之。今封疆之内，冠帶之倫，咸獲嘉祉，靡有闕遺矣。而夷狄殊俗之國，遼絶異黨之域，舟車不通，人迹罕至，政教未加，流風猶微，内之則犯義侵禮於邊境，外之則邪行横作，放殺其上，君臣易位，尊卑失序，父兄不辜，幼孤爲奴虜，係縲號泣。内鄉而怨，曰：『蓋聞中國有至仁焉，德洋恩溥，物靡不得其所，今獨曷爲遺己！』舉踵思慕，若枯旱之望雨，盭夫爲之垂涕，況乎上聖，又烏能已？故北出師以討强胡，南馳使以誚勁越，四面風德，二方之君鱗集仰流，願得受號者以億計。故乃關沬、若，徼牂柯，鏤靈山，梁孫原，創道德之塗，垂仁義之統，將博恩廣施，遠撫長駕，使疏逖不閉，曶音忽。爽闇昧得耀乎光明，以偃甲兵於此。而息討伐於彼。遐邇一體，中外禔福，不亦康乎？夫拯民於沈溺，奉至尊之休德，反衰世之陵夷，繼周氏之絶業，天子之急務也。百姓雖勞，又惡可以已哉？且夫王者固未有不始於憂勤，而終於佚樂者也。

然則受命之符合在於此。方將增泰山之封，加梁父之事，鳴和鸞，揚樂頌，上咸五，下登三。觀者未覩指，聽者未聞音，猶焦朋已翔夫寥廓，而羅者猶視夫藪澤，悲夫！」於是諸大夫茫然，喪其所懷來，失厥所以進，喟然並稱曰：「允哉漢德！此鄙人之所願聞也。百姓雖勞，請以身先之。」敞罔靡徙，遷延而辭避。相如傳。

堂邑侯陳午薨，竇太主寡居，年五十餘矣，董偃年十三，隨其母賣珠於侯家，主見其姣音狡。好，因留第中，出則執轡，入則侍內。使散財交士令府中曰：「董君所發，一日金滿百斤，錢滿百萬，帛滿千匹，乃白之。」其後主稱疾，疾瘳，請上臨之，欲因是以見董偃。上曰：「願謁主人翁。」公主脱簪珥，音餌。徒跣頓首謝，因引偃，偃隨主伏殿下，上爲之起。常從游戲北宮，上大歡樂之。於是上爲竇太主置酒宣室，使謁者引納董君。是時，中郎東方朔辟戟前諫，上曰：「善。」考異曰：通鑑載於元光五年，非也。外戚傳：「陳后廢，明年陳午薨，主寡居，私近董偃。」按，侯表堂邑侯陳午以孝文三年嗣侯，四十八年薨，當在元光六年。如此，則元光五年午尚未薨，於竇太主豈得云「寡居」？今載於陳午薨之年後。又，東方朔諫帝二事，皆不得其時，今附見於此後。

隆慮音盧。公主病困，以金千斤錢千萬爲子昭平君豫贖死罪，上許之。隆慮主卒，昭平君日驕，醉殺主傅，獄繫内官。以公主子，廷尉上請請論。左右人人爲言：「前又入贖，陛下許之。」上曰：「吾弟老有是一子，死以屬之欲反。我。」於是爲之垂涕歎息，良久曰：「法令者，先帝所造也，用弟故而誣先帝之法，吾何面目入高廟乎！又下負萬民。」迺可其奏，哀不能止，左右盡悲。東方朔前上壽，曰：「臣聞聖王爲政，賞不避仇讎，誅不擇骨肉。書曰：『不偏不黨，王道蕩蕩。』此二者，五帝所重，三王所難也。陛下行之，天下幸甚！臣朔奉觴，昧死再拜上萬歲壽。」上迺起，入省中，召讓朔，曰：「傳曰：『時然後言，人不厭其言。』今先生上壽，時乎？」朔曰：「臣聞樂太甚則陽溢，哀太甚則陰損，銷憂者莫若酒，所以上壽者，明陛下正而不阿，因以止哀也。」上復以朔爲中郎，賜帛百匹。

時天下侈靡趨末，百姓多離農畝。上從容問東方朔：「吾欲化民，豈有道乎？」朔對曰：「堯舜禹湯文武成康上古之事，經歷數千載，尚難言也，臣不敢陳。願近述孝文皇帝之時，當世耆老皆聞見之。貴爲天子，富有四海，身衣弋綈，徒奚反。足履革舃，以韋帶劍，莞音桓，又音官。蒲爲席，兵木無刃，衣緼於粉反。無文，集上書囊以爲殿帷；以道德爲麗，以仁義爲準。於是天下望風成俗，昭然化之。今陛下以城中爲小，圖起建章，左鳳闕，右神明，號稱千門萬户；木土衣綺繡，狗馬被繢罽；宮人簪瑇瑁，瑇音代，瑁音昧。垂珠璣，設戲車，教馳逐，飾文采，藂叢字。珍怪；撞萬石之鐘，擊雷霆之鼓，作俳優，舞鄭女。上爲淫侈如此，而欲使民獨不奢侈失農，事之難者也。陛下誠能用臣朔之計，推甲乙之帳燔之於四通之衢，却走馬示不復用，則堯舜之隆宜可與比治矣。易曰：『正其本，萬事理；失之毫氂，差以千里。』願陛下留意察之。」帝既招英俊，程其器能，用之如不及。時方外事胡越，内興制度，國家多事，自公孫弘以下至司馬遷皆奉使方外，或爲郡國守相至公卿，而朔嘗至太中大夫，後常爲郎，與枚皐、郭舍人俱在左右，詼啁與嘲同，竹交反。而已。東方朔傳。

中大夫趙禹爲中尉。百官表。

校勘記

〔一〕謂之仁　四庫本作「之謂仁」，據下文「謂之禮」、「謂之術」，及漢書公孫弘傳，當作「謂之仁」，據改。下文「謂之義」同此。金華叢書本亦改作「謂之仁」「謂之義」。

西漢年紀卷十三

武帝

元朔元年冬十二月，江都王非薨。本紀。

衛子夫生男據，外戚傳。時上年二十九，乃得皇子，甚喜，爲立禖，使東方朔、枚皋作禖祝，受詔所爲，皆不從故事，重皇子也。戾太子、枚乘傳。春三月，立皇后衛氏，本紀。枚皋奏賦以戒終。枚乘傳。及衛后色衰，趙之王夫人幸。王夫人早卒，而中山李夫人有寵。及李夫人卒，則有尹婕妤之屬，更有寵。然皆以倡見，非王侯有土之女，不可以配人主也。外戚世家。

秋，東夷薉君降，置滄海郡。通鑑。

主父偃、嚴安、徐樂上書言事。考異曰：荀氏漢紀載於元光二年，正以三人上書俱論匈奴時，上用王恢策屯馬邑，故附見於後，然非其實也。呂氏大事記載於元光元年，以主父偃傳元光元年入關見衛將軍，故附於此時。然衛青元光五年方爲將軍擊匈奴，不應先以爲稱，恐俗所行本字有誤。通鑑考異云「誤以朔字爲光字」，恐或然耳。兼嚴安書云「循南夷，朝夜郎，略薉州，建城邑，深入匈奴，燔其龍城」，以史攷之，南夷置郵亭、衛青燔龍城皆元光五年事，略薉州、建滄海郡又元朔元年事，不應徐樂先時言之。三子皆諫伐匈奴，正以衛青連歲出師之故。通鑑載於元朔元年置滄海郡之後，得之矣。今從通鑑。又，嚴安所論同姓弱、州郡强一段，此誠見於漢家安危治亂之端，當是時也，廷誠往往寃鼂錯之策，惟恐同姓之不削，而嚴安獨憂之。故劉昭以爲嚴安忼慨發憤，謂千里之威即古之强國，慮非安本無窮之計，其後漢家正以中外單微，王莽得不降堦序而運天下。則嚴安豈無見而言哉！通鑑削去此一段，深所未諭。偃始學長短縱橫術，晚乃學易、春秋、百家之言。游齊諸子間，諸儒生相與排擯，不容於齊。家貧，假貣土得反。無所得，北游燕、趙、中山，皆莫能厚，客甚困。以諸侯莫足游者，迺西入關見衛青。青數言上，上不省。資用乏，留久，諸侯賓客多厭之，迺上書闕下。朝奏，暮召入見。所言九事，其八事爲律令，一事諫伐匈奴，曰：「臣聞明主不惡切諫以博觀，忠臣不避重誅以直諫，是故事無遺策而功流萬世。今臣不敢隱忠避死，以效愚計，願陛下幸赦而少察之。司馬法曰：『國雖大，好戰必亡；天下雖平，忘戰必危。』天下既平，天子大愷，春蒐秋獮，諸侯春振旅，秋治兵，所以不忘戰也。且兵者凶器也，争者末節也。故兵法曰：『興師十萬，日費千金。』秦常積衆數十萬人，雖有覆軍殺將，係虜單于，適足以結怨深讎，不足以償天下之費。夫匈奴行盜侵敺，與驅同。所以爲業，天性固然。上自虞夏殷周，固不程督，禽獸畜之，不比爲人。夫不上觀虞夏殷周之統，而下循近世之失，此臣之所以大恐，百姓所疾苦也。且夫兵久則變生〔一〕，事苦則慮易。使邊境之民靡敝愁苦，將吏相疑而外市，故尉佗、徒河反。章邯得成其私，而秦政不行，權分二子，此得失之效也。故周書曰：『安危在出令，存亡在所用。』願陛下孰計之而加察焉。」

嚴安上書曰：「臣聞鄒子曰：『政教文質者，所以云救也，當時則用，過則舍之，有易則易也，故守一而不變者，未睹治之至也。』夫佳麗珍怪固順於耳目，故養失而泰，樂失而淫，禮失而采，教失而僞。僞、采、淫、泰，非所以範民之道也。是以天下人民逐利無已，犯法者衆。臣願爲民制度以防其淫，使貧富不相耀以和其心。心既和平，其性恬安。恬安不營，則盜賊銷；盜賊銷，則刑罰少；刑罰少，則陰陽和，四時正，風雨時，草木暢茂，五穀蕃熟，六畜遂字，民不夭厲，和之至也。臣聞周有天下，其治三百餘歲，成康其隆也，刑錯四十餘年而不用。及其衰，亦三百餘年，故五伯更起。伯者，常佐天子興利除害，誅暴禁邪，匡正海内，以尊天子。五伯既没，賢聖莫續，天子孤弱，號令不行。諸侯恣行，强陵弱，衆暴寡。田常篡齊，六卿分晉，並爲戰國，此民之始苦也。於是彊國務攻，弱國修守，合從連衡，馳車轂擊，介胄生蟣蝨，民無所告愬。及至秦王，蠶食天下，并吞戰國，稱號皇帝，一海内之政，壞諸侯之城。銷其兵，鑄以爲鐘虡，示不復用。元元黎民既免於戰國，逢明天子，人人自以爲更生。鄉使秦緩刑罰，薄賦歛，省徭役，貴仁義，賤權利，上篤厚，下佞巧，變風易俗，化於海内，則世世必安矣。秦不行是風，循其故俗，爲知巧權利者進，篤厚忠正者退法，嚴令苛讇古諂字。諛者衆，日聞其美，意廣心逸。欲威海外，使蒙恬將兵以北攻彊胡，辟讀曰闢。地進境，戍於北河，飛芻輓粟以隨其後。又使尉屠睢將樓船之士攻越，使監禄鑿渠運糧，深入越地，越人遁逃。曠日持久，糧食乏絶，越人擊之，秦兵大敗。秦乃使尉佗將卒以戍越。及秦皇帝崩，天下大畔。陳勝、吴廣舉陳，武臣、張耳舉趙，項梁舉吴，田儋舉齊，景駒舉郢，周市舉魏，韓廣舉燕，窮山通谷，豪士並起，不可勝載也。然本皆非公侯之後，非長官之吏，無尺寸之埶，起閭巷，杖棘矜，應時而動，不謀而俱起，不約而同會，壤長地進，至乎伯王，時教使然也。秦貴爲天子，富有四海，滅世絶祀，窮兵之禍也。故周失之弱，秦失之彊，不變之患也。今徇南夷，朝夜郎，降羌僰，略薉州，建城邑，深入匈奴，燔其龍城，議者美之。此人臣之利，非天下之長策也。今中國無狗吠之警，而外累力瑞反。於遠方之備，靡敝國家，非所以子民也。行無窮之欲，甘心快意，結怨於匈奴，非所以安邊也。禍拏女居反。而不解，兵休而復起，近者愁苦，遠者驚駭，非所以持久也。今天下鍛甲摩劍，矯箭控弦，轉輸軍糧，未見休時，此天下所共憂也。夫兵久而變起，事煩而慮生。今外郡之地或幾鉅依切。千里，列城數十，形束壤制，帶脅諸侯，非宗室之利也。上觀齊晉之所以亡，公室卑削，六卿大盛也；下覽秦之所以滅，刑嚴文刻，欲大無窮也。今郡守之權非特六卿之重也，地幾千里非特閭巷之資也，甲兵器械非特棘矜之用也。以逢萬世之變，則不可勝諱也。」

徐樂上書曰：「臣聞天下之患，在於土崩，不在瓦解，古今一也。何謂土崩？秦之末世是也。陳涉無千乘之尊，尺土之地，身非王公大人名族之後，鄉曲之譽，非有孔、曾、墨子之賢，陶朱、猗頓之富也。然起窮巷，奮棘矜，偏袒大呼，火故反。天下從風。此其故何也？由民困而主不恤，下怨而上不知，俗已亂而政不修，此三者陳涉之所以爲資也。此之謂土崩。故曰天下之患在乎土崩。何謂瓦解？吴、楚、齊、趙之兵是也。七國謀爲大逆，號皆稱萬乘之君，帶甲數十萬，威足以嚴其境内，財足以勸其士民，然不能西攘尺寸之地，而身爲禽於中原者，此其故何也？非權輕於匹夫而兵弱於陳涉也，當是之時，先帝之德未衰，而安土樂俗之民衆，故諸侯無竟讀曰境。外之助。此之謂瓦解。故曰天下之患不在瓦解。由此觀之，天下誠有土崩之埶，雖布衣窮居之士或首難而危海内，陳涉是也，況三晉之君或存乎？天下雖未治也，誠能無土崩之埶，雖有强國勁兵，不待還讀曰旋。踵而身爲禽，吴楚是也。況羣臣百姓，能爲亂乎？此二體者，安危之明要，賢主之所留意而深察也。間者，關東五穀數不登，民多窮困，重之以邊境之事，推數循理而觀之，民宜有不安其處者矣。不安故易動，易動者，土崩之埶也。故賢主獨觀萬化之原，明於安危之機，其要，期使天下無土崩之埶而已矣。故雖有彊國勁兵，陛下逐走獸，射飛鳥，弘游燕之囿，淫從讀曰縱。恣之觀，極馳騁之樂，自若。金石絲竹之聲不絕於耳，帷幄之私俳優朱儒之笑不乏於前，而天下無宿憂。名何必夏、子，俗何必成、康！雖然，臣竊以爲陛下天然之質，寬仁之資，而誠以天下爲務，則禹、湯之名不難侔，而成、康之俗未必不復興也。此二體者立，然後處尊安之實，揚廣譽於當時，親天下而服四夷，餘恩遺德爲數世隆，南面背依讀曰扆。攝袂而揖王公，此陛下之所服也。臣聞圖王不成，其敝足以安。安則陛下何求而不得，何威而不成，奚征而不服哉？」

書奏，上召見三人，謂曰：「公皆安在？何相見之晚也！」迺拜偃、樂、安皆爲郎中。偃數上疏言事，遷謁者，中郎，中大夫。歲中四遷。主父偃等傳。

初，燕王定國與父康王姬姦，奪弟妻爲姬，殺肥如令郢人。至是郢人兄弟上書告之，主父偃從中發其事，事下公卿，公卿請誅定國，上許之。定國自殺，國除。燕王、主父偃傳。考異曰：史記表載於此年，漢本紀載於元朔二年，今從史記年表。

魯恭王餘薨。恭王好治宮室，壞孔子舊宅以廣其居，聞鐘磬琴瑟之聲，遂不敢復壞，於其壁中得古文經傳。恭王傳、荀氏漢紀。

二年冬，賜淮南王安几杖，毋朝。通鑑。考異曰：漢書本紀曰：『賜淮南王、菑川王几杖，毋朝。』顏

注：「淮南王安、菑川王志皆武帝諸父列也，故賜几杖。」按，年表，菑川王志以孝文十六年立，在位三十五年，至元光五年薨，今王乃其子建。按建乃齊悼惠王之孫，不應云諸父列，兼嗣位之二年，亦無由免其朝謁，當是紀誤，今從通鑑，刊去「菑川王」三字。

春正月，詔曰：「梁王、城陽王親慈同生，願以邑分弟，其許之。」本紀。

主父偃謀關馬及弩不得出，絶游説之路，重附益諸侯之法，急詿誤其君之罪。上從之，而諸侯王合從之事絶矣。新序。

匈奴入上谷、漁陽，殺略吏民千餘人，遣將軍衛青、李息出雲中，至高闕，遂西至符離，獲首虜數千級，遂取河南地置朔方、五原郡。以三千八百户封青爲長平侯，青校尉蘇建爲平陵侯，張次公爲岸頭侯。按，恩澤侯及功臣侯表衛青、蘇建以三月丙辰封，張次公以五月己巳封，非一時，此本連書之，疑誤。上曰：「匈奴逆天理，亂人倫，暴長虐老，以盜竊爲務，行詐諸蠻夷，造謀籍兵，數爲邊害。故興師遣將，以征厥罪。詩不云乎？『薄伐獫允，至于太原』，『出車彭彭，城彼朔方』。今車騎將軍青度西河至高闕，獲首二千三百級，車輜産畜畢收爲鹵，已封爲列侯，遂西定河南地，按榆谿舊塞，絶梓嶺，梁北河，討蒲泥，破符離，斬輕鋭之卒，捕伏聽者三千一十七級。執訊獲醜，敺馬牛羊百有餘萬，全甲兵而還，益封青三千八百户。」本紀、青傳。

是時，轉漕甚遼遠，自山東咸被其勞，費數十百巨萬，府庫益虛。乃募民能入奴婢得以終身復，爲郎增秩，及入羊爲郎，始於此。平準書。

三月乙亥晦，日有食之。夏，詔强宗大姓不得族后。謝承後漢書。軹人郭解，關東大俠也，亦在徙中。考異曰：荀紀載於建元二年置茂陵邑之後。按，本紀三年賜徙茂陵者錢，則置陵之時，固已徙民矣。但是時衛青、公孫弘皆未貴，又元朔二年用主父偃說，徙郡國豪傑於茂陵，此乃徙解之時也。解入關，關中賢豪知與不知，聞聲爭交驩。郭解傳。

時齊國絶，悼惠王後唯有二國：城陽、菑川。菑川地比齊，帝爲悼惠王冢園在齊，迺割臨菑東圜悼惠王冢園邑盡以予菑川，令奉祭祀。齊王傳。

三年冬，御史大夫張歐老，病篤，請免，於是天子策寵以上大夫禄〔三〕，歸老於家，家於陽陵。歐傳。考異曰：通鑑載於元朔二年。按，史記平津侯傳云「元朔三年，張歐免，以弘爲御史大夫」，荀紀亦載於三年，今從史記、荀紀。

太史公曰：「仲尼言：『君子欲訥於言而敏於行。』其萬石、建陵張叔之謂邪？是以其教不肅而成，不嚴而治。」

上欲以蓼侯孔臧爲御史大夫，臧辭曰：「臣世以經學爲業，乞爲太常，典臣家業，與從弟侍中安國紀綱古訓，使永垂來嗣。」乃以臧爲太常，其禮賜如三公。孔叢子、通鑑。

左內史公孫弘爲御史大夫，汲黯曰：「弘位三公，奉祿甚多。然爲布被，此詐也。」上問弘，弘謝曰：「臣聞管仲相齊，有三歸，侈擬於君，桓公以霸，亦上僭於君。晏嬰相景公，食不重肉，妾不衣絲，齊國亦治，此下比於民。今臣弘位爲御史大夫，而爲布被，自九卿以下至於小吏無差，誠如汲黯言。」天子以爲謙讓，愈益厚之。弘傳。

甯成家居，上欲以爲郡守，御史大夫弘曰：「臣居山東爲小吏時，甯成爲濟南都尉，其治如狼牧羊。成不可令治民。」上乃拜成爲關都尉。歲餘，關吏稅肄郡國出入關者，號曰：「寧見乳虎，無直甯成之怒。」其暴如此。義縱傳。

郭解少時陰賊感概，不快意，所殺甚衆。適有天幸，窘急常得脫，若遇赦。及解年長，更折節爲儉，以德報怨，厚施而薄望。然其自喜許吏反。爲俠益甚。既已振人之命，不矜其功，其陰賊著於心本發於睚眦如故云。而少年慕其行，亦輒爲報仇，不使知也。及解徙，諸公送者出千餘萬。軹人楊季主子爲縣掾，鬲之，解兄子斷楊掾頭。邑人又殺楊季主，季主家上書人又殺闕下。上聞，迺下吏捕解。解亡，久之得解，窮治所犯，吏奏解無辠，御史大夫公孫弘議曰：「解布衣爲任俠行權，以睚眦殺人，解不知，此辠甚於解知殺之。當大逆無道。」遂族解。考異曰：通鑑載於元朔二年，蓋因徙郭解事終言之。按，解傳御史大夫公孫弘當解大逆無道，公孫弘除御史大夫在三年，不應郭解之族反在二年也。通鑑刊去「御史大夫」四字非是，今從本傳，載於公孫弘除御史大夫之後。自是之後，俠者極衆，而無足數者。然關中長安樊中子，槐里趙王孫，長陵高公子，西河郭翁中，讀曰仲。太原魯翁孺，臨淮兒五奚反。長卿，東陽陳君孺，雖爲俠而恂恂音荀。有退讓君子之風。至若北道姚氏，西道諸杜，南道仇景，東道它羽公子，南陽趙調之徒，盜跖而居民間者耳，曷足道哉！此乃鄉讀曰嚮。者朱家所羞也。游俠傳。

班固曰：「孔子曰：『天下有道，政不在大夫。』百官有司奉法承令，以脩所職，失職有誅，侵官有罰，夫然後上下相順，而庶事理焉。周室既微，合從連衡，力政爭强，而守職奉上之義廢矣。況於郭解之倫，以匹夫之細，竊生殺之權，其罪已不容於誅矣。」

夏四月，匈奴單于太子於單來降，封涉安侯。侯表。按，原本不書封於單事，夏四月下直接「漢方欲事滅胡」云云，事義未安，今補入。漢方欲事滅胡，因欲通使，道必更匈奴中，乃募能使者。漢中張騫以郎應募，使月氏，與堂邑氏故胡奴甘父俱出隴西。徑匈奴，匈奴得之，留騫十餘歲，與妻，有子，然騫持漢節不失，居匈奴中。益寬騫，因與其屬亡鄉月氏，西走至大宛。大宛見騫，喜，問曰：「若欲何之？」騫曰：「爲漢使月氏而爲匈奴所閉道，今亡，唯王使人導送我。誠得反至漢，漢之賂遺王財物不可勝言。」大宛以爲然，遣騫，爲發導譯，抵康居。康居傳致大月氏。大月氏王已爲胡所殺，立其太子爲王。既臣大夏而君之，地肥饒，少寇，志安樂，又自以遠漢，殊無報胡之心。騫欲從羌中歸，復爲匈奴所得。留歲餘，會伊穉斜逐於單，國內亂，騫與胡妻及堂邑父俱亡歸。考異曰：西南夷傳云：「元狩元年，張騫使大夏來，言通身毒國之利。」按，功臣表騫以元朔六年三月甲辰封博望侯，必非元狩元年始歸也。或者元狩元年天子始令騫通身毒國，疑不能明，故因是歲伊穉斜立終言之。上拜騫爲太中大夫，堂邑父爲奉使君。初，騫行時百餘人，去十三歲，唯二人得還。騫身所至者，大宛、大月氏、大夏、康居，而傳聞其旁大國五六，具爲天子言之。騫、匈奴、大宛傳。

匈奴數萬騎入代郡，殺太守共讀曰龔。友，略千餘人。本紀、匈奴傳。

六月庚午，皇太后王氏崩。本紀。以岸頭侯張次公爲將軍，軍北軍。見衛霍傳。皇太后合葬陽陵。本紀、外戚傳。

是歲，中大夫張湯爲廷尉，百官表。南陽太守義縱薦杜周於湯，湯以爲廷尉史。杜周傳。時廷尉府盡用文史法律之吏，而千乘兒寬以儒生在其間，見謂不習事，不署曹，會廷尉時有疑奏，已再見卻矣，掾史莫知所爲。寬爲言其意，掾史因使寬爲奏。奏成，讀之皆服，以白廷尉湯。湯大驚，召寬與語，乃奇其材，以爲掾。上寬所作奏，即時得可。異日，湯見上，問曰：「前奏非俗吏所及，誰爲之者？」湯言「兒寬」。上曰：「吾固聞之久矣。」寬傳。是時，上方鄉文學，湯陽浮慕，事董仲舒、公孫弘等，以兒寬爲奏讞掾，以古義决疑獄，通鑑。

請博士弟子治尚書、春秋，補廷尉史，奏讞疑，必先爲上分别其原，上所是，受而著讞法廷尉挈口計反。令，揚主之明。奏事即譴，湯摧謝，鄉上意所便，必引正監掾史賢者，曰：「固爲臣議，如此臣弗用，愚抵此。」罪常釋。所治即上意所欲辠，予監吏深刻者；即上意所欲釋，予監吏輕平者。所治即豪，必舞文巧詆；即下户羸弱，時口言「雖文致法，上裁察」。於是往往釋湯所言。湯文深意忌不專平，而深刻吏多爲爪牙用者，依於文學之士。公孫弘數稱其美。湯傳。

汝陰何比干爲廷尉，正與湯同時。湯治法深，而比干務仁恕，數與湯争，雖不能盡得，然所濟活者以千數。比干嘗學尚書于鼂錯。東漢何敞傳。

四年冬，上行幸甘泉。本紀。

五年冬十一月乙丑，丞相薛澤免，以御史大夫公孫弘爲丞相。百官表。先是，漢常以列侯爲丞相，唯弘無爵，上於是下詔曰：「朕嘉先聖之道，開廣門路，宣招四方之士，蓋古者任賢而序位，量能以授官，勞大者厥禄厚，德盛者獲爵尊，故武功以顯重，而文德以行褒。其以高成之平津鄉户六百五十封丞相弘爲平津侯。」考異曰：史記大事記、漢書百官表並載元朔五年，而史記侯表及漢書恩澤侯表乃載封侯於元朔三年。然弘以拜爲丞相故得封侯，拜相既在五年，不應封侯反在三年也。當是「五」字誤作「三」字，今載於五年。是時上方興功業，屢舉賢良。弘自見爲舉首，起徒步，數年至宰相封侯，於是起客館，開東閣以延賢人。弘傳。一曰欽賢館，以待大賢；次曰翹材館，以待大材；次曰接士館，以待國士。其有德任毗贊佐理陰陽者，處欽賢之館；其有材堪九列將軍二千石者，居翹材之館；其有一介之善一方之藝者，居接士之館。而躬自菲薄，奉禄皆以給之。西京雜記。汲黯常毀儒，是時漢方征匈奴，招懷四夷，汲黯務少事，承上間，常言與胡和親，無起兵。上方向儒術，尊公孫弘，及事益多，吏民巧弄。上分別文法，張湯等數奏決讞以幸。而黯常面觸弘等徒懷詐飾智以阿人主取容，而刀筆吏專深文巧詆，陷人於罪，使不得反其真，以勝爲功。上愈益貴弘、湯，弘、湯心深疾黯，雖天子亦不説也。汲黯傳。董仲舒爲人廉直，弘希世用事，仲舒以弘爲從諛，弘嫉之。膠西王端，上兄也，尤縱恣，數害吏二千石。弘乃言於上曰：「獨董仲舒可使相膠西王。」膠西王聞仲舒大儒，善待之，仲舒恐久獲罪，病免。居家終不治産業，以修學著書爲事。故自漢興至於五世，唯仲舒名爲明春秋。仲舒在家，朝廷如有大議，數遣使者及廷尉張湯親至陋巷問其得失，於是作春秋折獄二百三十二事，動以經對。仲舒傳。

春，大將軍衛青將六將軍兵十餘萬人出朔方、高闕，匈奴右賢王以爲漢兵不能至，飲醉，漢兵夜至，圍右賢王。右賢王驚，獨與其愛妾一人騎數百潰圍北去。漢輕騎校尉郭成等追數百里，弗得，得右賢裨小王十餘人，衆男女萬五千餘人，畜數十百萬，於是引兵而還。至塞，天子使使者持大將軍印，即軍中拜青爲大將軍，諸將皆屬，立號而歸。上曰：「大將軍青躬率戎士，師大捷，獲匈奴王十有餘人，益封青八千七百户。」而封青子伉爲宜春侯，不疑爲陰安侯，登爲發干侯。按，原本脱「春，大將軍」以下至此，「衛青三子既封」以下未有緣起，今補入。衛青三子既封，天下歌之曰：「生男無喜，生女無怒，獨不見衛子夫霸天下！」是時平陽主寡居，當用列侯尚主。主與左右議長安中列侯可爲夫者，皆言大將軍可。主笑曰：「此出吾家，常使令騎從我出入耳，奈何用爲夫乎？」左右侍御者曰：「今大將軍姊爲皇后，三子爲侯，富貴振動天下，主何以易之乎？」於是主乃許之。言之皇后，令白之帝，乃詔衛將軍尚平陽公主焉。史記褚補。

夏四月丁未，以河東太守九江番係爲御史大夫。百官表。係在河東日言：「漕從山東西，歲百餘萬石，更砥柱之限，敗亡甚多，而亦煩費。穿渠引汾溉皮氏、汾陰下，引河溉汾陰、蒲坂下，度可得五千頃。五千頃故盡河壖而緣反。棄地，民茭牧其中耳，今溉田之，度可得穀二百萬石以上。穀從渭上，與關中無異，而砥柱之東可無復漕。」天子以爲然，發卒數萬人作渠田。數歲，河移徙，渠不利，則田者不能償種。久之，河東渠田廢，予越人，令少府以爲稍入。河渠書。

六月，詔曰：「蓋聞導民以禮，風之以樂。婚姻者，居室之大倫也。今禮廢樂崩，朕甚愍焉，故詳延天下方正博聞之士，咸登諸朝。其令禮官勸學，講議洽聞，舉遺興禮，以爲天下先，太常議，與博士弟子，崇鄉里之化，以廣賢材焉。」丞相弘、御史大夫係與太常臧、博士平等議，曰：「聞三代之道，鄉里有教，夏曰校，殷曰庠，周曰序。其勸善也，顯之朝廷；其懲惡也，加之刑罰。故教化之行也，建首善自京師始，由内及外。今陛下昭至德，開大明，配天地，本人倫，勸學修理，崇化厲賢，以風四方，太平之原也。古者政教未洽，不備其禮，請因舊官而興焉。爲博士官置弟子五十人，復其身。太常擇民年十八已上儀狀端正者，補博士弟子。郡國縣邑有好文學，敬長上，肅政教，順鄉里，出入不悖，所聞者，令相長丞上屬所二千石。二千石謹察可者。當與計偕，詣太常，得受業如弟子。一歲皆輒試，能通一藝以上，補文學掌故缺；其高第可爲郎中者，太常籍奏。即有秀才異等，輒以名聞。其不事學若下材，及不能通一藝，輒罷之，而請諸不稱者罰。臣謹案詔書律令下者，明天人分際，通古今之義，文章爾雅，訓辭深厚，恩施甚美。小吏淺聞，不能究宣，無以明布諭下。治禮掌故，以文學禮義爲官，遷留滯。請選擇其秩比二百石以上，及吏百石通一藝以上，補左右内史、大行卒史；比百石以下，補郡太守卒史，皆各二人，邊郡一人。先用誦多者，若不足，乃擇掌故補中二千石屬，文學掌故補郡屬，備員。請著功令。佗如律令。」制曰：「可。」本紀、儒林傳。

太史公曰：「余讀功令，至於廣厲學官之路，未嘗不廢書而嘆也。曰：嗟乎！夫周室衰而關雎作，幽厲微而禮樂壞，諸侯恣行，政由彊國。故孔子閔王路廢而邪道興，於是論次詩書，修起禮樂。適齊聞韶，三月不知肉味。自衛反魯，然後樂正，雅頌各得其所。世以混濁莫能用，是以仲尼干七十餘君無所遇，曰『苟有用我者，期月而已矣』。西狩獲麟，曰『吾道窮矣』。故因史記作春秋，以當王法，其辭微而指博，後世學者多録焉。自孔子卒，七十子之徒散游諸侯，大者爲師傅卿相，小者友教士大夫，或隱而不見。故子路居衛，子張居陳，澹臺子羽居楚，子夏居西河，子貢終于齊。如田子方、段干木、吴起、禽滑釐之屬，皆受業于子夏之倫，爲王者師。是時獨魏文侯好學。後陵遲至於始皇，天下並爭於戰國，儒術既絀焉，然齊魯之間，學者獨不廢也。於威、宣之際，孟子、荀卿之列，咸遵夫子之業而潤色之，以學顯於當世。及至秦之季世，焚詩書，坑術士，六蓺從此缺焉。陳涉之王也，魯諸儒持孔氏之禮器往歸陳王。於是孔甲爲陳涉博士，卒與涉俱死。陳涉起匹夫，驅瓦合適戍，旬月以王楚，不滿半歲竟滅亡，其事至微淺，然而搢紳先生之徒負孔子禮器往委質爲臣者，何也？以秦焚其業，積怨而發憤于陳王也。高皇帝誅項籍，舉兵圍魯，魯中諸儒尚講誦習禮樂，弦歌之聲不絶，豈非聖人之遺化，好禮樂之國哉？故孔子在陳，曰『歸與歸與！吾黨之小子狂簡，斐然成章，不知所以裁之』。夫齊魯之間於文學，自古以來，其天性也。故漢興，然後諸儒始得修其經藝，講習大射鄉飲之禮。叔孫通作漢禮儀，因爲太常，諸生弟子共定者，咸爲選首，於是喟然嘆興於學。然尚有干戈，平定四海，亦未暇遑庠序之事也。孝惠、呂后時，公卿皆武力有功之臣。孝文時頗登用，然孝文帝本好刑名之言。及至孝景，不任儒者，而竇太后又好黄老之術，故諸博士具官待問，未有進者。及今上即位，趙綰、王臧之屬明儒學，而上亦鄉之，於是招方正賢良文學之士。自是之後，言詩於魯則申培扶尤反。公，於齊則轅固生，於燕則韓太傅。言尚書自濟南伏生。言禮自魯高堂生。言易自菑川田生。言春秋於齊魯自胡母生，於趙自董仲舒。及竇太后崩，而公孫弘以春秋白衣爲天子三公，封以平津侯，天下學士靡然鄉風。公孫弘爲學官，悼道之鬱滯，請置弟子員，自此以來，則公卿大夫士吏彬彬多文學之士矣。」

太常張當居坐擇博士弟子故不以實，免爲城旦。侯表、百官表。

公孫弘奏言：「民不得挾弓弩。十賊彍音郭。弩，百吏不敢前，盜賊不輒伏辜，免脱者衆，害寡而利多，此盜賊所以蓄也。禁民不得挾弓弩，則盜賊執短兵，短兵接則衆者勝。以衆吏捕寡賊，其勢必得。盜賊有害無利，則莫犯法，刑措之道也。臣愚以爲禁民毋得挾弓弩便。」上下其議。侍中中大夫吾丘壽王對曰：「臣聞古者作五兵，非以相害，以禁暴討邪也。安居則以制猛獸而備非常，有事則以設守衛而施行陣。及至周室衰微，上無明王，諸侯力政〔三〕，彊侵弱，衆暴寡，海内抏敝〔四〕，是以巧詐並生。知者陷愚，勇者威怯，苟以得勝爲務，不顧義理。故機變械飾，所以相賊害之具不可勝數。於是秦兼天下，廢王道，立私議，滅詩書而首法令，去仁恩而任刑戮，墮名城，殺豪傑，銷甲兵，折鋒刃。其後，民以耰鉏箠梃相撻擊，犯法滋衆，盗賊不勝，至于赭衣塞路，羣盗滿山，卒以亂亡。故聖王務教化而省禁防，知其不足恃也。今陛下昭明德，建太平，舉俊材，興學官，三公有司或由窮巷，起白屋，裂地而封，宇内日化，方外鄉風，然而盗賊猶有者，郡國二千石之罪，非挾弓弩之過也。孔子曰：『吾何執？執射乎？』大射之禮，自天子降及庶人，三代之道也。詩云『大侯既抗，弓矢斯張，射夫既同，獻爾發功』，言貴中也。竊以爲無益於禁姦，而廢先王之典，使學者不得習行其禮，大不便。」書奏，上以難丞相弘，弘詘服焉。吾丘壽王傳。考異曰：通鑑載於今年冬十一月公孫弘拜相之後。按，壽王對曰「今陛下舉俊材，興學官」，觀此，蓋在博士置弟子員之後也，置弟子員在今年六月，不應挾弓弩對反在前也，今移於置弟子員後。又吾丘壽王傳云，是時壽王爲光禄大夫侍中，攷百官表，太初元年武帝更名中大夫爲光禄大夫，公孫弘以元朔五年相，元狩二年薨，太初之元年距元朔五年尚二十年〔五〕，不應壽王得預爲之也，明傳誤，今改爲中大夫。

秋，匈奴入代，殺都尉朱英。匈奴傳、本紀。

是歲，中尉趙禹爲少府。百官表。張湯兄事禹，兩人交驩。禹志在奉公孤立，而湯舞知以御人。禹爲吏以來，舍無食客，公卿相造請，禹終不行報謝，務在絶知友賓客之請，孤立行一意而已。湯造請諸公，不避寒暑，禹見法輒取，亦不覆案求官屬陰罪。張湯、趙禹傳。詔募衞將軍青舍人以爲郎，青取舍人中富給者，令具鞍馬絳衣玉具劍，欲入奏之。會少府趙禹來過青，青呼所舉舍人示禹。禹以次問之十餘人，無一人習事有智略者。禹曰：「吾聞將門之下必有將，類今詔舉將軍舍人者，欲以觀將軍能得賢者文武之士也。今徒取富人子上之，又無智略，如木偶人衣之綺繡耳，將奈之何！」於是禹悉召舍人百餘人問之，得田仁、任安，曰：「獨此兩人可耳。」青見此兩人貧，意不平，不得已，上籍以聞。有詔召見仁，對曰：「提桴鼓，立軍門，使士大夫樂死戰鬭，仁不及任安。」安對曰：「決嫌疑，定是非，辯官治，使百姓無怨心，安不及仁也。」帝大笑曰：「善！」使安護北軍，仁護邊田穀於河上。褚先生補史記。

淮南王太子遷學用劍，自以爲人莫及，聞郎中雷被巧，乃召與試。被一再辭讓，誤中太子。太子怒，被恐。此時欲從軍者輒詣京師，被即欲奮擊匈奴。太子遷數惡被於王，王使郎中令斥免，欲以禁後。被遂亡至長安，上書自明。詔下其事廷尉、河南。河南治，逮淮南太子。王計欲無遣太子，遂發兵反。計猶豫十餘日未定，會有詔即訊太子，當是時，淮南相怒壽春丞留太子逮不遣，劾不敬。王以請相，相不聽。王使人上書告相，事下廷尉治。蹤跡連王，王使人候司漢公卿，公卿請逮捕治王。王恐事發，太子遷謀曰：「漢即使逮王，王令人衣衛士衣，持戟居庭中王旁，有非是則刺殺之，臣亦使人刺殺淮南中尉，乃舉兵，未晚。」是時上不許公卿請，而遣漢中尉宏即訊驗王。王聞漢使來，即如太子謀計。漢中尉至，王視其顔色和，訊王以斥雷被事耳，王自度無何，不發。中尉還，以聞。公卿治者曰：「淮南王安擁閼奮擊匈奴者雷被等，廢格明詔，當棄市。」詔弗許。公卿請廢勿王，詔弗許。公卿請削五縣，詔削二縣。使中尉宏赦淮南王罪，罰以削地。中尉入淮南界，宣言赦王。王初聞漢公卿請誅之，未知得削地，聞漢使來，恐其捕之，乃與太子謀刺之如前計。及中尉至，即賀王，王以故不發。其後自傷曰：「吾行仁義見削，甚耻之。」然淮南王削地之後，其爲反謀益甚。諸使道從長安來，爲妄妖言，言上無男，漢不治，即喜；即言漢廷治，有男，王怒，以爲妄言，非也。王日夜與伍被、左吴等按輿地圖，部署兵所從入。王曰：「上無太子，宫車即晏駕，廷臣必徵膠東王，不即常山王，諸侯並争，吾可以無備乎！且吾高帝孫，親行仁義，陛下遇我厚，吾能忍之；萬世之後，吾寧能北面臣事豎子乎！」

安與衡山王賜相責望禮節，間不相能。衡山王聞淮南王作爲叛逆反具，亦心結賓客以應之，恐爲所并。初，衡山王入朝，其謁者衛慶有方術，欲上書事天子，王怒，故劾慶死罪，强榜音彭。服之。衡山内史以爲非是，卻其獄。王使人上書告内史，内史治，言王不直。王又數侵奪人田，壞人冢以爲田。有司請逮治衡山王，天子不許，爲置吏二百石以上。衡山王以此恚，與奚慈、張廣昌謀，求能爲兵法候星氣者，日夜從子勇反。史讀曰勇。王謀反事。王奇其子孝材能，佩之王印，號曰將軍，多給金錢，招致賓客。賓客來者，微知淮南、衡山有逆計，日夜從容勸之。王乃使孝客江都人枚赫、陳喜作輣扶萌反。車鍭矢，刻天子璽，將、相、軍吏印。王日夜求壯士如周丘等，數稱引吴楚反時計畫約束。衡山王非敢效淮南王求即天子位，畏淮南起并其國，以爲淮南已西，發兵定江淮之間而有之，望如是。是年秋，衡山王當朝，六年，過淮南。淮南王乃昆弟語，除前郤，約束反具。衡山王即上書謝病，上賜書不朝。淮南衡山王傳。

六年春二月，大將軍衛青將六將軍出定襄，斬首三千餘級。夏四月，復將六將軍絶幕大克獲。前將軍翕侯趙信獨逢單于兵，與戰一日餘，漢兵且盡，見急，遂奔降匈奴。右將軍蘇建盡亡其軍，獨身脱還，贖爲庶人。是時王夫人方幸於上，齊人甯乘説青曰：「將軍所以功未甚多，身食萬户，三子皆爲侯者，以皇后故也。今王夫人幸而宗族未富貴，願將軍奉所賜千金爲王夫人親壽。」青以五百金爲王夫人親壽。上聞，問青，青以實對。上乃拜甯乘爲東海都尉。校尉張騫從大將軍，以嘗使大夏，留匈奴中久，道讀曰導。軍，知善水草處，軍得以無飢渴，因前使絕國功，封騫爲博望侯。衛青傳。

單于既得翕侯，以爲自次王，用其姊妻之，與謀漢。信教單于益北絕幕，以誘罷漢兵，徼工堯反。極而取之，毋近塞，單于從之。匈奴傳。

是時也，得首虜萬九千級，捕斬首虜之士受賜黃金二十餘萬斤，虜數萬人皆得厚賞，衣食仰給縣官；而漢軍士馬前後死者十餘萬，兵甲轉漕之費不與焉。于是大農陳藏錢經用，賦稅既竭，猶不足以奉戰士。有司言：「天子曰：『朕聞五帝之教不相復而治，禹湯之法不同道而王，所由殊路，而建德一也。北邊未安，朕甚悼之。日者，大將軍攻匈奴，斬首虜萬九千級，留蹛無所食。議令民得買爵及贖禁固免臧罪。』請置賞官，名曰武功爵。茂陵中書武功爵：一級曰造士，二級曰閑輿衛，三級曰良士，四級曰元戎士，五級曰官首，六級曰秉鐸，七級曰千夫，八級曰樂卿，九級曰執戎，十級曰政戾庶長，十一級曰軍衛。級十七萬，凡直三十餘萬金。諸買武功爵官首者試補吏，先除；千夫如五大夫；其有罪又減二等；爵得至樂卿：以顯軍功。」軍功多用越等，大者封侯卿大夫，小者郎吏。吏道雜而多端，官職耗廢矣。平準書、食貨志。

時方事匈奴，河南人卜式上書，願輸家財半助邊。上使使問式：「欲爲官乎？」式曰：「自小牧羊，不習仕宦，不願也。」使者曰：「家豈有寃，欲言事乎？」式曰：「臣生與人亡所争，邑人貧者貸土戴反。之，不善者教之。所居，人皆從式，式何故見寃？」使者曰：「苟，子何欲？」式曰：「天子誅匈奴，愚以爲賢者宜死節，有財者宜輸之。如此，則匈奴可滅也。」使者以聞。上以語丞相弘。弘曰：「此非人情。不軌之臣不可以爲化而亂法，願陛下勿許。」不報，數歲乃罷式。卜式傳。

校勘記

〔一〕且夫兵久則變生　四庫本「變生」作「生變」，據下文「事苦則慮易」、漢書主父偃傳及金華叢書本乙正。

〔二〕於是天子策寵以上大夫禄　四庫本「寵」作「罷」，據漢書張敺傳改。

〔三〕諸侯力政　四庫本「力」作「立」，據漢書吾丘壽王傳及金華叢書本改。

〔四〕海内抏敝　四庫本「抏」作「抗」，據漢書吾丘壽王傳及金華叢書本改。

〔五〕太初之元年距元朔五年尚二十年　四庫本「太初之元年」作「太初之元」，脱「年」字，逕補。

西漢年紀卷十四

武帝

元狩元年冬十月，行幸雍，祠五畤，獲獸，一角而五蹄，若麃蒲交反。然。於是以薦五畤，畤加一牛以燎，作白麟歌。時又得奇木，其枝旁出，輒復合於木上。上異此二物，博謀羣臣。謁者給事中濟南終軍上對曰：「臣聞詩頌君德，樂舞后功，異經而同指，明盛德之所隆也。南越竄屏葭葦，與鳥魚羣，正朔不及其俗。有司臨境，而東甌內附，閩王伏辜，南越賴救。北胡隨畜薦居，禽獸行，虎狼心，上古未能攝。大將軍秉鉞，單于犇幕；票騎抗旌，昆邪右衽。是澤南洽而威北暢也。若罰不阿近，舉不遺遠，設官竢賢，縣賞待功，能者進以保祿，罷讀曰疲。者退而勞力，刑於宇內矣。履衆美而不足，懷聖明而不專，建三宮之文質，章厥職之所宜，封禪之君無聞焉。夫天命初定，萬事草創，及臻六合同風，九州共貫，必待明聖潤色，祖業傳於無窮。故周至成王，然後制定，而休徵之應見。陛下盛日月之光，垂聖思於勒成〔一〕，專神明之敬，奉燔瘞於郊宮，獻享之精交神，積和之氣塞明，而異獸來獲，宜矣。昔武王中流未濟，白魚入於王舟，俯取以燎，羣公咸曰『休哉』！今郊祀未見於神祇，而獲獸以饋，此天之所以示饗，而上通之符合也。宜因昭時令日，改定告元，苴白茅於江淮，發嘉號於營丘，以應緝熙，使著事者有紀焉。蓋六鶂退飛，逆也；白魚登舟，順也。夫明闇之徵，上亂飛鳥，下動淵魚，各以類推。今野獸并角，明同本也；衆支内附，示無外也。若此之應，殆將有解編髮，削左衽，襲冠帶，要衣裳，而蒙化者焉。斯拱而竢之耳！」對奏，上甚異之。後越地及匈奴名王有率衆來降者，時皆以軍言爲中。竹仲反。本紀、封禪書、郊祀志、軍傳。

司馬安爲中尉。百官表。

十一月，淮南王安、衡山王賜謀反，誅。本紀。先是，淮南王安坐東宮，召楚人伍被，與謀曰：「將軍上。」被悵然曰：「上寬赦大王，王復安得此亡國之語乎？臣聞子胥諫吳王，吳王不用，乃曰『臣今見麋鹿游姑蘇之臺也』。今臣亦見宮中生荆棘，露霑衣也。」王怒，繫伍被父母，囚之三月。復召曰：「將軍許寡人乎？」被曰：「不，直來爲大王畫耳。臣聞聰者聽於無聲，明者見於未形，故聖人萬舉而萬全。文王一動而功顯萬世，列爲三王，此所謂因天心以動作者也。秦爲無道，窮奢極虐，百姓思亂者，十家而八。客謂高皇帝曰：『時可矣。』高皇帝曰：『待之，聖人當起東南間。』不一年，陳勝、吳廣發矣。高皇始於豐沛，一倡天下不期而響應者，不可勝數也。此所謂蹈瑕候間，因秦之亡而動者也。今大王見高皇帝得天下之易也，獨不觀近世之吳楚乎？夫吳王王四郡之衆，地方數千里，内鑄銷銅以爲錢，東煮海水以爲鹽，上取江陵木以爲船，一船之載，當中國數十兩車，國富民衆。行珠玉金帛賂諸侯宗室大臣，獨竇氏不與。計定謀成，舉兵而西。破於大梁，犇走而東，身死絶祀，爲天下笑。夫以吳越之衆，不能成功者何？誠逆天道而不知時也。方今大王兵衆不能十分吳楚之一，大王不從臣計，臣竊悲大王爲羣臣先，死於東宫也。」王涕泣而起。

王有孽子不害，不害有子建[二]，材高有氣，常怨望太子不省其父；又怨時諸侯皆得分子弟爲侯，而淮南獨二子，一爲太子，建父獨不得爲侯。建陰結交，欲告敗太子，以其父代之。太子知之，數捕繫而榜笞建。建具知太子之謀欲殺漢中尉，即使所善壽春莊正上書於天子曰：「淮南王孫建，材能高，淮南王王后荼、荼子太子遷常疾害建。建父不害無罪，擅數捕繫，欲殺之。今建在，可徵問，具知淮南陰事。」書聞，上以其事下廷尉，廷尉下河南治。是時，故辟陽侯孫審卿善丞相公孫弘，怨淮南厲王殺其大父，乃深構淮南事於弘，弘乃疑淮南有畔逆計謀，深窮治其獄。河南治建，辭引淮南太子及黨與。淮南王患之，欲發，問伍被以漢廷治亂。伍被曰：「天下治。」王意不説，謂伍被曰：

「公何以言天下治也？」被曰：「被竊觀朝廷之政，君臣之義，父子之親，夫婦之别，長幼之序，皆得其理，上之舉措遵古之道，風俗紀綱未有所缺。重裝富賈，周流天下，道無不通，故交易之道行。南越賓服，羌僰入獻，東甌入降，廣長榆，開朔方，匈奴折翅傷翼，失援不振。雖未及古太平之時，然猶爲治也。」王怒，被謝死罪。王又謂被曰：「山東即有兵，漢必使大將軍將而制山東。公以爲大將軍何如人也？」被曰：「被所善者黄義，從大將軍擊匈奴，還，告被曰：『大將軍遇士大夫有禮，與士卒有恩，衆皆樂爲之用。騎上下山若蜚，材幹絶人。』被以爲材能如此，數將習兵，未易當也。及謁者曹梁使長安來，言大將軍號令明，當敵勇敢，常爲士卒先。休舍，穿井未通，須士卒盡得水，乃敢飲。軍罷，卒盡已渡河，乃度。皇太后所賜金帛，盡以賜軍吏。雖古名將弗過也。」王默然。淮南王見建已徵治，恐國陰事且覺，欲發，被又以爲難，乃復問被曰：「公以爲吴興兵，是邪？非也？」被曰：「非也。吴王至富貴也，舉事不當，身死丹徒，頭足異處，子孫無遺類。」王曰：「男子之所死者，一言耳。且吴何知反，漢將一日過成皋者四十餘人。今我令樓緩先要成皋之口，周被下潁川，兵塞轘轅、伊闕之道，陳定發南陽兵，守武關。河南太守獨有雒陽耳，何足憂。然此北尚有臨晉關、河東、上黨與河内、趙國。人言曰：『絶成皋之口，天下不通。』據三川之險，招山東之兵，舉事如此，公以爲何如？」被曰：「臣見其禍，未見其福也。」王曰：「左吴、趙賢、朱驕如皆以爲有福，什事九成，公獨以爲無福，何也？」被曰：「大王之羣臣近幸素能使衆者，皆前繫詔獄，餘無可用者。」王曰：「陳勝、吴廣無立錐之地，千人之聚，起於大澤，奮臂大呼，而天下響應，西至於戲，而兵百二十萬。今吾國雖小，然而勝兵可得十餘萬，非直適戍之衆，鐖鑿棘矜也，公何以言其有禍無福？」被曰：「往者秦爲無道，天下敖然，故陳勝大呼，天下響應。今陛下臨制天下，一齊海内，汎愛蒸庶，布德施惠。口雖未言，聲疾雷霆，令雖未行，化馳如神，心有所懷，威動萬里。下之應上，猶影響也。而大將軍材能不特章邯、楊熊也。王以陳勝、吴廣諭之，被以爲過矣。」按，淮南王及伍被傳，此下有「王曰苟如公言，不可徼幸耶」一段，反覆百餘言，此本不載，當是脱落。

王欲發中國兵，恐相、二千石不聽。王乃與伍被謀，先殺相、二千石；僞失火宫中，相、二千石救火，至即殺之。計未決，又欲令人衣求盜衣，持羽檄，從南方來，呼曰「南越兵入界」，欲因以發兵。乃使人至廬江、會稽爲求盜，未發。王問伍被曰：「吾舉兵西鄉，諸侯必有應我者；即無應，奈何？」被曰：「南收衡山以擊廬江，有尋陽之船，守下雉之城，結九江之浦，絶豫章之口，强弩臨江而守，以禁南郡之下，東收江都、會稽，南通勁越，屈强江淮間，猶可延歲月之壽。」王曰：「善，無以易此。急則走越耳。」

於是廷尉以王孫建辭連淮南王太子遷聞。上遣廷尉監與淮南中尉，逮捕太子。至淮南，淮南王與太子謀召相、二千石，欲殺而發兵。召相，相至；內史以出爲解。中尉曰：「臣受詔使，不得見王。」王念獨殺相而內史中尉不來，無益也。王猶豫，計未決。太子念所坐者謀刺漢中尉，所與謀者已死，以爲口絕，乃謂王曰：「羣臣可用者皆前繫，今無足與舉事者。王以非時發，恐無功，臣願會逮。」王亦愈欲休，即許太子。太子即自刑，不殊。被詣吏自告與王謀反，吏捕索得反具以聞。上下公卿治，所連引與淮南王謀反列侯二千石豪桀數千人，皆以罪輕重受誅。衡山王賜，淮南王弟也，當坐收，有司請逮捕衡山王。天子曰：「諸侯各以其國爲本，不當相坐。與諸侯王列侯丞相諸侯議。」趙王彭祖、列侯臣讓等四十三人議皆曰：「淮南王安甚大逆無道，謀反明白，當伏誅。」膠西王臣端議曰：「淮南王安廢法行邪，懷詐僞心，以亂天下，熒惑百姓，倍畔宗廟，妄作妖言。春秋曰：『臣無將，將而誅。』安罪重於將，謀反形已定。臣端所見其書節印圖及他逆無道事驗明白，甚大逆無道，當伏法。論國吏二百石以上及比者，宗室近幸臣不在法中者，不能相教，皆當免，削爵爲士伍，毋得宦爲吏。其非吏，他贖死金二斤八兩，以章臣安之罪，使天下明知臣子之道，毋敢復有邪僻倍畔之意。」丞相弘、廷尉湯等以聞。淮南王、伍被傳、通鑑。時田蚡已死，上思仲舒前言，使呂步舒持斧鉞治淮南獄，以春秋誼顓斷於外，不報，天子皆以爲是。五行志、史記儒林傳。又令宗正以符節治王。未至，淮南王安自剄殺，國除爲九江郡。淮南王傳。岸頭侯張次公坐與淮南王女陵姦，受財物，免。侯表。城陽王子有利侯釘音丁。坐遺淮南王書稱臣，棄市。王子侯表。

衡山王賜使人上書，請廢太子爽，立孝爲太子。爽聞，即使所善白嬴之長安上書，言孝作輣車鏃矢，與王御者奸，欲以敗孝。白嬴至長安，未及上書，吏捕嬴，以淮南事繫。王聞爽使白嬴上書，恐言國陰事，即上書反告太子爽所爲不道棄市罪事。事下沛郡治。有司公卿下沛郡求捕所與淮南謀反者未得，得陳喜於衡山王子孝家。吏劾孝首匿喜。孝以爲陳喜雅數與王計謀反，恐其發之，聞律先自告除其罪，又疑太子使白嬴上書發其事，即先自告所與謀反者枚赫、陳喜等。廷尉治驗，公卿請逮捕衡山王治之。天子曰：「勿捕。」遣中尉安、大行息即問王，王具以情實對。吏皆圍王宮而守之。中尉大行還，以聞，公卿請遣宗正、大行與沛郡雜治。王聞，即自剄殺。王后、太子爽及孝皆棄市。諸與衡山謀反者皆族。國除爲衡山郡。衡山王傳。

自公孫弘以春秋之義繩臣下取漢相，張湯用峻文決理爲廷尉，於是見知之法生，而廢格沮誹窮治之獄用矣。淮南、衡山、江都王謀反迹見，而公卿尋端治之，竟其黨與，而坐死者數萬人，長吏益慘急而法令明察。當是之時，招尊方正賢良文學之士，或至公卿大夫。公孫以漢相，布被，食不重味，爲天下先。然無益於俗，稍騖於功利矣。平準書。

太史公曰：「詩之所謂『戎狄是膺，荆舒是懲』，信哉，是言也。淮南、衡山親爲骨肉，疆土千里，列爲諸侯，不務遵藩臣職以承輔天子，而專挾邪僻之計，謀爲畔逆，仍父子再亡國，各不終其身，爲天下笑。此非獨王過也，亦其俗薄，臣下漸靡使然也。夫荆楚僄勇輕悍，好作亂，乃自古記之矣。」

公孫弘自以爲無功封侯，居宰相位，宜佐明主填竹刃反。撫國家，使人由臣子之道。今諸侯有畔逆之計，此大臣奉職不稱也。時病甚，恐死，無以塞責，乃上書願歸侯，乞骸骨，避賢者路。上不許，因賜告牛酒雜帛。居數月，有瘳，視事。弘傳。

夏四月丁卯，立皇太子。本紀。按，原本脱「丁卯」以下六字，今補入。選羣臣可爲太子傅者，石慶傳。以石慶爲太子太傅，莊青翟爲太子少傅。爲太子立博望苑，使通賓客，從其所好，故賓客多以異端進者。戾太子傳。暇丘江公受穀梁春秋於申公，爲博士。上使與董仲舒議，仲舒通五經，能持論，善屬文。江公吶於口，不如仲舒。而丞相公孫弘本爲公羊學，比頻寐反。輯與集同。其議，卒用董生。於是上尊公羊家，詔太子受公羊春秋，由是公羊大興。太子既通，復私問穀梁而善之。儒林傳。

五月，匈奴入上谷，殺數百人。本紀。

張騫言：「大夏慕中國，患匈奴隔其道，誠通蜀，身毒國道便近。今使大夏，從羌中，險，羌人惡之；少北，則爲匈奴所得；從蜀，宜徑，又無寇。」天子既聞大宛及大夏、安息之屬皆大國，多奇物，土著，頗與中國同業。誠得而以義屬之，則廣地萬里，重九譯，致殊俗，威德徧於四海。欣然以騫言爲然。乃令騫因蜀犍爲發間使，王然于等四道並出，出駹，音尨。出冉，出徙，音斯。出邛、僰，蒲北反。指求身毒國，各行一二千里，其北方閉氐、筰，南方閉嶲、先蘂反。昆明。昆明之屬無君長，善寇盜，輒殺略漢使，終莫得通。於是漢以求大夏道，始通滇音顛。國。滇王當羌謂漢使者曰：「漢孰與我大？」及夜郎侯亦然。以道不通，故各自以爲一州主，不知漢廣大。使者還，因盛言滇大國，足事親附；天子注意焉。初，漢欲通西南夷，費多，道不通，罷之。及騫言可以通大夏，乃復事西南夷。張騫、大宛、西南夷傳、通鑑。

是歲，會稽太守朱買臣爲主爵都尉。百官表。初，買臣坐事免，久之，召待詔。時東越數反覆，買臣因言：「故東越王居保泉山，一人守險，千人不得上。今聞東越王更徙處南行，去泉山五百里，居大澤中。今發兵浮海，直指泉山，陳舟列兵，席卷南行，可破滅也。」上拜買臣會稽太守。上謂買臣曰：「富貴不歸故鄉，如衣繡夜行。今子何如？」買臣頓首辭謝。詔買臣到郡，治樓船，備糧食、水戰具，須詔書到，軍與俱進。歲餘，買臣受詔將兵，與橫海將軍韓説等俱擊破東越，有功。徵入爲主爵都尉，列於九卿。買臣傳。

樂安侯李蔡爲御史大夫。百官表。

二年冬十月，行幸雍，祠五時。本紀。

春三月戊寅，丞相公孫弘薨。壬辰，御史大夫樂安侯李蔡爲丞相。百官表、本紀。弘著公孫子，言刑名事，謂字直百金。西京雜記。弘爲丞相，御史六歲，年八十，終相位。其後，李蔡、莊青翟、趙周、石慶、公孫賀、劉屈氂繼踵爲丞相。自蔡至慶，丞相府客館丘虚而已，至賀、屈氂時壞以爲馬厩車庫奴婢室矣。唯慶以惇謹，復終相位，其餘盡伏誅云。弘傳。是日，廷尉張湯爲御史大夫。荀紀。考異曰：百官表載李蔡相於二年，張湯爲御史大夫於三年，皆以三月壬辰日除，疑其爲一日也，蓋李蔡既爲相，故以湯補其闕耳。及考荀氏漢紀，乃併書於二年三月壬辰，當是此時，表本猶未誤耳。而史記將相名臣表亦載湯除御史大夫於二年，又長曆三年三月無壬辰，益信今百官表爲誤。今從荀紀、史記表。

上既數征匈奴有功，汲黯言益不用。始黯列九卿矣，而公孫弘、張湯爲小吏。及弘、湯稍貴，與黯同位，黯又非毁弘、湯。已而弘至丞相封侯，湯御史大夫，黯時丞史皆與同列，或尊用過之。黯褊心，不能無少望，見上，言曰：「陛下用羣臣如積薪耳，後來者居上。」黯罷，上曰：「人果不可以無學，觀汲黯之言，日益甚矣。」黯傳。

以冠軍侯霍去病爲驃騎將軍，將萬騎出隴西，考異曰：霍去病傳以爲元狩三年春，而漢書本紀載於二年春，今從本紀。擊匈奴有功。上曰：「驃騎將軍率戎士隃與踰同。烏盭，古戾字。討遬濮，涉狐奴，歷五王國，輜重人衆攝讋之涉反。者弗取，幾獲單于子。轉戰六日，過焉支山千有餘里，合短兵，鏖意賈反。蘭皋下，殺折上列反。蘭王，斬盧侯王，鋭悍者誅，全甲獲醜，執渾下昆反。邪王子，及相國、都尉，捷首虜八千九百六十級，收休屠祭天金人，師率減什七，益封去病二千二百户。」去病傳。

夏，馬生余吾水中。南越獻馴音巡。象、能言鳥。本紀。

驃騎將軍霍去病與合騎侯公孫敖將數萬騎俱出北地，異道。是時，匈奴亦來入代郡雁門，殺略數百人。考異曰：通鑑書於遣張騫、李廣之後。按，本紀及匈奴傳云驃騎、合騎侯出北地，而匈奴入代郡雁門，漢復遣張騫、李廣出右北平。是騫、廣之再遣，正由匈奴之盜邊也。今從本紀及匈奴傳。漢使博望侯張騫、郎中令李廣俱出右北平擊匈奴。騫坐行留，當斬，贖爲庶人。廣軍功自如，無賞。考異曰：本紀云李廣殺匈奴三千餘人，盡亡其軍四千人，獨身脱還。按，列傳廣將四千騎與匈奴戰，漢兵死者過半，明日，復力戰，死者過半，所殺亦過當。如此是亡其三千騎耳。紀云亡其四千人，獨身脱還，非是。今從列傳。而去病出北地，捕首虜甚多。由此去病日以親貴，比大將軍矣。本紀、霍去病、李廣、匈奴傳、通鑑。

膠東王寄薨。初，淮南王安謀反時，寄微聞其事，私作兵車鏃矢，戰守備，備淮南之起。及吏治淮南事，辭出之，寄於上最親，意自傷，發病而死，不敢置後。本紀、膠東王傳。

秋，匈奴單于怒渾邪王、休屠王居西方爲漢所殺虜數萬人，欲召誅之。渾邪、休屠王恐，謀降漢，休屠王後悔，渾邪王殺之，并其衆，乘傳先詣行在所，盡將其衆度河。降者數萬人，號稱十萬。去病、匈奴傳。於是漢發車二萬乘迎之。考異曰：漢書食貨志云「三萬兩」，今從史記平準書、汲黯傳作「二萬乘」。既至長安，受賞，賜及有功之士。是歲，費凡百餘巨萬。胡降者皆衣食縣官，縣官不給，天子乃損膳，解乘輿駟，出御府禁藏以贍之。平準書。封渾邪王萬户，爲漯陰侯。封其裨王呼毒尼等四人皆爲列侯。上嘉去病之功，曰：「驃騎將軍去病率師征匈奴，西域王渾邪王及厥衆萌與氓同。咸犇于率，以軍糧接食，并將控弦萬有餘人，誅獟悍，捷首虜八千餘級，降異國之王三十二。戰士不離傷，十萬之衆畢懷集服。仍興之勞，爰及河塞，庶幾亡患，幸既永綏矣。以千七百户益封驃騎將軍。」去病傳。

齊人少翁以鬼神方見上。上有所幸夫人卒，少翁以方夜致鬼如夫人之貌，考異曰：史記封禪書以爲「王夫人」，漢書外戚傳以爲「李夫人」，二書不同。按，少翁之死，在元狩四年，而褚先生在元狩六年帝欲王諸子時，齊王閎母王夫人病，帝自臨問之，曰：「子當王，欲安所置之？」王夫人曰：「願居雒陽。」帝曰：「先帝以來無王雒陽者。」「關東之國，莫勝於齊，乃立閎爲齊王。是元狩之六年王夫人尚無恙，而少翁之死已二年矣，豈得云「致鬼如王夫人之貌」乎？又外戚世家曰：「及衛后色衰，而趙之王夫人幸；夫人早卒，而中山李夫人有寵。」是李夫人又在王夫人後。史記以爲王夫人既不可，漢書以爲李夫人尤不可。今除其姓，云「上有所幸夫人」，庶不牴牾耳。天子自帷中望見焉。於是乃拜少翁爲文成將軍，考異曰：通鑑載於四年。按，封禪書載於郊雍獲一角獸之明年，當是元狩二年，今從封禪書。賞賜甚多，以客禮禮之。文成又勸上作甘泉宮，中爲臺室，畫天、地、太一諸鬼神，而置祭具以致天神。封禪書。

重侯擔丁甘反。坐不使人爲秋請，免。擔，河間獻王子也。王子侯表。

三年，封故相國蕭何曾孫慶爲酇侯。本紀。

時卜式復持錢二十萬與河南太守，以給徙民。河南上富人助貧民者，上識式姓名，曰：「是固前欲輸其家半財助邊。」乃賜式外繇四百人，蘇林曰：「外繇謂戍邊也。一人出三百錢。謂之過更。式歲得十二萬錢也。一说，在繇役之外得復除四百人也。」式又盡復與官。卜式傳。

四年冬，有司言縣官用度大空，而富商大賈或蹛財役貧，轉轂百數，廢居居邑，封君皆低首仰給。冶鑄煑鹽，財或累萬金，而不佐國家之急，黎民重困。於是天子與公卿議，更錢造幣以贍用，而摧浮淫并兼之徒。是時，禁苑有白鹿，而少府多銀錫。自孝文更造四銖錢，至是歲四十餘年，從建元以來，用少，縣官往往即多銅山而鑄錢，民亦盜鑄，不可勝數。錢益多而輕。物益少而貴。有司言曰：「古者皮幣，諸侯以聘享。金有三等，黃金爲上，白金爲中，赤金爲下。今半兩錢法重四銖，而姦或盜摩錢裏取鎔，錢益輕薄而物貴，則遠方用幣煩費不省。」乃以白鹿皮方尺，緣以藻繢，爲皮幣，直四十萬。王侯宗室朝覲聘享，必以皮幣薦璧，然後得行。又造銀錫爲白金。以爲天用莫如龍，地用莫如馬，人用莫如龜，故白金三品：其一曰重八兩，圜之，其文龍，名曰「白選」，直三千；二曰重差小，方之，其文馬，直五百；三曰復小，撱佗果反。之，其文龜，直三百。令縣官銷半兩錢，更鑄三銖錢。有司言三銖錢輕，易姦詐，乃更請諸郡國鑄五銖錢，考異曰：漢書本紀元狩五年云「罷半兩錢，行五銖錢」，誤也。按，食貨志前已銷半兩錢，鑄三銖錢，後以三銖錢輕，更鑄五銖，非行五銖而始廢半兩也。食貨志又言「大將軍、驃騎大出擊胡」，如是當是四年，紀載於五年亦非是。周郭其下，令不可磨取鋊焉。

大農上鹽鐵丞孔僅、咸陽言：「山海，天地之藏也，皆宜屬少府，陛下不私，以屬大農佐賦。願募民自給費，因官器作煮鹽，官與牢盆。浮食奇民，欲擅管山海之貨，以致富羡，役利細民。其沮事之議，不可勝聽。敢私鑄鐵器煮鹽者，釱徒計反。左趾，沒入其器物。郡不出鐵者，置小鐵官，使屬在所縣。」使孔僅、東郭咸陽乘傳舉行天下鹽鐵，作官府，除故鹽鐵家富者爲吏。吏道益雜，不選，而多賈人矣。

商賈以幣之變，多積貨逐利。於是公卿言：「郡國頗被菑害，貧民無産業者，募徙廣饒之地。陛下損膳省用，出禁錢以振元元，寬貸賦，而民不齊出於南畝，商賈滋衆。貧者蓄積無有，皆仰縣官。異時算軺車賈人緡錢皆有差，事在元光六年。請算如故。諸賈人末作貰貸賣買，居邑稽諸物，及商以取利者，雖無市籍，各以其物自占，率緡錢二千而一算。諸作有租及鑄，率緡錢四千而一算。非吏比者、三老、北邊騎士，軺車一算；商賈人軺車二算；船五丈以上一算。匿不自占，占不悉，戍邊一歲，没入緡錢。有能告者，以其半畀之。賈人有市籍，及其家屬，皆無得籍名田，以便農。敢犯令，没入田僮。」平準書、食貨志。

天下事皆决於張湯，百姓不安其生，騷動，縣官所興未獲其利，姦吏並侵漁，於是痛繩以辠。自公卿以下至於庶人咸指湯。湯嘗病，上自至舍視病，其隆貴如此。張湯傳。

是時，富豪皆争匿財，唯卜式尤欲助費。上於是以式終長者，乃召拜式爲中郎，賜爵左庶長，田十頃，布告天下，尊顯以風讀曰諷。百姓。初，式不願爲郎。上曰：「吾有羊在上林中，欲令子牧之。」式既爲郎，布衣草蹻居略反。而牧羊。歲餘，羊肥息。上過其羊所，善之。式曰：「非獨羊也，治民亦猶是矣。以時起居，惡者輒去，毋令敗羣。」上奇其言，欲試使治民。拜式緱氏令，緱氏便之；遷成皐令。式傳。

董仲舒説上曰：「春秋它穀不書，至於麥禾不成則書之，以此見聖人於五穀最重麥與禾也。今關中俗不好種麥，是歲失春秋之所重，而損生民之具也。願陛下幸詔大司農，使關中民益種宿麥，令毋後時。」又言：「古者税民不過什一，其求易共；讀曰供。使民不過三日，其力易足。民財内足以養老盡孝，外足以事上共税，下足以畜妻子極愛，故民説讀曰悦。從上。至秦則不然，用商鞅之法，改帝王之制，除井田，民得賣買，富者田連阡陌，貧者亡立錐之地。又顓川澤之利，管山海之饒，荒淫越制，踰侈以相高；邑有人君之尊，里有公侯之富，小民安得不困？又加月爲更卒，已復爲正，一歲屯戍，一歲力役，三十倍於古；田租口賦，鹽鐵之利，二十倍於古。或耕豪民之田，見租什伍。故貧民常衣牛馬之衣，而食犬彘之食。重以貪暴之吏，刑戮妄加，民愁亡聊，亡逃山林，轉爲盜賊，赭衣半道，斷獄歲以千萬數。漢興，循而未改。古井田法雖難卒讀曰猝。行，宜少近具靳反。古，限民名田，以贍不足，考異曰：此事見食貨志，不得其時。荀紀載於榷鹽鐵之後，今從之。塞并兼之路。鹽鐵皆歸於民。去奴婢，除專殺之威。薄賦斂，省繇役，以寬民力。然後可善治也。」其言未施行。食貨志、荀紀。

郎中令李廣從大將軍青擊匈奴，惑失道，大將軍使長史責問，廣遂引刀自剄。及死，一軍皆哭，百姓聞之，知與不知，無老壯，皆爲垂涕。

太史公曰：「傳曰：『其身正，不令而行；其身不正，雖令不從。』其李將軍之謂也？余睹李將軍恂恂如鄙人，口不能道辭。及死之日，天下知與不知，皆爲盡哀。彼其忠實心誠信於士大夫也！諺曰：『桃李不言，下自成蹊。』此言雖小，可以諭大。」單于遣使請和親，天子下其議。時董仲舒欲頗增和親之約，考異曰：此事見匈奴傳贊，不得其時，今附於匈奴請和親，上下其議之後。以爲「義動君子，利動貪人，如匈奴者，非可以仁義說也，獨可說以厚利，結之於天耳。故與之厚利以沒其意，與盟於天以堅其約，質其愛子以累其心，匈奴雖欲展轉，奈失重利何，奈欺上天何，奈殺愛子何。夫賦斂行賂不足以當三軍之費，城郭之固無以異於貞士之約，而使邊城守境之民父兄緩帶，稚子咽音宴。哺，音捕。胡馬不窺於長城，而羽檄不行於中國，不亦便於天下乎！」匈奴贊。博士狄山亦言「和親便」。上問其便，山曰：「兵者，凶器，未易數動。高帝欲伐匈奴，大困平城，乃遂結和親。孝惠、高后時，天下安樂，及孝文帝欲事匈奴，北邊蕭然苦兵矣。孝景時，吳楚七國反，景帝往來東宫間，天下寒心數月。吳楚已破，竟景帝不言兵，天下富實。今自陛下舉兵擊匈奴，中國空虚，邊民大困。由此觀之，不如和親。」上問張湯，湯曰：「此愚儒無知。」山曰：「臣固愚，愚忠；若御史大夫湯，乃詐忠。湯之治淮南、江都，以深文痛詆諸侯，别疏骨肉，使藩臣不自安。臣固知湯之爲詐忠。」丞相長史任敞曰：「匈奴新困，宜使爲外臣朝請於邊。」按，原本脱「丞相」以下二十字，上下文意不屬，今補入。於是上遣山乘障，使任敞使於單于。單于聞敞計，大怒，留之不遣，山至月餘，匈奴斬山頭而去。張湯、匈奴傳。

是歲，更五銖錢白金起，民爲姦，京師尤甚，乃以定襄太守河東義縱爲右内史，河内太守陽陵王温舒爲中尉，中尉丞宜陽楊僕爲主爵都尉。百官表、酷吏傳。初，縱爲南陽太守，聞甯成家居南陽，及至關，甯成爲關都尉，側行送迎，然縱氣盛，弗爲禮。至郡，遂按甯氏，破其家。成坐有罪，及孔、暴之屬皆奔亡，南陽吏民重足一迹。而平氏朱彊、杜衍杜周爲縱爪牙之吏，任用，遷爲廷尉史。軍數出定襄，定襄吏民亂敗，於是徙縱爲定襄太守。縱以鷹擊毛摯爲治，温舒至惡，所爲弗先言縱，縱必以氣陵之，敗壞其功。其治，所誅殺甚多，然取音趣。爲小治，姦益不勝，直指始出矣。吏之治以斬殺縛束爲務，閻奉以惡用矣。縱廉，其治效郅都。初，温舒以治獄至廷尉史。事張湯，遷爲御史，督盜賊，殺傷甚多。稍遷至廣平都尉，廣平聲爲道不拾遺。上聞，遷爲河内太守，捕郡中豪猾，相連坐千餘家。論報，至流血十餘里。天子聞之，以爲能，遷爲中尉。其治復放河内，徙諸名禍猾吏與從事，河内則楊皆、麻戊，關中楊贛、成信等。僕初以千夫爲吏。河南守案舉以爲能，遷御史，使督盜賊關東。治放尹齊，以敢摯行，稍遷至主爵都尉，列九卿。天子以爲能。酷吏傳。

文成方益衰，神不至。乃爲帛書以飯牛，佯不知，言曰此牛腹中有奇。殺視得書，書言甚怪。天子識其手書，問其人，果僞書，於是誅文成將軍而隱之。封禪書。

五年春月甲午，丞相李蔡坐詔賜冢地陽陵當得二十畝，蔡盜取三頃，頗賣得四十餘萬，又盜神道外堧地一畝葬其中，當下吏，自殺。太常戚侯李信成，坐縱蔡侵道爲隸臣。百官表、侯表、李廣傳。顔曰：「男子爲隸臣，女子爲隸妾。」考異曰：百官表作李信成，侯表作季信成。按，信成，必之曾孫也。而灌嬰傳亦作李必，當是。侯表誤作季，今從百官表。

是歲，李敢爲郎中令，司馬安爲廷尉。安，汲黯姊子，文深巧善宦，四至九卿。百官表、汲黯傳。敢怨大將軍青之恨其父，迺擊傷大將軍，大將軍匿諱之。居無何，敢從上雍，至甘泉宮獵，驃騎將軍去病怨敢傷青，射殺敢。考異曰：通鑑載於元狩六年。按，百官表元狩五年載郎中令李敢，傳云：「代廣爲郎中令。頃之，擊傷青。居無何，從上至甘泉，去病射殺敢。居歲餘，去病死。」然去病以元狩六年死，則射敢當是五年，明矣。考荀紀亦載於五年，兼六年無行幸甘泉。今從荀紀，附於五年上甘泉之後。去病時方貴幸，上爲諱，云鹿觸殺之。李廣傳。

初置諫大夫、丞相司直。百官表。

六年冬十月，「大司馬臣去病昧死再拜上書皇帝陛下：陛下過聽，使臣去病待罪行間。宜專邊境之思慮，暴骸中野無以報，乃敢惟他議以干用事者，誠見陛下憂勞天下，哀鄰百姓以自忘，虧膳貶樂，損郎員。皇子賴天，能勝衣趨拜，至今無號位師傅官。陛下恭讓不恤，羣臣私望，不敢越職而言。臣竊不勝犬馬心，昧死願陛下詔有司，因盛夏吉時定皇子位。唯陛下幸察。臣去病昧死再拜以聞皇帝陛下。」

春三月乙亥，御史臣光守尚書令奏未央宮。制曰：「下御史。」三月戊申朔，乙亥，御史臣光守尚書令、丞非，下御史書到，言：「丞相臣青翟、御史大夫臣湯、太常臣充、按，百官表元狩四年李成信爲太常，二年，免。六年，樂賁爲太常，無名充者，疑世家有誤。大行令臣息、太子少傅臣安行宗正事昧死上言：臣謹與中二千石、二千石臣賀等議：古者裂地立國，並建諸侯以承天子，所以尊宗廟重社稷也。臣青翟、臣湯等昧死請立皇子臣閎、臣旦、臣胥爲諸侯王。昧死請所立國名。」制曰：「蓋聞周封八百，姬姓並列，或子、男、附庸。禮『支子不祭』。云並建諸侯所以重社稷，朕無聞焉。且天非爲君生民也。朕之不德，海内未洽，乃以未教成者强君連城，即股肱何勸？其更議以列侯家之。」三月丙子，奏未央宫。「丞相臣青翟、御史大夫臣湯昧死言：臣謹與列侯臣嬰齊、中二千石二千石臣賀、諫大夫博士臣安等議曰：伏聞周封八百，姬姓並列，奉承天子。康叔以祖考顯，而伯禽以周公立，咸爲建國諸侯，以相、傅爲輔。百官奉憲，各遵其職，而國統備矣。竊以爲並建諸侯所以重社稷者，四海諸侯各以其職奉貢祭。支子不得奉祭宗祖，禮也。封建使守其藩國，帝王所以扶德施化。陛下奉承天統，開明聖緒，尊賢顯功，興滅繼絶。續蕭文終之後於酇，褒厲羣臣平津侯等。昭六親之序，明天地之屬，使諸侯王封君得推私恩分子弟户邑，錫號尊建百有餘國。而家皇子爲列侯，則尊卑相踰，列位失序，不可以垂統於萬世。臣請立臣閎、臣旦、臣胥爲諸侯王。」三月丙子，奏未央宫。制曰：「康叔親屬有十而獨尊者，褒有德也。周公祭天命郊，故魯有白牡、騂剛之牲。羣公不毛，賢不肖差也。『高山仰之，景行嚮之』，朕甚慕焉。所以抑未成，家以列侯可。」夏四月戊寅，奏未央宫。「丞相臣青翟、御史大夫臣湯昧死言：臣青翟等與列侯、吏二千石、諫大夫、博士臣慶等議曰：康叔親屬有十，武王繼體，周公輔成王，其八人皆以祖考之尊建爲大國。康叔之年幼，周公在三公之位，而伯禽據國於魯，蓋爵命之時，未至成人。康叔後扞禄父之難，伯禽殄淮夷之亂。昔五帝異制，周爵五等，春秋三等，皆因時而序尊卑。高皇帝撥亂世反諸正，昭至德，定海内，封建諸侯，爵位二等。皇子或在襁褓而立爲諸侯王，奉承天子，爲萬世法則，不可易。今諸侯支子封至諸侯王，而家皇子爲列侯，臣青翟、臣湯等竊伏熟計之，皆以爲尊卑失序，使天下失望，不可。臣請立臣閎、臣旦、臣胥爲諸侯王。」四月癸未，奏未央宫，留中不下。「丞相臣青翟、太僕臣賀、行御史大夫事太常臣充、太子少傅臣安行宗正事昧死言：臣青翟等前奏大司馬臣去病上疏言，皇子未有號位。臣等昧死請立皇子臣閎等爲諸侯王，陛下固辭弗許，家皇子爲列侯。臣青翟竊與列侯臣壽成等二十七人議，皆以爲尊卑失序。高皇帝建天下，爲漢太祖，王子孫，廣支輔。先帝法則弗改，所以宣至尊也。臣請令史官擇日，具禮儀上，御史奏輿地圖，他皆如前故事。」制曰：「可。」

時閎母王夫人病，帝自臨問之。曰：「子當爲王，欲安所置之？」王夫人曰：「陛下在，妾又何等可言者。」帝曰：「雖然，意所欲，欲於何所王之？」王夫人曰：「願君雒陽。」帝曰：「雒陽有武庫敖倉，天下衝扼，漢國之大都也。先帝以來，無子王於雒陽者。去雒陽，餘盡可。」王夫人不應。帝曰：「關東之國，無大於齊者。齊東負海而城郭大，古時獨臨菑中十萬户，天下膏腴地莫勝於齊者矣。」王夫人以手擊頭，謝曰：「幸甚。」四月丙申，奏未央宫。「太僕臣賀行御史大夫事昧死言〔三〕：太常臣充言卜入四月二十八日乙巳，可立諸侯王。臣昧死奏輿地圖，請所立國名。禮儀别奏。臣昧死請。」制曰：「立皇子閎爲齊王，旦爲燕王，胥爲廣陵王。」四月丁酉，奏未央宫。六年四月戊寅朔，癸卯，御史大夫湯下丞相，丞相下中二千石，二千石下郡太守、諸侯相，丞書從事下當用者。如律令。三王世家。

三王同日立，皆賜策，各以國土風俗申戒焉。曰：「維元狩六年四月乙巳，皇帝使御史大夫湯廟立子閎爲齊王，曰：『於戲！小子閎，受兹青社。朕承天序，惟稽古，建爾國家，封於東土，世爲漢藩輔。於戲！念哉，恭朕之詔。惟命不于常，人之好德，克明顯光；義之不圖，俾君子怠。悉爾心，允執其中，天禄永終；厥有愆不臧，迺凶于乃國，而害于爾躬。於戲！保國乂民，可不敬與！王其戒之！』」賜燕王旦策曰：「於戲！小子旦，受兹玄社。朕承祖考，維稽古，建爾國家，封於北土，世爲漢藩輔。於戲！葷粥氏虐老獸心，侵犯寇盜，加以姦巧邊萌。朕命將率徂征厥罪，萬夫長，千夫長，三十有二君皆來，降旗奔師。葷粥徙域，北州以綏。悉爾心，毋作怨，毋作菲德，毋迺廢備。非教士不得從徵。於戲！保國乂民，可不敬與！王其戒之。」賜廣陵王胥策曰：「於戲！小子胥受兹赤社。朕承祖考，維稽古，建爾國家，封於南土，世爲漢藩輔。古人有言曰：『大江之南，五湖之間，其人輕心。揚州保疆，三代要服，不及以政。』於戲！悉爾心，戰戰兢兢，乃惠乃順，毋侗音通。好佚，毋邇宵人，維法維則。書云：『臣不作威，不作福，靡有後羞。』於戲！保國乂民，可不敬與！王其戒之。」三王世家、武五子傳。以卜式爲齊王太傅。平準書。旦、胥，李姬子，閎以母故，尤愛幸。武五子傳。

御史大夫張湯方隆貴用事，減宣、杜周等爲中丞，尹齊、王温舒等用慘急刻深爲九卿，直指夏蘭之屬始出而大農顔異誅矣。初，異爲濟南亭長，以廉直稍遷至九卿。上與張湯既造白鹿皮幣，問異。異曰：「本末不相稱。」及人有告異以它議，事下張湯治異。湯奏當異九卿見令不便，不入言而腹誹，論死。考異曰：徐廣謂在元狩四年，按，百官表「四年，大農令顔異，二年，坐腹誹誅」，當是六年。今書於六年。

六月，遣博士褚大等六人分循行天下。本紀。徐偃矯制，使膠東、魯國鼓鑄鹽鐵。還，奏事，徙爲太常丞。御史大夫張湯劾偃矯制大害，法至死。偃以爲春秋之義，大夫出疆，有可以安社稷，存萬民，顓之可也。湯以致其法，不能詘其義。有詔下謁者給事中終軍問狀，軍詰偃曰：「古者諸侯國異俗分，百里不通，時有聘會之事，安危之執，呼吸成變，故有不受辭造命顓己之宜；今天下爲一，萬里同風，故春秋『王者無外』。偃巡封域之中，稱以出疆何也？且鹽鐵，郡有餘臧，正二國廢，國家不足以爲利害，而以安社稷存萬民爲辭，何也？」又詰偃：「膠東南近琅邪，北接北海，魯國西枕泰山，東有東海，受其鹽鐵。偃度四郡口數田地，率其用器食鹽，不足以并給二郡邪？將執宜有餘，而吏不能也？何以言之？偃矯制而鼓鑄者，欲及春耕種贍民器也。今魯國之鼓，當先具其備，至秋乃能舉火。此言與實反者非？偃已前三奏，無詔，不惟所爲不許，而直矯作威福，以從民望，干名采譽，此明聖所必加誅也。『枉尺直尋』，孟子稱其不可；今所犯罪重，所就者小，偃自予必死而爲之邪？將幸誅不加，欲以采名也？」偃窮詘，服罪當死。軍奏：「偃矯制顓行，非奉使體，請下御史徵偃即罪。」奏可。上善其詰，有詔示御史大夫。終軍傳。考異曰：此事不得其時，今附於徐偃出使之後。

秋九月，大司馬驃騎將軍冠軍侯霍去病薨。本紀。上悼之，發屬國玄甲，軍陳自長安至茂陵，爲冢象祁連山，謚曰景桓侯。去病傳。初，霍仲孺以縣吏給事平陽侯家，與侍者衛少兒私通，而生去病。吏畢歸家，娶婦生子光。去病既壯大，乃自知父爲霍仲孺。會爲驃騎將軍擊匈奴，道出河東，遣吏迎仲孺，而大爲買田宅奴婢而去。及還，因將光西至長安，任以爲郎，稍遷諸曹侍中。去病死後，光爲奉車都尉光禄大夫。霍光傳、通鑑。

奉車都尉掌御乘輿車，帝初置。百官表。

是歲，開丞相史員三百八十二人，令丞相以四科辟士：第一科曰德行高妙，志節清白；二科曰學通行修，經中博士；三科曰明曉法令，足以決疑，能按章覆問，文中御史；四科曰剛毅多略，遭事不惑，明足以照姦，勇足以決斷。才任三輔，令皆試以其能，信然後官之。一科補西曹南閤祭酒，二科補議曹，三科補四辭八奏，四科補賊決。漢儀，又通典章帝詔：「復用前漢丞相故事，以四科辟士。」杜氏釋曰：「武帝因仲舒之言立制，故事在丞相府，今復用之。」

校勘記

〔一〕垂聖思於勒成　四庫本「思」作「恩」，據漢書終軍傳及金華叢書本改。

〔二〕不害有子建　四庫本無「不害」二字，蓋涉上而脱，據史記、漢書淮南王傳補。

〔三〕太僕臣賀行御史大夫事昧死言　四庫本脱「昧死言」三字，則卜立諸侯王日者非專指太常趙充一人，與史不符，據史記三王世家補。

西漢年紀卷十五

武帝

元鼎元年考異曰：通鑑考異云：武紀此年云「得鼎汾水上」。按，封禪書欒大封樂通侯之歲，其六月，「汾陰巫錦爲民祠魏脽后土營旁得鼎」，武紀「四年六月得鼎后土祠旁」。侯表「四年四月乙巳，欒大封侯」。然則得鼎應在四年。蓋本紀因今年改元而誤增此得鼎一事耳，非兩曾得鼎於汾水上也。封禪書云「天子已封泰山，反，至甘泉。有司言寶鼎出爲元鼎，以今年爲元封元年。」然則元鼎年號亦如建元、元光，皆後來追改耳。通鑑元年不書得鼎事，今從之。夏五月，赦天下。本紀。

是歲蓋侯王信爲太常。百官表。初，王太后親田蚡而疏蓋侯，衛皇后冒母姓，天下化之，皆愛母黨，而不愛父族。同母異父兄弟，則相穆；同父異母，即如路人。上又以太后故愛修成君，皇太后微時，爲金王孫生女在民間，帝賜湯沐邑，號修成君。賞賜過於長公主。兒寬諫曰：「夫禽獸知母而不知父，至於匈奴亦然。此悖亂之道也。皇后外家比有此事，天下化之，陛下又隨而效之，臣懼風俗大壞，傷絶天理。弗起而救之，臣恐四夷有輕中國之心。願陛下察之。」上迺下詔曰：「禮，異父昆弟無服，異母昆弟期。何者？本末異，明所愛者一也。今或爲異父昆弟功期，而弗爲同父昆弟服。疏其所親，親其所疏，豈天地之性，聖人制禮之意哉！自今有不爲異母昆弟服者，坐之。」漢武故事。

二年冬十一月，御史大夫張湯有罪，自殺。本紀。始，長史朱買臣與嚴助俱侍中，貴用事，湯尚爲小吏，趨走買臣等前。後湯以廷尉治淮南獄，排陷嚴助，買臣怨湯。王朝，齊人，以術至右内史。邊通學短長，剛暴人也，官至濟南相。故皆居湯右，已而失官，守長史，詘體於湯。湯數行丞相事，知此三長史素貴，常陵折之，故三長史合謀曰：「始湯約與君謝，已而賣君；今欲劾君以宗廟事，此欲代君耳。吾知湯陰事。」使吏捕案湯左田信等，及它姦事。事辭頗聞。上以湯懷詐面欺，使使八輩簿責湯。湯具自道無此，不服。於是上使趙禹責湯。禹至，讓湯曰：「君何不知分也！君所治，夷滅者幾何人矣！今人言君皆有狀，天子重致君獄，欲令君自爲計，何多以對爲？」湯乃爲書謝曰：「湯無尺寸之功，起刀筆吏，陛下幸致位三公，無以塞責。然謀陷湯者，三長史也。」遂自殺。湯死，家産不過五百金，皆所得奉扶用反。賜，無它贏。昆弟諸子欲厚葬湯，湯母曰：「湯爲天子大臣，被惡言而死，何厚葬爲！」載以牛車，有棺而無椁。上聞之曰：「非此母不生此子。」乃盡按誅三長史。十二月壬辰，丞相青翟自殺。考異曰：百官表青翟自殺以爲二月。按，青翟之事與湯相連，不應湯死在十一月，而青翟乃遲至二月也。故漢書本紀作十二月，而荀紀亦然，當是百官表誤。今從本紀，荀紀，「壬辰」二字從通鑑。按，張湯傳叙湯得罪之由甚悉，此本删去湯與魯謁居爲奸論殺李文事，未免遺漏。又，删去盗發孝文園瘞錢湯約與莊青翟俱謝事，三長史合謀以下，亦無緣起，疑有脱文。出田信。上惜湯，復稍進湯子安世。朱買臣、張湯傳。安世寬仁，與湯行異。荀紀。

太史公酷吏傳贊曰：「自郅都、杜周十人者，此皆以酷烈爲聲。然郅都伉直，引是非，争天下大體。張湯以知陰陽，人主與俱上下，時數辯當否，國家賴其便。趙禹時據法守正。杜周從諛，以少言爲重。自張湯死後，網密，多詆嚴，官事寖以秏廢。九卿碌碌奉其官，救過不贍，何暇論繩墨之外乎！然此十人中，其廉者足以爲儀表，其污者足以爲戒，方略教導，禁姦止邪，一切亦皆彬彬質有其文焉。雖慘酷，斯稱其位矣。至若蜀守馮當暴挫，廣漢李貞擅磔人，東郡彌僕鋸項，天水駱壁推減，河東褚廣妄殺，京兆無忌、馮翊殷周蝮鷙，水衡閻奉扑擊賣請，何足數哉！」

是時，越欲與漢用船戰逐，乃大修昆明池，列館環之。治樓船，高十餘丈，旗幟加其上，甚壯。食貨志。

三月辛亥，以太子少傅高陵侯趙周爲丞相，太子太傅石慶爲御史大夫。百官表、大事記。

考異曰：百官表趙周相作「二月辛亥」，石慶御史大夫「三月辛亥」。同是辛亥，不應分兩月也。按，長曆是年三月丙中朔，而三月無辛亥，當是趙周、石慶之拜同一日也。百官表傳寫之差，遂以「三月」爲「二月」耳。荀紀亦作「三月」。又百官表趙周亦作太子太傅，不應同時有兩太傅也。按，初立太子選可爲傅者，即以石慶爲太子太傅，以莊青翟爲太子少傅。後青翟作相，故以趙周補其闕耳。非太傅也。今改作「少」字。

是歲，孔僅爲大農令，而桑弘羊爲大農中丞，筦諸會計事，稍稍置均輸以通貨物矣。始令民得入穀補官，郎至六百石。百官表、平準書。初置水衡都尉。百官表。時大農筦鹽鐵官布多，置水衡，欲以主鹽鐵；及楊可告緡錢，上林財物衆，乃令水衡主上林苑，平準書。有五丞。屬官有上林、均輸、御羞、禁圃、輯濯、鍾官、技巧、六廄、辯銅九官令丞。百官表。初，御羞、上林衡官及鑄錢皆屬少府。郡國多姦鑄錢，錢多輕，而公卿請令京師鑄鍾官赤側，一當五，賦官用非赤側不得行。白金稍賤，民不寶用，縣官以令禁之，無益。白金終廢不行。平準書。

中郎將張騫爲大行令。百官表。初，天子數問騫大夏之屬，騫既失侯，因曰：「臣居匈奴中，聞烏孫王號昆莫。昆莫父難兜靡本與大月氏俱在祁連、敦煌間，小國也。大月氏攻殺難兜靡，奪其地，人民亡走匈奴。子昆莫新生，傅父布就翖與翕同。侯抱亡置草中，爲求食，還，見狼乳之，又烏銜肉翔其旁，以爲神，遂持歸匈奴，單于愛養之。及壯，以其父民衆與昆莫，使將兵，數有功。時月氏已爲匈奴所破，西擊塞先得反。王。塞王南走遠徙，月氏居其地。昆莫既健，自請單于報父怨，遂西攻破大月氏。大月氏復西走，徙大夏地。昆莫略其衆，因留居，兵稍彊，會單于死，不肯復朝事匈奴。匈奴遣兵擊之，不勝。益以爲神而遠于萬反。之。今單于新困於漢，而昆莫地空。蠻夷戀故地，又貪漢物，誠以此時厚賂烏孫，招以東居故地，漢遣公主爲夫人，結昆弟，其勢宜聽，則是斷匈奴右臂也。既連烏孫，自其西大夏之屬皆可招來而爲外臣。」天子以爲然，拜騫爲中郎將，遣之旁國。還，拜爲大行令。張騫傳。

三年冬，徙函谷關于新安。考異曰：應劭謂「時樓船將軍楊僕數有大功，恥爲關外民，上書乞徙東關，以家財給其用度」。按，楊僕以伐南越方爲樓船將軍，猶在二年之後。兼是時僕亦未有大功也。今不取。

十一月，令民告緡者以其半與之。本紀。考異曰：此漢書本紀所書也。通鑑書於元狩四年，至元鼎三年之令，則以爲重出，削而不取。呂氏解題曰：「元狩四年之令，固曰有能告者以其半畀之，此見食貨志，楊可告緡，義縱捕其爲可使者，當時雖有畀半之賞，而告者猶少，故可遣使督之。今年復申舊令，以促之也。」此説爲是，今從之。時楊可告緡徧天下，中家以上大抵皆遇告。杜周治之，獄少反者。乃分遣御史、廷尉正監分曹往，即治郡國緡錢，得民財物以億計，奴婢以千萬數，田大縣數百頃，小縣百餘頃，宅亦如之。於是商賈中家以上大率破，民偷甘食好衣，不事蓄藏之産業，而縣官以鹽鐵緡錢之故，用益饒矣。益廣關，置左右輔。乃分緡錢諸官，而水衡、少府、大農、太僕各置農官，往往即郡縣比没入田田之。其没入奴婢，分諸苑養狗馬禽獸，及與諸官。諸官益新置多，徙奴婢衆，而下河漕度四百萬石，及官自糴乃足。所忠言：「世家子弟富人或鬬雞走狗馬，弋獵博戲，亂齊民。」乃徵諸犯令，相引數千人，命曰「株送徒」。入財者得補郎，郎選衰矣。平準書。

三月，水冰。五行志。

夏四月，常山憲王舜薨。舜，景帝少子。驕淫，數犯禁，上常寬之。及薨，子勃嗣爲王。數月，坐憲王病時不嘗藥侍疾及居喪無禮廢，徙房陵，國除。月餘，天子爲最親，詔有司曰：「常山憲王早夭，后妾不和，適音嫡。孽誣争，陷於不誼以滅國，朕甚閔焉。其封憲王子平三萬户，爲真定王；子商三萬户，爲泗水王。」本紀、通鑑、景十三王傳。考異曰：本紀書於明年，今從本傳與子平爲真定王同封，書於三年。

中尉王温舒爲廷尉，關都尉東郡尹齊爲中尉。百官表。初，齊以刀筆吏稍遷至御史。事張湯，湯數稱以爲廉。帝使督盗賊，斬伐不避貴埶。遷關都尉，聲甚於甯成。上以爲能，拜爲中尉。吏民益凋敝，輕齊木强少文，豪惡吏伏匿而善吏不能爲治，故事多廢。酷吏傳。

赤側錢賤，民巧法用之不便，又廢。考異曰：通鑑載於二年。吕氏考平準書張湯死後二歲赤側錢廢，遂書於四年。二者不同。及按百官表太常周師居坐不收赤側收行錢論，書於元鼎三年。如此則赤側之廢在三年無疑，當是平準書「二歲」字誤。今從百官表，書於三年。諸郡國所前鑄錢皆廢銷之，輸其銅入官。平準書。太常周師居坐不收赤側收行錢論。百官表。

四年冬十月，行幸雍，祠五畤。本紀。上曰：「今上帝朕親郊，而后土無祀，則禮不答也。」有司與太史令談祠官寬舒議：「天地牲角繭栗。今陛下親祠后土，后土宜於澤中圜丘爲五壇，壇一黄犢太牢具，已祠盡瘞，而從祠衣上黄。」於是天子遂自夏陽馮翊之縣。東幸汾陰。封禪書、本紀。汾陰男子公孫滂普郎反。洋等見汾旁有光如絳，上遂立后土祠於汾陰脽上。郊祀志。

春二月，中山靖王勝薨，子昌嗣。紀表。

樂成侯丁義上書言欒大。大，膠東宮人，故嘗與文成將軍同師，已而爲膠東王尚方。而樂成侯姊爲康王后，無子。康王死，他姬子立爲王。而康后有淫行，與王不相中，竹仲反。相危以法。康后聞文成已死，而欲自媚於上，乃遣欒大入，因樂成侯求見言方。考異曰：通鑑考異云：漢書郊祀志作「樂成侯登。」按，史記、漢書功臣表當爲丁義。今從之。天子既誅文成，後悔其蚤死，惜其方不盡，及見欒大，大說。使驗小方，鬬旗，旗自相觸擊。考異曰：通鑑考異云：封禪書、郊祀志皆作「鬬棊」，獨史記孝武紀作「鬬旗」。按，漢武故事云：「大嘗於殿前樹旍數百枚，大令旍自相擊。」然則作「旗」字者是也，今從之。乃拜大爲五利將軍。居月餘，得四印，佩天士將軍、地士將軍、大通將軍印。

夏四月乙巳，制詔御史：「昔禹疏九江，决四瀆。閒者河溢皋陸，隄繇不息。朕臨天下二十有八年天若遺朕士而大通焉。乾稱『蜚龍』，『鴻漸于般』，朕意庶幾與焉。其以二千户封地士將軍大爲樂通侯。」賜列侯甲第，僮千人。乘輿斥車馬帷帳器物以充其家。又以衛長公主妻之，齎金十萬斤，更名其邑曰當利公主。於是五利常夜祠其家，欲以下神。其後裝治行，東入海求其師云。

六月，汾陰巫錦爲民祠魏脽后土營旁，見地如鉤狀，棓蒲溝反。視得鼎。鼎大八尺一寸，高三尺六寸，殊異於衆鼎，文鏤無款識，式志反。怪之，言吏。吏告河東太守勝，勝以聞。天子使驗問巫得鼎無姦詐，迺以禮祠，迎鼎至甘泉，從上時掌反。行，薦之。至中讀曰中。山，晏温，有黄雲焉。有鹿過，上自射之，因以祭云。至長安，公卿皆議尊寶鼎。天子曰：「閒者河溢，歲數不登，故巡祭后土，祈爲百姓育穀。今穀嗛未報，鼎曷爲出哉？」有司皆言：「聞昔泰帝興神鼎一，一者一統，天地萬物所繫象也。黄帝作寶鼎三，象天地人。禹收九牧之金，鑄九鼎，象九州。皆常鬺亨普庚反。上帝鬼神。遭聖則興。夏德衰，鼎遷于殷；殷德衰，鼎遷于周；周德衰，鼎遷于秦；秦德衰，宋之社亡，鼎迺淪伏而不見。今鼎至甘泉，以光潤龍變，承休無疆。合兹中山，有黄白雲降，蓋若獸爲符，路弓乘矢，集獲壇下，報祠大亨。唯受命而帝者心知其意而合德焉。鼎宜視宗禰廟，藏於帝庭，以合明應。」制曰：「可。」郊祀志、封禪書。

秋，馬生渥洼於佳反。水中。本紀。先是，南陽新野有暴利長，遭刑，屯田燉煌界，數於此水旁見羣野馬中有奇異者，與凡馬來飲水。利長先作土人，持勒靽於水旁。後馬玩習，久之代土人持勒靽收得其馬，獻之。欲神異此馬，云從水中出。李斐注。於是作寶鼎、天馬之歌。本紀。考異曰：史記樂書云：帝嘗得神馬於渥洼水中，次以爲歌。中尉汲黯進曰：「凡王者作樂，上以承祖宗，下以化兆民。今陛下得馬，次以爲歌，協於宗廟，先帝百姓豈能知其音邪？」上默然不説。丞相公孫弘曰：「黯誹謗聖制，當族。」今以史考之，其事皆不合。公孫弘以元狩二年薨，汲黯以元狩三年免右内史，皆在得馬之前。又黯未嘗爲中尉，必是樂書差誤，今不取。

中尉尹齊坐法抵罪，復徙廷尉王温舒爲中尉，以故少府趙禹爲廷尉，中大夫兒寬爲左内史。百官表。温舒爲人少文，居它惽惽音昏。不辯，至於中尉則心開。素習關中俗，知豪惡吏，豪惡吏盡復爲用。吏苛察淫惡少年，投缿音項。購告言姦，置伯落長以收司姦。温舒多諂，善事有勢者；即無勢，視之如奴。有埶家，雖有姦如山，弗犯；無埶，雖貴戚，必侵辱。舞文巧，請下户之猾，以動大豪。其治中尉如此。姦猾窮治，大氐盡靡爛獄中，行論無出者。其爪牙吏虎而冠，於是中尉部中中猾以下皆伏。温舒傳。

上時掌反。雍，且郊。或曰：「五帝，泰一之佐也，宜立泰一而上親郊之。」上疑未定。

齊人公孫卿曰：「今年得寶鼎，其冬辛巳朔旦冬至，與黄帝時等。」卿有札書曰：「黄帝得寶鼎冕候，問於鬼臾區，鬼臾區對曰：『黄帝得寶鼎神策，是歲己酉朔旦冬至，得天之紀，終而復始。』於是黄帝迎日推策，後率二十歲復朔旦冬至，凡二十推，三百八十年，黄帝僊登於天。」卿因所忠欲奏之。所忠視其書不經，疑其妄言，謝曰：「寶鼎事已決矣。尚何以爲！」卿因嬖人奏之。上大説，迺召問卿。對曰：「受此書申公，申公已死。」上曰：「申公何人也？」卿曰：「齊人，與安期生通，受黄帝言，無書，獨有此鼎書。曰：『漢興復當黄帝之時。』曰：『漢之聖者，在高祖之孫且曾孫也。寶鼎出而與神通，封禪。封禪七十二王，唯黄帝得上泰山封。』申公曰：『漢帝亦當上封禪，封禪則能僊登天矣。黄帝萬諸侯，而神靈之封君七千。天下名山八，而三在蠻夷，五在中國。中國華山、首山、太室山、泰山、東萊山〔二〕，此五山黄帝之所常遊，與神會。黄帝且戰且學僊，患百姓非其道，迺斷斬非鬼神者。百餘歲然後得與神通。黄帝郊雍上帝，宿三月。鬼臾區號大鴻，死葬雍，故鴻冢是也。其後黄帝接萬靈明庭。明庭者，甘泉也。所謂寒門者，谷口也。黄帝鑄鼎於荆山下，鼎既成，有龍垂胡𩑔下迎，黄帝上騎，龍乃去，餘小臣不得上，乃悉持龍𩑔，龍𩑔拔，墮，墮黄帝之弓。百姓仰望黄帝既上天，乃抱其弓與龍𩑔號，故後世因名其處曰鼎湖，其弓曰烏號。』」於是上曰：「嗟乎！誠得如黄帝，吾視去妻子如脱屣耳。」乃拜卿爲郎。郊祀志。

五年冬十月，行幸雍，祠五畤。本紀。

令民得畜牧邊縣，官假馬母，三歲而歸，及息什一，以除告緡，用充仞新秦中。平準書。

上幸甘泉。令祠官寬舒等具泰一祠壇，祠壇放亳忌泰一壇，三陔。音該。五帝壇環居其下，各如其方。黃帝西南，除八通鬼道。泰一所用，如雍一時物，而加醴棗脯之屬，殺一犛音貍。牛，以爲俎豆牢具。而五帝獨有俎豆醴進。其下四方地，爲腏，與綴同。食讀曰飤。羣神從者及北斗云。已祠，胙餘皆燎之。十一月辛巳朔旦冬至，昧爽，天子始郊拜泰一。朝朝日，夕夕月，則揖；而見泰一如雍郊禮。其贊饗曰：「天始以寶鼎神策授皇帝，朔而又朔，終而復始，皇帝敬拜見焉。」而衣上黃。其祠列火滿壇，壇旁亨炊具。有司云「祠上有光」。公卿言「皇帝始郊見泰一雲陽，有司奉瑄玉嘉牲薦饗，是夜有美光，及晝，黃氣上屬天」。太史令談、祠官寬舒等曰：「神靈之休，祐福兆祥，宜因此地光域立泰畤壇以明應。令大祝領，秋及臘間祠。三歲天子一郊見。」從之。郊祀志。上既立后土、泰一祠，公卿白議封禪事，而郡國皆豫治道，修繕故宮，及當馳道縣，縣治宫儲，共居用反。具而望幸。食貨志。

春三月壬午，天子聞南越反，曰：「韓千秋雖無成功，亦軍鋒之冠，封其子延年爲成安侯；摎樂其姊爲王太后，首願屬漢，封其子廣德爲龍亢侯。」考異曰：通鑑考異云：漢書表作「龍侯」。南越傳作「龔侯」。晉灼曰：「龔，古龍字。」史紀建元以來侯者表及南越傳皆作「龍亢侯」，今從之。按，此僅言千秋、廣德之封，而千秋擊南越及南越太后謀歸漢事皆不載，疑屬脱文。

秋，遣伏波將軍路博德出桂陽，下湟水；樓船將軍楊僕出豫章，下湞水；歸義越侯嚴爲戈船將軍，出零陵，下離水；甲爲下瀨將軍，下蒼梧。皆將罪人，江淮以南樓船十萬人。越馳義侯遺别將巴蜀罪人，發夜郎兵，下牂柯江，咸會番禺。本紀。按，原本脱「遣伏波將軍」以下至此，今從本紀補入。

齊相卜式上書曰：「臣聞主愧臣死。羣臣宜盡死節，其駑下者宜出財以佐軍，如是則强國不犯之道也。臣願與子男及臨菑習弩博昌習船者請行，死之以盡臣節。」上賢之，下詔曰：「朕聞報德以德，報怨以直。今天下不幸有事，郡縣諸侯未有奮繇直道者也。齊相雅行躬耕，隨牧蓄蕃，輒分昆弟，更造，不爲利惑。日者北邊有興，上書助官。往年西河歲惡，率齊人入粟。今又首奮，雖未戰，可謂義形於内矣。其賜式爵關内侯，黄金四十斤，田十頃。」

九月辛巳，丞相趙周坐知列侯酎金輕下獄，自殺。本紀、南粤、卜式傳、平準書、百官表、通鑑。考異曰：百官表載於五年，荀悦漢紀載於四年。按，周死坐知列侯酎金輕，而侯表書列侯坐受酎金者，皆作元鼎五年。則知荀紀所載爲誤。今從百官表。按，食貨志「賜式田十頃」下，有「布告天下，天下莫應，列侯以百數，皆莫求從軍。至飲酎，少府省金，而列侯坐酎金免者百餘人」數語。此本不載，文義未明，疑有脱誤。

丙申，制詔御史：「萬石君先帝尊之，子孫至孝，其以御史大夫石慶爲丞相。」百官表、萬石君傳。

爲伐南越，告禱泰一，以牡荆畫幡日月北斗登龍，以象泰一三星，爲泰一鋒旗，命曰「靈旗」。爲兵禱，則太史奉以指所伐國。郊祀志。

初，匈奴冒頓兵强，威震百蠻，臣服諸羌。景帝時，研種留何率種人求守隴西塞，於是徙留何等於狄道、安故，至臨洮、氐道、羌道縣。及帝征伐四夷，開地廣境，北卻匈奴，西逐諸羌，乃度河、湟，築令居塞；初開河西，通至玉門，隔絶羌胡，使南北不得交關。於是障塞亭燧出長城外數千里。時先零羌與封養牢姐種解仇結盟，與匈奴通，合兵十餘萬，共攻令居、安故，遂圍枹罕。後漢西羌傳。

六年冬十月，朝會不置酒。楊僕傳。

遣將軍李息、郎中令徐自爲擊西羌，平之。按，原本脱「遣將軍」以下十六字，今補入。始置護羌校尉，持節統領焉。羌乃去湟中，依西海、鹽池左右。漢遂因山爲塞，河西地空，稍徙人以實之。後漢西羌傳。

樓船將軍楊僕將精卒先陷尋陿，破石門，待伏波將軍。伏波將軍路博德將罪人千餘人，遂俱進。攻敗越人，縱火燒城。遣使招降者，賜印綬，復縱令相招。犁旦，城中皆降伏波。吕嘉、建德已夜亡入海，以船西去。伏波因問所得降者貴人，以知吕嘉所之，遣人追之。以其故校尉司馬蘇弘得建德，南越郎都稽得嘉。南越傳。考異曰：史記、漢書表皆作「孫都」，南越傳皆云「都稽」，今從傳。上行東，將幸緱氏，工侯反。至左邑桐鄉，聞南越破，以爲聞喜縣。春，至汲新中鄉，得吕嘉首，以爲獲嘉縣。本紀。

上既滅南越，嬖臣中山李延年以好音見，上善之。郊祀志。考異曰：郊祀志云：既滅南越，延年以好音見，上善之，下公卿議郊祀立樂。是延年之見當在此時。今從郊祀志，書於滅南越之後。至於立樂府等事，悉附見焉。又，延年傳及禮樂志云延年爲協律都尉，多舉司馬相如等數十人造爲詩賦。按，漢注云：相如既卒五歲，始祠后土。祭后土在元鼎五年，則元狩六年相如已死，豈得尚至此時乎？今易以「文士數十人」字。女弟得幸於上，號李夫人。延年善歌，爲新變聲。是時上方興天地諸祠，欲造樂，延年傳。下公卿議，曰：「民間祠尚有鼓舞樂，今郊祀而無樂，豈稱乎？」公卿曰：「古者祀天地皆有樂，而神祇可得而禮。」或曰：「泰帝使素女鼓五十絃瑟〔三〕，悲，帝禁不止，故破其瑟爲二十五絃。」郊祀志。於是立樂府，采詩夜誦，有趙、代、秦、楚之謳。以延年爲協律都尉，多舉文士數十人造爲詩賦，延年輒承意絃歌所造詩，爲之新聲曲，以合八音之調，作十九章之歌。禮樂志、延年傳。自是塞南越，禱祠泰一、后土，始用樂舞，益召歌兒，作二十五絃及空侯應劭云：「武帝令樂人侯調始造此器。」瑟自此起。封禪書。

初，南越反，上使馳義侯發南夷兵。且子余反。蘭君恐遠行，旁國虜其老弱，乃與其衆反，殺使者及犍爲太守。漢迺發巴蜀罪人當擊南粵者八校尉擊之。會越已破，八校尉不下，中郎將郭昌、衞廣引兵還，行誅隔滇道者且蘭，斬首數萬，遂平南夷爲牂柯郡。考異曰：本紀書曰：「馳義侯遺兵未及下，上便令征西南夷，平之。定西南夷，以爲武都、牂柯、越嶲、沈黎、文山郡。」考西南夷傳，乃云：「馳義侯因犍爲發南夷兵擊越，且蘭君恐遠行，乃反，殺使者及犍爲太守，漢乃發巴蜀罪人當擊南越者八校尉擊之。會越已破，漢八校尉不下，中郎將郭昌、衞廣引兵還，誅之，遂平南夷，爲牂柯郡。」又云：「使王然于以誅南夷兵威風諭滇王入朝。」觀此，則所置郡者南夷，非西夷也。平南夷者，郭昌、衞廣，非馳義侯也。本紀誤矣。呂氏解題曰：「今年所滅邛都、筰都之屬，南夷也。元封二年所滅勞深、靡莫、滇王之屬，西夷也。合而言之，總謂之西南夷。沈黎郡、文山郡，地理志不載，輿地廣記云漢武帝置郡，既而罷之。」夜郎侯始倚南越，南越已滅，還，誅反者，夜郎遂入朝，上以爲夜郎王。南越破後，及漢誅且蘭、邛君，并殺筰侯，冉駹皆震恐，請臣置吏。以邛都爲越嶲郡，筰都爲沈黎郡，冉駹爲文山郡，廣漢西白馬爲武都郡。西南夷傳。迺分武威、酒泉地置張掖、敦徒門反。煌郡，徙民以實之。本紀。考異曰：漢書本紀元鼎六年載分武威、酒泉地置張掖、敦煌郡。而平準書謂置張掖、酒泉郡。則酒泉已置于元狩二年矣。當是平準書誤。又，地理志以張掖、酒泉郡爲太初元年開，武威爲太初四年開，敦煌後元元年分酒泉置，與紀不同，今從本紀。而上郡、朔方、西河、河西開田官，斥塞卒六十萬人戍田之。中國繕道餽糧，遠者三千里〔三〕，近者千餘里，皆仰給大農。邊兵不足，乃發武庫工官兵器以贍之。車騎馬乏絶，縣官錢少，買馬難得，乃著令，令封君以下至三百石以上吏，以差出牝馬天下亭，亭有畜牸馬，歲課息。平準書。

自鄭國渠起，至是百三十六歲，而左内史兒寬奏請穿鑿六輔渠，以益溉鄭國傍高卬之田。上曰：「農，天下之本也。泉流灌寖，古浸字。所以育五穀也。左、右内史地，名山川原甚衆，細民未知其利，故爲通溝瀆，畜陂澤，所以備旱也。今内史稻田租挈苦計反。重，不與郡同，顏曰：「租挈，收田租之約令也。」其議減。令吏民勉農，盡地利，平繇行水，勿使失時。」溝洫志。

校勘記

〔一〕中國華山首山太室山泰山東萊山　四庫本無「中國」二字，蓋涉上而脱，據漢書郊祀志補。

〔二〕泰帝使素女鼓五十絃瑟　四庫本「泰帝」作「大帝」，漢書郊祀志師古注「泰帝亦謂泰昊也」。據郊祀志及金華叢書本改。

〔三〕遠者三千里　四庫本「三」作「二」，據史記平準書改。

西漢年紀卷十六

武帝

元封元年冬十月，上議曰：「古者先振兵釋旅，然後封禪。」乃遂北巡朔方，勒兵十餘萬，還祭黄帝冢橋山，釋兵須如。考異曰：「須如」，漢書作「涼如」，今從史記。上曰：「吾聞黄帝不死，今有冢，何也？」公孫卿曰：「黄帝已僊上天，羣臣思慕，葬其衣冠。」考異曰：史記、漢書並云「或對」，惟漢武故事云「公孫卿對」，今取之。上歎曰：「吾後升天，羣臣亦當葬吾衣冠於東陵乎？」既至甘泉，爲且用事泰山，先類祠太一。本紀、封禪書、漢武故事。

遣匈河將軍趙破奴擊姑師，王恢數爲樓蘭所苦，上令恢佐破奴將兵。破奴與輕騎七百餘先至，虜樓蘭王，遂破姑師，考異曰：通鑑載於三年，蓋取信侯表。按，表所言亦自不一，趙破奴則以爲元封三年封，至王恢則又以爲四年封，獨張騫傳載此事於破奴將屬國騎及郡兵數萬擊胡之次年。又，趙破奴本傳亦云破奴坐酎金失侯，後一歲爲匈河將軍，攻胡至匈河水，無功，後一歲擊樓蘭王，後爲浞野侯。按，紀、表酎金事在元鼎五年，將屬國騎出匈河在元鼎六年。如此則虜樓蘭王在元封元年信矣。今從張騫、趙破奴傳。因暴兵威以困烏孫、大宛之屬。還，封破奴爲浞野侯，恢爲浩侯。於是列亭障至玉門矣。樓蘭既降服貢獻，匈奴聞，發兵擊之。於是樓蘭遣一子質匈奴，一子質漢。西域傳。

王温舒擊東越還，議有不中意，坐以法免。温舒傳。

封禪儀既成，將用事，上以御史大夫卜式不習文章，貶秩爲太子太傅，以左内史兒寬代之。卜式兒寬傳、百官表。初，梁相褚大通五經，爲博士，時寬爲弟子。及御史大夫缺，徵褚大，大自以爲得御史大夫。至洛陽，聞兒寬爲之，褚大笑。及至，與寬議封禪於上前，大不能及，退而服曰：「上誠知人。」寬爲御史大夫，以稱意任職，故久無所匡諫於上，官屬易之。兒寬傳。

以大農丞桑弘羊爲治粟都尉，領大農，盡代孔僅筦天下鹽鐵。弘羊以諸官各自市，相與爭，物故騰躍，而天下賦輸或不償其僦費，乃請置大農部丞數十人，分部主郡國，各往往縣置均輸鹽鐵官，令遠方各以其物如異時商賈所轉販者爲賦，而相灌輸。置平準於京師，都受天下委輸。召工官治車諸器〔一〕，皆仰給大農。大農之諸官盡籠天下之貨物，貴即賣之，賤則買之。如此，富商大賈無所牟大利，則反本，而萬物不得騰踊。故抑天下物，名曰「平準」。天子以爲然，許之。平準書。

以御史中丞咸宣爲左内史，閻奉爲水衡都尉。百官表。宣初爲御史及丞，使治主父偃及淮南反獄，所以微文深詆殺者甚衆，稱爲敢決疑。數起，爲御史及中丞者幾二十歲。及爲左内史，其治米鹽，事小大皆關其手，自部署縣名曹實物，官吏令丞弗得擅摇，痛以重法繩之。居官數年，壹切爲小治辯。咸宣傳。

春正月，行幸緱氏，考異曰：封禪書、郊祀志作「三月」，漢書武紀、荀紀皆作「正月」，今從之。禮登中岳太室。從官在山下聞若有言「萬歲」云。問上，上不言；問下，下不言。夏四月，還至奉高，禮祠地主於梁父。乙卯，令侍中儒者皮弁薦紳，射牛行事。封太山下東方，考異曰：漢書本紀作「癸卯」，封禪書、郊祀志作「乙卯」，二者不同。按，志又云：「明日，下陰道。丙辰，禪泰山下趾東北肅然山。」觀丙辰爲明日，則知爲乙卯明矣。本紀恐誤。司馬公謂武帝以癸卯還，以乙卯至泰山行事，恐或然，亦未可知也。如郊祠泰一之禮。有司言寶鼎出爲元鼎，以今年爲元封元年。封禪書。

天子北至朔方，東到太山，巡海上，並北邊以歸。所過賞賜，用帛百餘萬匹，錢金以巨萬計，皆取足大農。桑弘羊又請令吏得入粟補官，及罪人贖罪。令民入粟甘泉各有差，以復終身，不告緡。他郡國各輸急處，而諸農各致粟，山東漕益歲六百萬石。一歲之中，太倉、甘泉倉滿。邊餘穀諸物均輸帛五百萬匹。民不益賦而天下用饒。於是弘羊賜爵左庶長，黄金再百斤焉。平準書。

二年冬十月，行幸雍，祠五畤本紀。還，拜祝祠太一。贊饗曰：「德星昭衍，厥維休祥。

壽星仍出，淵耀光明。信星昭見，皇帝敬拜太祝之享。」封禪書。

自河決瓠子後二十餘歲，歲因以數不登，而梁楚之地尤甚。天子既封禪巡祭山川，至是旱，乾音干。封少雨。天子乃使汲仁、郭昌發卒數萬人塞瓠子決河。於是天子已用事萬里沙，還自臨決河，湛白馬玉璧於河，令羣臣從官自將軍已下皆負薪寘決河。是時東郡燒草，以故薪柴少，而下淇園之竹以爲楗。其偃反。天子既臨決河，悼功之不成，乃作歌曰：「瓠子決兮將奈何？浩浩洋洋兮慮殫爲河！殫爲河兮地不得寧，功無已時兮吾山平。吾山平兮鉅野溢，魚沸鬱兮柏冬日。正道弛兮離常流，蛟龍騁兮放遠遊。歸舊川兮神哉沛，不封禪兮安知外！皇謂河公兮何不仁，泛濫不止兮愁吾人？齧桑浮兮淮、泗滿，久不返兮水維緩。」一曰：「河湯湯音傷。兮激潺湲，北度回兮迅流難。搴長茭兮湛讀曰沈。美玉，河公許兮薪不屬。薪不屬兮衛人罪，燒蕭條兮噫乎何以御水！隤林竹兮揵石菑，宣房塞兮萬福來。」於是卒塞瓠子，築宫其上，名曰宣房。而道河北行二渠，復禹舊迹，而梁、楚之地復寧，無水災。河渠書、溝洫志。

太史公曰：「余南登廬山，觀禹疏九江，遂至於會稽太湟，上姑蘇，望五湖；東闚洛汭、大邳，迎河，行淮、泗、濟、漯洛渠；西瞻蜀之岷山及離碓；北自龍門至於朔方。曰：甚哉，水之爲利害也！余從負薪塞宣房，悲瓠子之詩而作河渠書。」

上還長安。通鑑。粵人勇之言「粵人俗鬼，而其祠皆見鬼，數有效。昔東甌王敬鬼，壽百六十歲。後世怠嫚，故衰耗」。迺命粵巫立粵祝祠，安臺無壇，亦祠天神帝百鬼，而以雞卜。上信之，粵祠雞卜自此始用。郊祀志。

六月，詔曰：「甘泉宮內中產芝，九莖連葉。上帝博臨，不異下房，賜朕鴻休。其赦天下，賜雲陽都百户牛酒。」本紀。

初，天子封太山，太山東北阯古時有明堂處，處險不敞。上欲治明堂奉高旁，未曉其制度。濟南人公玉帶上黃帝時明堂圖。明堂圖中有一殿，四面無壁，以茅蓋，通水，圜宮垣爲複道，上有樓，從西南入，命曰昆侖，天子從之入，以拜祠上帝焉。秋，上令奉高作明堂汶上，如帶圖。封禪書、本紀。

是歲，以御史中丞杜周爲廷尉。百官表。周少言重遲，而內深次骨。爲廷尉，其治大抵放甫往反。張湯，而善候伺。上所欲擠者，因而陷之；上所欲釋，久繫待問而微見其冤狀。客有謂周曰：「君爲天下決平，不循三尺法，專以人主意指爲獄，獄者固如是乎？」周曰：「三尺安出哉？前主所是著爲律，後主所是疏爲令；當時爲是，何古之法乎！」會獄，吏因責如章告劾，不服，以掠笞定之。於是聞有逮證，皆亡匿。獄久者至更數赦十餘歲而相告言，大氐盡詆以不道，以上廷尉。杜周傳。先是，帝置中都官獄三十六所，各令長治。補志。至是，中都官詔獄逮至六七萬人。杜周傳。

三年冬十二月，漢兵入朝鮮境，朝鮮王右渠發兵距險。樓船將軍楊僕將齊兵七千人先至，樓船兵敗走，遁山中十餘日，稍求收散卒，復聚。左將軍荀彘擊朝鮮浿水西軍，急擊之。朝鮮大臣迺陰使人私約降樓船，往來言，尚未肯決。左將軍數與樓船期戰，樓船欲就其約不會，兩將不相得，以故久不決。天子使故濟南太守公孫遂往正之，考異曰：史記作「征之」，蓋字誤，今從漢書。有便宜得以從事。遂以節召樓船將軍入左將軍軍計事，即令左將軍戲與麾同。下執縛樓船將軍，并其軍。以報天子，誅遂。考異曰：漢書作「許遂」、史記作「誅遂」。又，太史公贊曰：「荀彘爭勞，與遂皆誅。」如此則「誅」字爲是，漢書蓋誤，今從史記。左將軍已并兩軍，即急擊朝鮮。朝鮮相路人、相韓陰、考異曰：漢書作「韓陶」，今從史記。尼谿相參、將軍王唊音頰。相與謀曰：「始欲降樓船，樓船今執，獨左將軍并將，戰益急，恐不能與，王又不肯降。」陰、唊、路人皆亡降漢。路人道死。夏，尼谿相參迺使人殺朝鮮王右渠來降。王險城未下，故右渠之大臣成巳又反，覆攻吏。左將軍使右渠子長降、相路人子最告諭其民，誅成巳，故遂定朝鮮，爲真番、臨屯、樂浪、玄菟四郡。朝鮮傳。按，本紀元封二年「遣樓船將軍楊僕、左將軍荀彘將應募罪人擊朝鮮」，又朝鮮傳云「漢使涉何譙諭右渠，終不肯奉詔」，此本書漢兵入朝鮮境及定朝鮮於此處，而二年不載遣楊僕、荀彘及涉何事，疑有脫文。

班固曰：「三方之開，皆自好事之臣。故西南夷發於唐蒙、司馬相如，兩粤起嚴助、朱買臣，朝鮮由涉何。遭世富盛，動能成功，然已勤矣。」

夏，旱。公孫卿曰：「黄帝時封則天旱，乾封三年。」上乃下詔曰：「天旱，意乾封乎？其令天下尊祠靈星焉。」封禪書。考異曰：通鑑載于二年。按，郊祀志云「夏，有芝生甘泉殿房内中。其明年，夏，旱。公孫卿曰」云云，明年，上郊雍，通回中道。按，紀産芝事在二年，通回中道在四年，以此推之，公孫卿之言在元封三年明矣，今書於三年。

秋七月，膠西王端薨，無子，國除。本紀、荀紀。

四年夏，關東流民二百萬口，無名數者四十萬。公卿議欲請徙流民于邊以適讀曰謫。之。上以丞相慶老謹，不能與其議，乃賜丞相告歸，而案御史大夫以下議爲請者。慶慚不任職，上書曰：「臣幸得待罪丞相，疲駑無以輔治，城郭倉廩空虚，民多流亡，罪當伏斧質，上不忍致法，願歸丞相侯印，乞骸骨歸，避賢者路。」上報曰：「問者，河水滔陸，泛濫十餘郡，隄防勤勞，弗能陻音因。塞，朕甚憂之。是故巡方州，禮嵩岳，通八神，以合宣房。濟淮江，歷山濱音賓。海，問民所疾苦。惟吏多私，徵求無已，去者便，居者擾，故爲流民法，以禁重賦。乃者封泰山，皇天嘉況，神物並見。朕方答氣應，未能承意，是以切比頻寐反。閭里，知吏姦邪。委任有司，然則官曠民愁，盜賊公行。往年覲明堂，赦殊死，無禁錮，咸自新，與更始。今流民愈多，計文不改，君不繩責長史，而請以興徙四十萬口，搖蕩百姓，孤兒幼年未滿十歲，無罪而坐率，朕失望焉。今君上書言倉庫城郭不充實，民多貧，盜賊衆，請入粟爲庶人。夫懷知民貧而請益賦，動危之而辭位，欲安歸難乎？君其反室！」慶素質，見詔報反室，自以爲得許，欲上印綬。掾史以爲見責甚深，而終以反室者，醜惡之辭也。或勸慶宜引決。慶甚懼，不知所出，遂復起視事。石慶傳。

五年冬，行南巡狩，至於盛唐，作盛唐樅陽之歌。祠后土于下房，以二十太牢。天子從昆侖道入，始拜明堂如郊禮。夏四月，詔曰：「朕巡荆揚，輯與集同。江淮物，會大海氣，以合泰山。上天見象，增修封禪。其赦天下。所幸縣毋出今年租賦，賜鰥寡孤獨帛，貧窮者粟。」還幸甘泉，郊泰畤。本紀、封禪書。

大司馬大將軍長平烈侯衛青薨。本紀。起冢象廬山。青傳。按，匈奴傳揚雄上書曰：「運府庫之財，填盧山之壑而不悔。」注，盧山，匈奴中山也。衛青傳作「廬」字，誤。

太史公曰：「蘇建語余曰：『吾嘗責大將軍至尊重，而天下賢士大夫毋稱焉，願將軍觀古名將所招選擇賢者。大將軍謝曰：「自魏其、武安之厚賓客，天子嘗切齒。彼親附士大夫，招賢絀不肖者，人主之柄也。人臣奉法遵職而已，何與招士。」』其爲將如此。」

帝開地斥境，南置交阯，北置朔方之州，兼徐、梁、幽、并、夏周之制，改雍曰涼，改梁曰益，凡十三部，地理志。初置部刺史，掌奉詔條察州，秩六百石，員十三人。百官表。考異曰：豫州刺史部，潁川、汝南、沛郡、梁、魯國；冀州刺史部，魏、鉅鹿、常山、清河郡，趙、平干、真定、中山、信都、河間國；兗州刺史部，陳留、山陽、濟陰、泰山、東郡，城陽、淮陽、東平國；徐州刺史部，琅琊、東海、臨淮郡，泗水、廣陵、楚國；青州刺史部，平原、千乘、濟南、北海、東萊、齊郡，菑川、膠東、高密國；荆州刺史部，南陽、江夏、桂陽、武陵、零陵、南郡，長沙國；揚州刺史部，廬江、九江、會稽、丹陽、豫章郡，六安國；益州刺史部，漢中、廣漢、武都、犍爲、越嶲、益州、牂柯、蜀郡，巴郡；涼州刺史部，隴西、天水、武威、張掖、酒泉、敦煌、安定、北地郡；并州刺史部，太原、上黨、西河、朔方、五原、雲中、定襄、鴈門、上郡；幽州刺史部，渤海、上谷、漁陽、右北平、遼西、遼東、玄菟、樂浪、涿、代郡，廣陽國；交州刺史部，南海、鬱林、蒼梧、交阯、合浦、九真、日南郡。凡十二部。三輔、三河、弘農别屬司隸，司隸置于征和間。未置司隸以前，亦有刺史察之，所以刺史員有十三人也。令刺史舉民有茂材，移名丞相，考取三科：明經一科，明律令一科，能治劇一科。詔選諫大夫、議郎、博士、諸侯王、傅、僕、郎中令，取明經；選廷尉、正監案章，取明律令；選長安、三輔令，取治劇。皆試守，滿歲爲真。漢儀。

六年初，漢使至安息，安息王令將二萬騎迎于東界。東界去王都數千里。行比至，過數十城，人民相屬甚多。漢使還，因發使隨漢使來觀漢廣大，以大鳥卵及黎軒音軒。眩人獻于漢天子。天子大悦。是時上方數巡狩海上，乃悉從外國客，大都多人則過之，散財帛以賞賜，厚具以饒給之，以覽示漢富厚焉。於是大角抵出奇戲諸怪物，多聚觀者，行賞賜酒池肉林，令外國客徧觀名倉庫府藏之積，見漢之廣大，傾駭之。及加其眩者之工，而角抵奇戲歲增變，甚盛益興，自此始。西北外國使，更來更去。宛以西，皆自以遠，尚驕恣晏然，未可詘以禮，羈縻而使也。大宛傳。

是歲，匈奴兒單于立，漢使兩使，一人弔單于，一人弔右賢王，欲以乖其國。使者入匈奴，匈奴悉將致單于。單于怒而悉留漢使。漢使留匈奴者前後十餘輩，而匈奴使來漢，亦輒留之相當。匈奴傳。

太初元年十一月甲子朔旦冬至，祀太一、五帝于明堂，後每修封禪。其贊饗曰：「天增授皇帝太元神策，周而復始。皇帝敬拜太一。」東至海上，考入海及方士求神者，莫驗，然益遣，幾遇之。郊祀志。

乙酉，柏梁臺災。本紀。自董仲舒、韓嬰死後，帝得魯人夏侯始昌，通五經，甚重之。始昌明于陰陽，先是，大風發柏梁臺屋，始昌言其災日，至期日，果災。始昌傳、五行志。

十二月甲午朔，上親禪高里，祠后土。春，還受計于甘泉。公孫卿曰：「黄帝就青靈臺，十二日燒，黄帝乃治明廷。明廷，甘泉也。」方士多言古帝王有都甘泉者。其後天子又朝諸侯甘泉，甘泉作諸侯邸。本紀、封禪書。

夏五月，太中大夫公孫卿、壺遂、太史令司馬遷等言「曆紀壞廢，宜改正朔」。是時，御史大夫兒寬明經術，上迺詔寬曰：「與博士共議，今宜何以爲正朔？服色何上？」寬與博士賜等議，皆曰：「帝王必改正朔，易服色，所以明受命於天也。創業變改，制不相復，推傳序文，則今夏時也。」於是乃詔御史：「其以七年爲元年。」遂詔卿、遂、遷與侍郎尊、大典星射姓等議造漢曆。乃定東西，立晷儀，下刻漏，以追二十八宿相距於四方，舉終以定朔晦分至，躔離弦望。迺以前曆上元泰初四千六百一十七歲，至于元封七年，復得閼逢攝提格之歲，中冬十一月甲子朔旦冬至，日月在建星，太歲在子，已得太初本星度，以造漢太初曆。迺選治曆鄧平及與民間治曆者凡二十餘人，方士唐都，巴郡洛下閎與焉。都分天部，而閎運算轉曆。其法以律起曆，與鄧平所治同。迺詔遷用鄧平所造八十一分律曆，罷廢尤疏遠者十七家，復使校曆律昏明。宦者淳于陵渠復覆太初曆晦朔弦望，皆最密，日月如合璧，五星如連珠。陵渠奏狀，遂用鄧平曆，以正月爲歲首，因爲太初元年。色上黃，數用五，協音律，定宗廟百官之儀，以爲典常，垂之于後。本紀、律曆志、禮書。

漢初，高帝以十月爲歲首。七年，長樂宮成，諸侯羣臣朝賀。至帝，雖用夏正，然每月朔朝，至于十月朔，猶常享會。通典。更郎中令爲光禄勳。大行令爲大鴻臚。大農令爲大司農。中尉爲執金吾。右内史爲京兆尹。左内史爲左馮翊。主爵中尉爲右扶風。右扶風與左馮翊、京兆尹，是爲三輔，皆有兩丞。列侯更屬大鴻臚。更太常屬祠祝曰廟祝。更太僕屬家馬爲挏馬，置路軨。更大鴻臚屬行人爲大行令，置別火。更少府屬考工室爲考工，左弋爲佽飛，居室爲保宫，甘泉居室爲昆臺，永巷爲掖廷。更將作少府屬東園主章爲木工。置羽林，掌送從；次期門，名曰建章營騎，後更名羽林騎。又取從軍死事之子孫養羽林，官教以五兵，號曰羽林孤兒。羽林有令丞，屬光禄勳。王國内史、中尉、郎中令如故。改太僕曰僕。損郎中令及僕秩千石。並見百官表載，以爲太初元年。初置八校尉：考異曰：百官表以爲武帝置，不得其年，今附於太初定官名之後。按，百官表太初元年更中大夫爲光禄大夫，此本不載，疑有脱文。中壘校尉掌北軍壘門内，外掌西域。屯騎校尉掌騎士。步兵校尉掌上林苑門屯兵。越騎校尉掌越騎。長水校尉掌長水宣曲胡騎。又有胡騎校尉，掌池陽胡騎，不常置。射聲校尉掌待詔射聲士。虎賁校尉掌輕車。八校尉秩皆二千石，有丞、司馬。百官表。增置太卜學士。百官表、六典注。考異曰：史記日者列傳云「太卜之起由漢興而有」，而漢書百官表云「武帝太初元年初置太卜」。二史不同如此。考史記龜策傳云「高祖時，因秦太卜官。至今上即位，博開藝能之路，悉延百端之學，通一伎之士咸得自效，數年之間，太卜大集」。又，郊祀志亦有雞卜。以此推之，太卜之官漢初已有之矣，特增置自武帝始，非漢初無此官至是始置也。今改「初」字作「增」字。高祖時，因秦太卜官。天下始定，兵革未息。及孝惠享國日少，吕后女主，孝文、孝景因襲掌故，未遑講試，雖父子疇官，世世相傳，其精微深妙，多所遺失。至今上即位，博開藝能之路，悉延百端之學，通一伎之士咸得自效，絶倫超奇者爲右，無所阿私，數年之間，太卜大集。會上欲擊匈奴，西攘大宛，南收百越，卜筮至預見表象，先圖其利。及猛將推鋒執節，獲勝于彼，而蓍龜時日亦有力于此。上尤加意，賞賜至或數千萬。如丘子明之屬，富溢貴寵，傾于朝廷。至于卜筮射蠱道，巫蠱時或頗中。素有睚眦不快，因公行誅，恣意所傷，以破族滅門者，不可勝數。百僚蕩恐，皆曰龜策能言。後事覺奸窮，亦誅三族。龜策傳。

秋八月，遣貳師將軍李廣利發天下讁民西征大宛。本紀。令丁夫人、雒陽虞初等以方祠詛匈奴、大宛。封禪書。冬，匈奴大雨于具反。雪，畜多饑寒死。匈奴傳。

是歲，以故左內史咸宣爲右扶風，無忌爲京兆尹，殷周爲左馮翊。百官表。

二年春正月戊寅，丞相牧丘恬侯石慶薨。考異曰：百官表作「戊寅」，本紀、荀紀、通鑑作「戊申」。按，長曆是年二月丙戌朔，逆而推之，正月有戊寅無戊申，當是本紀、荀紀、通鑑誤，今從百官表。中子德，慶愛之。上以德嗣。慶方爲丞相時，諸子孫爲小吏至二千石者十三人[二]。及慶死後，稍以罪去，孝謹衰矣。本紀、百官表、萬石君傳。三月丁卯，史記表。以太僕公孫賀爲丞相，封葛繹侯。考異曰：百官表作「閏正月丁丑」，史記大事記作「三月丁卯」。按，長曆太初元年已閏十月，三年又閏六月，此年無閏。當是百官表誤，今從史記大事記。賀子敬聲代賀爲太僕，父子並居公卿位，敬聲以皇后姊子，驕奢不奉法。百官表、公孫賀傳。

上行幸河東，祠后土。令天下大酺五日，膢音劉。五日，祠門戶，比臘。本紀。是歲，有司言雍五畤無牢孰具，芬芳不備。迺令祠官進畤犢牢具，色食所勝，而以木寓馬代駒云。及諸名山川用駒者，悉以木寓馬代。獨行過親祠，迺用駒，它禮如故。郊祀志。

三年春正月，以膠東太守延廣爲御史大夫。百官表、通鑑。考異曰：荀紀作「膠東相王延廣」，此從史記、漢書表。按，本紀二年冬十二月「御史大夫兒寬卒」。延廣蓋代寬者，此本書延廣之拜於此處，而二年不書兒寬之卒，疑有脫文。

行東巡海上，考神仙之屬，未有驗者。方士有言黃帝時爲五城十二樓，以候神人于執期，地名。命曰迎年。上許作之如方，名曰明年。上親禮祠，上犢黃焉。公玉帶曰：「黃帝時雖封泰山，然風后、封鉅、岐伯韋昭曰：「皆黃帝臣。」令黃帝封東泰山，禪凡山，合符，然後不死。」天子既令設祠具，至東泰山，東泰山卑小，不稱其聲，迺令祠官禮之，而不封焉。令帶奉祠候神物。夏四月，復還泰山，修封而加禪祠石閭。石閭者，在泰山下阯南方，方士言仙人閭也，故上親禪焉。本紀、郊祀志。

是歲，睢陵侯張昌坐爲太常乏祠，國除。百官表。

太史公曰：「余讀高祖侯功臣，察其首封，所以失之者，曰：異哉所聞！書曰『協和萬邦』，遷于夏、商，或數千歲。蓋周封八百，幽、厲之後，見于春秋。尚書有唐、虞之侯伯，歷三代千有餘載，自全以蕃衛天子，豈非篤于仁義，奉上法哉？漢興，功臣受封者百有餘人。後數世，民咸歸鄉里，户益息，蕭、曹、絳、灌之屬或至四萬，小侯自倍，富厚如之。子孫驕溢，忘其先，淫嬖。至太初百年之間，見侯四，考異曰：史記表序作「見侯五」，通鑑作「四人」。按，是年張昌既免，故存者四人耳，今從通鑑。餘皆坐法隕命亡國，耗矣。網亦少密焉，然皆身無兢兢于當世之禁云。

四年春，貳師將軍李廣利斬大宛王首來至京師。貳師所過小國聞宛破，皆使其子弟從入貢獻，見天子，因爲質焉。軍還，入玉門者萬餘人，馬千餘匹。後行，非乏食，戰死不甚多，而將吏貪，不愛卒，侵牟之，以此物故者衆。天子爲萬里而伐，不録其過，迺下詔曰：「匈奴爲害久矣，今雖徙幕北，與旁國謀共要絶大月氏使，遮殺中郎將江、故雁門守攘。危須以西及大宛皆合約殺期門車令、中郎將朝及身毒國使，隔東西道。貳師將軍廣利征討厥罪，伐勝大宛。賴天之靈，從泝河山，涉流沙，通西海，山雪不積，士大夫徑度，獲王首虜，珍怪之物畢陳于闕。其封廣利爲海西侯，食邑八千户。」廣利傳。

秋，起明光宫，本紀。發燕、趙美女二千人充之，率皆十五以上，二十已還，年滿三十者出嫁之，掖庭令總其籍。時有死出者，隨補之。凡諸宫美人，萬有七八千人。建章、未央、長樂三宫皆輦道相屬，不由徑路。嘗被御幸者，僕射輒注其籍。漢武故事。

是歲，左内史咸宣中廢爲右扶風，坐怒其吏成信，信亡藏上林中，宣使郿令將吏卒，闌入上林中蠶室門，攻亭格殺信，射中苑門，宣下吏，爲大逆當族，自殺。而杜周任用。酷吏傳、百官表。

天漢元年春三月，行幸河東，祠后土。本紀。上作秋風辭曰：「秋風起兮白雲飛，草木黄落兮雁南歸。蘭有秀兮菊有芳，懷佳人兮不能忘。泛樓船兮濟汾河，横中流兮揚素波。簫鼓鳴兮發棹歌，歡樂極兮哀情多。少壯幾時兮柰老何！」漢武故事。考異曰：此段見漢武故事，不得其年。按，文中子云：「秋風之辭其悔志之萌乎？蓋帝暮年所作也。」而故事又云「幸河東祠后土所作」，今附於天漢元年幸河東祠后土之後。

且鞮丁奚反。侯單于初立，恐漢襲之，乃曰：「漢天子我丈人行胡浪反。也。」盡歸漢使路充國等。使使來獻，上嘉其義，迺遣蘇武以中郎將使持節送匈奴使留在漢者，因厚賂單于。既至匈奴，置幣遺單于。單于益驕，非漢所望也。方欲發使送武等，會緱工侯反。王與長水虞常等謀反匈奴中。緱王者，昆胡門反。邪王姊子也，與昆邪王俱降漢，後隨浞野侯没胡中。及衛律所將降者，陰相與謀劫單于母閼氏歸漢。衛律者，父故長水胡人。律善協律都尉李延年，延年薦言律使于匈奴。使還，聞延年家收，遂亡降匈奴。蘇武、李陵傳。考異曰：延年傳云「誅延年兄弟宗族」。按，是後李廣利尚爲將帥，蓋止誅延年及弟季、妻子耳。按，匈奴傳元封六年，兒單于立，三歲死。太初三年，句黎湖單于立，一歲死。太初四年，且鞮侯單子立。蘇武傳云「天漢元年，且鞮侯單于初立」云云，蓋自太初四年至天漢元年僅一歲，故謂之「初立」，非謂且鞮侯單于至是乃立也。此本於元封六年書「兒單于立」。此處書「且鞮侯單于初立」，不載太初以來匈奴更立之事，當有脱落。秋七月，浞野侯趙破奴自匈奴亡歸。通鑑。

考異曰：破奴傳云：「爲虜所得，遂没其軍，居匈奴中十歲，復與太子、安國亡入漢，後坐巫蠱，族。」荀紀亦謂「居匈奴中十餘歲而歸」。按，本紀、匈奴傳、侯表，破奴至浚稽期左大都尉爲匈奴生得，在太初二年。則十年而歸，當在太始三年。通鑑乃書於天漢元年，距太初二年衹四歲耳，與匈奴傳、荀紀不同，攷李陵軍敗，軍吏謂陵曰：「將軍威震匈奴，天命不遂，後求道徑還歸，如浞野侯爲虜所得，後亡還，天子客遇之，況于將軍乎？」陵軍敗在天漢二年，而軍吏之言如此，則破奴之歸在李陵軍敗之前，明矣。故通鑑附於陵敗之前一年，今從通鑑。

是歲，濟南太守王卿爲御史大夫。考異曰：荀紀作「王延年」，今從史記、漢書表。

桑弘羊爲大司農。百官表。

宛貴人以爲昧蔡諂，使我國遇屠，相與共殺昧蔡，考異曰：通鑑載于四年廣利軍還後。按，傳云「歲餘宛貴人以爲昧蔡諂，使我國遇屠，相與共殺昧蔡」，今移于次年。按，大宛傳「李廣利既斬宛王，更立貴人素遇漢善者名昧蔡爲王，後歲餘，宛貴人以爲昧蔡諂」云云，此本書殺昧蔡事於此處，而太初四年初無立昧蔡之文，疑有脱誤。立毋寡弟蟬封爲王，遣子入侍質于漢。漢因使使賂賜鎮撫之。蟬封與漢約，歲獻天馬二匹。大宛傳。

胡建守軍正丞，顔曰：「南北軍各有正，正又有丞。」貧亡車馬，常步與走卒起居，所以尉薦走卒，甚得其心。時監軍御史爲姦，穿北軍壘垣以爲賈區，建欲誅之，乃約其走卒曰：「我欲與公有所誅，吾言取之則取，斬之則斬。」于是當選士馬日，監御史與護軍諸校列坐堂皇上，建從走卒趨至堂皇下拜謁，因上堂皇，走卒皆上。建指監御史曰：「取彼。」走卒前曳下堂皇。建曰：「斬之。」遂斬御史。護軍諸校皆驚愕，不知所以。建亦已有成奏在懷中，遂上奏曰：「臣聞軍法，立武以威衆，誅惡以禁邪。今監御史公穿軍垣以求賈利，私買賣以與士市，不立剛毅之心，勇猛之節，亡以帥先士大夫，尤失理不公。用文吏議，不至重法。黄帝李法曰：『壁壘已定，穿窬不繇路，是謂姦人，姦人者殺。』臣謹按軍法曰：『正亡屬將軍，將軍有罪以聞，二千石以下行法焉。』丞於用法疑，執事不諉上，臣謹以斬，昧死以聞。」制曰：「司馬法曰『國容不入軍，軍容不入國』，何文吏也？三王或誓於軍中，欲民先成其慮也；或誓於軍門之外，欲民先意以待事也；或將交刃而誓，致民志也。』建又何疑焉？」建由是顯名。胡建傳。

二年夏五月，遣貳師將軍李廣利將三萬騎出酒泉，又遣因杅將軍公孫敖出西河，騎都尉李陵將步兵五千人出居延，北擊匈奴。考異曰：本紀所書如此。以傳考之，路博德奏言：「方秋，匈奴馬肥，未可與戰。臣願留陵至春。」上疑陵教博德上書，迺詔博德引兵走西河，陵以九月發，出遮虜鄣。然則公孫敖、路博德、李陵之出塞，皆在秋也。本紀以與李廣利出師同一事，故併附於五月耳。貳師出酒泉，與右賢王戰于天山，斬首虜萬餘級而還。匈奴大圍貳師，漢軍乏食，死傷者多。時假司馬隴西趙充國迺與壯士百餘人潰圍陷陳，貳師引兵隨之，遂得解。漢兵物故什六七。充國身被二十餘創。貳師奏狀，詔徵充國詣行在，帝親見視其創，嗟歎之，拜爲中郎。公孫敖出西河，與彊弩都尉路博德會涿邪山，無所得。李陵北行三十日，至浚稽山，與單于相值，騎可三萬圍陵軍。軍居兩山間，以大車爲營。陵引士出營外爲陳。虜見漢軍少，直前就營。陵搏戰攻之，千弩俱發，應弦而倒。虜還走上山，漢軍追擊，殺數千人。單于大驚，召左右地兵八萬餘騎攻陵。陵且戰且引，南行數日，抵山谷中。陵曰：「吾士氣少衰而鼓不起，何也？軍中豈有女子乎？」始軍出時，關東羣盜妻子徙邊者隨軍爲卒妻婦，大匿車中。陵搜得，皆劍斬之。明日復戰，斬首三千餘級。引兵東南，行至山下，單于在南山上，使其子將騎擊陵。陵軍步鬭樹林間，復殺數千人。是時陵軍益急，匈奴騎多，戰一日數十合，復傷殺虜二千餘人。虜不利，欲去，會陵軍候管敢亡降匈奴，具言「陵軍無後救，射矢且盡」。單于大喜，使騎並攻漢軍。良久，陵還，太息曰：「兵敗，死矣！」軍吏或曰：「將軍威鎮匈奴，天命不遂，後求道徑還歸，如浞野侯爲虜所得，後亡還，天子客遇之，況於將軍乎！」陵曰：「公止！吾不死，非壯士也！」於是盡斬旌旗，及珍寶埋地中。夜半時，擊鼓起士，鼓不鳴。虜騎數千追之，陵曰：「無面目報陛下！」遂降。

邊塞以聞，上以問太史令司馬遷，遷盛言：「陵事親孝，與士信，嘗奮不顧身以殉國家之急。其素所畜積也，彼之不死，宜欲得當以報漢也。」初，上遣貳師大軍出，財令陵爲助兵，及陵與單于相值，而貳師功少。上以遷誣罔，欲沮貳師，爲陵游説，下遷腐刑。久之，上悔陵無救，曰：「陵當發出塞，迺詔彊弩都尉令迎軍。坐預詔之，得令老將生奸詐。」迺遣使勞賜陵餘軍得脱者。李陵、蘇武傳。

初，秦變周法，置尚書于禁中，有令、丞，掌通章奏，漢初因之。至帝遊宴後庭，始用宦者典事，尚書謂之中書，謁者置令、僕射，司馬遷被刑之後，以爲中書令，六典云：「不言謁者，省文也。」尊寵任職。故人益州刺史任安予遷書，責以古賢臣之義，教以慎于接物推賢進士爲務。遷報之曰：「刑餘之人，無所比數，非一世也，所從來遠矣。昔衛靈公與雍渠載，孔子適陳；商鞅因景監見，趙良寒心；趙談參乘，爰絲變色：自古而恥之。夫中材之人，事關於宦豎，莫不傷氣，況忼慨之士乎！如今朝雖乏人，柰何令刀鋸之餘薦天下豪雋哉！鄉者，僕亦嘗廁下大夫之列，陪外廷末議。不以此時引維綱，盡思慮，今已虧形，爲掃除之隸，在闒茸之中，迺欲卬讀曰仰。首信讀曰伸。眉，論列是非，不亦輕朝廷羞當世之士邪？」六典、通典、司馬遷傳。

秋，止禁巫祠道中者。本紀。

是時，郡守尉諸侯二千石欲爲治者，大抵盡效王温舒等，而吏民益輕犯法，盜賊滋起。

大羣至數千人，擅自號，攻城邑，取庫兵，釋死罪；小羣以百數，掠鹵鄉里者，不可稱數。乃使直指使者暴勝之及故九卿張德等衣繡衣持節，虎符發兵，督郡國分部捕斬。勝之至被陽，濟南王訢爲令，勝之欲斬訢，訢已解衣伏質，仰言曰：「使君顓殺生之柄，威震郡國，今復斬一訢，不足以增威，不如時有所寬，以明恩貸，令盡死力。」勝之壯其言，貰不誅，因與訢相結。王訢傳、酷吏傳。

三年春二月，以執金吾杜周爲御史大夫。百官表。杜周爲廷尉，中廢，後爲執金吾，逐捕桑弘羊、衛皇后昆弟子刻深，上以爲盡力無私，遷御史大夫。兩子夾河爲太守，治民皆酷暴，而少子延年行寬厚云。杜周傳、荀氏紀。故丞相長史田仁上書言：「天下郡太守多爲姦利，三河尤甚，皆内倚中貴人，與三公有親屬，無所畏憚，宜先正三河，以警天下姦吏。」是時，河南、河内太守，杜周子弟也；河東太守，石慶子孫也。上使仁刺三河，太守皆下吏。考異曰：此事見褚先生補史記，不得其時，今附於杜周拜御史大夫之後，蓋周二子夾河爲太守故也。還奏事，帝説，拜爲京輔都尉，六字據田叔傳。遷丞相司直，威震天下。褚先生補史記。

三月，行幸泰山，修封祀明堂。本紀。帝所興祠，太一、后土，三年親郊祠，建漢家封禪，五年一修封。薄忌太一等六祠以歲時致禮，皆太祝領之。至如八神諸名祠，行過則祠，行去則已。方士所興祠，各自主，其人終則已，祠官不主。他祠皆如故。帝封禪，後十二歲而還，徧於五岳、四瀆矣。封禪書。

四年春正月，遣貳師將軍李廣利六萬騎、步兵七萬人出朔方，因杅將軍公孫敖將騎萬、步兵三萬人出雁門，游擊將軍韓説步兵三萬人出五原，而單于以十萬待水南，連鬬十餘日。游擊亡所得。因杅與左賢王戰，不利，引歸。本紀、匈奴傳。考異曰：史記匈奴傳云廣利於此降匈奴，誤。初，李陵與蘇武俱爲侍中，武使匈奴明年，陵降，不敢求武。久之，單于使陵至海上，爲武置酒設樂，因謂武曰：「單于聞陵與子卿素厚，故使陵來説足下，虚心欲相待。終不得歸漢，空自苦亡人之地，信義安所見乎？前長君爲奉車，武兄嘉。從至雍棫陽宫，扶輦下除，觸柱折轅，劾大不敬，伏劍自刎，賜錢二百萬以葬。孺卿武弟賢。從祠河東后土，宦騎與黄門駙馬争船，推墮駙馬河中溺死，宦騎亡，詔使孺卿逐捕不得，惶恐飲藥而死。來時，太夫人亦不幸，陵送葬至陽陵。子卿婦年少，聞已更嫁矣。獨有女弟二人，兩女一男，今復十餘年，存亡不可知。人生如朝露，何久自苦如此！陵始降時，忽忽如狂，自痛負漢，加以老母繫保宫，子卿不欲降，何以過陵？且陛下春秋高，法令亡常，大臣亡罪夷滅者數十家，安危不可知，子卿尚復誰爲乎？願聽陵計，勿復有云。」武曰：「武父子亡功德，皆爲陛下所成就，位列將，爵通侯，兄弟親近，常願肝腦塗地。今得殺身自效，雖蒙斧鉞湯鑊，誠甘樂之。臣事君，猶子事父也，子爲父死無所恨。願勿復再言。」陵與武飲數日，復曰：「子卿一聽陵言。」武曰：「自分已死久矣！王必欲降武，請畢今日之驩，效死於前！」陵見其至誠，喟然歎曰：「嗟乎，義士！陵與衛律之罪上通於天。」因泣下霑衿，與武決去。蘇武傳。

夏四月，立皇子髆音博。爲昌邑王。考異曰：同姓諸侯王表作「六月乙丑立」，今從本紀。王以少子愛，上爲選師，以夏侯始昌爲太傅。始昌傳。

是歲，始定輿服之制，郊祀所乘，謂之大駕，車千乘，騎萬匹。令諸侯王大國朱輪，特虎居前，左兕右鹿；小國特熊居前，麋皆居左右。通典、古今注。

校勘記

〔一〕召工官治車諸器　四庫本「召」作「名」，據史記平準書及金華叢書本改。

〔二〕諸子孫爲小吏至二千石者十二人　史記、漢書萬石君傳「十二人」作「十三人」，與年紀不同。

西漢年紀卷十七

武帝

太始元年春正月，徙郡國吏民豪桀于茂陵。本紀。考異曰：本紀又有「雲陵」字。顔注曰：「此當云雲陽，寫者誤爲陵耳。趙倢伃死，葬雲陽，至昭帝即位始尊爲皇太后而起雲陵，武帝時未有雲陵。」此言是也。又謂「茂陵，帝所自起，而雲陽甘泉所居，故總使徙豪傑也」。此言恐未然。荀紀云：「徙豪傑于茂陵，陵在雲陽。」如荀氏説是，徙豪傑於茂陵之雲陽耳，非兩處也。通鑑削去「雲陽」二字，今從之。

乙巳晦，日有食之。五行志。

大司農桑弘羊貶爲搜粟都尉。百官表。

二年春三月，更黄金爲麟趾褭蹏。本紀。

初，天子始建漢家之封，而太史令司馬談留滯周南，不得與從事，故發憤且卒。而子遷爲郎中奉使西征巴蜀以南，略邛、笮、昆明，還報命，見父於河洛之間。太史談執遷手而泣曰：「余先周室之太史也。自上世嘗顯功名於虞夏，典天官事。後世中衰，絶於余乎？

汝復爲太史，則續吾祖矣。今天子接千歲之統，封泰山，而余不得從行，是命也夫，是命也夫！余死，汝必爲太史；爲太史，無忘吾所欲論著矣。且夫孝始於事親，中於事君，終於立身。揚名於後世，以顯父母，此孝之大也。夫天下稱周公，言其能論歌文武之德，宣周召之風，達太王王季思慮，爰及公劉，以尊后稷也。幽厲之後，王道缺，禮樂衰，孔子脩舊起廢，論詩書，作春秋，學者至今則之。自獲麟以來四百有餘歲，而諸侯相兼，史記放絶。今漢興，海内一統，明主賢君忠臣義士，余爲太史而弗論載，廢天下之文，余甚懼焉，汝其念哉！」遷俯首流涕曰：「小子不敏，請悉論先人所次舊聞。弗敢闕。」

卒三歲而遷爲太史令，紬史記石室金匱之書。五年而當太初元年，於是論次其文；七年而遷遭李陵之禍，幽於縲紲。乃喟然而嘆曰：「是余之罪也夫！是余之罪也夫！身毁不用矣。」退而深維曰：「夫詩書隱約者，欲遂其志之思也。昔西伯拘羑里，演周易；孔子戹陳蔡，作春秋；屈原放逐，著離騷；左丘失明，厥有國語；孫子臏脚，而論兵法；不韋遷蜀，世傳呂覽；韓非囚秦，説難、孤憤；詩三百篇，大抵賢聖發憤之所爲作也。此人皆意有所鬱結，不得通其道也，故述往事，思來者。」於是卒述陶唐以來，至於麟止，自黄帝始。

維昔黄帝，法天則地，四聖遵序，各成法度；唐堯遜位，虞舜不台；厥美帝功，萬世載之。作五帝本紀第一。維禹之功，九州攸同，光唐虞際，德流苗裔；夏桀淫驕，乃放鳴條。作夏本紀第二。維契作商，爰及成湯；太甲居桐，德盛阿衡；武丁得説，乃稱高宗；帝辛湛湎，諸侯不享。作殷本紀第三。維棄作稷，德盛西伯；武王牧野，實撫天下；幽厲昏亂，既喪酆鎬；陵遲至赧，洛邑不祀。作周本紀第四。維秦之先，伯翳佐禹；穆公思義，悼豪之旅；以人爲殉，詩歌黄鳥；昭襄業帝。作秦本紀第五。始皇既立，并兼六國，銷鋒鑄鐻，維偃干革，尊號稱帝，矜武任力；二世受運，子嬰降虜。作始皇本紀第六。秦失其道，豪傑並擾；項梁業之，子羽接之；殺慶救趙，諸侯立之；誅嬰背懷，天下非之。作項羽本紀第七。子羽暴虐，漢行功德；憤發蜀漢，還定三秦；誅籍業帝，天下惟寧，改制易俗。作高祖本紀第八。惠之早實，諸吕不台；崇彊禄、産，諸侯謀之；殺隱幽友，大臣洞疑，遂及宗禍。作吕太后本紀第九。

漢既初興，繼嗣不明，迎王踐阼，天下歸心；蠲除肉刑，開通關梁，廣恩博施，厥稱太宗。作孝文本紀第十。

諸侯驕恣，吴首爲亂，京師行誅，七國伏辜，天下翕然，大安殷富。作孝景本紀第十一。

漢興五世，隆在建元，外攘夷狄，内修法度，建封禪，改正朔，易服色。作今上本紀第十二。

維三代尚矣，年紀不可考，蓋取之譜牒舊聞，本于兹，於是略推，作三代世表第一。

幽厲之後，周室衰微，諸侯專政，春秋有所不紀；而譜牒經略，五霸更盛衰，欲睹周世相先後之意，作十二諸侯年表第二。

春秋之後，陪臣秉政，彊國相王；以至於秦，卒并諸夏，滅封地，擅其號。作六國年表第三。

秦既暴虐，楚人發難，項氏遂亂，漢乃扶義征伐；八年之間，天下三嬗，事繁變衆，故詳著秦楚之際月表第四。

漢興以來，至於太初百年，諸侯廢立分削，譜紀不明，有司靡踵，彊弱之原云以世。作漢興以來諸侯年表第五。

維高祖元功，輔臣股肱，剖符而爵，澤流苗裔，忘其昭穆，或殺身隕國。作高祖功臣侯者年表第六。

惠景之間，維申功臣宗屬爵邑。作惠景間侯者年表第七。

北討强胡，南誅勁越，征伐夷蠻，武功爰列。作建元以來侯者年表第八。

諸侯既强，七國爲從，子弟衆多，無爵封邑，推恩行義，其勢銷弱，德歸京師。作王子侯者年表第九。

國有賢相良將，民之師表也。維見漢興以來將相名臣年表，賢者記其治，不賢者彰其事。作漢興以來將相名臣年表第十。

維三代之禮，所損益各殊物，然要以近情性，通王道，故禮因人質爲之節文，略協古今之變。作禮書第一。

樂者，所以移風易俗也。自雅頌聲興，則已好鄭衛之音，鄭衛之音所從來久矣。人情之所感，遠俗則懷。比樂書以述來古，作樂書第二。

非兵不强，非德不昌，黄帝、湯、武以興，桀、紂、二世以崩，可不慎歟？司馬法所從來尚矣，太公、孫、吴、王子能紹而明之，切近世，極人變。作律書第三。

律居陰而治陽，曆居陽而治陰，律曆更相治，間不容翲忽。五家之文怫異，維太初之元論。作曆書第四。

星氣之書，多雜禨祥，不經；推其文，考其應，不殊。比集論其行事，驗于軌度以次。作天官書第五。

受命而王，封禪之符罕用，用則萬靈罔不禋祀。追本諸神名山大川禮。作封禪書第六。

維禹浚川，九州攸寧；爰及宣防，決瀆通溝。作河渠書第七。

維幣之行，以通農商；其極則玩巧，并兼茲殖，争於機利，去本趨末。作平準書以觀事變，第八。

太伯避歷，江蠻是適；文武攸興，古公王迹。闔廬弒僚，賓服荊楚；夫差克齊，子胥鴟夷；信嚭親越，吴國既滅。嘉伯之讓，作吴世家第一。

申、吕肖矣，尚父側微，卒歸西伯，文武是師；功冠羣公，繆權于幽；番番黄髮，爰饗營丘。不背柯盟，桓公以昌，九合諸侯，霸功顯彰。田闞争寵，姜姓解亡。嘉父之謀，作齊太公世家第二。

依之違之，周公綏之；憤發文德，天下和之；輔翼成王，諸侯宗周。隱桓之際，是獨何哉？三桓争彊，魯乃不昌。嘉旦金縢，作周公世家第三。

武王克紂，天下未協而崩。成王既幼，管蔡疑之，淮夷叛之，於是召公率德，安集王室，以寧東土。燕易之禪，乃成禍亂。嘉甘棠之詩，作燕世家第四。管蔡相武庚，將寧舊商；及旦攝政，二叔不饗；殺鮮放度，周公爲盟；大任十子，周以宗强。嘉仲悔過，作管蔡世家第五。

王後不絶，舜禹是説，維德休明，苗裔蒙烈。百世享祀，爰周陳杞，楚實滅之。齊田既起，舜何人哉？作陳杞世家第六。

收殷餘民，叔封始邑，申以商亂，酒材是告，及朔之生，衛傾不寧；南子惡蒯聵，子父易名。周德卑微，戰國既强，衛以小弱，角獨後亡。嘉彼康誥，作衛世家第七。

嗟箕子乎！嗟箕子乎！正言不用，乃反爲奴。武庚既死，周封微子。襄公傷於泓，君子孰稱。景公謙德，熒惑退行。剔成暴虐，宋乃滅亡。嘉微子問太師，作宋世家第八。

武王既崩，叔虞邑唐。君子譏名，卒滅武公。驪姬之愛，亂者五世；重耳不得意，乃能成霸。六卿專權，晉國以耗。嘉文公錫圭鬯，作晉世家第九。

重黎業之，吴回接之；殷之季世，粥子牒之。周用熊繹，熊渠是續。莊王之賢，乃復國陳；既赦鄭伯，班師華元。懷王客死，蘭咎屈原；好諛信讒，楚并於秦。嘉莊王之義，作楚世家第十。

少康之子，實賓南海，文身斷髮，黿鱓與處，既守封禺，奉禹之祀。句踐困彼，乃用種、蠡。嘉句踐夷蠻能修其德，滅强吴以尊周室，作越王句踐世家第十一。

桓公之東，太史是庸。及侵周禾，王人是議。祭仲要盟，鄭久不昌。子産之仁，紹世稱賢。三晉侵伐，鄭納於韓。嘉厲公納惠王，作鄭世家第十二。

維驥騄耳，乃章造父。趙夙事獻，衰續厥緒。佐文尊王，卒爲晉輔。襄子困辱，乃禽智伯。主父生縛，餓死探爵。王遷辟淫，良將是斥。嘉鞅討周亂，作趙世家第十三。

畢萬爵魏，卜人知之。及絳戮干，戎翟和之。文侯慕義，子夏師之。惠王自矜，齊秦攻之。既疑信陵，諸侯罷之。卒亡大梁，王假廝之。嘉武佐晉文申霸道，作魏世家第十四。

韓厥陰德，趙武攸興。紹絶立廢，晉人宗之。昭侯顯列，申子庸之。疑非不信，秦人襲之。嘉厥輔晉匡周天子之賦，作韓世家第十五。

完子避難，適齊爲援，陰施五世，齊人歌之。成子得政，田和爲侯。王建動心，乃遷于共。嘉威、宣能撥濁世而獨宗周，作田敬仲完世家第十六。

周室既衰，諸侯恣行。仲尼悼禮廢樂崩，追修經術，以達王道，匡亂世反之於正。見其文辭，爲天下制儀法，垂六藝之統紀於後世。作孔子世家第十七。

桀、紂失其道而湯、武作，周失其道而春秋作。秦失其政，而陳涉發迹，諸侯作難，風起雲蒸，卒亡秦族。天下之端，自涉發難。作陳涉世家第十八。

成皋之臺，薄氏始基。詘意適代，厥崇諸竇。栗姬偩貴，王氏乃遂。陳后太驕，卒尊子夫。嘉夫德若斯。作外戚世家第十九。

漢既譎謀，禽信於陳。越荆剽輕，乃封弟交爲楚王，爰都彭城，以彊淮泗，爲漢宗藩。戊溺於邪，禮復紹之。嘉游輔祖，作楚元王世家第二十。

維祖師旅，劉賈是與，爲布所襲，喪其荆、吴。營陵激吕，乃王琅邪。怵午信齊，往而不歸，遂西入關，遭立孝文，獲復王燕。天下未集，賈、澤以族，爲漢藩輔。作荆燕世家第二十一。

天下已平，親屬既寡。悼惠先壯，實鎮東土。哀王擅興，發怒諸吕，駟鈞暴戾，京師弗許。厲之内淫，禍成主父。嘉肥股肱，作齊悼惠王世家第二十二。

楚人圍我滎陽，相守三年。蕭何填撫山西，推計踵兵，給糧食不絶，使百姓愛漢，不樂爲楚。作蕭相國世家第二十三。

與信定魏，破趙、拔齊，遂弱楚人。續何相國，不變不革，黎庶攸寧。嘉參不伐功矜能，作曹相國世家第二十四。

運籌帷幄之中，制勝於無形，子房計謀其事，無知名，無勇功，圖難於易，爲大於細。作留侯世家第二十五。

六奇既用，諸侯賓從於漢。吕氏之事，平爲本謀，終安宗廟，定社稷。作陳丞相世家第二十六。

諸吕爲從，謀弱京師，而勃反經合於權。吴楚之兵，亞夫駐於昌邑，以戹齊趙，而出委以梁。作絳侯世家第二十七。

七國叛逆，蕃屏京師，唯梁爲扞。偩愛矜功，幾獲於禍。嘉其能距吴楚，作梁孝王世家第二十八。

五宗既王，親屬洽和，諸侯大小爲藩，爰得其宜，僭擬之事稍衰貶矣。作五宗世家第二十九。

三子之王，文辭可觀。作三王世家第三十。

末世争利，維彼奔義；讓國餓死，天下稱之。作伯夷列傳第一。

晏子儉矣，夷吾則奢；齊桓以霸，景公以治。作管晏列傳第二。

李耳無爲自化，清淨自正；韓非揣事情，循勢理。作老子韓非列傳第三。

自古王者而有司馬法，穰苴能申明之。作司馬穰苴列傳第四。

非信廉仁勇不能傳兵論劍，與道同符，内可以治身，外可以應變，君子比德焉。作孫子吴起列傳第五。

維建遇讒，爰及子奢，尚既匡父，伍員奔吴。作伍子胥列傳第六。

孔氏述文，弟子興業，咸爲師傅，崇仁厲義。作仲尼弟子列傳第七。

鞅去衛適秦，能明其術，彊霸孝公，後世遵其法。作商君列傳第八。

天下患衡秦無饜，而蘇子能存諸侯，約從以抑貪彊。作蘇秦列傳第九。

六國既從親，而張儀能明其説，復散解諸侯。作張儀列傳第十。

秦所以東攘雄諸侯，樗里、甘茂之策。作樗里甘茂列傳第十一。

苞河山，圍大梁，使諸侯斂手而事秦者，魏冉之功。作穰侯列傳第十二。

南拔鄢郢，北摧長平，遂圍邯鄲，武安爲率；破荆滅趙，王翦之計。作白起王翦列傳第十三。

獵儒墨之遺文，明禮義之統紀，絶惠王利端，列往世興衰。作孟子荀卿列傳第十四。

好客喜士，士歸於薛，爲齊扞楚魏。作孟嘗君列傳第十五。

争馮亭以權，如楚以救邯鄲之圍，使其君復稱於諸侯。作平原君虞卿列傳第十六。

能以富貴下貧賤，賢能詘於不肖，唯信陵君爲能行之。作魏公子列傳第十七。

以身狥君，遂脱彊秦，使馳説之士南鄉走楚者，黄歇之義。作春申君列傳第十八。

能忍詢音逅。於魏齊，而信威於彊秦，推賢讓位，二子有之。作范睢蔡澤列傳第十九。

率行其謀，連五國兵，爲弱燕報彊齊之讎，雪其先君之恥。作樂毅列傳第二十。

能信意彊秦，而屈體廉子，用狥其君，俱重於諸侯。作廉頗藺相如列傳第二十一。

湣王既失臨淄而奔莒，唯田單用即墨破走騎刦，遂存齊社稷。作田單列傳第二十二。

能設詭説解患於圍城，輕爵禄，樂肆志。作魯仲連鄒陽列傳第二十三。

作辭以諷諫，連類以争義，離騷有之。作屈原賈生列傳第二十四。

結子楚親，使諸侯之士斐然争入事秦。作吕不韋列傳第二十五。

曹子匕首，魯獲其田，齊明其信；豫讓義不爲二心。作刺客列傳第二十六。

能明其畫，因時推秦，遂得意於海内，斯爲謀首。作李斯列傳第二十七。

爲秦開地益衆，北靡匈奴，據河爲塞，因山爲固，建榆中。作蒙恬列傳第二十八。

填趙塞常山以廣河内，弱楚權，明漢王之信於天下。作張耳陳餘列傳第二十九。

收西河、上黨之兵，從至彭城；越之侵掠梁地以苦項羽。作魏豹彭越列傳第三十。

以淮南畔楚歸漢，漢用大司馬殷，卒破子羽于陔下。作黥布列傳第三十一。

楚人迫我京索，而信、拔魏趙，定燕齊，使漢三分天下有其二，以滅項籍。作淮陰侯列傳第三十二。

楚漢相距鞏洛，而韓信爲填潁川，盧綰絕籍糧餉。作韓信盧綰列傳第三十三。

諸侯畔項王，唯齊連子羽城陽，漢得以間，遂入彭城。作田儋列傳第三十四。

攻城野戰，獲功歸報，噲、商有力焉，非獨鞭策，又與之脫難。作樊酈列傳第三十五。

漢既初定，文理未明，蒼爲主計，整齊度量，序律曆。作張丞相列傳第三十六。

結言通使，約懷諸侯。諸侯咸親，歸漢爲藩輔。作酈生陸賈列傳第三十七。

欲詳知秦楚之事，惟周緤常從高祖，平定諸侯。作傅靳蒯成列傳第三十八。

徙彊族，都關中，和約匈奴；明朝廷禮，次宗廟儀法。作劉敬叔孫通列傳第三十九。

能摧剛作柔，卒爲列臣；欒公不劫於勢而倍死。作季布欒布列傳第四十。

敢犯顔色以達主義，不顧其身，爲國家樹長畫。作袁盎鼂錯列傳第四十一。

守法不失大理，言古賢人，增主之明。作張釋之馮唐列傳第四十二。

敦厚慈孝，訥於言，敏於行，務在鞠躬，君子長者。作萬石張叔列傳第四十三。

守節切直，義足以言廉，行足以厲賢，任重權不可以非理撓。作田叔列傳第四十四。

扁鵲言醫，爲方者宗，守數精明；後世修序，弗能易也，而倉公可謂近之矣。作扁鵲倉公列傳第四十五。

維仲之省，厥濞王吴，遭漢初定，以填撫江淮之間。作吴王濞列傳第四十六。

吴楚爲亂，宗屬唯嬰賢而喜士，士鄉之，率師抗山東滎陽。作魏其武安列傳第四十七。

智足以應近世之變，寬足用得人。作韓長孺列傳第四十八。

勇於當敵，仁愛士卒，號令不煩，師徒鄉之。作李將軍列傳第四十九。

自三代已來，匈奴常爲中國患害；欲知强弱之時，設備征討。作匈奴列傳第五十。

直曲塞，廣河南，破祁連，通西國，靡北胡。作衛將軍驃騎列傳第五十一。

大臣宗室以侈靡相高，唯弘用節衣食爲百吏先。作平津侯列傳第五十二。

漢既平中國，而佗能集揚越以保南藩，納貢職。作南越列傳第五十三。

吴之叛逆，甌人斬濞，葆守封禺爲臣。作東越列傳第五十四。

燕丹散亂遼間，滿收其亡民，厥聚海東，以集真藩，葆塞爲外臣。作朝鮮列傳第五十五。

唐蒙使略通夜郎，而邛笮之君請爲内臣受吏。作西南夷列傳第五十六。

子虛之事，大人賦説，靡麗多誇，然其指諷諫，歸於無爲。作司馬相如列傳第五十七。

黥布叛逆，子長國之，以填江淮之南，安剽楚庶民。作淮南衡山列傳第五十八。

奉法循理之吏，不伐功矜能，百姓無稱，亦無過行。作循吏列傳第五十九。

正衣冠立於朝廷，而羣臣莫敢言浮説，長孺矜焉；好薦人，稱長者，壯有溉。作汲鄭列傳第六十。

自孔子卒，京師莫崇庠序，唯建元元狩之間，文辭粲如也。作儒林列傳第六十一。

民倍本多巧，奸軌弄法，善人不能化，唯一切嚴削爲能齊之。作酷吏列傳第六十二。

漢既通使大夏，而西極遠蠻，引領内鄉，欲親中國。作大宛列傳第六十三。

救人於戹，振人不贍，仁者有乎；不既信，不倍言，義者有取焉。作游俠列傳第六十四。

夫事人君能説主耳目，和主顔色，而獲親近，非獨色愛，能亦各有所長。作佞幸列傳第六十五。

不流世俗，不争勢利，上下無所凝滯，人莫之害，以道之用。作滑稽列傳第六十六。

齊、楚、秦、趙爲日者，各有俗所用。欲循觀其大旨，作日者列傳第六十七。

三王不同龜，四夷各異卜，然各以決吉凶。略闚其要，作龜策列傳第六十八。

布衣匹夫之人，不害於政，不妨百姓，取與以時而息財富，智者有采焉。作貨殖列傳第六十九。維我漢繼五帝末流，接三代統業。周道廢，秦撥去古文，焚滅詩書，故明堂石室金匱玉版圖籍散亂。於是漢興，蕭何次律令，韓信申軍法，張蒼爲章程，叔孫通定禮儀，則文學彬彬稍進，詩書往往間出矣。自曹參薦蓋公言黄老，而賈生、鼂錯明申、商，公孫弘以儒顯，百年之間，天下遺文古事靡不畢集太史公。太史公仍父子相續纂其職。曰：「於戲！余維先人嘗掌斯事，顯於唐虞，至于周，復典之。故司馬氏世主天官。至於余乎，欽念哉！欽念哉！」罔羅天下放失舊聞，王迹所興，原始察終，見盛觀衰，論考之行事，略推三代，録秦漢，上記軒轅，下至於兹，著十二本紀，既科條之矣。並時異世，年差不明，作十表。禮樂損益，律曆改易，兵權山川鬼神，天人之際，承敝通變，作八書。二十八宿環北辰，三十輻共一轂，運行無窮，輔拂股肱之臣配焉，忠信行道，以奉主上，作三十世家。扶義俶儻，不令己失時，立功名於天下，作七十列傳。凡百三十篇，五十二萬六千五百字，爲太史公書。序略，以拾遺補藝，成一家之言，厥協六經異傳，整齊百家雜語，藏之名山，副在京師，俟後世聖人君子。第七十。史記太史公叙傳。考異曰：吕氏大事記載於天漢二年遷坐李陵事後。按，遷序傳云：「述往事，思來者，於是卒述陶唐以來，至於麟止。」武紀：「更黄金爲麟趾。」蓋太始之二年也。今附於爲「麟趾」之後。

九月，御史大夫杜周卒。本紀。周爲吏深刻，嘗冬獄未竟，會立春，有寬大令，周蹋地嘆曰：「復假吾數十日，足吾事矣。」其酷暴如此。荀紀。

是歲，趙中大夫白公奏穿渠，引涇水，首起池陽、谷口，尾入櫟陽，注渭中，廣袤二百里〔一〕，溉田四千五百餘頃，因名白渠。民得其饒，歌之曰：「田於何所？池陽、谷口。鄭國在前，白渠在後。舉臿成雲，決渠爲雨。水流竈下，魚跳入釜。涇水一石，其泥數斗。且溉且糞，長我禾黍。衣食京師，百萬餘口。」言此兩渠之饒也。溝洫志、荀紀。

三年，是歲，皇子弗陵生，弗陵母曰河間趙倢伃。初，帝巡狩過河間，望氣者言此有奇女，天子亟使使召之。既至，女兩手皆拳，上自披之，手即時伸。由是得幸，號曰拳夫人，進爲倢伃。外戚傳。

直指使者江充爲水衡都尉。百官表。充本名齊〔二〕，有女弟善鼓琴歌舞，嫁之趙太子丹。齊得幸於趙王，爲上客。久之，太子疑齊以己陰私告王，與齊忤，使吏逐捕齊，不得，收繫其父兄，按驗，皆棄市。齊遂絶迹亡，西入關，更名充。詣闕告太子丹與同產姊及王後宮姦亂，交通郡國豪猾，攻剽頻妙反。爲姦，吏不能禁。書奏，天子怒，遣使者詔郡發吏卒圍趙王宮，收捕太子丹，移繫魏郡詔獄，與廷尉雜治，法至死。趙王彭祖，帝異母兄也，上書訟太子辠，言「充逋逃小臣，苟爲姦譎，古訛字。激怒聖朝，欲取必於萬乘以復私怨。後雖烹醢，計猶不悔。臣願選從趙國勇敢士，從軍擊匈奴，極盡死力，以贖丹罪」。上不許。久之，竟赦出丹。後彭祖入朝，因帝姊平陽隆慮公主，求復立丹爲太子，上不許。數語見趙王傳。初，充召見犬臺宫，自請願以所常被服冠見上。上許之。充爲人魁岸，容貌甚壯。帝望見而異之，謂左右曰：「燕趙固多奇士。」既至前，問以當世政事，上説之。充因自請，願使匈奴。詔問其狀，充對曰：「因變制宜，以敵爲師，事不可豫圖。」上以充爲謁者，使匈奴還，拜直指繡衣使者，督三輔盜賊，禁察踰侈。貴戚近臣多奢僭，充皆舉劾，奏請沒入車馬，令身待北軍擊匈奴。奏可。充即移書光禄勳中黄門，逮名近臣侍中諸當詣北軍者，移劾門衛，禁止無令得出入宫殿。於是貴戚子弟惶恐，皆見上叩頭求哀，願得入錢贖罪。上許之，令各以秩次輸錢北軍，凡數千萬。上以充忠直，奉法不阿，所言中意。充出，逢館陶長公主行馳道中。充呵問之，公主曰：「有太后詔。」充曰：「獨公主得行，車騎皆不得。」盡劾沒入官。後遷爲水衡都尉。江充傳。

四年夏四月，幸不其，音基。祠神人於交門宫，若有鄉坐拜者。作交門之歌。秋七月，趙有蛇從郭外入邑，與邑中蛇羣鬬孝文廟下，邑中蛇死。本紀。

征和元年，光禄大夫公孫遺守少府。百官表。

樓蘭王死，國人來請質子在漢者，欲立之。質子常坐漢法，下蠶室宫刑，故不遣。報曰：「侍子，天子愛之，不能遣。其更立其次當立者。」樓蘭更立王，漢復責其質子，亦遣一子質匈奴。西域傳。

二年春正月，有司案驗公孫賀，窮治所犯，遂父子死獄中。賀傳。涿郡鐵官鑄錢，鐵銷皆飛上去。五行志。三月丁巳，制詔御史：「故丞相賀倚舊故乘高埶而爲邪，興美田以利子弟賓客，不顧元元，無益邊穀，貨賂上流，朕忍之久矣。終不自革，迺以邊爲援，使内郡自省作車，又令耕者自轉，以困農煩擾畜者，重馬傷耗，武備衰減；下吏妄賦，百姓流亡；又詐爲詔書，以姦傳朱安世。獄已正於理。以涿郡太守劉屈氂爲左丞相，考異曰：漢書百官表云：「四月壬申，丞相賀下獄。五月丁巳，屈氂爲左丞相。」荀紀載：「春正月，賀死。三月丁巳，屈氂相。」二書不同。按，漢書本紀載賀死於正月；五行志載屈氂相於三月；史記將相名臣表亦云三月丁巳。又屈氂傳載拜相詔曰「征和二年春，制詔御史」，皆與荀紀合。疑百官表誤。今從荀紀。分丞相長史爲兩府，以待天下遠方之選。夫親親任賢，周唐之道也。以澎户二千二百封左丞相爲澎侯。屈氂傳。

初，公孫敖擊匈奴，至余吾，亡士多，下吏，當斬，詐死，亡居民間。至是覺，復繫。坐妻爲巫蠱，族。敖傳。考異曰：漢書本紀書「太始元年春正月，因杅將軍敖有罪，要斬」。荀紀、通鑑據此皆載於太始元年。按，衛霍傳云：「敖擊匈奴，至余吾，亡士多，下吏，當斬。詐死，亡居民間五六歲。後覺，復繫，坐妻爲巫蠱，族。」敖既衛氏黨，所坐巫蠱必與曹宗、衛伉事相連同誅。是時，去余吾之戰已五六年矣，當以傳爲正。故吕氏大事記據傳載於征和二年，今從之。

初，上晚得戾太子，甚愛之。及長，上嫌其材能少，不類己。會女巫往來宮中，教美人度厄，埋木人祭祀之。上乃使江充入宮掘地求蠱。充云：「於太子宮得木人尤多。」太子懼，斬江充，發兵與丞相劉屈氂戰。考異曰：呂氏解題曰：「通鑑引漢武故事諸書，載其始末甚詳。如言是時方士及諸神巫多聚京師，率皆左道惑衆，女巫往來宮中，教美人度厄，每屋輒埋木人祭祀之；因妒忌恚詈，更相告訐，以爲祝詛，上心既以爲疑，因是體不平。此理之必然，蓋可信也。如載太子曰：『吾人子，安敢擅誅。不如歸謝，幸得無罪。』太子將往之甘泉，而江充持太子甚急；太子計不知所出，遂從石德計。蘇文亡歸甘泉，説太子反狀。上曰：『太子必懼，又忿充等，故有此變。』乃使使召太子。使者不敢進，歸報云：『太子反已成，欲斬臣，臣逃歸。』上大怒。以漢書攷之，戾太子傳載石德畫捕充之策，止云『太子急，然德言』而已，夫嘗有自歸謝罪之説也。江充特陽聲言太子宮得木人、帛書當奏聞耳，非敢如獄吏治庶僚禁止其朝謁也。藉使充果持太子急，太子尚不得往甘泉，亦何由能發兵乎？劉屈氂傳載太子發兵入丞相府，丞相長史乘疾置以聞，上怒曰：『丞相無周公之風矣。周公不誅管蔡乎？』長史既乘疾置，必先蘇文至甘泉，武帝聞變之始，其怒如此，必不能諒太子之無他而遣使召之也。此皆非事實，今不取。」太子兵敗，南奔覆盎城門。漢武故事。亞谷侯盧賀坐受太子節，掠死。東城侯居股與太子舉兵謀反，開陵侯建禄舍太子所私幸女子，皆要斬。侯表。吏士劫略者，皆徙敦煌郡。以太子在外，始置屯兵長安諸城門。屈氂傳。按，百官表：城門校尉掌京師城門屯兵，有司馬、十二城門候。水經注云：東出北頭第一門，名宣平門，亦曰東城門，其郭門曰東都門，即逢萌掛冠處也。第二門名清明門，亦曰凱門，又曰籍田門。第三門名霸城門，又曰青城門。南出東頭第一門，名覆盎門，亦曰下杜門，又曰端門。第二門名安門，亦曰鼎路門。第三門名平門，北對未央宮。西出南頭第一門，名章門，亦曰光華門，又曰便門。第二門名直門，又曰龍樓門。第三門名西城門，亦曰雍門，又曰函里門。北出西頭第一門，名橫門，其外郭有都門，有棘門。第二門名洛門，亦曰朝門。第三門名杜門，亦曰利城門。凡此諸門，皆通達九逵，三途洞開，隱以金椎，周以林木，左出右入，爲途之經，行者升降，有上下之別。上怒甚，羣下憂懼，不知所出。壺關三老茂上書曰：「臣聞父者猶天，母者猶地，子猶萬物也。故天平地安，陰陽和調，物乃茂成；父慈母愛，室家之中，子迺孝順。陰陽不和則萬物夭傷，父子不和則室家喪亡。故父不父則子不子，君不君則臣不臣，雖有粟，吾豈得而食諸！昔者虞舜，孝之至也，而不中竹仲反。於瞽瞍；孝己被謗，伯奇放流，骨肉至親，父子相疑。何者？積毀之所生也。由是觀之，子無不孝，而父有不察。按，戾太子傳此下有「今皇太子爲漢適嗣」一段，叙戾太子及江充等事，此本不載，文義未明。臣聞子胥盡忠而忘其號，比干盡仁而遺其身，忠臣竭誠不顧鈇鉞之誅以陳其愚，志在匡君安社稷也。詩云：『取彼譖人，投畀豺虎。』唯陛下寬心慰意，少察所親，臣不勝惓惓，出一旦之命，待罪建章闕下。」書奏，天子感寤，然尚未顯言赦之也。考異曰：荀紀以爲令狐茂，漢武故事以爲鄭茂，二者不同。漢書不載姓，今從之。故事又云：「茂上書，上感寤，赦反者，拜鄭茂爲宣慈校尉，持節徇三輔，赦太子。太子欲出，疑弗實。吏捕太子急，太子自殺。」温公云：「是時，上若赦太子，當詔吏勿捕，此說恐妄。」故通鑑削去，止云：「書奏，天子感寤，然尚未顯言赦之也。」今從通鑑。八月辛亥，吏圍捕太子，太子自度不得脫，即入室距戶自經。戾太子傳、本紀。

巫蠱之禍起自朱世安，成於江充，遂及公主、皇后、太子，皆敗。公孫賀傳。

班固贊曰：「巫蠱之禍，豈不哀哉！此不惟一江充之辜，亦有天時，非人力所致焉。建元六宰，蚩尤之旗見，其長竟天。後遂命將出征，而戾太子生。考異曰：班氏本文云：「建元六年，蚩尤之旗見，其長竟天。後遂命將出征，略取河南，建置朔方。其春，戾太子生。」按，建元六年長星見，元朔元年戾太子生。」蓋相去七年矣。又，元朔二年始置朔方，乃在太子既生之後一歲。此贊殊爲乖誤，今微爲删潤云。自是師行三十年，兵所誅屠夷滅死者不可勝數。及巫蠱事起，京師流血，僵尸數萬，太子父子皆敗。故太子生長於兵，與之終始，何獨一嬖臣哉！故曰『兵猶火也，弗戢必自焚』，信矣！是以倉頡作書，『止』、『戈』爲『武』。聖人以武禁暴整亂，止息兵戈，非以爲殘而興縱之也。」

衛太子敗，燕王旦自以次第當立，使使上書，求入宿衛。帝見其書，擊地，怒曰：「生子當置之齊魯禮義之鄉，乃置之燕趙，果有争心，不讓之端見矣。」於是即斬其使者於闕下。後坐藏匿亡命，削良鄉、安次、文安三縣，帝由是惡旦。燕王傳、褚先生補史記。

三年春正月，時右輔都尉王訢守右扶風，上數過扶風，宫館馳道修治，供居用反。張竹亮反。辨。上嘉之，駐車，拜訢爲真。王訢傳、百官表。

三月，遣貳師將軍廣利將七萬人出五原，御史大夫商丘成二萬人出西河，重合侯馬通四萬騎出酒泉。成至浚稽山與虜戰，多斬首。通至天山，虜引去，因降車師。皆引兵還。貳師與虜戰，乘勝追至范夫人城，聞其家以巫蠱族滅，因并衆降匈奴。按原本脱「三月」以下至此，下文廣利降匈奴事首尾不具，今從本紀、匈奴傳補入。是歲，漢兵之出擊匈奴者不得言功多少，功不得御。有詔捕太醫令隨但，言貳師家室族滅，使廣利得降匈奴。史記匈奴傳。初，李夫人蚤卒，上憐憫焉，以后禮葬，後復以兄廣利爲貳師將軍。及廣利降匈奴，家族滅矣。李夫人傳。自貳師没後，漢新失大將軍士卒數萬人，不復出兵。匈奴傳。

九月，故城父令公孫勇與客胡倩等謀反，倩詐稱光禄大夫，從車騎數十，言使督盜賊。鄭人田廣明爲淮陽太守，覺知，發兵，皆捕斬焉。而公孫勇衣繡衣，乘駟馬車至圉，圉使小史侍之，亦知其非是，守尉魏不害與廐嗇夫江德、尉史蘇昌共收捕之。上封不害爲當塗侯，德轑音遼。陽侯，昌蒲侯。初，四人俱拜於前，小史竊言。上問：「言何？」對曰：「爲侯者得東歸不？」上曰：「女欲不？貴矣。女鄉名爲何？」對曰：「名遺鄉。」上曰：「用遺女矣。」於是賜小史爵關内侯，食遺鄉六百户。田廣明傳、本紀。

高寢郎長陵田千秋上急變訟太子冤。上憐太子無辜，乃作思子宫，爲歸來望思之臺於湖。天下聞而悲之。田千秋、戾太子傳。

班固曰：「易曰：『天之所助者順也，人之所助者信也；君子履信思順，自天祐之，吉無不利也。』故田千秋指明蠱情，彰太子之寃。千秋材知未必能過人也，以其銷惡運，遏亂原，因衰激極，道迎善氣，傳得天人之祐助云。」

四年二月丁酉，雍縣無雲如靁者三，或如虹氣蒼黄，若飛鳥集棫陽宫南，聲聞四百里。隕石二，黑如黳，有司以爲美祥，以薦宗廟。郊祀志、本紀。

夏六月丁巳，以大鴻臚田千秋爲丞相。百官表。後漢使者至匈奴，單于問曰：「聞漢新拜丞相，何用得之？」使者曰：「以上書言事故。」單于曰：「苟如是，漢置丞相，非用賢也，妄一男子上書即得之矣。」使者還，道單于語。帝以爲辱命，欲下之吏。良久，迺貰之。然千秋爲人敦厚有智，居位自稱，踰於前後數公。初，千秋始視事，見上連年治太子獄，誅罰尤多，羣下恐懼，思欲寬廣上意，尉安衆庶。迺與御史、中二千石共上壽頌德美，勸上施恩惠，緩刑罰，玩聽音樂，養志和神，爲天下自虞樂。上報曰：「朕之不德，自左丞相與貳師陰謀逆亂，巫蠱之禍流及士大夫。朕日一食者累月，迺何樂之聽？痛士大夫常在心，既事不咎。雖然，巫蠱始發，詔丞相、御史督二千石求捕，廷尉治，未聞九卿廷尉有所鞫也。曩者，江充先治甘泉宫人，轉至未央椒房，以及敬聲之疇、李禹之屬謀入匈奴，有司無所發，今丞相親掘蘭臺蠱驗，所明知也。至今餘巫頗脱不止，陰賊侵身，遠近爲蠱，朕媿之甚，何壽之有？敬不舉君之觴！謹謝丞相、二千石各就館。書曰：『毋偏毋黨，王道蕩蕩。』毋有復言。」千秋傳。

帝初通西域，置校尉，屯田渠犂。是時軍旅連出，師行三十二年，海内虚耗。及貳師以軍降匈奴，上既悔遠征伐，而搜粟都尉桑弘羊與丞相御史奏言：「故輪臺以東捷枝、渠犂皆故國，地廣，饒水草，有溉田五千頃以上，處温和，田美，可益通溝渠，種五穀，與中國同時熟，其旁國少錐刀，貴黄金采繒，可以易穀食，宜給足不可乏。臣愚以爲可遣屯田卒詣故輪臺以東，置校尉三人分護，各舉地圖形，通利溝渠，務使以時益種五穀。張掖、酒泉遣騎假司馬爲斥候，屬校尉，事有便宜，因騎置以聞。田一歲，有積穀，募民壯健有累重敢徙者詣田所，就畜積爲本業，益墾溉田，稍築列亭，連城而西，以威西國，輔烏孫，爲便。臣謹遣徵事臣昌分部行邊，嚴敕太史都尉明烽火，選士馬，謹斥候，蓄茭草。願陛下遣使使西國，以安其意。臣昧死請。」

上迺下詔，深陳既往之悔，曰：「前有司奏，欲益民賦三十助邊用，是重困老弱孤獨也。而今又請遣卒田輪臺。輪臺西於車師千餘里，前開陵侯擊車師時，危須、尉犂、樓蘭六國子弟在京師者皆先歸，發畜食迎漢軍，又自發兵，凡數萬人，王各自將，共圍車師，降其王。諸國兵便罷，力不能復至道上食漢軍。漢軍破城，食至多，然士自載不足以竟師，强者盡食畜産，羸者道死數千人。朕發酒泉驢橐駝負食，出玉門迎軍。吏卒起張掖，不甚遠，然尚廝留甚衆。今請遠田輪臺，欲起亭隧，是擾天下，非所以優民也。今朕不忍聞。大鴻臚等又議，欲募囚徒送匈奴使者，明封侯之賞以報忿，五伯所弗能爲也。且匈奴得漢降者，常提掖搜索，問以所聞。今邊塞未正，闌出不禁，障候長吏使卒獵獸，以皮肉爲利，卒苦而烽火乏，失亦上集不得，後降者來，若捕生口虜，廼知之。當今務在禁苛暴，止擅賦，力本農，修馬復令，以補缺，毋乏武備而已。」由是不復出軍。而封丞相田千秋爲富民侯，以明休息，思富養民也。西域傳。

班固曰：「孝武之世，圖制匈奴，患其兼從子容反。西國，結黨南羌，廼表河曲，列西郡，開玉門，通西域，以斷匈奴右臂，隔絶南羌、月氏。單于失援，由是遠遁，而幕南無王庭。遭值文景玄默，養民五世，天下殷富，財力有餘，士馬强盛。故能睹犀布、瑇音代。瑁音妹。則建珠崖七郡，感枸音矩。醬、竹杖則開牂柯、越嶲，聞天馬、蒲萄則通大宛、安息。自是之後，明珠、文甲、通犀、翠羽之珍盈於後宮，蒲梢、所交反。龍文、魚目、汗血之馬充於黄門，鉅象、師子、猛犬、大雀之羣食於外囿。殊方異物，四面而至。於是廣開上林，穿昆明池，營千門萬户之宫，立神明通天之臺，興造甲乙之帳，落以隨珠和璧，天子負黼依，襲翠被，馮玉几，而處其中。設酒池肉林以饗四夷之客，作巴俞都盧、海中碭徒浪反。極、漫衍魚龍、角抵之戲以觀視讀曰示。之。及賂遺贈送，萬里相奉，師旅之費，不可勝計。至於用度不足，迺榷酒酤，筦鹽鐵，鑄白金，造皮幣，筭至車船，租及六畜。民力屈，其勿反。財用竭，因之以凶年，寇盜並起，道路不通，直指之使始出，衣繡杖斧，斷斬於郡國，然後勝之。是以末年遂棄輪臺之地，而下哀痛之詔，豈非仁聖之所悔哉！

以趙過爲搜粟都尉。過能爲代田，一畮三甽。工犬反。歲代處，故曰代田，古法也。后稷始甽田，以二耜爲耦，廣尺深尺曰甽，長終畮。一畮三甽，一夫三百甽，而播種於甽中，苗生葉以上，稍耨隴草，因隤音頽。其土以附苗根。故其詩曰：「或芸或耔，黍稷儗儗。音擬。」芸，除草也。耔，附根也。言苗稍壯，每耨輒附根，比必寐反。盛暑，隴盡而根深，能讀曰耐。風與旱，故儗儗而盛也。其耕耘下種田器，皆有便巧。率十二夫爲田一井一屋，故畮五頃，用耦犂，二牛三人，一歲之收常過縵莫幹反。田畮一斛以上，善者倍之。過使教田太常、三輔，大農置工巧奴與從事，爲作田器。二千石遣令長、三老、力田及里父老善田者受田器，學耕種養苗狀。民或苦少牛，無以趨澤，故平都令光教過以人輓音晚。犂。過奏光以爲丞，教民相與庸輓犂。率多人者田日三十畮，少者十三畮，以故田多墾闢。過試以離宮卒田其宮壖而緣反。地，課得穀皆多其旁田畮一斛以上。令命家田三輔公田，又教邊郡及居延城。是後，邊城、河東、弘農、三輔、太常民皆便代田，用力少而得穀多。食貨志。

秋八月辛酉晦，日有食之，不盡如鉤。本紀、荀紀。考異曰：荀紀作「七月」，漢書作「八月」。按，長曆是年九月壬戌朔，言「八月」是也。是歲，初置司隸校尉，持節，從中都官徒千二百人，捕巫蠱、督大姦猾。後罷其兵。察三輔、三河、弘農。百官表。

大鴻臚戴仁坐祝詛誅。上以淮陽太守田廣明連禽大姦，徵入爲大鴻臚。百官表、廣明傳。

匈奴單于遣使遺漢書云：「南有大漢，北有彊胡。胡者，天之驕子也，不爲小禮以自煩。今欲與漢闓大關，娶漢女爲妻，歲給遺我糵酒萬石，稷米五千斛，雜繒萬匹，它如故約，則邊不相盜矣。」漢遣使者報送其使，單于使左右難漢使者，曰：「漢，禮義國也。貳師道前太子發兵反，何也？」使者曰：「然。迺丞相私與太子爭鬭，太子發兵欲誅丞相，丞相誣之，故誅丞相。此子弄父兵，當笞，小過耳。孰與冒頓單于身殺其父代立，常妻後母，禽獸行也！」單于留使者。匈奴傳。

後元元年夏六月，御史大夫商丘成坐祝詛自殺。本紀、百官表。考異曰：功臣表云丘成坐爲詹事侍祠孝文廟，醉歌堂下曰「出居，安能鬱鬱」，大不敬，自殺。百官表云坐祝詛，成不爲詹事。功臣表誤也，今不取。按，百官表商丘成以征和二年九月爲御史大夫，此本於此處書丘成自殺，而征和二年不書爲御史大夫日月，疑有脱誤。

是歲，京兆尹建坐祝詛要斬。百官表。漢興功臣子孫，訖于後元之年，靡有孑遺，耗矣！漢書功臣表序。

二年春二月丁卯，以奉車都尉光禄大夫霍光爲大司馬大將軍，駙馬都尉光禄大夫金日磾爲車騎將軍，太僕上官桀爲左將軍，以太僕并左將軍，百官表。搜粟都尉桑弘羊爲御史大夫，皆拜牀下，與田千秋俱受遺詔，輔少主。荀紀。上官桀始爲羽林期門郎，從帝上甘泉，天大風，車不得行，解蓋授桀。桀奉蓋，雖風常屬車；雨下，蓋輒御。上奇其才力，遷未央廄令。外戚傳。

丁卯，帝崩，上尊號曰孝武皇帝〔三〕。荀紀。大將軍霍光緣上雅意，以李夫人配食，追上尊號曰孝武皇后。李夫人傳。

班固贊曰：「漢承百王之弊，高祖撥亂反正，文景務在養民，至于稽古禮文之事，猶多闕焉。孝武初立〔四〕，卓然罷黜百家，表章六經。遂疇咨海内，舉其俊茂，與之立功。興太學，修郊祀，改正朔，定曆數，紹周後，號令文章，煥焉可述。後嗣得遵洪業，而有三代之風。如武帝之雄材大略，不改文景之恭儉以濟斯民，雖詩書所稱何有加焉！」考異曰：如「罷黜百家，表章六經，舉俊茂，興太學，修郊祀，改正朔，定曆數，紹周後」，此皆其可述者也。至於「協音律，作詩樂，建封禪，禮百神」，徒爲紛紛耳，今删去此四語。

校勘記

〔一〕廣袤三百里　「三」，漢書溝洫志作「二」，荀悦漢紀作「一」，與年紀不同。

〔二〕充本名齊　四庫本「名」作「姓」，據漢書江充傳及金華叢書本改。

〔三〕〔四〕孝武皇帝　孝武初立　四庫本「孝」誤作「考」，逕改。

西漢年紀卷十八

昭帝

孝昭皇帝，諱弗陵，武帝少子也。後元二年二月乙丑立爲太子，年八歲。考異曰：荀紀云「昭帝即位，年十六」，漢書紀云「立爲太子，年八歲，立太子之後三日，即帝位」。是即位時甫八歲耳。又上官桀爲燕王書告霍光罪，上覺其詐，史書是時帝年十四，尚書左右皆驚。蓋自即位至其年，已七年矣。當是荀紀差誤，今從漢書紀。戊辰，太子即皇帝位，時政事壹決大將軍光，田千秋居丞相位，謹厚自守而已。通鑑。每公卿朝會，光謂千秋曰：「始與君侯俱受先帝遺詔，今光治内，君侯治外，孟康曰：「内朝外朝也。大司馬、左右前後將軍、侍中、常侍、散騎諸吏爲中朝，丞相以下至六百石爲外朝也。」宜有以教督，使光毋負天下。」千秋曰：「唯將軍留意，即天下幸甚。」終不肯有所言，光以此重之。田千秋傳。光輔幼主，政自己出，天下想聞其風采。殿中嘗有怪，一夜羣臣皆驚，光召尚符璽郎，郎不肯授光。光欲奪之，郎按劍曰：「臣頭可得，璽不可得也！」光甚誼之。明日，詔增此郎秩二等。衆庶莫不多光。光傳。

秋七月，有司奏濟北王寬誖布內反。人倫，又祠祭祝詛上，請誅。上遣大鴻臚利召王，王以刃自到死。考異曰：表以「謀反」書，紀以「有罪」書，今從傳。國除爲北安縣，屬泰山郡。本紀及濟北王傳。

始元元年春二月，初，武帝崩，賜諸侯王璽書。燕王旦得書，不肯哭，曰：「璽書封小。京師疑有變。」遣幸臣壽西長、孫縱之、王孺等之長安，以問禮儀爲名。王孺見執金吾廣意，問帝崩所病，立者誰子，年幾歲。廣意言待詔五莋讀與柞同。宮，宮中讙言帝崩，諸將軍共立太子爲帝，年八九歲，葬時不出臨。力禁反。歸以報王。王曰：「上棄羣臣，無語言，蓋主又不得見，甚可怪也。」復遣中大夫至京師上書言：「竊見孝武皇帝躬聖道，孝宗廟，慈愛骨肉，和集兆民，德配天地，明並日月。威武洋音羊。溢，遠方執寶而朝，增郡數十，斥地且倍，封泰山，禪梁父，巡狩天下，遠方珍物陳於太廟，德甚休盛，請立廟郡國。」奏報聞。及褒賜益封，旦怒曰：「我當爲帝，何賜也！」遂與宗室中山哀王子長等結謀詐言，修武備，備非常。長於是爲旦命令羣臣曰：「寡人賴先帝休德，獲奉北藩，親受明詔，職吏事，領庫兵，飭讀曰勑。武備，任重職大，夙夜兢兢，子大夫將何以規佐寡人？且燕國雖小，成周之建國也，上自召公，下及昭、襄，于今千載，豈可謂無賢哉？寡人束帶聽朝三十餘年，曾無聞焉。其者寡人之不及與？讀曰歟。意亦子大夫之思有所不至乎？其咎安在？方今寡人欲撟與矯同。邪防非，章聞揚和，撫慰百姓，移風易俗，厥路何由？子大夫其各悉心以對，寡人將察焉。」羣臣皆免冠謝。旦曰：「前高后時，僞子弘立爲皇帝，諸侯交手事之八年。呂太后崩，大臣誅諸呂，迎立文帝，天下乃知非孝惠子也。我親武帝長子，反不得立，上書請立廟，又不聽。立者疑非劉氏。」即與劉澤謀爲姦書，招來郡國姦人，賦斂銅鐵作甲兵，會鉼步丁反。侯劉成知澤等謀，告之青州刺史雋不疑。八月，不疑收捕澤以聞。上遣大鴻臚丞治，連及燕王。燕王旦傳。上以爲旦至親，荀紀。抑按不揚。公卿使大臣請，遣宗正與太中大夫公户滿意、御史二人，偕往使燕，風諭之。至燕，各異日，更見責王。宗正者，主宗室諸劉屬籍，先見王，爲言帝實武帝子。次侍御史復見王，責以正法，問：「王欲發兵，罪名明白，當坐之。漢家有正法，王犯纖介小過，即行法直斷耳，安能寬王。」驚動以文法。王意益下，心恐。公户滿意習於經術，最後見王，稱引古今通義，國家大禮，文章爾雅。謂王曰：「古者天子必内有異姓大夫，所以正骨肉也；外有同姓大夫，所以正異族也。周公輔成王，誅其兩弟，故治。武帝在時，尚能寬王。今帝始立，年幼，委任大臣。古者誅罰不阿親戚，故天下治。方今大臣輔政，奉法無所阿，恐不能寬王。王自謹，無令身死國滅，爲天下笑。」於是旦恐懼服罪，叩頭謝過。褚先生補史記。有詔勿治，而劉澤等皆伏誅。益封鉼侯。燕王旦傳。

九月丙子，車騎將軍秺丁故反。侯金日磾薨。本紀。賜葬具冢地，送以輕車介士，軍陳至茂陵，謚曰敬侯。日磾傳。

二年春正月，大將軍霍光、左將軍上官桀皆受爵。荀紀。

三年春二月，有星孛於西北。本紀。

四年秋七月，匈奴入代，殺都尉。單于年少，初立，母閼氏不正，國内乖離，常恐漢兵襲之。於是衛律爲單于謀「穿井築城，治樓以藏穀，與秦人守之。漢兵至，無奈我何」。即穿井數百，伐材數千。或曰：「胡人不能守城，是遺弋季反。漢糧也。」衛律於是止。匈奴傳。

冬，遣大鴻臚田廣明擊益州，本紀。令杜延年以校尉將南陽士往從之。延年傳。

是歲，衛尉王莽爲右將軍衛尉，騎都尉上官安爲車騎將軍衛尉并右將軍。百宮表。考異曰：漢書本紀五年云「封皇后父驃騎將軍上官安爲桑樂侯」，外戚傳又云「安以后父封桑樂侯，食邑千五百户，遷車騎將軍」。紀易「車騎」爲「驃騎」，外戚傳以封侯在遷將軍之前，皆未諭。按，百官表始元四年「騎都尉上官安爲車騎將軍」，是時蓋未封侯也。如此則遷將軍在四年，封侯在五年，外戚傳亦云「車騎」，然則紀所謂「驃騎」者，亦未免差誤。今從百官表。

五年春正月，有男子乘黄犢車，建黄旐，衣黄襜昌瞻反。褕，音踰。著黄冒，詣北闕，自謂衛太子。考異曰：本紀云「張延年」，雋不疑傳云「成方遂」，又云「一姓張名延年」，今依通鑑，以不疑傳爲正。公車以聞，詔使公卿將軍中二千石雜識視。京兆尹雋不疑後到，叱從吏收縛，遂坐誣罔不道，要斬東市。大將軍欲以女妻雋不疑，不疑固辭，不肯當。久之，以病免。雋不疑傳。

增博士弟子員滿百人。儒林傳。

罷儋耳、真番郡。本紀。考異曰：荀紀作「儋耳、番禺、九真郡」。按，真番，朝鮮地，番禺九真、儋耳，皆南越地，賈捐之傳云：「儋耳、珠厓在海中洲居，民暴惡，自以阻絶，數犯吏禁，吏亦酷之，率數年一反，殺吏，漢輒發兵擊定之。自初爲郡至始元元年，二十年間，凡六叛。至其五年，罷儋耳郡并屬珠厓。」然則是所罷特儋耳，番禺、九真未嘗罷也。今從漢書本紀及賈捐之傳。初，武帝立儋耳、珠厓郡，皆在南方海中洲居。其民暴惡，自以阻絶，數犯吏禁，吏亦酷之，率數年一反，殺吏，漢輒發兵擊定之。自初爲郡至是二十餘年間，凡六反叛，遂罷儋耳郡并屬珠厓。賈捐之傳。大鴻臚田廣明擊益州，暴師連年。五行志。秋，復遣軍正王平等并進，大破之，平還，拜爲廷尉。百官表。

六年春正月，上耕於上林。本紀。

丁外人驕恣，怨故京兆尹樊福，使客射殺之。客藏長公主廬，吏不敢捕。渭城令胡建將吏卒圍捕。蓋主聞之，與外人、上官將軍多從奴客往，奔射追吏，吏散走。主使僕射劾渭城令游徼傷主家奴。建報亡它坐。蓋主怒，使人上書告建侵辱長公主，射甲舍門。知吏賊傷奴，辟報故不窮審。大將軍霍光寢其奏。後光病，上官氏代聽事，下吏捕建，建自殺。胡建傳。考異曰：按，表是年有「京兆尹樊福」，而鹽鐵議又云「胡建不得其死」。按，賢良文學以二月議，則丁外人之殺樊福，胡建之自殺，當在正月。今書於議鹽鐵之前。

二月，詔有司問郡國所舉賢良文學民所疾苦。

文學對曰：「竊聞治人之道，防淫佚之原，廣道德之端，抑末利而開仁義。毋示以利，然後教化可興而風俗可移也。今郡國有鹽鐵、酒榷、均輸，與民爭利。散敦厚之樸，成貪鄙之化，是以百姓就本者寡，趨末者衆。願悉罷之。」

御史大夫桑弘羊難以爲「此國家大業，所以制四夷、安邊足用之本，罷之不便」。

文學曰：「有國家者，不患寡而患不均，不患貧而患不安。故天子不言多少，諸侯不言利害，大夫不言得喪。畜仁義以風之，廣德行以懷之。是以近者親附而遠者悦服。仁政無敵於天下，惡用費哉？」

大夫曰：「古之立國者，開本末之途，通有無之用。易曰：『通其變，使民不倦。』管子云：『國有沃野之饒而民不足於食者，器械不備也；有山海之貨而民不足於財者，商工不備也。』養生送終之具，待商而通，待工而成。故聖人作爲舟檝之用以通川谷，服牛駕馬以達陵陸；致遠窮深，所以交庶物而便百姓。是以先帝建鐵官以贍費用，開均輸以足財。

鹽鐵，均輸，萬民所戴仰而取給者也。」

文學曰：「國有沃野之饒而民不足於食者，工商盛而本業荒也；有山海之貨而民不足於財者，不務民用而淫巧衆也。高帝禁商賈不得仕宦，所以遏貪鄙之俗也。排困市井，防塞利門，而民猶爲非，況上之爲利乎？傳曰：「諸侯好利則大夫鄙，大夫鄙則士貪，士貪則庶人盜。」是開利孔爲民罪梯也。」

大夫曰：「均輸則民齊勞逸，平準則民不失職。均輸、平準，所以平萬物而便百姓，非開利孔爲民罪梯者也。」

文學曰：「古之賦稅於民也，因其所工，不求所拙。農人納其獲，女紅効其功。今釋其所有〔一〕，責其所無，百姓賤賣貨物以便上求。間者郡國或令民作布絮，吏恣留難，農民重苦，女紅再稅，未見輸之均也。縣官擅市，則萬物並收；萬物並收，則物騰躍；騰躍則商賈侔利自市；侔利自市，則吏容姦豪，而富商積貨儲物以待其急，輕賈姦吏收賤以取貴，未見準之平也。蓋古之均輸，所以齊勞逸而便貢輸，非以爲利而賈物也。」

大夫曰：「家人有寶器，尚匣而藏之，況人主乎！夫權利之處，必在深山窮澤之中，非豪民不能通其利。異時鹽鐵未籠，布衣有朐邴，人君有吴王，專山澤之饒，薄賦賑窮，以成私威。私威積而逆節之心作。今縱民於權利，罷鹽鐵以資强暴，遂其貪心，衆邪羣聚，私門成黨，則彊禦日以不制，而兼并之徒姦形成矣。」

文學曰：「民人藏於家，諸侯藏於國，天子藏於海內。故民人以垣牆爲藏閉，天子以四海爲匣匱。天子適諸侯，升自阼階，諸侯納管鍵，執策而聽命，示莫爲主也。王者不畜聚，下藏於民，遠浮利，務民之義。義禮立則民化上。若是，雖湯、武生存於世，無所容其慮。工商之事，歐冶之任，何姦之能成？三桓專魯，六卿分晉，不以鹽鐵。故權利深者，不在山海，在朝廷；一家害百家，在蕭牆，而不在朐邴也。」

大夫曰：「故扇水都尉彭祖寧歸，言鹽鐵令品甚明。卒徒衣食縣官，作鑄鐵器，給用甚衆，無妨於民。今總一鹽鐵，非獨爲利入也，將以建本抑末，離朋黨，禁淫侈，絶并兼之路也。古者名山大澤不以封，爲下之專利也。鐵器兵刃，天下大用，非衆庶所宜事也。豪民欲擅山海以致富業，故沮事者衆。」

文學曰：「扇水都尉所言，一切之術，非君國子民之道也。陛下繼孝武皇帝之後，公卿宜思所以安集百姓，致利除害，輔明主以仁義。即位六年，公卿無請減除不急之官，省罷機利之人。陛下令郡國賢良文學議三五之道，六藝之風，陳安危利害之分，指意燦然。今公卿辯議未有所定，所謂抱小利而忘大利者也。」

大夫曰：「昔商君相秦也，設百倍之利，收山澤之稅，國富民强，蓄積有餘。是以征伐敵國，攘地斥境，不賦百姓而師以贍。故用不竭而民不知，地盡西河而民不苦。今鹽鐵之利，所以佐百姓之急，足軍旅之費，務蓄積以備乏絕，有益於國，無害於人。」

文學曰：「文帝之時，無鹽鐵之利而民富。當今有之而百姓困乏，未見利之所利，而見其害也。且利非從天來，不由地出，一取之民間，謂之百倍，此計之失也。夫李梅多實者，來年爲之衰；新穀熟者，舊穀爲之虧。自天地不能兩盈，而況於人事乎？故利於此者必耗於彼，商鞅峭七叫反。法長利，秦人不聊生，相與哭孝公。其後秦日以危，利蓄而怨積，地廣而禍搆。惡在利用不竭乎？」

大夫曰：「諸侯以國爲家，其憂在內；天子以八極爲境，其慮在外。故宇小者用菲，功巨者用大。是以縣官開園池，總山海，致利以助貢賦；修溝渠，立諸農，廣田收，盛苑囿。太僕、水衡、少府、大農，歲課諸入，田收之利，池籞之假，及北邊置田官以贍諸用，而猶未足。今欲罷之，上下俱殫，困乏之應也。雖節用，如之何其可？」

文學曰：「古者制地足以養民，民足以承其上。千乘之國，百里之地，公侯伯子男各充其求，贍其欲。秦兼萬國之地，有四海之富，而意不贍，非宇小而用菲者，欲多而下不堪其求也。語曰：『廚有腐肉，國有饑民，廄有肥馬，路有餧人。』今狗馬之養，蟲獸之食，豈特腐肉秣馬之費哉？無用之官，不急之作，無功而衣食縣官者衆。是以上不足而下困乏也。今不減其本，而與百姓争薦草，與商賈争市利，非所以明主德而相國家也。夫男耕女績，天下之大業也。古者分地而處之，是以業無不食之地，國無乏作之民。今縣官多張苑囿、公田、池澤，公家有鄣假之名，而利歸權家。三輔迫近山河，地狹人衆，四方並臻，粟米不能相贍。公田轉假，桑榆菜菓不殖，地力不盡。愚以爲非先帝所開苑囿池籞，可賦歸之於民，縣官租税而已。夫如是，匹夫之力盡於南畝，匹婦之力盡於麻枲。田野闢，麻枲治，則上下俱衍，何困乏之有？」

大夫默然，視丞相、御史。

文學曰：「今天下合爲一家，利末惡欲行？淫巧惡欲施？大夫君以心計策國用，搆諸侯，參以酒榷，咸陽、孔僅增以鹽鐵，江充、耕谷之等各以鋒鋭言利末之事，析秋毫，可謂無間矣。然國家衰耗，城郭空虚，故非崇仁義無以化民，非力本農無以富邦也。」

御史曰：「古者制田百步爲畒，什而籍一。先帝憐百姓衣食不足，制田二百四十步而一畒，率三十而税一。惰民不務田作，饑寒及己，固其理也。鹽鐵又何過乎？」

文學曰：「什一而籍，民之力也。豐耗美惡，與民共之。故曰：『什一，天下之中正也。』今田雖三十而以頃畒出税，樂歲粒米狼戾而寡取之，凶年饑饉而必求足。加之以口賦更繇之役，率一人之作，中分其功。農夫悉其所得，或假貸而益之。是以百姓力耕疾作，而饑寒遂及己也。」

御史曰：「古者十五入太學，與小役；二十而冠，與戎事；五十以上血脈益剛，曰艾壯。詩曰：『方叔元老，克壯其猶。』今陛下寬力役之政，二十三始賦，五十六而免，所以輔耆壯而息老艾也。丁者治其田里，老者修其塘園，則無饑寒之患。不治其家而訟縣官，亦悖矣。」

文學曰：「十九以下爲殤，未成人也。二十而冠，三十而娶，可以從戎事。五十以上曰艾老，杖於家，不從力役。所以扶不足而息高年也。鄉飲酒耆老異饌，所以優耆耄而明養老也。今五十以上至六十，與子孫服輓輸，並給繇役，非養老之意也。古者有大喪者，居三年不呼其門，通其孝道，遂其哀戚之心也。今或僵尸，衰絰而從戎事，非所以子百姓順孝悌之心也。陛下富於春秋，委任大臣，公卿輔政，政教未均，故庶人議也。」

御史默然不答。

大夫曰：「明主憂勞萬人，思念北邊，故舉賢良文學高第，將欲觀殊議異策，庶幾云得。諸生無能出奇計，徒守空言，不知取舍之宜，時世之變，此豈明主所欲聞哉！」

文學曰：「諸生對策殊路同歸，指在於崇禮義，退財利，復往古之道，匡當世之失，宜可行者焉。執事闇於明禮，而喻於利末，沮事隳議，以故至今未决也。」

大夫視文學，悒悒而不言。

丞相史曰：「辯國家之政事，論執政之得失，何不徐徐道理相喻，何至切切如此乎？」

賢良文學皆離席曰：「鄙人固陋狂言，以逆執事。夫藥酒苦於口而利於病，忠言逆於耳而利於行。諸生之諤諤，乃公卿之良藥鍼石也。」

大夫色少寬。丞相史曰：「今以近世觀之，世殊而事異。文景之際，建元之始，民樸而歸本，吏廉而自重。殷殷屯屯，人衍而家富。今政非改而教非易也，何世之彌薄而俗之滋衰也？」

賢良曰：「竊聞閭里長老之言，往者常民衣服温煖而不靡，器質樸牢而致用。馬足以易步，車足以自載，酒足以合歡而不湛，樂足以理心而不淫。入無宴樂之聞，出無佚遊之觀。行即負羸，止作鋤耘。用約而財饒，本修而民富。送死哀而不華，養生適而不奢。大臣正而無欲，執政寬而不苛。故黎民寧其性，百吏保其官。建元始，崇文修德，其後邪臣各以伎藝，虧亂至治。外障山海，内興諸利。楊可勝告緡，江充禁服，張大夫革令，杜周治獄，夏蘭之屬妄搏，王温舒之徒妄殺。殘吏萌起，擾亂良民。當此之時，百姓不保其首領，豪富莫必其族姓。聖主覺焉，迺誅滅殘賊，以塞天下之責。居民肆然復安。然其禍累世不復，瘡痍至今未息。故百官尚有殘賊之政，而强宰尚有强奪之心。大臣擅權而斷擊，豪猾多黨而侵陵。富貴奢侈，貧賤篡殺。女紅難成而易弊，車器難就而易敗。常民文杯畫案，婢妾衣紈履絲，匹庶粺飯肉食。無而爲有，貧而强夸。生不養，死厚葬，送死殫家，遺女滿車。富者欲過，貧者欲及。是以民年急歲促，寡恥而少廉。刑非誅惡而姦猶不止也。」

大夫曰：「吾以賢良爲少愈，乃反若胡車之相隨乎？」

賢良曰：「宮室、輿馬、衣服、器械、喪祭、食飲、聲色、玩好，人情之所不能已也。故聖人爲之制度以防之。間者士大夫務於權利，怠於禮義，故百姓倣效，頗踰制度。古者衣服不中制，器械不中用，不粥於市。今民間雕琢不中之物，刻畫無用之器。古者庶人之乘者，馬足以代其勞而已。今富者連車列騎，驂貳輜軿。夫一馬伏櫪，當中家六口之食，亡丁男一人之事。古者庶人耋老而後衣絲，其餘則麻枲而已。今富者縟繡羅紈，中者素綈錦縑，常民而被后妃之服，褻人而居婚姻之飾。古者庶人糲食藜藿，非鄉飲酒，膢臘祭祀，無酒肉。今閭巷無故烹殺，相聚野外，負粟而往，挈肉而歸。夫一豕之肉，得中年之收十五斗粟，當丁男半月之食。古者庶人春秋修其祖祠，以時有事於五祀，蓋無出門之祭。今富者祈名嶽，望山川，椎牛擊鼓，戲倡舞像。古者德行求福，故祭祀而寬；仁義求吉，故卜筮而希〔二〕。今世俗寬於行而求於鬼，怠於禮而篤於祭。古者土鼓蕢枹，擊木拊石，以盡其懽。及後卿大夫有管磬，士有琴瑟。今富者鐘鼓五樂，歌兒數曹；中者鳴竽調瑟，鄭儛趙謳。古者瓦棺容尸，木板堲周。其後桐棺不衣，采槨不斲。今富者繡牆題湊，中者梓棺梗槨。古者明器有形無實，示民不用也。後則有醯醢之藏，桐馬偶人，其物不備。今厚資多藏，器用如生人。古者不封不樹，反虞祭於寢，無廟堂之位。其後則封之，庶人之墳半仞，其高可隱。今富者積土成山，列樹成林，臺榭連閣，集觀增樓。古者隣有喪，舂不相杵，巷不歌謡，孔子食於有喪者之側，未嘗飽也。今俗因人之喪以求酒肉，幸與小坐而責辦，歌舞俳優，連笑伎戲。古者嫁娶之服未之以記，虞、夏之後，表布内絲，骨笄象珥，封君夫人加錦尚褧而已。今富者皮衣朱貉，繁露環佩。古者事生盡愛，送死盡哀。今生不能致其愛敬，死以奢侈相高。雖無哀戚之心，而厚葬重幣者則以爲孝，黎民慕效，至於廢屋賣業。古者夫婦之好，一男一女而成家室之道。及後士一妾，大夫二，諸侯姪娣九女而已。今諸侯百數，卿大夫十數。中者侍御，富者盈室。是以女或怨曠失時，男或放死無匹。古者不以人力狗於禽獸，不奪民財以養狗馬，是以財衍而力有餘。今猛獸奇蟲不可以耕耘，而令當耕耘者養食之。百姓或裋褐不完，而犬馬衣文繡；黎民或糠糟不接，而禽獸食肉。夫宫室奢侈，林木之蠹也；器械雕琢，財用之蠹也；衣食靡麗，布帛之蠹也；狗馬食人食，五穀之蠹也；口腹縱恣，魚肉之蠹也；用費不節，府庫之蠹也；漏積不禁，田野之蠹也；喪祭無度，傷生之蠹也。目修於五色，耳營於五音，體極輕薄，口窮甘脆。功積於無用，財盡於不急。故國病聚不足則政怠，人病聚不足則身危。」

丞相曰：「治聚不足奈何？」

賢良曰：「昔晏子相齊，民奢，示之以儉；民儉，示之以禮。今公卿大夫誠能節車輿，適衣服，躬親節儉，率以敦樸，罷園池，損田宅，内無事乎市列，外無事乎山澤，農夫有所施其功，女紅有所粥其業；如是，則氣脈和平，而無聚不足之患矣。」

大夫曰：「昔公孫布被，兒寬練袍，衣若僕妾，食若庸夫。淮南逆於内，蠻夷暴於外，盜賊不爲禁，奢侈不爲節，何聚不足之能治乎？」

賢良曰：「文景之際，建元之始，大臣尚有爭引守正之義。自此以後，多承意從欲，少敢直言面議而正刺，因公而徇私。故武安丞相訟園田，爭曲直於人主之前。夫九層之臺一傾，公輸子不能正；本朝一邪，伊、望不能復。故公孫丞相、兒大夫側身行道，分祿以養賢，卑己以下士，無行人子産之繼。而葛繹、澎侯隳壞其緒，毁其客館議堂，以爲馬廐婦舍，無養士之禮，而尚驕矜之色，廉耻陵遲而爭於利矣。」

大夫勃然作色，默而不應。

丞相史曰：「以賢良文學之議，則有司蒙素飡之耻，使賢良而親民偉仕，亦未見其能醫百姓之疾也。」

賢良曰：「談何容易，而況行之乎？ 今欲下箴石，通關鬲，則恐有盛、胡之累；懷鍼橐艾，則被不工之名。『狼跋其胡，載疐其尾。』君子之路，行止之道固狹耳。」

大夫曰：「今守相，古之方伯，專制千里，善惡在己。己不能耳，道何狹之有哉？」

賢良曰：「今吏道壅而不選，富者以財賈官，勇者以死射功。戲車鼎躍，咸出補吏，累功積日，或至卿相。擅生殺之柄，專萬民之命。是以往者郡國黎民相乘而不能理，或至鋸頸殺不辜而不能正。執紀綱非其道故也。古者封賢祿能，不過百里，百里之中而爲都，疆垂不過五十，猶以爲一人之身，明不能照，聽不能達，故立卿、大夫以佐之，而政治乃備。今守相無古諸侯之賢，而莅千里之政，主一郡之衆，一人之身，治亂在己，千里與之轉化，不可不熟擇也。故人主有私人以財，不私人以官。」

大夫曰：「吏多不良矣，又侵漁百姓。長吏厲諸小吏，小吏厲諸百姓。」

賢良曰：「今小吏祿薄，郡國繇役遠至三輔，常居則匱於衣食，有故則賣畜鬻產。不徒是也，府求之縣，縣求之鄉，鄉安取之哉？ 夫欲影正者端其表，欲下廉者先其身。故貪鄙在率不在下，教訓在政不在民。」

大夫曰：「君子內潔己而不能教於彼。周公不能正管、蔡之邪，子產不能正鄧晳之僞。今一一責之有司，有司豈能縛其手足而使之無爲非哉？」

賢良曰：「春秋譏刺不及庶人，責其率也。古者大夫將臨刑，聲色不御，恥不能以化而傷其不全也。政教闇而不著，百姓蹶而不扶，若此，則何以爲民父母？」

大夫曰：「人君不畜惡民，農夫不畜惡草。鉏惡草而衆苗成，刑惡民而萬夫悦。故刑所以正民，鉏所以别苗也。」

賢良曰：「刑之於治，猶策之於御也。良工不能無策，御者有策而勿用。今廢其紀綱而不能張，壞其禮義而不能防，陷民於罔，從而獵之以刑，是猶開其闌牢發以毒矢也。曾子曰：『上失其道，民散久矣。如得其情，則哀矜而勿喜。』不傷民之不治，而伐己之能得姦，猶弋者睹鳥獸掛罻羅而喜也。管子曰：『倉廩實而知禮節，百姓足而知榮辱。』方今之務，在罷鹽鐵，退權利，分土地，趣本業，養桑麻，盡地力，則民自富。民無饑寒之憂，則教可成也。語曰：『既富矣，又何加焉？』曰教之夫如是，則民徒義而從善，入孝而出悌，何暴慢之有？」

大夫曰：「縣官鑄農器，使民務本，不營於末，則無饑寒之累。鹽鐵何害而罷？」

賢良曰：「農，天下之大業也；鐵器，民之大用也。器用便利，則用力少而得作多；功用不具，則田疇荒而穀不殖。往時鹽與五穀同價，器和利而中用。今縣官鼓鑄鐵器，大抵多爲大器，不給民用，鹽鐵價貴，百姓皆不便。貧民或木耕手耨，土耰啖食，鐵官賣器不售，或頗賦於民卒，徒作不中程，時命助之，徵發無限，百姓苦之。今能務本去末，湛民以禮，示民以樸，則百姓反本而不營末矣。」

丞相史曰：「先王之道軼久而難復，賢良文學之言深遠而難行，非當世之所能及也。」

於是遂罷議。本紀、鹽鐵論、通典。

桓寬曰：「余覩鹽鐵之議，異哉吾所聞。汝南朱子伯爲予言，當此之時，豪俊並進，四方輻湊。賢良茂陵唐生，文學魯萬生之倫六十餘人，咸聚闕庭，舒六藝之風，論太平之原。智者贊其慮，仁者明其施，勇者見其斷，辯者陳其詞。誾誾焉，侃侃焉，雖不能詳備，斯可略觀矣。然蔽於雲霧，終廢不行，悲夫！公卿知任武可以闢地，而不知德廣可以附遠；知權利可以廣用，而不知稼穡可以富國也。近者親附，遠者悅德，則何爲而不成，何求而不得？不出於斯路，而務畜利長威，豈不謬哉！中山劉子雍言王道，矯當世，復諸正，務在乎反本，直而不徼，切而不熜，斌斌然斯可謂弘博君子矣。九江祝生奮由、路之意，推史魚之節，發憤懣，刺譏公卿，介然直而不撓，可謂不畏强禦矣。桑大夫據當世，合時變，推道術，尚權利，辟略小辯，雖非正法，然巨儒宿學不能自解，博物通達之士也。然攝公卿之柄，不引準繩以道化下，放於利末，不師古始，處非其位，行非其道，果隕其姓，以及厥宗。車丞相履伊、吕之列，當軸處中，括囊不言，容身而去。彼哉！彼哉！若夫丞相、御史大夫、兩府之士，不能正議以輔宰相，成同類，長同行，阿意苟合，以説其上，斗筲之徒，何足算也！」

時濟陰魏相亦以文學對策謂，「賞罰所以勸善禁惡，政之本也。日者燕王爲無道，韓義出身彊諫，爲王所殺。義無比干之親而蹈比干之節，宜顯賞其子，以示天下，明爲人臣之義。」霍光納其言，因擢義子延壽爲諫大夫。考異曰：此事通鑑載於燕王、桑弘羊謀反坐誅之後，且云「久之，魏相對策」，非也。按，昭帝時唯始元五年下詔舉賢良文學，六年有司與賢良文學論難鹽鐵事，自此以後，無再舉賢良文學之文。然通鑑所以載於元鳳元年燕王死之後者，正以魏相策云「日者燕王爲無道，韓義諫而死」，遂附於此。不知相所謂「燕王爲無道」者，乃昭帝初立時燕王與齊考王子劉澤等謀殺雋不疑，義以諫死，至六年舉賢良文學，而相對策遂及之耳。故相傳云相以賢良對策高第爲茂陵令，御史大夫桑弘羊客詐稱御史，爲相所捕論。益知相對策在弘羊未死之前，明矣。相爲茂陵令。御史大夫桑弘羊客詐稱御史止傳，丞不以時謁，客怒縛丞。相疑其有姦，收捕，按致其罪，論棄客市，茂陵大治。韓延壽、魏相傳。

初，蘇武在北海上，漢求武及馬宏等，後匈奴歸此二人。考異曰：匈奴傳云：壺衍鞮單于立三歲，衛律更謀歸漢使不降者蘇武、馬宏等，單于以始元二年立，如此則武歸當在始元四年。按，紀移中監蘇武以始元六年春至，以爲典屬國。武傳云「武來歸明年，上官桀等謀反」。桀以元鳳元年誅，則武歸在始元六年。而匈奴傳所載誤矣。又武傳云：「昭帝即位，數年，匈奴與漢和親。漢求武等，匈奴詭言武死。後漢使復至，常惠夜見漢使，教以天子射鴈得帛書，言武在某澤中，使者讓單于，單于乃歸武等。」以此考之，初不出於衛律。今從武傳。故凡從武還者九人。既至京師，拜爲典屬國。霍光、上官桀素與李陵善，遣陵故人隴西任立政等三人俱至匈奴招陵。立政等至，單于置酒賜漢使者，李陵、衛律皆侍坐。立政等見陵，未得私語，即目視陵，而數數自循其刀環，握其足，陰諭之，言可還歸漢也。後陵、律持牛酒勞漢使，博飲，兩人胡服椎結。讀曰髻。立政大言曰：「漢已大赦，中國安樂，主上富於春秋，霍子孟、上官少叔用事。」以此言微動之。陵默不應，熟視而自循其髮，答曰：「吾已胡服矣！」有頃，律起更衣，立政曰：「咄，少卿良苦！霍子孟、上官少叔謝女。」陵曰：「霍與上官無恙乎？」立政曰：「請少卿來歸故鄉，毋憂富貴。」陵字立政曰：「少公，歸易耳，恐再辱，奈何！」語未卒，衛律還，頗聞餘語，曰：「李少卿賢者，不獨居一國。范蠡徧遊天下，由余去戎入秦，今何語之親也！」因罷去。立政隨謂陵曰：「亦有意乎？」陵曰：「丈夫不能再辱。」遂死於匈奴。本紀、蘇武、常惠、李陵、匈奴傳、通鑑。

夏，旱，大雩，不得舉火。本紀、五行志。

上官桀、安記光過失予燕王，令上書告之。又爲丁外人求封。燕王大喜，上書稱：「子路喪姊，朞而不除，孔子非之。子路曰：『由不幸，寡兄弟，不忍除之。』故曰觀過知仁。今臣與陛下獨有長公主爲姊，陛下幸使丁外人侍之，外人宜蒙爵號。」書奏，上以問光，光執不許。桀等又許使人爲燕王旦上書，曰：「昔秦據南面之位，制一世之命，威服四夷，輕弱骨肉，顯重異族，廢道任刑，無恩宗室。其後尉佗入南越，陳涉呼楚澤，近狎作亂，內外俱發，趙氏無炊火焉。高皇帝覽踪跡，觀得失，見秦建本非是，故改其路，規土連城，布王子孫，是以枝葉扶疏，異姓不得間也。今陛下承明繼成，委任公卿，羣臣連與成朋，非毀宗室，膚受之愬，日騁於廷，惡吏廢法立威，主恩不及下究。」又言：「光專權自恣，疑有非常，臣旦願歸符璽，入宿衛，察姦臣之變。」時上年十四，覺其詐。本紀、燕王、霍光傳。考異曰：本紀云「桀等詐使人爲燕王旦上書」，霍光傳云：「上曰：『朕知是書詐也，將軍之廣明，都郎屬耳。燕王何以得知之？』」至燕王傳乃云「旦自上疏」，又云「帝覺其有詐，遂親信光」，與霍光傳所載殊乖異。顏氏疑燕王傳之誤。今從本紀及霍光傳。

元鳳元年春三月，賜郡國所選有行義者涿郡韓福等五人帛，人五十匹，遣歸。本紀。考異曰：荀紀載於始元元年，今從漢書本紀。

遷趙充國中郎將，將屯上谷，還，爲水衡都尉。充國傳、百官表。

八月，上官桀等謀令長公主置酒請霍光，伏兵格殺之，因廢帝，迎立燕王。光傳。考異曰：外戚傳載「桀又謀誘燕王至而誅之，因廢帝而立桀」，此必無之事，殆當時文致之辭也。本紀詔亦不過曰「共謀令長公主置酒伏兵殺大將軍光，徵立燕王爲天子」，亦無誅燕王立桀之語，今從本紀，削去此兩語。推原其始，不過爭權，遂致於此。當是時也，首發此謀者燕倉，倉爲大將軍幕府軍吏，繼以告楊敞，敞即燕王所告長史敞，亡功至搜粟都尉者也；聞其事於朝者，乃杜延年，延年又光親信腹心之人也。事之終始發於此三人，固不無可疑者。至宣帝時，魏相欲摧霍氏，或告霍禹等欲令太后置酒引丞相斬之，因廢帝而立禹，謂霍氏怨望欲殺相則有之，至於廢天子而立禹。是亦誅燕王立桀之類也。出乎爾者反乎爾，其斯之謂與？唯褚先生補史記侯表書上官桀曰與大將軍霍光争權，因以謀反族滅，此得之矣。千百載之下不欲擅變舊史，因書於此焉。燕王置驛書往來相報，許立桀爲王，外連郡國豪桀以千數。旦以語相平，平曰：「大王前與劉澤結謀，事未成而發覺者，以劉澤素夸，好侵陵也。平聞左將軍素輕易，車騎將軍少而驕，臣恐其如劉澤時不能成，又恐既成，反大王也。」旦曰：「前日一男子詣闕，自謂故太子，長安中民趣鄉讀曰嚮。之，正讙不可止，大將軍恐，出兵陳之，以自備耳。我，帝長子，天下所信，何憂見反？」後謂羣臣：「蓋主報言，獨患大將軍與右將軍王莽。今右將軍物故，丞相病，幸事必成，徵不久。」令羣臣皆裝。是時天雨，虹下屬之欲反。宫中飲井水，井水竭。廁中豖羣出，壞大官竈。烏鵲鬬死。鼠舞殿端門中。殿上户自閉，不可開。天火燒城門。大風壞宫城樓，折拔樹木。流星下墮。后妃以下皆恐。王驚病，使人祠葭音家。水、台音怡。水。王客吕廣等知星，爲王言：「當有兵圍城，期在九月十月，漢當有大臣戮死者。」王愈憂恐，謂廣等曰：「謀事不成，妖祥數見，兵氣且至，奈何？」會蓋主舍人父假稻田使者燕倉知其謀，燕王傳。倉故爲大將軍幕府軍吏。補史記侯表。以告大司農楊敞，敞素謹畏，不敢言，迺移病卧以告諫大夫杜延年，延年以聞。敞傳。

九月，詔丞相部中二千石逐捕。燕王傳。丞相徵事任宮格捕桀，殺之便門。丞相少史王壽考異曰：漢書侯表作「王山壽」，史記侯表作「王山」，今從漢書紀作「王壽」。說安與俱入，丞相斬安。補史記侯表。時典屬國蘇武子男元與安有謀，坐死。武素與桀、弘羊有舊，又數爲燕王所訟，廷尉窮治黨與，奏請逮捕武。霍光寢其奏，免武官。蘇武傳。冬十月，封延年、倉、宮、壽皆爲列侯。本紀。楊敞以九卿不輒言故不得侯。楊敞傳。按，原本不書封延年等列侯句，當是脱落，今補入。旦聞桀、安等事覺，憂懣，置酒與羣臣妃妾別，因欲自殺，左右止王。會天子使使者賜旦璽書曰：「昔高皇帝王天下，建立子弟以藩屏社稷。先日諸呂陰謀大逆，劉氏不絶若髮，賴絳侯等誅討賊亂，尊立孝文，以安宗廟，非以中外有人，表裏相應故邪？樊、酈、曹、灌攜劍推鋒，從高帝墾菑古災字。除害，耘鉏海內，勤苦至矣，然賞不過封侯。今宗室子孫曾無暴衣露冠之勞，裂地而王之，分財而賜之，父死子繼，兄終弟及。今王骨肉至親，敵吾一體，迺與他姓異族謀害社稷，親其所疎，疎其所親，有逆悖之心，無忠愛之義。如使古人有知，當何面目復奉齊酎見高祖之廟乎！」旦得書，以綬自絞。天子加恩，賜旦謚曰刺王。燕王傳。

大將軍光既誅上官桀，遂遵武帝法度，以刑罰痛繩羣下。繇是俗吏上嚴酷以爲能，而河南太守丞淮陽黃霸獨用寬和名。循吏傳。

大將軍長史丙吉薦儒生王仲翁、蕭望之等數人於霍光，皆召見。光自經上官桀等謀後，出入自備。吏民當見者，露索去兵刃，兩吏夾持。望之獨不肯聽，自引出閤曰：「不願見。」吏牽持匈匈。光聞之，告吏勿持。望之既至前，説光曰：「將軍以功德輔幼主，將以流大化，致於治平，是以天下之士延頸企踵，爭願自効，以輔高明。今士見者皆先露索挾持，恐非周公相成王躬吐握之禮，致白屋之意。」於是光獨不除用望之，而仲翁等皆補大將軍史。望之傳。

宗正劉德雜案上官氏、蓋主事，蓋長公主孫譚遮德自言，德數所具反。責以公主起居無狀。侍御史以爲光望不受女，承指劾德誹謗詔獄，免爲庶人，屏居山田。光聞而恨之，復白召德守青州刺史。劉德傳、百官表。

二年夏六月，赦天下。本紀。

三年春正月，泰山萊蕪山南匈匈有數千人聲，民視之，有大石自立，高丈五尺，大四十八圍，入地深八尺，三石爲足。石立後有白烏數千下集其旁。是時，昌邑有枯社木卧復生，又上林有柳樹枯僵，自起生，按，原本無此句，與下文不應，當是脱落，今補入。符節令魯國眭息隨反。弘推春秋之意，以爲「石柳皆陰類，下民之象，泰山者岱宗之嶽，王者易姓告代之處。今大石自立，僵居羊反。柳復起，非人力所爲」。弘意亦不知其所在，即説曰：「先師董仲舒有言，雖有繼體守文之君，不害聖人之受命。漢家堯後，有傳國之運。宜求索賢人，禪以帝位，而退自封百里，如殷周二王後，以承順天命。」弘使友人內官長賜上此書。時帝幼，大將軍光秉政，惡之，下其書廷尉。奏賜、弘妄設妖言惑衆，大逆不道，皆伏誅。眭弘傳。

二月癸丑，下廷尉王平、少府徐仁獄，光以其弄法輕重，皆坐以縱反者。考異曰：此通鑑本文也。按，傳無「卒下之獄」四字，兼前已云「光以千秋擅召二千石，外內異言，遂下廷尉平、少府仁獄」。今又云「卒下之獄」，則爲重複，今除去此四字。

冬，遼東烏桓反。先是，匈奴三千餘騎入五原，霍光欲發兵邀于堯反。擊之，以問趙充國。考異曰：按，傳：「武都氐反，趙充國以護軍都尉將兵擊定之，遷中郎將。」武都氐反在元年，當是元年已爲中郎將，此言「護軍都尉」，恐誤，今除去之。充國以爲「招寇生事，非計也」。光更問中郎將范明友。明友言：「可擊。」於是拜明友爲度遼將軍，擊之，斬首六千餘級，獲三王首。匈奴繇是恐，不敢出兵。本紀、匈奴傳。

太史令張壽王上書言：「曆者天地之大紀，上帝所爲。傳黄帝調律曆，漢元年以來用之。今陰陽不調，宜更曆之過也。」詔下主曆使者鮮于妄人詰問，壽王不服。妄人請與治曆大司農中丞麻光等二十餘人雜候日月晦朔弦望、八節二十四氣，鈞校諸曆用狀。奏可。詔與丞相、御史、大將軍、右將軍史各一人雜候上林清臺，課諸曆疏密，凡十一家。以元鳳三年十一月朔旦冬至，盡五年十二月，各有第。壽王課疏遠。案漢元年不用黃帝調曆，壽王非漢曆，逆天道，非所宜言，大不敬。有詔勿劾。復候，盡六年。太初曆第一，即墨徐萬且、子余反。長安徐禹治太初曆亦第一。壽王及待詔李信治黃帝調曆，課皆疏闊，又言黃帝至元鳳三年六千餘歲。丞相屬寶、長安單安國、安陵桮育治終始，言黃帝以來三千六百二十九歲，不與壽王合。壽王又移帝王錄，舜、禹年歲不合人年。壽王言化益爲天子代禹，驪山女亦爲天子，在殷周間，皆不合經術。壽王曆迺太史官殷曆也。壽王猥曰安得五家曆，又妄言太初曆虧四分日之三，去小餘七百五分，以故陰陽不調，謂之亂世。劾壽王吏八百石，古之大夫，服儒衣，誦不祥之辭，作妖言欲亂制度，不道。奏可。壽王候課，比三年下，終不服。再劾死，更赦勿劾，遂不更言，誹謗益甚，竟以下吏。律曆志。

是歲，青州刺史劉德爲宗正，光祿大夫河內蔡義爲少府。百官表。初，義以明經給事大將軍莫府，遷補覆盎城門侯。久之，詔求能爲韓詩者，徵義待詔，久不進見。義上疏曰：「臣山東草萊之人，行能亡所比，容貌不及衆，然而不棄人倫者，竊以聞道於先師，自託於經術也。願賜清閒讀曰閑。之燕，得盡精思於前。」上召見義，說詩，甚說讀曰悅。之。擢爲光祿大夫給事中，進授帝，至是爲少府。義傳。

四年春正月丁亥，帝加元服。本紀。通典載帝冠辭曰：「陛下摛著先帝之光輝，以承皇天之嘉祐。欽奉孟春之吉辰，普尊天道之郊域，秉率萬福之丕靈，始加昭明之元服。推遠沖孺之幼志，蘊積文武之就德。肅勤高祖之清廟，六合之内，靡不蒙福，承天無極。」是時，帝始冠，長八尺二寸，外戚許后傳。通詩、尚書，有明哲之性。霍光亡周公之德，秉政九年，久於周公。上既冠，而猶不歸政。五行志。

是月，丞相富民定侯田千秋薨。本紀。考異曰：百官表、史記將相表皆云「正月甲戌，千秋薨」。按，長曆是年二月乙卯朔，逆而推之，正月無甲戌，當是字誤，今除之。初，千秋年老，上優之，朝見得乘小車，因號曰車丞相。千秋傳。魏相爲河南太守，禁止姦邪，豪彊畏服。田千秋子爲雒陽武庫令，自見失父，而相治郡嚴，恐久獲辠，乃自免去。相使掾追呼之，遂不肯還。相獨恨曰：「大將軍聞此令去官，必以我爲用丞相死不能遇其子，使當世貴人非我，殆矣！」武庫令西至長安，大將軍光果以責過相曰：「幼主新立，以爲函谷，京師之固；武庫，精兵所聚。故以丞相弟爲關都尉，子爲武庫令。今河南太守不深惟國家大策，苟見丞相不在，而斥逐其子，何淺薄也！」後人有告相賊殺不辜事，下有司。河南卒戍中都官者二三千人，遮大將軍，自言願復留作一年，以贖太守罪。河南老弱萬餘人守關，欲入上書。關吏以聞。大將軍用武庫令事，遂下相廷尉獄。魏相傳。

二月乙丑，御史大夫王訢爲丞相，封宜春侯。百官表。考異曰：胡致堂管見謂：「田千秋薨二年不拜丞相，是霍光少昭帝也；楊敞薨踰月而拜蔡義爲丞相，是霍光不敢少宣帝也。」其言善矣。殊不知田千秋之後即拜王訢爲相，通鑑失於登載，遂使致堂誤發此議耳。今據百官表增入。大司農楊敞爲御史大夫。百官表、王訢傳。

夏六月，赦天下。本紀。

初，李廣利擊大宛還，過杅音烏。彌。杅彌遣太子賴丹爲質於龜茲。音丘慈。按，西域傳此下有廣利責龜茲不得受杅彌質，即將賴丹入至京師，昭帝以爲校尉將軍田輪臺事，此本不載，當是脱落。樓蘭王死，匈奴先聞之，遣其質子安歸歸，得立爲王。漢遣使詔新王，令入朝，天子將加厚賞。樓蘭王繼母謂王曰：「先王遣兩子質漢皆不還，奈何欲往朝乎？」王用其計，謝使曰：「新立，國未定，願待後年入見天子。」西域傳。傅介子從大宛還，奏事，詔拜介子爲中郎，遷平樂監。介子謂大將軍光曰：「樓蘭、龜茲數反覆，願往刺之，以威示諸國。」大將軍曰：「龜茲道遠，且驗之於樓蘭。」於是白遣之。介子與士卒俱齎金幣，揚言以賜外國爲名。至樓蘭，樓蘭王貪漢物，來見使者。介子與坐飲，陳物示之。飲酒皆醉，介子謂王曰：「天子使我私報王。」王起隨介子入帳中，屏語，壯士二人從後刺之，立死。其貴人左右皆散走。介子告諭以「王負漢罪，天子遣我來誅王，傅介子傳。當更立王弟尉屠耆在漢者。」西域傳。考異曰：傅介子傳云「當更立前太子質在漢者」，與西域傳所言不同。按，其後漢卒立尉屠耆，當是西域傳所言爲正，今從之。秋七月乙巳，詔曰：「樓蘭王安歸考異曰：西域傳作「嘗歸」。按，本紀、傅介子傳皆作「安歸」，今從之。常爲匈奴間，候遮漢使者，發兵殺略衛司馬安樂、光禄大夫忠、期門郎遂成等三輩，及安息、大宛使，盜取節印獻物，甚逆天理。平樂監傅介子持節使誅斬樓蘭王安歸首，縣之北闕，以直報怨，不煩師衆。其封介子爲義陽侯。又封范明友爲平陵侯。考異曰：本紀作「夏四月」。按，功臣表二人並以七月乙巳封，今從表。按，原本不書范明友之封，與考異所云不合，今補入。士刺王者皆補侍郎。」傳介子傳、功臣表。

九月，客星在紫宮中斗樞極間。天文志。

五年夏四月，燭星見奎、婁間。天文志。

六月，發三輔及郡國惡少年吏有告劾亡者，屯遼東。本紀。考異曰：天文志云「發三輔郡國少年詣北軍」，與紀不同，今從本紀。

是歲，詹事魯國韋賢爲大鴻臚。百官表。賢兼通禮、尚書，以詩教授，號稱鄒魯大儒。徵爲博士，給事中，進授帝詩，稍遷光禄大夫詹事，至大鴻臚。韋賢傳。

六年冬十一月乙丑，御史大夫楊敞爲丞相，封安平侯。百官表、侯表。考異曰：百官表作「十一月己丑」，通鑑作「十一月乙丑」。按，長曆是歲十一月己亥朔，無己丑，今從通鑑。初，敞嘗給事大將軍莫府，爲軍司馬，霍光愛厚之。敞傳。封右將軍張安世富平侯。本紀、侯表。

烏桓復犯塞。考異曰：通鑑載於拜楊敞相前。按，楊敞、蔡義之拜，張安世之封，蓋同一日。本紀叙安世封於烏桓之前，則二人之除亦在前無疑，今從本紀，書烏桓犯塞事於張安世封侯之後。按，原本此上不書安世之封，與考異不合，今補入。

是歲，史樂成爲少府，河東太守田延年爲大司農。百官表。

元平元年春正月庚子，日出時有黑雲，狀如猋風亂鬊，音舜。轉出西北，東南行，轉而西，有頃亡。天文志。二月乙酉，牂雲如狗，赤色，長尾三枚，夾漢西行。天文志。

水衡都尉趙充國爲後將軍，水衡都尉光禄大夫韓增爲前將軍，徙右將軍張安世爲車騎將軍光禄勳。百官表。按，原本「徙右將軍張安世」句屬後文「大將軍光白皇后」之下，於文義未安，今移入此處。

夏四月癸未，帝崩於未央宫。本紀。

初，霍光欲皇后擅寵有子，因上體不安，左右及醫皆阿意，言宜禁内，雖宫人使令皆爲窮袴，多其帶，後宫莫有進者。外戚傳。唯皇后顓寢，皇后年六歲而立，立十年而帝崩，遂絶繼嗣。五行志。

大將軍光白皇后，請徵昌邑王賀。六月丙寅，王受皇帝璽綬。宣帝紀。昌邑王賀，哀王子也。霍光、昌邑王傳。在國素狂縱，武帝之喪，賀游獵不止，中尉琅邪王吉上疏諫曰：「臣聞古者師日行三十里，吉行五十里。今者大王幸方與，音房預。曾不半日而馳二百里，百姓頗廢耕桑，治道牽馬，臣愚以爲不可數變。昔召公述職，當民事時，舍於棠下而聽斷焉。是時人皆得其所，後世思其仁恩，至虖不伐甘棠，甘棠之詩是也。大王不好書術而樂逸游，非所以進仁義之隆也。」及徵書至，王吉又奏書戒王曰：「臣聞高宗諒闇，三年不言。今大王以喪事徵，愼毋有所發。且何獨喪事，凡南面之君何言哉？天不言，四時行焉，百物生焉，願大王察之。」通鑑、王吉傳。

昌邑王既立，行淫亂，大將軍光憂懣，以問大司農田延年。乃引延年給事中，陰與車騎將軍張安世圖計。議既定，即與羣臣俱見白太后，具陳昌邑王不可以承宗廟狀。羣臣以次上殿，召昌邑王伏前聽詔。光與羣臣連名奏王，尚書令讀奏曰：「丞相臣敞、大司馬大將軍臣光、車騎將軍臣安世、度遼將軍臣明友、前將軍臣增、後將軍臣充國、御史大夫臣義、宜春侯臣譚、當塗侯臣聖、隨桃侯臣昌樂、杜侯臣屠耆堂、太僕臣延年、太常臣昌、大司農臣延年、宗正臣德、少府臣樂成、廷尉臣光、執金吾臣延壽、大鴻臚臣賢、左馮翊臣廣明、右扶風臣德、長信少府臣嘉、故典屬國臣武、京輔都尉臣廣漢、司隸校尉臣辟兵、諸吏文學光禄大夫臣遷、臣畸、臣吉、臣賜、臣管、臣勝、臣梁、臣長幸、臣夏侯勝、太中大夫臣德、臣卬昧死言皇太后陛下：臣敞等頓首死罪。天子所以永保宗廟總一海内者，以慈孝禮誼賞罰爲本。孝昭皇帝早棄天下，亡嗣，臣敞等議，禮曰『爲人後者爲之子也』，昌邑王宜嗣後，遣宗正、大鴻臚、光禄大夫奉節使徵昌邑王，立爲皇太子，受皇帝璽。自之符璽取節十六，朝暮臨，力禁反。令從官更持節從。召内泰壹宗廟樂人輦道牟首，鼓吹歌舞，悉奏衆樂。發長安廚三太牢具祠閣室中，祀已，與從官飲啗。徒敢反。駕法駕，皮軒鸞旗，驅馳北宮、桂宮，弄彘鬭虎。與從官官奴夜飲，湛讀曰沈，又曰耽。沔於酒。詔太官上乘輿食如故。食監奏未釋服未可御故食，復詔太官趣具，無關食監。太官不敢具，即使從官出買鷄豚，詔殿門内，以爲常。臣敞等數進諫，不變更，日以益甚，恐危社稷，不可以承天序，奉祖宗廟，子萬姓，當廢。」皇太后詔曰：「可。」光扶王下殿，送至昌邑邸。太后詔歸賀昌邑，賜湯沐邑二千户。昌邑羣臣坐在國時不舉奏王罪過，令漢朝不聞知，又不能輔道，讀曰導。陷王大惡，考異曰：王吉傳「陷王大惡」下有「皆下獄」三字，又霍光傳云「光盡驅出昌邑羣臣，置金馬門外。車騎將軍安世將羽林騎收縛二百餘人，皆送廷尉詔獄」。是昌邑羣臣下獄，已見於安世收縛之時，時昌邑蓋未廢也。至王吉傳所載，乃是昌邑已廢，漢朝加羣臣之罪，悉誅殺之，非始收下吏也。吉傳爲誤，通鑑從兩傳俱載非是，今删去王吉傳「皆下獄」三字。誅殺二百餘人。出死，號呼火故反。市中曰：「當斷不斷，反受其亂。」霍光傳、王吉傳。

校勘記

〔一〕今釋其所有　四庫本「今」作「令」，據金華叢書本及鹽鐵論簡注（馬非百注釋，中華書局一九八四年版，下同）本議篇改。

〔二〕故卜筮而希　四庫本「希」作「布」，據金華叢書本及鹽鐵論簡注散不足篇改。

西漢年紀卷十九

宣帝

孝宣皇帝，武帝曾孫〔一〕戾太子孫也。巫蠱事起，坐收繫郡邸獄。漢舊儀：「郡邸獄治天下郡國上計者，屬大鴻臚。」時丙吉爲廷尉監，詔治巫蠱郡邸獄，吉擇謹厚女徒復作淮陽郭徵卿令保養曾孫，因遭大赦，吉迺載曾孫送祖母史良娣家。後有詔掖庭養視，時掖庭令張賀哀曾孫，奉養甚謹。既壯，爲取暴室嗇夫許廣漢女，曾孫因依倚廣漢兄弟及祖母家史氏。本紀。考異李奇曰：「復作，女徒也。謂輕罪，男子守邊一歲，女子輭弱不任守，令復令作於官，亦一歲，故謂之復作徒也。」考異曰：本紀作「趙徵卿」，今從丙吉傳作「郭」字。按，原本無「因遭大赦」以下事，義未了，且無以爲後文封許廣漢等事張本，當是脱落，今補入。

元平元年六月癸巳，大將軍霍光奏昌邑王淫亂，請廢。按，原本無「元平元年」以下，文義不相屬，今從本紀補入。秋七月，光等議定以聞，皇太后詔即皇帝位。

八月己巳，丞相敞薨。本紀。按，「八月」以下原脱，今補入。

九月戊戌，御史大夫蔡義爲丞相，百官表。封陽平侯義時年八十餘，短少無鬚眉，貌似老嫗，行步俛僂，力主反。常兩吏扶夾迺能行。時大將軍光秉政，議者或言光置宰相不選賢，苟用可顓制者。光聞之，謂侍中左右及官屬曰：「以爲人主師當爲宰相，何謂云云？此語不可使天下聞也。」蔡義傳。考異曰：百官表作「戊戌」，荀紀作「戊寅」，通鑑從荀紀。按，長曆是年八月乙丑朔，戊寅乃八月十四，九月却有戊戌，當是荀紀誤，今從百官表。左馮翊田廣明爲御史大夫。百官表。大將軍光條奏羣臣諫昌邑王皆超遷。光禄大夫夏侯勝爲長信少府，賜爵關内侯。御史中丞于定國爲光禄大夫，平尚書事。太僕丞張敞爲豫州刺史。光以爲羣臣奏事東宫，太后省政，宜知經術，白令勝用尚書授太后。

十一月壬子，立皇后許氏。本紀。按，四年載霍后母顯使淳于衍陰殺許后，而不書許后之立，前後文義未安，今從本紀增入。皇太后歸長樂宫。長樂宫初置屯衛。本紀。考異曰：通鑑據外戚傳遂於此上書「尊太后爲太皇太后」。按，本紀不書，後云「皇太后歸長樂宫」，使帝即位之初已尊爲太皇太后，不應尚以「皇太后」爲稱也。又元帝紀，元帝即位，「尊皇太后爲太皇太后」，釋者以爲上官后，是昭后至元帝初方爲太皇太后，在宣帝時固未嘗舉此典也。外戚傳誤以元帝爲宣帝，劉氏已辨之矣。通鑑既於宣帝即位初書「尊皇太后爲太皇太后」，於元帝即位初又書「尊皇太后爲太皇太后」，殊爲乖誤，今於宣紀削去此語。

本始元年春正月，募郡國吏民訾百萬以上徙平陵。本紀。

詔有司論定策功，以大司馬大將軍光功德過太尉周勃，車騎將軍安世、故丞相楊敞功比丞相陳平，前將軍韓增、丞相蔡義功比潁陰侯灌嬰，太僕杜延年功比朱虚侯劉章，後將軍趙充國、大司農田延年、少府史樂成功比典客劉揭，杜延年傳。迺詔曰：「夫褒有德，賞元功，古今通誼也。大司馬大將軍博陸侯光宿衞忠正，宣德明恩，守節秉誼，以安宗廟。其以河北、東武陽益封光萬七千户。」與故所食凡二萬户。霍光傳。車騎將軍光禄勳富平侯安世功次大將軍，益封萬六百户。安世傳。

六月，詔曰：「故皇太子在湖，未有號謚，歲時祠，其議謚，置園邑。」有司奏請：「禮『爲人後者爲之子也』，故降其父母不得祭，尊祖之義也。陛下爲孝昭帝後，承祖宗之祀，制禮不踰閑。謹行視孝昭帝所爲故皇太子起位在湖，史良娣冢在博望苑北，親史皇孫位在廣明郭北。謚法曰：『謚者，行之迹也。』愚以爲親謚宜曰悼，母曰悼后，比諸侯王園，置奉邑三百家。考異曰：戾太子傳作「悼皇」，荀紀作「悼考」。按，有司所請之辭，謂「禮『爲人後者爲之子也』，故降其父母不得祭，陛下爲孝昭帝後」。又曰「親宜比諸侯王」。以此考之，稱「皇考」與上下文殊不協，通鑑削去「皇考」兩字，深有意義，今從之。故皇太子謚曰戾，置奉邑二百家。史良娣曰戾夫人，置守冢三十家。園置長丞，周衞奉守如法。」以湖閿許密反。鄉邪里聚爲戾園，長安白亭東爲戾后園，廣明成鄉爲悼園。皆改葬焉。戾太子傳。

侍御史嚴延年劾大司農田延年持兵干屬之欲反。車，大司農自訟不干屬車。事下御史中丞，譴責延年何以不移書宮殿門禁止大司農，而令得出入宮。於是覆劾延年闌內罪人，法至死。延年亡命。嚴延年傳。考異曰：按，本紀本始二年春，田延年坐盜增僦直自殺。干屬車事不知其時，傳謂在劾霍光後，今載於田延年死前一年之末。

本始二年春，以水衡錢爲平陵，徙民起第宅。本紀。應劭曰：「水衡與少府皆天子私藏。縣官公作，當仰給司農，今出水衡錢，言宣帝即位爲異政也。」

夏五月，詔議孝武廟樂。有司請加尊號。六月庚午，尊孝武廟爲世宗。按，原本無「詔議孝武廟樂」以下至此。考宣紀五月議廟樂，六月尊爲世宗，乃始告祠，當是原本脱誤，今增入。告祠世宗廟日，有白鶴集後庭。以立世宗廟告祠孝昭寢，有鴈五色集殿前。西河築世宗廟，神光興于殿旁，有鳥如白鶴，前赤後青。神光又興于房中，如燭狀。廣川國世宗廟殿上有鐘音，門戶大開，夜有光，殿上盡明。上迺下詔赦天下。時霍光輔政，上共讀曰恭。己南面，非宗廟之祀不出。郊祀志。辛亥夕，辰星與翼出，蚤。其後熒惑守房之鉤鈐。天文志。

是歲，博士東海后倉爲少府。百官表。倉事同郡孟卿説禮數萬言，號曰后氏曲臺記，授沛聞人通漢、梁戴德、戴聖、沛慶普。儒林傳。

本始三年春正月癸亥，皇后許氏崩。本紀。按，原本不書許后之崩，與下文立霍后節不相照應，今從本紀增入。

烏孫昆彌自將五萬餘騎與校尉常惠從西方入，至右谷音鹿。蠡音黎。庭，獲單于父行及嫂、居次、名王、犁汙都尉、千長、騎將以下三萬九千餘級，得馬牛羊驢驘橐駞七十餘萬頭，烏孫皆自取鹵獲。惠從吏卒十餘人隨昆彌還，封惠長羅侯。烏孫傳。考異曰：烏孫傳「三萬九千餘級」作「四萬級」，今從匈奴及常惠傳。又常惠傳「七十餘萬頭」作「六十餘萬頭」，今從烏孫、匈奴傳。按，宣紀及匈奴、烏孫二傳，本始二年匈奴西伐烏孫，烏孫昆彌及公主上書求救，漢兵大發十五萬騎，五將軍分道並出，校尉常惠持節護烏孫兵，咸擊匈奴。三年春，師發長安，夏五月，軍罷。校尉常惠將烏孫兵入匈奴右地，大克獲。此本首尾不具，疑有脫落。

六月己丑，丞相陽平節侯蔡義薨。本紀、義傳。考異曰：荀紀作「乙丑」，誤，今從漢書。甲辰，長信少府韋賢爲丞相，百官表。封扶陽侯。時賢七十餘，以先帝師，甚見尊重。韋賢傳。大司農魏相爲御史大夫。百官表。

本始四年春正月，詔曰：「蓋聞農者興德之本也，今歲不登，已遣使者振貸困乏。其令太官損膳省宰，漢儀注：太宰令，屠者七十二人，宰二百人。樂府減樂人，使歸就農業。丞相以下至都官令丞上書入穀，輸長安倉，助貸貧民。民以車船載穀入關者，得毋用傳。張戀反。」本紀。

三月乙卯，立皇后霍氏。賜丞相以下至郎吏從官金錢帛各有差。赦天下。本紀。后，光女也。荀紀。母顯，既使淳于衍陰殺許后，因爲于僞反。成君衣補，治入宫具，勸光内之，果立爲皇后。初，許后起微賤，登至尊日淺，從官車服甚節儉，五日一朝皇太后於長樂宫，親奉案上食，以婦道共養。及霍后立，亦修許后故事。而皇太后親霍后之姊子，故常竦體，敬而禮之。皇后轝駕侍從甚盛，賞賜官屬以千萬計，與許后時縣絶矣。上亦寵之，顓房燕。外戚傳。

秋七月甲辰，辰星在翼，月犯之。是日，熒惑入輿鬼天質。天文志。

地節元年春正月戊午乙夜，月食熒惑。天文志。有星孛于西方，去太白二丈所。本紀、五行志。夏六月戊戌甲夜，客星又居左右角間，東南指，長可二尺，色白。天文志。丙寅，客星見貫索東北，南行，至七月癸酉夜入天市，芒炎東南指，其色白。天文志。

是歲，光禄大夫水衡都尉于定國爲廷尉。百官表。定國乃迎師學春秋，身執經，北面備弟子禮。爲人謙恭，尤重經術士，雖卑賤徒步往過，定國皆與鈞禮，恩敬甚備。學士咸稱焉。按，原本脱「雖卑賤」以下二十二字，今從定國傳補入。其決疑平法，務在哀鰥寡，罪疑從輕，加審慎之心。朝廷稱之曰：「張釋之爲廷尉，天下無冤民；于定國爲廷尉，民自以不冤。」定國傳。考異曰：刑法志謂「上感路温舒之言，爲置廷尉平，秩六百石，於是選于定國爲廷尉」。按，本紀地節三年置廷尉平，百官表于定國爲廷尉在地節元年。如此，則志誤明矣。今從百官表。

地節二年春，大司馬大將軍霍光病篤，車駕自臨問光病，上爲之涕泣。光上書謝恩曰：「臣兄驃騎將軍去病從軍有功，病死，賜謚景桓侯，絶無後。臣願以所封東武陽邑三千五百户分與兄孫奉車都尉山爲列侯，奉去病祀。」事下丞相御史，即日拜光子禹爲右將軍。三月庚午，光薨，謚曰宣成侯。光傳、史記補表。考異曰：荀紀書于光薨之後。按，光傳「光上書謝恩曰：『願分國邑封兄孫奉車都尉山爲列侯，奉去病祀。』事下丞相御史，即日拜光子禹爲右將軍。光薨。」以此攷之，禹之拜將軍，在光未死之前明矣。今從本傳。

御史大夫魏相上疏曰：「聖主褒有德以懷萬方，顯有功以勸百僚，是以朝廷尊榮，天下鄉讀曰嚮。風。國家承祖宗之業，制諸侯之重，新失大將軍，宜宣章盛德以示天下，顯明功臣以填竹刃反。藩國。毋空大位，以塞爭權，所以安社稷絶未萌也。車騎將軍安世事孝武皇帝三十餘年，忠信謹厚，勤勞政事，夙夜不怠，與大將軍定策，天下受其福，國家重臣也，宜尊其位，以爲大將軍，毋令領光禄勳事，使專精神，憂念天下，思惟得失。」上亦欲用之。安世深辭弗能得。乃拜爲大司馬車騎將軍，領尚書事。安世傳。考異曰：通鑑考異云：「百官表：『地節三年四月戊申，張安世爲大司馬，七月戊戌，更爲衛將軍。霍禹爲大司馬。七月壬辰，禹要斬。』荀紀：「三年四月戊辰，安世爲大司馬。」按，明年四月無戊辰，七月無戊戌，又不當再言七月。以宣紀、張安世、霍光傳考之，安世爲司馬當在今年，爲衛將軍當在明年十月，禹死在四年七月。蓋年表旁行通連書之，致此誤也。今從通鑑。按，原本無「上亦欲用之」以下，文意未足，今增入。

上始親政事，又思報大將軍功德，迺復使樂平侯山領尚書事，而令羣臣得奏封事，以知下情。本紀。考異曰：此據本紀所書，當霍光既死之後，魏相上書，遂以安世領尚書，上始親政事，又思報大將軍功德，故令山領尚書，又懼其壅蔽，復令羣臣奏封事。此當時之事情也。通鑑删去「令羣臣奏封事」一節，未完。又按，通鑑載魏相上封事，請以安世爲大將軍，以塞争權。按，紀羣臣奏封事乃爲防霍山領尚書，不應先此已有封事之名，當改作「上疏」兩字。通鑑又載魏相因許廣漢奏封事，請損霍氏權，及白去副封事。按，魏相傳云「相因平恩侯奏封事」，廣漢封平恩乃在地節三年，不應先以爲稱。今載於封平恩侯之次。

地節三年春三月，詔曰：「蓋聞有功不賞，有罪不誅，雖唐虞猶不能以化天下。今膠東相王成勞盧到反。來盧代反。不怠，流民自占之贍反。八萬餘口，治民有異等。其秩成中二千石，賜爵關内侯。」本紀。未及徵用，會病卒官。後詔使丞相御史問郡國上計長吏守丞以政令得失，或對言前膠東相成僞自增加，以蒙顯賞，是後俗吏多爲虚名云。循吏傳。

夏四月戊申，立子奭爲皇太子，大赦天下。本紀、通鑑。考異曰：通鑑考異云：荀紀立皇太子在去年四月戊申，漢書舊本亦然。顔注據疏廣及丙吉傳，並云「地節三年立皇太子」，知在此年者是也。今從之。乃封太子外祖父許廣漢爲平恩侯。魏相因廣漢奏封事，言：「後元以來，政繇冢宰。今光死，子爲右將軍，兄子秉樞機，昆弟諸壻據權勢，光夫人顯及諸女皆通籍長信宫。宜有以損奪其權。」又故事諸上書者皆爲二封，署其一曰副，領尚書者先發副封，所言不善，屏去不奏。

相復因廣漢白，去副封以防雍蔽。帝善之。相傳、外戚傳。按，二年使樂平侯山領尚書節考異云云，則此處當有封許廣漢及魏相因廣漢上封事事。原本脱去「乃封太子外祖父」以下至此，今補入。

京師大雨雹，大行治禮丞蕭望之因是上疏，願賜清閒讀曰閑。之宴，口陳災異之意。帝自在民間聞望之名，曰：「此東海蕭生邪？」下少府宋畸居宜反。問狀，無有所諱。」望之對，以爲「春秋昭公三年大雨雹，是時季孫專權，卒逐昭公。鄉讀曰嚮。使魯君察於天變，宜亡此害。今陛下以聖德居位，思政求賢，堯舜之用心也。然而美祥未臻，陰陽不和，是大臣任政，一姓擅埶之所致也。附枝大者賊本心，私家盛者公室危。唯明主躬萬機，選同姓，舉賢材，以爲腹心，與參政謀，令公卿大臣朝見奏事，明陳其職，以考功能。如是，則庶事理，公道立，姦邪塞，私權廢矣。」對奏，天子拜望之爲謁者。望之傳。考異曰：通鑑載于韋賢致仕、魏相拜相、丙吉除御史大夫後，今從荀紀，載於三人除拜之前。時上博延賢良，多上書言便宜，輒下望之問狀，高者請丞相御史，次者中二千石試事，滿歲以狀聞。下者報聞，或罷歸田里，所白處奏皆可。累遷諫大夫，丞相司直，歲中三遷，官至二千石。望之傳、荀紀。

五月甲申，丞相扶陽侯韋賢以老病乞骸骨，賜黄金百斤，罷歸，加賜第一區。丞相致仕自賢始。百官表、韋賢傳。

六月壬辰，御史大夫魏相爲丞相。辛丑，太子太傅丙吉爲御史大夫。百官表。

冬十月按，原本無「冬十月」三字，今據二年使張安世「領尚書下」考異補入。戊戌，更以張安世爲衛將軍，兩宮衛尉，城門、北軍兵屬焉。以霍禹爲大司馬，冠小冠，亡印綬，以虚尊加之，而實奪其衆。霍光、張安世傳。考異曰：據本紀「十月詔罷車騎將軍、右將軍屯兵」，此專爲霍禹兵權，故併安世罷耳。至此復令安世爲衛將軍，領衛尉、北軍，故以霍禹爲大司馬，所謂「以虚尊加之，而實奪其衆」是也。霍光傳云「更以禹爲大司馬，冠小冠，亡印綬，罷其右將軍屯兵官屬」，此蓋通前事言之，非曾罷屯兵也。蓋禹之罷屯兵已見于前十月，通鑑既據本紀書「罷右將軍屯兵」矣，至此又據光傳云「罷其屯兵」，則爲重出，今删去此語。

廷尉史鉅鹿路温舒上書言宜尚德緩刑，上深愍焉。十二月，乃下詔初置廷尉平四人，秩六百石。温舒傳、本紀。考異曰：荀紀載於本始元年。按，刑法志廷史路温舒上疏言「秦有十失，其一尚存，治獄之吏是也」，上深愍焉，迺下詔置廷平。本紀載置廷平在地節三年，今附於其前。按，原本無「上深愍焉」以下文意未足，且與元年于定國爲廷尉下考異不相應，今補入。

昭帝時，匈奴復使四千騎田車師。及帝，遣五將將兵擊匈奴，車師田者驚去，車師復通於漢。匈奴怒，召其太子軍宿，欲以爲質。軍宿，焉耆外孫，不欲質匈奴，亡走焉耆。車師王更立子烏貴爲太子。及烏貴立爲王，與匈奴結婚姻，教匈奴遮漢道通烏孫者。至是，漢遣侍郎會稽鄭吉、校尉司馬憙許吏反。將免刑罪人田渠犂，積穀，因發諸國兵攻破車師，遷吉衛司馬，使護鄯善以西南道。西域傳、鄭吉傳。考異曰：西域傳云「地節二年」，通鑑考異云「校匈奴傳，知在三年」，今從之。按，原本無「遷吉衛司馬」以下，與元康二年議擊匈奴下考異不應，而神爵二年所書「護鄯善以西」句亦屬無根，今補入。

地節四年春正月，詔曰：「朕聞之，漢之興，相國蕭何功第一，今絶亡後，朕甚憐之。其以邑三千户封何元孫建世爲酇侯。」荀紀、褚先生補史記。考異曰：褚先生表以爲地節三年，漢書本紀、侯表並以爲四年，今從紀、表。本紀以爲二月，荀紀以爲正月，今從荀紀。

二月，本紀。制詔御史賜外祖母號爲博平君，以博平、蠡吾兩縣户萬一千爲湯沐邑。封舅王無故爲平昌侯，武爲樂昌侯，食邑各六千户。追賜謚外祖王迺始曰思成侯。詔涿郡治冢室，置園邑四百家，長丞奉守如法。外戚傳。

三月甲辰，宗正關内侯劉德以親親行謹厚爲宗室率，封爲陽城侯，子安民爲郎中右曹，宗家以德得官宿衛者二十餘人。考異曰：草本作「行謹重爲宗室率，侯」，監本作「行謹厚」。按，德傳云「以親親行謹厚封爲陽城侯」，則知草本爲誤。今從監本及本傳。德寬厚，好施生，每行京兆尹事，多所平反音幡。罪人。家産過百萬，則以振昆弟賓客食飲，曰：「富，民之怨也。」恩澤表、德傳。

秋七月，大司馬霍禹與母宣成夫人顯及諸壻昆弟謀反，發覺，皆誅滅。按，原本止載霍后之廢，而不載霍氏之反，當是脱誤，今補入。

八月己酉，使有司賜皇后策曰：「皇后熒惑失道，懷不德，挾毒與母顯謀欲危太子，無人母之恩，不宜奉宗廟衣服，不可以承天命。嗚呼傷哉！其退避宮，上璽綬有司。」廢處昭臺宮。本紀、外戚傳。

張安世自霍氏誅，寖恐，職典樞機，以謹慎周密自著，外内無間。每定大政，已決，輒移病出，聞有詔令，迺驚，使吏之丞相府問焉。自朝廷大臣莫知其與議也。嘗有所薦，其人來謝，安世大恨，以爲舉賢達能，豈有私謝邪？絶弗復爲通。有郎功高不調，自言，安世應曰：「君之功高，明主所知。人臣執事，何長短而自言乎？」絶不許。已而，郎果遷。莫府長史遷，辭去之官，安世問以過失。長史曰：「將軍爲明主股肱，而士無所進，論者以爲譏。」安世曰：「明主在上，賢不肖較然，臣下自修而已，何知士而薦之？」其欲匿名迹遠權執如此。安世自見父子尊顯，懷不自安，爲子延壽求出補吏，上以爲北地太守。安世傳。

考異曰：通鑑載于元康三年。按，安世傳云：「爲北地太守，歲餘，上閔安世年老，復徵延壽爲左曹太僕。」百官表載延壽爲太僕在元康元年，觀「歲餘」之言，則出爲北地太守在地節四年明矣。兼本傳載上赦安世女孫敬，安世寖恐云云，載於四年誅霍氏之後，今從之。

初，帝聞京房爲易明〔三〕，房者，淄川楊何弟子也。求其門人，得琅邪梁丘賀。賀入説，上善之，以賀爲郎。會八月飲酎，行祠孝昭廟，先敺旄頭劍挺墮地，首垂泥中，刃鄉讀曰嚮。乘輿車，馬驚。於是召賀筮之，有兵謀，不吉。上還，使有司侍祠。是時，霍氏外孫任宣坐謀反誅，宣子章爲公車丞，亡在渭城界中，夜玄服入廟，居郎間，顔曰：「郎著皁衣，故章玄服以廁。」執戟立廟門，待上至，欲爲逆。發覺，伏誅。故事，上常夜入廟，其後待明而入，自此始也。賀以筮有應，繇是近幸，爲太中大夫，給事中。梁丘賀傳。

襄隄侯劉聖坐奉酎金斤八兩少四兩免。王子侯表。

是歲，北海太守廬江朱邑以治行第一，入爲大司農。百官表、循吏傳。時張敞爲膠東相，與邑書曰：「明主游心太古，廣延茂士，此誠忠臣竭思之時也。直敞遠守劇郡，馭於繩墨，匈臆約結，固亡奇也。雖有，亦安所施？足下以清明之德，掌周稷之業，猶飢者甘糟糠，穰歲餘粱肉。何則？有亡之埶異也。昔陳平雖賢，須魏倩而後進；韓信雖奇，賴蕭公而後信。讀曰伸。故事各達其時之英俊，若必伊尹、呂望而後薦之，則此人不因足下而進矣。」邑感敞言，貢薦賢士大夫，多得其助者。循吏傳。

渤海太守龔遂爲水衡都尉。百官表、循吏傳。遂爲渤海太守，見齊俗奢侈，好末技，不田作，迺躬率以儉約，勸民務農桑，令口種一樹榆、百本䪥、五十本葱、一畦韭，家二母彘，五鷄。民有帶持刀劍者，使賣劍買牛，賣刀買犢，曰：「何爲帶牛佩犢！」春夏不得不趨田畝，秋冬課收斂，益畜果實菱芡。勞盧到反。來盧代反。循行，郡中皆有畜積，吏民皆富實。獄訟止息。數年，上遣使者徵遂，議曹王生願從。功曹以爲王生素耆讀曰嗜。酒，亡節度，不可使。遂不忍逆，從至京師。王生日飲酒，不視太守。會遂引入宮，王生醉，從後呼，火故反。曰：「明府且止，願有所白。」遂還問其故，王生曰：「天子即問君何以治渤海，君不可有所陳對，宜曰『皆聖主之德，非小臣之力也』。」遂受其言。既至前，上果問以治狀，遂對如王生言。天子説讀曰悦，其有讓，笑曰：「君安得長者之言而稱之？」遂因前曰：「臣非知此，乃臣議曹教戒臣也。」上以遂年老不任公卿，拜爲水衡都尉，王生爲水衡丞。水衡典上林禁苑，共張宫館，爲宗廟取牲，官職親近，上甚重之，以官壽卒。龔遂傳。

元康元年，少府宋疇坐議鳳凰下彭城未至京師不足美，貶爲泗水太傅。百官表。考異曰：通鑑載於趙廣漢既誅之後。按，本紀是年三月以鳳凰集赦天下，當是此時建議也。今附於此。

有司言：「禮『父爲士，子爲天子，祭以天子。』悼園宜稱尊號曰皇考。」戾太子傳。夏五月，立皇考廟。本紀。因園爲寢，以時薦享焉。益奉明園民滿千六百家，以爲奉明縣。尊戾夫人曰戾后，置園奉邑，及益戾園各滿三百家。戾太子傳。復方目反。高皇帝功臣絳侯周勃等百三十六人家子孫，令奉祭祀，世世勿絶。其毋嗣者，復其次。本紀。考異曰：通鑑以表爲證，書於四年。按，本紀元年復家，四年賜黄金，恐是兩事，難以合一，今從本紀。

京兆尹趙廣漢好用世吏子孫新進年少者，專厲彊壯蠭與鋒同。氣，見事風生，無所回避，率多果敢之計，莫爲持難。終以此敗。初，廣漢客私酤酒長安市，丞相史逐去客。客疑男子蘇賢言之，以語廣漢。廣漢使長安丞案賢，尉史禹故劾賢爲騎士屯霸上，不詣屯所，乏軍興。賢父上書訟罪，告廣漢，事下有司覆治。禹坐要斬，請逮捕廣漢。有詔即訊，辭服，會赦，貶秩一等。廣漢疑其邑子榮畜教令，力成反。後以它法論殺畜。人上書言之，事下丞相御史，案驗甚急。廣漢使所親信長安人爲丞相府門卒，令微伺丞相門內不法事。丞相傅婢有過，自絞死。廣漢聞之，疑丞相夫人妒殺之府舍。而丞相奉齋酎入廟祠〔三〕，廣漢得此，使中郎趙奉壽風讀曰諷。曉丞相，欲以脅之，毋令窮正己事。丞相不聽，案驗愈急。廣漢欲告之，先問太史知星氣者，言今年當有戮死大臣，廣漢即上書告丞相罪。制曰：「下京兆尹治。」廣漢知事迫切，遂自將吏卒突入丞相府，召其夫人跪庭下受辭，收奴婢十餘人去，責以殺婢事。丞相魏相上書自陳：「妻實不殺婢。廣漢數犯罪法不伏辜，以詐巧迫脅臣相，幸臣相寬不奏。願下明使者治廣漢所驗臣相家事。」事下廷尉治罪，實丞相自以過譴笞傅婢，出至外第乃死，不如廣漢言。司直蕭望之劾奏：「廣漢摧辱大臣，欲以劫持奉公，逆節傷化，不道。」上惡之，下廣漢廷尉獄，又坐賊殺不辜，鞠獄故不以實，擅斥除騎士乏軍興數罪。天子可其奏。吏民守闕號泣者數萬人，或言「臣生無益縣官，願代趙京兆死，使得牧養小民。」廣漢竟坐要斬。廣漢傳。考異曰：本紀書於元康二年；通鑑考異云：百官表本始三年，廣漢爲京兆尹；六年，要斬。又，元康元年，書守京兆尹、彭城太守遺。按，廣漢傳，司直蕭望之劾奏廣漢摧辱大臣，望之自司直爲平原太守。元康元年，又自平原太守入爲少府。然則廣漢之死當在元康元年，本紀誤也。今從通鑑，載於元康元年。又廣漢傳云：「地節三年七月，丞相婢自絞死。」温公以爲婢死已數年，而廣漢追發其事，此説恐非。使丞相婢死在地節三年，則事已在赦前，廣漢不應追發，要是傳所載年月爲誤，今削去之。

上閔大司馬衛將軍張安世年老，復徵其子北地太守延壽爲左曹太僕。安世傳。

初，烏孫公主少子萬年有寵於莎車王。莎車王死而無子，時萬年在漢。莎車國人計欲自託於漢，又欲得烏孫心，上書請萬年爲莎車王。漢許之，遣使者奚充國送萬年。萬年初立，暴惡，國人不説。上令羣臣舉可使西域者，前將軍韓增舉上黨馮奉世以衛候使持節送大宛諸國客。至伊循城，會故莎車王弟呼屠徵與旁國共殺其王萬年及漢使者奚充國，自立爲王。時匈奴又發兵攻車師城，不能下而去。莎車遣使揚言北道諸國已屬匈奴矣，於是攻劫南道，與歃盟畔漢，從鄯善以西皆絶不通。衛司馬鄭吉、校尉司馬憙皆在北道諸國間。奉世即以便宜發諸國兵擊殺之，更立它昆弟子爲莎車王。奉世傳、莎車傳。考異曰：通鑑據西域傳作「都護」，鄭吉傳：「吉破車師，遷衛司馬，使護鄯善以西南道。神爵中，日逐王降吉，遂將詣京師。吉既破車師，降日逐，威震西域，遂并護車師以西北道，故號都護，都護之置自吉始焉。」又，本紀日逐王降在神爵二年，此云「都護」，蓋誤。今易爲「衛司馬」三字。按，原本無「奉世即以便宜發諸國兵」以下，文義未足，今補入。

元康二年二月乙丑，立皇后王氏。賜丞相以下至郎從官錢帛各有差。本紀。王氏之先有功於高祖，賜爵關内侯，至后父奉光，少時好鬭鷄，上在民間數與奉光會，相識。奉光有女，每當適人，所當適輒死。及上即位，乃納之後宮，爲倢伃。時華倢伃、張倢伃、衛倢伃皆愛幸有子。上懲霍后之欲鴆太子也，於是迺選後宮素謹愼而無子者，遂立王倢伃以母養太子外戚傳、荀紀。三月癸未，封后父奉光爲邛成侯。外戚傳、表。

夏五月，詔曰：「獄者萬人之命，所以禁暴止邪，養育羣生也。能使生者不怨，死者不恨，則可謂文吏矣。今則不然。用法或持巧心，析律貳端，深淺不平，增辭飾非，以成其罪。奏不如實，上亦亡繇知。此朕之不明，吏之不稱，四方黎民將何仰哉！二千石各察官屬，勿用此人。吏務平法。或擅興繇役，飾廚傳，稱過使客，越職踰法，以取名譽，譬猶踐薄冰以待白日，豈不殆哉！今天下頗被疾疫之災，朕甚愍之。其令郡國被災甚者，毋出今年租賦。本紀。考異曰：通鑑無「夏」字，蓋脱，今從本紀。

上與後將軍趙充國等議，欲因匈奴衰弱，出兵擊其右地，使不得復擾西域。丞相魏相上書陳曰：「臣聞之，救亂誅暴，謂之義兵，兵義者王；敵加於己，不得已而起者，謂之應兵，兵應者勝；爭恨小故，不忍憤怒者，謂之忿兵，兵忿者敗；利人土地貨寶者，謂之貪兵，兵貪者破；恃國家之大，矜民人之衆，欲見威於敵者，謂之驕兵，兵驕者滅：此五者，非但人事，實天道也。間者匈奴嘗有善意，所得漢民輒奉歸之，未有犯於邊境，雖爭屯田車師，不足致意中。今聞諸將軍欲興兵入其地，臣愚不知此兵何名者也。今邊郡困乏，父子共犬羊之裘，食草萊之實，常恐不能自存，難以動兵。『軍旅之後，必有凶年。』言民以其愁苦之氣，傷陰陽之和也。出兵雖勝，猶有後憂，恐災害之變因此以生。今郡國守相多不實選，風俗尤薄，水旱不時。案今年計，子弟殺父兄、妻殺夫者，凡二百二十二人，臣愚以爲此非小變也。今左右不憂此，乃欲發兵報纖介之忿於遠夷，殆孔子所謂『吾恐季孫之憂不在顓臾而在蕭牆之内』也。願陛下與平昌侯、樂昌侯、平恩侯及有識者詳議乃可。」上從相言。魏相傳。時鄭吉上書言：「車師去渠犁千餘里，北近匈奴，漢兵在渠犁者勢不能相救，願益田卒。」公卿議以爲道遠煩費，可且罷車師田者。按，原本無「時鄭吉」以下至此，與下文「吉乃得出」句文意不屬，今補入。上遣長羅侯常惠將張掖、酒泉騎出車師北千餘里，揚威武車師旁。胡騎引去，吉迺得出，歸渠犁。於是召故車師太子軍宿在焉耆者，立以爲王，盡徙車師國民令居渠犁，遂以車師故地與匈奴。西域傳。考異曰：通鑑此下又云「以鄭吉爲衛司馬，使護鄯善以西南道」。攷其時在地節三年，今已書於吉破車師之後，此不復重出。

渤海、膠東盜賊並起，山陽太守張敞上書自請治之，曰：「臣聞忠孝之道，退家則盡心於親，進官則竭力於君。夫小國中君猶有奮不顧身之臣，况於明天子乎！今陛下遊意於太平，勞精於政事，亹亹音尾。不舍晝夜。羣臣有司宜各竭力致身。山陽郡户九萬三千，口五十萬以上，訖計盜賊未得者七十七人，它課諸事亦略如此。臣敞愚駑，既無以佐思慮，久處閒讀曰閑。郡，身逸樂而忘國事，非忠孝之節也。伏聞膠東、渤海左右郡歲數不登，盜賊並起，至攻官寺，篡囚徒，搜市朝，劫列侯。吏失綱紀，姦軌不禁。臣敞不敢愛身避死，唯明詔之所處，願盡力摧挫其暴虐，存撫其孤弱。事即有業，所至郡條奏其所由廢及所以興之狀。」書奏，上徵敞，拜膠東相，賜黄金三十斤。敞辭之官，自謂治劇郡非賞罰無以勸善懲惡，吏追捕有功效者，願得壹切比三輔尤異。上許之。敞到膠東，明設購賞，開羣盜令相捕斬除罪。吏追捕有功，上名尚書調補縣令者數十人。由是盜賊解散，傳相捕斬。吏民歙音翕。然，國中遂平。張敞傳。

校勘記

〔一〕武帝曾孫　四庫本脱此四字，然本段後文有四處提及「曾孫」，皆指宣帝，據漢書宣帝紀補。金華叢書本未補，失校。

〔二〕帝聞京房爲易明　四庫本此句無「明」字，而於後文「求其門人」前衍一「明」字，據漢書儒林傳補、删。金華叢書本未補「明」字，而將下句「明求其門人」之「明」字改爲「時」字，不當。

〔三〕而丞相奉齋酎入廟祠　四庫本「廟」作「府」，漢書趙廣漢傳作「廟」，師古注曰：「將酎祭宗廟而先絜齋也。」據改。金華叢書本亦改「廟」。

西漢年紀卷二十

宣帝

元康三年三月，詔曰：「蓋聞象有罪，舜封之。骨肉之親，粲而不殊。其封故昌邑王賀爲海昏侯，食邑四千户。」本紀。考異曰：王子侯表賀以四月壬子封。按，長曆是歲四月癸亥朔，無壬子，表誤。宣紀賀封在封丙吉前，今從之。侍中衛尉金安上上書言：「賀天之所棄，陛下至仁，復封爲列侯。賀嚚頑放廢之人，不宜得奉宗廟朝聘之禮。」奏可。賀就國豫章。昌邑王傳。

御史大夫丙吉爲人深厚，不伐善。自上遭遇，絶口不道前恩，故朝廷莫能明其功。及霍氏誅，上躬親政，省尚書事。是時，掖庭宫婢則令民夫上書，自陳嘗有阿保之功。章下掖庭令考問，則辭引使者丙吉知狀。掖庭令將則詣御史府以視吉。吉識。謂則曰：「汝嘗坐養皇曾孫不謹督笞，汝安得有功？獨渭城胡組、淮陽郭徵卿有恩耳。」分别奏組等共養勞苦狀。詔吉求組、徵卿，已死，有子孫，皆受厚賞。詔免則爲庶人，賜錢十萬。上親見問，然後知吉有舊恩，而終不言。上大賢之。吉傳。乙未，侯表。制詔丞相：「朕微眇時，御史大夫丙吉、中郎將史曾、史玄、長樂衛尉許舜、侍中光禄大夫許延壽皆與朕有舊恩。及故掖庭令張賀輔導朕躬，修文學經術，恩惠卓異，厥功茂焉。詩不云乎？『無德不報』。其封吉爲博陽侯，曾爲將陵侯，玄爲平臺侯，舜爲博望侯，延壽爲樂成侯。封賀所子弟子侍中中郎將關内侯彭祖爲陽都侯，追賜賀謚曰陽都哀侯。賀有孤孫霸，年七歲，拜爲散騎中郎將，賜爵關内侯，食邑三百户。故人下至郡邸獄復作嘗有阿保之功，皆受官禄田宅財物，各以恩深淺報之。」本紀、侯表、丙吉、張安世傳。吉臨當封，疾病，上將使人加紼音弗。而封之，及其生存也。上憂吉疾不起，夏侯勝曰：「此未死也。臣聞有陰德者，必饗其禄以及子孫。今吉未獲報而疾甚，非其死疾也。」後病果瘉。與愈同。考異曰：吉傳作「太子太傅夏侯勝」。按，是時疏廣尚爲太子太傅，恐誤。今除去四字。

張安世以父子封侯，在位太盛，乃辭禄。詔都内别臧張氏無名錢以百萬數。丙吉、張安世傳。

諫大夫行郎中户將事魏郡蓋寬饒劾奏衛將軍張安世子侍中陽都侯彭祖不下殿門，并連及安世居位無補。彭祖時實下門，寬饒坐舉奏大臣非是，左遷爲衛司馬。考異曰：此事不得其時，今附於彭祖封陽都侯後。先是時，衛司馬在部，見衛尉拜謁，常爲衛官繇使市買。寬饒視事，案舊令，遂揖官屬以下行衛者。衛尉私使寬饒出，寬饒以令詣官府門上謁辭。尚書責問衛尉，由是衛官不復私使候、司馬。候、司馬不拜，出先置衛，輒上奏辭，自此正焉。

寬饒初拜爲司馬，未出殿門，斷其襌衣，令短離地，冠大冠，帶長劍，躬案行士卒廬室，視其飲食居處，有疾病者身自撫循臨問，加致醫藥，遇之甚有恩。及歲盡交代，上臨饗罷衛卒，衛卒數千人皆叩頭自請，願復留共更一年，以報寬饒厚德。上嘉之，以寬饒爲太中大夫，使行風俗，多所稱舉貶黜，奉使稱意。擢爲司隸校尉，刺舉無所回避，小大輒舉，所劾奏衆多，廷尉處其法，半用半不用，公卿貴戚及郡國吏繇使至長安，皆恐懼莫敢犯禁，京師爲清。

平恩侯許伯入第，丞相、御史、將軍、中二千石皆賀，寬饒不行。許伯請之，迺往，從西階上，東鄉特坐。許伯自酌曰：「蓋君後至。」寬饒曰：「無多酌我，我迺酒狂。」丞相魏侯笑曰：「次公醒而狂，何必酒也？」坐者皆屬之欲反。目卑下胡稼反。之。酒酣樂作，長信少府檀長卿起舞，爲沐猴與狗鬬，坐皆大笑。寬饒不説，卬讀曰仰。視屋而嘆曰：「美哉！然富貴無常，忽則易人，此如傳舍，所閲多矣。唯謹慎爲得久，君侯可不戒哉！」因起趨出，劾奏長信少府以列卿而沐猴舞，失禮不敬。上欲罪少府，許伯爲謝，良久，迺解。

寬饒爲人剛直高節，志在奉公。家貧，奉錢月數千，半以給吏民爲耳目言事者。身爲司隸，子常步行自戍北邊。公廉如此。然深刻喜陷害人，在位及貴戚人與爲怨，又好言事刺譏，奸音干。犯上意。上以其儒者，優容之，然亦不得遷。同列後進或至九卿，寬饒自以行清能高，有益於國，而爲凡庸所越，愈失意不快，數上疏諫爭。太子庶子王生高寬饒節，而非其如此，予書曰：「明主知君潔白公正，不畏彊禦，故命君以司察之位，擅君以奉使之權，尊官厚禄已施於君矣。君宜夙夜惟思當世之務，奉法宣化，憂勞天下，雖日有益，月有功，猶未足以稱職而報恩也。自古之治，三王之術各有制度。今君不務循職而已，迺欲以太古久遠之事匡拂讀曰弼。天子，數進不用難聽之語以摩切左右，非所以揚令名全壽命者也。方今用事之人皆明習法令，言足以飾君之辭，文足以成君之過，君不惟蘧氏之高蹤，而慕子胥之末行，用不訾之軀，臨不測之險，竊爲君痛之。」寬饒不納其言。寬饒傳。

夏六月，詔曰：「前年夏，神爵集雍。今春，五色鳥以萬數飛過屬縣，翱翔而舞，欲集未下。其令三輔毋得以春夏擿巢探卵，彈射食亦反。飛鳥。具爲令。」本紀。

立皇子欽爲淮陽王。本紀。

時上垂意於治，數下恩澤詔書，吏不奉宣。潁川太守黄霸爲選擇良吏，分部宣布詔令，令民咸知上意。使郵亭鄉官皆畜鷄豚，以贍鰥寡貧窮者。然後爲條教，置父老師帥伍長，班行之於民間，勸以爲善防姦之意，及務耕桑，節用殖財，種樹畜養，去食穀馬。米鹽靡密，初若煩碎，然霸精力能推行之。吏民見者，語次尋繹，問它陰伏，以相參考。嘗欲有所司察，擇長年廉吏遣行，屬令周密。吏出，不敢舍郵亭，食於道旁，烏攫厥縛反。其肉。民有欲詣府口言事者適見之，霸與語道此。後日吏還謁霸，霸見迎勞之，曰：「甚苦！食於道旁乃爲烏所盜肉。」吏大驚，以霸具知其起居，所問豪氂不敢有所隱。鰥寡孤獨有死無以葬者，鄉部書言，霸具爲區處，某所大木可以爲棺，某亭猪子可以祭，吏往皆如言。其識事聰明如此，吏民不知所出，咸稱神明。姦人去入它郡，盜賊日少。

霸力行教化而後誅罰，務在成就全安長吏。許丞老，病聾，督郵白欲逐之，霸曰：「許丞廉吏，雖老，尚能拜起送迎，正頗重聽，何傷？且善助之，毋失賢者意。」或問其故，霸曰：「數易長吏，送故迎新之費及姦吏緣絶簿書盜財物，公私費耗甚多，皆當出於民，所易新吏又未必賢，或不如其故，徒相益爲亂。凡治道，去其泰甚者耳。」霸以外寬内明得吏民心，户口歲增，治爲天下第一。是歲，徵守京兆尹，秩二千石。數月，坐發民治馳道不先以聞，又發騎士詣北軍馬不適士，劾乏軍興，連貶秩。有詔歸潁川太守官，以八百石居。黄霸傳、百官表。

潁川，韓都，士有申子、韓非刻害餘烈，高仕宦，好文法，民以貪遴與吝同。争訟生分，爲失難治，國家常爲選良二千石。先是，趙廣漢爲太守，患其俗多朋黨，故搆會吏民，令相告訐，一切以爲聰明，潁川由是以爲俗，民多怨讎。韓延壽爲太守，欲改更之，教以禮讓，恐百姓不從，乃歷召郡中長老爲鄉里所信向者數十人，設酒具食，親與相對，接以禮意，人人問以謠俗，民所疾苦，爲陳和睦親愛銷除怨咎之路。長老皆以爲便，可施行，因與議定嫁娶喪祭儀品，略依古禮，不得過法。延壽於是令文學校官諸生皮弁執俎豆，爲吏民行喪嫁娶禮。百姓遵用其教，賣偶車馬下里僞物者，棄之市道。數年，延壽徙東郡，黄霸繼之，霸因其迹而大治。延壽傳、地理志。

黄霸既罷歸潁川，於是制詔御史：「其以膠東相張敞守京兆尹。」考異曰：百官表載于神爵元年。按，敞傳云：「潁川太守黄霸以治行第一，入守京兆尹，霸視事數月，不稱，罷歸潁川。于是制詔御史：『其以膠東相敞守京兆尹。』」黄霸之歸潁川，張敞之守京兆，蓋同一年也。百官表載霸事於元康三年，誤。今載敞守京兆於霸免之後。自趙廣漢誅後，比更守尹，如霸等數人，皆不稱職。京師寖廢，長安市偷盜尤多，百賈苦之。上以問敞，敞以爲可禁。敞既視事，求問長安父老，偷盜酋長數人，居皆溫厚，出從童騎，閭里以爲長者。敞皆召見責問，因貰其罪，把其宿負，令致諸偷以自贖。偷長曰：「今一旦召詣府，恐諸偷驚駭，願壹切受署。」敞皆以爲吏，遣歸休。置酒，小偷悉來賀，且飲醉，偷長以赭汙其衣裾。吏坐里閭閱出者，汙赭輒收縛之，一日捕得數百人。窮治所犯，或一人百餘發，盡行法罰。由是枹音桴。鼓稀鳴，市無偷盜，上嘉之。

敞爲人敏疾，賞罰分明，見惡輒取，時時越法縱舍，有足大者。其治京兆，略循趙廣漢之迹。方略耳目，發伏禁姦，不如廣漢，然敞本治春秋，以經術自輔，其政頗雜儒雅，往往表賢顯善，不醇用誅罰，以此能自全，竟免于刑戮。京兆典京師，長安中浩穰，於三輔尤爲劇。郡國二千石以高第入守，及爲真，久者不過二二年，近者數月一歲，輒毀傷失名，以罪過罷。唯廣漢及敞爲久任職。敞爲京兆，朝廷每有大議，引古今，處便宜，公卿皆服，天子數從之。張敞傳。

元康四年春正月，詔曰：「朕惟耆老之人，髮齒墮落，血氣衰微，亦亡暴虐之心，今或罹文法，拘執囹圄，不終天命，朕甚憐之。自今以來，諸年八十以上，非誣告殺傷人，他皆勿坐。」本紀、刑法志。

賜功臣適讀曰嫡。後黄金人二十斤。本紀。

丙寅，大司馬衛將軍富平侯張安世薨。本紀。天子贈印綬，送以輕車介士，謚曰敬侯。賜塋杜東，將作穿復土，起冢祠堂。子延壽嗣。延壽已歷位九卿，既嗣侯，國在陳留，別邑在魏郡，租入歲千餘萬。延壽自以身無功德，何以能久堪先人大國，數上書讓減户邑，又因弟陽都侯彭祖口陳至誠。上以爲有讓，迺徙封平原，并一國，户口如故，而租税減半。安世傳。

是歲，詔曰：「蓋聞天子尊事天地，修祀山川，古今通禮也。間者上帝之祠闕而不親，十有餘年，朕甚懼焉。朕親飭躬齋戒，親奉祀，爲百姓蒙嘉氣，獲豐年焉。郊祀志。比年豐，穀石五錢。本紀。

神爵元年春正月，上始幸甘泉，郊見泰畤，數有美祥。修武帝故事，盛車服，敬齊祠之禮，頗作詩歌。本紀、郊祀志。

徵能爲楚辭九江被皮義反。公，召見誦讀，益召高材劉向、張子僑、華龍、柳褒等待詔金馬門。上欲興協律之事，丞相魏相奏言知音善鼓雅琴者渤海趙定、梁國龔德，皆召見待詔。於是益州刺史王襄欲宣風化於衆庶，聞蜀人王褒有俊材，請與相見，使褒作中和、樂職、宣布詩，選好事者令依鹿鳴之聲習而歌之。時氾鄉侯何武爲僮子，在選中。久之，武等學長安，歌太學下，轉而上聞。帝召見武等觀之，皆賜帛，謂曰：「此盛德之事，吾何足以當之！」益州刺史因薦王褒有軼與逸同。材，上迺徵褒，令與張子僑等並待詔，數從褒等放獵，所幸宮館，輒爲歌頌，第其高下，以差賜帛。頃之，擢褒爲諫大夫。王褒傳。

三月，行幸河東，祠后土。本紀、郊祀志。詔曰：「朕承宗廟，戰戰慄慄，惟萬事統，未燭厥理。迺元康四年嘉穀元稷降于郡國，神爵仍集，金芝九莖産于函德殿銅池中，九真獻奇獸，南郡獲白虎威鳳爲寶。朕之不明，震于珍物，飭躬齊精，祈爲于僞反。百姓。東濟大河，天氣清淨，神魚舞河。幸萬歲宮，神爵翔集。朕之不德，懼不能任。其以五年爲神爵元年。賜天下勤事吏爵二級，民一級，女子百户牛酒，鰥寡孤獨高年帛。所振貸物勿收。行所過毋出田租。」本紀。

又詔太常曰：「夫江海，百川之大者也，今闕焉無祠。其令祠官以禮爲歲事，以四時祠江海雒水，祈爲天下豐年焉。」自是五嶽、四瀆皆有常禮。東嶽泰山于博，中嶽泰室于嵩高，南嶽灊與灊同。山于灊，西嶽華山于華陰，北嶽常山于上曲陽，河于臨晉，江于江都，淮于平氏，濟于臨邑界中，皆使者持節侍祠。唯泰山與河歲五祠，江水四，餘皆一禱而三祠云。時上立白虎祠，又以方士言，爲隨侯、劍寶、玉寶璧、周康寶鼎立四祠于未央宮中，又祠太室山于即墨，三户山于下密，祠天封苑火井于鴻門。又立歲星、辰星、太白、熒惑、南斗祠于長安城旁。又祠參山八神于曲城，蓬山石社石鼓于臨朐，音劬。之罘山於腄，文瑞反。成山于不夜，萊山於黃。成山祠日，萊山祠月。又祠四時于琅邪，蚩尤于壽良。京師近縣鄠，則有勞谷、五牀山、日月、五帝、仙人、玉女祠。雲陽有徑路神祠，祭休許虯反。屠音除。王也。又立五龍山仙人祠及黃帝、天神、帝原水，凡四祠于膚施。

方士言益州有金馬碧鷄之神，可醮祭而致，上于是遣諫大夫褒使持節而求之。郊祀志。褒道病死，上憫惜之。王褒傳。

是時，上頗修宮室車服，盛于昭帝時。外戚許、史、王氏貴寵，而上躬親政事，任用能吏。諫大夫王吉上疏，意以爲「夫婦，人倫大綱夭壽之萌也。世俗嫁娶太早，未知爲人父母之道而有子，是以教化不明而民多夭。聘妻送女亡節，則貧人不及，故不舉子。又漢家列侯尚公主，諸侯則國人承翁主，使男事女，夫詘於婦，逆陰陽之位，故多女亂。古者衣服車馬貴賤有章，以褒有德而別尊卑，今上下僭差，人人自制，是以貪財趨利，不畏死亡。周之所以能致治，刑措而不用者，以其禁邪於冥冥，絶惡於未萌也」。又云：「舜、湯不用三公九卿之世而舉皋陶、伊尹，不仁者遠。今使俗吏得任子弟，率多驕驁，與傲同。不通古今，至於積功治人，亡益於民，此伐檀所爲作也。宜明選求賢，除任子之令。外家及故人可厚以財，不宜居位。去角抵，減樂府，省尚方，明視天下以儉。古者工不造琱瑑，音篆。商不通侈靡，非工商之獨賢，政教使之然也。民見儉則歸本，本立則末成。」其指如此，上以其言迂闊，不甚寵異也。吉遂謝病歸琅邪。吉傳。

義渠安國至羌中，召先零諸豪三十餘人，以尤桀黠，皆斬之。縱兵擊其種人，斬首千餘級。於是諸降羌及歸義羌侯楊玉等恐怒，亡所信鄉，讀曰嚮。遂劫略小種，背畔犯塞，攻城邑，殺長吏。安國以騎都尉將騎三千屯備羌，至浩音誥。亹音門。爲虜所擊，失亡車重兵器甚衆。安國引還，至令居，以聞。時上已發三輔、太常徒弛式爾反。刑，三河、潁川、沛郡、淮陽、汝南材官，金城、隴西、天水、安定、北地、上郡騎士、羌騎，與武威、張掖、酒泉太守各屯其郡者，合六萬人矣。酒泉太守辛武賢奏言：「郡兵皆屯備南山，北邊空虛，埶不可久。或曰至秋冬迺進兵，此虜在竟讀曰境。外之冊。今虜朝夕爲寇，土地寒苦，漢馬不能讀曰耐。冬，屯兵在武威、張掖、酒泉萬騎以上，皆多羸瘦。可益馬食，以七月上旬齎三十日糧，分兵並出張掖、酒泉合擊罕、开在鮮水上者。虜以畜産爲命，今皆離散，兵即分出，雖不能盡誅，亶讀曰但。奪其畜産，虜其妻子，復引兵還，冬復擊之，大兵仍出，虜必震壞。」上迺拜侍中樂成侯許延壽爲强弩將軍，即拜酒泉太守武賢爲破羌將軍，賜璽書嘉納其冊。充國傳。　考異曰：「西羌反，發三輔、中都官徒弛刑，及應募佽飛射士、羽林孤兒，胡、越騎，三河、潁川、沛郡、淮陽、汝南材官，金城、隴西、天水、安定、北地、上郡騎士，羌騎，詣金城。夏四月，遣後將軍趙充國、彊弩將軍許延壽擊西羌。六月，即拜酒泉太守辛武賢爲破羌將軍，與兩將軍并進。」本紀所書如此。推充國傳前後節奏，極分曉。上初遣充國至金城，而酒泉太守辛武賢上書，上迺拜許延壽爲彊弩將軍，武賢爲破羌將軍。是延壽、武賢之將同一日也。紀與充國並書誤矣。今從傳。　按，趙充國傳，本始中，義渠安國使行諸羌，先零豪言願時渡湟水北，逐民所不田處畜牧。元康三年，先零遂與諸羌種豪解仇交質。後月餘，羌侯狼何遣使至匈奴藉兵，欲擊鄯善、燉煌，以絶漢道。於是兩府復白遣安國行視諸羌，分別善惡。安國至，召先零諸豪三十餘人，以尤桀黠，皆斬之云云。此本首尾不具，疑有脱落。

秋七月，大旱。荀紀。　考異曰：此據五行志、荀紀增入。

詔曰：「軍旅暴露，轉輸煩勞，其令諸侯王、列侯、蠻夷王侯君長當朝二年者，皆毋朝。」本紀。

京兆尹張敞上書言：「充國兵在外，軍以夏發，隴西以北，安定以西，吏民並給轉輸，田事頗廢，素無餘積，雖羌虜已破，來春民食必乏。窮辟讀曰僻。之處，買亡所得，縣官穀度徒各反。不足以振之。願令諸有辠，非盜受財殺人及犯法不得赦者，皆得以差入穀此八郡贖罪。務益致穀以豫備百姓之急。」事下有司，左馮翊蕭望之、少府李彊議，以爲「民函陰陽之氣，有仁義欲利之心，在教化之所助。堯在上，不能去民欲利之心，而能令其欲利不勝其好義也。雖桀在上，不能去民好義之心，而能令其好義不勝其欲利也。故堯、桀之分，在于義利而已，道讀曰導。民不可不慎也。今欲令民量粟以贖罪，如此，則富者得生，貧者獨死，是貧富異刑而法不一也。人情，貧窮，父兄囚執，聞出財得以生活，爲人子弟者將不顧死亡之患，敗亂之行，以赴財利，求救親戚。一人得生，十人以喪，如此，伯夷之行壞，公綽之名滅。政教一傾，雖有周召之佐，恐不能復。古者臧于民，不足則取，有餘則予。詩曰『爰及矜人，哀此鰥寡』，上惠下也。又曰『雨于具反。我公田，遂及我私』，下急上也。今有西邊之役，民失作業，雖戶賦口斂以贍其困乏，古之通義，百姓莫以爲非。以死救生，恐未可也。陛下布德施教，教化既成，堯舜無以加也。今議開利路以傷既成之化，臣竊痛之」。

于是復下其議兩府，丞相、御史以難問張敞。敞曰：「少府左馮翊所言，常人之所守耳。昔先帝征四夷，兵行三十餘年，百姓猶不加賦，而軍用給。今羌虜一隅小夷，跳梁于山谷間，漢但令辠人出財減辠以誅之，其名賢于煩擾良民橫胡孟反。興賦斂也。又諸盜及殺人犯不道者，百姓所疾苦也，皆不得贖。首匿、見知縱犯、所不當得爲之屬，考異曰：蕭望之傳無「犯」字，今從荀紀增入。議者或頗言其法可蠲除，今因此令贖，其便明甚，何化之所亂？甫刑之罰，小過赦，薄罪贖，有金選音刷。之品，所從來久矣，何賊之所生？敞備皁衣二十餘年，如淳曰：「雖有五時服，至朝皆著皁衣。」嘗聞罪人贖矣，未聞盜賊起也。竊憐涼州被寇，方秋饒時，民尚有饑乏，病死于道路，況至來春將大困乎！不早慮所以振救之策，而引常經以難，恐後爲重責。常人可與守經，未可與權也。敞幸得備列卿，以輔兩府爲職，不敢不盡愚。」

望之、彊復對曰：「先帝聖德，賢良在位，作憲垂法，爲無窮之規，永惟邊竟讀曰境。之不贍，故金布令甲曰『邊郡數被兵，離饑寒，夭絶天年，父子相失，令天下共給其費』，固爲軍旅卒讀曰猝。暴之事也。聞天漢四年，常使死罪人入五十萬錢減死罪一等，豪彊吏民請奪假貣，土得反。至爲盜賊以贖罪。其後姦邪橫胡孟反。暴，羣盜並起，至攻城邑，殺郡守，充滿山谷，吏不能禁，明詔遣繡衣使者以興兵擊之，誅者過半，然後衰止。愚以爲此使死罪贖之敗也。故曰不便。」時丞相魏相、御史大夫丙吉亦以爲羌虜且破，轉輸略足相給，遂不施敞議。蕭望之傳。

丞相魏相明易經，有師法，好觀漢故事及便宜章奏，以爲古今異制，方今務在奉行故事而已。數條漢興以來國家便宜行事，及賢臣賈誼、鼂錯、董仲舒等所言，請施行之，考異曰：通鑑載於元康二年。按，疏辭云，西羌未平，師旅在外，兵革相乘，則非元康明矣。今載於西羌反之後。曰：「臣聞明主在上，賢輔在下，則君安虞而民和睦。臣相幸得備位，不能奉明法，廣教化，理四方，以宣聖德。民多背本趨末，或有饑寒之色，爲陛下之憂，臣相罪當萬死。臣相知能淺薄，不明國家大體，時用之宜，惟民終始，未得所繇。竊伏觀先帝聖德仁恩之厚，勤勞天下，垂意黎庶，憂水旱之災，爲民貧窮發倉廩，振乏餧，乃賄反。遣諫大夫博士巡行天下，察風俗，舉賢良，平寃獄，冠蓋交道；省諸用，寬租賦，弛山澤波音陂。池，禁秫馬酤酒貯積：所以周急繼困，慰安元元，便利百姓之道甚備。臣相不能悉陳，昧死奏故事詔書凡二十三事。臣謹案王法必本于農而務積聚，量入制用以備凶災，亡六年之畜，尚謂之急。元鼎二年，平原、渤海、太山、東郡溥被災害，民餓死于道路。二千石不豫慮其難，使至于此，賴明詔振捄，乃得蒙更生。今歲不登，穀暴騰踊，臨秋收斂猶有乏者，至春恐甚，亡以相恤。西羌未平，師旅在外，兵革相乘，臣竊寒心，宜蚤圖其備。唯陛下留神元元，率繇先帝盛德以撫海內。」上施行其策。

又數表采易陰陽及明堂月令奏之，曰：「臣相幸得備員，奉職不修，不能宣廣教化。

陰陽未和，災害未息，咎在臣等。臣聞易曰：『天地以順動，故日月不過，四時不忒；聖王以順動，故刑罰清而民服。』天地變化，必由陰陽，陰陽之分，以日爲紀。日冬夏至，則八風之序立，萬物之性成，各有常職，不得相干。東方之神太昊，乘震執規司春；南方之神炎帝，乘離執衡司夏；西方之神少昊，乘兑執矩司秋；北方之神顓頊，乘坎執權司冬；中央之神黄帝，乘坤艮執繩司下土。兹五帝所司，各有時也。東方之卦不可以治西方，南方之卦不可以治北方。春興兑治則饑，秋興震治則華，冬興離治則泄，夏興坎治則雹。明王謹于尊天，慎于養人，故立羲和之官以乘四時，節授民事。君動静以道，奉順陰陽，則日月光明，風雨時節，寒暑調和。三者得叙，則災害不生，五穀熟，絲麻遂，草木茂，鳥獸蕃，扶元反。民不夭疾，衣食有餘。若是，則君尊民説，上下亡怨，政教不違，禮讓可興。夫風雨不時，則傷農桑；農桑傷，則民饑寒；饑寒在身，則亡廉恥，寇賊姦宄所繇生也。臣愚以爲陰陽者，王事之本，羣生之命，自古賢聖未有不繇者也。天子之義，必純取法天地，而觀於先聖。自高皇帝時有主四時之官，兩語仍荀紀。文帝時以二月施恩惠于天下，賜孝悌力田及罷薄蟹反。軍卒，祠死事者，頗非時節。太子家令鼂錯奏言其狀。臣相伏念陛下恩澤甚厚，然而災氣未息，竊恐詔令有未合當時者也。願陛下選明經通知陰陽者四人，各主一時，時至明言所職，以和陰陽，天下幸甚！」相數陳便宜，上納用焉。

相敕掾史案事郡國及休告從家還至府，輒白四方異聞，或有逆賊風雨災變，郡不上，相輒奏言之。與御史大夫丙吉同心輔政，上皆重之。相爲人嚴毅，不如吉寬。相傳。

大司農朱邑卒，天子閔惜，下詔稱揚曰：「大司農邑，廉潔守節，退食自公，亡彊外之交〔一〕，束脩之餽，與饋同。可謂淑人君子。遭離凶災，朕甚閔之。其賜邑子黄金百斤，以奉祭祀。」初，邑病且死，屬之欲反。其子曰：「我故爲桐鄉吏，其民愛我，必葬我桐鄉。後世子孫奉嘗我，不如桐鄉民。」及死，其子葬之桐鄉西郭外，民果然共爲邑起冢立祠，歲時祠祭。朱邑傳、本紀。

彊弩將軍許延壽出擊羌，降四千餘人，破羌將軍辛武賢，斬首二千級，中郎將趙卬，斬首降者亦二千餘級，而趙充國所降復得五千餘人。詔罷兵，獨充國留屯田。充國傳。

是歲，前將軍韓增爲大司馬車騎將軍領尚書事，增爲人寬和自守，以温顔遜辭承上接下，無所失意，保身固寵，不能有所建明。百官表、韓王信傳。

太僕張延壽病免，以戴長樂爲太僕。百官表。長樂者，帝自在民間時與相知，故拔擢親近。楊惲傳。

杜陵陳遂爲太原太守，帝微時與遂有故，相隨博弈，數負進。音賮。及即位，用遂，稍遷至二千石，迺賜遂璽書曰：「制詔太原太守：官尊禄厚，可以償博進矣。妻君寧時在旁，知狀。」遂于是辭謝，因曰：「事在元平元年赦令前。」其見厚如此。陳遵傳。考異曰：此事不得其時，今附於拜戴長樂爲太僕之後。

中郎將楊惲爲諸吏光祿勳，郎官故事，令郎出錢市財用，給文書，迺得出，名曰「山郎」。移病盡一日，輒償一沐，或至歲餘不得沐。晉灼曰：「五日一洗沐。」其豪富郎，日出游戲，或行錢得善部。貨賂流行，傳相放斧往反。效。惲爲中郎將，罷山郎，移長度大司農，以給財用。其疾病休謁洗沐，皆以法令從事。郎、謁者有罪過，輒奏免，薦舉其高第有行能者，至郡守九卿。郎官化之，莫不自厲，絕請謁貨賂之端，令行禁止，宮殿之內翕然同聲。由是擢爲諸吏光祿勳，親近用事。然惲伐其行治，又性刻害，好發人陰伏，同位有忤己者，必欲害之，以其能高人。由是多怨于朝廷。百官表、楊惲傳。

蕭望之爲左馮翊三年，京師稱之，遷大鴻臚。望之傳、百官表。

廣陵太守沛郡陳萬年以高第入爲右扶風。百官表、萬年傳。

扶陽節侯韋賢薨，子弘當嗣，爲太常丞坐宗廟事繫獄，未決，于是賢門下生與宗家計議，共矯賢令，使家丞上書言大行，以大河都尉玄成爲後。玄成深知非賢雅意，即陽爲病狂，徵至長安，既葬，當襲爵，以病狂不應召。大鴻臚奏狀，章下丞相御史案驗。玄成素有名聲，士大夫多疑其欲讓爵辟讀曰避。兄者。案事丞相史迺與玄成書曰：「古之辭讓，必有文義可觀，故能垂榮于後。今子獨壞容貌，蒙恥辱，爲狂癡，光曜晻讀與暗同。而不宣。微哉！子之所託名也。僕素愚陋，過爲丞相執事，願少聞風聲。不然，恐子傷高而僕爲小人也。」玄成友人侍郎章亦上疏言：「聖王貴以禮讓爲國，宜優養玄成，勿枉其志，使得自安衡門之下。」而丞相御史遂以玄成實不病，劾奏之。有詔勿劾，引拜。玄成不得已受爵。帝高其節，以玄成爲河南太守。兄弘爲太山都尉。韋賢傳。考異曰：通鑑載於元康四年。按，表，玄成以神爵元年襲封，今從侯表。

丁令比三歲，入盜匈奴，殺略人民數千，驅馬畜去。匈奴遣萬餘騎往擊之，無所得。匈奴傳。

神爵二年春正月，于鳳凰所集處得玉寶，起步壽宮。郊祀志。

秋，羌若零、離留、且子閭反。種、兒庫共斬先零大豪猶非、楊玉首，及諸豪弟澤、陽雕、良兒、靡忘皆帥煎鞏、黃羝之屬四千餘人降漢。考異曰：本紀作「夏」，今從充國傳，仲馮亦以爲紀誤。

匈奴虛閭權渠單于將十萬餘騎旁步浪反。塞獵，欲入邊寇。未至，會其民題除渠堂亡降漢言狀，漢以爲言兵鹿奚盧侯，而遣後將軍趙充國將兵四萬餘騎屯緣邊九郡備虜。月餘，單于病歐血，因不敢入，還去，即罷兵。迺使題王都犁胡次等入漢，請和親，未報，會單于死。虛閭權渠單于始立，而黜顓渠閼氏，顓渠閼氏即與右賢王私通。右賢王會龍城而去，顓渠閼氏語以單于病甚，且勿遠。後數日，單于死。郝呼各反。宿王刑未央使人召諸王，未至，顓渠閼氏與其弟左大且渠都隆奇謀，立右賢王屠耆堂爲握衍朐音劬。鞮單于。握衍朐鞮單于者，烏維單于耳孫也。握衍朐鞮單于初立，凶惡，盡殺虛閭權渠時用事貴人刑未央等，而任用顓渠閼氏弟都隆奇，又盡免虛閭權渠子弟近親，而自以其子弟代之。虛閭權渠單于子稽侯狦先安反，又所姦反。既不得立，亡歸妻父烏禪音蟬。幕。烏禪幕者，本烏孫、康居間小國，數見侵暴，率其衆數千人降匈奴，狐鹿姑單于以其弟子日逐王姊妻之，使長其衆，居右地。日逐王先賢撣，音纏。其父左賢王當爲單于，讓狐鹿姑單于，狐鹿姑單于許立之。國人以故頗言日逐王當爲單于。日逐王素與握衍朐鞮單于有隙，即率其衆數萬騎欲歸漢。匈奴傳。

使人至渠犁，與護鄯善以西使者鄭吉相聞，吉發渠犁、龜兹諸國五萬人迎日逐王，口萬二千人，小王將十二人隨吉至河曲，頗有亡者，吉追斬之，遂將詣京師。封日逐王爲歸德侯。吉既破車師，降日逐，威震西域，遂并護車師以西北道，故號都護。都護之置自吉始焉。上嘉其功，詔曰：「都護西域騎都尉鄭吉，拊循外蠻，宣明威信，迎匈奴單于從兄日逐王衆，擊破車師兜訾城，功效茂著。其封吉爲安遠侯，食邑千户。」考異曰：西域傳以爲神爵三年。按，本紀載於二年，匈奴傳亦云二年，當是西域傳誤，今從本紀、匈奴傳。吉于是中西域而立莫府，始烏壘城。鄭吉傳。去陽關二千七百三十八里，匈奴益弱，不敢争西域，僮僕都尉由此罷。于是徙屯田，田于北胥鞬，披莎車之地，屯田校尉始屬都護。都護督察烏孫、康居等三十六國動静，有變以聞。可安輯，安輯之；可擊，擊之。西域傳。漢之號令班西域矣。鄭吉傳。握衍朐鞮單于更立其從兄薄胥堂爲日逐王。匈奴傳。

時上用刑法不甚崇儒術，信任中尚書宦官，中書令弘恭、石顯久典樞機。蕭望之、蓋寬饒傳。

九月，司隸校尉蓋寬饒奏封事曰：「方今聖道寖廢，儒術不行，以刑餘爲周召，以法律爲詩書。」又引韓氏易傳言：「五帝官天下，三王家天下，家以傳子，官以傳賢，若四時之運，功成者去，不得其人則不居其位。」書奏，上以寬饒怨謗終不改，下其書中二千石。時執金吾議，以爲寬饒指意欲求禶，古禪字。大逆不道。諫大夫鄭昌愍傷寬饒忠直憂國，以言事不當意而爲文吏所詆挫，上書頌寬饒曰：「臣聞山有猛獸，藜藿爲之不采；國有忠臣，姦邪爲之不起。司隸校尉寬饒居不求安，食不求飽，進有憂國之心，退有死節之義，上無許、史之屬，下無金、張之託，職在司察，直道而行，多仇少與，上書陳國事，有司劾以大辟，臣幸得從大夫之後，官以諫爲名，不敢不言。」上不聽，遂下寬饒吏。寬饒引佩刀自剄北闕下，衆莫不憐之。本紀、蓋寬饒傳。考異曰：通鑑載于日逐王事前，今從本紀，載於後。

匈奴握衍朐鞮單于遣名王奉獻，賀正月，始和親。本紀。

是歲，右曹典屬國蘇武卒。初，武既免官，久之，衛將軍張安世薦武明習故事，奉使不辱命，先帝以爲遺言。帝即時召武待詔宦者署，數進見，復爲右曹典屬國。以武著節老臣，令朝朔望，號稱祭酒，甚優寵之。皇后父平恩侯、帝舅平昌侯、樂昌侯、車騎將軍韓增、丞相魏相、御史大夫丙吉皆敬重武。武年老，子前坐事死，上閔之，問左右：「武在匈奴久，豈有子乎？」武因平恩侯自白：「前發匈奴時，胡婦適産一子通國，有聲問來，願因使者致金帛贖之。」上許焉。後通國隨使者至，上以爲郎。又以武弟子爲右曹。武卒時，年八十餘。武傳。

先是，烏孫昆彌翁歸靡因長羅侯常惠上書：「願以漢外孫元貴靡爲嗣，得令復尚漢公主，結婚重親，畔絶匈奴，願聘馬贏各千匹。」詔下公卿議，大鴻臚蕭望之以爲「烏孫絶域，變故難保，萬里結婚，非長策也，不可許」。上不聽。以烏孫嘗一作新。立大功，又重絶故業，遣使者至烏孫，先迎取聘。昆彌及太子、左右大將、都尉皆遣使，凡三百餘人，入漢迎取少主。上迺以烏孫主解憂弟子相夫爲公主，置官屬侍御百餘人，舍上林中，學烏孫言。天子自臨平樂觀，會匈奴使者、外國君長大角抵，設樂而遣之，使長羅侯光禄大夫常惠爲副，凡持節者四人，送少主至燉煌。未出塞，翁歸靡死，烏孫貴人共從本約，立岑陬子泥靡代爲昆彌，號狂王。惠上書：「願留少主燉煌，惠馳至烏孫責讓不立元貴靡爲昆彌，還迎少主。」事下公卿，望之復以爲「不可。烏孫持兩端，亡堅約，前公主在烏孫四十餘年，恩愛不親密，邊境未得安，此已事之驗也。今少主以元貴靡不得立而還，信無負于四夷，此中國之大福也。少主不止，繇役將興，其原起此」。天子從其議，徵少主還。蕭望之、西域傳。以惠明習外國事，召爲典屬國，代蘇武。惠傳。

神爵三年春，起樂游苑。本紀。

三月丙午，丞相高平憲侯魏相薨。百官表。相嘗使掾陳平等劾中尚書，疑以獨擅劫事而坐之，大不敬，長史以下皆坐死或下蠶室，而相竟以丞相病死。褚先生補史記。

夏四月戊戌，御史大夫博陽侯丙吉爲丞相。

秋七月甲子，大鴻臚蕭望之爲御史大夫。百官表。

丙吉本起獄法小吏，後學詩禮，皆通大義。及居相位，上寬大，好禮讓，掾史有罪臧不稱職，輒予長休告，終無所案驗。客或謂吉曰：「君侯爲相，姦吏成其私，然無所懲艾。」讀曰乂。吉曰：「夫以三公之府有案吏之名，吾竊陋焉。」後人代吉，因以爲故事，公府不案吏，自吉始。於官屬掾史，務掩過揚善。吉馭吏耆讀曰嗜。酒，數逋蕩，嘗從吉出，醉歐一口反。丞相車上。西曹主吏白欲斥之，吉曰：「以醉飽之失去士，使此人將復何所容？西曹第忍之，此不過汙丞相車茵耳。」遂不去也。此馭吏邊郡人，習知遠塞發犇命警備事，嘗出，適見驛騎持赤白囊，邊郡發犇命書馳來至。馭吏因隨驛騎至公車刺取，知虜入雲中、代郡，遽歸府見吉白狀，因曰：「恐虜所入邊郡，二千石長吏有老病不任兵馬者，宜可豫視。」吉善其言，召東曹案邊長吏，瑣科條其人。未已，詔召丞相、御史，問以虜所入郡吏，吉具對。御史大夫卒遽不能詳知，以得譴讓。而吉見謂憂邊思職，馭吏力也。吉乃歎曰：「士亡不可容，能各有所長。嚮使丞相不先聞馭吏言，何見勞勉之有？」掾史繇是益賢吉。

吉又嘗出，逢清道羣鬬者，死傷橫道，吉過之不問，掾史獨怪之。吉前行，逢人逐牛，牛喘息衷反。吐舌。吉止駐，使騎吏問：「逐牛行幾里矣？」掾史獨謂丞相前後失問，或以譏吉，吉曰：「民鬬相殺傷，長安令、京兆尹職所當禁備逐捕，歲竟丞相課其殿最，奏行賞罰而已。宰相不親小事，非所當于道路問也。方春少陽用事，未可太熱，恐牛近行用暑故喘，此時氣失節，恐有所傷害也。三公典調和陰陽，職所當憂，是以問之。」掾史乃服，以吉知大體。丙吉傳。

張敞、蕭望之言曰：「夫倉廩實而知禮節，衣食足而知榮辱。今小吏奉率不足，常有憂父母妻子之心，雖欲潔身爲廉，其勢不能。可以什率增天下吏俸。」通典。八月，詔益吏百石以下奉十五。本紀。考異曰：本紀不載所因，獨通典以爲應劭漢書載張敞、蕭望之所請，是必因二人所請，故詔行其言耳。本紀以爲「益奉十五」，而通典作「什二」，今從本紀作「十五」。

是歲，光禄大夫梁丘賀爲少府。百官表。

珠厓三縣反。賈捐之傳。

神爵四年，潁川太守黄霸在郡前後八年，政事愈治。是時鳳凰、神爵數集郡國，潁川尤多。天子以霸治行終長者，夏四月下詔曰：「潁川太守霸，宣布詔令，百姓鄉讀曰嚮。化，孝子弟弟貞婦順孫日以衆多，田者讓畔，道不拾遺，養視鰥寡，贍助貧窮，獄或八年亡重罪囚，吏民鄉于教化，興于行誼，可謂賢人君子矣。書不云乎？『股肱良哉！』其賜爵關内侯，黄金百斤，秩中二千石。」及潁川吏民有行義者爵，人二級，力田一級，貞婦順女帛。後數月，徵霸爲太子太傅。本紀、霸傳。

令内郡國舉賢良可親民者各一人。本紀。

是歲，河内太守韋玄成爲衛尉。百官表。

校勘記

〔一〕亡疆外之交　漢書朱邑傳「疆」作「彊」，與年紀不同。金華叢書本作「疆」。

西漢年紀卷二十一

宣帝

五鳳元年，皇太子冠，皇太后賜丞相、將軍、列侯、中二千石帛，人百匹〔一〕，大夫人八十匹，又賜列侯嗣子爵五大夫，男子爲父後者爵一級。本紀。考異曰：按，漢書本紀太子冠在此年，荀紀於元康三年叙二疏去位事，已云「太子冠」，至是又重復言之，蓋誤也。

夏，赦徒作杜陵者。本紀。

秋，匈奴屠耆單于使日逐王先賢撣音纏。兄右奥音郁。鞬居言反。王與烏藉都尉各二萬騎屯東方，以備呼韓邪單于。考異曰：「與」字匈奴傳作「爲」字，仲馮以爲誤，改作「與」字。按，下文右奥鞬王自立爲車犂單于，烏藉都尉自立爲烏藉單于，如此係是兩人，「爲」字誤矣。通鑑取仲馮之説，改作「與」字，今從通鑑。

左馮翊韓延壽棄市。本紀。望之劾奏延壽上僭不道，又自陳：「前爲延壽所奏，今復舉延壽罪，衆庶皆以臣懷不正之心，侵寃延壽。願下丞相、中二千石、博士議其罪。」事下公卿，皆以延壽前既無狀，後復誣愬典法大臣，欲以解罪，狡猾不道。上惡之，延壽竟坐棄市。吏民數千人送至渭城，老小扶持車轂，爭奏酒炙。延壽不忍距逆，人人爲飲，計飲酒石餘。使掾史分謝送者：「遠苦吏民，延壽死無所恨。」百姓莫不流涕。延壽三子皆爲郎吏。且死，屬其子勿爲吏，以己爲戒。子皆以父言去官不仕。延壽傳。

五鳳二年春正月，行幸雍，祠五畤。荀紀。考異曰：宣紀以爲「三月」，荀紀以爲「正月」。按，漢制常以正月郊祀，蓋荀氏作紀之時本猶未誤也。又，楊惲傳曰「行必不至河東矣」，蓋時亦幸河東祠后土，史逸之也。

夏四月己丑，大司馬車騎將軍龍頟安侯韓增薨。本紀、韓王信傳。考異曰：通鑑無「夏四月己丑」五字，今從漢書本紀。

五月，彊弩將軍許延壽爲大司馬車騎將軍百官表。輔政，延壽，廣漢弟也。外戚傳。考異曰：通鑑作「車騎大將軍」。按，百官表、外戚傳並作「車騎將軍」，初無「大」字。兼先漢亦無此官名，蓋通鑑仍荀紀所書，故如此。不知荀紀後書延壽薨處亦云「車騎將軍」，明前所書衍此一字，今合刊去。

秋八月，詔曰：「夫婚姻之禮，人倫之大者也；酒食之會，所以行禮樂也。今郡國二千石或擅爲苛禁，禁民嫁娶不得具酒食相賀召。由是廢鄉黨之禮，令民無所樂，非所以導民也。詩不云乎？『民之失德，乾音干。餱音侯。以愆。』勿行苛政。」本紀。

初，大司農中丞耿壽昌以善爲算能商功利得幸於上，至是奏言：「故事，歲漕關東穀四百萬斛以給京師，用卒六萬人。宜糴三輔、弘農、河東、上黨、太原郡穀足供京師，可以省關東漕卒過半。」又白增海租三倍，天子皆從其計。御史大夫蕭望之奏言：「故御史屬徐宮家在東萊，言往年加海租，魚不出。長老皆言武帝時縣官嘗自漁，海魚不出，後復予民，魚迺出。夫陰陽之感，物類相應，萬事盡然。今壽昌欲近糴漕關內之穀，築倉治船，費直二萬萬餘，有動衆之功，恐生旱氣，民被其災。壽昌習于商功分銖之事，其深計遠慮，誠未足任，宜且如故。」上不聽。漕事果便，壽昌遂白令邊郡皆築倉，以穀賤時增其賈而糴，以利農，穀貴時減賈而糶，名曰常平倉，食貨志。上善之。考異曰：本紀載於五鳳四年。按，蕭望之傳云「耿壽昌奏設常平倉，上善之，望之非壽昌」。又望之輕丞相丙吉，左遷太子太傅。望之左遷在五鳳二年，不應設常平倉在四年也。蓋壽昌以常平至四年民始便，故賜爵關內侯，紀所書者，以賜爵故也。按，嚴延年傳云：「府丞義道壽昌爲常平倉，延年曰：『丞相御史不知爲也，當避位去。壽昌安得權此？』」延年以神爵棄市，則常平設倉當在此時，今從蕭望之傳，附於望之左遷之前。望之復非壽昌。

又丞相丙吉年老，上重焉，望之又奏言：「百姓或乏困，盜賊未止，二千石多材下不任職。三公非其人，則三光爲之不明，今首歲日月少光，咎在臣等。」上以望之意輕丞相，乃下侍中建章衛尉金安上、光禄勳楊惲、御史中丞王忠共詰問望之。望之免冠置對，天子繇與由同。是不說。音悅。

後丞相司直緐音婆。延壽奏：「侍中謁者良使丞制詔望之，望之再拜已。良與望之言望之不起，因故下手，而謂御史曰『良禮不備』。故事，丞相病，明日御史大夫輒問病；朝奏事會庭中，差居丞相後，丞相謝，大夫少進，揖。今丞相數病，望之不問病；會庭中，與丞相鈞禮。時議事不合意，望之曰：『侯年寧能父我耶！』知御史有令不得擅使，望之多使守史漢儀注：「御史大夫史員四十五人，皆六百石，其十五人給事殿中，其餘三十人留守治百事，皆冠法冠。」自給車馬，之杜陵護視家事。少史冠法冠，爲妻先引，又使賣買，私所附益凡十萬三千。案望之大臣，通經術，居九卿之右，本朝所仰，至不奉法自修，踞慢不遜攘，古讓字。受所監臧二百五十以上，請逮捕繫治。」壬午，上使光禄勳惲策詔望之左遷爲太子太傅，以太子太傅黄霸爲御史大夫。望之爲太傅，以論語、禮服授皇太子。蕭望之傳、百官表。

呼韓邪單于遣其弟右谷蠡王等西襲屠耆單于屯兵，殺略萬餘人。屠耆單于聞之，即自將六萬騎擊呼韓邪單于，行千里，未至嗕乃穀反。姑地，逢呼韓邪單于兵可四萬人，合戰。屠耆單于兵敗，自殺。都隆奇乃與屠耆少子右谷蠡王姑瞀樓頭亡歸漢，車犂單于東降呼韓邪單于。冬十一月，呼韓邪單于左大將烏厲屈與父呼遬古速字。累力追反。烏厲溫敦皆見匈奴亂，率其衆數萬人南降漢。封烏厲屈爲新城侯，烏厲溫敦爲義陽侯。匈奴傳、本紀。

考異曰：通鑑考異云：宣紀「呼遬累單于帥衆來降」，功臣表「信成侯王定以匈奴烏桓屠驀單于子左大將軍率衆降，侯。義陽侯厲溫敦以匈奴謼遬累單于率衆降，侯。」此即屈與敦也。未嘗爲單于，或降時自稱單于，或紀、表二者誤也。

光禄勳平通侯楊惲與太僕戴長樂相失，長樂嘗使行事肄弋二反。宗廟，還謂掾史曰：「我親面見受詔，副帝肄，秺丁故反。侯御。」人有上書告長樂非所宜言，事下廷尉。長樂疑惲教人告之，亦上書告惲罪：「高昌侯車犇入北掖門，惲語富平侯張延壽曰：『聞前有犇車抵殿門，門關折，馬死，而昭帝崩。今復如此，天時，非人力也。』左馮翊韓延壽有罪下獄，惲上書訟延壽。郎中丘常謂惲曰：『聞君侯訟韓馮翊，當得活乎？』惲曰：『事何容易！脛脛者未必全也。我不能自保，真人所謂鼠不容穴銜窶其羽反。數山羽反。者也。』又中書謁者令宣持單于使者語，視諸將軍、中朝二千石。惲曰：『冒頓單于得漢美食好物，謂之殠惡，單于不來明甚。』惲上觀西閣上畫人，指桀紂畫謂樂昌侯王武曰：『天子過此，一二問其過，可以得師矣。』畫人有堯舜禹湯，不稱而舉桀紂。惲聞匈奴降者道單于見殺。惲曰：『得不肖君，大臣爲畫善計不用，自令身無處所。若秦時但任小臣，誅殺忠良，竟以滅亡；令親任大臣，即至今耳。古與今如一丘之貉。』胡各反。惲妄引亡國以誹謗當世，無人臣禮。又語長樂曰：『正月以來，天陰不雨，此春秋所記，夏侯君所言。行必不至河東矣。』以主上爲戲語，尤悖逆絶理。事下廷尉。廷尉定國考問，左驗明白，奏惲不服罪，而召户將尊，欲令戒飭與敕同。富平侯延壽，曰：『太僕定有死罪數事，朝暮人也。惲幸與富平侯婚姻，今獨三人坐語，侯言「時不聞惲語」，自與太僕相觸也。』尊曰：『不可。』惲怒，持大刀，曰：『蒙富平侯力，得族罪！毋泄惲語，令太僕聞之亂餘事。』惲幸得列九卿諸吏，宿衛近臣，上所信任，與聞政事，不竭忠愛，盡臣子義，而妄怨望，稱引爲訞與妖同。惡言，大逆不道，請逮捕治。」上不忍加誅，有詔皆免惲、長樂爲庶人。惲傳。考異曰：通鑑考異云：宣紀書「十二月楊惲坐前爲光祿勳，免爲庶人。不悔過，怨望，大逆不道，要斬」。荀紀因而用之。按，惲傳：「惲與孫會宗書曰：『臣之得罪已三年矣。』」又因日食之變，騶馬猥佐成上書告惲罪；又楊譚稱杜延年爲御史大夫。按，百官表，惲以神爵元年爲光祿勳，五年免。戴長樂亦以其年爲太僕，五年免。杜延年以五鳳三年六月辛酉爲御史大夫。又按，蕭望之傳「使光祿勳惲策免望之」。其事在今年八月，惲猶爲光祿勳。至四年四月，乃有日食之變。蓋惲以今年十二月免爲庶人，至四年乃死。宣紀誤也。

是歲，衛尉扶陽侯韋玄成爲太常，右扶風陳萬年爲太僕。百官表。萬年善事人，賂遺外戚許、史，傾家自盡，尤事樂陵侯史高。丞相丙吉病，中二千石上謁問疾。遣家丞出謝，謝已皆去，萬年獨留，昏夜迺歸。陳萬年傳。

先是，上興神仙方術之事，而淮南有枕中鴻寶苑秘書。書言神仙使鬼物爲金之術，及鄒衍重道延命方，諫大夫劉更生獻之，言黃金可成。上令典尚方鑄作事，費甚多，至是方不驗，上乃下更生吏。吏劾更生鑄僞黃金，繫當死。其父宗正陽城侯德上書訟罪，會薨，大鴻臚奏德訟子罪，失大臣體，不宜賜謚置嗣。制曰：「賜謚繆侯，爲置嗣。」子安民爲陽城侯。安民上書，入國户半，贖更生罪，上亦奇其材，得踰冬減死論。劉德劉向傳。服虔曰：「踰冬，至春行寬大而減死罪。」考異曰：外戚恩澤侯表，德以五鳳二年薨。今附於德薨之年。

京兆尹張敞上疏諫曰：「願明主時忘車馬之好，斥遠于萬反。方士之虛語，游心帝王之術，太平庶幾可興也。」後尚方待詔皆罷。是時美陽得鼎，獻之。下有司議，多以爲宜薦見宗廟，如元鼎時故事。張敞好古文字，按鼎銘勒而上議曰：「臣聞周祖始乎后稷，后稷封于斄，與邰同。公劉發迹于豳，太王建國于郊古岐字。梁，文、武興于酆、鎬。由是言之，則郊、梁、酆、鎬之間，周舊居也，固宜有宗廟壇場祭祀之臧。今鼎出于郊東，中有刻書曰：『王命尸臣：「官此栒音荀。邑，賜爾旂鸞黼黻琱與雕同。戈。」尸臣拜手稽首曰：「敢對揚天子丕顯休命。」』臣愚不足以迹古文，竊以傳記言之，此鼎殆周之所以褒賜大臣，大臣子孫刻銘其先功，臧之于宮廟也。不宜薦見宗廟。」制曰：「京兆尹議是。」郊祀志。考異曰：此事史不載年。按，劉德傳云：「更生鑄僞黃金，繫當死。其父德上書訟罪，會薨，大鴻臚奏德訟子罪，失大臣體，不宜賜謚置嗣。」通鑑載於神爵元年。按，郊祀志載劉更生鑄黃金不驗，坐論，敞上疏諫，今從志，附於其後。

五鳳三年二月壬申，御史大夫黃霸爲丞相，百官表。封建成侯。考異曰：百官表作「壬申」，荀紀作「壬辰」。按，長曆正月戊寅朔，二月無壬辰，而壬申乃二十五也，今從百官表。

夏六月辛酉，西河太守杜延年爲御史大夫。百官表。考異曰：通鑑無「夏」字，今從荀氏紀。又，通鑑考異云：荀紀作「辛巳」，百官表作「辛酉」。按，長曆此月丙午朔，無辛巳，今從表。

始昭帝時，廣陵王胥見上年少無子，有覬欲心。而楚地巫鬼，胥迎女巫李女須，使下神祝詛。女須泣曰：「孝武帝下我。」左右皆伏。言「吾必令胥爲天子」。胥多賜女須錢，使禱巫山，會昭帝崩，胥曰：「女須良巫也。」殺牛賽先代反。禱。及昌邑王徵，復使巫祝詛之。後王廢，胥寖古浸字。信女須等，數賜予錢物。至帝即位，胥曰：「太子孫何以反得立？」復令女須祝詛如前。及漢立太子，胥謂姬南等曰：「我終不得立矣。」乃止不詛。後胥子南利侯寶坐殺人奪爵，還歸廣陵，與胥姬左脩姦。事發覺，繫獄，棄市。相勝之奏奪王射陂草田以賦貧民，奏可。胥復使巫祝詛如前。事發覺，有司按驗，胥惶恐，藥殺巫及宫人二十餘人以絶口。公卿請誅胥，天子遣廷尉大鴻臚即訊。廣陵王傳。

五鳳四年春正月，廣陵王胥謂太子霸曰：「上遇我厚，今負之甚。我死，骸骨當暴。幸而得葬，薄之，無厚也。」即以綬自絞死。天子加恩，赦王諸子皆爲庶人，賜謚曰厲王。本紀、廣陵王傳。考異曰：通鑑無「正月」二字，今從本紀。

匈奴單于稱臣，遣弟谷音鹿。蠡落奚反。王入侍。以邊塞亡寇，減戍卒什二。本紀。考異曰：通鑑考異云：按，匈奴傳「呼韓邪稱臣，即遣銖婁渠堂入侍」，事在明年。時匈奴有三單于，不知此單于爲誰也。

民便常平倉，上迺下詔，賜大司農中丞耿壽昌爵關内侯，而蔡癸以好農使勸郡國，至大官。本紀、食貨志。

楊惲既失爵位，家居治産業，起室宅，以財自娱。歲餘，其友人安定太守西河孫會宗與惲書，諫戒之，爲言大臣廢退，當闔門惶懼，爲可憐之意，不當治産業，通賓客，有稱譽。惲宰相子，少顯朝廷，一朝晻與暗同。昧語言見廢，内懷不服，報會宗書曰：「惲家方隆盛時，乘朱輪者十人，位在列卿，爵爲通侯，總領從官，與讀曰豫。聞政事，曾不能以此時有所建明，以宣德化，又不能與羣僚同心并力，陪輔朝廷之遺忘，已負竊位素餐之責久矣。懷禄貪執，不能自退，遭遇變故，横胡孟反。被口語，身幽北闕，妻子满獄。當此之時，自以夷滅不足以塞責，豈意得全首領，復奉先人之丘墓乎？伏惟聖主之恩，不可勝量。君子游道，樂以忘憂；小人全軀，説讀曰悦。以忘罪。竊自思念，過已大矣，行已虧矣，長爲農夫以没世矣。是故身率妻子，戮力耕桑，灌園治産，以給公上，不意當復用此爲譏議也。夫人情所不能止者，聖人弗禁，故君父至尊親，送其終也，有時而既。臣之得罪，已三年矣。田家作苦，歲時伏臘，亨羊炰羔，斗酒自勞。來到反。家本秦也，能爲秦聲。婦，趙女也，雅善鼓瑟。奴婢歌者數人，酒後耳熱，仰天拊缶，而呼烏烏。其詩曰：『田彼南山，蕪穢不治，種一頃豆，落而爲萁。人生行樂耳，須富貴何時！』是日也，拂衣而喜，奮褎古袖字。低卬，頓足起舞，誠淫荒無度，不知其不可也。惲幸有餘禄，方糴賤販貴，逐什一之利，此賈豎之事，汙辱之處，惲親行之。下流之人，衆毁所歸，不寒而栗。雖雅知惲者，猶隨風而靡，尚何稱譽之有！董生不云乎？『明明求仁義，常恐不能化民者，卿大夫之意也；明明求財利，常恐困乏者，庶人之事也。』故『道不同，不相爲謀』。今子尚安得以卿大夫之制而責僕哉！夫西河魏土，文侯所興，有段干木、田子方之遺風，漂匹遥反。然皆有節槩，工代反。知去就之分。頃者，足下離舊土，臨安定，安定山谷之間，昆戎舊壤，子弟貪鄙，豈習俗之移人哉？于今迺睹子之志矣。方當盛漢之隆，願勉旃，毋多談。」會有食日之變，騶馬猥佐成上書告惲「驕奢不悔過，日食之咎，此人所致」。章下廷尉按驗，得所予會宗書，帝見而惡之。廷尉當惲大逆無道，要斬。妻子徙酒泉郡。惲兄子安平侯譚坐不諫正惲與相怨望語，免爲庶人。召拜成爲郎，諸在位與惲厚善者，太常韋玄成及孫會宗等皆免官。楊惲傳、通鑑。考異曰：楊惲傳作「未央衛尉韋玄成」。按，百官表玄成以神爵四年爲衛尉，五鳳二年爲太常。又，玄成傳亦載：「爲未央衛尉，遷太常，坐與惲厚善，惲誅，黨友皆免官。」以此攷之，當是楊惲傳誤。今從百官表、玄成傳，易爲太常。

閏振單于率其衆東擊郅支單于，郅支單于與戰，殺之，并其兵，遂進攻呼韓邪，呼韓邪破，其兵走，郅支都單于庭。匈奴傳。

甘露元年春正月，行幸甘泉，郊泰畤。本紀。

皇太子柔仁好儒，見帝所用多文法吏，以刑名繩下，大臣楊惲、蓋寬饒等坐刺譏辭語爲罪而誅，嘗侍燕從千容反。容言：「陛下持刑太深，宜用儒生。」帝作色曰：「漢家自有制度，本以霸王道雜之，奈何純任德教，用周政乎！且俗儒不達時宜，好是古非今，使人眩胡眄反。於名實，不知所守，何足委任！」迺嘆曰：「亂我家者，太子也！」繇是疏太子而愛淮陽王。元帝紀。淮陽王母張倢伃尤愛幸，而王又好政事，通法律，上奇其材，曰：「真我子也。」是時，王未就國，上常有意欲用代太子，然因太子起于微細，上少依倚許氏，及即位，而許后以弒死，太子蚤失母，故弗忍也。久之，上召拜韋玄成爲淮陽中尉，欲感諭王，輔以推讓之臣，由是太子遂安。元帝紀、淮陽王、韋玄成傳。

樂陵侯史高以外屬舊恩侍中貴重，丞相黄霸薦高可太尉。天子使尚書召問霸：「太尉官罷久矣，丞相兼之，所以偃武興文也。如國家不虞，邊境有事，左右之臣皆將帥也。夫宣明教化，通達幽隱，使獄無寃刑，邑無盜賊，君之職也。將相之官，朕之任焉。侍中樂陵侯高帷幄近臣，朕之所自親，君何越職而舉之？」尚書令受丞相對，霸免冠謝罪，數日乃決。自是後不敢復有所請。然自漢興，言治民吏，以霸爲首。黄霸傳。考異曰：通鑑載于黄霸拜相之次。按，漢以大司馬代太尉，無大司馬與太尉並置者。是時，許延壽既爲大司馬，不應霸復薦史高爲太尉。當是延壽既薨之後，今附於此。

夏四月，建章、未央、長樂宮鍾虡銅人皆生毛，長一寸所，時以爲美祥。郊祀志。

秋，酎宗廟，高平侯魏弘、博陽侯丙顯坐騎至司馬門，不敬，削爵一級，爲關内侯。恩澤侯表。始顯少爲諸曹，嘗從祠高廟，至夕牲日，顔曰：「未祭一日，其夕展視牲具，謂之夕牲。」乃使出取齋衣。丞相吉大怒，謂其夫人曰：「宗廟至重，而顯不敬慎，亡吾爵者，必顯也。」夫人爲言，然後乃已。丙吉傳。

甘露二年春正月，立皇子囂音敖。爲定陶王。本紀。考異曰：通鑑考異云：諸侯王表作「十月乙亥」，今從漢書本紀。囂，衛倢伃子也。宣元六王傳。

詔曰：「迺者鳳凰甘露降集，黄龍登興，醴泉滂流，枯槀古老反。榮茂，神光並見，咸受禎音貞。祥。其赦天下。減民算三十。賜諸侯王、丞相、將軍、列侯、中二千石金錢各有差。賜民爵一級，女子百户牛酒，鰥寡孤獨高年帛。」本紀。

珠厓郡反，夏四月，遣護軍都尉張禄將兵擊之。荀紀。

御史大夫杜延年以老病乞骸骨，天子優之，使光禄大夫持節賜延年黄金百斤，加致醫藥。延年遂稱病篤。賜安車駟馬，罷就第。延年傳。

秋九月，立皇子宇爲東平王。本紀。宇，公孫倢伃子也。宣元六王傳。

甘露三年，上以戎狄賓服，思股肱之美，迺圖畫其人于麒麟閣，法其形貌，署其官爵、姓名；唯霍光不名，曰「大司馬、大將軍、博陸侯，姓霍氏」，次曰衛將軍富平侯張安世，次曰車騎將軍龍頟侯韓增，次曰後將軍營平侯趙充國，次曰丞相高平侯魏相，次曰丞相博陽侯丙吉，次曰御史大夫建平侯杜延年，次曰宗正陽城侯劉德，次曰少府梁丘賀，次曰太子太傅蕭望之，次曰典屬國蘇武，皆有功德，知名當世，是以表而揚之，明著中興輔佐，列于方叔、召虎、仲山甫焉。自丞相黃霸、御史大夫于定國、大司農朱邑、京兆尹張敞、右扶風尹翁歸及儒者夏侯勝等，皆以善終，著名帝世，然不得列于名臣之圖，以此知其選矣。通鑑、蘇武傳。

詔曰：「迺者鳳凰集新蔡，羣鳥四面行列，皆鄉鳳凰立，以萬數。其賜汝南太守帛百匹，新蔡長吏、三老、孝弟力田、鰥寡孤獨各有差。賜民爵二級。毋出今年租。」本紀。

三月己丑，丞相建成侯黃霸薨，謚曰定侯。本紀、百官表、霸傳。考異曰：本紀、百官表皆作「己丑」，通鑑仍荀紀作「己巳」。按，長曆是月甲申朔，無己巳，至三月初六日乃己丑也，當是荀紀誤，今從本紀、百官表。

夏五月甲午，御史大夫于定國爲丞相，封西平侯，太僕陳萬年爲御史大夫。百官表、于定國傳。

詔諸儒講五經同異于石渠閣，博士沛施讎受田王孫易。論易，譯官令齊周堪、博士魯孔霸、俱受大夏侯勝書。千乘歐陽地餘、濟南林尊、並受歐陽生書。平陵張山拊、音膚。謁者陳留假倉並受小夏侯建書。論書；博士沛薛廣德、山陽張長安並受王式詩。論詩；博士梁戴聖、太子舍人沛聞人通漢並受后倉禮。論禮；公羊博士下邳嚴彭祖、侍郎申輓、音晚。伊推、宋顯，穀梁議郎汝南尹更始、待詔劉向、即更生，更，名。梁周慶、丁姓並論春秋。黃門郎梁丘臨賀子。奉使問諸儒，而淮陽中尉韋玄成治魯詩，又治禮。受詔與太子太傅蕭望之及諸儒雜論同異，條奏其對。時公羊家多不見從，彭祖等願請内侍郎許廣，使者亦並内穀梁家中郎王亥，各五人，議三十餘事，各以經誼對，多從穀梁。蕭望之等平奏其議，天子稱制臨決焉，迺立梁丘易、大小夏侯尚書、穀梁春秋博士。諸傳。考異曰：荀紀云：「立穀梁、公羊、春秋左氏傳博士。」按，公羊博士已立于武帝時，宣帝所立，祇穀梁耳。左氏至成哀時猶未立學官，故劉歆移書責太常，亦可見荀氏之誤，今不取。石渠議，漢書不載其辭，今無復存，唯杜佑通典尚見一二：一、議「大宗無後，族無庶子，已有一嫡子，當絶父祀，以後大宗不？」戴云：「大宗不可絶，言嫡子不爲後者，不得先庶耳。族無庶子，則當絶父以後大宗。」聞人通漢曰：「大宗有絶，子不絶其父。」帝制曰：「聖議是也。」一、經云「大夫之子爲姑姊妹女子，子無主後者爲大夫命婦者，唯子不報」何？戴聖以爲「唯子不報者，言命婦不得降，故以大夫之子爲文。唯子不報者，言猶斷周不得申其服也」。帝制曰：「爲父母周是也。」一、蕭太傅云：「以麻終月數者，以其未葬，除無文節，故不變其服，爲稍輕也。已除喪服，未葬者，皆至葬反服，庶人爲，國君亦如之。」帝制曰：「會葬服喪衣是也。」又問曰：「大夫降乳母邪？」聞人通漢對曰：「乳母所以不降者，報義之服，故不降也。」又問：「鄉請射告主人、樂不告者，何也？」戴聖曰：「請射告主人者，賓主俱當射也，夫樂主所以樂賓也，故不告於主人也。」黄門郎臨奏：「經曰：『鄉射合樂，大射不。』何也？」戴聖曰：「鄉射至而合樂者，質也；大射人君之禮，儀多，故不合樂也。」聞人通漢曰：「鄉射合樂者，人禮也，所以合和百姓也；大射不合樂者，諸侯之禮也。」韋玄成曰：「鄉射禮所以合樂者，鄉人本無樂，故合樂；歲時所以合和百姓以同其意也。至諸侯當有樂，傳曰：『諸侯不釋懸。』明用無時也。君臣朝廷固當用之矣，必須合樂而後合，故不云合樂也。」時公卿以玄成議是。又問：「經云：『宗子孤而殤。』何也？」聞人通漢曰：「孤者，師傅曰：『因殤而見孤也。』男子二十冠，而不爲殤，亦不爲孤，故因殤而見之。」戴聖曰：「凡爲宗子，無父乃得爲宗子，然爲人後者，父雖在得爲宗子，故稱孤。」聖又問通漢曰：「因殤而見孤，冠則不爲孤者。曲禮曰：『孤子當室，冠衣不純采。』此孤而言冠，何也？」對曰：「孝子未曾忘親，有父母、無父母，衣服輒異。記曰：『父母在，冠衣不純素，父母殁，冠衣不純采。』故言孤。言孤者，別衣服也。」聖又曰：「然則子無父母，年且百歲，猶稱孤不斷，何乎？」通漢對曰：「二十冠而不爲孤，父母之喪，年雖老，猶稱孤。」已上特禮議耳。諸經盡然，今姑附見，可以類推。

初，帝聞衛太子好穀梁春秋，以問韋賢、夏侯勝、史高，皆魯人也，言穀梁子皆魯學，公羊氏迺齊學也，宜興穀梁。沛蔡千秋爲郎，嘗從魯榮廣受穀梁，上召見千秋，與公羊家並說，上善穀梁説，擢千秋爲諫大夫給事中。及慶、姓爲博士，由是穀梁之學大盛。本紀、諸傳。

烏孫大昆彌元貴靡、鴟靡皆病死，公主上書言年老土思，願得歸骸骨，葬漢地。天子閔而迎之，冬，公主與烏孫男女三人俱來至京師，年且七十，賜以公主田宅奴婢，奉養甚厚，朝見儀比公主。後卒，三孫因留守墳墓云。考異曰：通鑑又取西域傳云：「後段會宗爲都護，乃招還亡畔，安定之。星靡死，子雌栗靡代立。」按，段會宗爲都護乃在竟寧中，竟寧，元帝末年。載於此恐誤，今除去之。

初，皇太子所愛幸司馬良娣病，且死，謂太子曰：「妾死非天命，迺諸娣妾良人更祝詛殺我。」太子憐之，且以爲然。及司馬良娣死，太子悲恚發病，忽忽不樂，因以過怒諸娣妾，莫得進見者。久之，帝聞太子恨過諸娣妾，欲順適其意，迺令皇后擇後宮家人子可以虞與娛同。侍太子者，故繡衣御史王賀女孫政君與讀曰豫。在其中。及太子朝，皇后迺見政君等五人，微令旁長御問知太子所欲。太子殊無意于五人者，不得已于皇后，彊應曰：「此中一人可。」是時政君坐近太子，又獨衣絳緣諸于，長御即以爲是。皇后使侍中杜輔、掖庭令濁賢交送政君太子宮，見丙殿。得御幸，有身。先是，太子後宮娣妾以十數，御幸久者七八年，莫有子，及政君一幸而有身。是歲。生子于甲館畫堂，爲世適讀曰嫡。皇孫。帝愛之，自名曰驁，字太孫，常置左右。元后傳。

鴈門太守建平侯杜緩爲太常，百官表。緩，延年子也。本傳。

郅支單于亦遣使奉獻，漢遇之甚厚。匈奴傳。

甘露四年，典屬國常惠爲右將軍，百官表。典屬國如故。惠傳。

秺侯金賞爲侍中太僕。百官表。

匈奴呼韓邪、郅支兩單于俱遣使朝獻，漢待呼韓邪使有加。匈奴傳。

諸儒薦郡文學河内張禹，詔太子太傅蕭望之問，禹對易及論語大義，望之善焉，奏禹經學精習，有師法，可試事。奏寢，罷歸故官。禹嘗從沛郡施讎受易，琅琊王陽，膠東庸生問論語。禹傳。

黄龍元年春正月，行幸甘泉，郊泰畤。本紀。匈奴呼韓邪單于來朝，禮賜如初。加衣百一十襲，錦帛九千匹，絮八千斤。二月，單于歸國。始郅支單于以爲呼韓邪降漢，兵弱不能復自還，即引其衆西，欲攻定右地。又屠耆單于小弟本侍呼韓邪，亦亡之右地，收兩兄餘兵得數千人，自立爲伊利目單于，道逢郅支，合戰，郅支殺之，并其兵五萬餘人。聞漢出兵穀助呼韓邪，即遂留居右地。自度力不能定匈奴，乃益西近烏孫，欲與并力，遣使見小昆彌烏就屠。烏就屠見呼韓邪爲漢所擁，郅支亡虜，欲攻之以稱漢，乃殺郅支使，持頭送都護在所，發八千騎迎郅支。郅支見烏孫兵多，其使又不反，勒兵逢擊烏孫，破之。因北擊烏揭，丘例反。烏揭降。發其兵西破堅昆，北降丁令，并三國。數遣兵擊烏孫，常勝之。堅昆東去單于庭七千里，南去車師五千里，郅支留都之。匈奴傳、本紀。

詔曰：「朕既不明，數申詔公卿大夫順民所疾苦，今吏或以不禁姦邪爲寬大，縱釋有罪爲不苛，或以酷惡爲賢，皆失其中。奉詔宣化如此，豈不繆哉！方今天下少事，賦役省減，兵革不動，而民多貧，盜賊不止，其咎安在？上計簿，務爲欺謾，以避其課。三公不以爲意，朕將何任？御史察計簿，有疑不實者，按之，使真僞毋相亂。」本紀、荀紀。考異曰：迹孝宣之行事，豈復有一毫寬厚之意哉？治其罪狀，使與名律相應，無所縱舍，贊所謂「必罰」是也。暮年之詔，顧謂「數申詔公卿務行寬大」，其誰欺乎？荀氏漢紀削去此語，其知之矣，今從荀紀。

三月，客星居王良東北可九尺，長丈餘，西指，出閣道間，至紫宮。本紀、天文志。未央宮輅軨音零。中雌雞化爲雄，毛皮變化而不鳴，不將，無距。五行志、荀紀。

夏四月，詔曰：「舉廉吏，誠欲得其真也。吏六百石位大夫，有罪先請，秩祿上通，足以效其賢材，自今以來毋得舉。」本紀。以修撰之職領於他官，考異曰：此語見通典，不知其時，今附于帝終之前。由是太史之官惟知占候。通典。

太常掌故東海匡衡調補平原文學。學者多上書薦衡經明，當世少雙，令爲文學就官京師〔二〕，後進多欲從衡平原，衡不宜在遠方。事下太子太傅蕭望之、少府梁丘賀問，衡對詩諸大義，其對深美。望之奏衡經學精習，説有師道，可觀覽。帝不甚用儒，遣衡歸官。而皇太子見衡對，私善之。匡衡傳。

帝寢疾，選大臣可屬之欲反。者。冬十二月癸酉，引外屬侍中樂陵侯史高、太子太傅蕭望之、少傅周堪至禁中，拜高爲大司馬車騎將軍，望之爲前將軍光禄勳，堪爲光禄大夫，皆受遺詔輔政，領尚書事。望之傳、百官表。甲戌，帝崩于未央宫。明年春正月辛丑，葬杜陵，上尊號曰孝宣皇帝。帝不喜儒，好觀申子君臣篇。宣紀、元紀、劉向別録。考異曰：宣紀平生惨覈，豈無所自？漢史顧不載，乃軼出于劉向別録，今取之。

班固贊曰：「孝宣之治，信賞必罰，綜核名實，政事文學法理之士咸精其能，至于技巧工匠器械，自元、成間鮮能及之，亦足以知吏稱其職，民安其業也。遭值匈奴乖亂，推亡固存，信讀曰申。威北夷，單于慕義，稽首稱藩，可謂中興矣！」考異曰：「功光祖宗，業垂後裔，侔德殷宗、周宣矣。」漢業至宣帝而衰，安得「功光祖宗」？又荀氏于元帝贊削「孝宣之業衰焉」一語，其亦有見于此。班固此語太過，今削去之。

校勘記

〔一〕人百匹　四庫本「人」作「八」，據漢書宣帝紀及金華叢書本改。

〔二〕令爲文學就官京師　四庫本「令」作「今」，據漢書匡衡傳改。

西漢年紀卷二十二

元帝

孝元皇帝，諱奭，宣帝太子也，母曰共讀曰恭。哀許皇后，八歲，立爲太子。黄龍元年十二月，宣帝崩，癸巳，太子即皇帝位，謁高廟。尊皇太后曰太皇太后，皇后曰皇太后。本紀、外戚傳。

詔曰：「夫法令者，所以抑暴扶弱，欲其難犯而易避也。今律令煩多而不約，自典文者不能分明，而欲羅元元之不逮，師古曰：「羅，網也。不逮，言意識所不及。」斯豈刑中之意哉！師古曰：「中，當也。」其議律令可蠲除輕減者，條奏，惟在便安萬姓而已。」刑法志。

初元元年按，原本脱去此四字，今補入。三月癸卯，封太后兄侍中中郎將王舜爲安平侯，本紀、恩澤侯表。倢伃父丞相少史王禁爲陽平侯，位特進。丙午，立王倢伃爲皇后。五行志。考異曰：通鑑書「三月丙午，立皇后王氏，封后父禁爲陽平侯」。按，侯表王禁以三月癸卯封，在立后之前三日。又，五行志云：「三月癸卯制書曰：『封倢伃父丞相少史王禁爲陽平侯，位特進。』丙午，立王倢伃爲皇后。」觀此，則立皇后在封禁後明矣，通鑑誤，今從五行志及侯表。禁自是盛貴用事，游宦求官於京師者多得其力。褚先生史記補表。

夏四月，客星大如瓜，色青白，在南斗第二星東可四尺。天文志。

五月，渤海大水溢。天文志。

上遣使者徵琅邪貢禹及王吉，吉年老，道病卒，上悼之，復遣使者弔祠。王吉傳。以禹爲諫大夫，數虛己問以政事。是時，年歲不登，郡國多困，禹奏言：「古者宮室有制，宮女不過九人，秣馬不過八匹；牆塗而不琱，與彫同。木摩而不刻，車輿器物皆不文畫，苑囿不過數十里，與民共之。任賢使能，什一而稅，亡它賦斂繇戍之役，使民歲不過三日，千里之內自給，千里之外各置貢職而已。故天下家給人足，頌聲並作。孝文皇帝衣綈徒奚反。履革，器亡琱文金銀之飾。後世爭爲奢侈，轉轉益甚，臣下亦相放甫往反。效，衣服履絝古袴字。刀劍亂於主上，主上時臨朝入廟，衆人不能別異，甚非所宜。然非自知奢僭也，猶魯昭公曰：『吾何僭矣？』今大夫僭諸侯，諸侯僭天子，天子過天道，其日久矣。承衰救亂，矯復古化，在於陛下。臣愚以爲盡如太古難，宜少放古以自節焉。論語曰：『君子樂節禮樂。』方今宮室已定，亡可奈何矣，其餘盡可減損。故時齊三服官輸物不過十笥，方今齊三服官作工各數千人，一歲費數鉅萬。蜀廣漢主金銀器，歲各用五百萬。三工官官費五千萬，東西織室亦然。廐馬食粟將萬匹。臣禹嘗從之東宮，見賜杯案，盡文畫金銀飾，非當所以賜食臣下也。東宮之費亦不可勝計。天下之民所爲大饑餓死者，是也。今民大饑而死，死又不葬，爲犬豬食。人至相食，而廐馬食粟，苦其太肥，氣盛怒至，乃日步作之。王者受命於天，爲民父母，固當若此乎！天不見邪？武帝時，又多取好女至數千人，以填與寘同。後宮。及棄天下，昭帝幼弱，霍光專事，不知禮正，妄多臧金錢財物，鳥獸魚鱉牛馬虎豹生禽，凡百九十物，盡瘞臧之，又皆以後宮女置於園陵，大失禮，逆天心，又未必稱武帝意也。昭帝晏駕，光復行之。至孝宣皇帝時，陛下惡有所言，羣臣亦隨故事，甚可痛也！今天下饑饉，可亡大自損減以救之，稱天意乎？天生聖人，蓋爲萬民，非獨使自娛樂而已也。故詩曰『天難諶斯，不易惟王』；『上帝臨汝，毋貳爾心。』『當仁不讓』，獨可以聖心參諸天地，揆之往古，不可與臣下議也。若其阿意順指，隨君上下，臣禹不勝拳拳，不敢不盡愚心。」天子納善其忠。貢禹傳。

珠厓反，發兵擊之，諸縣更叛。賈捐之傳。

淮陽中尉韋玄成爲少府，水衡都尉馮奉世爲執金吾，平昌侯王接爲衛尉，百官表。接，無故子。外戚傳。

史高以外屬領尚書事，蕭望之、周堪爲之副。望之名儒，與堪皆以師傅舊恩，甚見尊任，數宴見，言治亂，陳王事。望之選白宗室明經有行散騎諫大夫劉更生給事中，與侍中金敞並拾遺左右。四人同心謀議，勸道讀曰導。上以古制，多所欲匡正，上甚鄉讀曰嚮。納之。史高充位而已，與望之有隙。長安令楊興説高曰：「將軍以親戚輔政，貴重於天下無二，然衆庶論議令問休譽不專在將軍者何也？彼誠有所聞也。以將軍之莫府，海内莫不印讀曰仰。望，而所舉不過私門賓客，乳母子弟，人情忽不自知，然一夫竊議，語流天下。夫富貴在身而列士不譽，是有狐白之裘而反衣之也。古人病其若此，故卑體勞心，以求賢爲務。傳曰：以賢難得之故因曰事不待賢，以食難得之故而曰飽不待食，惑之甚者也。平原文學匡衡材智有餘，經學絶倫，但以無階朝廷，故隨牒在遠方。將軍誠召置莫府，學士歙音翕。然歸仁，與參事議，觀其所有，貢之朝廷，必爲國器，以此顯示衆庶，名流於世。」高然其言，辟衡爲議曹史，薦衡於上，上以爲郎中。上初即位，謙讓重改作，議久不定，出劉更生爲宗正。蕭望之、劉向、匡衡傳、百官表、通鑑。考異曰：通鑑載於初元二年。按，百官表更生爲宗正在初元元年，今從表。

初元二年春正月，行幸甘泉，郊泰畤。賜雲陽民爵一級，女子百户牛酒。本紀。

蕭望之、周堪數薦名儒茂材以備諫官。會稽鄭朋陰欲附望之，望之見納朋，接待以意。朋數稱述望之，短車騎將軍，言許、史過失。後朋行傾邪，望之絶不與通。朋與大司農史李宫俱待詔，堪獨白宫爲黄門郎。朋，楚士，怨恨，更求入許、史，推所言許、史事曰：

「皆周堪、劉更生教我，我關東人，何以知此？」於是侍中許章白見朋。朋出揚言曰：「我見，言則將軍小過五，大罪一。中書令在旁，知我言狀。」望之聞之，以問弘恭、石顯。顯、恭恐望之自訟，下於它吏，即挾朋及待詔華龍。龍者，宣帝時與張子僑等待詔，以行污穢不進，欲入堪等，堪等不納。故與朋相結。恭、顯令二人告望之等謀欲罷車騎將軍疏退許、史狀，候望之出休日，令朋、龍上之。事下弘恭問狀，望之對曰：「外戚在位多奢淫，欲以匡正國家，非爲邪也。」恭、顯奏：「望之、堪、更生朋黨相稱舉，數譖訴大臣，毁離親戚，欲以專擅權執，爲臣不忠，誣上不道，請謁者召致廷尉。」時上初即位，不省「謁者召致廷尉」爲下獄也，可其奏。後上召堪、更生，曰：「繫獄。」上大驚曰：「非但廷尉問邪？」以責恭、顯，皆叩頭謝。上曰：「令出視事。」恭、顯因使高言：「上新即位，未以德化聞於天下，而先驗師傅，既下九卿大夫獄，宜因決免。」於是制詔丞相御史：「前將軍望之傅朕八年，亡它罪過，今事久遠，識忘難明。其赦望之罪，收前將軍光祿勳印綬，及堪、更生皆免爲庶人。」蕭望之傳。

二月丁巳，立弟竟爲清河王。本紀、諸侯王表。　考異曰：通鑑考異云：荀紀「竟」作「寬」，今從漢書作「竟」。今按，荀紀亦作「竟」字〔一〕，未知温公所見本與今不同何耶？　按，漢書本紀、荀紀立清河王俱屬正月，此獨從年表作二月，未知何據？

戊午，地震于隴西郡，毁落太上皇廟殿壁木飾，壞敗豲音完。道縣城郭守寺及民室屋，壓殺人衆。山崩地裂，水泉湧出。本紀。考異曰：劉向傳作三月，今從元紀以爲二月。

三月壬申，立廣陵厲王太子霸爲王。本紀、諸侯王表。詔丞相、御史、中二千石舉茂材異等直言極諫之士。本紀。按，原本無「詔丞相」以下，與下文考異不合，今補入。

待詔宦者署東海翼奉奏封事曰：「臣聞人氣内逆則感動天地，天變見於星氣日蝕，地變見於奇物震動。所以然者，陽用其精，陰用其形，猶人之有五藏六體，五藏象天，六體象地。故藏病則氣色發於面，體病則欠申動於貌。今年太陰建於甲戌，律以庚寅初用事，曆以甲午從春。歷中甲庚，律得參陽，性中仁義，情得公正貞廉，百年之精歲也。正以精歲，本首王位，曰臨中時接律而地大震，其後連月久陰，雖有大令，猶不能復，陰氣盛矣。古者朝廷必有同姓以明親親，必有異姓以明賢賢，此聖王之所以大通天下也。同姓親而易進，異姓疏而難通，故同姓一，異姓五，迺爲平均。今左右亡同姓，獨以舅后之家爲親，異姓之臣又疏。二后之黨满朝，非特處位，埶尤奢僭過度，吕、霍、上官足以卜之，甚非愛人之道，又非後嗣之長策也。陰氣之盛，不亦宜乎！臣又聞未央、建章、甘泉宫才人各以百數，皆不得天性。若杜陵園，其已御見者，臣子不敢有言，雖然，太皇太后之事也。及諸侯王園，與其後宫，宜爲設員，出其過制者，此損陰氣應天救邪之道也。今異至不應，災將隨之。

其法大水，極陰生陽，反爲大旱，甚則有火災，春秋宋伯姬是矣。唯陛下財察。」翼奉傳。考異曰：荀紀載於七月地再震之後。按，本紀二月地震，下詔舉直言，奉當以此時上疏。至七月特詔公卿得言，奉不爲公卿，安得言也？今取而附於二月下詔求言之後。

令博士鄭寬中以尚書授太子，寬中薦言博士張禹善論語，詔令禹授太子論語，由是遷光禄大夫。禹傳。

駙馬都尉侍中史丹，自帝爲太子時以父高任爲中庶子，侍從十餘年。上以丹舊臣，皇考外屬，親信之，詔丹護太子家。丹傳。待詔鄭明薦太原太守張敞先帝名臣，宜傅輔太子。上以問蕭望之，望之以爲敞能吏，任治煩亂，材輕非師傅之器。天子使使徵敞，欲以爲左馮翊。會病卒。敞傳。

五月，客星見昴分，居卷舌東。上感悟，下詔曰：「國之將興，尊師而重傅。故前將軍蕭望之傅朕八年，道以經術，厥功茂焉。其賜望之爵關內侯，食邑六百户，給事中，朝朔望，坐次將軍。」劉向、蕭望之傳、天文志、本紀。考異曰：本紀在今冬，通鑑載於四月。按，劉向傳曰：前弘恭奏望之等獄決，三月地大震。是望之黜免在三月地震前也。又曰：「夏，客星見昴、卷舌間，上感悟，下詔賜望之爵關內侯。」望之傳亦曰：「後數月，賜望之爵關內侯。」本紀書於冬，固誤也。又按，天文志云：「夏五月，客星見昴分，居卷舌東。」則望之之封在五月無疑也。通鑑書在四月，亦誤。

六月，關東饑，齊地穀石三百餘，民多餓死，琅邪郡人相食。在位諸儒多言鹽鐵官及北假田官、常平倉可罷，毋與民争利。本紀、食貨志。考異曰：通鑑書於四月，今從本紀。

秋七月己酉，地復震。翼奉傳、荀紀、通鑑。考異曰：荀紀書於七月，劉向傳云：「冬，地復震。」按，本紀七月詔曰：「一年中地再動。」當是荀紀爲是，今從之。

上以關東連年被災害，民流入關，言事者歸咎於大臣。於是數以朝日顔曰：「五日一聽朝，故云朝日。」引見丞相、御史，入受詔，條責以職事，曰：「惡吏負賊，妄意良民，至亡辜死。或盗賊發，吏不亟追而反繫亡家，後不敢復告，以故寖廣。民多冤結，州郡不理，連上書者交於闕廷。二千石選舉不實，是以在位多不任職。民田有災害，吏不肯除，收趣讀曰促。其租，以故重困。關東流民饑寒疾疫，已詔吏轉漕，虚倉廩開府藏相振救，賜寒者衣，至春猶恐不贍。今丞相、御史將何施以塞此咎？悉意條狀，陳朕過失。」丞相于定國上書謝罪。于定國傳。上復徵周堪、劉更生，欲以爲諫大夫，弘恭、石顯白皆以爲中郎。劉向傳。上器重蕭望之不已，欲倚以爲相。劉向、蕭望之傳、通鑑。恭、顯及許、史子弟侍中諸曹，皆側目於望之等，更生懼焉，乃使其外親上變事，言：「竊聞故前將軍蕭望之等，皆忠正無私，欲致大治，忤於貴戚尚書。今道路人聞望之等復進，以爲且復見毁讒，必曰嘗有過之臣不宜復用，是大不然。臣聞春秋地震，爲在位執政太盛也，不爲三獨夫動，亦已明矣。且往者高皇帝時，季布有罪，至於夷滅，後赦以爲將軍，高后、孝文之間卒爲名臣。孝武帝時，兒寬有重罪繫，按道侯韓説諫曰：『前吾丘壽王死，陛下至今恨之；今殺寬，後將復大恨矣！』上感其言，遂貰寬，復用之，位至御史大夫，御史大夫未有及寬者下。又董仲舒坐私爲災異書，主父偃取奏之，下吏，罪至不道，幸蒙不誅，復爲太中大夫，膠西相，以老病免歸。漢有所欲興，常有詔問。仲舒爲世儒宗，定議有益天下。孝宣皇帝時，夏侯勝坐誹謗繫獄，三年免爲庶人。宣帝復用勝，至長信少府，太子太傅，名敢直言，天下美之。若乃羣臣，多此比類，難一二記。有過之臣，無負國家，有益天下，此四臣者，足以觀矣。前弘恭奏望之等獄決，三月，地大震。恭移病出，後復視事，天陰雨于具反。雪。由是言之，地動殆爲恭等。臣愚以爲宜退恭、顯以章蔽善之罰，進望之等以通賢者之路。如此，太平之門開，災異之原塞矣。」書奏，恭、顯疑其更生所爲，白請考姦詐。辭果服，遂逮更生繫獄，下太傅韋玄成、諫大夫貢禹，與廷尉雜考。劾更生前爲九卿，坐與望之、堪謀排車騎將軍高、許、史氏侍中者，毁離親戚，欲退去之，而獨專權。爲臣不忠，幸不伏誅，復蒙恩徵用，不悔前過，而教令人言變事，誣罔不道。更生坐免爲庶人。而望之亦坐使子上書自寃前事，恭、顯白令詣獄置對。望之自殺。劉向傳。按，原本無「而望之」以下，文意未足，今補入。

石顯聞衆人匈匈，言已殺蕭望之。恐天下學士姍所諫反。己，病之。是時，明經著節士貢禹爲諫大夫，顯使人致意，深自结納。顯因薦禹天子，歷位九卿，禮事之甚備。議者於是稱顯，以爲不妒譖望之矣。石顯傳。

是歲，丞相府史家雌雞伏子，漸化爲雄，有冠距將鳴。五行志、荀紀。考異曰：五行志以爲初元中，不明載年；荀紀載於此，今從之。

中書令弘恭病死，石顯爲中書令。是時，帝被疾，不親政事，方隆好於音樂。以顯久典事，中人無外黨，精專可信任，遂委以政。事無小大，因顯白決，貴幸傾朝，百僚皆敬事顯。顯爲人巧慧習事，能探得人主微指，内深賊。持詭辨以中傷人，忤恨睚眦，輒被以危法。石顯傳、荀紀。

初元三年春，令諸侯相位在郡守下。本紀。

珠厓連年不定，上與有司議大發軍，待詔金馬門賈捐之建議，以爲不當擊。上使侍中駙馬都尉樂昌侯王商詰問捐之曰：「珠厓内屬爲郡久矣，今背畔逆節，而云不當擊，長蠻夷之亂，虧先帝功德，經義何以處之？」捐之對曰：「臣幸得遭明盛之朝，蒙危言之策，無忌諱之患，敢昧死竭卷卷。與拳同。臣聞堯舜，聖之盛也，禹入聖域而不優，故孔子稱堯曰『大哉』，韶曰『盡善』，禹曰『無閒』。以三聖之德，地方不過數千里，西被流沙，東漸於海，朔南暨聲教，迄于四海，欲與讀曰預。聲教則治之，不欲與者不彊治也。故君臣歌德，含氣之物各得其宜。武丁、成王，殷、周之大仁也，然地東不過江、黃，西不過氐、羌，南不過蠻荆，北不過朔方。是以頌聲並作，視聽之類咸樂其生，越裳氏重九譯而獻，此非兵革之所能致。及其衰也，南征不還，齊桓捄其難，孔子定其文。以致乎秦，興兵遠攻，貪外虛內，務欲廣地，不慮其害。然地南不過閩粵，北不過太原，而天下潰畔，禍卒在於二世之末，長城之歌至今未絕。賴聖漢初興，爲百姓請命，平定天下。至孝文皇帝，閔中國未安，偃武行文。當此之時，逸遊之樂絕，奇麗之賂塞，鄭衛之倡微矣。夫後宮盛色則賢者隱處，佞人用事則諍臣杜口，而文帝不行，故謚爲孝文，廟稱太宗。至於孝武，太倉之粟紅腐而不可食，都內之錢貫朽而不可校。乃探平城之事，録冒頓以來數爲邊害，籍兵厲馬，因富民以攘服之。西連諸國至于安息，東過碣石以玄菟、樂音樂。浪音郎。爲郡，北卻匈奴萬里，更起營塞，制南海以爲八郡，則天下斷獄萬數，民賦數百，造鹽鐵酒榷之利以佐用度，猶不能足。當此之時，寇賊並起，軍旅數發，父戰死於前，子鬭傷於後，女子乘亭鄣，孤兒號於道，老母寡婦飲泣巷哭，遥設虛祭，想魂乎萬里之外。淮南王盜寫虎符，陰聘名士，關東公孫勇等詐爲使者，是皆廓地泰大，征伐不休之故也。今天下獨有關東，關東大者獨有齊楚，民衆久困，連年流離，離其城郭，相枕席於道路。人情莫親父母，莫樂夫婦，至嫁妻賣子，法不能禁，義不能止，此社稷之憂也。今陛下不忍悁悁之忿，欲驅士衆擠子詣、子奚二反。之大海之中，快心幽冥之地，非所以救助饑饉，保全元元也。詩云『蠢爾蠻荆，大邦爲讎』，言聖人起則後服，中國衰則先畔，動爲國家難，自古而患之久矣，何況乃復其南方萬里之蠻乎！駱越之人父子同川而浴，相習以鼻飲，與禽獸無異，本不足郡縣置也。顓顓獨居一海之中，霧露氣濕，多毒草蟲蛇水土之害，人未見虜，戰士自死。又非獨珠厓有珠犀瑇瑁也，棄之不足惜，不擊不損威。其民譬猶魚鼈，何足貪也！臣竊以往者羌軍言之，暴師曾未一年，兵出不踰千里，費四十餘萬萬，大司農錢盡，迺以少府禁錢續之。夫一隅爲不善，費尚如此，況於勞師遠攻，亡士毋功乎！求之往古則不合，施之當今又不便。臣愚以爲此非冠帶之國，禹貢所及，春秋所治，皆可且無以爲。願遂棄珠厓，專用恤關東爲憂。」對奏，上以問丞相御史。御史大夫陳萬年以爲當擊；丞相于定國以爲「前日興兵擊之連年，護軍都尉、校尉及丞凡十一人，還者二人。卒士及轉輸死者萬人以上，費用三萬萬餘，尚未能盡降。今關東困乏，民難搖動，捐之議是」。上乃從之。珠厓由是罷。按，罷珠厓事，史、鑑俱載於三年春，此本獨附二年之末，恐未是，今移入此處。捐之數召見，言多納用。時中書令石顯用事，捐之數短顯，以故不得官，後稀復見。捐之，賈誼曾孫也。捐之傳。

夏四月乙未，孝武園白鶴館災。翼奉上疏曰：「臣前言極陰生陽，恐有火災，不合明聽，未見省答，臣竊内不自信。今白鶴館以四月乙未，時加於卯，月宿亢災，與前地震同法。臣奉迺深知天道之可信也。不勝拳拳，願復賜閒，卒其終始。」上復延問以得失。奉以爲祭天地於雲陽汾陰，及諸寢廟不以親疎迭毁，皆煩費，違古制。又宫室苑囿，奢泰難供，以故民困國虚，所繇來久，不改其本，難以末正，迺上疏曰：「臣聞昔者盤庚改邑以興殷道，聖人美之。竊聞漢德隆盛，在於孝文皇帝躬行節儉，外省繇役。其時未有甘泉、建章及上林中諸離宫館也。未央宫又無高門、武臺、麒麟、鳳皇、白虎、玉堂、金華之殿，獨有前殿、曲臺、漸臺、宣室、温室、承明耳。孝文欲作一臺，度大谷反。用百金，重民之財，廢而不爲，其積土基，至今猶存，又下遺詔，不起山墳。故其時天下大和，百姓給足，德流後嗣。如令處於當今，因此制度，必不能成功名。天道有常，王道亡常，亡常者所以應有常也。必有非常之主，然後能立非常之功。臣願陛下徙都於成周，左據成皋，右阻黽池，前鄉讀曰嚮。崧高，後介大河，建滎陽，扶河東，南北千里以爲關，而入敖倉；地方百里者八九，足以自娱；東厭一葉反。諸侯之權，西遠于萬反。羌胡之難，陛下共讀曰恭。己亡爲。按成周之居，兼盤庚之德，萬歲之後，長爲高宗。漢家郊兆寢廟祭祀之禮多不應古，臣奉誠難亶讀曰但。居而改作，故願陛下遷都正本。衆制皆定，亡復繕治宫館不急之費，歲可餘一年之畜。臣聞三代之祖積德以王。然皆不過數百年而絶。周至成王，有上賢之材，因文武之業，以周召爲輔，有司各敬其事，在位莫非其人。天下甫二世耳，然周公猶作詩書深戒成王，以恐失天下。書則曰：『王毋若殷王紂。』其詩則曰：『殷之未喪師，克配上帝，宜監于殷，駿命不易。』今漢初取天下，起於豐沛，以兵征伐，德化未洽，後世奢侈，國家之費當數代之用，非直費財，又迺費士。孝武之世，暴骨四夷，不可勝數。有天下雖未久，至於陛下八世九主矣，雖有成王之明，然亡周召。讀曰邵。之佐。今東方連年饑饉，加之以疾疫，百姓菜色，或至相食。地比震動，天氣溷濁，日光侵奪。繇此言之，執國政者豈可以不懷怵惕而戒萬分之一乎！故臣願陛下因天變而徙都，所謂與天下更始者也。天道終而復始，窮則反本，故能延長而亡窮也。今漢道未終，陛下本而始之，於以永世延祚，不亦優乎！如因丙子之孟夏，順太陰以東行，到後七年之明歲，必有五年之餘蓄，然後大行考室之禮，雖周之隆盛，亡以加此。唯陛下留神，詳察萬世之策。」書奏，天子異其意，答曰：「問奉：今園廟有七，云東徙，狀何如？」奉對曰：「昔成王徙洛，盤庚遷殷，其所避就，皆陛下所明知也。非有聖明，不能一變天下之道。臣奉愚戇狂惑，唯陛下裁赦。」翼奉傳。

貢禹上言諸離宮及長樂宮衛可減太半，以寬繇役。禹傳。考異曰：貢禹傳載於禹爲御史大夫之後。按，百官表禹以初元五年爲御史大夫，本紀罷甘泉、建章宮衛在三年，不應禹五年尚以爲言也，當是傳誤。通鑑移於是年下詔之前爲是，今從之。

天子悼恨蕭望之之死，乃擢周堪爲光禄勳，堪弟子張猛爲光禄大夫給事中，大見信任。劉向傳、百官表。考異曰：荀紀載於永光元年，百官表載於此年，今從表。

是歲，右將軍典屬國常惠薨。惠傳。執金吾馮奉世爲右將軍典屬國，加諸吏之號。奉世傳。侍中衛尉許嘉爲左將軍。百官表。淮陽相泰山鄭弘以高第入爲右扶風，京師稱之，弘所至皆著治迹，條教法度，爲後所述。百官表、傳。

班固曰：「宣帝時良吏，若趙廣漢、韓延壽、尹翁歸、嚴延年、張敞之屬，皆稱其位，然任刑罰，或抵罪誅。王成、黄霸、朱邑、龔遂、鄭弘、召信臣等，所居民富，所去見思，生有榮號，死見奉祀，此廩廩庶幾德讓君子之遺風矣。」

初元四年，是歲皇后曾祖父濟南平陵王伯墓門梓柱更生枝葉，上出屋。五行志、荀紀。王莽生。五行志。少府韋玄成爲太子太傅。玄成傳。

初元五年春正月，以周子南君爲周承休侯。本紀。按，原本無「春正月」以下，求殷後事未有緣起，當是脱誤，今補入。使諸大夫博士求殷後，分散爲十餘姓，郡國往往得其大家，推求子孫，絶不能紀。時匡衡議，以爲「王者存二王後，所以尊其先王而通三統也。其犯誅絶之罪者絶，而更封他親爲始封君，上承其王者之始祖。春秋之義，諸侯不能守其社稷者絶。今宋國已不守其統而失國矣，則宜更立殷後爲始封君，而上承湯統，非當繼宋之絶侯也，宜明得殷後而已。今之故宋，推求其嫡，久遠不可得；雖得其嫡，嫡之先已絶，不當得立。禮記孔子曰：『丘，殷人也。』先師所共傳，宜以孔子世爲湯後」。上以其語不經，遂見寢。

梅福傳。

三月，行幸雍，祠五畤。本紀。

夏四月，彗星出西北，赤黃色，長八尺所，後數日長丈餘，東北指，在參分。天文志。詔曰：「朕之不逮，序位不明，衆僚久懬，古曠字。未得其人。元元失望，上感皇天，陰陽爲變，咎流萬民，朕甚懼之。迺者關東連遭炎害，饑寒疾疫，夭不終命。詩不云乎？『凡民有喪，匍步扶反。匐步得反。救之。』其令太官毋日殺。所具各減半。乘輿秣馬，無乏正事而已。罷角抵、上林宫館希御幸者、齊三服官、北假田官、鹽鐵官、常平倉。博士弟子毋置員，以廣學者。賜宗室子有屬籍者馬一匹至二駟，三老、孝者帛，人五匹，弟者、力田三匹，鰥寡孤獨二匹，吏民五十户牛酒。」省刑罰七十餘事。又，東觀漢記載元帝初元五年輕殊死刑三十四事。除光禄大夫以下至郎中保父母同産之令。令從官給事宫司馬中者，得爲大父母父母兄弟通籍。本紀。應劭曰：「籍者，爲二尺竹牒，記其年紀名字物色，縣之宫門，案省相應，乃得入也。」顔曰：「司馬門者，宫之外門也。衛尉有八屯，衛侯司馬主衛士徼巡宿衛。每面各二司馬，故謂宫之外門爲司馬門。」

御史大夫陳萬年卒。荀紀。子咸以萬年任爲郎。有異材，抗直，數言事，刺譏近臣，書數十上，遷爲左曹。萬年嘗病，召咸教戒於牀下，語至夜半，咸睡，頭觸屏風。萬年大怒，欲杖之，曰：「乃公教汝，汝反睡，不聽吾言，何也？」咸叩頭謝曰：「具曉所言，大要教咸讇古諂字。

也。」萬年迺不復言。萬年死後，帝擢咸爲御史中丞，總領州郡奏事，課第諸刺史，内執法殿中，公卿以下皆敬憚之。是時，中書令石顯用事顓權，咸頗言顯短，顯等恨之。萬年傳。

六月辛酉，長信少府貢禹爲御史大夫。百官表。先是，陳萬年爲御史大夫，與于定國並位，論議無所拂。至禹代爲按，原本無「陳萬年」以下二十三字，今補入。御史大夫，數處駮議，定國明習政事，率常丞相議可。于定國傳。

華陰守丞嘉上封事，言「治道在於得賢，御史之官，宰相之副，九卿之右，不可不選。平陵朱雲，兼資文武，忠正有智略，可使以六百石秩試守御史大夫，以盡其能」。上迺下其事。匡衡對，以爲「大臣者，國家之股肱，萬姓所瞻仰，明王所慎擇也。傳曰：『下輕其上爵，賤人圖柄臣，則國家搖動而民不静矣。』今嘉從守丞而圖大臣之位，欲以匹夫徒步之人而超九卿之右，非所以重國家而尊社稷也。自堯之用舜，文王之於太公，猶試然後爵之，又況朱雲者乎？雲素好勇，數犯法亡命，受易頗有師道，其行義未有以異。今御史大夫禹絜白廉正，經術通明，有伯夷、史魚之風，海内莫不聞知，而嘉猥稱雲，欲令爲御史大夫，妄相稱舉，疑有姦心，漸不可長，宜下有司案驗以明好惡。」嘉竟坐之。朱雲傳。

貢禹自在位，數言得失，書數十上。禹以爲古民亡賦算口錢，起武帝征伐四夷，重賦於民，民産子三歲則出口錢，故民重困，至於生子輒殺，甚可悲痛。宜令兒七歲去齒乃出口錢，年二十乃算。天子下其議，令民産子七歲乃出口錢，自此始。禹又言古者不以金錢爲幣，專意於農，故一夫不耕，必有受其饑者。今漢家鑄錢，及諸鐵官皆置吏卒徒，攻山取銅鐵，一歲功十萬人已上，中農食七人，是七十萬人常受其饑也。鑿池數百丈，銷陰氣之精，地藏空虛，不能含氣出雲，斬伐林木亡有時禁，水旱之災未必不繇此也。自五銖錢起以來七十餘年，民坐盜鑄錢被刑者衆，富人積錢滿室，猶亡厭足。民心動摇，商賈求利，東西南北各用智巧，好衣美食，歲有十二之利，而不出租税。農夫父子暴露中野，不避寒暑，捽才兀反。草杷蒲巴反。土，手足胼步千反。胝，竹尸反。已奉穀租，又出稾税，鄉部私求，不可勝供。故民棄本逐末，耕者不能半。貧民雖賜之田，猶賤賣以賈，窮則起爲盜賊。何者？末利深而惑於錢也。是以姦邪不可禁，其原皆起於錢也。疾其末者必絶其本，宜罷採珠玉金銀鑄錢之官，無復以爲幣。市井勿復販賣，除其租銖之律，租税禄賜皆以布帛及穀。使百姓一歸於農，復古道便。禹傳。議者以爲交易待錢，布帛不可尺寸分裂，禹議遂寢。食貨志。

禹又言諸宫奴婢十萬餘人戲游亡事，税良民以給之，歲費五六鉅萬，宜免爲庶人，廩食，令代關東戍卒，乘北邊亭塞候望。又欲令近臣自諸曹侍中以上，家亡得私販賣，與民争利，犯者輒免官削爵，不得仕宦。又言：「孝文皇帝時，貴廉絜，賤貪汙，賈人贅壻及吏坐贓者皆禁錮不得爲吏，賞善罰惡，不阿親戚，罪白者伏其誅，疑者以與民，亡贖罪之法，故令行禁止，海内大化，天下斷獄四百，與刑錯亡異。武帝始臨天下，尊賢用事，闢地廣境數千里，自見功大威行，遂從讀曰縱。耆讀曰嗜。欲，用度不足，乃行壹切之變，使犯法者贖罪，入穀者補吏，是以天下奢侈，官亂民貧，盜賊並起，亡命者衆。郡國恐伏其誅，則擇便巧史書習於計簿能欺上府者，以爲右職；姦軌不勝，則取勇猛能操切百姓以苛暴威服下者，使居大位。故亡義而有財者顯於世，欺謾而善書者尊於朝，誖布内反。逆而勇猛者貴於官。故俗皆曰：『何以孝弟爲？財多而光榮。何以禮義爲？史書而仕宦。何以謹慎爲？勇猛而臨官。』故黥劓而髡鉗者猶復攘臂爲政於世，行雖犬彘，家富埶足，目指氣使，是爲賢耳。故謂居官而置富者爲雄桀，處姦而得利者爲壯士，兄勸其弟，父勉其子，俗之壞敗，乃至於是！察其所以然者，皆以犯法得贖罪，求士不得真賢，相守崇財利，誅不行之所致也。今欲興至治，致太平，宜除贖罪之法。相守選舉不以實，及有臧者，輒行其誅，亡但免官，則爭盡力爲善，貴孝弟，賤賈人，進真賢，舉實廉，而天下治矣。孔子，匹夫之人耳，以樂道正身不解讀曰懈。之故，四海之内，天下之君，微孔子之言亡所折中。竹仲反。況乎以漢地之廣，陛下之德，處南面之尊，秉萬乘之權，因天地之助，其於變世易俗，調和陰陽，陶冶萬物，化正天下，易於決流抑隊。自成康以來，幾且千歲，欲爲治者甚衆，然而太平不復興者，何也？以其舍法度而任私意，奢侈行而仁義廢也。陛下誠深念高祖之苦，醇法太宗之治，正己以先下，選賢以自輔，開進忠正，致誅姦臣，遠放讇佞，放出園陵之女，罷倡樂，絶鄭聲，去甲乙之帳，退僞薄之物，修節儉之化，驅天下之民皆歸於農，如此不懈，則三王可侔，五帝可及。唯陛下留意省察，天下幸甚。」天子雖未盡從，然嘉其質直之意。禹傳。

匈奴致支單于自以道遠，又恐漢擁護呼韓邪而不助己，困辱漢使江迺始等；遣使奉獻，因求侍子，願爲内附。漢議遣衛司馬長安谷吉送之，既至，郅支單于怒，竟殺吉等。考異曰：按，陳湯傳「初元四年郅支求侍子」，元紀「五年谷吉使匈奴不還」，又湯傳云「御史大夫貢禹議吉不可遣」。按，禹今年六月始爲御史大夫，或者郅支以四年求侍子，而吉以五年使匈奴也。今從通鑑，載於五年。

貢禹奏言：「古者天子七廟，今孝惠、孝景廟皆親盡，宜毀，及郡國廟不應古禮，宜正定。」天子是其議，未及施行。十二月丁未，禹卒。天子賜錢百萬，以其子爲郎。

丁巳，長信少府薛廣德爲御史大夫。廣德爲人温雅有醖籍，及爲三公，直言諫争。韋玄成、貢禹、薛廣德傳、百官表。

琅邪諸葛豐爲司隸校尉，刺舉無所避，京師爲之語曰：「間何闊，逢諸葛。」上嘉其節，加豐秩光禄大夫。時侍中許章以外屬貴幸，奢淫不奉法度，賓客犯事，與章相連。豐案劾章，欲奏其事，適逢許章私出，豐駐車舉節詔章曰：「下！」欲收之。章迫窘，馳車去，豐追之，許侍中因得入宮門，自歸上。豐亦上奏，於是收豐節。司隸去節自豐始。豐上書謝曰：「臣豐駑怯，文不足以勸善，武不足以執邪。陛下不量臣能否，拜爲司隸校尉，未有以自效，復秩臣爲光禄大夫，官尊責重，非臣所當處也。又迫年歲衰暮，常恐卒填溝渠，無以報厚德，使論議士譏臣無補，長獲素餐之名。故常願捐一旦之命，不待時而斷姦臣之首，縣於都市，編書其罪，使四方明知爲惡之罰，然後卻就斧鉞之誅，誠臣所甘心也。夫以布衣之士，尚猶有刎頸之交，今以四海之大，曾無伏節死誼之臣，率盡苟合取容，阿黨相爲，念私門之利，忘國家之政，邪穢濁溷之氣上感于天，是以災變數見，百姓困乏。此臣下不忠之效也，臣誠恥之亡已。凡人情莫不欲安存而惡危亡，然忠臣直士不避患害者，誠爲君也。今陛下天覆地載，物無不容，使尚書令堯賜臣豐書曰：『司隸者刺舉不法，善善惡惡，非得顓之也。勉處中和，順經術意。』恩深德厚，臣豐頓首幸甚。臣竊不勝憤懣，音滿。願賜清宴，唯陛下裁幸。」上不許。是後所言益不用。諸葛豐傳。

校勘記

〔一〕清河王竟，温公考異云「荀紀作『寬』」，益之云「荀紀亦作『竟』」。今按，今四部叢刊本（無錫孫氏小渌天藏明刊本）荀紀「竟」作「音」，三者不同。

西漢年紀卷二十三

元帝

永光元年春三月，隕霜殺麥苗。荀紀。詔曰：「五帝三王任賢使能，以登至平，而今不治者，豈斯民異哉？咎在朕之不明，亡以知賢也。是故壬人在位，而吉士雍讀曰壅。蔽。重以周秦之弊，民漸薄俗，去禮義，觸刑法，豈不哀哉！繇此觀之，元元何辜？其赦天下，令厲精自新，各務農畝。無田者皆假之，貸種、食如貧民。賜吏六百石以上爵五大夫，勤事吏二級，爲父後者民一級，女子百户牛酒，鰥寡孤獨高年帛。」荀紀、本紀。

夏四月，日色青白亡景，日中有景無光。五行志。

上詔責三公曰：「郎有從東方來者，言民父子相棄。丞相、御史案事之吏匿不言邪？將從東方來者加增之也？何以錯繆至是？欲知其實。方今年歲未可預知也，即有水旱，其憂不細。公卿有可以防其未然，救其已然者，宜各以誠對，毋有所諱。」于定國傳。

秋九月，上酎祭宗廟。按，原本無「秋九月」以下八字，與下文考異不合，今補入。

丞相于定國、大司馬車騎將軍史高、御史大夫薛廣德俱乞骸骨，皆賜安車駟馬、黄金六十斤，罷。廣德歸，縣其安車傳子孫。薛廣德傳。考異曰：百官表載「七月癸未大司馬高免」，又載「七月辛亥，韋玄成爲御史大夫」。則是廣德之免亦在七月矣。至於定國之免，乃以爲「十一月戊寅」。按，廣德傳云：「秋酎，月餘，以歲惡民流，與丞相定國、大司馬車騎將軍史高俱乞骸骨，皆賜安車駟馬、黄金六十斤，罷。廣德爲御史大夫，凡十月。」廣德以去年十二月爲御史大夫，則是九月爲是。又考于定國傳：「上責詔三公云：『方今年歲未可預知也，即有水旱其憂不細。』」使已至十月，不應云「年歲未可預知也」。傳所載前後參錯，未知孰是，今皆削去日月，載於秋酎前後。

上之爲太子也，受經於太中大夫孔霸。及即位，霸以師賜爵關内侯，食邑八百户，號褒成君，給事中。及霸薨，上素服臨弔者再，至賜東園祕器錢帛，策贈以列侯禮，謚曰烈君。霸，孔子十三世孫也。孔光傳。

戊子，侍中衛尉王接爲大司馬車騎將軍。百官表。

是月，日乃有光。五行志。

石顯憚周堪、張猛，數譖毁焉。考異曰：劉向傳作「恭、顯」。然按是時弘恭已死，今從通鑑削去「恭」字。

劉更生懼其傾危，乃上封事諫曰：

臣前幸得以骨肉備九卿，奉法不謹，乃復蒙恩。竊見災異並起，天地失常，徵表爲國。欲終不言，念忠臣雖在甽古畎字。畝，猶不忘君，惓惓讀與拳同。之義也。况重以骨肉之親，又加以舊恩未報乎？欲竭愚誠，又恐越職，然惟二恩未報，忠臣之義，一抒食汝反。愚意，退就農畝，死無所恨。

臣聞舜命九官，濟濟相讓，和之至也。衆賢和於朝，則萬物和於野。故簫韶九成，而鳳凰來儀；擊石拊石，百獸率舞。四海之内，靡不和寧。及至周文，開基西郊，雜遝衆賢，罔不肅和，崇推讓之風，以銷分争之訟。文王既没，周公思慕，歌詠文王之德，其詩曰：「於讀曰烏。穆清廟，肅雍顯相；濟濟多士，秉文之德。」當此之時，武王、周公繼政，朝臣和於内，萬國驩於外，故盡得其驩心，以事其先祖。其詩曰：「有來雍雍，至止肅肅，相維辟公，天子穆穆。」言四方皆以和來也。諸侯和於下，天應報於上，故周頌曰「降福穰穰」，又曰「飴與貽同。我釐與來同。麰音牟」。釐麰，麥也，始自天降。此皆以和致和，獲天助也。下至幽、厲之際，朝廷不和，轉相非怨，詩人疾而憂之曰：「民之無良，相怨一方。」衆小在位而從邪議，歙歙音翕。相是而背君子，故其詩曰：「歙歙訿訿，音紫。亦孔之哀！謀之其臧，則具是違；謀之不臧，則具是依！」君子獨處守正，不撓女教反。衆枉，勉彊以從王事，則反見憎毒讒愬，故其詩曰：「密勿從事，不敢告勞，無罪無辜，讒口嗸嗸！音敖。」當是之時，日月薄蝕而無光，其詩曰：「朔日辛卯，日有蝕之，亦孔之醜！」又曰：「彼月而微，此日而微，今此下民，亦孔之哀！」又曰：

「日月鞠凶，不用其行；四國無政，不用其良！」天變見於上，地變動於下，水泉沸騰，山谷易處。其詩曰：「百川沸騰，山冢卒崩，高岸爲谷，深谷爲陵。哀今之人，胡憯千感反。莫懲！」霜降失節，不以其時，其詩曰：「正月繁霜，我心憂傷；民之訛言，亦孔之將！」言民以是爲非，甚衆大也。此皆不和，賢不肖易位之所致也。

自此之後，天下大亂，篡殺殃禍並作，厲王奔彘，幽王見殺。至乎平王末年，魯隱之始即位也，周大夫祭側介反。伯乖離不和，出奔於魯，而春秋爲諱，不言來奔，傷其禍殃自此始也。是後尹氏世卿而專恣，諸侯背畔而不朝，周室卑微。二百四十二年之間，日食三十六，地震五，山陵崩陁丈爾反。二，彗星三見，夜常星不見，夜中星隕如雨一，火災十四。長狄入三國，五石隕墜，六鷁五歷反。退飛，多麋，有蜮，音域。蜚，鸜鵒來巢者，皆一見。晝冥晦，雨于具，下同。木冰，李梅冬實。七月霜降，草木不死。八月殺菽。大雨雹。雨雪雷霆失序相乘。水、旱、饑、蝝、螽、音終。螟音冥。蠭午並起。當是時，禍亂輒應，弒君三十六，亡國五十二，諸侯奔走，不得保其社稷者，不可勝數也。周室多禍：晉敗其師於貿莫候反。戎；伐其郊；鄭傷桓王；戎執其使；衞侯朔召不往，齊逆命而助朔；五大夫爭權，三君更立，莫能正理。遂至陵夷不能復興。

由此觀之，和氣致祥，乖氣致異；祥多者其國安，異衆者其國危，天地之常經，古今之通義也。今陛下開三代之業，招文學之士，優游寬容，使得並進。今賢不肖渾殽，白黑不分，邪正雜糅，汝救反。忠讒並進。章交公車，人滿北軍。朝臣舛午，五故反。膠戾乖剌，來曷反。更相讒愬，轉相是非。傳授增加，文書紛糾，前後錯繆，毁譽渾亂。所以營惑耳目，感移心意，不可勝載。分曹爲黨，往往羣朋，將同心以陷正臣。正臣進者，治之表也；正臣陷者，亂之機也。乘治亂之機，未知孰任，而災異數見，此臣所以寒心者也。夫乘權藉勢之人，子弟鱗集於朝，羽翼陰附者衆，輻湊於前，毁譽將必用，以終乖離之咎。是以日月無光，雪霜夏隕，海水沸出，陵谷易處，列星失行，皆怨氣之所致也。夫遵衰周之軌迹，循詩人之所刺，而欲以成太平，致雅頌，猶卻行而求及前人也。初元以來六年矣，案春秋六年之中，災異未有稠如今者也。夫有春秋之異，無孔子之救，猶不能解紛，况甚於春秋乎？

原其所以然者，讒邪並進也。讒邪所以並進者，由上多疑心，既已用賢人而行善政，如或譖之，則賢人退而善政還。夫執狐疑之心者，來讒賊之口；持不斷之意者，開羣枉之門。讒邪進則衆賢退，羣枉盛則正士消。故易有否皮鄙反。泰。小人道長，君子道消，則政日亂，故爲否。否者，閉而亂也。君子道長，小人道消，則政日治，故爲泰。泰者，通而治也。詩又云「雨雪麃麃，彼驕反。見晛聿消」，與易同義。昔者鯀、共工、驩兜與舜、禹雜處堯朝，周公與管、蔡同居周位，當是時，迭進相毁，流言相謗，豈可勝道哉！帝堯、成王能賢舜、禹、周公而消共工、管、蔡，故以大治，榮華至今。孔子與季、孟偕仕於魯，李斯與叔孫俱宦於秦，定公、始皇賢季、孟、李斯而消孔子、叔孫，故以大亂，汚辱至今。故治亂榮辱之端，在所信任；信任既賢，在於堅固而不移。詩云「我心匪石，不可轉也」，言守善篤也。易曰「涣汗其大號」，言號令如汗，汗出而不反者也。今出善令，未能踰時而反，是反汗也；用賢未能三旬而退，是轉石也。論語曰：「見不善如探湯。」今二府奏佞讇古諂字。不當在位，歷年而不去。故出令則如反汗，用賢則如轉石，去佞則如拔山，如此望陰陽之調，不亦難乎！

是以羣小窺見間隙，緣飾文字，巧言醜詆，丁禮反。流言飛文，譁於民間。故詩云：「憂心悄悄，愠於羣小。」小人成羣，誠足愠也。昔孔子與顔淵、子貢更相稱譽，不爲朋黨；禹、稷與皋陶傳相汲引，不爲比周。何則？忠於爲國，無邪心也。故賢人在上位，則引其類而聚之於朝，易曰「飛龍在天，大人聚也」；在下位，則思與其類俱進，易曰「拔茅茹以其彙，征吉」。在上則引其類，在下則推其類，故湯用伊尹，不仁者遠，而衆賢至，類相致也。今佞邪與賢臣並在交戟之内，合黨共謀，違善依惡，歙歙訿訿，數設危險之言，欲以傾移主上。如忽然用之，此天地之所以先戒，災異之所以重至者也。自古明聖，未有無誅而治者也，故舜有四放之罰，而孔子有兩觀之誅，然後聖化可得而行也。今以陛下明知，誠深思天地之心，迹察兩觀之誅，覽否泰之卦，觀雨雪之詩，歷周、唐之所進以爲法，原秦、魯之所消以爲戒，考祥應之福，省災異之禍，以揆當世之變，放遠佞邪之黨，壞散險詖之聚，杜閉羣枉之門，廣開衆正之路，決斷狐疑，分別猶豫，使是非炳然可知，則百異消滅，而衆祥並至，太平之基，萬世之利也。臣幸得託肺附，誠見陰陽不調，不敢不通所聞。竊推春秋災異，以効今事一二，條其所以，不宜宣泄。臣謹重封昧死上。」

石顯見其書，愈與許、史比而怨更生等。劉向傳。

長安令楊興與賈捐之善，捐之欲得召見，謂興曰：「京兆尹缺，使我得見，言君蘭，京兆尹可立得。」考異曰：荀紀作「君簡」，通鑑從漢書，今從之。興曰：「縣官常言興瘉與愈同。薛大夫，我易助也。君房下筆，言語妙天下，使君房爲尚書令，勝五鹿充宗遠甚。」捐之曰：「令我得代充宗，君蘭爲京兆，京兆郡國首，尚書百官本，天下真大治，士則不隔矣。」捐之前言平恩侯可爲將軍，期思侯並可爲諸曹，皆如言；又薦謁者滿宣，立爲冀州刺史；言中謁者不宜受事，宦者不宜入宗廟，立止。相薦之信，不當如是乎！」興曰：「我復見，言君房也。」

捐之復短石顯。興曰：「顯鼎貴，上信用之。今欲進，第從我計，且與合意，即得入矣。」捐之即與興共爲薦顯，奏以爲「宜賜爵關内侯，引其兄弟以爲諸曹」，又共爲薦興，奏以爲「可試守京兆尹」。石顯聞知，白之上，乃下興、捐之獄，令皇后父平陽侯王禁與顯共雜治，奏「興、捐之懷詐僞，以上語相風，讀曰諷。更工衡反。相薦譽，欲得大位，漏泄省中語，罔上不道。書曰：『讒説殄行，震驚朕師。』王制：『順非而澤，不聽而誅。』請論如法」。捐之竟坐棄市。興減死罪一等，髡鉗爲城旦。捐之傳。

上之爲太子也，歐陽地餘以中庶子授經，及即位，地餘侍中，貴幸，是歲爲少府。百官表、儒林傳。

故建章衛尉丙顯爲太僕。百官表。

匈奴呼韓邪單于民衆益盛，塞下禽獸盡，單于足以自衛，不畏郅支。其大臣多勸單于北歸者久之，單于竟北歸庭，民衆稍稍歸之，其國遂定。匈奴傳、通鑑。

永光二年春二月丁酉，御史大夫韋玄成爲丞相，封扶陽侯右扶風鄭弘爲御史大夫。百官表、玄成傳。

上問給事中匡衡以日食地震之變及政治得失，衡上疏曰：「臣聞五帝不同禮，三王各異教，民俗殊務，所遇之時異也。陛下躬聖德，開太平之路，閔愚吏民觸法抵禁，比年大赦，使百姓得改行自新，天下幸甚。臣竊見大赦之後，姦邪不爲衰止，今日大赦，明日犯法，相隨入獄，殆導之未得其務也。蓋保民者，『陳之以德義』，『示之以好惡』，觀其失而制其宜，故動之而和，綏之而安。今天下俗貪財賤義，好聲色，上侈靡，廉恥之節薄，淫僻之意縱，綱紀失序，疏者踰内，親戚之恩薄，婚姻之黨隆，苟合徼幸，以身設利。不改其原，雖歲赦之，刑猶難使錯而不用也。臣愚以爲宜壹曠然大變其俗。孔子曰：『能以禮讓爲國乎，何有？』朝廷者，天下之楨幹也。公卿大夫相與循禮恭讓，則民不爭；好仁樂施，則下不暴；上義高節，則民興行；寬柔和惠，則衆相愛。四者，明王之所以不嚴而成化也。何者？朝有變色之言，則下有爭鬭之患；上有自專之士，則下有不讓之人；上有克勝之佐，則下有傷害之心；上有好利之臣，則下有盜竊之民：此其本也。今俗吏之治，皆不本禮讓，而上克暴，或忮害好陷人於罪，貪財而慕埶，故犯法者衆，姦邪不止，雖嚴刑峻法，猶不爲變。此非其天性，有由然也。臣竊考國風之詩，周南、召南被賢聖之化深，故篤於行而廉於色。鄭伯好勇，而國人暴虎；秦穆貴信，而士多從死；陳夫人好巫，而民淫祀；晉侯好儉，而民畜聚；太王躬仁，邠國貴恕。由此觀之，治天下者審所上而已。今之僞薄忮害，不讓極矣。臣聞教化之流，非家至而人説之也。賢者在位，能者在職，朝廷崇禮，百僚敬讓。道德之行，由内及外，自近者始，然後民知所法，遷善日進而不自知。是以百姓安，陰陽和，神靈應，而嘉祥見。詩曰：『商邑翼翼，四方之極；壽考且寧，以保我後生。』此成湯所以建至治，保子孫，化異俗而懷鬼方也。今長安天子之都，親承聖化，然其習俗無以異於遠方，郡國來者無所法則，或見侈靡而放效之。此教化之原本，風俗之樞機，宜先正者也。臣聞天人之際，精祲子鴆反。有以相盪，善惡有以相推，事作乎下者象動乎上，陰陽之理各應其感，陰變則静者動，陽蔽則明者晻，與暗同。水旱之災隨類而至。今關東連年饑饉，百姓乏困，或至相食，此皆生於賦斂多，民所共者大，而吏安集之不稱之效也。陛下祗畏天戒，哀閔元元，大自減損，省甘泉、建章宫衛，罷珠厓，偃武修文，將欲度唐虞之隆，絶殷周之衰也。諸見罷珠厓詔書，莫不欣欣，人自以將見太平也。宜遂減宫室之度，省靡麗之飾，考制度，修内外，近忠正，遠巧佞，放鄭衛，進雅頌，舉異材，開直言，任温良之人，退刻薄之吏，顯絜白之士，昭無欲之路，覽六藝之意，察上世之務，明自然之道，博和睦之化，以崇至仁，匡失俗，易民視，令海内昭然咸見本朝之所貴，道德弘於京師，淑聞揚乎疆外，然後大化可成，禮讓可興也。」上説其言，遷爲光禄大夫、太子少傅。匡衡傳。

秋七月，隴西羌彡所廉、先廉二反。姐音紫。旁種反，詔召丞相韋玄成、御史大夫鄭弘、大司馬車騎將軍王接、左將軍許嘉、右將軍馮奉世入議。是時，歲比不登，京師穀石二百餘，邊郡四百，關東五百。四方饑饉，朝廷方以爲憂，而遭羌變。玄成等漠然莫有對者。奉世曰：「羌虜近在竟内背畔，不以時誅，亡以威制遠蠻。臣願帥師討之。」上問用兵之數，對曰：「臣聞善用兵者，役不再興，糧不三載，故師不久暴而天誅亟決。往者數不料敵，而師至於折傷；再三發軵，則曠日煩費，威武虧矣。今反虜無慮三萬人，法當倍用六萬人。然羌戎弓矛之兵耳，器不犀利，可用四萬人，一月足以決。」丞相、御史、兩將軍皆以爲「民方收斂時，未可多發；萬人屯守之，且足」。奉世曰：「不可。天下被饑饉，士馬羸耗，守戰之備久廢不簡，夷狄皆有輕邊吏之心，而羌首難。今以萬人分屯數處，虜見兵少，必不畏懼，戰則挫兵病師，守則百姓不救。如此，怯弱之形見，羌人乘利，諸種並和，相扇而起，臣恐中國之役不得止於四萬，非財幣所能解。故少發師而曠日，與一舉而疾決，利害相萬也。」固争之，不能得。有詔益二千人。於是遣奉世將萬二千人騎，以將屯爲名。典屬國任立、護軍都尉韓昌爲偏裨，到隴西，分屯三處。典屬國爲右軍，屯白石；護軍都尉爲前軍，屯臨洮；奉世爲中軍，屯首陽西極上。前軍到降同阪，府板反。先遣校尉在前與羌争地利，又别遣校尉救民於廣陽谷。羌虜盛多，皆爲所破，殺兩校尉。奉世具上地形部衆多少之計，願益三萬六千人乃足以決事。馮奉世傳。

八月，上發兵六萬餘人，拜太常弋陽侯任千秋爲奮武將軍以助馮奉世。奉世上言：「願得其衆，不須復煩大將。」因陳轉輸之費。上於是以璽書勞奉世，且讓之，曰：「皇帝問將兵右將軍，甚苦暴露。羌虜侵邊境，殺吏民，甚逆天道，故遣將軍帥士大夫行天誅。以將軍材質之美，奮精兵，誅不軌，百下百全之道也。今乃有畔敵之名，大爲中國羞。以昔不閑習之故邪？以恩厚未洽，信約不明耶？朕甚怪之。上書言羌虜依深山，多徑道，不得不多分部遮要害，須得後發營士，足以決事，部署已定，埶不可復置大將，聞之。前爲將軍兵少，不足自守，故發近所騎。日夜詣，非爲擊也。今發三輔、河東、弘農越騎，迹射、佽飛、彀者，劉德曰：「彀者，謂能張弩者。」羽林孤兒及呼速絫、力追反。嘑乃彀反。種，方急遣。且兵，凶器也，必有成敗者，患策不豫定，料敵不審也，故復遣奮武將軍。兵法曰：『大將軍出必有偏裨』，所以揚威武，參計策，將軍又何疑焉？夫愛吏士，得衆心，舉而無悔，禽敵必全，將軍之職也。若乃轉輸之費，則有司存，將軍勿憂。須奮武將軍兵到，合擊羌虜。」

十月，兵畢至隴西。十一月，並進。羌虜大破，斬首數千級，餘皆走出塞。兵未決間，漢復發募士萬人，拜定襄太守韓安國爲建威將軍。未進，聞羌破，還。上曰：「羌虜破散創艾，亡逃出塞，其罷吏士，頗留屯田，備要害處。」本紀、馮奉世傳。

是月，天雨草，如莎，相樛結如彈丸。五行志、荀紀。按，原本「天雨草」二語入前「上令發兵六萬餘人」之上〔一〕，文意不屬，今移於此。

是歲，有獻雄雞生角者。五行志。

陽平侯王禁薨，子鳳嗣。五行志。

左馮翊嚴彭祖爲太子太傅。百官表。彭祖，延年弟也。嚴延年傳。廉直不事權貴，或説曰：「天時不勝人事，君以不修小禮曲意，亡貴人左右之助，經誼雖高，不至宰相。願少自勉彊。」彭祖曰：「凡通經術，固當修行先王之道，何可委曲從俗，苟求富貴乎！」彭祖竟以太傅官終。初，彭祖與魯國顔安樂事眭孟。孟曰：「春秋之意，在二子矣！」孟死，彭祖、安樂各顓門教授。由是公羊春秋有顔、嚴之學。儒林傳。

隴西太守馮野王爲左馮翊。百官表。野王，奉世子也。石顯見奉世父子爲公卿著名，女又爲倢伃在内，顯心欲附之，薦言倢伃兄謁者逡千旬反。修敕，宜侍帷幄。天子召見，欲以爲侍中，逡請間言事。上聞逡言顯顓權，大怒，罷逡歸故官。石顯傳。

永光三年春二月，馮奉世還京師，更爲左將軍，光禄勳如故。後録功拜爵，下詔曰：「羌虜桀黠，賊害吏民，攻隴西府寺，燔燒置亭，絶道橋，甚逆天道。左將軍光禄勳奉世前將兵征討，斬捕首虜八千餘級，鹵馬牛羊以萬數。賜奉世爵關内侯，食邑五百户，黄金六十斤。」裨將、校尉三十餘人，皆拜。本紀、奉世傳。

三月，立皇子康爲濟陽王。本紀。康，傅昭儀子也。昭儀少爲上官太后才人，自帝爲太子，得進幸。帝即位，立爲倢伃，欲殊之於後宫，以其有子爲王，上尚在，未得稱太后，乃更號曰昭儀，賜以印綬，位在倢伃上。昭其儀，尊之也。外戚傳。

秋七月壬戌，以平恩侯許嘉爲大司馬車騎將軍。百官表。帝悼傷許共哀后居位日淺而遭霍氏之辜，故選嘉女以配皇太子。初入太子家，上令中常侍黄門親近者侍送，還白太子懽悦狀，帝喜謂左右：「酌酒賀我！」左右皆稱萬歲。久之，有一男，失之。許皇后傳。

是歲，郡國置五經百石卒史。儒林傳序。侍中中郎將王商爲右將軍。百官表。

永光四年夏六月甲戌，孝宣園東闕災。戊寅晦，日有食之。按，原本無「夏六月」以下，今補入。於是上召諸前言日變在周堪、張猛者責問，皆稽首謝。乃下詔曰：「河東太守堪，先帝賢之，命而傅朕。資質淑茂，道術通明，論議正直，秉心有常，發憤悃口本反。愊，平力反。信有憂國之心。以不能阿尊事貴，孤特寡助，抑厭一甲反。遂退，卒不克明。往者衆臣見異，不務自修，深惟其故，而反晻昧説天，託咎此人。朕不得已，出而試之，以彰其材。堪出之後，大變仍臻，衆亦嘿然。堪治未期年，而三老官屬有識之士詠頌其美，使者過郡，靡人不稱。此固足以彰先帝之知人，而朕有以自明也。俗人乃造端作基，非議詆欺，或引幽隱，非所宜明，意疑以類，欲以陷之，朕亦不取也。朕迫於俗，不得專心，乃者天著大異，朕甚懼焉。今堪年衰歲暮，恐不得自信，讀曰伸。排於異人，將安究之哉？其徵堪詣行在所。」拜爲光禄大夫，秩中二千石，領尚書事。張猛復爲太中大夫給事中。顯幹尚書，尚書五人，皆其黨也。堪希得見，常因顯白事，事決顯口。劉向傳。

東郡京房學易於梁人焦延壽，延壽常曰：「得我道以亡身者，京生也。」其説長於災變，分六十四卦，更直日用事，以風雨寒温爲候，各有占驗。房用之尤精，以孝廉爲郎。上疏屢言災異，有驗，天子説之。數召見問，房對曰：「古帝王以功舉賢，則萬化成，瑞應著，末世以毁譽取人，故功業廢而致災異。宜令百官各試其功，災異可息。」詔使房作其事，房奏考功課吏法。上令公卿朝臣與房會議温室，皆以房言煩碎，令上下相司，不可許。上意鄉之。時部刺史奏事京師，上召見諸刺史，令房曉以課事，刺史復以爲不可行。唯御史大夫鄭弘、光禄大夫周堪初言不可，後善之。考異曰：此事通鑑載於建昭二年。按，「房奏考功課吏法，上令公卿朝臣與房會議，皆以房言煩碎，不可許，唯御史大夫鄭弘、光禄大夫周堪初言不可，後善之」。然周堪爲光禄大夫在永光四年，未幾疾瘖而卒，則房此事在永光四年明矣。今載於周堪拜光禄大夫之後。按，考異稱載此事於周堪拜光禄大夫之後，而此上不書拜周堪日月，疑有脱誤。

是時，中書令石顯專權，顯友人五鹿充宗爲尚書令，與房同經，論議相非。二人用事，房常宴見，問上曰：「陛下視今爲治邪？亂邪？」上曰：「亦極亂耳。尚何道！」房曰：「今所任用者誰與？」考異曰：故資政殿學士邵亢得兩浙錢王寫本漢書，無「亂邪」二字，有「上曰亦極亂耳尚何道房曰今」十二字，今從通鑑。上曰：「然幸其瘉於彼，又以爲不在此人也。」房指謂石顯，上亦知之，謂房曰：「已諭。」房罷出。房傳。按，原本無「上曰」以下三十三字，語意未完，今節録房傳補入。

光祿大夫領尚書事周堪疾瘖，不能言而卒。石顯誣譖張猛，令自殺於公車。劉更生傷之，乃著疾讒、摘要、救危及世頌，凡八篇，依興古事，悼己及同類也。遂廢十餘年。劉向傳。

初，高祖時，令諸侯王都皆立太上皇廟。至惠帝尊高帝廟爲太祖廟，景帝尊孝文廟爲太宗廟，行所嘗幸郡國各立太祖、太宗廟。至孝宣本始二年，復尊孝武廟爲世宗廟，行所巡狩亦立焉。凡祖宗廟在郡國六十八，合百六十七所。而京師自高祖下至宣帝，與太上皇、悼皇考各自居陵旁立廟，并爲百七十六。又園中各有寢、便殿。日祭於寢，月祭於廟，時祭於便殿。寢，日四上食；廟，歲二十五祠；漢儀注：宗廟一歲十二祠。五月嘗麥。六月、七月三伏、立秋貙婁，又嘗粢。八月先夕饋飧，皆一太牢，酎祭用九太牢。十月嘗稻，又飲蒸，二太牢，十一月嘗，十二月臘，二太牢。又每月一太牢，如閏加一祀，與此上則爲二十五祀。便殿，歲四祀。又月一游衣冠。而昭靈后、武哀王、昭哀后、孝文太后、孝昭太后、衛思后、戾太子、戾后各有寢園，與諸帝合，凡三十所。一歲祠，上食二萬四千四百五十五，用衛士四萬五千一百二十九人，祝宰樂人萬二千一百四十七人，養犧牲卒不在數中。

貢禹嘗以爲言，至是，乃下詔先議罷郡國廟，曰：「朕聞明王之御世也，遭時爲法，因事制宜。往者天下初定，遠方未賓，因嘗所親以立宗廟，蓋建威銷萌，一民之至權也。今賴天地之靈，宗廟之福，四方同軌，蠻貊貢職，久遵而不定，令疏遠卑賤共讀曰恭。承尊祀，殆非皇天祖宗之意，朕甚懼焉。傳不云乎？『吾不與讀曰豫。祭，如不祭。』其與將軍、列侯、中二千石、二千石、諸大夫、博士、議郎議。」丞相玄成、御史大夫鄭弘、太子大傅嚴彭祖、少府歐陽地餘、諫大夫尹更始等七十人皆曰：「臣聞祭，非自外至者也，繇中出，生於心也。故唯聖人爲能饗帝，孝子爲能饗親。立廟京師之居，躬親承事，四海之内各以其職來助祭，尊親之大義，五帝三王所共，不易之道也。詩云：『有來雍雍，至止肅肅，相維辟公，天子穆穆。』春秋之義，父不祭於支庶之宅，君不祭於臣僕之家，王不祭於下土諸侯。臣等愚以爲宗廟在郡國，宜無修，臣請勿復修。」奏可。韋玄成傳。

九月戊子，罷昭靈后、武哀王、昭哀后、衛思后、戾太子、戾后園，皆不奉祠，裁置吏卒守焉。冬十月乙丑，罷祖宗廟在郡國者。本紀、韋玄成傳。諸陵分屬三輔。本紀。顔曰：「先是諸陵總屬太常，今各依其地界屬三輔。」以渭城壽陵亭部原上爲初陵。詔曰：「安土重遷，黎民之性；骨肉相附，人情所願也。頃者有司緣臣子之義，奏徙郡國民以奉園陵，令百姓遠棄先祖墳墓，破業失産，親戚別離，人懷思慕之心，家有不安之意。是以東垂被虛耗之害，關中有無聊之民，非久長之策也。詩不云乎？『民亦勞止，迄可小康，惠此中國，以綏四方。』今所爲初陵者，勿置縣邑，使天下咸安土樂業，亡有動搖之心。布告天下，令明知之。」又罷先后父母奉邑。本紀。

十一月，復下詔曰：「蓋聞明王制禮，立親廟四，祖宗之廟，萬世不毁，所以明尊祖敬宗，著親親也。朕獲承祖宗之重，惟大禮未備，戰栗恐懼，不敢自顓。其與將軍、列侯、中二千石、二千石、諸大夫、博士議。」丞相玄成等四十四人奏議曰：「禮，王者始受命，諸侯始封之君，皆爲太祖。以下，五廟而迭毁，毁廟之主臧乎太祖，五年而再殷祭，言壹禘壹祫也。祫祭者，毁廟與未毁廟之主皆合食於太祖，父爲昭，子爲穆，孫復爲昭，古之正禮也。祭義曰：『王者禘其祖自出，以其祖配之，而立四廟。』言始受命而王，祭天以其祖配，而不爲立廟，親盡也。立親廟四，親親也。親盡而迭毁，親疏之殺，示有終也。周之所以七廟者，以后稷始封，文王、武王受命而王，是以三廟不毁，與親廟四而七。非有后稷始封，文、武受命之功者，皆當親盡而毁。成王成二聖之業，制禮作樂，功德茂盛，廟猶不世，以行爲謚而已。禮，廟在大門之内，不敢遠親也。臣愚以爲高帝受命定天下，宜爲帝者太祖之廟，世世不毁，承後屬盡者宜毁。今宗廟異處，昭穆不序，宜入就太祖廟而序昭穆如禮。太上皇、孝惠、孝文、孝景廟皆親盡宜毁，皇考廟親未盡，如故。」大司馬車騎將軍許嘉等二十九人以爲孝文皇帝除誹謗，去肉刑，躬節儉，不受獻，罪人不帑，不私其利，出美人，重絶人類，賓賜長老，矜恤孤獨，德厚侔天地，利澤施四海，宜爲帝者太宗之廟。廷尉忠以爲孝武皇帝改正朔，易服色，攘四夷，宜爲世宗之廟。諫大夫更始等十八人以爲皇考廟上序於昭穆，非正禮，宜毁。於是上重其事，依違者一年。韋玄成傳。

永光五年夏及秋，大水，潁川、汝南、淮陽、廬江雨，壞鄉聚民舍，及水流殺人。五行志。吏、從官縣被害者與告。士卒遣歸。本紀。

冬，上幸長楊射食亦反。熊館，布車騎，大獵。本紀。

詔曰：「蓋聞王者祖有功而宗有德，尊尊之大義也；存親廟四，親親之至恩也。高皇帝爲天下誅暴除亂，受命而帝，功莫大焉。孝文皇帝國爲代王，諸吕作亂，海内摇動，然羣臣黎庶靡不一意，北面而歸心，猶謙辭固讓而後即位，削亂秦之迹，興三代之風，是以百姓晏然，咸獲嘉福，德莫盛焉。高皇帝爲漢太祖，孝文皇帝爲太宗，世世承祀，傳之無窮，朕甚樂之。孝宣皇帝爲孝昭皇帝後，於義一體。孝景皇帝廟及皇考廟皆親盡，其正禮儀。」丞相玄成等奏曰：「祖宗之廟世世不毁，繼祖以下，五廟而迭毁。今高皇帝爲太祖，孝文皇帝爲太宗，孝景皇帝爲昭，孝武皇帝爲穆，孝昭皇帝與孝宣皇帝俱爲昭，皇考廟親未盡。太上、孝惠廟皆親盡，宜毁。太上廟主宜瘞園，孝惠皇帝爲穆，主遷於太祖廟，寢園皆無復修。」奏可。十二月乙酉，毁太上皇、孝惠皇帝寢廟園。議者又以爲清廟之詩言交神之禮無不清静，今衣冠出游，有車騎之衆，風雨之氣，非所爲清静也。「祭不欲數，數所角反。則瀆，瀆則不敬。」宜復古禮，四時祭於廟，諸寢園日月間祀皆可勿復修。上亦不改也。韋玄成傳、本紀。

是歲，河决清河靈鳴犢口，而屯氏河絶。溝洫志。

建昭元年秋八月，有白蛾羣飛蔽日，從東都門至枳道。本紀。

是歲，丞相玄成復言：「古者制禮，別尊卑貴賤，國君之母非適讀曰嫡。不得配食，則薦於寢，身没而已。陛下躬至孝，承天心，建祖宗，定迭毁，序昭穆，大禮既定，孝文太后、孝昭太后寢祠園宜如禮勿復修。」奏可。玄成傳、本紀。

太子太傅匡衡數上疏陳便宜，及朝廷有政議，傅讀曰附。經以對，言多法議。上以爲任公卿，由是爲光禄勳。匡衡傳、百官表。帝好詩，衡爲光禄勳居殿中，以詩授教左右，而縣官坐其旁聽，甚善之，日以尊貴。褚先生補史記。

少府歐陽地餘卒，尚書令五鹿充宗爲少府，百官表。貴幸，爲梁丘易，自宣帝善梁丘氏説，帝好之，欲考其異同，令充宗與易家論。充宗乘貴辯口，諸儒莫能與抗，皆稱疾不敢會。有薦朱雲者，召入，攝齎子私反。登堂〔二〕，抗首而請，音動左右。既論難，連拄竹庾反。五鹿君，故諸儒爲之語曰：「五鹿嶽嶽，朱雲折其角。」繇是爲博士。朱雲傳。

建昭二年春正月，上令京房上弟子曉知考功課吏事者，欲試用之。房上中郎任良、姚平，「願以爲刺史，試考功法」。晉灼曰：「令丞尉治一縣，崇教化亡犯法者輒遷。有盜賊，滿三日不覺者則尉事也。令覺之，自除，二尉負其辜。率相准如此法。」以房爲魏郡太守，秩八百石，房得以考功法治郡。房傳。考異曰：通鑑載於六月以後。按，房傳房拜魏郡太守以二月朔拜，上封事，則房之除守當在正月，今書於正月。

六月乙亥，立皇子興爲信都王，諸侯王表、本紀。尊其母馮倢伃爲昭儀。外戚傳、荀紀。

房至陝，上封事曰：「乃丙戌小雨，丁亥蒙氣去，然少陰并力而乘消息，戊子益甚，到五十分〔三〕，蒙氣復起。此陛下欲正消息，雜卦之黨并力而爭，消息之氣不勝。彊弱安危之機不可不察。己丑夜，有還風，盡辛卯，太陽復侵色，至癸巳，日月相薄，此邪陰同力而太陽爲之疑也。臣前白九年不改，必有星亡之異。臣願出任良試考功，臣得居內，星亡之異可去。議者知如此於身不利，臣不可蔽，故云使子弟不若試師。臣爲刺史又當奏事，故復云爲刺史恐太守不與同心，不若以爲太守，此其所以隔絕臣也。陛下不違其言而遂聽之，此乃蒙氣所以不解，太陽亡色者也。臣去朝稍遠，太陽侵色益甚，唯陛下毋難還臣而易逆天意。邪說雖安於人，天氣必變，故人可欺，天不可欺也，願陛下察焉。」房去月餘，竟徵下獄。

初，淮陽王欽舅張博從房受學，以女妻房。房與相親，每朝見，輒爲博道其語，以爲上意欲用房議，而羣臣惡其害己，故爲衆所排。博曰：「淮陽王上親弟，敏達好政，欲爲于僞反。國忠。今欲令王上書求入朝，得佐助房。」房曰：「得無不可？」博曰：「前楚王朝薦士，何爲不可？」房曰：「石顯、五鹿君相與合同，巧佞之人也，事縣官十餘年；及丞相韋侯，皆久亡補於民，可謂無功矣。此尤不欲行考功者也。淮陽王即朝見，勸上行考功。事善；不然，但言丞相、中書令任事久而不治，可休丞相，以御史大夫鄭弘代之，遷中書令置他官，以鈎盾令徐立代之，如此，房考功事得施行矣。」博具從房記諸所説災異事，因令房爲淮陽王作求朝奏草，皆持柬與淮陽王〔四〕。石顯微司具知之，以房親近，未敢言。及房出守郡，顯告房與張博通謀，非謗政治，歸惡天子，詿誤諸侯王。皆下獄，有司請逮捕淮陽王欽，上不忍致法，遣諫大夫王駿賜欽璽書，欽免冠稽首謝罪。八月，房及博兄弟三人皆棄市，妻子徙邊。考異曰：本紀及荀紀書京房死皆在此年末。按，傳云：「房去至新豐，上封事曰：『臣前以六月中言遯卦不效。』」又曰：「至其七月，湧水已出，道人當逐死。」是房之去此書之上蓋在七月也。又云：「房去月餘，竟徵下獄。」是房以七月去，以八月下獄棄市也。御史大夫鄭弘坐與房善，免官。此事是在房下獄棄市之後，百官表載匡衡爲御史大夫，乃在八月癸亥，益知房之死，弘之免，俱在八月明矣。考異爲紀不知日月，故繫之年末爲是，今從通鑑，書於匡衡爲御史大夫之前。初，房見道幽厲事，出爲鄭弘言之，弘坐免爲庶人。房傳、淮陽王傳。

御史中丞陳咸年少抗節，不附石顯，而與左曹中郎將泰山王章、槐里令朱雲相善。雲數上疏，言丞相韋玄成容身保位，亡能往來，而咸與章共短石顯。久之，有司考雲，疑風讀曰諷。吏殺人。羣臣朝見，上問丞相以雲治行。丞相玄成言雲暴虐亡狀。時陳咸在前，聞之，以語雲。雲上書自訟，咸爲定奏草，求下御史中丞。事下丞相，丞相部吏考立其殺人罪。雲亡入長安，復與咸計議。丞相具發其事，奏「咸宿衛執法之臣，幸得進見，漏泄所聞，以私語雲，爲定奏草。欲令自下治，後知雲亡命罪人，而與交通，雲以故不得。」上於是下咸、雲獄，減死爲城旦。咸、雲遂廢錮，終帝世，章亦爲顯所陷，免官。朱雲、王章傳。鄭令蘇建得顯私書，奏之，後以它事論死。自是公卿以下畏顯，重足一迹。顯與中書僕射牢梁、少府五鹿充宗結爲黨友，諸附倚者皆得寵位。石顯傳。

癸亥，以光禄勳匡衡爲御史大夫。百官表。

閏月丁酉，太皇太后上官氏崩。通鑑。考異曰：漢書本紀作「閏六月」，通鑑據長曆作「閏八月」，今從通鑑。

冬十一月，齊楚地震，大雨雪，深五尺，樹折屋壞。本紀、荀紀。

建昭三年六月甲辰，丞相扶陽共侯韋玄成薨。本紀、百官表、恩澤侯表。

七月癸亥，御史大夫匡衡爲丞相，封樂安侯。戊辰，衛尉李延壽爲御史大夫。百官表、恩澤侯表。

冬，使西域都護騎都尉北地甘延壽、副校尉山陽陳湯共誅斬匈奴郅支單于於康居。通鑑、本紀。

建昭四年春正月，郅支首至京師。縣藁街十日。通鑑。甘延壽、陳湯上疏，事下有司。丞相匡衡、御史大夫李延壽以爲「郅支及名王首更歷諸國，蠻夷莫不聞知。月令春『掩骼工客反。埋胔才賜反。』之時，宜勿縣」。車騎將軍許嘉、右將軍王商以爲「春秋夾谷之會，優施笑君，孔子誅之，方盛夏，首足異門而出。宜縣十日迺埋之。」有詔將軍議是。陳湯傳。考異曰：按，陳湯傳作「繁延壽」，唯百官表作「李延壽」，荀紀、通鑑亦作「李延壽」，今從之。

夏六月甲申，中山哀王竟薨，亡後，絶。本紀、中山王傳。

建昭五年春三月，詔曰：「方春農桑興，百姓戮力自盡之時也。故是月勞米到反。農勸民，無使後時。今不良之吏，覆方目反。案小罪，徵召證案，興不急之事，以妨百姓，使失一時之作，亡終歲之功，公卿其明察申敕之。」本紀。

夏六月庚申，復戾園。本紀。壬申晦，日有蝕之。本紀。

上寢疾，夢祖宗譴罷郡國廟，上少弟楚孝王亦夢焉。上詔問丞相匡衡，議欲復之，衡深言不可。上疾久不平，衡惶恐，禱高祖、孝文、孝武廟言：「咎盡在臣衡，當受其殃，皇帝至孝肅愼，宜蒙佑福。」又告謝毀廟，久之，上疾連年。秋七月庚子，遂復太上皇寢廟園、原廟、昭靈后、武哀王、昭哀后、衛思后園。初，上定迭毀禮，獨尊孝文廟爲太宗，而孝武廟親未盡，故未毁。上於是迺復申明之，曰：「孝宣皇帝尊孝武廟曰世宗，損益之禮，不敢有與讀曰豫。焉。他皆如舊制。」唯郡國廟遂廢云。本紀、韋玄成傳。

是歲，徙濟陽王康爲山陽王。通鑑。

長安士伍尊上書，顏曰：「先嘗有爵，經奪免之，而與士卒爲伍，故稱士伍。」言：「臣少時爲郡邸小吏，竊見孝宣皇帝以皇曾孫在郡邸獄。是時治獄使者丙吉見皇曾孫遭離無辜，吉仁心感動，涕泣悽惻，選擇復作胡組養視皇孫，吉常從。臣尊日再侍卧庭上。吉即時病，輒使臣尊朝夕請問皇孫，視省席蓐燥濕。數奉甘毳讀與脆同。食物。所以擁全神靈，成育聖躬，功德已亡量矣。時豈豫知天下之福，而徼其報哉！誠有仁恩内結於心。雖介之推割肌以存君，不足以比。孝宣皇帝時，臣上書言狀，幸得下吉，吉謙讓不敢自伐，删去臣辭，專歸美於組、徵卿。臣年老居貧，死在旦暮，欲終不言，恐使有功不著。吉子顯坐微文奪爵爲關内侯，臣愚以爲宜復其爵邑，以報先人功德。」先是，顯爲太僕十餘年，百官表作「十年」，正當是年。與官屬大爲姦利，臧千餘萬，司隸校尉昌案劾，罪至不道，奏請逮捕。上曰：「故丞相吉有舊恩，朕不忍絶。」免顯官，奪邑四百户，後以爲城門校尉。吉傳。

兖州刺史浩賞禁民私所自立社，山陽橐茅鄉社有大槐，吏伐斷之，其夜，樹復立其故處。五行志。

竟音境。寧元年春正月，匈奴呼韓邪單于來朝，禮賜單于皆倍於黄龍時。單于自言願壻漢氏以自親，帝以待詔掖庭王嬙字昭君賜單于爲閼氏。應曰：「郡國獻女未御見，須命於掖庭，故曰待詔。」

二月，御史大夫延壽卒，在位多舉馮野王。上曰：「吾用野王爲三公，後世必謂我私後宫親屬，以野王爲比。」三月丙寅，乃下詔曰：「剛彊堅固，確然亡欲，大鴻臚野王是也。心辨善辭，可使四方，少府五鹿充宗是也。廉絜節儉，太子少傅張譚是也。其以少傅爲御史大夫。」上繇下第而用譚，越次避嫌不用野王，以昭儀兄故也。野王乃嘆曰：「人皆以女寵貴，我兄弟獨以賤！」馮野王傳、通鑑。按，原本不書延壽卒，及舉野王事，作「三月丙寅，詔曰：『廉絜節儉，太子少傅張譚是也。其以少傅爲御史大夫。』野王嘆曰：『人皆以女寵貴，我兄弟獨以賤。』」文義未明，今從本紀、野王傳更正。

河南太守九江召信臣爲少府。百官表。初，信臣爲南陽太守，爲民興利，務在富之。躬勸耕農，出入阡陌，止舍離鄉亭，稀有安居時。行視郡中水泉，開通溝瀆，起水門提閼凡數十處，以廣溉灌，歲歲增加，多至三萬頃。民得其利，畜積有餘。信臣爲民作均水約束，刻石立於田畔，以防分爭。禁止嫁娶送終奢靡，務出於儉約。府縣吏家子弟好游敖，不以田作爲事，輒斥罷之，甚者案其不法，以視讀曰示。好惡。其化大行，郡中莫不耕稼力田，百姓歸之，户口增倍，盜賊獄訟衰止。吏民親愛信臣，號之曰召父。荆州刺史奏信臣爲百姓興利，郡以殷富，賜黄金四十斤。遷河南太守，治行常爲第一，復數增秩賜金。至是，徵爲少府。召信臣傳。

夏，封騎都尉甘延壽爲列侯。賜副校尉陳湯爵關内侯。按，原本無「夏封騎都尉」以下，今從本紀、奉世傳補入。

杜欽上疏，追訟馮奉世前功曰：「前莎車王殺漢使者，約諸國背畔。左將軍奉世以衛候便宜發兵誅莎車王，策定城郭，功施邊境。議者以奉世奉使有指，春秋之義亡遂事，漢家之法有矯制，顔曰：「漢家之法，擅矯詔命，雖有功勞不加賞也。」故不得侯。今匈奴郅支單于殺漢使者，亡保康居，都護延壽發城郭兵屯田吏士四萬餘人以誅斬之，封爲列侯。臣愚以爲比罪則郅支薄，量敵則莎車衆，用師則奉世寡，計勝則奉世爲功於邊境安，慮敗則延壽爲禍於國家深。其違命而擅生事同，延壽割地封，而奉世獨不録。臣聞功同賞異則勞臣疑，罪均刑殊則百姓惑；疑生無常，惑生不知所從；亡常則節趨讀曰趣。不立，不知所從則百姓無所措手足。奉世圖難忘死，信命殊俗，威功白著，爲世使表，獨抑厭一涉反。而不揚，非聖主所以塞疑厲節之意也。願下有司議。」上以先帝時事，不復録。馮奉世傳。欽，故御史大夫延年子也。通鑑。

班彪贊曰：「臣外祖兄弟爲元帝侍中，語臣曰元帝多材藝，善史書。鼓瑟琴，吹洞簫，自度曲，被皮義反。歌聲，分刌千本反。節度，窮極幼眇。讀曰要妙。少而好儒，及即位，徵用儒生，委之以政，貢、薛、韋、匡迭爲宰相。而上牽制文義，優游不斷，然寬弘盡下，出於恭儉，號令温雅，有古人之風烈。」

班固曰：「孝元之世，亡王子侯者，盛衰終始，豈非命哉！」考異曰：荀紀贊語皆仍班彪，唯削去「孝宣之業衰焉」一語，其有旨哉！今從荀紀。

校勘記

〔一〕原本天雨草二語入前上令發兵六萬餘人之上　四庫本按語「萬」誤作「千」，據前段正文及金華叢書本改。

〔二〕攝齋登堂　四庫本「齋」作「齊」，漢書朱雲傳作「齋」，師古注曰：「齋，衣下之裳，音之私反。」據改。金華叢書本未改，失校。

〔三〕到五十分　四庫本「五」作「十」，據漢書京房傳及金華叢書本改。

〔四〕皆持柬與淮陽王　四庫本「柬」作「東」，據漢書京房傳及金華叢書本改。

西漢年紀卷二十四

成帝

孝成皇帝，諱驁，元帝太子也。年三歲而宣帝崩，元帝即位，爲太子。壯好經書，寬博謹慎。竟寧元年五月，元帝崩。六月己未，太子即皇帝位，謁高廟。尊皇太后曰太皇太后，皇后曰皇太后。本紀。以元舅侍中衛尉陽平侯王鳳爲大司馬大將軍，領尚書事，本紀。益封五千户。王氏之興，自鳳始。元后傳。

初，許嘉自元帝時爲大司馬車騎將軍輔政，已八九年矣。及帝立，復以鳳與嘉並。杜欽以爲故事后父重於帝舅，乃説鳳曰：「車騎將軍至貴，將軍宜尊之敬之，無失其意。蓋輕細微眇之漸，必生乖忤之患，不可不慎。衛將軍之日盛於蓋侯，近世之事，語尚在於長老之耳，唯將軍察焉。」許皇后傳。

擢駙馬都尉侍中史丹爲長樂衛尉。丹傳。

有司奏大鴻臚馮野王王舅，不宜備位九卿。以秩出爲上郡太守。諸曹馮立出爲五原屬國都尉。黄門郎給事中馮參出補渭陵食官令。立、參，野王弟也。馮奉世傳。

遷中書令石顯爲長信中太僕，秩中二千石。石顯傳。

大將軍王鳳以外戚輔政，求賢知自助，奏請杜欽爲大將軍武庫令。故東平相涿郡王尊補軍中司馬，擢司隸校尉。以陳咸前指言石顯，有忠直節，奏請補長史。咸薦御史蕭育、杜陵朱博除幕府屬，鳳甚奇之。鳳素重欽，國家政謀常與欽慮之。數稱達名士，俾正闕失，當世善政，多出於欽。杜欽、陳萬年、朱博、王尊、蕭望之傳、通鑑。

大將軍聞宛於元反。句音劬。令東海薛宣之能，薦宣爲長安令，治果有名，以明習文法詔補御史中丞。是時，帝初即位，宣爲中丞，執法殿中，外總部刺史。宣傳。徵故左中郎將王章爲諫大夫。章傳。谷口鄭子真修身自保，非其服弗服，非其食弗食。大將軍鳳以禮聘子真，子真遂不詘而終。王貢傳序。

秋七月，大赦天下。本紀。考異曰：荀紀作「冬十有一月」。按，此赦爲元帝葬而下也。元帝以六月葬，不應至十一月始赦也。荀紀誤，今從漢書本紀。

丞相匡衡上疏曰：「臣聞六經者，聖人所以統天地之心，著善惡之歸，明吉凶之分，通人道之正，使不悖於其本性者也。故審六藝之指，則天人之理可得而和，草木昆蟲可得而育，此永永不易之道也。及論語、孝經，聖人言行之要，宜究其意。孔子曰：『德義可尊，容止可觀，進退可度，以臨其民，是以其民畏而愛之，則而象之。大雅云：『敬慎威儀，惟民之則。』諸侯正月朝覲天子，天子惟道德，昭穆穆以視之，又觀以禮樂，饗醴迺歸。故萬國莫不獲賜祉福，蒙化而成俗。今正月初幸路寢，臨朝賀，置酒以饗萬方，傳曰『君子慎始』，願陛下留神動靜之節，使羣下得望盛德休光，以立基楨，天下幸甚。」上敬納其言。匡衡傳。

丞相匡衡奏「射聲校尉陳湯前以吏二千石奉使，顓命蠻夷中，不正身以先下，而盜所收康居財物，戒官屬曰絕域事不覆校。雖在赦前，不宜處位」。湯坐免。湯傳。

建始元年，司隸校尉王尊劾奏：「衡、譚位三公，典五常九德，以總方略，壹統類，廣教化，美風俗爲職。知中書謁者令顯專權擅勢，大作威福，縱恣不制，無所畏忌，爲海內患害，不以時白奏行罰，而阿諛曲從，附下罔上，懷邪迷國，無大臣輔政之義，皆不道，在赦令前。赦後，衡、譚舉奏顯，不自陳不忠之罪，而反揚著先帝任用傾覆之徒，妄言百官畏之，甚於主上。卑君尊臣，非所宜稱，失大臣體。又正月行幸曲臺，臨饗罷衛士，如淳曰：「諸衛士更盡得代去，故天子自臨而饗之。」衡與中二千石大鴻臚賞等會坐殿門下，衡南鄉，賞等西鄉。衡更爲賞布東鄉席，起立延賞坐，私語如食頃。衡知行臨，百官共讀曰供。職，萬衆會聚，而設不正之席，使下坐上，相比頻寐反。爲小惠於公門之下，動不中禮，亂朝廷爵秩之位。衡又使官大奴入殿中，問行起居，還言漏上十四刻行臨到，衡安坐，不變色改容。無怵惕肅敬之心，驕慢不謹，皆不敬。」有詔勿劾。衡慙懼，上疏謝罪，因稱病乞骸骨，上丞相樂安侯印綬。天子以新即位，重傷大臣，乃下御史丞問狀。報衡曰：「君以道德修明，位在三公，先帝委政，遂及朕躬。君遵修法度，勤勞公家，朕嘉與君同心合意，庶幾有成。今司隸校尉尊妄詆欺，加非於君，朕甚閔焉。方下有司問狀，君何疑而上書歸侯乞骸骨，是章朕之未燭也。傳不云乎？『禮義不愆，何恤人之言！』君其察焉。專精神，近醫藥，强食自愛。」因賜上尊酒、養牛。衡起視事。御史丞劾奏尊「妄詆欺非謗赦前事，猥歷奏大臣，無正法，飾成小過，以塗汙宰相，摧辱公卿，輕薄國家，奉使不敬」。有詔左遷尊爲高陵令，然羣下多是尊者。衡嘿嘿不自安，每有水旱，風雨不時，連乞骸骨讓位。上輒以詔書慰撫，不許。匡衡、王尊、石顯傳。

石顯等伏辜，劉更生乃復進用，更名向。向以故九卿召拜爲中郎，使領護三輔都水。數奏封事，遷光禄大夫。劉向傳。

淮陽王欽上書自陳舅張博時事，頗爲石顯等所侵，因爲博家屬徙者求還。丞相御史復劾欽：「前與博相遺私書，指意非諸侯王所宜，蒙恩勿治，事在赦前。不悔過而復稱引，自以爲直，失藩臣體，不敬。」上加恩，許王還徙者。淮陽王傳。

博士鄭寬中、東平内史張禹皆以師賜爵關内侯，寬中食邑八百户，禹六百户。張禹傳、儒林傳。時上方鄉學，寬中、禹朝夕入説尚書、論語於金華殿中，大將軍鳳薦長安班伯宜勸學，召見宴昵殿，誦説有法，詔從寬中、禹受焉，拜中常侍。數年，金華之業絶，出。叙傳。

壬子，侯表。封舅諸吏光禄大夫關内侯王崇爲安成侯，食邑萬户。賜舅王譚、商、立、根、逢時爵關内侯，食邑三千户。禁有八男，唯曼蚤卒，鳳、崇與太后同母。本紀、元后傳。

夏四月辛丑夜，西北有如火光。壬寅晨，大風從西北起，雲氣赤黄，四塞天下，終日夜下著地者黄土塵也。五行志。博問公卿大夫，無有所諱。本紀。諫大夫楊興、博士駟勝等對，皆以爲「陰盛侵陽之氣也。高祖之約也，非功臣不侯，今太后諸弟皆以無功爲侯，非高祖之約，外戚未曾有也，故天爲見異」。言事者多以爲然。大將軍鳳懼，上書辭謝曰：「陛下即位，思慕諒闇，故詔臣鳳典領尚書事，上無以明聖德，下無以益政治。今有茀與孛同。星天地赤黄之異，咎在臣鳳，當伏顯戮，以謝天下。今諒闇已畢，大義皆舉，宜躬親萬機，以承天心。」因乞骸骨辭職。上報曰：「朕承先帝聖緒，涉道未深，不明事情，是以陰陽錯繆，日月無光，赤黄之氣，充塞天下。咎在朕躬，今大將軍迺引過自予，欲上尚書事，歸大將軍印綬，罷大司馬官，是明朕之不德也。朕委將軍以事，誠欲庶幾有成，顯先祖之功德。將軍其專心固意，輔朕之不逮，毋有所疑。」元后傳。

御史中丞薛宣上疏曰：「陛下至德仁厚，哀閔元元，躬有日仄之勞，而亡佚豫之樂，允執聖道，刑罰惟中，然而嘉氣尚凝，陰陽不和，是臣下未稱，而聖化獨有不洽者也。臣愚不知治道，唯明主察焉。」上嘉納之。宣數言政事便宜，舉奏部刺史郡國二千石，所貶退稱進，白黑分明，繇是知名。宣傳、通鑑。

秋，少府召信臣奏罷上林宫館希御幸者二十五所。又奏省樂府黄門倡優諸戲，及宫館兵弩什器減過大半。又奏冬生菜强加温火，非時而生，有傷於人，不宜以奉供養，及它非法食物，悉奏罷，省費歲數千萬。本紀、荀紀、召信臣傳。

八月戊午晨，漏未盡三刻。五行志。有兩月相承，見東方。本紀。九月戊子，有流星大如瓠，出于文昌宫，光燭地，長四五丈，委曲蛇形，以貫紫微宫。荀紀、本紀、天文志。

冬十二月，丞相衡、御史大夫譚奏言：「帝王之事，莫大乎承天之序；承天之序，莫重於郊祀。故聖王盡心極慮以建其制。祭天於南郊，就陽之義也；瘞地於北郊，即陰之象也。天之於天子也，因其所都而各饗焉。往者，孝武皇帝居甘泉宫，即於雲陽立泰畤，祭於宫南。今行常幸長安，郊見皇天反北之泰陰，祠后土反東之少陽，事與古制殊。又至雲陽，行谿谷中，阸陜且百里，汾陰則渡大川，有風波舟楫之危，皆非聖主所宜數乘。郡縣治道共張，吏民困苦，百官煩費。勞所保之民，行危險之地，難以奉神靈而祈福祐，殊未合於承天子民之意。昔者周文武郊於豐鄗，成王郊於雒邑。由是觀之，天隨王者所居而饗之，可見也。甘泉泰畤、河東后土之祠宜可徙置長安，合於古帝王。願與羣臣議定。」奏可。

大司馬車騎將軍許嘉等八人以爲所從來久遠，宜如故。右將軍王商、博士琅邪師丹、議郎汝南翟方進等五十人以爲禮記曰「燔柴於太壇，祭天也；瘞薶於太折，祭地也」。兆於南郊，所以定天位也。祭地於太折，在北郊，就陰位也。郊處各在聖王所都之南北。書曰：「越三日丁巳，用牲於郊，牛二。」周公加牲，告徙新邑，定郊禮於雒。明王聖主，事天明，事地察。天地明察，神明章矣。天地以王者爲主，故聖王制祭天地之禮必於國郊。長安，聖主之居，皇天所觀視也。甘泉、河東之祠非神靈所饗，宜徙就正陽太陰之處。違俗復古，循聖制，定天位，如禮便。於是衡、譚奏議曰：「陛下聖德，聰明上通，承天之大，典覽羣下，使各悉心盡慮，議郊祀之處，天下幸甚。臣聞廣謀從衆，則合於天心，故洪範曰『三人占，則從二人言』。言少從多之義也。論當往古，宜於萬民，則依而從之；違道寡與，則廢而不行。今議者五十八人，其五十人言當徙之義，皆著於經傳，同於上世，便於吏民；八人不按經藝，考古制，而以爲不宜，無法之議，難以定吉凶。太誓曰：『正稽古立功立事，可以永年，丕天之大律。』詩曰『毋曰高高在上，陟降厥士，日監在茲』，言天之日監王者之處也。又曰『迺眷西顧，此維予宅』，言天以文王之都爲居也。宜於長安定南北郊，爲萬世基。」天子從之。

既定，衡言：「甘泉泰畤紫壇，八觚宜通象八方。五帝壇周環其下，又有羣神之壇。以尚書禋六宗、望山川、徧羣神之義，紫壇有文章采鏤黼黻之飾及玉、女樂，石壇、僊人祠，瘞鸞路、騂駒，寓龍馬，不能得其象於古。臣聞郊柴饗帝之義，掃地而祭，上質也。歌大呂舞雲門以竢天神，歌太簇舞咸池以竢地祇，其牲用犢，其席稾稭，音戞。其器陶匏，皆因天地之性，貴誠上質，不敢修其文也。以爲神祇功德至大，雖修精微而備庶物，猶不足以報功，唯至誠爲可，故上質不飾，以章天德。紫壇僞飾、女樂、鸞路、騂駒、龍馬、石壇之屬，宜勿修。」天子皆從焉。郊祀志。

清河都尉馮逡奏言：「郡承河下流，與兖州東郡分水爲界，城郭所居尤卑下，土壤輕脆易傷。頃所以闊無大害者，以屯氏河通，兩川分流也。今屯氏河塞，靈鳴犢口又益不利，獨一川兼受數河之任，雖高增隄防，終不能泄。如有霖雨，旬日不霽，必盈溢。靈鳴犢口在清河東界，所在處下，雖令通利〔一〕，猶不能爲魏郡、清河減損水害。禹非不愛民力，以地形有埶，故穿九河，今既滅難明，屯氏河不流行七十餘年，新絶未久，其處易浚。又其口所居高，於以分流殺水力，道里便宜，可復浚以助大河泄暴水，備非常。又地節時郭昌穿直渠，後三歲，河水更從故第二曲間北可六里，復南合。今其曲埶復邪直貝丘，百姓寒心，宜復穿渠東行。不豫修治，北決病四五郡，南決病十餘郡，然後憂之，晚矣。」事下丞相、御史，白博士許商治尚書，善爲算，能度功用。遣行視，以爲屯氏河盈溢所爲，方用度不足，可且勿浚。溝洫志。

建始二年春正月，丞相衡言：「王者各以其禮制事天地，非因異世所立而繼之。今雍鄜、密、上下畤，本秦侯各以其意所立，非禮之所載術也。漢興之初，儀制未及定，即且因秦故祠，復立北畤。今既稽古，建定天地之大禮，郊見上帝，青赤白黄黑五方之帝皆畢陳，各有位饌，祭祀備具。諸侯所妄造，王者不當常遵。及北畤，未定時所立，不宜復修。」天子從焉。及陳寶祠，由是皆罷。郊祀志、本紀。

辛巳，上始郊祀長安南郊。詔曰：「迺者徙泰畤、后土於南郊、北郊，朕親飭躬，郊祀上帝。皇天報應，神光並見。三輔長無共居用反。張竹亮反。繇役之勞，赦奉郊縣長安、長陵及中都官耐罪徒。減天下賦，算四十。」本紀。考異曰：荀紀以爲閏二月，今從漢書本紀。

閏月，以渭城延陵亭部爲初陵。本紀。考異曰：荀紀以爲閏二月，漢書以爲閏正月。按，長曆是年閏正月，漢書爲是，今從之。

三月戊子，北宫中井泉稍上溢出，南流。本紀、五行志。初，元帝時童謡歌曰：「井水溢，滅竈煙，灌玉堂，流金門。」荀紀。

上自爲太子時，以好色聞，及即位，皇太后詔采良家女。大將軍武庫令杜欽説大將軍鳳曰：「禮一娶九女，所以極陽數，廣嗣重祖也；必鄉舉求窈窕，不問華色，所以助德理內也；娣姪雖缺不復補，所以養壽塞争也。故后妃有貞淑之行，則胤嗣有賢聖之君；制度有威儀之節，則人君有壽考之福。廢而不由，則女德不厭；女德不厭，則壽命不究於高年。書云『或四三年』，言失欲之生害也。男子五十，好色未衰；婦人四十，容貌改前。以改前之容侍於未衰之年，而不以禮爲制，則其原不可救而後來異態；後來異態，則正后自疑而支庶有間適之心〔三〕。是以晉獻被納讒之謗，申生蒙無罪之辜。今主上富於春秋，未有嫡嗣，方鄉術入學，未親后妃之議。將軍輔政，宜因初始之隆，建九女之制，詳擇有行義之家，求淑女之質，毋必有聲色音技能，爲萬世大法。夫少，戒之在色，小弁之作，可爲寒心。唯將軍常以爲憂。」

鳳白之太后，太后以爲故事無有。欽復重言：「詩云：『殷監不遠，在夏后氏之世。』刺戒者至迫近，而省聽者常怠忽，可不慎哉！前言九女，略陳其禍福，甚可悼懼，竊恐將軍不深留意。后妃之制，夭壽治亂存亡之端也。迹三代之季世，覽宗、宣之饗國，察近屬之符驗，禍敗曷常不由女德？是以佩玉宴鳴，關雎歎之，知好色之伐性短年，離制度之生無厭，天下將蒙化，陵夷而成俗也。故詠淑女，幾讀曰冀。以配上，忠孝之篤，仁厚之作也。夫君親壽尊，國家治安，誠臣子之至願，所當勉之也。易曰：『正其本，萬物理。』凡事論有疑未可立行者，求之往古則典刑無，考之來今則吉凶同，卒搖易之則民心惑，若是者誠難施也。今九女之制，合於往古，無害於今，不逆於民心，至易行也，行之至有福也，將軍輔政而不蚤定，非天下之所望也。唯將軍信讀曰伸。臣子之願，念關雎之思，逮委政之隆，及始初清明，爲漢家建無窮之基，誠難以忽，不可以遴。與悉同。」鳳不能自立法度，循故事而已。許后、杜欽傳。

帝遊後庭，嘗欲與班倢伃同輦載，倢伃辭曰：「觀古圖畫，賢聖之君皆有名臣在側，三代末主迺有嬖必計反。女，今欲同輦，得無近似之乎？」上善其言而止。太后聞之，喜曰：「古有樊姬，今有班倢伃」。倢伃誦詩及窈窕、德象、女師之篇。每進見上疏，依則古禮。有男，數月失之。班倢伃傳。

是歲，丞相衡、御史大夫譚條奏：「長安廚官縣官給祠郡國候神方士使者所祠，凡六百八十三所，其二百八所應禮，及疑無明文，可奉祠如故。其餘四百七十五所不應禮，或復扶目反。重，請皆罷。」奏可。本雍舊祠二百三所，唯山川諸星十五所爲應禮云。若諸布、諸嚴、諸逐，皆罷。杜主有五祠，置其一。又罷高祖所立梁、晉、秦、荆巫、九天、南山、萊中之屬〔三〕，及孝文渭陽、孝武薄忌泰一、三一、黃帝、冥羊、馬行、泰一、皋山山君、武夷、夏后啓毋石、萬里沙、八神、延年之屬，及孝宣參山、蓬山、之罘、成山、萊山、四時、蚩尤、勞谷、五牀、仙人、玉女、徑路、黃帝、天神、原水之屬，皆罷。候神方士使者副佐、本草待詔七十餘人皆歸家。郊祀志。

建始三年夏，大水，三輔霖雨三十餘日，郡國十九雨，山谷水出，凡殺四千餘人，壞官寺民舍八萬三千餘所。五行志。

帝甚敬重右將軍王商，徙爲左將軍，以執金吾任千秋爲右將軍。而王鳳顓權，行多驕僭，商論議不能平鳳，鳳知之，亦疏商。百官表、王商傳。

秋，大雨三十日，關內大水。渭水虒音斯。上小女陳持弓，年九歲，走入橫城門，入未央宮尚方掖門，殿門門衛户者莫見，至句盾禁中而覺。本紀、五行志。考異曰：五行志作「十月丁未」，本紀「秋七月」，今從本紀。

十二月戊申朔，日有蝕之。夜，地震未央宮殿中。詔求方正直言極諫之士。本紀。按，原本無「夜地震」以下，與後奉對語不合，今補入。太常陽城侯劉慶忌舉太常丞谷永，永傳。合陽侯梁放舉前大將軍武庫令杜欽。欽傳。永上對曰：

陛下秉至聖之純德，懼天地之戒異，飭身修政，納問公卿，又下明詔，帥舉直言，燕見紬繹，以求咎愆，使臣等得造明朝，承聖問。臣材朽學淺，不通政事。竊聞明王即位，正五事，建大中，以承天心，則庶徵序於下，日月理於上；如人君淫溺後宮，般讀與盤同。樂遊田，五事失於躬，大中之道不立，則咎徵降而六極至。凡災異之發，各象過失，以類告人。乃十二月朔戊申，日食婺女之分，地震蕭牆之內，二者同日俱發，以丁寧陛下，厥咎不遠，宜厚求諸身。意豈陛下志在閨門，未卹政事，不慎舉錯，婁古屢字。失中與？讀曰歟。下同。內寵太盛，女不遵道，嫉妒專上，妨繼嗣與？古之王者廢五事之中，失夫婦之紀，妻妾得意，謁行於內，勢行於外，至覆傾國家，惑亂陰陽。昔褒姒用國，宗周以喪；閻妻驕扇，日以不臧。此其效也。經曰：「皇極，皇建其有極。」傳曰：「皇之不極，是謂不建，時則有日月亂行。」

陛下踐至尊之祚爲天下主，奉帝皇之職以統羣生，方內之治亂，在陛下所執。誠留意於正身，勉强於力行，損燕私之間讀曰閑。以勞天下，放去淫溺之樂，罷歸倡優之矣，古笑字。絶卻不享之義，慎節游田之虞，與娛同。起居有常，循禮而動，躬親政事，致行無倦，安服若性。經曰：「繼自今嗣王，其毋淫于酒，毋逸于游田，惟正之共。」未有身治正而臣下邪者也。

夫妻之際，王事綱紀，安危之機，聖王所致慎也。昔舜飭正二女，以崇至德；楚莊忍絶丹姬，以成伯讀曰霸。功；幽王惑於褒姒，周德降亡；魯桓脅於齊女，社稷以傾。誠修後宫之政，明尊卑之序，貴者不得嫉妒專寵，以絶驕嫚之端，抑褒、閻之亂，賤者咸得秩進，各得厥職，以廣繼嗣之統，息白華之怨，後宫親屬，饒之以財，勿與讀曰豫。政事，以遠皇父之類，損妻黨之權，未有閨門治而天下亂者也。

治遠自近始，習善在左右。昔龍筦與管同。納言，而帝命惟允；四輔既備，成王靡有過事。誠敕正左右齊栗之臣，戴金貂之飾執常伯之職者，皆使學先王之道，知君臣之義，濟濟謹孚，無敖戲驕恣之過，則左右肅艾，讀曰乂。羣僚仰法，化流四方。經曰：「亦惟先正克左右。」未有左右正而百官枉者也。

治天下者尊賢考功則治，簡賢違功則亂。誠審思治人之術，歡樂得賢之福，論材選士，必試於職，明度量以程能，考功實以定德，無用比周之虚譽，毋聽寖潤之譖愬，則抱功修職之吏無蔽傷之憂，比周邪僞之徒不得即工，小人日銷，俊艾讀曰乂。下同。日隆。經曰：「三載考績，三考黜陟幽明。」又曰：「九德咸事，俊乂在官。」未有功賞得於前衆賢布於官而不治者也。

堯遭洪水之災，天下分絶爲十二州，制遠之道微而無乖畔之難者，德厚恩深，無怨於下也。秦居平土，一夫大呼火故反。而海内崩析者，刑罰深酷，吏行殘賊也。夫違天害德，爲上取怨於下，莫甚乎殘賊之吏。誠放退殘賊酷暴之吏錮廢勿用，益選温良上德之士以親萬姓，平刑釋冤以理民命，務省繇役，毋奪民時，薄收賦税，毋殫音單。民財，使天下黎元咸安家樂業，不苦踰時之役，不患苛暴之政，不疾酷烈之吏，雖有唐堯之大災，民無離上之心。經曰：「懷保小民，惠于鰥寡。」未有德厚吏良而民畔者也。

臣聞災異，皇天所以譴告人君過失，猶嚴父之明誡。畏懼敬改，則禍銷福降；忽然簡易，則咎罰不除。經曰：「饗用五福，威用六極。」傳云：「六沴作見，若不共御，讀曰恭禦。六罰既侵，六極其下。」今三年之間，災異蜂起，小大畢具，所行不享上帝，上帝不豫，炳然甚著。不求之身，無所改正，疏舉廣謀，又不用其言，是循不享之迹，無謝過之實也，天責愈深。此五者，王事之綱紀，南面之急務，唯陛下留神。永傳。

欽上對曰：「陛下畏天命，悼變異，延見公卿，舉直言之士，將以求天心，迹得失也。臣欽愚戇，經術淺薄，不足以奉大對。臣聞日蝕地震，陽微陰盛也。臣者，君之陰也；子者，父之陰也；妻者，夫之陰也；夷狄者，中國之陰也。春秋日蝕三十六，地震五，或夷狄侵中國，或政權在臣下，或婦乘夫，或臣子背君父，事雖不同，其類一也。臣竊觀人事以考變異，則本朝大臣無不自安之人，外戚親屬無乖剌來曷反。之心，關東諸侯無彊大之國，三垂蠻夷無逆理之節；殆爲後宫。何以言之？日以戊申蝕，時加未。戊未，土也。土者，中宮之部也。其夜地震未央宮殿中，此必適讀曰嫡。妾將有争寵相害而爲患者，唯陛下深戒之。變感以類相應，人事失於下，變象見於上。能應之以德，則異咎消亡；不能應之以善，則禍敗至。高宗遭雊雉之戒，飭己正事，享百年之壽，殷道復興，要在所以應之。應之非誠不立，非信不行。宋景公小國之諸侯耳，有不忍移禍之誠，出人君之言三，熒惑爲之退舍。以陛下聖明，内推至誠，深思天變，何應而不感？何摇而不動？孔子曰：『仁遠乎哉！』惟陛下正后妾，抑女寵，防奢泰，去佚游，躬節儉，親萬事，數御安車，由輦道，親二宫之饔膳，致昏晨之定省。如此，即堯舜不足與比隆，咎異何足消滅！如不留聽於庶事，不論材而授位，殫天下之財以奉淫侈，匱萬姓之力以從讀曰縱。耳目，近諂諛之人而遠公方，信讒賊之臣以誅忠良，賢俊失在巖穴，大臣怨於不以，雖無變異，社稷之憂也。天下至大，萬事至衆，祖業至重，誠不可以佚豫爲，不可以奢泰持也。唯陛下忍無益之欲，以全衆庶之命。臣欽愚戆，言不足采。」欽傳。天子異永對，特召見之。永傳。

丁丑，丞相樂安侯匡衡免。百官表。

初，衡封僮之樂安鄉，鄉本田提封三千一百頃，南以閩陌爲界。初元元年，郡圖誤以閩陌爲平陵陌。積十餘歲，衡封臨淮郡，遂封真平陵陌以爲界，多四百頃。至建始元年，郡迺定國界，上計簿，更定圖，言丞相府。衡謂所親吏趙殷曰：「主簿陸賜故居奏曹，習事曉知國界，署集曹掾。」明年治計時，衡問殷國界事：「曹欲奈何？」殷曰：「賜以爲舉計，令郡實之。〔四〕恐郡不肯從實，可令家丞上書。」衡曰：「顧當得不耳，何至上書？」亦不告曹使舉也，聽曹爲之。後賜與屬明舉計曰：「案故圖，樂安鄉南以平陵陌爲界，不足故而以閩陌爲界，解何？」郡即復以四百頃付樂安國。衡遣從史之僮，收取所還田租穀千餘石入衡家。司隸校尉王駿、少府張忠行廷尉事劾奏「衡監臨盜所主守直十金以上。春秋之義，諸侯不得專地，所以一統尊法制也。衡位三公，輔國政，領計簿，知郡實，正國界，計簿已定而背法制，專地盜土以自益，及賜、明阿承衡意，猥舉郡計，亂減縣界，附下罔上，擅以地附益大臣，皆不道」。於是上可其奏，勿治，丞相免爲庶人。衡傳。駿，吉之子也。

建始四年春三月甲申，以左將軍樂昌侯王商爲丞相，百官表。益封千户。商爲人多質有威重，天子甚尊任之。商傳。右將軍任千秋爲左將軍，長樂衛尉史丹爲右將軍。百官表。

雨于具反。雪，燕多死。谷永對曰：「皇后桑蠶以治祭服，共讀曰供。事天地宗廟，正以是日疾風自西北，大寒雨雪，壞敗其功，以章不鄉。讀曰嚮。宜齊讀曰齋。戒辟讀曰避。寢，以深自責，請皇后就宮，鬲閉門户，毋得擅上。且令衆妾人人更進，以時博施。皇天説讀曰悦。喜，庶幾可以得賢明之嗣。即不行臣言，災異愈甚，天變成形，臣雖欲復捐身關策，不及事已。」五行志。

夏，上盡召直言之士詣白虎殿對策，曰：「天地之道何貴？王者之法何如？六經之義何上？人之行何先？取人之術何以？當世之治何務？各以經對。」杜欽對曰：「臣聞天道貴信，地道貴貞；不信不貞，萬物不生。生，天地之所貴也。王者承天地之所生，理而成之，昆蟲草木靡不得其所。王者法天地，非仁無以廣施，非義無以正身；克己就義，恕以及人，六經之所上也。不孝，則事君不忠，涖官不敬，戰陳無勇，朋友不信。孔子曰：『孝無終始，而患不及者，未之有也。』孝，人行之所先也。觀本行於鄉黨，考功能於官職，達觀其所舉，富觀其所予，窮觀其所不爲，乏觀其所不取，近觀其所爲主，遠觀其所主。孔子曰：『視其所以，觀其所由，察其所安，人焉廋哉？』取人之術也。殷因於夏尚質，周因於殷尚文，今漢家承周秦之敝，宜抑文尚質，廢奢長儉，表實去僞。孔子曰『惡紫之奪朱』，當世治之所務也。臣竊有所憂，言之則拂心逆指，不言則漸日長，爲禍不細，然小臣不敢廢道而求從，違忠而耦意。臣聞玩色無厭，必生好憎之心；好憎之心生，則愛寵偏於一人；愛寵偏於一人，則繼嗣之路不廣，而嫉妒之心興矣。如此，則匹婦之說，不可勝也。唯陛下純德普施，無欲是從，此則衆庶咸說，讀曰悦。繼嗣日廣，而海内長安。萬事之是非何足備言！」欽傳。

谷永對畢，因曰：「臣前幸得條對災異之效，禍亂所極，言關於聖聰。書陳於前，陛下委棄不納，而更使方正對策，背可懼之大異，問不急之常論，廢承天之至言，角無用之虛文，欲末殺先曷反。災異，滿讕來亶反。誣天，是故皇天勃然發怒，甲己之間暴風三溱，與臻同。拔樹折木，此天至明不可欺之效也。」上特復問永，永對曰：「日食婺女九度，占在皇后。地震蕭牆之內，咎在貴妾。二者俱發，明同事異人，共掩制陽，將害繼嗣也。亶讀曰但。日食，則妾不見；亶地震，則后不見。異日而發，則似殊事；亡故動變，則恐不知。是月后妾當有失節之郵，與尤同。故天因此兩見其變。若曰，違失婦道，隔遠于萬反。衆妾，妨絶繼嗣者，此二人也。」永傳、五行志。

是時，上委政王鳳，議者多歸咎焉。永知鳳方見柄用，陰欲自託，乃復曰：「方今北無葷粥、冒頓之患，南無趙佗、呂嘉之難，三垂晏然，靡有兵革之警。諸侯大者乃食數縣，漢吏制其權柄，不得有爲，亡吳、楚、燕、梁之勢。百官盤互，親疏相錯，骨肉大臣有申伯之忠，洞洞屬屬，小心畏忌，無重合、安陽、博陸之亂。三者無毛髮之辜，不可歸咎諸舅。陛下即位，委任遵舊，未有過政。元年正月，白氣較然起乎東方，至其四月，黄濁四塞，覆冒京師，申以大水，著以震蝕。各有占應，相爲表裏。白氣起東方，賤人將興之表也；黄濁冒京師，王道絶微之應也。陛下誠深察愚臣之言，致懼天地之異，奮乾剛之威，平天覆之施，使列妾得人人更進，急復益納宜子婦人，毋擇好醜，毋避嘗字，毋論年齒。陛下得繼嗣於微賤之間，乃反爲福。陛下則不深察愚臣之言，忽於天地之戒，咎根不除，水雨之災，山石之異，將發不久；發則災異已極。疏賤之臣，至敢直陳天意，斥譏帷幄之私，欲間離貴后盛妾，自知忤心逆耳，必不免於湯鑊之誅。此天保佑漢家，使臣敢直言也。三上封事，然後得召；待詔一旬，然後得見。夫由疏賤納至忠，甚苦；由至尊聞天意，甚難。語不可露，願具書所言，因侍中奏陛下，以示腹心大臣。腹心大臣以爲非天意，臣當伏妄言之誅；即以爲誠天意也，奈何忘國家大本，背天意而從欲。唯陛下省察熟念，厚爲宗廟計。」杜欽亦倣此意。時對者數十人，永與杜欽爲上第焉。上以其書示後宮。擢永爲光祿大夫。永傳、通鑑。

秋七月，熒惑隃歲星，居其東北半寸所如連李。時歲星在關星西四尺所，熒惑初從畢口大星東東北往，數日至，往疾去遲。天文志。

九月。長安城南鼠巢樹上，桐柏尤多，巢中無子。荀紀。大雨水十餘日。五行志。河决於館陶及東郡金隄，泛濫兖、豫，入平原、千乘、濟南，凡灌四郡三十二縣，水所居地十五萬餘頃，深者三丈，壞敗官寺室廬且四萬所。

冬十一月，御史大夫尹忠對方略疏闊，上切責之，忠自殺。遣大司農非調調均錢穀河决所灌之郡，謁者二人發河南以東漕船五百樓，先勞反。徙民避水居丘陵，九萬七千餘口。溝洫志、荀紀。

壬戌，少府張忠爲御史大夫。百官表。

是歲，守京輔都尉王尊爲京兆尹。百官表。初，南山羣盜傰音倍。宗等數百人爲吏民害，拜故弘農太守傅剛爲校尉，將迹射食亦反。士千人逐捕，顏曰：「迹射，言能尋跡而射取之也。」歲餘不能禽。或説大將軍鳳：「賊數百人在轂下，發軍擊之不能得，難以視讀曰示。四夷。獨選賢京兆尹乃可。」於是鳳薦故高陵令王尊，徵爲諫大夫，守京輔都尉，行京兆尹事。旬月間盜賊清。遷光禄大夫，守京兆尹，後爲真。王尊傳。

關内侯陳湯上書言康居王侍子非王子也。按驗，實王子也。湯下獄當死。光禄大夫谷永上疏訟湯曰：「臣聞楚有子玉得臣，文公爲之仄席而坐；趙有廉頗、馬服，彊秦不敢窺兵井陘，近漢有郅都、魏尚，匈奴不敢南鄉讀曰嚮。沙莫。由是言之，戰克之將，國之爪牙，不可不重也。蓋『君子聞鼓鼙之聲，則思將帥之臣。』竊見陳湯，前使副西域都護，忿郅支之無道，閔王誅之不加，策慮愊皮逼反。億，義勇奮發，卒讀曰猝。興師奔逝，橫厲烏孫，踰讀曰遥。集都賴，屠三重城，斬郅支首，報十年之逋誅，雪邊吏之宿恥，威震百蠻，武暢西海，漢元以來，征伐方外之將，未嘗有也。今湯坐言事非是，幽囚久繫，歷時不決，執憲之吏欲致之大辟。昔白起爲秦將，南拔郢都，北阬趙括，以纖介之過，賜死杜郵，秦民憐之，莫不隕涕。今湯親秉鉞，席卷喋血萬里之外，薦功祖廟，告類上帝，介胄之士靡不慕義。以言事爲罪，無赫赫之惡。周書曰：『記人之功，忘人之過，宜爲君者也。』夫犬馬有勞於人，尚加帷蓋之報，况國之功臣者哉！竊恐陛下忽於鼓鼙之聲，不察周書之意，而忘帷蓋之施，庸臣遇湯，卒從吏議，使百姓介然有秦民之恨，非所以厲死難之臣也。」書奏，天子出湯，奪爵爲士伍。

後西域都護天水段會宗爲烏孫兵所圍，驛騎上書，願發城郭燉煌兵以自救。丞相王商、大將軍王鳳及百僚議數日不决。鳳言「湯多籌策，習外國事，可問」。上召湯見宣室。湯擊郅支時中寒病，兩臂不詘申。湯入見，有詔毋拜，示以會宗奏。湯辭謝，曰：「將相九卿皆賢材通明，小臣罷癃，不足以策大事。」上曰：「國家有急，君其毋讓。」對曰：「臣以爲此必無可憂也。」上曰：「何以言之？」湯曰：「夫胡兵五而當漢兵一，何者？兵刃朴鈍，弓弩不利。今聞頗得漢巧，然猶三而當一。又兵法曰客倍而主人半然後敵』，今圍會宗者人衆不足以勝會宗，唯陛下勿憂！且兵輕行五十里，重行三十里，今會宗欲發城郭燉煌，歷時迺至，所謂報讎之兵，非救急之用也。」上曰：「奈何？其解可必乎？度徒各反。何時解？」湯知烏孫瓦合，不能久攻，故事不過數日，因對曰：「已解矣。」詘指計其日，曰：「不出五日，當有吉語聞。」居四日，軍書到，言已解矣。大將軍鳳奏以爲從事中郎，莫府事一決於湯。湯傳、通鑑。

校勘記

〔一〕雖令通利　四庫本「令」作「今」，據漢書溝洫志及金華叢書本改。

〔二〕則正后自疑而支庶有間適之心　四庫本「間」作「閑」，漢書杜欽傳作「間」，師古注曰：「間，代也，音居莧反。適讀曰嫡。」據改。

〔三〕萊中之屬　四庫本「萊」作「秦」，據漢書郊祀志及金華叢書本改。

〔四〕般曰賜以爲舉計令郡實之　四庫本「般」作「經」，「令」作「今」，據漢書匡衡傳及金華叢書本改。

西漢年紀卷二十五

成帝

河平元年春正月壬寅朔，日月俱在營室，時日出赤。二月癸未，日朝赤，且入又赤，夜月赤。甲申，日出赤如血，亡光，漏上四刻半，乃頗有光，燭地赤黄，食後乃復。五行志。

庚子，泰山山桑谷有鳶焚其巢，三鷇口豆反。燒死。五行志。長安男子石良、劉音相與同居，有物如人狀在其室中，擊之，爲狗，走出。去後有數人被甲持兵弩至良家，良等格擊，或死或傷，皆狗也。自二月至六月乃止。五行志、荀紀。

杜欽薦犍爲王延世於王鳳，使塞決河，鳳以延世爲河隄使者。延世以竹落長四丈，大九圍，盛以小石，兩船夾載而下之。三十六日，河隄成。三月，詔曰：「東郡河決，流漂二州，校尉延世隄防三旬立塞。其改元爲河平。卒治河者爲著外繇六月。惟延世長於計策，功費約省，用力日寡，朕甚嘉之。其以延世爲光禄大夫，秩中二千石，賜爵關内侯，黄金百斤。」溝洫志、本紀、通鑑。

旱，傷麥，民食榆皮，流移入函谷關。天文志。

夏四月己亥晦，日有食之，不盡如鉤，在東井六度。五行志。考異曰：本紀書：「日有食之，既。」按，五行志云：「日有食之，不盡如鉤。」又：「劉向云：『且既，其占恐害繼嗣。』」又帝報皇后書云：「四月己亥，日蝕東井，轉旋且索，與既無異。」觀此三者，則本紀以「既」書蓋誤也。今不取，姑從五行志，以「不盡如鉤」書焉。光禄大夫劉向對曰：「四月交於五月，月同孝惠，日同孝昭。東井，京師地，且既，其占恐害繼嗣。」是時，許皇后專寵，後宮希得進見，中外皆憂上無繼嗣，故杜欽、谷永及向所對皆及之。五行志、通鑑。上然其言。於是省減椒房掖庭用度。皇后迺上疏曰：「迺壬寅日大長秋受詔：『椒房儀法，御服輿駕，所發諸官署，及所造作，遺賜外家羣臣妾，皆如竟寧以前故事。』妾伏自念，入椒房以來，遺賜外家未嘗踰故事，每輒決上，可覆問也。今誠時世異制，長短相補，不出漢制而已，纖微之間，未必可同。若竟寧前與黄龍前，豈相放甫往反。哉？家吏不曉，今一受詔如此，且使妾摇手不得。今言無得發取諸官，殆謂未央宫不屬妾，不宜獨取也。言妾家府亦不當得，妾竊惑焉。幸得賜湯沐邑以自奉養，亦小發取其中，何害於誼而不可哉？又詔書言服御所造，皆如竟寧前，吏誠不能揆其意，即且令妾被服所爲不得不如前。設妾欲作某屏風張於某所，曰故事無有，或不能得，則必繩妾以詔書矣。此二事誠不可行，唯陛下省察。官吏忮佷，必欲自勝。幸妾尚貴時，猶以不急事操人，況今日日益侵，又獲此詔，其操約人，豈有所訴？又故事以特牛祠大父母，戴侯、敬侯皆得蒙恩以太牢祠，今當率如故事，唯陛下哀之！今吏甫受詔讀記，直豫言使后知之，非可復若私府有所取也。其萌芽所以約制妾者，恐失人理。唯陛下深察焉。」

上於是采劉向、谷永之言以報曰：「日者，建始元年正月，白氣出於營室。營室者，天子之後宮也。正月於尚書爲皇極。皇極者，王氣之極也。白者西方之氣，其於春當廢。今正以王極之月，興廢氣於後宮，視后妾無能懷任保全者，以著繼嗣之微，賤人將起也。至其九月，流星如瓜，出於文昌，貫紫宮，尾委曲如龍，臨於鉤陳，此又章顯前尤，著在内也。其後則有北宮井溢，南流逆理，數郡水出，流殺人民。後則訛言傳相驚震，女童入殿，咸莫覺知。夫河者水陰，四瀆之長，今乃大决，没漂陵邑，斯昭陰盛盈溢，違經絶紀之應也。迺昔之月，鼠巢於樹，野鵲變色。二月庚子，鳥焚其巢太山之域。易曰：『鳥焚其巢，旅人先关古笑字。後號咷。喪牛於易，凶。』言王者處民上，如鳥之處巢也，不顧卹百姓，百姓畔而去之，若鳥之自焚也，雖先快意説咲，其後必號而無及也。百姓喪其君，若牛亡其毛也，故稱凶。泰山，王者易姓告代之處，今正於岱宗之山，甚可懼也。考異曰：今許后傳作「五月庚子」。按，荀紀及五行志並作「二月庚子」，及攷此書，先云「五月庚子」，繼云「三月癸未」，又云「四月己亥」，不應置三月、四月於五月之後，當是「二月庚子」爲是。今從荀紀、五行志。三月癸未，大風自西摇祖宗寢廟，揚裂帷席，折拔樹木，頓僵車輦，毁壞檻屋，災及宗廟，足爲寒心！四月己亥，日蝕東井，轉旋且索，先各反。與既無異。己猶戊也，亥復水也，明陰盛，咎在内。於戊己，虧君體，著絶世於皇極，顯禍敗及京都。於東井，變怪衆備，末重益大，來數益甚。成形之禍月以迫切，不救之患日寖婁古屢字。深，咎敗灼灼若此，豈可忽哉！書云：『高宗肜日，粤有雊雉。』祖己曰：『惟先假王正厥事。』又曰『雖休勿休，惟敬五刑，以成三德。』按，原本無「書云」以下，下文「飭椒房」句無所指，今補入。即飭椒房及掖庭耳。今皇后有所疑，便不便，其條刺，使大長秋來白之。吏拘於法，亦安足過？蓋矯枉者過直，古今同之。且財幣之省，特牛之祠，其於皇后，所以扶助德美，爲華寵也。咎根不除，災變相襲，祖宗且不血食，何戴侯也！傳不云乎？『以約失之者鮮』。審皇后欲從其奢與？讀曰歟。朕亦當法孝武皇帝也，如此則甘泉、建章可復興矣。孝文皇帝，朕之師也。皇太后，皇后成法也。假使皇太后在彼時不如職，今見親厚，又惡音烏。可以踰乎！皇后其刻心秉德，毋違先后之制度，力誼勉行，稱順婦道，減省羣事，謙約爲右。其孝東宮，毋闕朔望，推誠永究，爰何不臧！養名顯行，以息衆讙，許元反。垂則列妾，使有法焉。」許皇后傳。

自元帝時，韋玄成爲丞相，奏罷太上皇寢廟園，博士給事中平陵平當上書言：「臣聞孔子曰：『如有王者，必世而後仁。』三十年之間，道德和洽，制禮興樂，災害不生，禍亂不作。今聖漢受命而王，繼體承業二百餘年，孜孜不怠，政令清矣。然風俗未和，陰陽未調，災害數見，意者大本有不立與？讀曰歟。何德化休徵不應之久也！禍福不虛，必有因而至者焉。宜深迹其道而務脩其本。昔者堯帝南面而治，先『克明峻德，以親九族』，而化及萬國。孝經曰：『天地之性人爲貴，人之行莫大於孝，孝莫大於嚴父，嚴父莫大於配天，則周公其人也。』夫孝子善述人之志，周公既成文武之業而制作禮樂，修嚴父配天之事，知文王不欲以子臨父，故推而序之，上極於后稷而以配天。此聖人之德，亡以加於孝也。高皇帝聖德受命，有天下，尊太上皇，猶周文武之追王太王、王季也。此漢之始祖，後嗣所宜尊奉以廣盛德，孝之至也。書云：『正稽古建功立事，可以永年，傳於亡窮。』今文泰誓之辭。上亦以無繼嗣，遂納當言。當傳、通鑑。

秋九月，復太上皇寢廟園，世世奉祠。昭靈后、武哀王、昭哀后并食於太上寢廟如故。初，元帝改制，蠲除高后所定擅議之令，至是又復焉。本紀、韋玄成傳。

謁者常山王禹世受河間樂，能說其義，其弟子宋曅等上書言之，下大夫博士平當等考試。考異曰：此事不得其年月，今附於平當請復太上皇寢廟之後。當以爲「漢承秦滅道之後，賴先帝聖德，博受兼聽，修廢官，立太學，河間獻王聘求幽隱，修興雅樂以助化。時，大儒公孫弘、董仲舒等皆以爲音中正雅，立之大樂。春秋鄉射，作於樂官，希闊不講。故自公卿大夫觀聽者，但聞鏗鎗，不曉其義，而欲以風諭衆庶，其道無由。是以行之百有餘年，德化至今未成。今曅等守習孤學，大指歸於興助教化。衰微之學，興廢在人。宜領屬雅樂，以繼絶表微。孔子曰：『人能弘道，非道弘人。』河間區區，小國藩臣，以好學修古，能有所存，民到于今稱之，況於聖主廣被皮義反。之資，修起舊文，放鄭近雅，述而不作，信而好古，於以風示海内，揚名後世，誠非小功小美也」。事下公卿，以爲久遠難分明，當議復寢。禮樂志。

詔曰：「甫刑云『五刑之屬三千，大辟之罰其屬二百』，今大辟之刑千有餘條，律令煩多，百有餘萬言，奇請它比，日以益滋，自明習者不知所由，欲以曉喻衆庶，不亦難乎！於以羅元元之民，夭絶亡辜，豈不哀哉！其與中二千石〔一〕、二千石、博士及明習律令者議減死刑及可蠲除約省者，令較然易知，條奏。書不云乎？『惟刑之恤哉！』其審核之，務準古法，朕將盡心覽焉。」有司無仲山父將明之材，不能因時廣宣主恩，建立明制，爲一代之法，而徒鉤摭微細，毛舉數事，以塞詔而已。刑法志。

詔曰：「蓋聞仁以親親，古之道也。前東平王有闕，有司請廢，朕不忍。又請削，朕不敢專。惟王之至親，未嘗忘於心。今聞王改行自新，尊修經術，親近仁人，非法之求，不以奸音干。吏，朕甚嘉焉。傳不云乎？『朝過夕改，君子與之。』其復前所削縣如故。」東平王傳。

匈奴單于遣右臯林王伊邪莫演等奉獻朝正月。匈奴傳。考異曰：通鑑考異云：按，匈奴傳「河平元年，單于遣莫演朝正月」，下云：「明年，單于上書願朝。河平四年正月，遂入朝。」據此，則是莫演以元年至漢，朝二年正月也。而荀紀繫於元年正月之下，恐誤。漢紀又以「莫演」爲「黄渾」，今從漢書傳。

河平二年春正月，沛郡鐵官鑄錢，鐵不下，隆隆如雷聲，又如鼓音，工十三人皆驚走，音止，乃還。視地，陷數尺，鑪分爲十一，鑪中銷鐵散如流星飛去。五行志、荀紀。

冬十月，填星在東井軒轅南耑大星尺餘，歲星在其西北尺所，熒惑在其西北二尺所，皆從西方來。填星貫輿鬼，先到歲星次，熒惑亦貫輿鬼。十一月，歲星、熒惑西去填星，皆西北逆行。天文志。乙卯，月食填星，星不見。時在輿鬼西北八九尺所。天文志。丁巳，夜郎王興與鉤町王禹，漏臥侯俞更舉兵相攻。大將軍鳳薦金城司馬臨邛陳立爲牂柯太守，召興斬之。考異曰：西南夷傳但云「河平中」，而胡旦漢春秋云在此年十一月，未知何據也。今按，天文志云，「河平二年十一月丁巳」云云，是胡旦蓋據天文志，今從之。

是歲，御史大夫張忠奏京兆尹王尊暴虐不改，外爲大言，倨嫚姍古訕字。上，威信日廢，不宜備位九卿。尊坐免，吏民多稱惜之。考異曰：王尊傳作「御史大夫中」。按，百官表是時張忠爲御史大夫，通鑑改作張忠，今從之。湖三老公乘興等上書訟尊治京兆功效日著：「往者南山盜賊阻山横行，剽劫良民，殺奉法吏，道路不通，城門至以警戒。步兵校尉使逐捕，暴師露衆，曠日煩費。不能擒制。二卿坐黜，如淳曰：「三輔皆秩中二千石，號爲卿也。」羣盜寖彊，吏氣傷沮，才汝反。流聞四方，爲國家憂。當此之時，有能捕斬，不愛金爵重賞。關内侯寬中使問所徵故司隸校尉王尊捕羣盜方略，拜爲諫大夫，守京輔都尉，行京兆尹事。尊盡節勞心，夙夜思職，卑體下士，厲犇北之吏，起沮傷之氣，二旬之間，大黨震壞，渠率效首。賊亂蠲除，民反農業，拊循貧弱，鉏耘豪强。長安宿豪大猾東市賈萬、城西萬音矩。章、翦張禁、酒趙放、杜陵楊章等皆通邪結黨，挾養姦軌，上干王法，下亂吏治，并兼役使，侵漁小民，爲百姓豺狼。更數二千石，二十年莫能禽討，尊以正法按誅，皆伏其辜。姦邪銷釋，吏民説讀曰悦。服。尊撥劇整亂，誅暴禁邪，皆前所稀有，名將所不及。雖拜爲真，未有殊絶襃賞加於尊身。今御史大夫奏尊『傷害陰陽，爲國家憂，無承用詔書之意，靖言庸違，象龔滔天』。原其所以，出御史丞楊輔，故爲尊書佐，素行陰賊，惡口不信，好以刀筆陷人於法。輔常醉過尊大奴利家，利家捽搏其頰，兄子閎拔刀欲剄之。輔以故深怨疾毒，欲傷害尊。疑輔内懷怨恨，外依公事，建畫爲此議，傅讀曰附。致奏文，浸潤加誣，以復私怨。臣等竊痛傷尊修身絜己，砥音抵。節首式救反。公，刺譏不憚將相，誅惡不避豪彊，誅不制之賊，解國家之憂，功著職修，威信不廢，誠國家爪牙之吏，折衝之臣。今一旦無辜制於仇人之手，傷於詆欺之文，上不得以功除罪，下不得蒙棘木之聽，獨掩怨讎之偏奏，被共工之大惡，無所陳怨愬罪。尊以京師廢亂，羣盗並興，選賢徵用，起家爲卿，賊亂既除，豪猾伏辜，即以佞巧廢黜。一尊之身〔二〕，三期之間，乍賢乍佞，豈不甚哉！孔子曰：『愛之欲其生，惡之欲其死，是惑也。』『浸潤之譖不行焉，可謂明矣。』願下公卿大夫博士議郎，定尊素行。夫人臣而傷害陰陽，死誅之罪也；靖言庸違，放殛之刑也。審如御史章，尊乃當伏觀闕之誅，放於無人之域，不得苟免。及任舉尊者，當獲選舉之辠，不可但已。即不如章，飾文深詆以愬無罪，亦宜有誅，以懲讒賊之口，絶詐欺之路。惟明主參詳，使白黑分別。」書奏，天子復以尊爲徐州刺史。百官表、尊傳。

河平三年春正月，楚王囂、東平王宇來朝。時楚王被疾，天子閔之，詔曰：「蓋聞『天地之性人爲貴，人之行莫大乎孝。』楚王囂素行孝順仁慈，之國以來二十餘年，纖介之過未嘗聞，朕甚嘉之。今迺遭命，離於惡疾，朕甚閔焉。夫行純茂而不顯異，則有國者將何勗哉？書不云乎？『用德章厥善。』今王朝正月，詔與子男一人俱，其以廣戚縣户四千三百封其子勳爲廣戚侯。」東平王宇上疏求諸子及太史公書，上以問大將軍王鳳，對曰：「臣聞諸侯朝聘，考文章，正法度，非禮不言。今東平王幸得來朝，不思制節謹度，以防危失，而求諸書，非朝聘之義也。諸子書或反經術，非聖人，或明鬼神，信物怪；太史公書有戰國從橫權譎之謀，漢興之初謀臣奇策，天官災異，地形阸塞：皆不宜在諸侯王。不可與。不許之辭宜曰：『五經聖人所制，萬事靡不畢載。王審樂道，傅相皆儒者，旦夕講誦，足以正身虞與娛同。意。夫小辯破義，小道不通，致遠恐泥，乃細反。皆不足以留意。諸益於經術者，不愛於王。』」對奏，天子如鳳言，遂不與。荀紀、宣元六王傳。

二月丙戌，犍爲地震積二十一日，百二十四動，山崩，雍江水，水逆流。本紀、五行志。

九月甲戌，東郡茌平男子侯毋辟兄弟五人羣黨爲盜〔三〕，攻燔官寺，縛縣長吏，盜取印綬，自稱將軍。天文志。

是歲，右將軍史丹爲左將軍，太僕王章爲右將軍，侍中中郎將王音爲太僕，左曹中郎將辛慶忌爲執金吾。百官表。章，安陽侯舜之子。音，太后從弟。慶忌，武賢之子也。始武賢與趙充國有隙，後充國家殺辛氏，至慶忌爲執金吾，坐子殺趙氏，左遷酒泉太守。辛慶忌傳。

河復決平原，流入濟南千乘，所壞敗者半建始時，復遣王延世治之。杜欽說大將軍王鳳，以爲「前河決，丞相史楊焉言延世受焉術以塞之，蔽不肯見。今獨任延世，延世見前塞之易，恐其慮害不深。又審如焉言，延世之巧，反不如焉。且水埶各異，不博議利害而任一人，如使不及今冬成，來春桃華水盛，必羨溢，有填淤反壤之害。如此，數郡種不得下，民人流散，盗賊將生，雖重誅延世，無益於事。宜遣焉及將作大匠許商、諫大夫乘馬延年雜作。延世與焉必相破壞，深論便宜，以相難極。商、延年皆明計算，能商功利，足以分別是非，擇其善而從之，必有成功」。鳳如欽言，白遣焉等作治，六月迺成。復賜延世黄金百斤。治河卒非受平賈者，爲著外繇六月。溝洫志。

匈奴復株絫若鞮單于上書願朝。本傳。

河平四年春正月，單于來朝，引見白虎殿。丞相王商坐未央廷中，單于前，拜謁商。商長八尺餘，身體鴻大，容貌甚過絶人，單于仰視商，大畏之，遷延卻退。天子聞而嘆曰：「此真漢相矣！」匈奴傳、本紀、王商傳。

赦天下徒，賜孝弟力田爵二級，諸逋租賦所振貸勿收。本紀。

二月，單于罷歸國。本紀。

三月癸丑朔，日有蝕之。本紀。先是，言災異多指後宫，上爲減椒房用度。後比三年日蝕，言事者頗歸咎於王鳳矣，而谷永等獨著之許氏。許后傳。

遣光禄大夫博士孟嘉等十一人行舉瀕河之郡水所毁傷困乏不能自存者，財振貸。其爲水所流壓死，不能自葬，令郡國給槥音衛。櫝音讀。葬埋。已葬者與錢，人二千。避水它郡國，在所冗如勇反。食讀曰飤。之，謹遇以文理，無令失職。本紀。

初，大將軍鳳連昏楊彤爲琅邪太守，其郡有災害十四，已上。丞相商部屬按問，鳳以曉商曰：「災異天事，非人力所爲。彤素善吏，宜以爲後。」商不聽，竟奏免彤，奏果寢不下，鳳重以是怨商，陰求其短，使人上書言商閨門內事。天子以爲暗昧之過，不足以傷大臣，鳳固爭，下其事司隸。先是，皇太后嘗詔問商女，欲以備後宮。時女病，商意亦難之，以病對，不入。及商以閨門事見考，自知爲鳳所中，惶怖，更欲內女爲援，迺因新幸李倢伃家白見其女。會日有蝕之，太中大夫蜀郡張匡，其人佞巧，上書願對近臣陳日蝕咎。下朝者左將軍丹等問匡，對曰：「竊見丞相商作威作福，從外制中，取必於上，性殘賊不仁，遣票頻妙、匹妙二反。輕吏微求人罪，欲以立威，天下患苦之。前頻陽耿定上書言商與父傅通，及女弟淫亂，奴殺其私夫，疑商教使。章下有司，商私怨懟。直類反。商子俊欲上書告商，俊妻左將軍丹女，持其書以示丹，丹惡其父子乖迕，爲女求去。商不盡忠納善以輔至德，知聖主崇孝，遠別不親，後庭之事皆受命皇太后，太后前聞商有女，欲以備後宮，商言有固疾，後有耿定事，更詭道因李貴人家內女。執左道以亂政，誣罔誖布內反。大臣節，故應是而日蝕。周書曰：『以左道事君者誅。』易曰：『日中見昧，則折其右肱。』往者丞相周勃再建大功，及孝文時纖介怨恨，而日爲之蝕，於是退勃使就國，卒無怵惕古惕字。憂。今商無尺寸之功，而有三世之寵，身位三公，宗族爲列侯、吏二千石、侍中諸曹，給事禁門內，連昏諸侯王，權寵至盛。審有内亂殺人怨懟之端，宜窮竟考問。臣聞秦丞相吕不韋見王無子，意欲有秦國，即求好女以爲妻，陰知其有身而獻之王，産始皇帝。及楚相春申君亦見王無子，心利楚國，即獻有身妻而産懷王。自漢興幾遭吕、霍之患，今商有不仁之性，迺因怨以内女，其姦謀未可測度。前孝景世七國反，將軍周亞夫以爲即得雒陽劇孟，關東非漢之有。今商宗族權勢，合貲鉅萬計，私奴以千數，非特劇孟匹夫之徒也。且失道之至，親戚畔之，閨門内亂，父子相訐，而欲使之宣明聖化，調和海内，豈不繆哉！商視事五年，官職陵夷而大惡著於百姓，甚虧損盛德，有鼎折足之凶。臣愚以爲聖主富於春秋，即位以來，未有懲姦之威，加以繼嗣未立，大異並見，尤宜誅討不忠，以遏未然。行之一人，則海内震動，百姦之路塞矣。」

於是左將軍丹等奏：「商位三公，爵列侯，親受詔策爲天下師，不遵法度以翼國家，而回辟讀曰僻。下媚以進其私，執左道以亂政，爲臣不忠，罔上不道，甫刑之辟，皆爲上戮，罪名明白。臣請詔謁者召商詣若盧詔獄。」孟康曰：「若盧，獄名，屬少府，黄門北寺是也。」上素重商，知匡言險險，制曰「弗治」。鳳固争之。夏四月壬寅，五字據百官表。詔使者收商丞相印綬。商免相三日，發病歐血薨，謚曰戾侯。而商子弟親屬爲駙馬都尉、侍中、中常侍、諸曹大夫郎吏者，皆出補吏，莫得留給事宿衛者。有司奏商罪過未決，請除國邑。有詔長子安嗣爵爲樂昌侯。商傳。

先是，光禄大夫張禹領尚書事，上富於春秋，謙讓，方鄉經學，敬重師傅。帝舅王鳳輔政專權，禹與鳳並領尚書，内不自安，數病上書乞骸骨，欲避鳳。上不許。六月丙午，以禹爲丞相，封安昌侯。百官表、禹傳。考異曰：通鑑作「丙戌」。按，百官表、恩澤侯表、荀紀並作「丙午」，唯通鑑作「丙戌」，未知何據。按，長曆是年六月無丙戌，當是通鑑誤一字，今從漢書、荀紀〔四〕。

庚戌，楚孝王囂薨，子文嗣。本紀、楚王傳。

是歲，大將軍王鳳薦酒泉太守辛慶忌「前在張掖、酒泉兩郡著功迹，徵入，歷位朝廷，莫不信鄉。讀曰嚮。質行正直，仁勇得衆心，通於兵事，明略威重，任國柱石。父破羌將軍武賢顯名前世，有威西夷。臣鳳不宜久處慶忌之右」。迺復徵爲光禄大夫、執金吾。慶忌傳。

京兆尹自王尊免後，代者不稱職，司隸校尉王章以選爲京兆尹。章雖爲王鳳所舉，非鳳專權，不親附鳳。百官表、王章傳。

陽朔元年秋七月壬子，月犯心星。天文志。時大將軍鳳用事，上謙讓無所顓。京兆尹王章譏鳳顓權，不可任用，薦馮野王代鳳，鳳甚憂懼。杜欽令鳳稱病出就第，上疏乞骸骨，曰：「臣材駑愚戇，得以外屬兄弟七人封爲列侯，宗族蒙恩，賞賜無量。輔政出入十年，國家委任臣鳳，所言輒聽，薦士常用。無一功善，陰陽不調，災異數見，咎在臣鳳奉職無狀，此臣一當退也。考異曰：漢書元后傳作「七年」。按，鳳自竟寧元年輔政，至陽朔，蓋十年。又，杜欽傳欽説鳳曰：「將軍深悼輔政十年，變異不已。」考此，益知元后傳「七」字爲誤，今改作「十」字。五經傳記，師所誦説，咸以日蝕之咎在於大臣非其人，易曰『折其右肱』，此臣二當退也。河平以來，臣久病連年，數出在外，曠職素餐，此臣三當退也。陛下以皇太后故不忍誅廢，臣猶自知當速流放，又重自念，兄弟宗族所蒙不測，當殺身靡武皮反。骨死輦轂下，不當以無益之故有離寢門之心。誠歲餘以來，所苦加侵，日月益甚，不勝大願，願乞骸骨，歸自治養，冀賴陛下神靈，未埋髮齒，朞月之間，幸得瘳愈，復望帷幄，不然，必寘溝壑。臣以非材見私，天下知臣受恩深也；以病得全骸骨歸，天下知臣被恩見哀，重巍巍也。進退於國爲厚，萬無纖介之議。唯陛下哀憐。」其辭指甚哀。

上迺報鳳曰：「朕秉事不明，政事多闕，故天變婁古屢字。臻，咸在朕躬。將軍迺深引咎自予，欲乞骸骨而退，則朕將何嚮焉！書不云乎？『公毋困我。』務專精神，安心自持，期於亟瘳，稱朕意焉。」鳳心慙，稱病篤，欲遂退。

杜欽復説之曰：「將軍深悼輔政十年，變異不已，故乞骸骨，歸咎於身，刻己自責，至誠動衆，愚知莫不感傷。雖然，是無屬之臣，執進退之分，絜去就之節者耳，非主上所以待將軍，非將軍所以報主上也。昔周公雖老，猶在京師，明不離成周，示不忘王室也。仲山甫異姓之臣，無親於宣，就封於齊，猶嘆息永懷，宿夜徘徊，不忍遠去，況將軍之於主上，主上之與將軍哉！夫欲天下治安變異之意，莫有將軍，主上昭然知之，故攀援音爰。不遺，書稱：『公毋困我！』唯將軍不爲四國流言自疑於成王，以固至忠。」鳳復起視事。上令尚書劾奏章，章死詔獄。元后、杜欽傳、通鑑。按，原本不書王章之死，與後衆庶多寃王章段意不相屬，今補入。

大將軍鳳風讀曰諷。御史中丞劾奏野王賜告養病而私自便，持虎符出界歸家，奉詔不敬。杜欽奏記於鳳，曰：「竊見令曰，吏二千石告，過長安謁，如淳曰：「律，吏二千石以上告歸歸寧，道不過行在所者，便道之官無辭。」不分別予賜。今有司以爲予告得歸，賜告不得，是一律兩科，失省刑之意。夫三最予告，令也；病滿三月賜告，詔恩也。令告則得，詔恩則不得，失輕重之差。又二千石病賜告得歸有故事，不得去郡亡著令。傳曰：『賞疑從予，所以廣恩勸功也；罰疑從去，所以慎刑，闕難知也。』今釋令與故事而假不敬之法，甚違闕疑從去之意。即以二千石守千里之地，任兵馬之重，不宜去郡，將以制刑爲後法者，則野王之罪，在未制令前也。刑賞大信，不可不慎。」鳳不聽，竟免野王。郡國二千石病賜告不得歸家，自此始。馮野王傳。

衆庶多寃王章譏朝廷者。杜欽欲救其過，復説鳳曰：「京兆尹章所坐事密，吏民見章素好言事，以爲不坐官職，疑其以日蝕見對有所言也。假令章内有所犯，雖陷正法，事不暴揚，自京師不曉，况於遠方。恐天下不知章實有罪，而以爲坐言事也。如是，塞争引之原，損寬明之德。欽愚以爲宜因章事舉直言極諫，並見郎從官展盡其意，加於往前，以明示四方，使天下咸知主上聖明，不以言罪下也。若此，則流言消釋，疑惑著明。」鳳白行其策。杜欽傳。

是歲，楚懷王文薨，無子，絶。楚孝王傳。

陽朔二年春，寒，失節。荀紀。詔曰：「昔在帝堯立羲、和之官，命以四時之事，令不失其序。故書云『黎民於蕃扶元反。時雍』，明以陰陽爲本也。今公卿大夫或不信陰陽，薄而小之，所奏請多違時政。傳以不知，周行天下，而欲望陰陽和調，豈不謬哉！其務順四時月令。」本紀。

夏四月丁卯，侍中大僕王音爲御史大夫。荀紀、百官表。於是王氏愈盛，後庭姬妾各數十人，僮奴以千百數，羅鐘磬，舞鄭女，作倡優，狗馬馳逐，大治第室，起土山漸臺，洞門高廊，閣道連屬之欲反。彌望，其奢僭如此。劉向謂陳湯曰：「災異如此，而外家日盛，其漸必危劉氏。」遂上封事極諫曰：

昔晉有六卿，齊有田、崔，衛有孫、甯，魯有季、孟，常掌國事，世執朝柄。終後田氏取齊；六卿分晉；崔杼弒其君光；孫林父、甯殖出其君衎，弒其君剽；季氏八佾舞於庭，三家者以雍徹，並專國政，卒逐昭公。周大夫尹氏筦與管同。朝事，濁亂王室，子朝、子猛更立，連年乃定。故經曰「王室亂」，又曰「尹氏殺王子克」，甚之也。春秋舉成敗，録禍福，如此類甚衆，皆陰盛而陽微，下失臣道之所致也。故書曰：「臣之有作威作福，害于而家，凶于而國。」孔子曰：「禄去公室，政逮大夫。」危亡之兆也。秦昭王舅穰侯及涇陽、葉陽君專國擅勢，上假太后之威，三人者權重於昭王，家富於秦國，國甚危殆，賴寤范雎之言，而秦復存。二世委任趙高，專權自恣，壅蔽大臣，終有閻樂望夷之禍，秦遂以亡。近事不遠，即漢所代也。

漢興，諸吕無道，擅相尊王。吕産、吕禄席太后之寵，據將相之位，兼南北軍之衆，擁梁、趙王之尊，驕盈無厭，欲危劉氏。賴忠正大臣絳侯、朱虚侯等竭誠盡節以誅滅之，然後劉氏復安。今王氏一姓乘朱輪華轂者二十三人，青紫貂蟬充盈幄内，魚鱗左右。大將軍秉事用權，五侯驕奢僭盛，並作威福，擊斷自恣，行汙而寄治，身私而託公，依東宫之尊，假甥舅之親，以爲威重。尚書九卿州牧郡守皆出其門，筦執樞機，朋黨比周。稱譽者登進，忤恨者誅傷；游談者助之説，執政者爲之言。排擯宗室，孤弱公族，其有智能者，尤非毁而不進。遠絶宗室之任，不令得給事朝省，恐其與己分權；數稱燕王、蓋主，以疑上心，避諱呂、霍而弗肯稱。內有管、蔡之萌，外假周公之論，兄弟據重，宗族磐互。歷上古至秦漢，外戚僭貴未有如王氏者也。雖周皇甫、秦穰侯、漢武安、呂、霍、上官之屬，皆不及也。

物盛必有非常之變先見，爲其人微象。孝昭帝時，冠石立於泰山，仆柳起於上林。而孝宣帝即位，今王氏先祖墳墓在濟南者，其梓柱生枝葉，扶疎上出屋，根垂地中，雖立石起柳，無以過此之明也。事埶不兩大，王氏與劉氏亦且不並立，如下有泰山之安，則上有累卵之危。陛下爲人子孫，守持宗廟，而令國祚移於外親，降爲皁隸，縱不爲身，奈宗廟何！婦人內夫家，外父母家，此亦非皇太后之福也。孝宣皇帝不與舅平昌、樂昌侯權，所以全安之也。

夫明者起福於無形，銷患於未然。宜發明詔，吐德音，援近宗室，親而納信，黜遠外戚，毋授以政，皆罷令就第，以則效先帝之所行，厚安外戚，全其宗族，誠東宮之意，外家之福也。王氏永存，保其爵禄，劉氏長安，不失社稷，所以褒睦外內之姓，子子孫孫無疆之計也。如不行此策，田氏復見於今，六卿必起於漢，爲後嗣憂，昭昭甚明，不可不深圖，不可不早慮。易曰：「君不密，則失臣；臣不密，則失身；幾事不密，則害成。」惟陛下深留聖思，審固幾密，覽往事之戒，以折中取信，居萬安之實，用保宗廟，久承皇太后，天下幸甚。書奏，天子召見向，歎息悲傷其意，謂曰：「君且休矣，吾將思之。」以向爲中壘校尉。向傳。

夏五月，除吏八百石、五百石秩。本紀。

秋，關東大水，流民欲入函谷、天井、壺口、五阮關者，勿苛留，遣諫大夫博士分行視。

八日甲申，定陶王康薨。本紀。案，原本缺「八月」以下九字，今補。子欣嗣。諸侯王表。

九月，奉使者不稱。詔曰：「古之立太學，將以傳先王之業，流化於天下也，儒林之官，四海淵源，宜皆明於古今，温故知新，通達國體，故謂之博士。否則學者無述焉，爲下所輕，非所以尊道德也。『王欲善其事，必先利其器。』丞相、御史其與中二千石、二千石雜舉可充博士位者，使卓然可觀。」本紀。

是時，博士選三科，高第爲尚書，次爲刺史，其不通政事，以久次補諸侯太傅。博士孔光以高第爲尚書，觀故事品式，數歲明習漢制及法令。上甚信任之，轉爲僕射，尚書令。有詔光周密謹慎，未嘗有過，加諸吏官。光，霸之子。光傳。

是歲，信都王興徙爲中山王。諸侯王表。復立楚懷王弟平陸侯衍爲楚王。諸侯王表、楚孝王傳。

校勘記

〔一〕其與中二千石　四庫本「與」作「餘」，據漢書刑法志及金華叢書本改。

〔二〕一尊之身　四庫本「身」作「間」，蓋涉下句「三期之間」而誤，據漢書王尊傳及金華叢書本改。

〔三〕東郡茬平男子侯毋辟兄弟五人羣黨爲盜　漢書天文志「茬」作「莊」，金華叢書本作「茌」，俱形近而訛，據漢書地理志改。

〔四〕今從漢書荀紀　考異「從」誤作「後」，逕改。金華叢書本亦改「從」字。

西漢年紀卷二十六

成帝

陽朔三年秋八月丁巳，大司馬大將軍王鳳薨。初，鳳病困，薦從弟御史大夫音以自代。上從之，以音爲大司馬車騎將軍，領尚書事，而平阿侯譚位特進，領城門兵。按，原本脱「秋八月」以下，下文谷永與譚書云云殊無緣起，今補入。安定太守谷永與譚書曰：「君侯躬周召之德，執管晏之操，敬賢下士，樂善不倦，宜在上將久矣，以大將軍在，故抑鬱於家。今大將軍不幸早薨，絫親疏，序材能，宜在君侯。拜吏之日，京師士夫悵然失望。此皆永等愚劣，不能褒揚萬分。屬聞以特進領城門兵，是車騎將軍秉政雍容於內，而至戚賢舅執管籥於外，竊不爲君侯喜。宜深辭職，自陳淺薄不足以固城門之守，收泰伯之讓，保謙謙之路，闔門高枕，爲智者首。願君侯與博覽者參之，小子爲君侯安此。」譚得書，遂辭讓不受領城門職。由是譚、音相與不平。

永遠爲郡吏，恐爲音所危，病滿三月免。音奏補永營軍司馬，永數謝罪自陳，得轉爲長史。音用從舅越親輔政，小心親職，四字仍元后傳。威權損於鳳時。永復説音曰：「將軍履上將之位，食膏腴之都，任周召之職，擁天下之樞，可謂富貴之極，人臣無二，天下之責四面至矣，將何以居之？宜夙夜孳孳，執伊尹之彊德，以守職匡上，誅惡不避親愛，舉善不避仇讎，以章至公，立信四方。篤行三者，乃可以長堪重任，久享盛寵。太白出西方六十日，法當參天，今已過期，尚在桑榆之間，質弱而行遲，形小而光微。熒惑角怒明大，逆行守尾。其逆，常也；守尾，變也。意豈將軍忘湛讀曰沈。漸讀曰潛。之義，委曲從順，所執不彊，不廣用士，尚有好惡之忌，蕩蕩之德未純，方與將相大臣乖離之萌也？何故始襲司馬之號，俄而金火並有此變？上天至明，不虛見異，唯將軍畏之慎之，深思其故，改求其路，以享天意。」音猶不平，薦永爲護苑使者。谷永傳。

冬十一月丁卯，諸吏散騎光禄勳于永爲御史大夫。百官表。永，定國之子也。通鑑。右將軍王章爲光禄勳，數月，薨。百官表。

是歲，執金吾辛慶忌坐小法左遷雲中太守。慶忌傳。

陽朔四年春正月，詔曰：「夫洪範八政，以食爲首，斯誠家給刑措之本也。先帝劭時召反。農，薄其租税，寵其强力，令與孝弟同科。間者，民彌惰怠，鄉讀曰嚮。本者少，趨末者衆，將何以矯之？方東作時，其令二千石勉勸農桑，出入阡陌，致勞郎到反。來郎代反。之。

書不云乎？『服田力嗇，乃亦有秋。』其勗之哉！」本紀。

夏四月，雨雪，燕雀死。五行志。

秋九月，少府王駿居位八歲，上欲大用之，出駿爲京兆尹，試以政事。先是京兆有趙廣漢、張敞、王尊、王章，至駿，皆有能名。故京師稱曰：「前有趙、張，後有三王。」百官表、王吉傳。

左馮翊薛宣爲少府，共讀曰供，居用反。張竹亮反。職辦。百官表、薛宣傳。考異曰：大例除拜九卿不得歲月，則附於年末。此載於九月之下者，蓋據王吉、薛宣傳。王吉傳云：「帝出王駿爲京兆尹，而薛宣代爲少府。」薛宣傳云：「宣遷爲少府月餘，而御史大夫于永卒。」按，本紀永卒在閏九月壬戌，則二人之除拜當在九月明矣。谷永上疏曰：「帝王之德莫大於知人，知人則百僚任職，天工不曠。故皐陶曰：『知人則哲，能官人。』御史大夫內承本朝之風化，外佐丞相統理天下，任重職大，非庸材所能堪。今當選於羣卿，以充其缺。得其人則萬姓欣喜，百僚説讀曰悅。服；不得其人則大職墮火規反。斁，丁固反。王功不興。虞帝之明，在兹壹舉，可不致詳！竊見少府宣，材茂行絜，達於從政，前爲御史中丞，執憲轂下，不吐剛茹柔，舉錯時當；出守臨淮、陳留，二郡稱治；爲左馮翊，崇教養善，威德並行，衆職修理，姦軌絶息，辭訟者歷年不至丞相府，赦後餘盜賊什分三輔之一。功效卓爾，自左內史初置以來未嘗有也。孔子曰：『如有所譽，其有所試。』宣考績功課，簡在兩府，不敢過稱以奸音干。欺誣之辠。臣聞賢材莫大於治人，宣已有效。其法律任廷尉有餘，經術文雅足以謀王體，斷國論；身兼數器，有『退食自公』之節。宣無私黨游說之助，臣恐陛下忽於羔羊之詩，舍公實之臣，任華虛之譽，是用越職，陳宣行能，唯陛下留神考察。」上然之。薛宣傳。

是歲，雲中太守辛慶忌爲光祿勳。百官表。時數有災異，丞相司直何武上封事曰：「虞有宮之奇，晉獻不寐；衞青在位，淮南寢謀。故賢人立朝，折衝厭一葉反。難，勝於亡形。司馬法曰：『天下雖安，忘戰必危。』夫將不豫設，則亡以應卒；讀曰猝。士不素厲，則難使死敵。是以先帝建列將之官，近戚主內，異姓距外，故姦軌不得萌動而破滅，誠萬世之長策也。光祿勳慶忌行義修正，柔毅敦厚，謀慮深遠。前在邊郡，數破敵獲虜，外夷莫不聞。迺者大異並見，未有其應，加以兵革久寢，春秋大災未至而豫禦之，慶忌宜在爪牙官，以備不虞。」慶忌傳。

鴻嘉元年正月〔一〕，匈奴復株絫單于死，弟且麋胥立，爲搜諧若鞮單于。匈奴傳、天文志。考異曰：通鑑載於是歲之末，正以尋常年月無考用常例也。按，天文志載是年正月末單于死，五月遣中郎將楊興使弔，今從天文志。

二月，詔曰：「朕承天地，獲保宗廟，明有所蔽，德不能綏，刑罰不中，衆冤失職，趨闕告訴者不絶。是以陰陽錯謬，寒暑失序，日月不光，百姓蒙辜，朕甚閔焉。書不云乎？『即我御事，罔克耆壽，咎在厥躬。』方春生長時，臨遣諫大夫理等舉三輔、三河、弘農寃獄。公卿大夫、部刺史明申敕守相，稱朕意焉。其賜天下民爵一級，女子百户牛酒，加賜鰥寡孤獨高年帛。逋貸未入者勿收。」

上始爲微行出。本紀。

自大將軍鳳薨後，富平侯張放、淳于長等愛幸，上欲遵武帝故事，與近臣游宴，張放以開敏得幸。放取皇后弟平恩侯許況女，上爲放供居用反。張，竹亮反。賜甲第，充以乘輿服飾，號爲天子取婦，皇后嫁女。大官私官並拱其第，兩宫使者冠蓋不絶，賞賜以千萬數。放爲侍中中郎將，監平樂屯兵，置莫府，儀比將軍。與上卧起，寵愛殊絶。張放傳。

自鴻嘉後，上稍隆於内寵。考異曰：游宴事見張放傳，内寵事見班倢伃傳，皆不得其時，今附於微行後。班倢伃進侍者李平，平得幸，立爲倢伃。上曰：「始衞皇后亦從微起。」迺賜平姓曰衞。班倢伃傳。

三月，丞相張禹以老病乞骸骨，上加優再三，迺聽許。庚戌，賜安車駟馬，黄金百斤，罷就第，以列侯朝朔望，位特進，見禮如丞相，置從事史五人，益封四百户。天子數加賞賜，前後數千萬。張禹傳、百官表。考異曰：史記將相名臣年表以爲「張禹卒」，漢書百官表以爲「免」。按，禹傳禹後尚以特進對成帝所問王氏事，則知「卒」字爲誤，今不取。

夏四月庚辰，御史大夫薛宣爲丞相。百官表。封高陽侯宣爲相，府辭訟例不滿萬錢不爲移書，後皆遵用薛侯故事。然官屬譏其煩碎無大體，不稱賢也。時天子好儒雅，宣經術又淺，上亦輕焉。宣傳。

左將軍史丹以帝爲太子時輔導有舊恩，封武陽侯。恩澤侯表。

五月甲午，遣中郎將楊興使弔匈奴。天文志。

六月乙巳，詔曰：「車騎將軍音宿衛忠正，勤勞國家，前爲御史大夫，以外親宜典兵馬，入爲衛將軍，不獲宰相之封，朕甚慊焉！其封音爲安陽侯，食邑與五侯等，俱三千户。」元后傳、恩澤侯表。

帝修廢功，以丙吉舊恩尤重，制詔丞相御史：「蓋聞褒功德，繼絶統，所以重宗廟，廣賢聖之路也。故博陽侯吉以舊恩有功而封，今其祀絶，朕甚憐之。夫善善及子孫，古今之通誼也。其封吉孫中郎將關内侯昌爲博陽侯，奉吉後。」國絶三十二歲復續云。丙吉傳、恩澤侯表。

定令：「年未滿十歲〔二〕，賊鬭殺人及犯殊死者，上請廷尉以聞，得減死。」刑法志、荀紀。

冬，黄龍見真定。本紀。

是歲，光禄勳辛慶忌爲右將軍諸吏散騎給事中。百官表、慶忌傳。

鴻嘉二年春，行幸雲陽。本紀。

三月，博士行大射禮，有飛雉集于庭，歷階登堂而鴝。後雉又集太常、宗正、丞相、御史大夫、大司馬車騎將軍之府，又集未央宫承明殿屋上。五行志。

初，元帝儉約，渭陵不復徙民起邑。帝起初陵，數年後，樂霸陵曲亭南，更營之。將作大匠解萬年奏，請爲初陵徙民起邑，上從其言，起昌陵邑。夏，徙郡國豪桀五千户於昌陵。陳湯傳。按，原本脱「不復徙民」以下，今從陳湯傳補入。

五月癸未，隕石于杜郵，三。五行志、荀紀。

六月，立中山憲王孫雲客爲廣德王。本紀。

是歲，城陽哀王雲薨，無子，國除。諸侯王表、通鑑。

鴻嘉三年夏四月，赦天下。本紀。令吏民得買爵，賈讀曰價。級千錢。本紀。

大旱。本紀。

五月乙亥，天水冀南山大石鳴，聲隆隆如雷，有頃止，聞平襄二百四十里，壄鶏皆鳴。石長一丈三尺，廣厚略等，旁著岸脅，去地二百餘丈，民俗名曰「石鼓」。五行志。

帝嘗微行出，過陽阿主作樂，見趙飛燕而説之，召入宫，大幸。考異曰：通鑑考異云：五行志作「陽河主」，伶元趙后外傳及荀紀亦作「陽河」，外戚傳作「陽阿」。顏注曰：「陽阿，平原之縣也。」今俗書「阿」字作「河」，又或爲河陽，皆後人所妄改耳，今從顏注。按，今本荀紀「河陽」作「陽阿」，與所引不同。許皇后、班倢伃皆失寵，稀復進見。於是飛燕譖告許皇后、班倢伃挾媚道，祝詛後宮有身者王美人，詈及主上。許皇后坐廢。許后傳、班倢伃傳。考異曰：漢書許后傳所載王美人下云「及鳳等，太后大怒。」按，班倢伃傳「鴻嘉三年，趙飛燕譖告」云云，是時王鳳死已四年矣，「太后大怒」亦非是，今不取。

山陽后弟子平恩侯旦就國，諫大夫王仁上疏考異曰：此疏漢書無，今取荀氏漢紀。但荀紀作「諫議大夫」。按，是時無諫議大夫，今除去「議」字。言：「臣聞立后妃者，王教之大端，三綱之本理，治道所由廢興也，社稷所以存亡也。故夏之興也以塗山，亡也以妹喜；殷之興也以有娀，亡也以妲己；周之興也以文母，亡也以褒姒。夫三代安危，後王所觀，是以聖王必審舉措，察操行，以計勝色者昌，以色勝計者亡。無鹽、宿瘤，天下之醜女也，齊二君以計勝色，立爲后，皆以折衝安國。今許后以罪廢，遂事已往。如是欲立后妃，宜得殊異於前。上當奉宗廟，下令萬民，有所法則。河魴、河鯉、齊姜、宋子，詩人所高。萬乘之主，當持久長，非一切畢決目前者。驪姬亂晉，吳姬危趙，夫媵妾非天下之母，爲翫弄可也。昔姜后崇禮，宣王中興；樊姬正言，楚莊成霸。願留思察小臣惓惓之心。」上不聽。荀紀。

是歲，右將軍辛慶忌爲光祿勳，光祿勳并將軍。百官表。

丞相司直翟方進從上甘泉，行馳道中，司隸校尉陳慶劾奏方進，没入車馬。既至甘泉宫，會殿中，慶與廷尉范延壽語，時慶有章劾，自道：「行事以贖論，今尚書持我事來，當於此决。前我爲尚書時，嘗有所奏事，忽忘之，留月餘。」方進於是舉劾慶曰：「案慶奉使刺舉大臣，故爲尚書，知機事周密壹統，明主躬親不解。慶有罪未伏誅，無恐懼心，豫自設不坐之比。又暴揚尚書事，言遲疾無所在，虧損聖德之聰明，奉詔不謹，皆不敬，臣謹以劾。」慶坐免官。

會北地浩商爲義渠長所捕，亡，長取其母，與豭豬連繫都亭下。商兄弟會賓客，自稱司隸掾、長安縣尉，殺義渠長妻子六人，亡。丞相、御史請遣掾史與司隸校尉、部刺史并力逐捕，察無狀者，奏可。司隸校尉涓勳奏言：「春秋之義，王人微者序乎諸侯之上，尊王命也。臣幸得奉使，以督察公卿以下爲職，今丞相宣請遣掾史，以宰士督察天子奉使命大夫，甚誖逆順之理。宣本不師受經術，因事以立姦威。案浩商所犯，一家之禍耳，而宣欲專權作威，乃害于國，不可之大者。願下中朝特進列侯、將軍以下，正國法度。」議者以爲丞相掾不宜移書督趣司隸。會浩商捕得伏誅，家屬徙合浦。

故事，司隸校尉位在司直下，初除，謁兩府，其有所會，居中二千石前，與司直並迎丞相、御史。初，方進新視事，而涓勳亦初拜爲司隸，不肯謁丞相、御史大夫，後朝會相見，禮節又倨。方進陰察之，勳私過光禄勳辛慶忌，又出逢帝舅成都侯商道路，下車立，顉過，迺就車。於是方進舉奏其狀，因曰：「臣聞國家之興，尊尊而敬長，爵位上下之禮，王道綱紀。春秋之義，尊上公謂之宰，海内無不統焉。丞相進見聖主，御坐爲起，在輿爲下。羣臣宜皆承順聖化，以視四方。勳吏二千石，幸得奉使，不遵禮儀，輕謾宰相，賤易上卿，而又詘節失度，邪讇無常，色厲内荏。墮國體，亂朝廷之序，不宜處位。臣請下丞相免勳。」

時太中大夫平當給事中，奏言：「方進國之司直，不自敕正以先羣下，前親犯令行馳道中，司隸慶平心舉劾，方進不自責悔而内挾私恨，伺記慶之從容語言，以詆欺成罪。後丞相宣以一不道賊，請遣掾督趣司隸校尉，司隸校尉勳自奏暴於朝廷，今方進復舉奏勳。議者以爲方進不以道德輔正丞相，苟阿助大臣，欲必勝立威，宜抑絶其原。勳素行公直，姦人所惡，可少寬假，使遂其功名。」上以方進所舉應科，不得用逆詐廢正法，遂貶勳爲昌陵令。方進旬歲間免兩司隸，朝廷由是憚之。是時，起昌陵，營作陵邑，貴戚近臣子弟賓客多辜榷爲姦利者，方進部掾史覆案，發大姦臧數千萬。上以爲任公卿，欲試以治民，徙方進爲京兆尹，搏擊豪强，京師畏之。方進傳、百官表。

鴻嘉四年春正月，詔曰：「數敕有司，務行寬大，而禁苛暴，訖今不改。一人有辜，舉宗拘繫，農民失業，怨恨者衆，傷害和氣，水旱爲災，關東流冗者衆，青、幽、冀部尤劇，朕甚痛焉。未聞在位有惻然者，孰當助朕憂之！已遣使者循行郡國。被災害什四以上，民貲不滿三萬，勿出租賦。逋貸未入，皆勿收。流民欲入關，輒籍内。所之郡國，謹遇以理，務有以全活之。思稱朕意。」本紀。

秋，雨魚于新都，長五寸。五行志、荀紀。

丞相史楊焉言：「從河上下，患底柱隘，可鐫廣之。」上從其言，使焉鐫之。鐫之裁没水中，不能去，而令水益湍怒，爲害甚於故。是歲，渤海、清河、信都河水溢並頓反。溢，灌縣邑三十一，敗官亭民舍四萬餘所。河隄都尉許商與丞相史孫禁共行視，圖方略。禁以爲「今河溢之害，數倍於前決平原時。今可決平原金隄間，開通大河，令入故篤馬河。至海五百餘里，水道浚利，又乾三郡水地，得美田且二十餘萬頃，足以償所開傷民田廬處，又省吏卒治隄救水，歲三萬人以上」。許商以爲「古説九河之名，有徒駭，胡蘇，鬲津，今見在成平、東光、鬲界中。自鬲以北至徒駭間，相去二百餘里，今河雖數移徙，不離此域。孫禁所欲開者，在九河南篤馬河，失水之迹，處勢平夷，旱則淤絶，水則爲敗，不可許」。公卿皆從商言。

先是，谷永以爲「河，中國之經瀆，聖王興則出圖書，王道廢則竭絶。今潰溢横流，漂没陵阜，異之大者也。修政以應之，災變自除」。是時，平陵李尋、解光亦言：「陰氣盛則水爲之長，故一日之間，晝減夜增，江河滿溢，所謂水不潤下，雖常於卑下之地，猶日月變見於朔望，明天道有因而作也。衆庶見王延世蒙重賞，競言便巧，不可用。議者常欲求索九河故迹而穿之，今因其自決，可且勿塞，以觀水勢。河欲居之，當稍自成川，跳出沙土，然後順天心而圖之，必有成功，而用財力寡。」於是遂止不塞。滿昌、師丹等數言百姓可哀，上數遣使者處業振贍之。本紀、溝洫志。

魏郡杜鄴時爲郎，素善車騎將軍音，見音前與平阿侯譚有隙，即説音曰：「鄴聞人情，恩深者其養謹，愛至者其求詳。夫戚而不見殊，孰能無怨？此棠棣、角弓之詩所爲作也。昔秦伯有千乘之國，而不能容其母弟，春秋亦書而譏焉。周召則不然，忠以相輔，義以相匡，同己之親，等己之尊，不以聖德獨兼國寵，又不爲長專受榮任，分職於陝，並爲弼疑。故内無感胡闇反。恨之隙，外無侵侮之羞，俱享天祐，兩荷高名者，蓋以此也。竊見成都侯以特進領城門兵，復有詔得舉吏如五府，此明詔所欲寵也。將軍宜順聖意，加異往時，每事凡議，必與及之，指爲誠發，出於將軍，則孰敢不説諭？昔文侯寤大鴈之獻而父子益親，陳平共讀曰供。壹飯之篹而將相加驩，所接雖在楹階俎豆之間，其於爲國折衝厭難，豈不遠哉！」音甚嘉其言，由是與成都侯商親密，二人皆重鄴。杜鄴傳。

廣德夷王雲客薨，亡後，絶。表。

永始元年春正月癸丑，太官陵室火。戊午，戾后園闕火。本紀。考異曰：五行志、荀紀並作「災」，今從漢書本紀。

二月，河南郵亭樗樹生枝，狀如人頭，眉目鬚皆具，而無髮耳。五行志、荀紀。

上欲立趙倢伃爲皇后，諫大夫河間劉輔上書考異曰：荀紀作「諫議大夫」，今從漢書，作「諫大夫」。言：「臣聞天之所與必先賜以符瑞，天之所違必先降以災變，此神明之徵，自然之占驗也。里語曰：『腐木不可以爲柱，卑人不可以爲主。』考異曰：荀紀作「腐木不可以爲珪，人婢不可以爲主」。今從漢書傳。按，今本荀紀作「柱」，作「卑人」，與所引異。天人之所不予，必有禍而無福。」書奏，按，原本無「天人之所不予」以下十四字〔三〕，語意未足，今補入。上使侍御史收縛輔，繫掖庭祕獄，羣臣莫知其故。

於是中朝左將軍辛慶忌、右將軍廉褒、光祿勳師丹、太中大夫谷永俱上書曰：「臣聞明王垂寬容之聽，崇諫爭之官，廣開中直之路，不罪狂狷音絹。之言，然後百僚在位，竭忠盡謀，不懼後患，朝廷無讇諛之士，元首無失道之諐。竊見諫大夫劉輔，前以縣令求見，擢爲諫大夫，旬月之間，收下祕獄，臣等愚，以爲輔幸得託公族之親，在諫臣之列，新從下土來，未知朝廷體，獨觸忌諱，不足深過。小罪宜隱忍而已，如有大惡，宜暴治理官，與衆共之。昔趙簡子殺其大夫鳴犢，孔子臨河而還。今天心未豫，災異屢降，水旱迭徒結反。臻，方當隆寬廣問，褒直盡下之時也。而行慘急之誅於諫争之臣，人有懼心，精鋭銷耎，乃喚反。莫敢盡節正言，非所以昭有虞之聽，廣德美之風也。臣等竊深傷之，唯陛下留神省察。」上迺徙繫輔共工獄，減死罪一等，論爲鬼薪。劉輔傳。考異曰：孟康曰：「大司馬左右前後將軍、侍中、常侍、散騎諸吏爲中朝。丞相以下至六百石爲外朝。」以此觀之，左右將軍謂之中朝可也。光禄勳位九卿，太中大夫又光禄勳之屬，豈得自廁於中朝？三劉謂是時必兼加官之類，故通鑑削去「中朝」二字。余攷儒林房鳳傳，乃云「時光禄勳王龔以外屬内卿校書」，如淳以爲「光禄勳治宫中，故曰内卿」。然則光禄勳、太中大夫謂之「中朝」亦可也。今存此二字。按，百官表辛慶忌爲左將軍，師丹爲光禄勳，皆在永始三年，廉褒爲右將軍又在永始四年，此三人官稱，恐是追書。

初，解萬年自詭昌陵三年可成，後卒不就，羣臣多言其不便者。下有司議，皆曰：「昌陵因卑爲高，積土成山，度徒各反。便房猶在平地上，客土之中不保幽冥之靈，淺外不固，卒徒工庸以鉅萬數，至爇古然字。脂火夜作，取土東山，且與穀同賈。讀曰價。作治數年，天下偏被其勞，國家罷讀曰疲。敝，府藏空虚，下至衆庶，熬熬苦之。故陵因天性，據真土，處勢高敞，旁近祖考，前又已有十年功緒，宜還復故陵，勿徙民。」陳湯傳。秋七月，上迺下詔曰：「朕執德不固，謀不盡下，過聽將作大匠萬年言昌陵三年可成。作治五年，中陵、司馬殿門内尚未加功。天下虚耗，百姓罷讀曰疲。勞，客土疏惡，終不可成。朕惟其難，怛然傷心。夫『過而不改，是謂過矣』。其罷昌陵，反故陵勿徙吏民，令天下毋有動摇之心。」本紀。考異曰：今見行本、監本皆作「罷昌陵，及故陵勿徙吏民」，唯汪彦章用南唐本校證，作「反故陵」，義最深長，今從之。

時雖復還延陵，制度泰奢，光禄大夫劉向上疏曰：

臣聞易曰：「安不忘危，存不忘亡，是以身安而國家可保也。」故賢聖之君，博觀終始，窮極事情，而是非分明。王者必通三統，明天命所授者博，非獨一姓也。孔子論詩，至於「殷士膚敏，祼將于京」，喟然嘆曰：「大哉天命！善不可不傳於子孫，是以富貴無常；不如是，則王公其何以戒慎，民萌與甿同。何以勸勉？」蓋傷微子之事周，而痛殷之亡也。雖有堯舜之聖，不能化朱均之子；考異曰：劉向傳作「丹朱」。三劉云：「既言舜，不應去商均。」今易之。雖有禹湯之德，不能訓末孫之桀紂。自古及今，未有不亡之國也。昔高皇帝既滅秦，將都雒陽，感寤劉敬之言，自以德不及周而賢於秦，遂徙都關中，依周之德，因秦之阻。世之長短，以德爲效，故常戰栗，不敢諱亡。孔子所謂富貴無常，蓋謂此也。

孝文皇帝居霸陵，北臨廁，意悽愴悲懷，顧羣臣曰：「嗟乎！以北山石爲椁，用紵絮斮側略反。陳漆其間，豈可動哉！」張釋之進曰：「使其中有可欲，雖錮南山猶有隙；使其中無可欲，雖無石椁，又何慼焉？」夫死者無終極，而國家有廢興，故釋之之言，爲無窮計也。孝文寤焉，遂薄葬，不起山墳。

易曰：「古之葬者，厚衣於既反。之以薪，臧之中野，不封不樹。後世聖人易之以棺槨。」棺槨之作，自黄帝始。黄帝葬於橋山，堯葬濟陰，丘隴皆小，葬具甚微。舜葬蒼梧，二妃不從。禹葬會稽，不改其列。殷湯無葬處。文、武、周公葬於畢，秦穆公葬於雍橐泉宫祈年館下，樗里子葬於武庫，皆無丘隴之處。此聖帝明王賢君智士遠覽獨慮無窮之計也。其賢臣孝子亦承命順意而薄葬之，此誠奉安君父，忠孝之至也。

夫周公，武王弟也，葬兄甚微。孔子葬母於防，稱古墓而不墳，曰：「丘，東西南北之人也，不可不識也。」爲四尺墳，遇雨而崩。弟子修之，以告孔子，孔子流涕曰：「吾聞之，古者不修墓。」蓋非之也。延陵季子適齊而反，其子死，葬於嬴、博之間，穿不及泉，斂以時服，封墳掩坎，其高可隱，於靳反。而號曰：「骨肉歸復於土，命也，魂氣則無不之也。」夫嬴、博去吴千有餘里，季子不歸葬。孔子往觀曰：「延陵季子於禮合矣。」故仲尼孝子，而延陵慈父，舜禹忠臣，周公弟弟，其葬君親骨肉，皆微薄矣；非苟爲儉，誠便於體也。宋桓司馬爲石槨，仲尼曰「不如速朽」。秦相吕不韋集知略之士而造春秋，亦言薄葬之義，皆明於事情者也。

逮至吴王闔閭，違禮厚葬，十有餘年，越人發之。及秦惠、文、武、昭、莊襄五王，皆大作丘隴，多其瘞臧，咸盡發掘暴露，甚足悲也。秦始皇帝葬於驪山之阿，下錮三泉，上崇山墳，其高五十餘丈，周回五里有餘，石槨按，原本脱「仲尼曰」以下至此，今補入。爲游館，人膏爲燈燭，水銀爲江海，黃金爲鳧鴈。珍寶之臧，機械之變，棺槨之麗，宮館之盛，不可勝原。又多殺宮人，生薶工匠，計以萬數。天下苦其役而反之，驪山之作未成，而周章百萬之師至其下矣。項籍燔其宮室營宇，往者咸見發掘。其後牧兒亡羊，羊入其鑿，在到反。牧者持火照求羊，失火燒其臧槨。自古至今，葬未有盛於始皇者也，數年之間，外被項籍之災，内離牧豎之禍，豈不哀哉！

是故德彌厚者葬彌薄，知愈深者葬愈微。無德寡知，其葬愈厚，丘隴彌高，宮廟甚麗，發掘必速。由是觀之，明暗之效，葬之吉凶，昭然可見矣。周德既衰而奢侈，宣王賢而中興，更爲儉宮室，小寢廟，詩人美之，斯干之詩是也。上章道宮室之如制，下章言子孫之衆多也。及魯莊公刻飾宗廟，多築臺囿，後嗣再絶，春秋刺焉。周宣如彼而昌，魯、秦如此而絶，是則奢儉之得失也。

陛下即位，躬親節儉，始營初陵，其制約小，天下莫不稱賢明。及徙昌陵，增埤音卑。爲高，積土爲山，發民墳墓，積以萬數，營起邑居，期日迫卒，讀曰猝。功費大萬百餘。死者恨於下，生者愁於上，怨氣感動陰陽，因之以饑饉，物故流離以十萬數，臣甚惛焉。以死者爲有知，發人之墓，其害多矣；若其無知，又安用大？謀之賢知則不説〔四〕，讀曰悦，下同。以示衆庶則苦之；若苟以説愚夫淫侈之人，又何爲哉！陛下慈仁篤美甚厚，聰明疏達蓋世，宜弘漢家之德，崇劉氏之美，光昭五帝、三王，而顧與暴秦亂君競爲奢侈，比方丘隴，説愚夫之目，隆一時之觀，違賢知之心，亡萬世之安，臣竊爲陛下羞之。唯陛下上覽明聖黄帝、堯、舜、禹、湯、文、武、周公、仲尼之制，下觀賢知穆公、延陵、樗里、張釋之之意。孝文皇帝去墳薄葬，以儉安神，可以爲則；秦昭、始皇增山厚臧，以侈生害，足以爲戒。初陵之橅，音摹。宜從公卿大臣之議，以息衆庶。書奏，上甚感向言，而不能從其計。劉向傳。

考異曰：劉向傳所載如此。蓋是時解萬年作昌陵，三年不成，羣臣多以爲言，下有司議，皆曰：「宜還復故陵。」陳湯傳所載是也。上迺下詔，罷昌陵，本紀所載是也。然雖還延陵，而制度尚奢泰，劉向乃上疏諫，故其末謂「初陵之橅，宜從公卿大臣之議」。是向此疏蓋在已復初陵之後也。通鑑移向疏於前，則於「復還延陵，制度泰奢」兩語不協，遂削去之，且改云「昌陵制度奢泰，久而不成」，恐不合當時事情，今一從漢書。

先是，上詔有司訪求漢初功臣之後，久未省録。通鑑。杜業説上曰：「昔唐以萬國致時雍之政，虞、夏以之多羣后饗共讀曰恭。己之治。湯法三聖，殷氏太平。周封八百，重譯來賀。是以内恕之君樂繼絶世，隆名之主安立亡國，至於不及下車，德念深矣。成王察牧野之克，顧羣后之勤，知其恩結於民心，功光于王府也，故追述先父之志，録遺老之策，高其位，大其寓，愛敬飭與敕同。盡，命賜備厚。大孝之隆，於是爲至。至其没也，世主歎其功，無民而不思。所息之樹且猶不伐，況其廟乎？是以燕、齊之祀與周並傳，子繼弟及，歷載不墮。火規反。豈無刑辟，繇與由同。祖之竭力，故支庶賴焉。迹漢功臣，亦皆剖符世爵，受山河之誓，存以著其號，亡以顯其魂，賞亦不細矣。百餘年間而襲封者盡，或絶失姓，或乏無主，朽骨孤於墓，苗裔流於道，生爲愍隸，死爲轉屍。以往況今，甚可悲傷。聖朝憐閔，詔求其後，四方忻忻，靡不歸心。出入數年而不省察，恐議者不思大義，設言虚亡，則厚德掩息，遴與吝同。柬布章，非所以視與示同。化勸後也。三人爲衆，雖難盡繼，宜從尤功。」功臣表序。上納其言。通鑑。時蕭何七世孫酇侯獲坐使奴殺人，減死，完爲城旦。秋七月癸卯，封何六世孫南䜌長喜爲酇侯。功臣表。考異曰：漢書本紀元延元年載：「封蕭相國後喜爲酇侯。」按，功臣表蕭喜紹封在永始元年，三年，喜薨，永始四年，子尊嗣。又，百官表載酇侯蕭尊以永始四年爲太常，益知紀誤，今不取。「喜」字，南唐本作「嘉」。按，孝景二年蕭何孫紹封已自名嘉，不應六世孫又名嘉也，當是「喜」字，今從表。立城陽哀王弟俚爲王。本紀。考異曰：荀紀作「悝」，今從漢書紀。按，荀紀「俚」作「理」，「悝」字疑誤。

八月丁丑，太皇太后王氏崩，本紀。按，原本脱「丁丑」以下九字，今補入。合葬杜陵。太后凡立四十九年，年七十餘。王皇后傳。

九月，黑龍見東萊。通鑑。丁巳晦，日有食之，京師知之，四方不見。五行志。考異曰：荀紀作「乙巳」。按，長曆丁巳晦，荀悦蓋誤。

是歲，南陽太守陳咸爲少府。百官表。咸，三公子，少顯名於朝廷，而薛宣、朱博、翟方進、孔光等仕宦絶在咸後，皆以廉儉先至公卿，而咸滯於郡守。時王音輔政，信用陳湯。咸數賂遺湯，與書曰：「即蒙子公力，得入帝城，死不恨。」後竟徵入爲少府。少府多寶物，屬官咸鉤校，發其姦臧，没入辜榷財物。官屬及諸中宫黄門、鉤盾、掖庭官吏，舉奏按論，畏咸，皆失氣。陳咸傳。

淳于長爲水衡都尉。百官表、通鑑。

永始二年春正月己丑，大司馬車騎將軍王音薨。本紀。考異曰：百官表内作「乙巳」，今從本紀。

王氏唯音爲修整，數諫正，有忠直節。元后傳、通鑑。

二月癸未夜，東方有赤色，大三四圍，長二三丈，索索如樹，南方有氣大四五圍〔五〕，下行十餘丈，皆不至地滅。天文志。是夜過中，星隕如雨，長一二丈，繹繹未至地滅，至鷄鳴止。考異曰：谷永傳作「己未」。今漢書本紀、五行志、荀紀皆以「癸未」易之。谷永對曰：「日月星辰燭臨下土，其有食隕之異，則遐邇幽隱靡不咸睹。星辰附離於天，猶庶民附離王者也。王者失道，綱紀廢頓，下將叛去，故星叛天而隕，以見其象。春秋記異，星隕最大，自魯莊以來，至今再見，臣聞三代所以喪亡者，皆繇婦人羣小，湛讀曰沈，又曰眈。湎於酒。書云：『乃用其婦人之言，四方之逋逃多罪，是信是使。』詩云：『赫赫宗周，褒姒滅之。』『顛覆厥德，荒沈于酒。』及秦所以二世而亡者，養生太奢，奉終太厚。方今國家兼而有之，社稷宗廟之大憂也。」五行志。

乙酉晦，日有食之。谷永對曰：「元年九月日食，酒亡節之所致也。獨使京師知之，四方不見者，若曰湎湎于酒，君臣不別，禍在内也。今年二月日食，賦歛不得度，民愁怨之所致也。所以使四方皆見，京師陰蔽者，若曰人君好治宫室，大營墳墓，賦歛滋重，而百姓屈竭，禍在外也。」五行志。詔曰：「乃者，龍見於東萊，日有蝕之。天著變異，以顯朕郵，與尤同。朕甚懼焉。公卿申敕百寮，深思天誡，有可省減便安百姓者，條奏。所振貸貧民，勿收。」本紀。

梁國、平原郡比年傷水災，人相食，刺史守相坐免。食貨志。

三月丁酉，以特進成都侯王商爲大司馬衛將軍，紅陽侯王立位特進，領城門兵。百官表、元后傳。商除杜鄴爲主簿，以爲腹心，舉侍御史。杜鄴傳。薦渤海鮑宣爲議郎。宣傳。王商白還王章妻子故郡。王章傳。御史大夫王駿卒。考異曰：按，百官表翟方進，代王駿者也。方進以三月爲御史大夫，則駿卒在三月無疑。漢書本紀所以附於年末者，正以不得其日月耳。通鑑以其抵牾，故削去不載。荀紀載於三月，得之矣。今從荀紀。

上嘗與張放、淳于長及趙、李諸侍中共宴飲禁中，皆引滿舉白，談𥬇古笑字。大噱。時乘輿幄坐張畫屏風，畫紂醉踞妲己作長夜之樂。侍中班伯久疾新起，上指畫而問曰：「紂爲無道，至於是乎？」對曰：「書云『乃用婦人之言』，何有踞肆於朝？所謂衆惡歸之，不如是之甚者也。」上曰：「苟不若此，此圖何戒？」對曰：「『沉湎於酒』，微子所以告去也；『式號式謼』，大雅所以流連也。詩書淫亂之戒，其原皆始於酒。」上乃喟然嘆曰：「吾久不見班生，今日復聞讜言！」放等不懌，因罷出。後上朝東宮，太后泣曰：「帝間顔色瘦黑，班侍中大將軍所舉，宜寵異之，益求其比，以輔聖德。宜遣富平侯且就國。」上曰：「諾。」上諸舅聞之，以風按，原本無「時乘輿」以下至此，以考異觀之當是脱落，今補入。丞相宣、御史大夫方進奏放驕蹇縱恣，奢淫不制，拒閉使者，賊傷無辜，請免放就國。上雖愛放，然上迫太后，下用大臣，故常涕泣而遣之。張放傳、叙傳、通鑑。考異曰：叙傳云：「王音以諷丞相、御史。」按，放傳「丞相宣、御史大夫方進奏放過惡」。音以正月乙丑薨，方進以三月丁酉爲御史大夫，則諷丞相、御史者非音也。放傳又云「上諸舅皆害其寵」，故但云「上諸舅」。

十月己丑，丞相宣免。百官表。十一月壬子，翟方進爲丞相，封高陵侯。考異曰：百官表、荀紀並作「十月己丑」，獨通鑑作「十一月己丑」，未知何據。按，長曆是年十一月辛亥朔，無己丑，當是通鑑誤無疑。今從百官表、荀紀。但荀紀載方進之貶於八月，蓋以百官表云「三月丁酉，京兆尹方進爲御史大夫，八月，貶爲執金吾」，遂載於八月耳。殊不知表所謂「八月」者，自三月至十月，居官凡八月，非謂秋八月也。又，黑龍見東萊，乃去年九月，谷永傳載之甚明。荀紀亦載於此年，蓋因陳湯獲罪在今年，故誤添此一項耳。胡旦春秋雖正黑龍之誤，而方進貶官猶仍荀紀之失，今正之。方進知能有餘，兼通文法吏事，以儒雅緣飾法律，奏事亡不當意，內求人主微指以固其位。方進身既富貴，而後母尚在，方進內行修飾，供養甚篤。及後母終，既葬三十六日，除服起視事，以爲身備漢相，不敢踰國家之制。顏曰：「漢制自文帝遺詔之後，國家遵以爲常。大功十五日，小功十四日，緦麻七日。方進自以大臣，故曰不敢踰制。」爲相公絜，請託不行郡國。持法刻深，舉奏牧守九卿，峻文深詆，丁禮反。中傷者尤多。翟方進傳。

衛將軍王商素不善陳湯，奏湯「妄言昌陵且復發徙」，下獄治，按驗諸所犯。湯前爲騎都尉王莽上書言：「父早死，獨不封，母明君共養皇太后，尤勞苦，宜封竟爲新都侯。」後皇太后同母弟苟參爲水衡都尉，死，子伋爲侍中，參妻欲爲伋求封，湯受其金五十斤，許爲求比上奏。弘農太守張匡坐臧百萬以上，狡猾不道，有詔即訊，恐下獄，使人報湯，湯爲訟罪，得踰冬月，許謝錢二百萬，皆此類也。事在赦前。後東萊郡黑龍冬出，人以問湯。湯曰：「是所謂玄門開。微行數出，出入不時，故龍以非時出也。」又言當復發徙，傳相語者十餘人。丞相御史奏「湯惑衆不道，妄稱詐歸異於上，非所宜言，大不敬」。廷尉趙增壽議，以爲「不道無正法，以所犯劇易弋豉反。爲罪，臣下丞用失其中，故移獄廷尉，無比者先以聞，所以正刑罰，重人命也。明主哀憫百姓，下制書罷昌陵勿徙吏民，已申布。湯妄以意相謂且復發徙，雖頗驚動，所流行者少，百姓不爲變，不可謂惑衆。湯稱詐，虛設不然之事，非所宜言，大不敬也」。制曰：「廷尉增壽當是。以湯有討郅支單于功，免爲庶人，徙邊。」湯傳、通鑑。

上以趙后之立也，淳于長有力焉，故德之，乃追顯其前白罷昌陵之功，下公卿，議封長。光禄勳平當以爲：「長雖有善言，不應封爵之科。」當坐左遷鉅鹿太守。當傳、通鑑。

十二月，詔曰：「前將作大匠解萬年奏請營作昌陵，罷讀曰疲。弊海内。常侍王閎前爲大司農中丞，數奏昌陵不可成。侍中衛尉淳于長數白宜早止。朕以長言下閎章，公卿議者皆合長計。首建至策，閎典主省大費，民以康寧。閎前賜爵關内侯，黄金百斤。其賜長爵關内侯，食邑千户，考異曰：觀此詔，則淳于長是年已爲衛尉矣。而百官表乃載於永始四年。按，淳于長封關内侯時已云「衛尉」。翟方進傳云：王商素憎陳湯，白其罪過，遂免湯，徙敦煌。時方進爲丞相，因奏少府陳咸、衛尉逢信附會湯，以求薦舉，皆免官。湯逐在永始二年，則信之免亦在此年。以勢推之，當是信免之後，遂以長代之耳。百官表蓋誤，今從本紀。閎五百户。萬年佞邪不忠，毒流衆庶，海内怨望，至今不息，雖蒙赦令，不宜居京師。與陳湯俱徙敦煌。」本紀、淳于長、陳湯傳。

初，少府陳咸、衛尉逢信，官簿皆在翟方進之右，方進晚進，爲京兆尹，與咸厚善。及御史大夫缺，三人皆名卿，俱在選中，而方進得之。會丞相薛宣得罪，與方進相連，上使五二千石雜問丞相、御史，咸詰責方進，冀得其處，方進心恨。陳湯素以材能得幸於王鳳及王音，咸、信皆與湯善，湯數稱之於鳳、音所，以此得爲九卿。及王商黜逐湯，方進因奏「咸、信附會湯以求薦舉，苟得無恥」，皆免官。翟方進傳、通鑑。

是歲，琅邪太守朱博爲左馮翊。百官表。博伉口浪反。俠好交，隨從士大夫，不避風雨。治郡常令屬縣各用其豪桀以爲大吏，文武從宜。縣有劇賊及它非常，博輒移書以詭責之。其盡力有效，必加厚賞；懷詐不稱，誅罰輒行。以是豪强慹服。其治左馮翊，文理聰明殊不及薛宣，而多武譎，網絡張設，少愛利，敢誅殺。然亦縱舍，時有大貸。博傳。

永始三年，初罷甘泉泰畤作南郊日，大風壞甘泉竹宮，折拔畤中樹木十圍以上百餘。天子異之，以問劉向。向對曰：「家人尚不欲絶種祠，況於國之神寶舊畤！且其始立，皆有神祇感應，祖宗所立，誠未易動。前始納貢禹之議，後人相因，多所動摇。易大傳曰：『誣神者殃及三世。』恐其咎不獨止禹等。」上意恨之。又以久無繼嗣，冬十月庚辰，五字仍本紀。白太后令詔有司曰：「蓋聞王者承事天地，交接泰一，尊莫著於祭祀。孝武皇帝大聖通明，始建上下之祀，營泰畤於甘泉，定后土於汾陰，而神祇安之，饗國長久，子孫蕃滋，累世遵業，福流於今。今皇帝寬仁孝順，奉循聖緒，靡有大愆，而久無繼嗣。思其咎職，殆在徙南北郊，違先帝之制，改神祇舊位，失天地之心，以妨繼嗣之福。春秋六十，未見皇孫，食不甘味，寢不安席，朕甚悼焉。春秋大復古，善順祀。其復甘泉泰畤、汾陰后土如故，及雍五畤、陳寶祠在陳倉者。」天子復親郊禮如前。又復長安、雍及郡國祠著明者且半。郊祀志。

上以無繼嗣，頗好鬼神，故上書言祭祀方術者，皆得待詔，祠上林苑中長安城旁，費用甚多。谷永説上曰：「臣聞明於天地之性，不可惑以神怪；知萬物之情，不可罔以非類。諸背仁義之正道，不遵五經之法言，而盛稱奇怪鬼神，廣崇祭祀之方，求報無福之祠，及言世有僊人，服食不終之藥，遙古遥字。興輕舉，登遐倒景，覽觀縣圃，浮游蓬萊，耕耘五德，朝種暮穫，與山石無極，黄冶變化，堅冰淖女教反。溺，化色五倉之術者，皆姦人惑衆，挾左道，懷詐僞，以欺罔世主。聽其言，洋洋滿耳，若將可遇；求之，盪盪音蕩。如係風捕景，終不可得。是以明王距而不聽，聖人絶而不語。昔周史萇弘欲以鬼神之術輔尊靈王會朝諸侯，而周室愈微，諸侯愈叛。楚懷王隆祭祀，事鬼神，欲以獲福助，卻秦師，而兵挫地削，身辱國危。秦始皇初并天下，甘心於神僊之道，遣徐福、韓終之屬多齎童男女入海求神采藥，因逃不還，天下怨恨。漢興，新垣平、齊人少翁、公孫卿、欒大等，皆以僊人黄冶祭祠事鬼使物入海求神采藥貴幸，賞賜累千金。大尤尊盛，至妻公主，爵位重絫，古累字。震動海内。元鼎、元封之際，燕齊之間方士瞋目扼擥，言有神僊祭祀致福之術者以萬數。其後，平等皆以術窮詐得，誅夷伏辜。至初元中，有天淵玉女、鉅鹿神人、轑音遼。陽侯師張宗之姦，紛紛復起。夫周秦之末，已嘗專意散財，厚爵祿，竦精神，舉天下以求之矣。曠日經年，靡有毫氂之驗，足以揆今。經曰：『享多儀，儀不及物，惟曰不享。』論語說曰：『子不語怪神。』唯陛下距絕此類，毋令姦人有以窺伺者。」上善其言。郊祀志。

十一月，尉氏男子樊並等十三人謀反，殺陳留太守嚴普，兩字據五行志。劫略吏民，自稱將軍。徒李譚等四人共格殺並等，皆封爲列侯。本紀。考異曰：本紀作「五人」。按，侯表封者凡四人，當是紀誤，今從表。又，表四人之封，皆在明年，而紀見三年者，豈殺並在三年，行賞受封在四年，故附於殺並之後邪？今從本紀。

十二月，山陽鐵官徒蘇令等二百二十八人攻殺長吏，盜庫兵，自稱將軍，經歷郡國十九，殺東郡太守、汝南都尉。遣丞相長史、御史中丞持節督趣讀曰促。逐捕。汝南太守嚴訢捕斬令等。遷訢爲大司農，賜黃金百斤。本紀。考異曰：本紀載於此年，百官表載於四年，當是今年斬賊，次年賞功，故紀附於一年耳。今從本紀。

時上怠於政，貴戚驕恣，交通輕俠，臧匿亡命。長安中姦猾浸多，閭里少年羣輩殺吏，受賕報仇，相與探丸爲彈，徒旦反。得赤丸者斫武吏，得黑者斫文吏，白者主治喪；城中薄暮塵起，剽劫行者，死傷橫道，枹音孚。鼓不絕。乃選鄭令鉅鹿尹賞守長安令，得壹切便宜從事。賞至，修治長安獄，穿地方深各數丈，致令音零。辟避歷反。爲郭，以大石覆其口，名爲「虎穴」。乃部户曹掾史，與鄉吏、亭長、里正、父老、伍人，雜舉長安中輕薄少年惡子，無市籍商販作務，而鮮衣凶服被鎧扞持刀兵者，悉籍記之，得數百人。賞一朝會長安吏，車數百兩，分行收捕，皆劾以爲通行飲於禁反。食讀曰飤。羣盜。賞親閱，見十置一，其餘盡以次內虎穴中，百人爲輩，覆以大石。數日壹發視，皆相枕藉死，便輿出，瘞寺門桓東。賞所置皆其魁宿，或故吏善家子失計隨輕黠願自改者，財數百人，皆貰其罪，詭令立功以自贖。盡力有效者，因親用之爲爪牙，追捕甚精，甘耆讀曰嗜。姦惡，甚於凡吏。賞視事數月，盜賊止，郡國亡命散走，各歸其處，不敢闚長安。尹賞傳、荀紀。

故南昌尉九江梅福上書曰：「臣聞昔高祖納善若不及，從諫若轉圜，聽言不求其能，舉功不考其素。合天下之知，并天下之威，是以舉秦如鴻毛，取楚若拾遺。孝文皇帝起於代谷，非有周召讀曰邵。之師，伊吕之佐也，循高祖之法，加於恭儉。當此之時，天下幾鉅依反。平。繇是言之，循高祖之法則治，不循則亂。何者？秦爲無道，削仲尼之迹，滅周公之軌，壞井田，除五等，禮廢樂崩，王道不通，故欲行王道者莫能致其功也。孝武皇帝好忠諫，説至言，出爵不待廉茂，慶賜不須顯功，是以天下布衣各厲志竭精，以赴闕廷。使孝武皇帝聽用其計，升平可致。於是積尸暴骨，快心胡越，故淮南王緣間而起。所以計慮不成而謀議泄者，以衆賢聚於本朝，故其大臣勢陵不敢和從也。方今布衣乃窺國家之隙，見間而起者，蜀郡是也。及山陽亡徒蘇令之羣，蹈藉名都大郡，求黨與，索隨和，而亡逃匿之意。此皆輕量大臣，亡所畏忌，國家之權輕，故匹夫欲與上爭衡也。臣聞齊桓之時有以九九見者，桓公不逆。秦武王好力，任鄙叩關自鬻；繆公行伯，繇余歸德。今不循伯者之道，迺欲以三代選舉之法取當世之士，猶察伯樂之圖，求騏驥於市，而不可得，亦已明矣。故高祖棄陳平之過而獲其謀，晉文召天王，齊桓用其讎，亡益於時，不顧逆順，此所謂伯道者也。一色成體謂之醇，白黑雜合謂之駁。欲以承平之法治暴秦之緒〔六〕，猶以鄉飲酒之禮理軍市也。今陛下既不納天下之言，又加戮焉。故京兆尹王章資質忠直，敢面引廷爭，孝元皇帝擢之，以厲具臣而矯曲朝。及至陛下，戮及妻子。羣臣皆知其非，然不敢爭，天下以言爲戒，最國家之大患也。願陛下循高祖之軌，杜亡秦之路，除不急之法，下亡諱之詔，所謂『辟四門，明四目』也。」按，原本無「前孝武皇帝納忠諫」至「繇余歸德」一段，及此處「今陛下既不納天下之言」以下，文意不相屬，且與考異所論不合，今並補入。上遂不納。梅福傳。考異曰：荀紀載於陽朔元年，蓋附於王鳳殺王章之後也。通鑑載於永始三年，蓋附於蘇令既反之後也。其相去蓋十一年。書中既言蘇令，則是蘇令已反之後上此書無疑，不應於陽朔元年預言蘇令反也。其書所以言王章者，正以自陽朔以來天下以言爲諱自殺王章始也。孟堅但見書中説王章，故於福傳上書之前序曰：「是時成帝委任大將軍王鳳，鳳專勢擅權，而京兆尹王章素忠直，譏刺鳳，爲鳳所誅，王氏浸盛，災異數見，羣下莫敢正言。」按，年表鳳死於陽朔三年，至福上書時，則鳳已死九年矣。傳所載非是，今不取。

是歲，右將軍辛慶忌爲左將軍，光禄勳韓勳爲右將軍，少府師丹爲光禄勳，詹事許商爲少府，左馮翊朱博爲大司農，東平太傅淮陽彭宣爲右扶風。百官表。宣治易，事張禹。禹以帝師見尊信，薦宣經明，有威重，可任政事，繇是徵入。彭宣傳。

永始四年春正月，行幸甘泉，郊泰畤，神光降集紫殿。大赦天下。賜雲陽吏民爵，女子百户牛酒，鰥寡孤獨高年帛。

三月，行幸河東，祠后土，賜吏民如雲陽，行所過無出田租。本紀。

杜鄴説大司馬衛將軍王商曰：「『東鄰殺牛，不知西隣之禴祭。』言奉天之道，貴以誠質大得民心也。行穢祀豐，猶不蒙祐；德修薦薄，吉必大來。古者壇場有常處，尞古燎字。禋有常用，贊見有常禮；犧牲玉帛雖備而財不匱，車輿臣役雖動而用不勞。是故每舉其禮，助者歡悦，讀曰悦。大路所歷，黎元不知。今甘泉、河東天地郊祀，咸失方位，違陰陽之宜。及雍五畤皆曠遠，奉尊之役休而復起，繕治共張無解已時，皇天著象殆可略知。前上甘泉，先敺與驅同。失道；禮月之夕，奉引復迷。祠后土還，臨河當渡，疾風起波，船不可御。又雍大雨，壞平陽宮垣。迺三月甲子，震電災林光宮門。祥瑞未著，咎徵乃臻。迹三郡所奏，皆有變故。不答不饗，何以甚此！詩曰：『率由舊章。』舊章，先王法度，文王以之交神于祀，子孫千億。宜如異時公卿之議，復還長安南北郊。郊祀志。考異曰：此事見郊祀志，不知其時。按，成帝復甘泉、河東祠，則遂罷南北郊矣。此事見永始三年，至次年正月，方幸甘泉，三月，幸河東，十一月而王商已免矣。鄴説辭亦言幸甘泉、河東事，今附於此年王商免之前。

冬十一月庚申，大司馬衛將軍王商以病賜金，安車駟馬免。百官表。

初，梁王立驕恣無度，至一日十一犯法，不可諫止。太傅輔奏：「願令王非耕、祠，法駕毋得出宫，盡出馬置外苑，收兵伏藏私府，毋得以金錢財物假賜人。」奏可。後數復敺傷郎，夜私出宫。傅相連奏，坐削或千户或五百户。是歲，相禹奏立對外家怨望，有惡言。有司案驗，因發淫亂事，請誅。太中大夫谷永上疏曰：「臣聞『禮，天子外屏，不欲見外』也。是故帝王之意，不窺人閨門之私，聽聞中冓之言。春秋爲親者諱，詩云『戚戚兄弟，莫遠具爾』。今梁王年少，頗有狂病，始以惡言案驗，既無事實，而發閨門之私，非本章所指。王辭又不服，獨以偏辭成辠斷獄，亡益於治道。臣愚以爲既已案驗舉憲，宜及王辭不服，詔廷尉選上德通理之吏，更審考清問，著不然之效，定失誤之法，而反命於下吏，以廣公族附疏之德，甚得治親之誼。」天子由是寢而不治。梁王傳。

是歲，執金吾廉褒爲右將軍，右扶風彭宣爲廷尉。初，薛宣爲相，翟方進爲司直，宣知方進名儒，有宰相器，深结厚焉。及方進相，思宣舊恩，至是薦宣明習文法，練國制度，前所坐過薄，可復進用。上徵宣，復爵高陽侯，加寵特進，位次師安昌侯，給事中，視尚書事。

薛宣傳。

校勘記

〔一〕鴻嘉元年正月　四庫本無「正月」二字，據漢書匈奴傳補。

〔二〕年未滿十歲　漢書刑法志「十」作「七」，荀紀作「十」。

〔三〕十四字　按語誤作「十五字」，逕改。

〔四〕謀之賢知則不説　四庫本「説」作「悦」，據小注及漢書劉向傳改。

〔五〕南方有氣大四五圍　漢書天文志無「氣」字。

〔六〕欲以承平之法治暴秦之緒　四庫本「承」作「平」，涉上而誤，據漢書梅福傳改。金華叢書本未改，失校。

西漢年紀卷二十七

成帝

元延元年，長安章城門、函谷關次門牡皆自亡。五行志。夏四月丁酉，天清晏然無雲，殷殷有聲如雷，有流星長十餘丈，皎然赤白，從日下東南行，光燿燿而下如雨，自晡至昏而止。本紀、天文志、荀紀。時谷永爲北地太守，當之官，上使衛尉淳于長受永所欲言。永對曰：

臣永幸得以愚朽之材爲太中大夫，備拾遺之臣，從朝者之後，進不能盡思納忠輔宣聖德，退無被堅執鋭討不義之功，猥蒙厚恩，仍遷至北地太守。絶命隕首，身膏野草，不足以報塞萬分。陛下聖德寬仁，不遺易忘之臣，垂周文之聽，下及芻蕘之愚，有詔使衛尉受臣永所欲言。

臣聞事君之義，有言責者盡其忠，有官守者修其職。臣永幸得免於言責之辜，有官守之任，當畢力遵職，養綏百姓而已，不宜復關得失之辭。忠臣之於上，志在過厚，是故遠不違君，死不忘國。昔史魚既没，餘忠未訖，委柩後寢，以屍達誠；汲黯身外思內，發憤舒憂，遺言李息。經曰：「雖爾身在外，乃心無不在王室。」臣永幸得給事中出入三年，雖執干戈守邊垂，思慕之心常存於省闥，是以敢越郡吏之職，陳累年之憂。

臣聞天生蒸民，不能相治，爲立王者以統理之，方制海内非爲天子，列土封疆非爲諸侯，皆以爲民也。垂三統，列三正，去無道，開有德，不私一姓，明天下迺天下之天下，非一人之天下也。王者躬行道德，承順天地，博愛仁恕，恩及行葦，籍税取民不過常法，宫室車服不踰制度，事節財足，黎庶和穆，則卦氣理效，五徵時序，百姓壽考，庶屮藩滋，符瑞並降，以昭保右。讀曰佑。失道妄行，逆天暴物，窮奢極欲，湛湎荒淫，婦言是從，誅逐仁賢，離逖骨肉，羣小用事，峻刑重賦，百姓愁怨，則卦氣悖亂，咎徵著郵，與尤同。上天震怒！災異婁古屢字。降，日月薄食，五星失行，山崩川潰，水泉踊出，妖孽並見，茀與孛同，步内反。星耀光，饑饉荐臻，百姓短折，萬物夭傷。終不改寤，惡洽變備，不復譴告，更命有德。詩云：「乃眷西顧，此惟予宅。」

夫去惡奪弱，遷命賢聖，天地之常經，百王之所同也。加以功德有厚薄，期質有修短，時世有中季，天道有盛衰。陛下承八世之功業，當陽數之標季，涉三七之節紀，遭無妄之卦運，直百六之災阸。三難異科，雜焉同會。建始元年以來二十載間，羣災大異，交錯鋒起，多於春秋所書。八世著記，久不塞除，重以今年正月己亥朔日有食之，三朝之會，四月丁酉四方衆星白晝流隕，七月辛未彗星橫天。乘三難之際會，畜衆多之災異，因之以饑饉，接之以不贍。彗星，極異也，土精所生，流隕之應出於饑變之後，兵亂作矣，厥期不久，隆德積善，懼不克濟。內則爲深宮後庭將有驕臣悍妾醉酒狂悖卒起之敗，北宮苑囿街巷之中臣妾之家幽閒讀曰閑。之處徵舒、崔杼之亂；外則爲諸夏下土將有樊並、蘇令、陳勝、項梁奮臂之禍。內亂朝暮，日戒諸夏，舉兵以火角爲期。安危之分界，宗廟之至憂，臣永所以破膽寒心，豫言之累年。下有其萌，然後變見於上，可不致慎！

禍起細微，姦生所易。願陛下正君臣之義，無復與羣小媟黷燕飲；中黄門後庭素驕慢不謹嘗以醉酒失臣禮者，悉出勿留。勤三綱之嚴，修後宮之政，抑遠驕妒之寵，崇近婉順之行，加惠失志之人，懷柔怨恨之心。保至尊之重，秉帝王之威，朝覲法出而後駕，陳兵清道而後行，無復輕身獨出，飲食臣妾之家。三者既除，內亂之路塞矣。

諸夏舉兵，萌在民饑饉而吏不卹，興於百姓困而賦斂重，發於下怨離而上不知。易曰：「屯其膏，小貞吉，大貞凶。」傳曰：「饑而不損茲爲泰，厥災水，厥咎亡。」訞辭曰：「關動牡飛，辟爲無道，臣爲非，厥咎亂臣謀篡。」王者遭衰難之世，有饑饉之災，不損用而大自潤，故凶；百姓困貧無以共讀曰供。求，愁悲怨恨，故水；城關守國之固，固將去焉，故牡飛。往年郡國二十一傷於水災，禾黍不入。今年蠶麥咸惡。百川沸騰，江河溢決，大水泛濫郡國十五有餘。比年喪稼，時過無宿麥。百姓失業流散，羣輩守關。大異較炳如彼，水災浩浩，黎庶窮困如此，宜損常稅小自潤之時，而有司奏請加賦，甚繆經義，逆於民心，布怨趨禍之道也。牡飛之狀，殆爲此發。古者穀不登虧膳，災婁至損服，凶年不塈許既反。塗，明王之制也。詩云：「凡民有喪，扶服蒲北反。捄之。」論語曰：「百姓不足，君孰予足？」臣願陛下勿許加賦之奏，益減大官、導官、中御府、均官、掌畜、廩犧用度，止尚方、織室、京師郡國工服官發輸造作，以助大司農。流恩廣施，振贍困乏，開關梁，内流民，恣所欲之，以救其急。立春，遣使者循行風俗，宣布聖德，存卹孤寡，問民所苦，勞二千石，敕勸耕桑，毋奪農時，以慰綏元元之心，防塞大姦之隙。諸夏之亂，庶幾可息。

臣聞上主可與爲善而不可與爲惡，下主可與爲惡而不可與爲善。陛下天然之性，疏通聰敏，上主之姿也。少省愚臣之言，感寤三難，深畏大異，定心爲善，捐忘邪志，毋貳舊愆，厲精致政，至誠應天，則積異塞於上，禍亂伏於下，何憂患之有！竊恐陛下公志未專，私好頗存，尚愛羣小，不肯爲耳！

對奏，天子甚感其言。谷永傳。

中壘校尉劉向復上奏曰：

臣聞伯禹戒帝舜，毋若丹朱傲；周公戒成王，毋若殷王紂。考異曰：漢書向傳作「帝舜戒伯禹」，此言非是，今從劉貢父改定本。詩曰：「殷監不遠，在夏后之世。」亦言湯以桀爲戒也。聖帝明王常以敗亂自戒，不諱廢興，故臣敢極陳其愚，唯陛下留神察焉。

謹按春秋二百四十二年，日蝕三十六，襄公尤數，率三歲五月有奇居宜反。而壹食。漢興訖竟寧，孝景帝尤數，率三歲一月而一食。臣向前數言日當食，今連三年比食。自建始以來，二十歲間而八食，率二歲六月而一發，古今罕有。異有小大希稠，占有舒疾緩急，而聖人所以斷疑也。易曰：「觀乎天文，以察時變。」昔孔子對魯哀公，並言夏桀、殷紂暴虐天下，故曆失則攝提失方，孟陬子侯反，又音鄒。無紀，此皆易姓之變也。秦始皇之末至二世時，日月薄食，山陵淪亡，辰星出於四孟，太白經天而行，無雲而雷，枉矢夜光，熒惑襲月，蘗火燒宮，野禽戲廷，都門内崩，長人見臨洮，石隕于東郡，星孛大角，大角以亡。觀孔子之言，考暴秦之異，天命信可畏也。及項籍之敗，亦孛大角。漢之入秦，五星聚於東井，得天下之象也。孝惠時，有雨血，日食於衝，滅光星見之異。孝昭時，有泰山卧石自立，上林僵柳復起，大星如月西行，衆星隨之，此爲特異。孝宣興起之表，天狗夾漢而西，久陰不雨者二十餘日，昌邑不終之異也。皆著於漢紀。觀秦、漢之易世，覽惠、昭之無後，察昌邑之不終，視孝宣之紹起，天之去就，豈不昭昭然哉！高宗、成王亦有雊雉拔木之變，能思其故，故高宗有百年之福，成王有復風之報。神明之應，應若景響，讀曰響。世所同聞也。

臣幸得託末屬，誠見陛下有寬明之德，冀銷大異，而興高宗、成王之聲，以崇劉氏，故貇貇音懇。數奸音干。死亡之誅。今日食尤屢，星孛東井，攝提炎弋贍反。及紫宮，有識長老莫不震動，此變之大者也。其事難一一記，故易曰「書不盡言，言不盡意」，是以設卦指爻，而復説義。書曰「伻來以圖」，天文難以相曉，臣雖圖上，猶須口説，然後可知，願賜清燕之間，讀曰閑。指圖陳狀。

上輒入之，然終不能用也。劉向傳。

京兆尹何武坐舉方正所舉者召見盤辟音闢。雅拜，有司以爲詭衆虛僞。武坐左遷楚内史，遷沛郡太守。武爲楚内史厚龔勝、龔舍，在沛郡厚唐林、唐遵。此人顯於世者，何侯力也，世以此多焉。何武傳。

冬十二月，大司馬衛將軍王商病，乞骸骨，上閔之。乙未，以爲大將軍，益封二千户，賜錢百萬。辛亥，商薨，以根爲大司馬票騎將軍。百官表、元后、孫寶傳。考異曰：荀紀作「十一月」。

本紀云「十二月」。温公考異曰：是歲十一月甲子朔，無乙未、辛亥，荀紀誤。今從通鑑。

特進安昌侯張禹，請平陵肥牛亭地，上以賜禹，詔令平陵徙亭它所。曲陽侯根聞而爭之：「此地當平陵寢廟衣冠所出游道，禹爲師傅，不遵謙讓，至求衣冠所游之道，又徙壞舊亭，重非所宜。孔子稱『賜愛其羊，我愛其禮』，宜吏賜它地。」上不從，卒以賜禹。根由是害禹寵，數毀惡之。天子愈益敬厚禹。禹每病，輒以起居聞，車駕自臨問之。上親拜禹牀下，禹頓首謝恩，歸誠。禹四男，而小子未有官，禹數視其小子，上即禹牀下拜爲黃門郎，給事中。禹雖家居，以特進爲天子師，國家每有大政，必與定議。時吏民多上書言災異之應，譏切王氏專政所致。上懼變異數見，意頗然之，未有以明見，迺車駕至禹第，辟讀曰闢。左右，親問禹以天變，因用吏民所言王氏事示禹。禹自見年老，子孫弱，又與曲陽侯不平，恐爲所怨。禹則謂上曰：「春秋二百四十二年間，日食三十餘，地震五，考異曰：漢書本傳作「地震五十六」。劉貢父謂：「春秋地震五耳，『十六』字當是衍文。」今從之。劉向傳亦言「地震五」。或爲諸侯相殺，或夷狄侵中國，災變之意深遠難見，故聖人罕言命，不語怪神。性與天道，自子贛之屬不得聞，何況淺見鄙儒之所言！陛下宜修政事以善應之，與下同其福善，此經義意也。新學小生，亂道誤人，宜無信用，以經術斷之。」上雅信愛禹，由是不疑王氏。禹傳。

是歲，趙昭儀害後宮皇子。本紀。宮中學事史曹宮按，「曹宮」，荀紀作「曹才官」，下同。御幸上，有身，生男於掖庭牛官令舍。按，「牛官令舍」，荀紀作「才官令舍」，下同。中黃門田客按，「田客」，荀紀作「田閎」，下同。持詔記，盛綠綈方底，封御史中丞印，予掖庭獄丞籍武曰：「取牛官令舍婦人新產兒，及婢六人，盡置暴室獄，毋問兒男女，誰兒也！」武迎置獄。後三日，客持詔記與武，問：「兒死未？手書對牘背。」武即書對：「兒見在，未死。」有頃，客出曰：「上與昭儀大怒，奈何不殺？」武叩頭啼曰：「不殺兒，自知當死；殺之，亦死！」因即客奏封事，曰：「陛下未有繼嗣，子無貴賤，唯留意！」奏入，客復持詔記予武曰：「今夜漏上五刻，持兒與中黃門王舜會東交掖門。」武因問客：「陛下得武書，意何如？」「憆丑庚反。也。」武以兒付舜。舜受詔，內兒殿中，爲擇乳母，告：「善養兒，且有賞。毋令漏泄！」舜擇張棄爲乳母，時兒生八九日。後三日，詔賜宮藥，令武自臨飲之。宮曰：「果也，欲姊弟擅天下！我兒男也，額上有壯髮，類孝元皇帝。今兒安在？危殺之矣！奈何令長信得聞之？」遂飲藥死。婢六人皆自殺。棄所養兒十一日，宮長李南以詔書取兒去，不知所置。荀紀、趙皇后傳、通鑑。

議郎巴郡譙玄上書曰：「臣聞王者承天，繼宗統極，保業延祚，莫急胤嗣。故易有『幹蠱』之義，詩詠『衆多』之福。今陛下聖嗣未立，天下屬望，而不惟社稷之計，專念微行之事，愛幸用於所惑，曲意留於非正。竊聞後宮皇子，產而不育，臣聞之怛然，痛心傷剥，竊懷憂國，不忘須臾。夫警衛不修，則患生非常，忽有醉酒狂夫分爭道路，既無尊嚴之儀，豈識上下之別！此爲胡狄起於轂下，而賊亂發於左右也。願陛下念天下之至重，愛金玉之身，均九女之施，存無窮之福，天下幸甚。」後漢譙玄傳。

班固贊曰：「秦漢以來，山東出相，山西出將。秦時將軍白起，郿人；王翦，頻陽人。漢興，郁郅王圍、甘延壽，義渠公孫賀、傅介子，成紀李廣、李蔡，杜陵蘇建、蘇武，上邽上官桀、趙充國，襄武廉褒，狄道辛武賢、慶忌，皆以勇武顯聞。蘇、辛父子著節，此其可稱列者也，其餘不可勝數。何則？山西天水、隴西、安定、北地處埶迫近羌胡，民俗修習戰備，高上勇力鞍馬騎射。故秦詩曰：『王于興師，修我甲兵，與子皆行。』其風聲氣俗自古而然，今之歌謡慷慨，風流猶存耳。」

匈奴搜諧若鞮單于朝二年發行，未入塞，病死。弟且莫車立，爲車牙若鞮單于，遣子右於涂仇撣音纏。王烏夷當入侍，以囊知牙斯爲左賢王。匈奴傳。

大司馬驃騎將軍王根奇蜀郡揚雄文雅，召以爲門下史，薦雄文似相如，上方郊祠甘泉泰畤、汾陰后土，以求繼嗣，召雄待詔承明之庭。雄傳並贊。　考異曰：本傳贊以爲「王音奇其文雅，召以爲門下史」。按，雄自序云：上方郊祠甘泉泰畤，召雄待詔承明之庭，奏甘泉賦。其十二月，奏羽獵賦，蓋今年事也。時王音死已久，當是王根。胡旦遂誤以曲陽侯爲安陽侯云。　按，漢書成帝紀永始二年，王音薨。三年，皇太后詔復甘泉泰畤，薦雄待詔者，非王音無疑。然據文選李善注引雄答劉歆書曰：雄作成都城四隅銘，蜀人有楊莊者爲郎，誦之於成帝，以爲似相如，雄遂以此得見。則似薦雄者又是楊莊，今以爲王根，未免無據。雄少從蜀嚴君平學，君平卜筮於成都市，以爲「卜筮者賤業，而可以惠衆人。有邪惡非正之問，則依蓍龜爲言利害。與人子言依於孝，與人弟言依於順，與人臣言依於忠，各因勢導之以善，從吾言者，已過半矣」。裁日閲數人，得百錢足自養，則閉肆下簾而授老子。博覽亡不通，依老子、莊周之指著書十餘萬言。及雄仕京師顯名，數爲朝廷在位賢者稱君平德。杜陵李彊素善雄，久之爲益州牧，喜謂雄曰：「吾真得嚴君平矣。」雄曰：「君備禮以待之，彼人可見而不可得詘也。」彊心以爲不然。及至蜀，致禮與相見，卒不敢言以爲從事，乃歎曰：「揚子雲誠知人！」君平年九十餘，遂以其業終。王貢傳序。

元延二年春正月，行幸甘泉，郊泰畤。本紀。甘泉本因秦離宮，既奢泰，而武帝復增通天、高光、迎風，遊觀屈奇瑰偉，且其爲已久矣，非帝所造，揚雄欲諫則非時，欲默則不能已，還，奏甘泉賦以風。讀曰諷。又是時趙昭儀大幸，每上甘泉，常法從，在屬車間豹尾中。故雄盛言車騎之衆，參麗之駕，非所以感動天地，逆釐三神。又言「屏玉女，卻虙妃」，以微戒齋肅之事。賦奏，天子異焉。雄傳。

三月，上將祭后土，迺帥羣臣横大河，湊汾陰。既祭，行遊介山，回安邑，顧龍門，覽鹽池，登歷觀，陟西岳以望八荒，迹殷周之虚，眇然以思唐虞之風。揚雄以爲臨川羡魚不如歸而結罔，還，上河東賦以勸。揚雄傳。

夏四月，立廣陵孝王子守爲王。本紀。考異曰：荀紀以爲「王子憲」。按，漢書表廣陵王胥而下並無名憲者，當是荀紀誤。今從本紀本傳。

十二月，上羽獵，揚雄從。雄以爲昔在二帝三王，宮館臺榭沼池苑囿林麓藪澤財足以奉郊廟，御賓客，充庖廚而已，不奪百姓膏腴穀土桑柘之地。女有餘布，男有餘粟，國家殷富，上下交足，故甘露零其庭，醴泉流其唐，鳳皇巢其樹，黃龍遊其沼，麒麟臻其囿，神爵棲其林。昔者，禹任益虞而上下和，屮木茂；成湯好田而天下用足；文王囿百里，民以爲尚小；齊宣王囿四十里，民以爲大：裕民之與奪民也。武帝廣開上林，南至宜春、鼎胡、御宿、昆吾，旁南山而西，至長楊、五柞，北繞黃山，瀕頻、賓二音。渭而東，周袤音茂。數百里。穿昆明池象滇丁賢反。河，營建章、鳳闕、神明、馺先合反。娑、漸臺、泰液象海水周流方丈、瀛洲、蓬萊。游觀侈靡，窮妙極麗。雖頗割其三垂以贍齊民，然至羽獵田車戎馬器械儲偫禁禦所營，尚泰奢麗誇詡，非堯、舜、成湯、文王三驅之意也。又恐後世復修前好，不折中以泉臺，故聊因校獵賦以風。除爲郎，給事黃門，與王莽、劉歆並。雄傳並贊。

雄又作酒箴以諷諫帝，其文爲酒客難法度士，譬之於物，曰：「子猶瓶矣。觀瓶之居，居井之眉，處高臨深，動常近危。酒醪不入口，臧水滿懷，不得左右，牽於纆徽。一旦叀𥳑絹反。礙，爲瓽丁浪反。所轠，音雷。身提徒計反。黄泉，骨肉爲泥。自用如此，不如鴟夷。鴟夷滑稽，音鷄。腹如大壺，盡日盛酒，人復借酤。常爲國器，託於屬之欲反。車，出入兩宮，經營公家。繇是言之，酒何過乎！」陳遵傳。

是歲，許美人御幸，生男，趙昭儀謂帝曰：「常紿我言從中宮來，即從中宮來，許美人兒何從生中？許氏竟當復立邪！」懟，直類反。以手自擣，以頭擊壁户柱，從牀上自投地，啼泣不肯食，曰：「今當安置我，欲歸耳！」帝曰：「今故告之，反怒爲！殊不可曉也。」帝亦不食。昭儀曰：「陛下自知是，不食爲何？陛下常自言『不負汝』，今美人有子，竟負約，謂何？」黄門靳嚴從許美人取兒去，盛以葦篋，置飾室簾南去。帝與昭儀坐，使御者與客子解篋緘。未已，帝使客子及御者皆出，自閉户，獨與昭儀在。須臾開户，嘑客子，使緘封篋，及詔記令中黄門吴恭持以與掖庭獄丞籍武曰：「告武，篋中有死兒，埋屏處，勿令人知。」武穿獄樓垣下爲坎，埋其中。故掖庭令吾丘遵謂籍武曰：「掖庭丞吏以下皆與昭儀合通，無可與語者，獨欲與武有所言。我無子，武有子，是家輕族人，得無不敢乎？掖庭中御幸生子者輒死，又飲藥傷墮者無數，大臣票騎將軍貪耆讀曰嗜。錢，不足計事，奈何令長信得聞之？」趙皇后傳、通鑑。

廷尉彭宣以王國人出爲太原太守。彭宣傳。李奇曰：「初，漢制王國人不得仕京師。」

初，烏孫小昆彌安日爲國民所殺，諸翎侯大亂。詔徵故金城太守段會宗爲左曹中郎將光祿大夫，使安輯烏孫，立安日弟末振將爲小昆彌，定其國而還。段會宗傳。考異曰：烏孫傳以末振將爲安日弟，段會宗傳以爲兄，通鑑考異以爲「兄」字誤。

元延三年，上將大誇胡人以多禽獸，秋，命右扶風發民入南山，西自褒斜，弋奢反。東至弘農，南毆漢中，張羅罔罝罘，捕熊羆豪豬虎豹狖弋授反。玃音钁。狐菟麋鹿，載以檻車，輸長楊射熊館。以罔爲周阹，音祛。縱禽獸其中，令胡人手搏之，自取其獲，上親臨觀焉。考異曰：本紀載於元延二年。按，揚雄傳祀甘泉、河東之歲十二月羽獵，雄上校獵賦，明年，從至射熊館，還，上長楊賦。然則從胡客校獵當在今年，今從雄傳。是時，農民不得收斂。揚雄從至射熊館，還，上長楊賦以風。讀曰諷。揚雄傳。

是歲，廷尉朱博爲後將軍。百官表。沛郡太守何武爲廷尉。九江太守王嘉按，原本缺「九江」以下六字，今補入。爲大鴻臚。泰山太守蕭育爲右扶風。百官表。時鄠縣名賊梁子政阻山爲害，久不伏辜，育爲右扶風，數月盡誅子政等。蕭望之傳。

元延四年，甘露降京師，賜長安民牛酒。本紀。

綏和元年辛未，有流星從東南入北斗，長二十丈〔一〕，二刻所息。天文志。

諫大夫東海毋將隆奏封事言：「古者選諸侯入爲公卿，以褒功德，宜徵定陶王使在國邸，以填竹刃反。萬方。」毋將隆傳。上於是召丞相翟方進、大司馬驃騎將軍王根、御史大夫孔光、右將軍廉褒、後將軍朱博，皆引入禁中，議中山、定陶王誰宜爲嗣者。方進、根以爲定陶王帝弟之子，禮曰「昆弟之子猶子也」，「爲其後者爲之子也」，定陶王宜爲嗣。褒、博皆如方進、根議。光獨以爲禮立嗣以親，中山王先帝之子，帝親弟也，以尚書般庚殷之及王爲比，中山王宜爲嗣。上以禮兄弟不相入廟，又皇后、昭儀欲立定陶王。孔光傳。二月癸丑，詔曰：「朕承太祖鴻業，奉宗廟二十五年，德不能綏理宇内，百姓怨望者衆。不蒙天祐，至今未有繼嗣，天下無所係心。觀于往古近事之戒，禍亂之萌，皆由斯焉。定陶王欣於朕爲子，慈仁孝順，可以承天序，繼祭祀。其立欣爲皇太子。」本紀。定陶王謝曰：「臣幸得繼父守藩爲諸侯王，材質不足以假充太子之宮。陛下聖德寬仁，敬承祖宗，奉順神祇，宜蒙福祐子孫千億之報。臣願且得留國邸，旦夕奉起居，俟有聖嗣，歸國守藩。」書奏，天子報聞。哀紀。光以議不中意左遷廷尉，以廷尉何武爲御史大夫，百官表、孔光傳。按，原本無孔光左遷句，而御史大夫句注云「百官表、孔光傳」，當是脱誤，今補入。以趙玄爲太子太傅，閻崇爲太子少傅，傅昭儀傳。平阿侯王譚子去疾及河内傅喜爲太子庶子。喜，傅太后從父弟，少好學問，有志行。見傅喜、董賢傳。太子數遣中盾讀曰允。漢舊儀云：「秩四百石，主徼巡宮中。」請問近臣，黄門郎中常侍班穉方直自守，獨不敢答。穉，伯之弟也。叙傳。

初，故南昌尉梅福以帝久亡繼嗣，宜建三統，封孔子之世以爲殷後，乃上書曰：「臣聞存人所以自立也，壅人所以自塞也。善惡之報，各如其事。昔者秦滅二周，夷六國，隱士不顯，佚與逸同。民不舉，絶三統，滅天道，是以身危子殺，厥孫不嗣，所謂壅人以自塞也。故武王克殷，未下車，存五帝之後，封殷於宋，紹夏於杞，明著三統，示不獨有也。是以姬封半天下，遷廟之主，流出於户，所謂存人以自立者也。今成湯不祀，殷人亡後，陛下繼嗣久微，殆爲此也。春秋經曰：『宋殺其大夫。』穀梁傳曰：『其不稱名姓，以其在祖位，尊之也。』此言孔子故殷後也，雖不正統，封其子孫以爲殷後，禮亦宜之。何者？諸侯奪宗，聖庶奪適。傳曰『賢者子孫宜有土』，而况聖人，又殷之後哉！昔成王以諸侯禮葬周公，而皇天動威，雷風著災。今仲尼之廟不出闕里，孔氏子孫不免編户，以聖人而歆匹夫之祀，非皇天之意也。今陛下誠能據仲尼之素功，以封其子孫，則國家必獲其福，又陛下之名與天亡極。何者？追聖人素功，封其子孫，未有法也，後聖必以爲則。不滅之名，可不勉哉！」福孤遠，又譏切王氏，故不納。至是，欲立二王後，推迹古文，以左氏、穀梁、世本、禮記相明。福傳。甲子，恩澤侯表。詔曰：「蓋聞王者必存二王之後，所以通三統也。昔成湯受命，列爲三代，而祭祀廢絶。考求其後，莫正孔吉。其封吉爲殷紹嘉侯。」三月，進爵爲公，及周承休侯皆爲公，地各百里。本紀。

行幸雍，祀五時。本紀。

初，何武爲九卿，建言：「古者民樸事約，國之輔佐必得賢聖，然猶則天三光，備三公官，各有分扶問反。職。今末俗文弊，政事煩多，宰相之材不能及古，而丞相獨兼三公之事，所以久廢而不治也。宜建三公官，定卿大夫之任，分職授政，以考功效。」後上以問師安昌侯張禹，禹以爲然。夏四月，以大司馬驃騎將軍王根爲大司馬，置官屬，罷票騎將軍官，以御史大夫何武爲大司空，封列侯，益大司馬、大司空奉扶用反。如丞相，如淳曰：「律，丞相、大司馬大將軍奉錢月六萬，御史大夫奉月四萬。」以備三公官焉。本紀、朱博傳。又令護軍都尉居大司馬府比司直〔二〕。百官表。

大司空何武與丞相方進共奏言：「往者諸侯王斷獄治政，內史典獄事，相總綱紀輔王，中尉備盜賊。今王不斷獄與讀曰預。政，中尉官罷，職并內史，郡國守相委任，所以壹統信，安百姓也。今內史位卑而權重，威職相踰，不統尊者，難以爲治。臣請相如太守，內史如都尉，以順尊卑之序，平輕重之權。」制曰：「可。」以內史爲中尉。何武傳。

秋八月庚戌，中山孝王興薨，本紀。子箕子嗣。中山王傳。

大司馬王根乞骸骨。冬十月甲寅，上益封根五千户，賜安車駟馬，黄金五百斤，罷，就第。百官表、元后傳。

淳于長坐大逆，誅，長小妻迺始等六人皆以長事未發覺時棄去，或更嫁。及長事發，丞相方進、大司空武議，以爲「犯法者各以法時律令論之，明有所訖也。長犯大逆時，迺始等見爲長妻，已有當坐之罪，與身犯法無異。後迺棄去，於法無以解。請論」。廷尉孔光議，以爲「大逆無道，父母妻子同産無少長皆棄市，欲懲後犯法者也。夫婦之道，有義則合，無義則離。長未自知當作大逆之法，而棄去迺始等，或更嫁，義已絶，而欲以爲長妻論殺之，名不正，不當坐」。有詔光議是。孔光傳。

以廷尉孔光爲左將軍，居右將軍官職，罷後將軍官。孔光傳、百官表。

十二月，丞相方進、大司空武奏言：「古選諸侯賢者以爲州伯，書曰『咨十有二牧』，所以廣聰明，燭幽隱也。今部刺吏居牧伯之位，秉一州之統，選第大吏，所薦位高至九卿，所惡立退，任重職大。春秋之義，用貴治賤，不以卑臨尊。刺史位下大夫，而臨二千石，輕重不相準，失位次之序。臣請罷刺史，更置州牧，秩二千石，以應古制。」奏可。朱博傳、本紀。

中壘校尉劉向卒。向每召見，數言公族者國之枝葉，枝葉落則本根無所庇廕；方今同姓疏遠，母黨專政，禄去公室，權在外家，非所以彊漢宗，卑私門，保守社稷，安固後嗣也。卒時年七十二，後十三歲而王氏代漢。劉向傳。

綏和二年春二月，熒惑守心，丞相府議曹李尋奏記翟方進曰：「應變之權，君侯所自明。往者數白，三光垂象，變動見端，山川水泉，反理視患，民人訛謠，斥事感名。三者既效，可爲寒心。今提揚眉，矢貫中，狼奮角，弓且張，金歷庫，土逆度，輔湛讀曰沈。没，火守舍，萬歲之期，近慎朝暮。上無惻怛濟世之功，下無推讓避賢之效，欲當大位，爲具臣以全身，難矣！大責日加，安得但保斥逐之戮？闔府三百餘人，顏曰：「三百餘人，謂丞相官屬。」唯君侯擇其中，與盡節轉凶。」方進憂之，不知所出。會郎賁音肥。麗善爲星，言大臣宜當之。壬子，上召見方進，還歸，未及引決，上遂賜册曰：「惟君登位，災害並臻。間者郡國穀雖頗孰，百姓不足者尚衆，前去城郭，未能盡還，夙夜未嘗忘焉。朕惟往時之用，與今一也，百僚用度各有數。君不量多少，一聽羣下言，用度不足，奏請一切增賦，税城郭堧人緣反。及園田，過更，算馬牛羊，增益鹽鐵，變更無常。朕既不明，隨奏許可，後議者以爲不便，制詔下君，君云賣酒醪。後請止，未盡月復奏議令賣酒醪。朕誠怪君，何持容容之計，無忠固意，將何以輔朕？朕既已改，君其自思，强食慎職。使尚書令賜君上尊酒十石，養牛一，君審處焉。」方進即日自殺，上祕之，遣九卿册贈以丞相高陵侯印綬，賜乘輿祕器，少府供張，柱檻皆衣素。天子親臨弔者數至，禮賜異於它相故事。翟方進傳。漢舊儀云：「丞相有疾，皇帝法駕親至問疾，從西門入。即薨，移居第中，車駕往弔，賜棺斂具，贈錢，葬地。葬日，公卿已下會葬。」

建平侯杜業上書言：「方進本與淳于長深结厚，更相稱薦，長陷大惡，獨得不坐，苟欲郭塞前過，不爲陛下廣持平例，又無恐懼之心，反因時信讀曰伸。其邪辟，讀曰僻。報睚五懈反。眦仕懈反。怨。故事，大逆朋友坐免官，無歸故郡者，今坐長者歸故郡，已深一等；紅陽侯立坐子受長賄賂故就國耳，非大逆也，而方進復奏立黨友朱博、孫宏免官，陳咸歸故郡。刑罰無平，在方進之筆端，衆庶莫不疑惑，皆言孫宏不與紅陽侯相愛。宏前爲中丞時，方進爲御史大夫，舉掾隆可侍御史，宏奏隆前奉使欺謾，不宜執法近侍，方進以此怨宏。又方進爲京兆尹時，陳咸爲少府，在九卿高第，陛下所自知也。方進素與司直師丹相善，臨御史大夫缺，使丹奏咸爲姦利，請案驗，卒不能有所得，而方進果自得御史大夫。爲丞相，即時詆欺，奏免咸，復因紅陽侯事歸咸故郡。衆人皆言國家假方進權太甚。案師丹行能無異，及光祿勳許商被病殘人，皆但以附從方進，嘗獲尊官。丹親薦邑子丞相史能使巫下神，爲國求福，幾讀曰冀。獲大利。幸賴陛下至明，遣使者毛莫如先考驗，卒得其姦，皆坐死。假令丹知而白之，此誣罔罪也；不知而白之，是背經術惑左道也：二者皆在大辟，重於朱博、孫宏、陳咸所坐。方進終不舉白，專作威福，阿黨所厚，排擠子詣反。英俊，託公報私，橫厲無所畏忌，欲以熏轑讀曰燎。天下。天下莫不望風而靡，自尚書近臣皆結舌杜口，骨肉親屬莫不股慄。威權泰盛而不忠信，非所以安國家也。今聞方進卒讀曰猝。病死，不以尉示天下，反復賞賜厚葬，唯陛下深思往事，以戒來今。」杜業傳。

赦天下。荀紀。考異曰：漢書本紀無，今據荀悦漢紀。

三月，大水。五行志、荀紀。平襄有燕生雀，哺食至大，俱飛去。五行志、荀紀。太僕廐馬生角，在左耳前，圍長一寸八分。荀紀。

丙戌，帝崩于未央宫。皇太后詔有司曰：「皇帝即位，思順天心，遵經義，定郊禮，天下説讀曰悦。憙。懼未有皇孫，故復甘泉泰畤、汾陰后土，庶幾獲福。皇帝恨難之，卒未得其祐。其復南北郊長安如故，以順皇帝之意。」郊祀志、本紀。

夏四月己卯，葬延陵，上尊號曰孝成皇帝。本紀。考異曰：成紀作「三月丙戌，帝崩于未央宫。四月己卯，葬延陵」。荀紀作「三月丙午崩，四月己卯，葬延陵」。按，長曆是年三月己巳朔，無丙午，當是荀紀誤。今從漢書本紀。

校勘記

〔一〕長二十丈　漢書天文志作「長數十丈」，與年紀不同。

〔二〕又令護軍都尉居大司馬府比司直　四庫本「比」作「北」，據漢書百官表改。金華叢書本未改，失校。

西漢年紀卷二十八

哀帝

孝哀皇帝，諱欣，元帝庶孫，定陶共王子也。年三歲嗣立爲王，長好文辭法律。綏和元年，立爲皇太子。二年三月，成帝崩。四月丙午，太子即皇帝位，謁高廟，尊皇太后曰太皇太后，皇后曰皇太后。大赦天下。本紀。帝初即位，躬行儉約，省減諸用，政事由己出，朝廷翕然望至治焉。孔光傳。

夏四月壬寅，傅太后封帝舅丁明爲陽安侯，傅妃父晏爲孔鄉侯。外戚傳、恩澤侯表。考異曰：漢書本紀載於五月立皇后、尊傅太后詔後。按，恩澤侯表丁明、傅晏並以四月壬寅封。又，師丹上書曰：「封舅爲陽安侯，皇后尊號未定，豫封父爲孔鄉侯。」又外戚傳云：「晏封後月餘，傅妃立爲皇后。」此據明甚，是二人之封在立皇后之先無疑。當是本紀因立皇后、尊傅太后故附於詔末耳。今從侯表。或疑壬寅先於帝即位五日，按，外戚傳以爲傅太后封非帝丙午即位之後也。諫大夫楊宣曰：「五侯封日，天氣赤黄，丁、傅復然。此殆爵土過制，傷亂土氣之祥也。」五行志。

建平侯杜業上書言：「王氏世權日久，朝無骨鯁之臣，宗室諸侯微弱，與繫囚無異，自佐史以上至於大吏皆權臣之黨。考異曰：通鑑載於七月莽免之後。然此書本爲王氏設，使莽已免，不應尚以爲言，當是莽未免時上。按，傳載書後云：又言宜爲共王立廟京師。高昌侯董宏亦言宜尊帝母丁后爲帝太后。董宏事既載於四月，不應業此疏却在七月。今移於立廟京師之前。按，考異云云，則此上當有董宏請尊帝母丁后事，此後當有杜業請爲恭王立廟事，此本俱不載，疑有脱落。曲陽侯根前爲三公輔政，知趙昭儀殺皇子，不輒白奏，反與趙氏比周，恣意妄行，譖愬故許后，被加以非罪，誅破諸許族，敗元帝外家。內疾妒同産兄姊紅陽侯立及淳于氏，皆老被放棄。新喋血京師，威權可畏。高陽侯薛宣有不養母之名，安昌侯張禹姦人之雄，惑亂朝廷，使先帝負謗於海內，尤不可不慎。陛下初即位，謙讓未皇，孤獨特立，莫可據仗，權臣易世，意若探湯。宜早以義割恩，安百姓心。竊見朱博忠信勇猛，材略不世出，誠國家雄俊之寶臣也，宜徵博置左右，以填竹刃反。天下。此人在朝，則陛下可高枕而卧矣。昔諸吕欲危劉氏，賴有高祖遺臣周勃、陳平尚存，不者，幾爲姦臣笑。」所言合指，朱博果見拔用，杜周傳。由是爲光禄大夫。博傳。

六月，詔曰：「惟世俗奢泰文巧，而鄭衛之聲興。夫奢泰則下不孫讀曰遜。而國貧，文巧則趨末背本者衆，鄭衛之聲興則淫辟讀曰僻。之化流，而欲黎庶敦朴家給，猶濁其源而求其清流，豈不難哉！孔子不云乎？『放鄭聲，鄭聲淫。』其罷樂府官。郊祭樂及古兵法武樂，在經非鄭衛之樂者，條奏，別屬他官。」丞相孔光、大司空何武奏：「郊祭樂人員六十二人，給祠南北郊。大樂鼓員六人，嘉至鼓員十人，邯鄲鼓員二人，騎吹鼓員三人，江南鼓員二人，淮南鼓員四人，巴俞鼓員三十六人，歌鼓員二十四人，楚嚴鼓員一人，梁皇鼓員四人，臨淮鼓員三十五人，兹邡音方。鼓員三人，凡鼓十二，員百二十八人，朝賀置酒陳殿下，應古兵法。外郊祭員十三人，諸族樂人兼雲招讀與翹同。給祠南郊用六十七人，兼給事雅樂用四人，夜誦員五人，剛、別柎音膚。員二人，給盛德主調篪音池。員二人，聽工以律知日冬夏至一人，鐘工、磬工、簫工員各一人，僕射二人主領諸樂人，皆不可罷。竽音于。工員三人，一人可罷。琴工員五人，三人可罷。柱工員二人，一人可罷。繩絃工員六人，四人可罷。鄭四會員六十二人，一人給事雅樂，六十一人可罷。張瑟員八人，七人可罷。安世樂鼓員二十人，十九人可罷。沛吹鼓員十二人，族歌鼓員二十七人，陳吹鼓員十三人，商樂鼓員十四人，東海鼓員十六人，長樂鼓員十三人，縵音漫。樂鼓員十三人，凡鼓八，員百二十八人，朝賀置酒，陳前殿房中，不應經法。治竽員五人，楚鼓員六人，常從倡三十人，常從象人四人，詔隨常從倡十六人，秦倡員二十九人，秦倡象人員三人，詔隨秦倡一人，雅大人員九人，朝賀置酒爲樂。楚四會員十七人，巴四會員十二人，銚音姚。四會員十二人，齊四會員十九人，蔡謳員三人，齊謳員六人，竽瑟鐘磬員五人，皆鄭聲，可罷。

師學百四十二人，其七十二人給大官挏音動。馬酒，其七十人可罷。大凡八百二十九人，其三百八十八人不可罷，可領屬大樂，其四百四十一人不應經法，或鄭衛之聲，皆可罷。」奏可。禮樂志。

詔曰：「曲陽侯王根前以大司馬建社稷策，益封二千户。太僕安陽侯王舜往時護太子家，導朕，忠誠專壹，有舊恩，益封五百户。丞相博山侯孔光、大司空汜音汎。鄉侯何武益封各千户。」本紀、元后傳。考異曰：此事通鑑載於七月王莽免之後，并莽益封事附見，蓋通鑑據元后詔書耳。按，本紀四人益封在六月，又莽傳載莽罷就第，公卿大夫多稱之者，上乃下詔益莽封。二事自不同時，當是元后傳取三人益封附作一處，非事實也。今從本紀及莽傳。

左將軍師丹建言：「古之聖王莫不設井田，然後治迺可平。孝文皇帝承亡周亂秦兵革之後，天下空虛，故務勸農桑，帥以節儉。民始充實，未有并兼之害，故不爲民田及奴婢爲限。今累世承平，豪富吏民訾數鉅萬，而貧弱愈困。蓋君子爲政，貴因循而重改作，然所以有改者，將以救急也。亦未可詳，宜略爲限。」天子下其議。食貨志。詔曰：「制節謹度以防奢淫，爲政所先，百王不易之道也。諸侯王、列侯、公主、吏二千石及豪富民多畜奴婢，田宅亡限與民争利，百姓失職，重直用反。困不足，其議限列。」本紀。丞相孔光、大司空何武奏請：「諸侯王、列侯皆得名田國中，列侯在長安、公主名田縣道及關内侯、吏民名田，皆毋過三十頃。諸侯王奴婢二百人，列侯、公主百人，關内侯、吏民三十人。年六十以上，十歲以下，不在數中。賈人皆不得名田、爲吏，犯者以律論。諸名田畜奴婢過品，期盡三年，犯者没入官。」時田宅奴婢賈爲減賤，貴戚近習皆不便也。詔書且須後。遂寢不行。本紀、食貨志。

上置酒未央宫，内者令爲傅太后張幄，坐於太皇太后坐旁。大司馬王莽案行，責内者令曰：「定陶太后藩妾，何以得與至尊並！」徹去，更設坐。傅太后聞之，大怒，不肯會，重怨恚莽。莽復乞骸骨。秋七月丁巳，五字據荀紀。上賜莽黄金五百斤，安車駟馬，罷就第。公卿大夫多稱之者，上乃加恩寵，置中黄門，爲莽家給使，十日一賜餐。又下詔曰：「新都侯莽憂勞國家，執義堅固，朕庶幾與爲治。太皇太后詔莽就第，朕甚閔焉。其以黄郵聚户三百五十益封，位特進，給事中，朝朔望見禮如三公，車駕乘緑車從。」莽傳。顔曰：「緑車，皇孫之車。」考異曰：百官表以爲「十一月丁卯」，荀紀載於七月丁巳。按，莽免，師丹代爲大司馬，四月徙大司空。百官表載丹以十月癸酉爲大司空，不應莽免反在十一月。又，丹傳云：「代莽爲大司馬，封高樂侯。」表載丹以綏和二年七月庚午封，則知百官表所謂「十一月」者，蓋字誤也。荀氏漢紀獨書於七月，當是此時，表猶未誤耳，今從荀紀。

復置司隸，冠進賢冠，屬大司空，比司直。百官表。

初，薛宣爲丞相時，弟修爲臨菑令，後母常從修居官，宣迎後母，修不遣。後母病死，修去官持服。宣謂修三年服少能行之者，兄弟相駮不可，修遂竟服，繇是兄弟不和。是歲，博士東海申咸給事中，毁宣不供養行喪服，薄於骨肉，前以不忠孝免，不宜復列封侯在朝省。宣子況爲右曹侍郎，數聞其語，賕客楊明，欲令創初良反，下同。咸面目，使不居位。會司隸缺，況恐咸爲之，遂令明遮斫咸宮門外，斷鼻脣，身八創。事下有司，御史中丞衆等奏：「況朝臣，父故宰相，再封列侯，不相敕丞化，而骨肉相疑，疑咸受修言以謗毁宣。咸所言皆宣行迹，衆人所共見，公家所宜聞。況知咸給事中，恐爲司隸舉奏宣，而公令明等迫切宮闕，要遮創戮近臣於大道人衆中，欲以鬲塞聰明，杜絶論議之端。桀黠無所畏忌，萬衆讙譁，流聞四方，不與凡民忿怒爭鬭者同。臣聞敬近臣，爲近主也。禮，下公門，式路馬，君畜産且猶敬之。春秋之義，意惡功遂，不免於誅，上浸之源不可長竹兩反。也。況首爲惡，明手傷，功意俱惡，皆大不敬。明當以重論，及況皆棄市。」廷尉直以爲「律曰：『鬭以刃傷人，完爲城旦，其賊加罪一等，與謀者同罪。』詔書無以詆丁禮反。欺成罪。傳曰：『遇人不以義而見疻音侈。者，與痏音鮪。人之罪鈞，惡不直也。』咸厚善修，而數稱宣惡，流聞不誼，不可謂直。況以故傷咸，計謀已定，後聞置司隸，因前謀而趣讀曰促。明，非以恐咸爲司隸故造謀也。本爭私變，雖於掖門外傷咸道中，與凡民爭鬭無異。殺人者死，傷人者刑，古今之通道，三代所不易也。孔子曰：『必也正名。』名不正，則至於刑罰不中；刑罰不中，而民無所錯千故反。手足。今以況爲首惡，明手傷爲大不敬，公私無差。春秋之義，原心定罪。原況以父見謗發忿怒，無它大惡。加詆欺，輯與集同。小過成大辟，陷死刑，違明詔，恐非法意，不可施行。聖王不以怒增刑。明當以賊傷人不直，況與謀者皆爵減完爲城旦」。上以問公卿議臣。丞相孔光、大司馬師丹以中丞議是，自將軍以下至博士議郎皆是廷尉。況竟減罪一等，徙敦煌。宣坐免爲庶人，歸故郡，卒於家。薛宣傳。

帝少而聞知王氏驕盛，心不能善，以初立，故優之。司隸解光奏：「曲陽侯根宗重身尊，三世據權，五將秉政，天下輻湊自效。根行貪邪，臧累鉅萬，縱橫胡孟反。恣意，大治室第，第中起土山，立兩市，殿上赤墀，户青瑣；遊觀射獵，使奴從者被甲持弓弩，陳爲步兵；止宿離宮，水衡共居用反。張，竹亮反。發民治道，百姓苦其役。内懷姦邪，欲筦與管同。朝政，推親近吏主簿張業以爲尚書，蔽上壅下，内塞王路，外交藩臣，驕奢僭上，壞亂制度。案根骨肉至親，社稷大臣，先帝棄天下，不悲哀思慕，山陵未成，公聘取故掖庭女樂五官殷嚴、王飛君等，置酒歌舞，捐忘先帝厚恩，背臣子義。及根兄子成都侯況幸得以外親繼父爲列侯侍中，不思報厚恩，亦聘取故掖庭貴人以爲妻，皆無人臣禮，大不敬不道。」按，原本無「案根骨肉至親」以下，文意不屬，今補入。天子曰：「先帝遇根、況父子，至厚也，今乃背忘恩義！」以根嘗建社稷之策，遣就國。免況爲庶人。元后傳。

八月，鄭通里男子王褒衣絳衣，帶劍入北司馬門殿東門，上前殿，入非常室中，解帳組繫劍佩之，招殿前署長命曰：「天帝令我居此宮！」考問，褒故公車大誰卒，病狂忽忘，不自知入宮狀，下獄死。五行志、荀紀。考異曰：五行志及荀紀八月下有「庚申」兩字。按，長曆是年八月丙寅朔。無庚申；兼五行志云「九月庚申，地震」，九月既有庚申，益知八月「庚申」兩字爲誤，今削去之。

上使侍中光禄大夫傅喜問待詔黄門李尋曰：「間者水出地動，日月失度，星辰亂行，災異仍重，直用反。極言毋有所諱。考異曰：李尋傳云：「使侍中衛尉傅喜問尋。」按，五行志「綏和二年九月，地震」。又，表、傳云傅喜自衛尉爲右將軍，及免右將軍以光禄大夫養病，在七月，不應九月尚爲衛尉也。百官表：「建平元年，侍中光禄大夫傅喜爲大司馬。」則知「廷尉」兩字當易爲「光禄大夫」乃是。尋對曰：

變異之來，各應象而至，臣謹條陳所聞。

易曰：「縣象著明，莫大乎日月。」夫日者，衆陽之長，輝光所燭，萬里同暑，人君之表也。故日將旦，清風發，羣陰伏，君以臨朝，不牽於色。日初出，炎以陽，君登朝，佞不行，忠直進，不蔽障。日中輝光，君德盛明，大臣奉公。日將入，專以壹，君就房，有常節。君不修道，則日失其度，晻與暗同。昧亡光。各有云爲。其於東方作，日初出時，陰雲邪氣起者，法爲牽於女謁，有所畏難；日出後，爲近臣亂政；日中，爲大臣欺誣；日且入，爲妻妾役使所營。間者日尤不精，光明侵奪失色，邪氣珥蜺數作。本起於晨，相連至昏，其日出後至日中間差瘉。與愈同。小臣不知内事，竊以日視陛下志操，衰於始初多矣。其咎恐有以守正直言而得罪者，傷嗣害世，不可不慎也。唯陛下執乾剛之德，强志守度，毋聽女謁邪臣之態。諸保阿乳母甘言悲辭之託，斷而勿聽。勉强大誼，絶小不忍；良有不得已，可賜以貨財，不可私以官位，誠皇天之禁也。日失其光，則星辰放流。陽不能制陰，陰桀得作。間者太白正晝經天。宜隆德克躬，以執不軌。

臣聞月者，衆陰之長，銷息見伏，百里爲品，千里立表，萬里連紀，妃后大臣諸侯之象也。朔晦正終始，弦爲繩墨，望成君德，春夏南，秋冬北。間者，月數以春夏與日同道，過軒轅上后受氣，入太微帝廷揚光煇，犯上將近臣，列星皆失色，厭厭烏點反。如滅，此爲母后與政亂朝，陰陽俱傷，兩不相便。外臣不知朝事，竊信天文即如此，近臣已不足杖矣。屋大柱小，可爲寒心。唯陛下親求賢士，無彊所惡，以崇社稷，尊彊本朝。

臣聞五星者，五行之精，五帝司命，應王者號令爲之節度。歲星主歲事，爲統首，號令所紀，今失度而盛，此君指意欲有所爲，未得其節也。又填星不避歲星者，后帝共政，相留於奎、婁，當以義斷之。熒惑往來亡常，周歷兩宫，作態低卬，入天門，上明堂，貫尾亂宮。太白發越犯庫，兵寇之應也。貫黄龍，入帝庭，當門而出，隨熒惑入天門，至房而分，欲與熒惑爲患，不敢當明堂之精。此陛下神靈，故禍亂不成也。熒惑厥弛，佞巧依埶，微言毀譽，進類蔽善。太白出端門，臣有不臣者。火入室，金上堂，不以時解，其憂凶。填、歲相守，又主内亂。宜察蕭牆之内，毋忽親疏之微，誅放佞人，防絶萌芽，以盪滌濁濊，與穢同。消散積惡，毋使得成禍亂。辰星主正四時，當效於四仲；四時失序，則星辰作異。今出於歲首之孟，天所以譴告陛下也。政急則出蚤，政緩則出晚，政絶不行則伏不見而爲彗茀。與孛同。四孟皆出，爲易王命；四季皆出，星家所諱。今幸獨出寅孟之月，蓋皇天所以篤右與祐同。陛下也，宜深自改。

治國故不可以戚戚，欲速則不達。經曰：「三載考績，三考黜陟。」加以號令不順四時，既往不咎，來事之師也。間者春三月治大獄，時賊陰立逆，恐歲小收；季夏舉兵法，時寒氣應，恐後有霜雹之災；秋月行封爵，其月土溼奥，於六反。恐後有雷雹之變。夫以喜怒賞罰，而不顧時禁，雖有堯舜之心，猶不能致和。善言天者，必有效於人。設上農夫而欲冬田，肉袒深耕，汗出種之，然猶不生者，非人心不至，天時不得也。易曰：「時止則止，時行則行，動静不失其時，其道光明。」書曰：「敬授民時。」〔一〕故古之王者，尊天地，重陰陽，敬四時，嚴月令。順之以善政則和氣可立致，猶枹鼓之相應也。今朝廷忽於時月之令，諸侍中尚書近臣宜皆令通知月令之意，設羣下請事；若陛下出令有謬於時者，當知爭之，以順時氣。故曰朝廷亡人，則爲賊亂所輕，其道自然也。天下未聞陛下奇策固守之臣也。語曰，何以知朝廷之衰？人人自賢，不務於通人，故世陵夷。

馬不伏歷，不可以趨道；士不素養，不可以重國。詩曰：「濟濟多士，文王以寧。」孔子曰：「十室之邑，必有忠信。」非虛言也。陛下秉四海之衆，曾亡柱幹之固守聞於四境，殆開之不廣，取之不明，勸之不篤。傳曰：「士之美者善養禾，君之明者善養士。」中人皆可使爲君子。詔書進賢良，赦小過，無求備，以博聚英儁。如近世貢禹，以言事忠切蒙尊榮，當此之時，士厲身立名者多。禹死之後，日日以衰。及京兆尹王章坐言事誅滅，智者結舌，邪僞並興，外戚顓命，君臣隔塞，至絕繼嗣，女宮作亂。此行事之敗，誠可畏而悲也。

本在積任母后之家，非一日之漸，往者不可及，來者猶可追也。先帝大聖，深見天意昭然，使陛下奉承天統，欲矯正之也。宜少抑外親，選練左右，舉有德行道術通明之士充備天官，然後可以輔聖德，保帝位，承大宗。下至郎吏從官，行能亡以異，又不通一藝，及博士無文雅者，皆宜使就南畝，以視讀曰示。天下，明朝廷皆賢材君子，於以重朝尊君，滅凶致安，此其本也。臣自知所言害身，不避死亡之誅，唯留神反覆愚臣之言。

上雖不從，然每有非常，輒問尋。尋對屢中，遷黄門侍郎。以尋言且有水災，故拜尋爲騎都尉，使護河隄。李尋傳。

待詔賈讓奏言：

治河有上中下策。按，原本脱「待詔」以下十三字，今補入。今隄防陿者去水數百步，遠者數里。近黎陽南故大金隄，從河西西北行，至西山南頭，迺折東，與東山相屬。民居金隄東，爲廬舍，往十餘歲更起隄，從東山南頭直南與故大隄會。又内黄界中有澤，方數十里，環之有隄，往十餘歲太守以賦民，民今起廬舍其中，此臣親所見者也。東郡白馬故大隄亦復數重，民皆居其間。從黎陽北盡魏界，故大隄去河遠者數十里，内亦數重，此皆前世所排也。河從河内北至黎陽爲石隄，激使東抵東郡平剛；又爲石隄，使西北抵黎陽、觀下，又爲石隄，使東北抵東郡津北；又爲石隄，使西北抵魏郡昭陽；又爲石隄，激使東北。百餘里間，河再西三東，迫阸如此，不得安息。

今行上策，徙冀州之民當水衝者，決黎陽遮害亭，放河使北入海。河西薄大山，東薄金隄，埶不能遠泛濫，朞月自定。難者將曰：「若如此，敗壞城郭田廬冢墓以萬數，百姓怨恨。」昔大禹治水，山陵當路者毀之，故鑿龍門，辟伊闕，析底柱，破碣石，墮火規反。斷天地之性。此迺人功所造，何足言也！今瀕河十郡治隄歲費且萬萬，及其大決，所殘無數。如出數年治河之費，以業所徙之民，遵古聖之法，定山川之位，使神人各處其所，而不相奸。音干。且以大漢方制萬里，豈與水爭咫尺之地哉？此功一立，河定民安，千載無患，故謂之上策。

若迺多穿漕渠於冀州地，使民得以溉田，分殺水怒，雖非聖人法，然亦救敗術也。難者將曰：「河水高於平地，歲增隄防，猶尚決溢，不可以開渠。」臣竊按視遮害亭西十八里，至淇水口，迺有金隄，高一丈。自是東，地稍下，隄稍高，至遮害亭，高四五丈。往五六歲〔二〕，河水大盛，增丈七尺，壞黎陽南郭門，入至隄下。水未踰隄二尺所，從隄上北望，河高出民屋，百姓皆走上山。水留十三日，隄潰二所，吏民塞之。臣循隄上，行視水埶，南七十餘里，至淇口，水適至隄半，計出地上五尺所。今可從淇口以東爲石隄，多張水門。初元中，遮害亭下河去隄足數十步，至今四十餘歲，適至隄足。由是言之，其地堅矣。恐議者疑河大川難禁制，滎陽漕渠足以卜之，其水門但用木與土耳。今據堅地作石隄，埶必完安。冀州渠首盡當卬此水門。治渠非穿地也，但爲東方一隄，北行三百餘里，入漳水中，其西因山足高地，諸渠皆往往股引取之；

旱則開東方下水門溉冀州，水則開西方高門分河流。通渠有三利，不通有三害。民常罷讀曰疲，於救水，半失作業；水行地上，湊潤上徹，民則病溼氣，木皆立枯，鹵不生穀；決溢有敗，爲魚鼈食：此三害也。若有渠溉，則鹽鹵下濕，填淤加肥；故種禾麥，更爲秔稻，高田五倍，下田十倍；轉漕舟船之便：此三利也。今瀕河隄吏卒郡數千人，伐買薪石之費歲數千萬，足以通渠成水門；又民利其溉灌，相率治渠，雖勞不罷。讀曰疲。民田適治，河隄亦成，此誠富國安民，興利除害，支數百歲，故謂之中策。若迺繕完故隄，增卑倍薄，勞費無已，數逢其害，此最下策也。溝洫志。

丞相孔光、大司空何武奏言：「永光五年制書，高皇帝爲漢太祖，孝文皇帝爲太宗。建昭五年制書，孝武皇帝爲世宗。損益之禮，不敢有與。臣愚以爲迭毁之次，當以時定，非令所謂擅議宗廟之意也。臣請與羣臣雜議。」奏可。於是，光祿勳彭宣、詹事滿昌、博士左咸等五十三人皆以爲繼祖宗以下，五廟而迭毁，後雖有賢君，猶不得與祖宗並列。子孫雖欲褒大顯揚而立之，鬼神不饗也。孝武皇帝雖有功烈，親盡宜毁。

太僕王舜、中壘校尉劉歆議曰：「臣聞周室既衰，四夷並侵，獫狁最彊，於今匈奴是也。至宣王而伐之，詩人美而頌之曰『薄伐獫狁，至于太原』，又曰『嘽嘽他丹反。推推，他回反。如霆如雷，顯允方叔，征伐獫狁，荆蠻來威』，故稱中興。及至幽王，犬戎來伐，殺幽王，取宗器。自是之後，南夷與北夷交侵，中國不絕如綫。思薦反。春秋紀齊桓南伐楚，北伐山戎，孔子曰：『微管仲，吾其被髮左衽矣。』是故棄桓之過而録其功，以爲伯讀曰霸。首。及漢興，冒頓始彊，破東胡，禽月氏，讀曰支。并其土地，地廣兵彊，爲中國害。南越尉佗總百粤，自稱帝。故中國雖平，猶有四夷之患，且無寧歲。一方有急，三面救之，是天下皆動而被其害也。孝文皇帝厚以貨賂，與結和親，猶侵暴無已。甚者，興師十餘萬衆，近屯京師及四邊，歲發屯備虜，其爲患久矣，非一世之漸也。諸侯郡守連匈奴及百粤以爲逆者非一人也。匈奴所殺郡守都尉，略取人民，不可勝數。孝武皇帝愍中國罷讀曰疲。勞無安寧之時，乃遣大將軍、驃騎、伏波、樓船之屬，南滅百粤，起七郡；北攘匈奴，降昆下門反。邪十萬之衆，置五屬國，起朔方，以奪其肥饒之地；東伐朝鮮，起玄菟、樂浹各反。浪，音郎。以斷匈奴之左臂；西伐大宛，并三十六國，結烏孫，起敦煌、酒泉、張掖，以鬲婼而遮反。羌，裂匈奴之右臂。單于孤特，遠遁於幕北。四垂無事，斥地遠境，起十餘郡。功業既定，迺封丞相爲富民侯，以大安天下，富實百姓，其規橅可見。又招集天下賢俊，與協心同謀，興制度，改正朔，易服色，立天地之祠，建封禪，殊官號，存周後，定諸侯之制，永無逆爭之心，至今累世賴之。單于守藩，百蠻服從，萬世之基也，中興之功未有高焉者也。高帝建大業，爲太祖；孝文皇帝德至厚也，爲文太宗；孝武皇帝功至著也，爲武世宗；此孝宣帝所以發德音也。禮記王制及春秋穀梁傳，天子七廟，諸侯五，大夫三，士二。天子七日而殯，七月而葬；諸侯五日而殯，五月而葬；此喪事尊卑之序也，與廟數相應。其文曰：『天子三昭三穆，與太祖之廟而七；諸侯二昭二穆，與太祖之廟而五。』故德厚者流光，德薄者流卑。春秋左氏傳曰：『名位不同，禮亦異數。』自上以下，降殺所例反。以兩，禮也。七者，其正法數，可常數者也。宗不在此數中。宗，變也，苟有功德則宗之，不可預爲設數。故於殷，太甲爲太宗，太戊曰中宗，武丁曰高宗。周公爲毋逸之戒，舉殷三宗以勸成王。繇是言之，宗無數也，然則所以勸帝者之功德博矣。以七廟言之，孝武皇帝未宜毀；以所宗言之，則不可爲無功德。禮記祀典曰：『夫聖王之制祀也，功施於民則祀之，以勞定國則祀之，能救大災則祀之。』竊觀孝武皇帝，功德皆兼而有焉。凡在於異姓，猶將特祀之，況於先祖？或說天子五廟無見文，又說中宗、高宗者，宗其道而毀其廟。名與實異，非尊德貴功之意也。詩曰：『蔽芾甘棠，勿翦與翦同。勿伐，邵伯所茇。步葛反。』思其人猶愛其樹，況宗其道而毀其廟乎？迭毀之禮自有常法，無殊功異德，固以親疏相推及。至祖宗之序，多少之數，經傳無明文，至尊至重，難以疑文虛說定也。孝宣皇帝舉公卿之議，用衆儒之謀，既以爲世宗之廟，建之萬世，宣布天下。臣愚以爲孝武皇帝功烈如彼，孝宣皇帝崇立之如此，不宜毀。」上覽其議而從之。制曰：「太僕舜、中壘校尉歆議可。」歆又以爲「禮，去丘呂反。

事有殺，所例反，下同。故春秋外傳曰：『日祭，月祀，時享，歲貢，終王。』祖禰則日祭，曾高則月祀，二祧則時享，壇墠則歲貢，大禘則終王。德盛而游廣，親親之殺也；彌遠則彌尊，故禘爲重矣。孫居王父之處，正昭穆，則孫常與祖相代，此遷廟之殺也。聖人於其祖，出於情矣，禮無所不順，故無毀廟。自貢禹建迭毀之議，惠、景及太上寢園廢而爲虛，讀曰墟。失禮意矣」。韋玄成傳。

班彪曰：「漢承亡秦絶學之後，祖宗之制因時施宜，自元、成後學者蕃滋。貢禹毀宗廟，匡衡改郊兆，何武定三公，後皆數復。故紛紛不定。禮文缺微，古今異制，各爲一家，未易可偏定也。觀諸儒之議，劉歆博而篤矣。」

大司空何武、執金吾閻崇薦龔勝，帝自爲定陶王固已聞其名，徵爲諫大夫。引見，勝薦龔舍及亢音杭。父甯壽、濟陰侯嘉，有詔皆徵。勝曰：「竊見國家徵醫巫，常爲駕，徵賢者宜駕。」上曰：「大夫乘私車來邪？」勝曰：「唯唯。」有詔爲駕。龔舍、侯嘉至，皆爲諫大夫。甯壽稱疾不至。勝居諫官，數上書求見，言百姓貧，盜賊多，吏不良，風俗薄，災異數見，不可不憂。制度泰奢，刑罰泰深，賦斂泰重，宜以儉約先下。兩龔傳。

癸酉，徙大司馬師丹爲大司空。百官表。考異曰：傅喜傳云：「明年正月，徙大司馬師丹爲大司空。」百官表云「十月癸酉」，而荀紀因之。按，薛宣傳宣生子況傷申咸免侯，內有大司空師丹議。表載宣免侯在綏和二年，則丹爲大司空在今年明矣。意者丹今年十月徙而傅喜以正月拜大司馬，故傅總言之耳。

上少在國，見成帝委政外家，王氏僭盛，常内邑邑。即位，多欲有所匡正。封拜丁、傅，奪王氏權。丹自以師傅居三公位，得信於上，上書言：「先帝不量臣愚，以爲太傅，陛下以臣託師傅，故亡功德而備鼎足，封大國，加賜黄金，位爲三公，職在左右，不能盡忠補過，而令庶人竊議，災異數見，此臣之大罪也。臣不敢言乞骸骨歸於海濱，恐嫌於僞。誠慚負重責，義不得不盡死。」書數十上，多切直之言。師丹傳。

中壘校尉劉歆，欲建立左氏春秋及毛詩、逸禮、古文尚書皆列於學官。帝令歆與五經博士講論其義，諸博士或不肯置對，歆於是數見丞相孔光，爲言左氏春秋以求助，光卒不肯。時五官中郎將不其房鳳、光禄勳王龔以外屬内卿，如淳曰：「内卿光禄勳治宫中。」與歆共校書，三人皆侍中，唯鳳、龔許歆。劉歆傳、儒林傳。因共移書太常博士，責讓之曰：

昔唐虞既衰，而三代迭興，聖帝明王，累起相襲，其道甚著。周室既微，而禮樂不正，道之難全也如此。是故孔子憂道之不行，歷國應聘。自衛反魯，然後樂正，雅頌各得其所；修易，序書，制作春秋，以紀帝王之道。及夫子没而微言絶，七十子終而大義乖。重遭戰國，棄籩豆之禮，理軍旅之陳，孔氏之道抑，而孫吴之術興。陵夷至於暴秦，燔經書，殺儒士，設挾書之法，行是古之罪，道術由是遂滅。漢興，去聖帝明王遐遠，仲尼之道又絶，法度無所因襲。時獨有一叔孫通略定禮儀，天下唯有易卜，未有它書。至孝惠之世，乃除挾書之律，然公卿大臣絳、灌之屬咸介冑武夫，莫以爲意。至孝文皇帝，始使掌故鼂錯從伏生受尚書。尚書初出於屋壁，朽折散絶，今其書見在，時師傳讀而已。詩始萌芽。天下衆書往往頗出，皆諸子傳説，猶廣立於學官，爲置博士。在漢朝之儒，唯賈生而已。至孝武皇帝，然後鄒、魯、梁、趙頗有詩、禮、春秋先師，皆起於建元之間。當此之時，一人不能獨盡其經，或爲雅，或爲頌，相合而成。泰誓後得，博士集而讀之。故詔書稱曰：「禮壞樂崩，書缺簡脱，朕甚閔焉。」時漢興已七八十年，離於全，經固已遠矣。

及魯恭王壞孔子宅，欲以爲宮，而得古文於壞壁之中，逸禮有三十九，書十六篇。天漢之後，孔安國獻之，遭巫蠱倉卒之難，未及施行。及春秋左丘明所修，皆古文舊書，多者二十餘通，藏於祕府，伏而不發。孝成皇帝閔學殘文缺，稍離其真，乃陳發祕藏，校理舊文，得此三事，以考學官所傳，經或脱簡，傳或間編。傳問民間，則有魯國桓公、趙國貫公、膠東庸生之遺學與此同，抑而未施。此乃有識者之所惜閔，士君子之所嗟痛也。往者綴學之士不思廢絶之闕，苟因陋就寡，分文析字，煩言碎辭，學者罷讀曰疲。老，且不能究其一藝。信口説而背傳記，是末師而非往古，至於國家將有大事，若立辟雍封禪巡狩之儀，則幽冥而莫知其原。猶欲保殘守缺，挾恐見破之私意，而無從善服義之公心，或懷妒嫉，不考情實，雷同相從，隨聲是非，抑此三學，以尚書爲備，謂左氏爲不傳春秋，豈不哀哉！

今聖上德通神明，繼統揚業，亦閔文學錯亂，學士若茲，雖昭其情，猶依違謙讓，樂與士君子同之。故下明詔，試左氏可立不，遣近臣奉指銜命，將以輔弱扶微，與二三君子比意同力，冀得廢遺。今則不然，深閉固拒，而不肯試，猥以不誦絶之，欲以杜塞餘道，絶滅微學。夫可與樂成，難與慮始，此乃衆庶之所爲耳，非所望士君子也。且此數家之事，皆先帝所親論，今上所考視，其古文舊書，皆有徵驗，外内相應，豈苟而已哉！

夫禮失求之於野，古文不猶愈於野乎？往者博士書有歐陽，春秋公羊，易則施、孟，然孝宣皇帝猶廣立穀梁春秋，梁丘易，大小夏侯尚書，義雖相反，猶並置之。何則？與其過而廢之也，寧過而立之。傳曰：「文武之道未墜於地，在人；賢者志其大者，不賢者志其小者。」今此數家之言所以兼包大小之義，豈可偏絶哉！若必專己守殘，黨同門，妒道真，違明詔，失聖意，以陷於文吏之議，甚爲二三君子不取也。

其言甚切，諸儒皆怨恨。是時名儒光禄大夫龔勝以歆移書上疏深自罪責，願乞骸骨罷。大司空師丹亦大怒，奏歆改亂舊章，非毁先帝所立。帝曰：「歆欲廣道術，亦何以爲非毁哉？」歆由是忤執政大臣，爲衆儒所訕，懼誅，求出補吏，爲河内太守。以宗室不宜典三河，徙守五原。劉歆傳。王龔亦出爲弘農太守，房鳳九江太守。儒林傳。

丞相司直隃麋郭欽奏豫州牧鮑宣「舉錯煩苛，代二千石署吏聽訟，所察過詔條。行部乘傳去法駕，駕一馬，舍宿鄉亭，爲衆所非」。又奏京兆尹薛修，皆免。鮑宣傳、百官表。光禄大夫朱博爲京兆尹。百官表。

燉煌太守奏陳湯前親誅郅支單于，威行外國，不宜近邊塞，詔徙安定。湯傳。

校勘記

〔一〕敬授民時　四庫本「民」作「人」，據漢書李尋傳及金華叢書本改。

〔二〕往五六歲　漢書溝洫志「五六」作「六七」，與年紀不同。

西漢年紀卷二十九

哀帝

建平元年春正月丁酉，侍中光禄大夫傅喜爲大司馬，封高武侯。百官表、恩澤侯表。考異曰：百官表作「四月丁酉」。按，喜傳：「正月拜喜爲大司馬，封高武侯。」考侯表，喜以正月丁酉封侯，荀紀亦作「正月丁酉」。當是百官表誤，今書於正月。

赦天下。本紀。

丁未，有石隕於北地，十六。五行志、荀紀。考異曰：荀紀、通鑑皆無「丁未」二字，此據五行志、通鑑。荀紀書此事于拜傅喜之先。按，是年正月丁酉乃初六日，丁未乃十六日，相去十日，不應丁未反在丁酉之前也，今釐正之。志作「十」，荀紀作「十六」，今從荀紀。是日，日出時，有白氣著天，廣如一匹布，長十餘丈，西南行，讙如雷，一刻而止。天文志、荀紀。定襄有牡馬生駒，三足，隨羣馬飲食。荀紀。

司隸解光奏言：「趙昭儀在成帝時害皇嗣，在四月丙午赦令前。外戚傳。考異曰：趙后傳作「四月丙辰」。按，本紀帝以四月丙午即位，赦天下，今易作「丙午」字。昭儀傾亂聖朝，親滅繼嗣，家屬當伏天誅。而同産親屬皆在尊貴之位，非所以懲惡崇誼。」於是，免新成侯趙欽、欽兄子訢，皆爲庶人，家屬徙遼西郡。按，原本無「昭儀傾亂聖朝」以下，事義未了，今補入。

二月，制詔丞相，大司空曰：「蓋聞聖王之治，以得賢爲首。其與大司馬、列侯、將軍、中二千石、州牧、守、相舉孝悌惇厚能直言通政事，延於側陋可親民者，各一人。」本紀。考異曰：本紀但作「詔曰」，今詳詔云：「其與大司馬、列侯、將軍、中二千石、州牧、守、相舉孝弟。」如此，則是詔丞相、大司空無疑，今從劉貢父。

秋九月甲辰，有石隕於虞，二。五行志。

郎中令褒、黄門郎段猶等奏言：「定陶共皇太后、共皇后皆不宜復引定陶藩國之名以冠大號，車馬衣服宜皆稱皇之意，置吏二千石以下各供厥職，又宜爲共皇立廟京師。」上復下其議。師丹傳。羣下多順指言：「母以子貴，宜立尊號以厚孝道。」孔光傳。考異曰：師丹傳作「郎中令泠褒」。按，是時無郎中令之官，而荀氏漢紀作「郎中令褒」，無「泠」字，明此一字後人妄增。蓋郎中乃官名，姓令名褒耳。文紀有「中大夫令免」，令亦姓也。今從荀紀。唯丞相孔光、大司馬傅喜、大司空師丹共執正議，以爲不可。傅喜傳。由是寖不合上意。

會有上書言古者以龜貝爲貨，今以錢易之，民以故貧，宜可改幣。上以問丹，丹對言可改。章下有司議，皆以爲行錢以來久，難卒讀曰猝。變易。丹老人，忘其前語，後從公卿議。又丹使吏書奏，吏私寫其草，丁、傅子弟聞之，使人上書告丹上封事行道人偏持其書。上以問將軍中朝臣，皆對曰：「忠臣不顯諫，大臣奏事不宜漏泄，令吏民傳寫流聞四方。『臣不密則失身。』宜下廷尉治。」事下廷尉，廷尉劾丹大不敬。事未決，給事中博士申咸、炔音桂。欽上書，言：「丹經行無比，自近世大臣能若丹者少。發憤懣，奏封事，不及深思遠慮，使主簿書，漏泄之過不在丹。以此貶黜，恐不厭一贍反。衆心。」尚書劾咸、欽：「幸得以儒官選擢備腹心，上所折中定疑，知丹社稷重臣，議罪處罰，國之所慎，咸、欽初傳讀曰附。經義以爲當治，事以暴列，乃復上書妄稱譽丹，前後相違，不敬。」上貶咸、欽秩各二等，遂策免丹曰：「間者陰陽不調，寒暑失常，變異婁古屢字。臻，山崩地震，河決泉涌，流殺人民，百姓流連，無所歸心，司空之職尤廢焉。乃者以挺力田議改幣章示君，君內爲朕建可改不疑；以君之言博考朝臣，君乃希衆雷同，外以爲不便，令觀聽者歸非於朕。及君奏封事，傳於道路，獲虛采名，謗譏匈匈。朕惟君位尊任重，慮不周密，懷諼虛爰反。迷國，進退違命，反覆異言，甚爲君恥之。以君嘗託傅位，未忍考於理，已詔有司赦君勿治。其上大司空高樂侯印綬，罷歸。」

尚書令唐林上疏曰：「竊見免大司空丹策書，泰深痛切，君子作文，爲賢者諱。丹經爲世儒宗，德爲國黃耇，親傅聖躬，位在三公，所坐者微，海內未見其大過，事既已往，免爵大重；京師識者咸以爲宜復丹爵邑，使奉朝請，四方所瞻卬也。唯陛下財覽衆心，有以尉復師傅之臣。」上從林言，下詔賜丹爵關内侯，食邑三百户。師丹傳。冬十月壬午，京兆尹朱博爲大司空。百官表。以光禄大夫瑯邪邴漢爲京兆尹。初，漢以清行徵，及爲京兆數月，病，後爲太中大夫。考異曰：百官表載於綏和二年。按，表先書朱博爲京兆尹，後以邴漢繼之。博以建平元年十月遷大司空，則邴漢代博亦當在建平元年十月後，必是百官表誤一年。今書於朱博遷大司空之後。以大鴻臚王嘉爲京兆尹。百官表。

中山王箕子幼，有眚所領反。病，祖母馮太后自養視，數禱祠解。上遣中郎謁者張由將醫治。由素有狂易病，病發怒去，西歸長安。尚書簿責擅去狀，由恐，因誣言中山太后祝詛上及傅太后。更使中謁者令史立與丞相長史大鴻臚丞雜治。立受傅太后指，幾讀曰冀。得封侯，治馮太后女弟習及寡弟婦君之。醫徐遂成言習、君之曰：「武帝時醫修氏刺治武帝得二千萬耳，今愈上，不得封侯，不如殺上，令中山王代，可得封。」立等劾奏祝詛謀反，大逆。馮太后飲藥自殺。宜鄉侯參、君之，習夫及子當相坐者，或自殺，或伏法，死者十七人，衆莫不憐之。馮奉世、馮昭儀傳。

十二月，有白氣出西南，從地上至天，出參下，貫天廁，廣如匹布，長十餘丈，十日而去。天文志、荀紀。

甲子夜，濟陽令劉欽生子於縣舍，有赤光照室中。卜者王長占之曰：「此兆吉不可言。」時縣界有嘉禾生，一莖九穗，因名之曰秀。秀，長沙定王發六世孫也。光武贊論。是歲，劉歆改名秀。劉向傳。

輕殊死刑八十一事，其四十二事手殺人者減一等。東觀漢記。

建平二年春正月〔二〕，傅太后欲求稱尊號，與成帝母齊尊，喜與孔光、師丹共執不可。上重違大臣正議，又內迫太后，猗于其反。違者連歲。傅太后大怒，上不得已，先免師丹，遂策免喜，以列侯就第。喜傳、通鑑。考異曰：百官表作「三月」，荀紀作「正月」。通鑑取荀紀，今從之。

大司空朱博奏言：「帝王之道不必相襲，各繇時務。高皇帝以聖德受命，建立鴻業，置御史大夫，位次丞相，典正法度，以職相參，總領百官，上下相監臨，歷載二百年，天下安寧。今更爲大司空，與丞相同位，未獲嘉祐。」上從之。夏四月戊午，更拜博爲御史大夫，又以陽安侯丁明爲大司馬衛將軍，置官屬，大司馬冠號如故事。博傳。乙亥，五行志。策免光曰：「君相朕三年，憂國之風無聞焉。陰陽錯謬，歲比不登，天下空虛，百姓饑饉，父子分散，流離道路，以十萬數。而百官羣職曠廢，姦軌放縱，盜賊並起，或攻官寺，殺長吏。數以問君，君無怵惕憂懼之意，對毋能爲。是以羣卿大夫咸惰哉莫以爲意，咎由君焉。君其上丞相博山侯印綬，罷歸。」光傳。以御史大夫朱博爲丞相，封陽鄉侯，食邑二千戶。考異曰：百官表作「四月乙未」，荀紀作「四月乙亥」，五行志亦作「乙亥」。按，百官表云：「四月戊午，大司空博爲御史大夫，乙亥，遷。」觀此，則乙亥爲是。又，五行志云：四月乙亥朔。按，長曆是年丁巳朔，非乙亥也。且朱博以戊午除御史大夫，既有戊午在前，乙亥豈得爲朔？是月亦無乙未，表、志皆誤。

少府趙玄爲御史大夫。臨延登受策，舊儀曰：「丞相、御史大夫初拜，皇帝延登親詔。」有大聲如鐘鳴，殿中郎吏陛者皆聞焉。上以問黄門侍郎揚雄、李尋。考異曰：百官表作「中尉」，荀紀作「少傅」，五行志作「少府」，三者不同。以史考之，是時無中尉，蓋太初元年中尉已更名執金吾矣。百官表成帝綏和二年載趙玄爲衛尉〔二〕，一月爲中少府；又，朱博傳曰趙玄以少府爲御史大夫。如此，則少府爲是，當是荀紀誤以「府」爲「傅」耳，今從朱博傳及五行志。尋對曰：「洪範所謂鼓妖者也。師法，以爲人君不聰，爲衆所惑，空名得進，則有聲無形，不知所從生。其傳曰：『歲、月、日之中，則正卿受之。』今以四月日加辰，已有異，是爲中焉。正卿，謂執政大臣也。宜退丞相、御史，以應天變。」揚雄亦以爲「鼓妖，聽失之象也。朱博爲人彊毅，多權謀，宜將不宜相，恐有凶惡亟疾之怒」。按，原本無「尋對曰」以下，文意未完，今補入。朱博上書曰：「故事，封丞相不滿千户，而獨臣過制，誠慙懼，願還千户。」上許焉。五行志、通鑑、朱博傳。

上以王氏亡在位者，遂用舊恩親近平阿侯譚子去疾，復進其弟閎爲中常侍。董賢傳。

朱博又奏言：「漢家至德溥大，宇内萬里，立置郡縣。部刺史奉使典州，督察郡國吏民安寧，故事居部九歲舉爲守相，其有異材功效著者輒登擢，秩卑而賞厚，咸勸功樂進。

前丞相方進奏罷刺史，更置州牧，恐功效陵夷，姦軌不禁。按，原本無「秩卑而賞厚」以下，文意不屬，今補入。請罷州牧，置刺史如故。」奏可。朱博傳。

六月庚申，帝太后丁氏崩。上曰：「朕聞夫婦一體。詩云：『穀則異室，死則同穴。』昔季武子成寢，杜氏之殯在西階下，請合葬而許之。附葬之禮，自周興焉。『郁郁乎文哉！吾從周。』孝子事亡如事存。帝太后宜起陵共皇之園。」遂葬定陶。發陳留、濟陰近郡國五萬人穿復土。本紀。遣大司馬票騎將軍丁明東送葬於定陶，貴震山東。丁姬傳。

初，成帝時，齊人甘忠可詐造天官曆、包元太平經十二卷，言：「漢家逢天地之大終，當更受命於天，天帝使真人赤精子下，教我此道。」忠可以教夏賀良、丁廣世、郭昌等，中壘校尉劉向奏忠可罔上惑衆，下獄，死。賀良等坐挾忠可書以不敬論，後賀良等復私相教。帝初立，司隸解光亦以明經通災異得幸，考異曰：李尋傳作「司隸校尉」。按，百官表司隸校尉罷於成帝時，至哀帝綏和二年復置，但爲司隸，屬大司空，比司直。「校尉」二字衍，今刊去之。白賀良等所挾忠可書。事下奉車都尉劉秀，秀以爲不合五經，不可施行。而李尋亦好之。光曰：「前秀父向奏忠可下獄，秀安肯通此道？」時郭昌爲長安令，勸尋宜助賀良等。尋遂白賀良等皆待詔黃門，數召見，陳說：「漢曆中衰，當更受命。成帝不應天命，故絕嗣。今災異屢數，天所以譴告人也。宜急改元易號，乃得延年益壽，皇子生，災異息矣。」按，原本無「數召見」以下，似下文

「從賀良等議」句無着處，今補入。帝久寢疾，幾讀曰冀。其有益，遂從賀良等議。甲子，制詔丞相御史：「蓋聞尚書『五曰考終命』，言大運壹終，更紀天元人元，考文正理，推曆定紀，數如甲子也。朕以眇身入繼太祖，承皇天，總百僚，子元元，未有應天心之效。即位出入三年，災變數降，日月失度，星辰錯謬，高下貿易，大異連仍，盜賊並起。朕甚懼焉，戰戰兢兢，唯恐陵夷。惟漢興至今二百載，曆紀開元，皇天降非材之佑，漢國再獲受命之符，朕之不德，曷敢不通夫受天之元命，必與天下自新。其大赦天下，以建平二年爲太初元將元年〔三〕，號曰陳聖劉太平皇帝。漏刻以百二十爲度。布告天下，使明知之。」本紀、李尋傳。考異曰：哀紀、李尋傳並作「太初元年」，無「元將」兩字。今唐本哀紀有之，然武帝既有太初矣，哀帝不應復以紀元，恐或有「元將」兩字，因存之。今川本本紀亦有「元將」二字。上改制月餘，寢疾自若。八月丁巳，四字據天文志。詔曰：「朕獲保宗廟，爲政不德，變異屢仍，恐懼戰栗，未知所繇。與由同。待詔賀良等建言改元易號，增益漏刻，可以永安國家。朕信道不篤，過聽其言，幾爲百姓獲福。卒無嘉應，久旱爲災。以問賀良等，對當復改制度，皆背經誼，違聖制，不合時宜。夫過而不改，是謂過矣。六月甲子詔書，非赦令也，皆蠲除之。賀良等反道惑衆，姦態當窮竟。」皆下獄，光祿勳平當、光祿大夫毛莫如與御史中丞、廷尉雜治，當賀良等執左道，亂朝政，傾覆國家，誣罔主上，不道。賀良等皆伏誅。李尋、解光減死一等，徙敦煌郡。李尋傳、本紀。

帝以寢疾，博徵方術士，京師諸縣皆有侍祠使者，盡復前世所常興請神祠官，凡七百餘所，一歲三萬七千祠云。郊祀志、通鑑。

詔左將軍彭宣等劾奏：「博，宰相；玄，上卿；晏以外親，封位特進。股肱大臣，上所信任，不思竭誠奉公，務廣恩化，爲百寮先，皆知喜、武前已蒙恩詔決，事更三赦，博執左道，虧損上恩，以結信貴戚，背君鄉讀曰嚮。臣，傾亂政治，姦人之雄，附下罔上，爲臣不忠不道；玄知博所言非法，枉義附從，大不敬；晏與博議免喜，失禮不敬。臣請詔謁者召博、玄、晏詣廷尉詔獄。」制曰：「將軍、中二千石、二千石、諸大夫、博士、議郎議。」羣臣皆以爲「如宣等言，可許」。考異曰：朱博傳云：「右將軍蟜望等四十四人以爲『如宣等言，可許』。」按，百官表蟜望次年方爲右將軍，荀紀亦不取。今姑以「羣臣」字代之。諫大夫龔勝等十四人以爲「春秋之義，姦以事君，常刑不赦。魯大夫叔孫僑如欲顓公室，譖其族兄季孫行父於晉，晉執囚行父以亂魯國，春秋重而書之。今晏方命圮族，干亂朝政，要大臣以罔上，本造計謀，職爲亂階，宜與博、玄同罪，罪皆不道」。上減玄死罪三等，削晏户四分之一，假謁者節召丞相詣廷尉詔獄。甲戌，兩字據百官表。博自殺。朱博傳、本紀。考異曰：本紀云：「博自殺，玄減死二等論，晏削户四分之一。」百官表載：「趙玄下獄論。」紀、表不同。按，朱博傳云：「上減玄死罪三等，假謁者節召丞相詣廷尉詔獄。」如此，則玄未嘗下獄也。百官表誤，今從紀、傳。朱博之自殺，紀載於八月，荀紀以爲「七月甲寅」。按，百官表作「八月甲戌」，與本紀合，當是荀紀誤。

九月乙酉，諸吏散騎光禄勳平當爲御史大夫。冬十月甲寅，遷爲丞相。以冬月，賜爵關内侯。漢儀注：「御史大夫爲丞相，更春乃封，故先賜爵關内侯。」李曰：「以冬月非封侯時，故且先賜爵。」考異曰：百官表作「十二月」，荀紀作「十月」。按，表王嘉以十月爲御史大夫，代平當，不應當十二月始自御史大夫拜相也，明衍「二」字，今從荀紀。京兆尹王嘉爲御史大夫。荀紀、通鑑、平當傳。考異曰：荀紀作「十二月甲寅」，百官表作「十月丙寅」。以理推之，當是與平當除拜同日，甲寅爲是。

策左將軍彭宣曰：「有司數奏諸侯國人不得宿衛，將軍不宜典兵馬，處大位。朕唯將軍任漢將之重，而子又前取淮陽王女，婚姻不絶，非國之制。使光禄大夫曼賜將軍黄金五十斤、安車駟馬，其上左將軍印綬，以關内侯歸家。」彭宣傳。

以光禄勳丁望爲左將軍卒，以執金吾公孫禄爲右將軍。百官表。

是歲，吏員自佐史至丞相十三萬二百八十五人。百官表。

城門校尉丁憲爲太僕。百官表。

時南郡江中多盗賊，拜故泰山太守蕭育爲南郡太守。上以育耆舊名臣，乃以三公使車載育入殿中受策。孟康曰：「使車，三公奉使之車，若安車也。」曰：「南郡盗賊羣輩爲害，朕甚憂之。以太守威信素著，故委南郡太守，之官，期於爲民除害，安元元而已，亡拘於小文。」加賜黃金二十斤。育至南郡，盜賊静。蕭望之傳。

烏孫庶子卑援音爰。疐竹三反。翕侯人衆入匈奴西界，寇盜牛畜，頗殺其民。單于聞之，遣左大當户烏夷泠音零。將五千騎擊烏孫，殺數百人，略千餘人，毆與驅同。牛畜去。卑援疐恐，遣子趨逯音録。爲質匈奴。單于受，以狀聞。漢遣中郎將丁野林、副校尉公乘音使匈奴，責讓單于，告令還歸卑援疐質子。單于受詔，遣歸。匈奴傳。

建平三年春正月癸卯〔四〕，帝太太后所居桂宮正殿火。本紀。考異曰：五行志作「桂宮鴻寧殿災」，今從本紀。

上使使召丞相平當，欲封之。當病篤，不應召。遂上書乞骸骨。上報曰：「朕選於衆，以君爲相，視事日寡，輔政未久，陰陽不調，冬無大雪，旱氣爲災，朕之不德，何必君罪？君何疑而上書乞骸骨，歸關内侯爵邑？使尚書令譚賜君養牛一，上尊酒十石。君其勉致醫藥以自持。」當傳。三月己酉，當薨。本紀。有星孛於河鼓。本紀。

夏四月丁酉，御史大夫王嘉爲丞相。百官表。封新甫侯。恩澤侯表。河南太守王崇爲御史大夫。百官表。崇，駿之子也。通鑑。考異曰：通鑑云「京兆尹駿之子也」。按，百官表駿嘗爲御史大夫，通鑑誤，今刊去「京兆尹」三字。嘉爲人剛直嚴毅，有威重，上甚敬之。帝欲匡成帝之政，多所變動，嘉上疏曰：「臣聞聖王之功，在於得人。孔子曰：『才難，不其然歟！』昔魏尚坐事繫，文帝感馮唐之言，遣使持節赦其辠，拜爲雲中守，考異曰：王嘉傳云：「爲雲中太守。」按，文帝時郡守未加「太守」，守之加「太」，蓋景帝制也，今刊去「太」字。匈奴忌之。景帝擢韓安國於徒中，拜爲梁内史，骨肉以安。考異曰：考韓安國傳，乃竇太后用安國爲梁内史，蓋景帝時。謂武帝時非是，今正之。張敞爲京兆尹，有罪當免，逮捕不下，會免，亡命數十日，宣帝徵敞拜爲冀州刺史，卒獲其用。」天子納之。王嘉傳。

冬十月，汝南西平遂陽樗樹卧生枝葉，如人形，身青黄色，面白，頭有髭髮，凡長六尺一寸，有耳。荀紀。

十一月壬子，上復令太皇太后詔有司曰：「皇帝孝順，奉承聖業，靡有解讀曰懈。怠，而久疾未瘳。夙夜唯思，殆繼體之君不宜改作。其復甘泉泰畤、汾陰后土祠如故。」上亦不能親至，遣有司行事而禮祠焉。本紀、郊祀志。

無鹽危山土自起覆草，如馳道狀，又瓠山石轉立。東平王雲及后謁自之石所祭，治石象瓠山立石，束倍步賄反。草，并祠之。河内息夫躬、長安孫寵謀曰：「上亡繼嗣，體久不平，關東諸侯，心争陰謀。今無鹽有大石自立，聞邪臣託往事，以爲太山石立而先帝龍興〔五〕。東平王雲以故與其后日夜祠祭祝詛上，欲求非望。而后舅伍宏反因方術以醫技得幸，出入禁門。霍顯之謀將行於杯杓，上杓反。荆軻之變必起於帷幄。事勢如此，告之必成，發國姦，誅主讎，取封侯之計也。」迺與中郎右師譚，共因中常侍宋弘上變事告焉。是時上被疾，多所惡，事下有司，逮王、后謁下獄治，言使巫傅恭，婢合歡等祠祭祝詛，爲雲求爲天子。雲又與知災異者高尚等指星宿，言上疾必不愈，雲當得天下。石立，宣帝起之表也。有司請誅王，有詔廢徙房陵。雲自殺，謁棄市，國除。東平王、息夫躬傳。時事連成帝舅安成恭侯夫人放，放寡居，共居用反。養弋亮反。長信宫，御史大夫王崇奏封事，爲放言。放外家解氏與崇爲昏，帝以崇爲不忠誠，左遷爲大司農，王吉傳。放棄市。本紀。擢寵爲南陽太守，譚潁川都尉，弘、躬皆光禄大夫左曹給事中。息夫躬傳。

是歲，零陵大樹偃仆地，圍一丈六尺，長十丈七尺，民斷其根，長七尺餘，皆枯。三月，樹卒自立故處。荀紀、五行志。

右將軍公孫禄爲左將軍，執金吾蟜音矯。望爲右將軍，光禄大夫蕭育爲執金吾，潁川太守毋將隆爲京兆尹。百官表。

建平四年〔六〕，關東民無故驚走，持稾工老反。或掫音鄒。一枚，傳相附與，曰行西王母籌，道中相過逢多至千數，或被髪徒踐，或夜折關，或踰牆入，或乘車騎奔馳，以置驛傳行，經歷郡國二十六，至京師。夏，京師郡國民聚會里巷阡陌，設祭張博具，歌舞祠西王母。又傳書曰：「母告百姓，佩此書者不死。不信我言，視門樞下，當有白髪。」至秋止。是時帝祖母傅太后驕，與讀豫曰。政事，故梁州刺史杜鄴對曰：「籌，所以紀數。民，陰，水類也。水以東流爲順走，而西行，反類逆上。象數度放溢，妄以相予，違忤民心之應也。西王母，婦人之稱。博弈，男子之事。於街巷阡陌，明離闌内，與疆外。臨事盤樂，亢陽之應也。白髮，衰老之象也，體尊性弱，難治易亂。門，人之由；樞，其要也。居人之所由，制持其要也。指象昭昭，以覺聖朝，奈何不應！」本紀、五行志、荀紀。

上欲封祖母傅太后從弟商，尚書僕射平陵鄭崇諫曰：「孝成皇帝封親舅五侯，天爲赤黃晝昏，日中有黑氣。今祖母從昆弟二人已侯。孔鄉侯，皇后父；高武侯以三公封，尚有因緣。今無故欲復封商，壞亂制度，逆天人之心，非傅氏之福也。臣聞師曰：『逆陽者厥極弱，逆陰者厥極凶短折，犯人者有亂亡之患，犯神者有疾夭之禍。』故周公著戒曰：『惟王不知艱難，唯耽樂是從，時亦罔有克壽。』故衰世之君夭折蚤没。此皆犯陰陽之害也。臣願以身命當國咎。」崇因持詔書案起。傅太后大怒，曰：「何有爲天子乃反爲一臣所顓制邪！」二月辛卯，上遂下詔封商爲汝昌侯。鄭崇傳、恩澤侯表。駙馬都尉侍中雲陽董賢得幸於上，董賢女弟既爲昭儀寵幸，皇后日疏。后父孔鄉侯晏嘿嘿不得意，沛國桓譚説晏曰：「昔武帝欲立衛子夫，陰求陳皇后之過，而陳后終廢，子夫竟立。今董賢至愛，而女弟尤幸，殆將有子夫之事，可不憂哉！」晏驚動曰：「然爲之奈何？」譚曰：「刑罰不能加無罪，邪枉不能勝正人。夫士以才智要君，女以媚道求主。皇后年少，希更艱難，或驅使醫巫外求方技，此不可不備。又君侯以后父尊重，而多通賓客，必借以重埶致貽譏議。不如謝遣門徒，務執謙愨，此修己正家避禍之道也。」晏曰：「善。」遂罷遣常客，入白皇后如譚所戒。後漢桓譚傳。考異曰：此事見後漢，不得其時，今附於董賢女弟爲昭儀之後。

三月丁卯，諸吏散騎光禄勳賈延爲御史大夫。百官表。

夏四月，山陽湖陵雨血，廣三尺，長五尺，大者如錢，小者如麻子。五行志。

五月，賜中二千石至六百石及天下男子爵。本紀。

秋八月，共皇園北門災。本紀。

辛卯，上下詔切責公卿曰：「朕居位以來，寢疾未瘳，丑留反。反逆之謀相連不絶，賊亂之臣近侍帷幄。前東平王雲與后謁祝詛朕，使侍醫伍宏等内侍按脈，幾巨依反。危社稷，殆莫甚焉！昔楚有子玉得臣，晉文爲之側席而坐；近事，汲黯折淮南之謀。今雲等至有圖弑天子逆亂之謀者，是公卿股肱莫能悉心務聰明以銷厭未萌之故。賴宗廟之靈，侍中駙馬都尉賢等發覺以聞，咸伏厥辜。書不云乎？『用德章厥善。』其封賢爲高安侯，南陽太守孫寵爲方陽侯，左曹光禄大夫息夫躬爲宜陵侯，食邑各千户。」考異曰：本紀書於三月。按，侯表三人並以八月辛卯封，今從表。賜右師譚爵關内侯，食邑。又封傅太后同母弟鄭惲子業爲陽信侯。考異曰：本紀書於二月。按，業亦以八月辛卯封，當是與息夫躬同一日也。今從表。躬既親近，數進見言事，論議亡所避。上疏歷詆公卿大臣，衆畏其口，見之仄目。王嘉、息夫躬傳、恩澤侯表。

諫大夫鮑宣曰：「竊見朝臣亡有大儒骨鯁，白首耆艾，魁口賄反。壘音磊。落之士；論議通古今，喟然動衆心，憂國如飢渴者，臣未見也。敦外親小童及幸臣董賢等在公門省户下，陛下欲與此共承天地，安海内，甚難。今世俗謂不智者爲能，謂智者爲不能。昔堯放四罪而天下服，今除一吏而衆皆惑；古刑人尚服，今賞人反惑。請寄爲姦，羣小日進。國家空虚，用度不足。民流亡，去城郭，盗賊並起，吏爲殘賊，歲增於前。上之皇天見譴，下之黎民怨恨，次有諫争之臣，陛下苟欲自薄而厚惡臣，天下猶不聽也。臣雖愚戇，獨不知多受禄賜，美食大官，廣田宅，厚妻子，不與惡人結仇怨以安身邪？誠迫於大義，不敢不竭愚。惟陛下少留神明，覽五經之文，原聖人之至意，深思天地之戒。宣吶鈍於辭，不勝惓惓，盡死節而已。」上以宣名儒，優容之。鮑宣傳。

是歲，丞相司直龔勝爲光禄大夫，守右扶風。數月，上知勝非撥煩吏，乃復勝光禄大夫諸吏給事中。勝言董賢亂制度，繇是逆上指。勝傳、百官表。

諸吏散騎光禄大夫王安爲右將軍。建平侯杜業爲太常。百官表。

孔鄉侯晏與息夫躬謀欲求居位輔政。會單于以病未朝，躬因是上奏，上引見躬，遂下詔曰：「間者災變不息，盜賊衆多，兵革之徵，或頗著見。未聞將軍惻然深以爲意，簡練戎士，繕修干戈。器用鹽惡，孰當督之！天下雖安，忘戰必危。將軍與中二千石舉明習兵法有大慮者各一人，將軍二人，詣公車。」息夫躬傳、本紀。考異曰：通鑑書於明年正月，今從漢書本紀，書於是年之末。

元壽元年春正月辛丑朔，日有食之。考異曰：荀紀云「辛卯朔」，誤。詔曰：「朕獲保宗廟，不明不敏，宿夜憂勞，未皇寧息。惟陰陽不調，元元不贍，未睹厥咎。婁古屢字。敕公卿，庶幾有望。至今有司執法，未得其中，或上暴虐，假埶獲名，温良寬柔，陷於亡滅。是故殘賊彌長，和睦日衰，百姓愁怨，靡所錯千故反。躬。乃正月朔，日有蝕之，厥咎不遠，在余一人。公卿大夫其各悉心勉帥百寮，敦任仁人，黜遠殘賊，期於安民。陳朕之過失，無有所諱。其與將軍、列侯、中二千石舉賢良方正能直言者各一人。大赦天下。」本紀。

丞相王嘉上封事曰：「臣聞咎繇戒帝舜曰：『亡敖讀曰傲。逸欲有國，兢兢業業，一日二日萬幾。』箕子戒武王曰：『臣無有作威作福，亡有玉食；臣之有作威作福玉食，害於而家，凶於而國，人用側頗辟，民用僭慝。』言如此則逆尊卑之序，亂陰陽之統，而害及王者，其國極危。國人傾反不正，民用僭差不壹，此君不由法度，上下失序之敗也。武王躬履此道，隆至成康。自是以後，縱心恣欲，法度陵遲，至於臣弒君，子弒父。父子至親，失禮患生，何況異姓之臣？孔子曰：『道千乘之國，敬事而信，節用而愛人，使民以時。』孝文皇帝備行此道，海内蒙恩，爲漢太宗。孝宣皇帝賞罰信明，施與有節，記人之功，忽於小過，以致治平。孝元皇帝奉承大業，温恭少欲，都内錢四十萬萬，水衡錢二十五萬萬，少府錢十八萬萬。嘗幸上林，後宫馮貴人從臨獸圈，獸驚出，貴人前當之，元帝嘉美其義，賜錢五萬。掖庭見親，有加賞賜，屬之欲反。其人勿衆謝。示平惡偏，重失人心，賞賜節約。是時外戚貲千萬者少耳，故少府水衡見錢多也。孝成皇帝時，諫臣多言燕出之害，及女寵專愛，耽於酒色，損德傷年，其言甚切，然終不怨怒也。寵臣淳于長、張放、史育，育數貶退，家貲不滿千萬，放斥逐就國，長榜死於獄。不以私愛害公義，故雖多内譏，朝廷安平，傳業陛下。陛下初即位，易帷帳，去錦繡，乘輿席緣綈繒而已。共皇寢廟比比當作，憂閔元元，惟用度不足，以義割恩，輒且止息，今始作治。而駙馬都尉董賢亦起官寺上林中，又爲賢治大第，賢母病，長安廚給祠具，道中過者皆飲食。爲賢治器，器成，奏御乃行，自貢獻宗廟三宫，猶不至此。賢家有賓婚及見親，諸官並共，賜及倉頭奴婢，人十萬錢。使者護視，發取市物，百賈震動，道路讙譁，羣臣惶惑。詔書罷苑，而以賜賢二千頃，均田之制從此墮壞。奢僭放縱，變亂陰陽，災異衆多，百姓訛言，陛下素仁智慎事，今而有此大譏。往者寵臣鄧通、韓嫣驕貴失度，卒陷厥辜。所謂愛之適足以害之者也。宜深覽前世，以節賢寵，全安其命。」按，王嘉此疏專爲董賢，而原本删去「孝成皇帝」以下，文義未安，今從本傳補入。於是上寢不説，而愈愛賢。王嘉傳。考異曰：通鑑止書「都内錢四十萬萬」，遂刊去下兩語。温公之意，謂都内爲京師，上是總語，下分别而言之耳。「水衡二十五萬萬，少府十八萬萬」，共四十餘萬萬，計成數而言，故總云「都内錢四十萬萬」耳。以史考之，都内令丞屬司農，嚴助傳云：「越人名爲藩臣，貢酎之奉不輸大内。」應劭曰：「大内，都内也，國家寶藏，屬治粟。」食貨志云：「武帝時，募民田南夷，入粟縣官，而内受錢於都内。」如此，則都内是官名，非京師之謂也。都内掌天下之經費，水衡、少府掌天子之私藏。嘉所以言此者，蓋是時經費既富，而私藏亦豐。通鑑用其一而去其二，非其旨矣。

賢良周護、宋崇等對策，深訟新都侯王莽功德。王莽傳。

時又徵孔光詣公車，問以日蝕事。光對曰：「臣聞日者，衆陽之宗，人君之表，至尊之象。君德衰微，陰道盛强，侵蔽陽明，則日蝕應之。書曰『又用五事』〔七〕，『建用皇極』。如貌、言、視、聽、思失，大中之道不立，則咎徵荐臻，六極屢降。皇之不極，是爲大中不立，其傳曰『時則有日月亂行』，謂朓吐了反。側匿，甚則薄蝕是也。又曰『六沴音戾。之作』，歲之朝曰三朝，其應至重。乃正月辛丑朔日有蝕之，變見三朝之會。上天聰明，苟無其事，變不虚生。書曰『惟先假王正厥事』，言異變之來，起事有不正也。臣聞師曰，天右讀曰佑。與王者，故災異數見，以譴告之，欲其改更。若不畏懼，有以塞除，而輕忽簡誣，則凶罰加焉，其至可必。詩曰：『敬之敬之，天惟顯思，命不易哉！』又曰：『畏天之威，于時保之。』皆謂不懼者凶，懼之則吉也。陛下聖德聰明，兢兢業業，承順天戒，敬畏變異，勤心虛己，延見羣臣，思求其故，然後敕躬自約，總正萬事，放遠讒説之黨，援音爰。納斷斷之介，退去貪殘之徒，進用賢良之吏，平刑罰，薄賦斂，恩澤加于百姓，誠爲政之大本，應變之至務也。天下幸甚！書曰『天既付命正厥德』，言正德以順天也。又曰『天棐諶上林反。辭』，言有誠道，天輔之也。明承順天道在於崇德博施，加精致誠，孳孳而已。俗之祈禳小數，終無益於應天塞異，銷禍興福，較音角。然甚明，無可疑惑。」書奏，上説。讀曰悦。孔光傳。董賢風讀曰諷。太醫令真欽，使求傅氏罪過，遂逮皇后弟侍中嘉，詔獄無所得，乃解。後漢桓譚傳。

王莽從弟成都侯邑爲侍中，矯稱太皇太后指白帝，爲莽求特進給事中。帝復請之，事發覺。太后爲謝，上以太后故不忍誅之，左遷邑爲西河屬國都尉，削千户。何武傳。

丞相孔光四時行園陵，官屬以令行馳道中，司隸鮑宣出逢之，使吏鉤止丞相掾史，没入其車馬，摧辱宰相。事下御史，中丞侍御史至司隸官，欲捕從事，閉門不肯内。宣坐距閉使者，亡人臣禮，大不敬，不道，下廷尉獄。博士弟子濟南王咸舉幡太學下，曰：「欲救鮑司隸者會此下。」諸生會者千餘人。朝日，遮丞相孔光自言，丞相車不得行，又守闕上書。上遂抵宣罪減死一等，髡鉗。宣傳。

少府董恭爲衛尉。百官表。

孝元廟殿門銅龜蛇鋪普胡反。首鳴。本紀。歲星入太微，逆行干右執法。天文志。

是歲，大月氏王使獻浮屠經，受之。六典注。

元壽二年，太常杜業坐選舉不實，貶爲上黨都尉。百官表、業傳。有詔舉太常，新都侯王莽私從前將軍何武求舉，武不敢舉。何武傳。

帝臨崩時，以璽綬付董賢曰：「無妄以與人。」國無嗣主，内外恇懼，中常侍王閎白太皇太后：「請奪之。」即帶劍至宣德後闥，舉手叱賢曰：「宫車晏駕，國嗣未立，公受恩深重，當俯伏號泣，何事久持璽綬以待禍至邪？」賢知閎，必死，不敢拒之。乃跪上璽綬，閎馳上太皇太后。王閎事，附見後漢張步傳。

班固曰：「漢興，藉、閎、鄧、韓之徒非一，而董賢之寵尤甚，父子並爲公卿，可謂貴重人臣無二矣。然進不繇道，位過其任，莫能有終，所謂愛之適足以害之者也。漢世衰於元、成，壞於哀、平。哀、平之際，國多釁矣。主疾無嗣，弄臣爲輔，鼎足不彊，棟幹微撓。女教反。一朝帝崩，姦臣擅命，董賢縊死，丁、傅流放，辜及母后，咎在親便嬖，所任非仁賢。故仲尼著『損者三友』，王者不私人以官，殆爲此也。」

校勘記

〔一〕建平二年春正月　四庫本脱「春正月」三字，據本段考異補。

〔二〕百官表成帝綏和二年載趙玄爲衞尉　漢書百官表載於綏和元年，與年紀不同。

〔三〕以建平二年爲太初元將元年　漢書李尋傳删去「元將」二字，校勘記云「景祐、殿本都無『元將』二字」。今按，同書哀帝紀亦爲「太初元將」，李尋傳删去「元將」，誤。

〔四〕建平三年春正月癸卯　四庫本無「春正月」三字，據漢書哀帝紀補。

〔五〕以爲太山石立而先帝龍興　漢書息夫躬傳「太山」作「大山」，而漢書昭帝紀：「〔元鳳〕三年春正月，泰山有大石自起立。」又，年紀此段後文「石立，宣帝起之表也」。知息夫躬傳「大」爲「太」之誤。

〔六〕建平四年　「關東民無故驚走」事，漢書五行志繫於建平「四年正月」，哀帝紀繫於建平「四年春」。

〔七〕乂用五事　漢書孔光傳「乂」作「羞」，與年紀不同。

西漢年紀卷三十

平帝

孝平皇帝諱衎，初名箕子。元帝庶孫，中山孝王子也。母曰衛姬。年三歲，嗣立爲王。元壽二年六月戊午，哀帝崩，太皇太后遣車騎將軍王舜與大鴻臚左咸、光禄大夫孫寶使持節迎中山王，奉成帝後。九月辛酉，中山王即皇帝位，詔曰：「夫赦令者，將與天下更始，誠欲令百姓改行絜己，全其性命也。往者有司多舉奏赦前事，累增罪過，誅陷亡辜，殆非重信慎刑，洒心自新之意也。及選舉者，其歷職更事有名之士，則以爲難保，廢而弗舉，甚謬於赦小過舉賢才之義。諸有臧及内惡未發而荐舉者，皆勿案驗。令士厲精鄉讀曰嚮。進，不以小疵妨大材。自今以來，有司無得陳赦前事置奏上。有不如詔書爲虧恩，以不道論。定著令，布告天下，使明知之。」本紀。故廷尉梁相復爲大理。百官表。按，百官表「元壽三年，故廷尉梁相復爲大理」。或在哀帝未崩以前，亦未可知。此本書於平帝即位之後，不知何據。

元始元年，按，後漢書申屠剛傳云「平帝時舉賢良方正，因對策」云云，而漢書平帝紀初無舉賢良方正之文，惟元始元年「公卿、將軍、中二千石舉敦厚能直言者各一人」，意剛以此時對策，原本無此四字，當是脱落，今補入。扶風功曹申屠剛以方正對策曰：「臣聞王事失則神祇怨怒，姦邪亂正，故陰陽謬錯。此天所以譴告王者，欲令失道之君，曠然覺悟，懷邪之臣，懼然自刻者也。今朝廷不考功校德，而虛納毁譽，數下詔書，張設重法，抑斷誹謗，禁割論議，罪之重者，乃至腰斬。傷忠臣之情，挫直士之鋭，殆乖建進善之旌，縣敢諫之鼓，闢四門之路，明四目之義也。臣聞成王幼少，周公攝政，聽言下賢，均權布寵，無舊無新，唯仁是親，動順天地，舉措不失。然近則召公不悦，遠則四國流言。夫子母之性，天道至親。今聖主幼少，始免襁褓，即位以來，至親分離，外戚杜隔，恩不得通。且漢家之制，雖任英賢，猶援姻戚。親疎相錯，杜塞間隙，誠所以安宗廟，重社稷也。今馮、衛無罪，久廢不録，或處窮僻，不若民庶，誠非慈愛忠孝承上之意。夫爲人後者，自有正義，至尊至卑，其執不嫌，是以人無賢愚，莫不爲怨，姦人賊子，以之爲便，不諱之變，誠難其慮。今之保傅，非古之周公，周公至聖，猶尚有累，何况事失其衷，不合天心者哉？昔周公遣伯禽守封於魯，以義割恩，寵不加後，故配天郊祀，三十餘世。霍光秉政，輔翼少主，修善進士，名爲忠直，而尊其宗黨，摧抑外戚，結貴據權，至堅至固，終没之後，受禍滅門。方今師傅皆以伊、周之位，據賢保之任，以此思化，則功何不至？不思其危，則禍何不到？損益之際，孔父攸歎，持滿之戒，老氏所慎。蓋功冠天下者不安，威震人主者不全。今承衰亂之後，繼重敝之世，公家屈竭，賦斂重數，苛吏奪其時，貪夫侵其財，百姓困乏，疾疫夭命。盜賊羣輩，且以萬數，軍行衆止，竊號自立，攻犯京師，燔燒縣邑，至乃訛言積弩入宫，宿衛驚懼。自漢興以來，誠未有也。國家微弱，姦謀不禁，六極之效，危於累卵。王者承天順地，典爵主刑，不敢以天官私其宗，不敢以天罰輕其親。陛下宜遂聖明之德，昭然覺悟，遠述帝王之迹，近尊孝文之業，差五品之屬，納至親之序，亟遣使者徵中山太后，置之别宫，令時朝見。又召馮、衛二族，裁與冗職，使得執戟，親奉宿衛，以防未然之符，以抑禍患之端。上安社稷，下全保傅，内和親戚，外絶邪謀。」書奏，莽令太后下詔曰：「剛所言僻經妄説，違背大義。其罷歸田里。」剛，嘉之七世孫也，質性方直，常慕史鰌、汲黯之爲人。後漢申屠剛傳。

是歲，司寇更名護軍。百官表。

元始二年春，黄支國獻犀牛。黄支民俗與珠厓相類。武帝時來獻見。有譯長，屬黄門，與應募者俱入海市明珠、璧流離、奇石異物，齎黄金雜繒而往。數年來還。地理志。

夏，郡國大旱，蝗，青州尤甚。遣使者捕蝗，民捕蝗詣吏，以石㪷受錢。天下民貲不滿二萬，及被災之郡不滿十萬，勿租税。民疾疫者，舍空邸第，爲置醫藥。賜死者一家六尸以上葬錢五千，四尸以上三千，二尸以上二千。罷安定呼池苑，以爲安民縣，起官寺市里，募徙貧民，縣次給食。至徙所，賜田宅什器，假與犂、牛、種、之勇反。食。

六月庚寅，光禄大夫龔勝，太中大夫邴漢，以王莽專政，皆乞骸骨。太皇太后使謁者僕射策詔之曰：「蓋聞古者有司年至則致仕，所以恭讓而不盡其力也。今大夫年至矣，朕愍以官職之事煩大夫，其上子若孫若同産、同産子一人。大夫其修身守道，以終高年。賜帛及行道舍宿，歲時羊酒衣衾，皆如韓福故事。所上子男皆除爲郎。」於是勝、漢遂歸老於鄉里。漢兄子曼容亦養志自修，爲官不肯過六百石，輒自免去，其名過出於漢。兩龔傳。

元始三年春正月，天雨草。五行志。

詔有司爲皇帝納采莽女。信鄉侯佟徒冬反。上言：「春秋，天子將娶於紀，則褒紀子稱侯，安漢公國未稱古制。」請以新野田二萬五千六百頃益封莽，辭之。莽傳。

紅陽侯王立，莽之尊屬，平阿侯王仁素剛直，莽使使者迫守，皆自殺。莽傳、通鑑。

執金吾尹賞疾病，且死，戒其子曰：「丈夫爲吏，正坐殘賊免，追思其功效，則復用矣。一坐軟弱不勝任免，終身廢棄無有赦時，其羞辱甚於貪汙坐臧。愼毋然！」賞四子皆至郡守，尚威嚴，有治名。百官表、尹賞傳。按，百官表：「元始二年，左輔都尉尹賞爲執金吾，一年，卒。」此處書執金吾尹賞病死。而二年不書尹賞爲執金吾事，疑有脱落。

元始四年夏，皇后見於高廟。本紀。

徵能治河者，大司馬史長安張戎言：「水性就下，行疾則自刮除成空而稍深。河水重濁，號爲一石水而六斗泥。今西方諸郡，以至京師東行，民皆引河、渭山川水漑田。春夏乾燥，少水時也，故使河流遲，貯淤而稍淺；雨多水暴至，則溢決。而國家數隄塞之，稍益高於平地，猶築垣而居水也。可各順從其性，毋復灌漑，則百川流行，水道自利，無溢決之害矣。」溝洫志。

莽奏：「皇考廟本不當立，累世奉之，非是。又孝文太后南陵、孝昭太后雲陵園，雖前以禮不復修，陵名未正。謹與羣臣議，皆曰孝宣皇帝以兄孫繼統爲孝昭皇帝後，以數，故孝元世以孝景皇帝及皇考廟親未盡，不毁。此兩統貳父，違於禮制。父爲士，子爲天子，祭以天子者，乃謂若虞舜、夏禹、殷湯、周文、漢之高祖受命而王者也，非謂繼祖統爲後者也。臣請皇高祖考廟奉明園毁勿修，罷南陵、雲陵爲縣。」奏可。韋玄成傳、通鑑。

冬，大風吹長安城東門屋瓦且盡。本紀。

是歲，詔書追録忠臣，封王嘉子崇爲新甫侯，追謚嘉爲忠侯。王嘉傳、恩澤侯表。

元始五年春正月，祫祭明堂。本紀。

王莽奏復長安南北郊。莽又頗改其祭禮，曰：「周官天墬古地字。之祀，樂有别有合。

其合樂曰『以六律、六鍾、五聲、八音、六舞大合樂』，祀天神，祭墬祇，祀四望，祭山川，享先妣先祖。凡六樂，奏六歌，而天墬神祇之物皆至。四望，蓋謂日月星海也。三光高而不可得親，海廣大而無限界，故其樂同。祀天則天文從，祭墬則墬理從。三光，天文也。山川，墬理也。天地合祭，先祖配天，先妣配墬，其誼一也。天地合精，夫婦判合。祭天南郊，則以墬配，一體之誼也。天墬位皆南鄉，讀曰嚮。同席，墬在東，共牢而食。高帝、高后配於壇上，西鄉，后在北，亦同席共牢。牲用繭栗，玄酒陶匏。禮記曰天子籍田千晦古畝字。以事天墬，繇是言之，宜有黍稷。天地用牲一，燔燎瘞薶用牲一，高帝、高后用牲一。天用牲左，及黍稷燔燎南郊；墬用牲右，及黍稷瘞於北郊。其旦，東鄉再拜朝日；其夕，西鄉再拜夕月。然後孝弟之道備，而神祇嘉享，萬福降輯。與集同。此天墬合祀，以祖妣配者也。其別樂曰：『冬日至，於墬上之圜丘奏樂六變，則天神皆降；夏日至，於澤中之方丘奏樂八變，則墬祇皆出。』天地有常位，不得常合，此其各特祀者也。陰陽之別於日冬夏至，其會也以孟春正月上辛若丁。天子親合祀天地於南郊，以高帝、高后配。陰陽有離合，易曰：『分陰分陽，迭用柔剛。』以日冬至使有司奉祠南郊，高帝配而望羣陽；日夏至使有司奉祭北郊，高后配而望羣陰。皆以助致微氣，通道讀曰導。幽弱。當此之時，后不省方，故天子不親而遣有司，所以正承天順地，復聖王之制，顯太祖之功也。渭陽祠勿復修。羣望未悉定，定復奏。」奏可。三十餘年間，天地之祠五徙焉。郊祀志。按，奏復南北郊事郊祀志以爲五年，無月日，疑當附之年末。

詔曰：「蓋聞帝王以德撫民，其次親親以相及也。昔堯睦九族，舜惇叙之。朕以皇帝幼年，且統國政，惟宗室子皆太祖高皇帝子孫及兄弟吴頃、楚元之後，漢元至今，十有餘萬人，雖有王侯之屬，莫能相糾，或陷入刑罪，教訓不至之咎也。傳不云乎？『君子篤於親，則民興於仁。』其爲宗室自太上皇以來族親，各以世氏，郡國置宗師以糾之，致教訓焉。二千石選有德義者以爲宗師。考察不從教令有冤失職者，宗師得因郵亭書言宗伯，請以聞。常以歲正月賜宗師帛各十匹。」本紀。

夏四月乙未，太師孔光薨。百官表。按，原本脱「夏四月」以下，今補入。莽白太后，使九卿策贈以太師博山侯印綬，謚曰簡烈侯。贈賜葬送甚盛，如大將軍王鳳制度。光傳、通鑑。

徵天下通知逸經、古記、天文、曆算、鍾律、小學、史篇、方術、本草及以五經、論語、孝經、爾雅教授者，在所爲駕一封軺傳，遣詣京師。至者數千人。本紀。立左氏春秋、毛詩、逸禮、古文尚書。儒林贊。

班固曰：「自武帝立五經博士，開弟子員，設科射策，勸以官禄，訖於元始，百有餘年，傳業者寖盛，支葉蕃滋，一經説至百餘萬言，大師衆至千餘人，蓋禄利之路然也。初，書唯有歐陽，禮后，易楊，春秋公羊而已。至孝宣世，復立大小夏侯尚書，大小戴禮，施、孟、梁丘易，穀梁春秋。至元帝世，復立京氏易。平帝時，又立左氏春秋、毛詩、逸禮、古文尚書，所以罔羅遺失，兼而存之，是在其中矣。」

冬十月乙亥，高原廟殿門災。五行志、荀紀。

泉陵侯劉慶上書言：「周成王幼少，稱孺子，周公居攝。宜令安漢公行天子事，如周公。」羣臣皆曰：「宜如慶言。」按，原本脱「幼少」以下，今補入。

十二月，帝崩。大赦天下。莽徵明禮者宗伯鳳等與定天下吏六百石以上皆服喪三年。奏尊孝成廟曰統宗，孝平廟曰元宗。莽傳。

班固贊曰：「孝平之世，政自莽出，褒善顯功，以自尊盛。觀其文辭，方外百蠻，亡思不服；休徵嘉應，頌聲並作。至於變異見於上，民怨於下，莽亦不能文也。」

初，秦分天下作三十六郡，漢興，以其郡太大，稍復開置，又立諸侯王國。武帝開廣三邊，故自高祖增二十六，文、景各六，武帝二十八，昭帝一，訖於孝平，凡郡國一百三，縣邑千三百一十四，道三十二，侯國二百四十一。地東西九千三百二里，南北萬三千三百六十八里。提封田一萬萬四千五百一十三萬六千四百五頃，其一萬萬二百五十二萬八千八百八十九頃，邑居道路，山川林澤，羣不可墾，其三千二百二十九萬九百四十七頃，可墾，定墾田八百二十七萬五百三十六頃。民户千二百二十三萬三千六十二，口五千九百五十九萬四千九百七十八。漢極盛矣。地理志。

自昭、宣、元、成、哀、平六世之間，斷獄殊死，率歲千餘口而一人，耏罪以上至右止，三倍有餘。刑法志。

自元狩五年三官初鑄五銖錢，至元始中，成錢二百八十億萬餘云。食貨志。

跋

王觀之

先兄行甫，好嗜班史，東西宦仕，挈以自隨，飲食起居，不去手者三十年。嘗即紀傳而有述，又考其置官置兵本末，以爲總録。晚益貫穿，易以編年體，爲一代史。其它傳記，率多採録，蓋又不專以班氏書爲定標，曰西漢年紀。嘉定辛巳鋟木於夔漕治所。學弟儀甫謂：「余考四蜀圖志，得之記載，眉山二劉亦嘗爲此書，一乃巽嵒李公之甥。巽嵒以爲不下劉道原。余雖未及睹，然觀志之所稱，特不逸班史一字，是但銓次年月，似無所取舍。」余既惜行甫兄弗獲與劉同時，又以巽嵒不及見兄此書爲恨也。東陽王觀之中甫。

附録

四庫全書總目（史部編年類）

西漢年紀三十卷　永樂大典本

宋王益之撰。益之字行甫，金華人，官大理司直。所著有漢官總録、職原等書，見馬端臨經籍考，蓋能熟於兩漢掌故者。今他書散佚，惟此本以載入永樂大典獨存。考益之自序，稱年紀三十卷、考異十卷、鑒論若干卷，各自爲書。今此本不載鑒論，而考異則散附年紀各條之下，與序不合。殆後人離析其文，如胡三省之於通鑑考異歟？又序稱自高祖迄王莽之誅，而此本終於平帝，居攝以後闕焉。且其文或首尾不完，中間已有脱佚，蓋編人永樂大典之時已殘闕矣。司馬光通鑑所載漢書〔一〕，皆本班、馬二書及荀紀爲據，其餘鮮所採掇。益之獨旁取楚漢春秋、説苑諸書，廣徵博引，排比成書，視通鑑較爲詳密。全所作考異，於一切年月舛誤，記載異同，名地錯出之處，無不參稽互覈，折衷一是。多出二劉刊誤、吴仁傑補遺之外，尤通鑑考異所未及，其考證亦可謂精審矣。今依益之自序目次，釐爲三十卷。其考異亦即從舊本，仍附各條之下，以便檢索，不復拘自序之文别爲編次焉。

〔一〕「書」字當爲「紀」字之誤。

職源序

王益之

頃予尉分水縣，介居山間，官事簡寡，簿職併尉，尉雖不兼丞，實行文書事。邑小不具官，余意自昔爾也。一日，余坐古刹堂皇上，仰而望之，丞署名其間。徐而驗之，蓋政和月日也。訪諸左右：「丞置於何時？」謝不知。歸而問邑之老於習事者，復謝不知。邑人則陋矣，然居官者亦復不知，豈不重有愧於邑人歟？退而考知其故，天聖中京邑始置丞，熙寧行免役等法，壯縣亦置丞。崇寧修熙豐之政，雖小邑，悉置丞。兹邑之有丞，惟此時爲然。建炎省冗職，縣非萬户以上，丞亦從此罷矣。平素不深考，居一官則愧一官，正恐異時所愧者不獨丞而已。

會予憂居，屏謝外事，繙閲故編，因欲略識今日置官本末。涉獵廣博，懼非謏聞單見所能任，諸同志贊予決者什九，藉予書者什五，願合力以著其成者什三。于是往時未見之書，靡不畢集。而新静江校官徐君清伯、新九江郡幕官君仲文、新瑞昌簿正倪君秀叔，相與分任其事。中甫弟又從旁掇拾以爲之助。區分彙聚，越半歲而成。凡前代創置，國家沿襲，元豐正名，中興併省，題其要而置篇端。官之故實，職之典掌，前賢遺迹，先朝訓辭，復取其雅馴以次列焉。間有一事而諸書不同，兼而存之；官之冗散，諸書不具者，立其目而闕其辭。總三百六十門，爲五十卷，名曰職源。庶他日官仕一開卷之頃，可以知其概。前賢風節，爛然在目，反而求之己所未能者，蓋加勉焉。是書不無助也。豈但一洗疇曩之愧而止哉！始余用意不過録之箧笥，以備遺忘，非敢示陋於人。然三君子用力之勤，屬意之遠，非潔潔自挾以幸人之不知者。此不可以不傳，不當以予兄弟之陋而併廢也。

清伯名澄，仲文名質，秀叔名瑀。中甫，弟觀之也。

（摘自元吴師道撰敬鄉録卷十二，見胡宗楙所編續金華叢書）

金華叢書本西漢年紀序

胡鳳丹

西漢年紀者，行甫先生著也。先生名益之，官宋大理寺司直。其平生著述，有漢官總録、職原若干卷，於兩漢掌故最爲精熟，惜其書散佚無存。是編三十卷，載入永樂大典中，坊間無單行本，自乾隆朝武英殿有聚珍版始印行之，而世間罕見其書。友人徐小雲比部自都中購得郵寄來鄂，余爲校勘而重録之。因讀而有感曰：史莫古於春秋，爲萬世不刊之典。自太史公作史記，班氏作西漢書，人各爲傳，一變春秋之例，非復編年本旨矣。其後荀氏欲復編年之體，與班、馬異，而司馬公作通鑑，復從而正之。然而删繁就簡，遺漏滋多。獨先生於年月之訛誤也，則取楚漢春秋而考訂之；於紀載之異同也，則採説苑、新書而詳辨之；於地名之歧出也，則考地理圖志而折衷之；本本源源，各有根據。而一代升降之際，人事得失之林，靡不參諸鑒論。得是非予奪之公，絶無一毫私心於其間，豈非夫子作春秋之志哉！是書出而補荀氏、温公所未逮，後之作史者可以法矣。梓既成，聊綴數言於簡首。同治十二年癸酉夏四月永康後學胡鳳丹謹序。

清史稿謝振定列傳

謝振定，字一齋，一字薌泉，湖南湘鄉人。乾隆四十五年進士，改庶吉士，散館授編修。五十九年，考選江南道監察御史。巡視南漕，漕艘阻瓜洲，振定禱於神，風轉順，漕艘人稱「謝公風」。六十年，遷兵科給事中。巡視東城，有乘違制車騁於衢者，執而訊之，則和珅妾弟也，語不遜，振定命痛笞之，遂焚其車。曰：「此車豈復堪宰相坐耶？」居數日，給事中王鍾健希和珅意，假他事劾振定，奪職。和珅敗，嘉慶五年，起授禮部主事。遷員外郎，充坐糧廳，監收漕糧，裁革陋規，兑運肅然。十四年，卒。

道光中，振定子興嶢官河南裕州知州。以卓薦引見，循例奏姓名、里貫。宣宗問：「爾湖南人，乃能爲京師語，何也？」興嶢對言：「臣父振定官御史，臣生長京師。」上曰：「爾乃『燒車御史』子耶？」因褒勉甚至。明日，語軍機大臣：「朕少聞『燒車御史』事，昨乃見其子。」命擢興嶢叙州知府。